石家庄市桥西区人大志

（1952—2024）

石家庄市桥西区人大志编纂委员会 编

方志出版社
Publishing House of Local Records

图书在版编目（CIP）数据

石家庄市桥西区人大志 ： 1952—2024 / 石家庄市桥西区人大志编纂委员会编. -- 北京 ： 方志出版社, 2024. 11. -- ISBN 978-7-5144-6338-5

Ⅰ. D624.224

中国国家版本馆 CIP 数据核字第 202413442C 号

责任编辑：高孟君
责任校对：张玉霞
责任印制：梅中英
出 版 者：方志出版社
地　　址：北京市朝阳区潘家园东里 9 号（国家方志馆 4 层）
邮　　编：100021
网　　址：http://www.zgfzcb.cn
发　　行：方志出版社图书营销中心（010-67110500）
印　　刷：石家庄九洋印务有限公司
开　　本：889 毫米×1194 毫米　1/16
印　　张：51
字　　数：1372 千字
版　　次：2024 年 11 月第 1 版
印　　次：2024 年 11 月第 1 次印刷
定　　价：580.00 元

石家庄市桥西区人大志编纂委员会

编辑室

第一编纂组

责任篇章：第一篇《石家庄市第二区首届各界人民代表会议》

第二篇《石家庄市第二区第一届人民代表大会》

第三篇《石家庄市桥西区第二届人民代表大会》

执行主编：张振香

责任编辑：张飞鸿　刘玲玲

第二编纂组

责任篇章：第四篇《石家庄市桥西区第三届人民代表大会》

第五篇《石家庄市桥西区第四届人民代表大会》

第六篇《石家庄市桥西区第五届至第六届人民代表大会》

执行主编：崔　岩

责任编辑：徐　玥

第三编纂组

责任篇章：第七篇《石家庄市桥西区第七届人民代表大会》

执行主编：杨　鸿

责任编辑：王邓超　程沛琪

第四编纂组

责任篇章：第八篇《石家庄市桥西区第八届人民代表大会》

第九篇《石家庄市桥西区第九届人民代表大会》

执行主编：魏建新

责任编辑：王　卉

第五编纂组

责任篇章： 第十篇《石家庄市桥西区第十届人民代表大会》

第十一篇《石家庄市桥西区第十一届人民代表大会》

执行主编： 白　鸿

责任编辑： 梁培迪　赵　飞

第六编纂组

责任篇章： 第十二篇《石家庄市桥西区第十二届人民代表大会》

第十三篇《石家庄市桥西区第十三届人民代表大会》

执行主编： 赵石磊

责任编辑： 赵韫博

第七编纂组

责任篇章： 第十四篇《石家庄市桥西区第十四届人民代表大会》

第十五篇《石家庄市桥西区第十五届人民代表大会》

执行主编： 王　东　刘新霞

责任编辑： 路　璐　姜宏磊

第八编纂组

责任篇章： 第十六篇《石家庄市桥西区第十六届人民代表大会》

第十七篇《石家庄市桥西区第十七届人民代表大会》

执行主编： 牛士伟

责任编辑： 李冰玉

第九编纂组

责任篇章： 第十八篇《乡（街道）人大工作》

执行主编： 刘彦平　齐泊雯　赵肖旭　何姿颐　张立军　李志刚
李腾杰　王素辉　白亚欣　王玉环　张　磊　孙　达
曹庆新　张金霞　于英建　王一方　陈　鹏

责任编辑： 魏梅英　刘　苗　邵　娟　田　丹　李　萌　张　宁
王江南　曹晓松　刘黎明　蒋　宁　刘硕硕　刘　越
王宇光　周　鑫　冯秀菊　王雪梅　郭伟超　刘一蕾
王　幸　杨慧丽　李佳席　杨　帆　许永涛

石家庄市桥西区人大志感谢人员名单

蔡生东　　区十一届人大常委会主任
宋东来　　区十三届人大常委会主任
王来传　　区十四届人大常委会主任
赵新惠　　区十五届人大常委会主任
张书凯　　区十六届人大常委会主任

祁连记　　区十一、十二届人大常委会副主任
吕振福　　区十一、十二、十三、十四届人大常委会副主任
吴敬云　　区十三、十四届人大常委会副主任
王文晔　　区十三、十四、十五、十六届人大常委会副主任
党复明　　区十四、十五届人大常委会副主任
马会忠　　区十五、十六届人大常委会副主任
杨宗奇　　区十五、十六届人大常委会副主任

张坤山　　区十三、十四届人大常委会财经城建工委主任
王爱民　　区十四届人大常委会法制工委主任
狄　洁　　区十四、十五届人大常委会财经城建工委主任
张　英　　区十四、十五、十六、十七届人大常委会办公室主任
张卫娟　　区十四、十五、十六、十七届人大常委会人事代表工委主任
周富毅　　区十五、十六届人大常委会办公室主任科员
戎志鹏　　区十五、十六届人大常委会信访办公室副主任
郭红琴　　区十六、十七届人大社会建设委员会副主任委员
张建宇　　区十六、十七届人大常委会财经城建工委主任

王　律　　河北省党史人物研究会副会长、石家庄市政协常务委员
王仲亮　　区委党校常务副校长、区人大制度研究会会员
温　汝　　《石家庄市桥西区志（1947—2011）》编辑
宋惠君　　《石家庄市桥西区志（1947—2011）》编辑

石家庄市桥西区第八届、第九届、第十届人民代表大会

一九八四年六月至一九九三年二月

■ 桥西区第八届人民代表大会第四次会议会场（1986年3月18日）

■ 桥西区第九届人民代表大会第一次会议会场（1987年5月27日）

■ 桥西区第九届人民代表大会代表投票

■ 桥西区第十届人民代表大会第三次会议会场（1992年3月16日）

石家庄市桥西区第十一届人民代表大会

一九九三年二月至一九九八年二月

■ 桥西区第十一届人民代表大会第一次会议会场
（1993年2月15日）

■ 桥西区第十一届人民代表大会第二次会议会场
（1993年8月24日）

■ 桥西区第十一届人民代表大会第五次会议会场
（1996年4月14日）

■ 桥西区第十一届人民代表大会第六次会议会场
（1997年1月22日）

■ 桥西区第十二届人民代表大会第一次会议会场（1998年2月16日）

■ 桥西区第十三届人民代表大会常务委员会委员合影（2003年5月5日）

石家庄市桥西区第十四届、第十五届人民代表大会

二〇〇七年四月至二〇一七年二月

■ 桥西区第十四届人民代表大会代表合影（2007年4月20日）

■ 桥西区第十五届人民代表大会代表合影（2012年2月17日）

■ 桥西区第十五届人民代表大会第五次会议会场（2015年2月11日）

■ 区十五届人大常委会主任赵新惠向被任命人员颁发任命书（2016年7月5日）

石家庄市桥西区第十六届人民代表大会

■ 桥西区第十六届人民代表大会第一次会议会场（2017年2月28日）

■ 桥西区第十六届人民代表大会第三次会议代表分组审议工作报告（2019年1月17日）

二〇一七年二月至二〇二一年七月

■ 区十六届人大常委会主任张书凯到选区述职

■ 区十六届人大常委会举办区人大代表培训班

石家庄市桥西区第十七届人民代表大会

二〇二一年七月

■ 桥西区第十七届人民代表大会第四次会议会场（2024年1月23日）

■ 区十七届人大代表参观石家庄市首届人民代表大会历史陈列展（2023年3月30日）

■ 区委书记孙鹏云在桥西区第十七届人民代表大会第四次会议上讲话
（2024年1月24日）

■ 区长冯磊在桥西区第十七届人民代表大会第四次会议上作政府工作报告
（2024年1月23日）

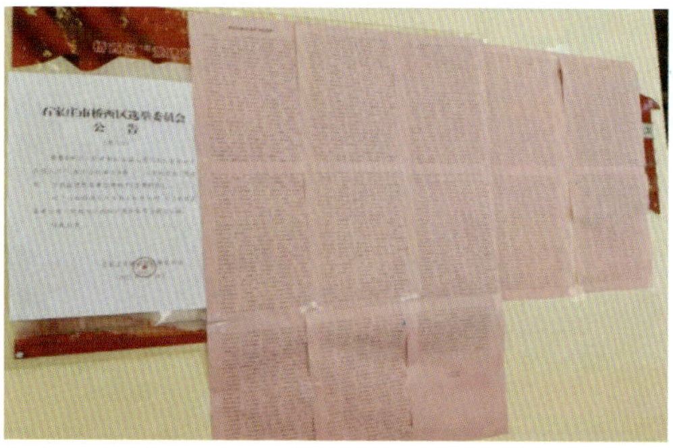

■ 选举桥西区第十七届人民代表大会代表
（第21号选区选民榜）

■ 选举桥西区第十七届人民代表大会代表
（第36号选区）

■ 选举桥西区第十七届人民代表大会代表
（第45号选区）

■ 选举桥西区第十七届人民代表大会代表
（第55号选区）

■ 选举桥西区第十七届人民代表大会代表
（第143号选区）

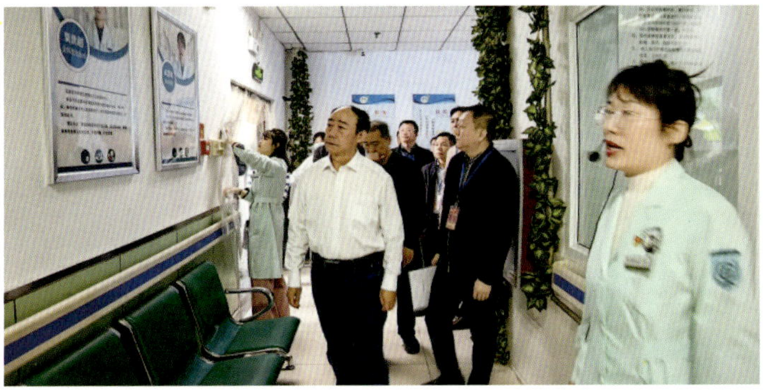

■ 区人大常委会副主任张进良带队视察
代表建议、批评和意见办理情况
(2023年10月18日)

■ 区人大常委会副主任蔡玉霞带队视察
特色商业街区建设提质增效情况
(2024年4月18日)

■ 区人大常委会副主任秦景红带队视察
“教育高质量发展跃升年”工作开展情况
(2023年4月19日)

■ 区人大常委会副主任赵欢带队视察
重点人防工程建设情况
(2023年10月25日)

■ 中山街道人大工委组织区人大代表视察中自街建设情况（2023年12月12日）

■ 南长街道人大工委组织区人大代表视察旧火车站厂区建设情况（2023年6月9日）

■ 红旗街道人大工委组织区人大代表视察营商环境情况（2023年6月7日）

■ 维明街道人大工委组织区人大代表视察代表联络站建设情况（2024年3月18日）

■ 东里街道人大工委组织区人大代表视察民生实事项目完成情况（2023年12月12日）

■ 新石街道人大工委组织区人大代表视察老旧小区改造情况（2023年12月12日）

■ 友谊街道人大工委组织区人大代表
视察星达停车场建设情况
（2023年12月21日）

■ 西里街道人大工委组织区人大代表
视察金融法庭工作开展情况
（2023年9月22日）

■ 长兴街道人大工委组织区人大代表
视察城中村改造情况
（2023年7月17日）

■ 振头街道人大工委组织区人大代表
视察桥西汽车园建设情况
（2023年11月29日）

■ 苑东街道人大工委组织区人大代表
视察居民生活区改善情况
（2023年12月12日）

■ 留营街道人大工委组织区人大代表
视察房地产解遗情况
（2024年1月17日）

石家庄市桥西区第十七届人民代表大会

二〇二一年七月

■ 休门街道人大工委组织区人大代表
视察企业经营情况
（2021年11月12日）

■ 东华街道人大工委组织区人大代表
视察河北东车智能科技有限公司运营情况
（2022年10月21日）

■ 东风街道人大工委组织区人大代表
视察辖区餐饮行业安全生产情况
（2024年3月19日）

■ 汇通街道人大工委组织区人大代表
视察塔坛国际商贸城运营情况
（2023年6月27日）

■ 彭后街道人大工委组织区人大代表
视察众里景元项目建设情况
（2022年4月26日）

序

值此全国人民代表大会成立70周年和石家庄市首届人民代表大会召开75周年之际，《石家庄市桥西区人大志（1952—2024）》付梓问世了。这是桥西区首部人大工作志，是桥西区人大历史上的一件大事，令人欣慰，值得庆贺。

盛世修志，垂鉴未来。石家庄市桥西区人大历史是一部坚持党的领导、保障人民当家作主、加强民主法治建设的实践史和发展史。从1952年8月石家庄市第二区首届各界人民代表会议第一次会议召开到2024年5月，历经十八届人民代表大会，走过了70余年风雨历程，一届届人大代表、一代代人大工作者，薪火相传，继往开来，书写了永载史册的光辉篇章。编纂《石家庄市桥西区人大志（1952—2024）》对推动新时代地方人大工作在继承中创新、在创新中发展具有重要意义。为此，经区人大常委会党组研究，报请中共石家庄市桥西区委批准，区人大常委会于2024年4月正式启动《石家庄市桥西区人大志（1952—2024）》编纂工作。

《石家庄市桥西区人大志（1952—2024）》秉承志书要求，坚持以马克思列宁主义、毛泽东思想、邓小平理论、"三个代表"重要思想、科学发展观、习近平新时代中国特色社会主义思想为指导，坚持辩证唯物主义和历史唯物主义的立场、观点和方法，系统、全面、客观地记述了桥西区人民代表大会及其常务委员会依法履行职责的历史与现状。内容丰富，资料翔实，体例规范，结构严谨，力求做到政治性、纪实性、可读性、创新性相统一。期望这部志书能在"存史、资政、育人"中发挥积极作用，为推动桥西区民主法治建设和经济社会高质量发展提供有益借鉴。

人民代表大会制度作为国家的根本政治制度，已经走过70年的光辉历程，显示出强大的生命力和显著的优越性。新时代新征程上，在习近平新时代中国特色社会主义思想指引下，在党中央和省委、市委、区委的坚强领导下，桥西区人大工作一定能够传承红色基因，续写时代华章，围绕发展全过程人民民主，坚持好、完善好、运行好人民代表大会制度，稳中求进推动桥西人大工作高质量发展，为不断开创现代化、国际化、幸福美丽桥西区建设新局面，加快把桥西区打造成高质量发展的先行区、示范区做出新的贡献。

石家庄市桥西区人大常委会党组书记

2024年11月

凡　例

一、《石家庄市桥西区人大志（1952—2024）》以马克思列宁主义、毛泽东思想、邓小平理论、“三个代表”重要思想、科学发展观、习近平新时代中国特色社会主义思想为指导，坚持辩证唯物主义和历史唯物主义的立场、观点和方法，求真务实，全面客观地记述了石家庄市第二区（桥西区前身）首届各界人民代表会议、石家庄市第二区第一届人民代表大会、石家庄市桥西区第二届至第十七届人民代表大会及其常务委员会在中共石家庄市桥西区委领导下，坚持和完善人民代表大会制度、依法履行职责的历史与现状。

二、按照科学分类与现行管理体制设置篇目，力求突出时代特征、地方特色和专业特点。

三、根据事件叙述完整性的需要，个别事件适当上溯或下延。本志上限为1952年8月石家庄市第二区首届各界人民代表会议召开，下限时间结点为2024年5月。

四、本志以石家庄市桥西区人大工作为主体，包含街道人大工作。

五、本书采用述、记、志、图、表、录等体裁，以志为主。本志不设人物传，对历史有重大贡献者采用以事系人方式入志。

六、本志采用章节体，原则上以届别立篇，篇下设章，章下设节，节下设目。

七、采用规范语体文，行文力求准确、简洁、通畅。

八、本志涉及组织、机构、法律法规、文件、会议等方面的专有名称使用全称。出现概率高、较长的名词，在初次使用时用全称，括注简称，之后用简称。其中区人民政府、区监察委员会、区人民法院、区人民检察院，简称“一府一委两院”；区人民法院、区人民检察院，简称“两院”。不同时期的国家、团体、机构、职务、地名等名称，均用当时名称，地名有变化的括注今地名。今地名使用各级政府审定的标准地名。各类译名以新华通讯社译名为准。

九、数字用法、标点符号分别采用国家标准《出版物上数字用法》（GB T15835-2011）、《标点符合用法》（GB T15834-2011），计量单位采用国家技术监督局1993年12月发布的《量和单位》系列国家标准。

十、志书中附图有图题和注记。统计表格中“空白”表示无此项统计，“—”表示有此项统计但因各种原因缺此资料，“0”表示该项数据为零。

十一、本志资料来源于石家庄市人大常委会机关档案室、石家庄市档案馆、石家庄市桥西区档案馆、石家庄市新华区档案馆、石家庄市桥西区人大常委会机关档案室，石家庄市桥西区各街道档案室，均经核实后载入，一般不注明出处。因历史档案资料遗失，造成部分史实记载不全，不再进行专门说明。

目　录

第一篇　石家庄市第二区首届各界人民代表会议

第二篇　石家庄市第二区第一届人民代表大会

第三篇　石家庄市桥西区第二届人民代表大会

第四篇　石家庄市桥西区第三届人民代表大会

第五篇　石家庄市桥西区第四届人民代表大会

第六篇　石家庄市桥西区第五届至第六届人民代表大会

第七篇　石家庄市桥西区第七届人民代表大会

第八篇　石家庄市桥西区第八届人民代表

第九篇　石家庄市桥西区第九届人民代表大会

第十篇　石家庄市桥西区第十届人民代表大会

第十一篇　石家庄市桥西区第十一届人民代表大会

第十二篇　石家庄市桥西区第十二届人民代表大会

第十四篇　石家庄市桥西区第十四届人民代表大会

第十五篇　石家庄市桥西区第十五届人民代表大会

第十六篇　石家庄市桥西区第十六届人民代表大会

第十七篇　石家庄市桥西区第十七届人民代表大会

第十八篇　乡（街道）人大工作

附　录

概　述

一

桥西区隶属于河北省省会石家庄市，是省会的主城区，享有“政治要区、经济大区、金融强区、科教名区”等称号。

桥西区位于石家庄市区西南部。截至2024年5月，辖17个街道，172个居委会，总面积68.45平方千米，常住人口97.9万人。

桥西区历史悠久，建置沿革多变。桥西区境原属获鹿县（现鹿泉区）辖地，文字记载已有4000余年历史，春秋初属鲜虞国，后属晋地；战国初属中山国，后归赵国；秦时属钜鹿郡；西汉时属石邑县，隋朝改为鹿泉县，唐朝改称获鹿县，宋朝时属后金镇宁州、西宁州，明清时复称获鹿县。20世纪初期，桥西区境为获鹿县辖下的25个自然村镇，1925年北洋政府临时执政批准设立石门市，桥西区因位于平汉铁路大石桥以西而得名。1947年11月12日，人民解放军攻克石门市，同年12月26日石门市更名为石家庄市，将原石门市第一、二两区重划为4个区，桥西区境为第二区。1955年以辖区主要街道永安街之名改称永安区；1956年4月与新华区合并，改称桥西区。1960年6月30日至1961年4月30日，鹿泉区（原获鹿县）全境划入桥西区，改称桥西区人民公社。1969年11月以中山路为界析分新华区，桥西区改称红卫区；1979年复称桥西区至今。此后，桥西区行政区划多次调整。2001年3月，石家庄市区划调整，撤销郊区，将原郊区的留营乡、振头乡、西里乡的3个村、建国路办事处划归桥西区管辖。2014年9月，撤销石家庄市桥东区，将原桥东区的东华、休门、彭后、东风、汇通5个街道办事处划归桥西区管辖。

桥西区革命遗址众多，有石家庄市政府交际处309号院旧址、华北军区烈士陵园、石家庄解放广场、华北人民政府成立大会会址纪念馆等。

桥西区政治区位重要，是省委、省人大、省政协机关所在地，辖区驻有省直单位60多家，主要经济综合管理部门和行业管理机构均驻在桥西。科教实力雄厚，辖区驻有中国电子科技集团第五十四研究所、河北省科学院、河北省社科院等多家部、省、市属科研单位和河北师范大学汇华学院、河北经贸大学等20余所大中专院校。窗口单位聚集，辖区有火车站、长途汽车站、河北会堂、河北艺术中心等窗口单位，是省会第一形象、第一名片。商贸经济繁荣，辖区商贸设施林立，2020年以来，北国商城、新百广场•华润万象城、万象天成•海悦天地、北国益友购物中心等多个商圈聚集效应凸显。金融、总部经济和高端现代服务业发达，各类金融机构达1000多家，全市80%以上的省级银行总部和省级分公司坐落桥西，是省这一时期，桥西区人民代表大会及其常务委员会，坚持以马克思列宁主义、毛泽东思想、邓小平理论、“三个代表”重要思想、科学发展观为指导，在区委的坚强领导下，紧紧围绕区委中心工作，全面认真履行宪法和法律赋予的各项职权，与时俱进，求真务实，监督、代表、选举等各项工作都取得了新的进展，在政治、经济、文化等各项事业的建设中均发挥了重要作用，人大工作不断开创新局面，取得新突破，人民代表大会制度在桥西区焕发出蓬勃生机。

（五）完善发展阶段（2012 年 11 月党的十八大召开至今）

党的十八大以来，中国特色社会主义进入新时代，这是国家发展新的历史方位。2021 年 10 月 13 日，中央人大工作会议召开，习近平总书记发表重要讲话，系统提出“六个必须坚持”的新思想，阐释人民代表大会制度的新定位，论述全过程人民民主的重大理念，阐述“四个机关”新抓手，为新时代加强和改进人大工作提供了根本遵循。

进入新时代，桥西区历经第十五、十六、十七届人民代表大会（十七届尚在届中）。在新时代、新征程上，桥西区人大及其常委会坚持以习近平新时代中国特色社会主义思想为指导，坚持党的领导、人民当家作主、依法治国有机统一，增强“四个意识”、坚定“四个自信”、做到“两个维护”。紧紧围绕党中央和省委、市委、区委决策部署，真抓实干，担当善为，拼搏竞进，认真履行宪法和法律赋予的各项职责，人大工作取得新的重大进展。立足新发展阶段，桥西区人大常委会深入学习宣传贯彻党的二十大精神和中央人大工作会议精神，坚持以人民为中心的发展思想，贯彻新发展理念，构建新发展格局，积极践行全过程人民民主，加强“四个机关”建设，以推动高质量发展为主题，奋力谱写加快建设现代化、国际化、幸福美丽桥西区新篇章，为把桥西区打造成高质量发展的先行区、示范区贡献人大力量。

2012 年 11 月至 2024 年 5 月，共召开人民代表大会会议 16 次，人大常委会会议 102 次，主任会议 122 次，作出决议决定 158 个，选举任免国家机关工作人员 1273 人次。

三

纵观桥西区人民代表大会发展历史，桥西区历届人大及其常委会在履职实践中注重把握了以下几个方面。

（一）始终坚持党的领导，牢牢把握正确政治方向。历届区人大及其常委会把加强党的领导作为做好人大工作的政治原则和根本保证，坚持在党中央和省委、市委、区委领导下开展人大工作。认真贯彻落实向区委请示报告制度，主动将人大工作融入区委总体工作布局，自觉把党的领导贯穿人大工作全过程、各方面。

（二）始终坚持法治思维，确保依法实施监督。历届区人大及其常委会牢固树立社会主义法治理念，忠于宪法、遵守宪法、维护宪法，坚持依照法定职责，限于法定范围，遵守法定程序，按照法律规定进行监督，保证人大工作始终在法律框架内有效开展。

（三）始终坚持人民至上，切实维护人民群众根本利益。历届区人大及其常委会时刻把人民放在心中最高位置，把实现好、维护好、发展好最广大人民群众的根本利益，作为人大工作的出发点和落脚点，紧紧抓住人民群众最关心最直接最现实的利益问题开展监督，精准发力，持续跟进，不断提高人民群众的获得感、幸福感、安全感，切实保障人民当家作主。

（四）始终坚持服务大局，持续推动经济社会发展。历届区人大及其常委会坚持在全局中定位，在大局下行动，找准人大工作与桥西区工作大局的切入点和结合点，认真研究谋划全年工作要点，高效组织推进监督、代表、选举等工作，确保区人大工作与桥西区中心工作同向同频，协同共进。紧跟时代发展、实践要求、人民期待，依法行使各项职权，在推动经济社会发展中发挥人大作用，贡献人大力量。

（五）始终坚持代表主体地位，充分发挥代表作用。历届区人大及其常委会牢固树立尊重代表权利就是尊重人民权利、保障代表依法履职就是保障人民当家作主的意识，以提高代表履职能力、服务保障代表依法履职为重点，着力加强代表工作。创建平台，拓宽渠道，完善制度，为代表履职提供坚强保障。加强学习培训，建立激励机制，强化教育管理，不断提高代表的履职能力，充分激发代表的履职热情。

（六）始终坚持与时俱进，持之以恒建设有为人大。历届区人大及其常委会面对不同时代的形势和任务，坚持解放思想、实事求是，积极改革创新，在实践中探索，在创新中前进，不断探索依法行使职权的新机制、新思路、新方法，提高工作能力，增强工作实效，打造了一批人大工作亮点和品牌，使新时代人大工作有声有色，充满活力。

回眸走过的路，虽坎坷异常、步履艰辛，但目标坚定，行则将至。在 70 余年的奋斗历程中，几代人大工作者赓续红色血脉、坚定制度自信，以扎实卓越的履职风貌、开拓进取的创新精神，奋力书写了桥西区人大的光辉历史。面向未来，我们信心满怀、斗志昂扬，在新的历史征程上，桥西区人大及其常委会坚持以习近平新时代中国特色社会主义思想为指导，全面贯彻落实党的二十大精神和中央人大工作会议精神，在中共桥西区委的坚强领导下，坚持党的领导、人民当家作主、依法治国有机统一，坚持和发展全过程人民民主，依法履行宪法和法律赋予的各项职责，坚持与时俱进，踔厉奋发前行，奋力谱写出更加辉煌灿烂的崭新篇章。

大 事 记

1952 年

8 月 26 日至 29 日　石家庄市第二区首届各界人民代表会议第一次会议召开。

12 月 24 日至 25 日　第二区首届各界人民代表会议第二次会议召开。

1953 年

4 月 28 日至 29 日　石家庄市第二区首届各界人民代表会议第三次会议召开。

8 月 6 日至 7 日　第二区首届各界人民代表会议第四次会议召开。

11 月 6 日至 7 日　第二区首届各界人民代表会议第五次会议召开。

1954 年

3 月 17 日至 20 日　石家庄市第二区第一届人民代表大会第一次会议召开。

10 月 20 日至 21 日　第二区第一届人民代表大会第二次会议召开。

1955 年

4 月 19 日至 21 日　石家庄市第二区第一届人民代表大会第三次会议召开。

1956 年

11 月 11 日至 14 日　桥西区第二届人民代表大会第一次会议召开。

1957 年

10 月 8 日至 10 日　桥西区第二届人民代表大会第二次会议召开。

1958 年

4 月 27 日至 28 日　桥西区第三届人民代表大会第一次会议召开。

1963 年

5 月 6 日至 9 日　桥西区第四届人民代表大会第一次会议召开。

1964 年

6 月 11 日至 12 日　桥西区第四届人民代表大会第二次会议召开。

1965 年

2 月 18 日至 20 日　桥西区第四届人民代表大会第三次会议召开。

12 月 10 日至 14 日　桥西区第五届人民代表大会第一次会议召开。

因“文化大革命”运动开始，桥西区第六届人民代表大会未能召开，桥西区人民代表大会活动被迫中断。

1981 年

6 月 13 日至 17 日　桥西区第七届人民代表大会第一次会议召开。

7 月 11 日　区七届人大常委会第一次会议召开。

9 月 9 日　区七届人大常委会第二次会议召开。

12 月 7 日　区七届人大常委会第三次会议召开。

1982 年

1 月 7 日　区七届人大常委会第四次会议召开。

1 月 11 日至 12 日　桥西区第七届人民代表大会第二次会议召开。

3 月 22 日　区七届人大常委会第五次会议召开。

6 月 22 日　区七届人大常委会第六次会议召开。会议通过了《石家庄市桥西区人民代表大会常务委员会关于组织桥西区人民讨论〈宪法修改草案〉的决议》。

8 月 27 日　区七届人大常委会第七次会议召开。

10 月 22 日　区七届人大常委会第八次会议召开。

12 月 27 日　区七届人大常委会第九次会议召开。会议通过了《关于动员桥西区人民学习宣传和坚决执行宪法的决议》。

1983 年

1 月 20 日至 21 日　桥西区第七届人民代表大会第三次会议召开。

3 月 18 日　区七届人大常委会第十次会议召开。

5 月 18 日　区七届人大常委会第十一次会议召开。

7 月 9 日　区七届人大常委会第十二次会议召开。

9月14日　区七届人大常委会第十三次会议召开。会议通过了《关于“动员桥西区人民行动起来，积极投入打击严重刑事犯罪活动的斗争”的决议》《关于“号召桥西区人民广泛开展爱国卫生运动”的决议》。

11月30日　区七届人大常委会第十四次会议召开。会议通过了《桥西区人民行动起来，坚决贯彻执行市人大常委会“关于制止和清除精神污染若干问题的决定”的决议》。

1984年

2月10日　区七届人大常委会第十五次会议召开。

2月18日　桥西区第七届人民代表大会第四次会议召开。

4月27日　区七届人大常委会第十六次会议召开。

6月13日　区七届人大常委会第十七次会议召开。

6月21日至25日　桥西区第八届人民代表大会第一次会议召开。

7月30日　区八届人大常委会第一次会议召开。

9月29日　区八届人大常委会第二次会议召开。

12月1日　区八届人大常委会第三次会议召开。

1985年

1月14日至17日　区人大常委会主任白梦章带队视察桥西区工业科技工作情况。

1月26日　区人大常委会办公室向各位区人大代表发出通知，要求学习1985年1月10日《人民日报》第二版刊登的《一张没有公章的奖状》的报道。

1月31日　区八届人大常委会第四次会议召开。

3月16日　区八届人大常委会第五次会议召开。

4月1日至2日　桥西区第八届人民代表大会第二次会议召开。

5月17日　区八届人大常委会第六次会议召开。

5月23日至24日　区人大常委会主任白梦章带队视察桥西区幼儿教育工作情况。

7月23日　区八届人大常委会第七次会议召开。

8月6日至7日　区人大常委会主任白梦章带队视察桥西区民政工作情况。

9月18日　区八届人大常委会第八次会议召开。

12月10日　区八届人大常委会第九次会议召开。

12月25日　桥西区第八届人民代表大会第三次会议召开。

1986年

1月17日至18日　区人大常委会主任周景文带队视察桥西区精神文明建设工作情况。

1月29日　区八届人大常委会第十次会议召开。

3月18日至20日　桥西区第八届人民代表大会第四次会议召开。

3 月 20 日　区八届人大常委会第十一次会议召开。

3 月 25 日至 27 日　根据市人大常委会办公室〔1986〕6 号文件《关于组织省、市、区人大代表视察的通知》，区人大常委会对桥西区驻区和区属单位进行视察。

4 月 8 日　区八届人大常委会第十二次会议召开。

4 月 15 日　区人大常委会主任周景文带队前往省育新学校看望失足青少年，了解社会综合治理情况，探讨如何在青少年中开展“普法”教育。

5 月 5 日至 15 日　区人大常委会主任周景文带队调查研究工业企业厂长、书记、工会主席三者关系及作用。

5 月 26 日至 28 日　区人大常委会主任周景文带队视察桥西区区属工厂厂长目标承包责任制落实情况。

6 月 13 日　区八届人大常委会第十三次会议召开。

8 月 8 日至 9 日　区人大常委会主任周景文带队视察桥西区部分单位开展“如意杯”竞赛活动情况，召开所属各商店经理会议。

8 月 22 日　区八届人大常委会第十四次会议召开。

9 月 23 日　区人大常委会召集部分人大代表、校长和教师召开贯彻实施《中华人民共和国义务教育法》座谈会，区人大常委会主任周景文出席会议。

10 月 10 日　区八届人大常委会第十五次会议召开。

10 月 31 日　区八届人大常委会第十六次会议召开。

12 月 2 日　区人大常委会召开区人大代表工作经验交流会议，区人大代表，区委、区人大常委会、区人民政府及相关部门、区政协等有关负责人近 200 人参加会议，区委书记赵传文参会并讲话。

12 月 16 日　区八届人大常委会第十七次会议召开。

1987 年

1 月 15 日　区八届人大常委会第十八次会议召开。

2 月 23 日至 25 日　石家庄市人大代表桥西区中心组组织市人大代表对第六届全国人大常委会通过并公布的《关于加强法制教育维护安定团结的决定》学习贯彻情况以及在普法教育中采取的具体措施、进度、经验、收效等情况进行视察。

5 月 20 日　区八届人大常委会第十九次会议召开。

5 月 27 日至 30 日　桥西区第九届人民代表大会第一次会议召开。

6 月 22 日　区九届人大常委会第一次会议召开。会议通过了《关于区第九届人大代表实行持证检查工作的决定》。

7 月 2 日　区人大常委会召开在区九届人大一次会议上提出议案的人大代表座谈会。

8 月 25 日　区人大常委会深入开展“一季一信”活动，共收到代表来信 30 件。

9 月 1 日至 3 日　7 个办事处的代表联络组人大代表抽查各办事处下属的工业、商业、居

12月18日　区十届人大常委会第十四次会议召开。

1992年

1月9日　区人大常委会与“一府两院”负责人联席会议召开。

1月22日至23日　区十届人大常委会第十五次会议召开。

1月27日至28日　区人大常委会主任周景文，副主任张秀耕、殷建芳、马西林、武舒通、窦玉仲和部分区人大代表及区人大常委会各委办有关人员共19人，视察辖区内的八条主要街道、两个集贸市场及“八一”广场年货市场等地的春供、市容卫生情况。

1月28日至29日　区人大常委会主任周景文，副主任张秀耕、殷建芳、马西林、武舒通、窦玉仲分别带队到桥西区九个代表小组、办事处和代表驻地进行走访慰问。

2月26日　区十届人大常委会第十六次会议召开。

3月16日至20日　桥西区第十届人民代表大会第三次会议召开。

4月9日至10日　区十届人大常委会第十七次会议召开。

5月29日　区人大代表评议政法工作会议召开。

6月26日　区十届人大常委会第十八次会议召开。

8月21日至22日　区十届人大常委会第十九次会议召开。

10月21日　区十届人大常委会第二十次会议召开。

1993年

1月6日　区十届人大常委会第二十一次会议召开。

2月15日至20日　桥西区第十一届人民代表大会第一次会议召开。

4月23日至24日　区十一届人大常委会第一次会议召开。

6月14日　区人大常委会主任蔡生东，副主任祁连记、张秀耕、武舒通、吕振福、李建德，顾问殷建芳、孙金铭及有关人员，调研桥西区“三资”企业和大项目建设情况。

6月30日　区十一届人大常委会第二次会议召开。

8月13日　区十一届人大常委会第三次会议召开。

8月24日至25日　桥西区第十一届人民代表大会第二次会议召开。

10月30日　区十一届人大常委会第四次会议召开。

12月29日　区十一届人大常委会第五次会议召开。

1994年

2月24日　区十一届人大常委会第六次会议召开。

3月17日至19日　桥西区第十一届人民代表大会第三次会议召开。

4月19日至20日　区人大常委会主任蔡生东，副主任祁连记、武舒通、李建德、白冬至，顾问孙金铭和省、市、区人大代表及有关工作人员组成视察组，对桥西区医疗卫生管理工作情况进行视察。

4月27日　区十一届人大常委会第七次会议召开。

6月26日　区人大常委会机关从桥西区自强路13号迁至桥西区维明街4号（后改为维明南大街136号）办公。

6月28日　区十一届人大常委会第八次会议召开。

8月30日　区十一届人大常委会第九次会议召开。

9月9日　桥西区纪念全国人民代表大会成立四十周年大会召开。

10月26日　区十一届人大常委会第十次会议召开。

12月30日　区十一届人大常委会第十一次会议召开。

1995年

3月2日　区十一届人大常委会第十二次会议召开。

3月7日至10日　桥西区第十一届人民代表大会第四次会议召开。

4月26日　区十一届人大常委会第十三次会议召开。

7月10日　区十一届人大常委会第十四次会议召开。

7月20日　区人大常委会主任蔡生东、副主任张秀耕带队视察桥西区电子游戏厅经营和管理情况。

8月7日至11日　市人大常委会桥西中心组第一组视察桥西工商分局工作情况。

8月30日　区十一届人大常委会第十五次会议召开。

10月30日　区十一届人大常委会第十六次会议召开。

12月18日　区十一届人大常委会第十七次会议召开。会议通过了《石家庄市桥西区人大常委会关于实行案件汇报卡制度的规定》。

1996年

2月2日　区十一届人大常委会第十八次会议召开。

4月4日　区十一届人大常委会第十九次会议召开。

4月14日至19日　桥西区第十一届人民代表大会第五次会议召开。

6月22日　区十一届人大常委会第二十次会议召开。

8月3日　区十一届人大常委会第二十一次会议召开。

8月27日　区十一届人大常委会第二十二次会议召开。

11月6日　区十一届人大常委会第二十三次会议召开。

12月28日　区十一届人大常委会第二十四次会议召开。

1997 年

1 月 22 日至 25 日　桥西区第十一届人民代表大会第六次会议召开。

3 月 4 日　区人大常委会党组《关于在各街道办事处设立人大代表工作室的请示》获得区委同意。

3 月 10 日　区十一届人大常委会第二十五次会议召开。

4 月 28 日　区十一届人大常委会第二十六次会议召开。

7 月 16 日　区十一届人大常委会第二十七次会议召开。

8 月 29 日　区十一届人大常委会第二十八次会议召开。

11 月 20 日　区十一届人大常委会第二十九次会议召开。

1998 年

2 月 11 日　区十一届人大常委会第三十次会议召开。

2 月 16 日至 21 日　桥西区第十二届人民代表大会第一次会议召开。

4 月 30 日　区十二届人大常委会第一次会议召开。

5 月 29 日　区十二届人大常委会第二次会议召开。

6 月 9 日至 10 日　区人大常委会主任韩宪章，副主任祁连记、吕振福、张秀珍、郑丁江带领部分区人大代表对《中华人民共和国食品卫生法》《中华人民共和国传染病防治法》贯彻落实情况进行视察。

7 月 21 日　区十二届人大常委会第三次会议召开。

8 月 17 日　区十二届人大常委会第四次会议召开。

9 月 8 日　区十二届人大常委会第五次会议召开。

11 月 23 日　区十二届人大常委会第六次会议召开。

12 月 21 日　区十二届人大常委会第七次会议召开。

1999 年

1 月 12 日至 15 日　桥西区第十二届人民代表大会第二次会议召开。

3 月 9 日　区十二届人大常委会第八次会议召开。会议通过了《关于实行法律文书备案和审理制度的决定》。

4 月 30 日　区十二届人大常委会第九次会议召开。

5 月 25 至 26 日　区人大常委会主任韩宪章，副主任祁连记、吕振福、张秀珍、郑丁江带领部分区人大代表对《中华人民共和国城市规划法》贯彻落实情况和城区建设的市容市貌情况进行视察。

6 月 2 日　区十二届人大常委会第十次会议召开。

7 月 14 日至 15 日　区人大常委会主任韩宪章，副主任祁连记、吕振福、张秀珍、郑丁江带领部分区人大代表对《中华人民共和国行政处罚法》贯彻落实情况进行视察。

7月19日　区十二届人大常委会第十一次会议召开。

9月13日　区十二届人大常委会第十二次会议召开。

9月15日至17日　区人大常委会主任韩宪章，副主任祁连记、吕振福、张秀珍、郑丁江带领部分区人大代表对《中华人民共和国教育法》《中华人民共和国教师法》《关于深化教育改革全面推进素质教育的决定》宣传贯彻情况进行视察。

11月12日　区十二届人大常委会第十三次会议召开。

11月29日至30日　区人大常委会主任韩宪章，副主任祁连记、吕振福、张秀珍、郑丁江带领部分区人大代表对《中华人民共和国环境保护法》贯彻执行情况进行视察。

12月21日　区十二届人大常委会第十四次会议召开。

12月27日　区十二届人大常委会第十五次会议召开。

2000年

1月8日至10日　桥西区第十二届人民代表大会第三次会议召开。

3月10日　区十二届人大常委会第十六次会议召开。

4月28日　区十二届人大常委会第十七次会议召开。

8月29日　区十二届人大常委会第十八次会议召开。

9月26日　区十二届人大常委会第十九次会议召开。

12月29日　区十二届人大常委会第二十次会议召开。

2001年

1月11日至13日　桥西区第十二届人民代表大会第四次会议召开。

3月6日　区十二届人大常委会第二十一次会议召开。

4月27日　区十二届人大常委会第二十二次会议召开。

7月13日　区十二届人大常委会第二十三次会议召开。

8月29日　区人大常委会在全市率先实行乡人大主席团、街道人大工作室考核评比制度，制定了考核评比办法。

10月19日　区十二届人大常委会第二十四次会议召开。

12月7日　区十二届人大常委会第二十五次会议召开。

2002年

3月4日　区十二届人大常委会第二十六次会议召开。

3月12日至14日　桥西区第十二届人民代表大会第五次会议召开。

5月21日　区十二届人大常委会第二十七次会议召开。

7月4日　区人大常委会主任韩宪章，副主任祁连记、吕振福、张秀珍、郑丁江带领部分区人大代表对《中华人民共和国食品卫生法》贯彻落实情况进行视察。

7月16日　区十二届人大常委会第二十八次会议召开。

7月30日　区十二届人大常委会第二十九次会议召开。

9月17日　区十二届人大常委会第三十次会议召开。

10月24日　区十二届人大常委会第三十一次会议召开。

2003年

1月22日　区十二届人大常委会第三十二次会议召开。

1月24日至25日　桥西区第十二届人民代表大会第六次会议召开。

2月13日　区十二届人大常委会第三十三次会议召开。

3月21日　区十二届人大常委会第三十四次会议召开。

4月1日　区十二届人大常委会第三十五次会议召开。

4月18日　区十二届人大常委会第三十六次会议召开。

4月29日　区十二届人大常委会第三十七次会议召开。

5月3日至5日　桥西区第十三届人民代表大会第一次会议召开。

5月28日　区十三届人大常委会第一次会议召开。

6月12日　区人大常委会主任宋东来带队对桥西区医院、友谊大街办事处、桥西区防疫站、新石小学贯彻实施“一法一条例”，切实做好防治非典型肺炎的情况进行视察。

7月3日　区十三届人大常委会第二次会议召开。

7月29日　区人大常委会主任宋东来，副主任吕振福、王文晔带领部分区人大代表对《中华人民共和国食品卫生法》贯彻执行情况进行视察。

8月28日　区十三届人大常委会第三次会议召开。

9月29日　区十三届人大常委会第四次会议召开。

10月29日　区十三届人大常委会第五次会议召开。

12月10日　区十三届人大常委会第六次会议召开。

12月24日　区十三届人大常委会第七次会议召开。

2004年

1月7日至9日　桥西区第十三届人民代表大会第二次会议召开。

2月6日　区十三届人大常委会第八次会议召开。

4月22日　区十三届人大常委会第九次会议召开。

6月4日　区人大常委会主任宋东来，副主任王文晔带领部分区人大代表对《中华人民共和国科技进步法》《河北省科技进步条例》贯彻执行情况进行视察。

7月15日　区十三届人大常委会第十次会议召开。

8月19日　区人大常委会主任宋东来，副主任吕振福、王文晔带领部分区人大代表对

《中华人民共和国食品卫生法》贯彻执行情况进行视察。

9月23日　区十三届人大常委会第十一次会议召开。

11月4日　区十三届人大常委会第十二次会议召开。

12月16日　区十三届人大常委会第十三次会议召开。会议通过了《石家庄市桥西区预防职务犯罪工作办法（试行）》。

12月24日　区十三届人大常委会第十四次会议召开。

12月30日　区十三届人大常委会第十五次会议召开。

2005年

1月7日　区十三届人大常委会第十六次会议召开。

1月12日至14日　桥西区第十三届人民代表大会第三次会议召开。

3月22日　区十三届人大常委会第十七次会议召开。会议通过了《桥西区人大常委会实行特殊案件月报制度的决定》。

4月28日　区十三届人大常委会第十八次会议召开。

7月7日　区十三届人大常委会第十九次会议召开。

9月13日　区十三届人大常委会第二十次会议召开。

11月3日　区十三届人大常委会第二十一次会议召开。

12月20日　区十三届人大常委会第二十二次会议召开。

2006年

3月9日　区十三届人大常委会第二十三次会议召开。

3月14日至16日　桥西区第十三届人民代表大会第四次会议召开。

5月17日　区十三届人大常委会第二十四次会议召开。

7月14日　区十三届人大常委会第二十五次会议召开。

9月19日　区十三届人大常委会第二十六次会议召开。会议通过了《关于学习贯彻〈中华人民共和国各级人民代表大会常务委员会监督法〉的决定》。

11月10日　区十三届人大常委会第二十七次会议召开。

12月28日　区十三届人大常委会第二十八次会议召开。

2007年

1月15日　区十三届人大常委会第二十九次会议召开。

4月4日　区十三届人大常委会第三十次会议召开。

4月11日　区十三届人大常委会第三十一次会议召开。

4月18日至20日　桥西区第十四届人民代表大会第一次会议召开。

5月23日　区十四届人大常委会第一次会议召开。

6 月 19 日　区十四届人大常委会第二次会议召开。

7 月 5 日　区人大常委会主任王来传带队到中山街道办事处和留营村进行调研。

8 月 7 日　区十四届人大常委会第三次会议召开。

8 月 9 日　市人大常委会副主任张振东带领调研组调研桥西区 2007 年 1—6 月份计划预算执行情况、固定资产投资情况、社会保障及上级对县（市）区转移支付等情况。

8 月 10 日　区人大常委会主任王来传带队到区城管局进行视察。

8 月 28 日　区人大常委会主任王来传带队到石家庄市质量技术监督局桥西分局进行视察调研。

10 月 16 日　区十四届人大常委会第四次会议召开。

11 月 7 日　区人大常委会主任王来传带队到区公安分局进行视察调研。

11 月 22 日　区人大常委会主任王来传带队到区司法局进行视察调研。区委常委、副区长刘建芳陪同视察调研。

11 月 26 日　区人大常委会主任王来传带队对桥西区农业农村工作进行视察。

12 月 7 日　区十四届人大常委会第五次会议召开。

2008 年

1 月 17 日　区十四届人大常委会第六次会议召开。

1 月 22 日至 24 日　桥西区第十四届人民代表大会第二次会议召开。

2 月 19 日　区人大常委会主任王来传带队对桥西区重点项目建设情况进行视察。

3 月 12 日　区十四届人大常委会第七次会议召开。

5 月 16 日　区十四届人大常委会第八次会议召开。

7 月 18 日　区十四届人大常委会第九次会议召开。

10 月 30 日　区十四届人大常委会第十次会议召开。

12 月 25 日　区人大常委会主任王来传到西里街道城角庄村督导“两委”换届工作。

2009 年

1 月 8 日　区十四届人大常委会第十一次会议召开。

1 月 12 日　区十四届人大常委会第十二次会议召开。

2 月 13 日　区十四届人大常委会第十三次会议召开。

2 月 19 日　区十四届人大常委会第十四次会议召开。

2 月 25 日至 27 日　桥西区第十四届人民代表大会第三次会议召开。

4 月 21 日　深州市人大常委会到桥西区学习交流人大工作。

5 月 6 日　区人大常委会组织部分人大代表到区人民检察院就队伍建设情况进行视察。

5 月 13 日　区十四届人大常委会第十五次会议召开。

6 月 2 日　区十四届人大常委会第十六次会议召开。

8月4日　区十四届人大常委会第十七次会议召开。

9月11日　区人大常委会组织部分市人大代表参观城市建设规划展。

10月30日　区十四届人大常委会第十八次会议召开。

12月24日　区十四届人大常委会第十九次会议召开。

12月30日　市人大常委会财经委到桥西区就国民经济与社会发展计划和财政预算执行情况进行调研。

2010年

2月26日　区十四届人大常委会第二十次会议召开。

3月9日　区十四届人大常委会第二十一次会议召开。

3月17日至19日　桥西区第十四届人民代表大会第四次会议召开。

4月13日　区人大常委会主任王来传到留营办事处部分社区居委会就重点项目与社区建设工作进行调研。

4月22日　区人大常委会主任王来传对桥西区部分重点建设项目进行调研。

5月13日　区十四届人大常委会第二十二次会议召开。

9月6日　区十四届人大常委会第二十三次会议召开。

11月4日　区十四届人大常委会第二十四次会议召开。

2011年

1月12日　区十四届人大常委会第二十五次会议召开。

2月16日　区十四届人大常委会第二十六次会议召开。

2月24日至25日　桥西区第十四届人民代表大会第五次会议召开。

6月10日　区十四届人大常委会第二十七次会议召开。

6月14日　区十四届人大常委会第二十八次会议召开。

9月7日　区十四届人大常委会第二十九次会议召开。

10月19日　区人大常委会集中调度各单位分包新客站区域拆迁工作。

10月28日　区十四届人大常委会第三十次会议召开。

12月22日　市人大常委会党组书记杨志辉到桥西区调研。

2012年

1月10日　区十四届人大常委会第三十一次会议召开。

2月9日　区十四届人大常委会第三十二次会议召开。

2月15日至17日　桥西区第十五届人民代表大会第一次会议召开。

3月20日　区十五届人大常委会第一次会议召开。

5月25日　区十五届人大常委会第二次会议召开。

7月27日　区十五届人大常委会第三次会议召开。

9月25日　区十五届人大常委会第四次会议召开。

11月23日　区十五届人大常委会第五次会议召开。

12月7日　区十五届人大常委会第六次会议召开。

12月28日　区十五届人大常委会第七次会议召开。

2013年

2月17日　区十五届人大常委会第八次会议召开。

3月25日至26日　桥西区第十五届人民代表大会第二次会议召开。

3月29日　区十五届人大常委会第九次会议召开。

5月6日　区十五届人大常委会第十次会议召开。

6月19日　区十五届人大常委会第十一次会议召开。

6月27日至28日　桥西区第十五届人民代表大会第三次会议召开。

7月31日至8月2日　省人大常委会内司委主任边黎明带队到富华社区进行调研。

8月12日　省人大常委会委员、省人大常委会研究室主任王振平带队调研桥西区社会救助工作情况。

8月13日　区十五届人大常委会第十二次会议召开。

10月18日　区十五届人大常委会第十三次会议召开。

12月20日　区十五届人大常委会第十四次会议召开。

12月28日　区十五届人大常委会第十五次会议召开。

2014年

1月13日　区十五届人大常委会第十六次会议召开。

1月21日至23日　桥西区第十五届人民代表大会第四次会议召开。

4月1日　区十五届人大常委会第十七次会议召开。会议通过了《区人大常委会关于开展党的群众路线教育实践活动的实施方案》。

6月26日　区十五届人大常委会第十八次会议召开。

8月29日　区十五届人大常委会第十九次会议召开。会议通过了《关于在桥西区各街道建立“人大代表之家”的实施意见》。

11月21日　区十五届人大常委会第二十次会议召开。

12月26日　区十五届人大常委会第二十一次会议召开。

2015年

2月6日　区十五届人大常委会第二十二次会议召开。

2月11日至13日　桥西区第十五届人民代表大会第五次会议召开。

4月21日　区十五届人大常委会第二十三次会议召开。

7月7日　区十五届人大常委会第二十四次会议召开。

8月27日至28日　区十五届人大常委会第二十五次会议召开。

9月8日　区十五届人大常委会第二十六次会议召开。

9月21日　区十五届人大常委会第二十七次会议召开。

9月21日至22日　桥西区第十五届人民代表大会第六次会议召开。

10月30日　区十五届人大常委会第二十八次会议召开。

12月23日　区十五届人大常委会第二十九次会议召开。

2016年

1月28日　区十五届人大常委会第三十次会议召开。

2月18日至19日　桥西区第十五届人民代表大会第七次会议召开。

4月20日　区十五届人大常委会第三十一次会议召开。

7月5日　区十五届人大常委会第三十二次会议召开。

8月31日　区十五届人大常委会第三十三次会议召开。

11月11日　区十五届人大常委会第三十四次会议召开。

12月30日　区十五届人大常委会第三十五次会议召开。

2017年

1月25日　区十五届人大常委会第三十六次会议召开。

2月17日　区十五届人大常委会第三十七次会议召开。

2月26日至28日　桥西区第十六届人民代表大会第一次会议召开。

3月23日　区十六届人大常委会第一次会议召开。

4月21日　区十六届人大常委会第二次会议召开。

5月31日　区十六届人大常委会第三次会议召开。

7月19日　市人大常委会主任司存喜，副主任楚行宇、李志宏，秘书长张院生及市人大有关委办一行来桥西区调研督导“人大代表之家（站）”建设情况。区委书记刘军志，区人大常委会主任张书凯、副主任王文晔陪同调研。

8月8日　省人大常委会党组书记、常务副主任范照兵一行视察桥西区“人大代表联络站”建设工作情况。

8月16日　区十六届人大常委会第四次会议召开。

10月16日　区十六届人大常委会第五次会议召开。

12月7日　区人大常委会主任张书凯、副主任马会忠带领部分区人大常委会委员及人大代表，对区公安分局基层所、队、站规范化建设工作情况进行视察。

12月29日　区十六届人大常委会第六次会议召开。

6月25日　区十六届人大常委会第三十六次会议召开。

7月16日　区十六届人大常委会第三十七次会议召开。

7月23日至25日　桥西区第十七届人民代表大会第一次会议召开。

9月9日　区十七届人大常委会第一次会议召开。

9月24日　区十七届人大常委会第二次会议召开。

11月3日　区十七届人大常委会第三次会议召开。

12月3日　区十七届人大常委会第四次会议召开。

12月13日　省人大社会建设委员会副主任委员王晓飞带队到桥西区开展未成年人保护立法调研工作，区人大常委会副主任赵欢陪同调研。

12月30日　中共石家庄市桥西区委人大工作会议召开。区十七届人大常委会第五次会议召开。

2022年

1月17日　区十七届人大常委会第六次会议召开。

1月27日至28日　桥西区第十七届人民代表大会第二次会议召开。

3月18日　区十七届人大常委会第七次会议召开。

4月27日　区人大常委会组织市人大代表到桥西区金融创新开发区，就打造省会金融产业聚集高地、建设自强路金融商务区进行专题视察调研活动。

4月29日　区十七届人大常委会第八次会议召开。

6月20日　区十七届人大常委会第九次会议召开。

8月10日　区十七届人大常委会第十次会议召开。

9月27日　区十七届人大常委会第十一次会议召开。

10月29日　桥西区金融行业人大代表联络站揭牌启动。

12月21日　区十七届人大常委会第十二次会议召开。

12月26日　区十七届人大常委会第十三次会议召开。

12月30日　区十七届人大常委会第十四次会议召开。

2023年

1月9日　区十七届人大常委会第十五次会议召开。

1月12日至13日　桥西区第十七届人民代表大会第三次会议召开。

3月3日　区十七届人大常委会第十六次会议召开。

3月17日　区十七届人大常委会第十七次会议召开。

4月28日　区十七届人大常委会第十八次会议召开。

6月9日　桥西区教育行业人大代表联络站揭牌启动。

6月26日　区十七届人大常委会第十九次会议召开。

7月12日　区十七届人大常委会第二十次会议召开。

9月15日　区十七届人大常委会第二十一次会议召开。

10月23日　区十七届人大常委会第二十二次会议召开。

11月28日　区人大常委会举行红旗、苑东基层立法联系点挂牌仪式。

11月29日　区十七届人大常委会第二十三次会议召开。

12月8日　区人大常委会组织省、市、区三级人大代表集体视察城市更新及养老项目建设情况。

12月27日　区十七届人大常委会第二十四次会议召开。

2024年

1月4日　市人大常委会视察组到桥西区视察计划和预算执行情况。

1月17日　区十七届人大常委会第二十五次会议召开。

1月19日　区十七届人大常委会第二十六次会议召开。

1月23日至24日　桥西区第十七届人民代表大会第四次会议召开。

2月29日　区十七届人大常委会第二十七次会议召开。

3月11日　桥西区大者安吉人大代表联络站揭牌启动。

4月19日　区十七届人大常委会第二十八次会议召开。

第一章　党的领导

1945 年 4 月，毛泽东主席在《论联合政府》中指出："新民主主义的政权组织，应该采取民主集中制，由各级人民代表大会决定大政方针，选举政府。"1947 年 12 月 14 日，中共中央工作委员会书记刘少奇对石家庄工作作出指示："要在半年内正式选出区、街政府，一年内选出人民代表，召开市人民代表大会，建立正式的民主市政府"。1949 年 7 月 21 日至 8 月 9 日，石家庄召开了首届人民代表大会，成为全国第一个召开人民代表大会的城市。

根据中央、省、市委指示要求，石家庄市第二区启动人民代表会议工作，成立代表资格审查委员会和提案审查委员会，对会议的日程、分组等工作进行安排部署，于 1952 年 8 月 26 日正式召开首届第一次人民代表会议。会议通过了《区人民政府区长、副区长、委员选举办法（草案）》《区人民政府组织条例（草案）》《区人民代表会议协商委员会主席、副主席、委员选举办法（草案）》《各界人民代表资格审查办法（草案）》《各界人民代表会议提案审查办法（草案）》，为召开第二区第一届人民代表大会奠定坚实基础。

第二章　人民代表

石家庄市第二区首届各界人民代表会议代表名额 100 名。1952 年 8 月，召开第二区首届各界人民代表会议第一次会议时实有代表 100 名。

第一节　选举产生

根据有关法律规定，按照第二区选举委员会统一部署，各选举单位依法选举产生第二区人民代表 100 名。

代表资格审查委员会对代表资格依法作了审查并向大会报告，确认代表资格有效。

第二区首届各界人民代表大会的代表由各人民团体，各党、政、军推荐选举和邀请产生，代表中有工、农、商、学、兵、干部、民主人士、知识分子等各界人士，具有政治协商和统一战线的性质。在100名代表中，男性76名，占76%，女性24名，占24%；中共党员2名，占2%，青年团2名，占2%，居民代表30名，占30%，人民团体34名（工会20名，妇联8名，青联2名，抗美援朝会1名，合作社2名，学生1名），占34%，少数民族（回族）1名，占1%，军属2名，占2%，部队代表3名，占3%，工商界14名，占14%，小商小贩2名，占2%，文教界3名，占3%，政府5名，占5%，区联2名，占2%；文盲13名，占13%，粗通文字15名，占15%，小学程度46名，占46%，高小程度16名，占16%，中专师范程度10名，占10%。

第二节　代表名单

一、石家庄市第二区首届各界人民代表会议代表名单

王玉香(女,回族)	关书田	刘愚民	杜凤书(女)
张清彦	王朋朋	袁宝海	刘玲雪(女)
剧书义(女)	张凤良	李寅辰	杨生军
张春山	张进福	吴立亭	王绪合
王文相	靳明锋	于鹤铭	梁清璋(女)
刘俊芳	杨文炳	于庆合	郭忠贵
杨俊杰	贾明和	梁静芝(女)	郝子卿
林永昌	吴秀荣(女)	王小翠(女)	边玉池(女)
张增福	张文华	张宝山	温彩臣
李树堂	刘春林	段令珍(女)	任树真
孟志党	李　义	底金斗(回族)	田子彬(女)
马文满	王士清	王　亮(女)	李广智
徐国财	赵　星	张卜信	董文彬
刘香久	吴群活	刘秀英(女)	王敏堪
张进柱	赵汝铭	高春福	李彩威
赵俊臣	刘洛议	吴靖栋	郑炳武
陈尚亭	张度恒	刘祥礼	谷同伦
杨桂兰(女)	高克温	孙书广	崔限空
马风岐	高浦汉	王禄祥	杨秀霞(女)
邢来保	高如山	张淑芬(女)	李霖三
范三妮(女)	刘昌明	王顺学	任大姐(女)
刘顺章	赵文考	马俊杰	姜文魁

刘连明	郑凤楼	孟小金（女）	李秀芳（女）
马寻梅（女）	田绍长	李诸景	杜坤堂
冯喜梅（女）	宋凤岐	张忠礼	王佩森

石家庄市第二区首届各界人民代表会议代表届中调整情况表

表 1-1

时　间	终止情况	补选情况
第三次会议	徐国财、张思礼、郜东之、孙少庆、吴秀荣、赵俊臣、杨坤堂、梁静芝	刘愚民、杜风书、王朋朋、王玉春、闫书田、张清序
第四次会议	赵　星、杨俊药、杨文炳、张忠礼、刘愚民、刘春林	白　克、邢秀学、孙云云、赵良祺、何铭衷、侯温志

二、石家庄市第二区出席石家庄市首届人民代表大会代表名单

（一）出席石家庄市首届人民代表大会第一次会议名单

臧伯平	李树夫	马大妮（女）	王东泰
王济民	白俊生	王昆山	张连合
熊文元	胡福庭	王文藻	吴映坡

（二）出席石家庄市首届人民代表大会第二次会议名单

董国士	刘魁颢	马大妮（女）	董开山
王济民	白俊生	刘赠娥（女）	李树夫
胡福庭	杨义先	冯连琴	王昆山
王秀峰	冯云章	申希里	

第三章　各界人民代表会议

石家庄市第二区首届各界人民代表会议任期 1 年 7 个月，自 1952 年 8 月至 1954 年 3 月，共召开 5 次会议。

石家庄市第二区首届各界人民代表会议历次会议概况表

表 1–2

会议次序	会议日期	听取报告(个)	决议决定(项)	代表提案(件)	选举表决(项)
第一次	1952 年 8 月 26 日至 29 日	2		531	2
第二次	1952 年 12 月 24 日至 25 日	1		458	2
第三次	1953 年 4 月 28 日至 29 日	3	1	336	
第四次	1953 年 8 月 6 日至 7 日	3	1	250	
第五次	1953 年 11 月 6 日至 7 日	2			

第一节　会议概况

新中国成立初期，在召开人民代表大会条件尚未成熟的情况下，为恢复和发展国民经济，根据中国人民政治协商会议第一次会议通过的《中国人民政治协商会议共同纲领》，1952 年 8 月召开了第二区首届各界人民代表会议。1954 年《中华人民共和国宪法（草案）》颁布，确定在全国实施人民代表大会制度。1954 年 3 月，第二区召开第一届人民代表大会，结束了各界人民代表会议制度。本届人民代表会议共召开了 5 次会议。

一、石家庄市第二区首届各界人民代表会议第一次会议

1952 年 8 月 26 日至 29 日，第二区首届各界人民代表会议第一次会议召开。出席代表 90 人（应到 100 人），列席 20 人。会议听取和审议代理区长王士清作的《第二区 1952 年上半年工作总结及今后 4 个月工作计划的报告》和《提案审查报告》。会议决定委托秘书

处起草《致中国人民志愿军和朝鲜人民军的慰问信》。会议通过《区人民政府区长、副区长、委员选举办法》《区人民代表会议协商委员会主席、副主席选举办法》。大会共收到各界提案 531 件。会议选举产生区人民委员会区长、副区长、委员，区协商委员会主席、副主席、委员（名单见本章第二节《会议选举》）。

这次会议，是在国家参加抗美援朝战争、镇压反革命、开展“三反”“五反”运动的背景下召开的。在毛泽东主席的正确领导和全体人民的共同努力下，全体干部都接受了严格的教育，工人阶级和人民群众的政治觉悟大大提高，社会风俗有了改变。

二、石家庄市第二区首届各界人民代表会议第二次会议

1952 年 12 月 24 日至 25 日，第二区首届各界人民代表会议第二次会议召开。会议听取和审议代理区长梁清璋作的《关于 1952 年 9 月至 12 月工作总结及今后 3 个月工作意见的报告》。大会共收到各界提案 458 件。会议补选区人民委员会区长、委员共 3 名，区协商委员会委员 4 名（名单见本章第二节《会议选举》）。

这次会议，是在基本胜利完成首届首次人民代表会议所通过的各项决议的基础上召开的。四个月来在上级人民政府的正确领导下，第二区干部认真负责，各界人民代表密切联系群众，各项工作得到广大人民的支持，基本完成了首届一次各界人民代表会议决定的四个月工作计划。

三、石家庄市第二区首届各界人民代表会议第三次会议

1953 年 4 月 28 日至 29 日，第二区首届各界人民代表会议第三次会议在中华戏院召开。会议听取和审议主席马文满作的《国际形势与时事报告》、区长梁清璋作的《关于 1953 年 1 至 4 月的工作总结和 5、6 月工作意见的报告》、提案审查委员会主任刘香久作的《关于提案意见的报告》。大会共收到各界提案 336 件。会议作出相应决议。

这次会议，是在第一个五年计划经济建设开始的第一年、国家和世界人民一道迎接五一劳动节的前夕，基本完成首届二次各界人民代表会议各项决议及群众交付多项任务（特别是以抗美援朝、物资交流、贯彻《中华人民共和国婚姻法》为中心的任务）的背景下召开的，为做好今后工作和顺利完成 1953 年三大任务打下基础。

四、石家庄市第二区首届各界人民代表会议第四次会议

1953 年 8 月 6 日至 7 日，第二区首届各界人民代表会议第四次会议在工商联会议室召开。会议听取和审议主席马文满作的《关于朝鲜停战问题的〈目前国际形势〉报告》、区长梁清璋作的《关于 1953 年上半年工作总结和 8、9、10 三个月工作意见的报告》、提案审查委员会主任刘香久作的《提案审查报告》。会议作出相应决议。大会决定，8、9、10 三个月要做好普选的宣传工作，继续加强对私营工商业和手工业的领导，继续开展反对官僚主义、命令主义、违法乱纪的斗争，以保障国家大规模经济建设的顺利进行。大会共收到各界提案 250 件。

这次会议，是在朝鲜停战谈判已达成协议，并且在板门店正式签字生效的背景下召开的。会议强调，与会委员、代表一要将广泛传达大会决议作为8月15日前后的中心工作，重点宣传朝鲜战争胜利的重大意义。二要将宣传工作作为经常性中心工作，深入宣传，说明普选、人民代表大会制度的实行标志着国家人民民主政治发展的新阶段，提高广大人民对普选的认识，积极参加选举。三要传达第二区人民政府六个月以来的几项主要工作的总结检查报告中的成绩、缺点，传达8、9、10三个月的工作计划。四要将首届三次各界人民代表会议提案执行情况进行传达，并收集群众意见反映给协商委员会。

五、石家庄市第二区首届各界人民代表会议第五次会议

1953年11月6日至7日，第二区首届各界人民代表会议第五次会议在工商联会议室召开。出席代表86人（应到100人）。会议听取和审议区长梁清璋作的《关于8、9、10三个月工作总结的报告》、副区长王文相作的《关于第四季度工作计划的报告》。会议研究决定如何开展增产节约运动和如何搞好普选工作。

这次会议，是在全国有计划建设的第一年及普选开始前召开的，国家进入新的过渡时期，确定了过渡时期总路线和方针。

第二节　会议选举

石家庄市第二区人民委员会

第二区首届各界人民代表会议第一次会议选举产生第二区人民委员会区长1名、副区长1名、委员17名。第二区首届各界人民代表会议第二次会议补选产生第二区人民委员会区长、委员共3名。

区　长：

王士清　　1952年8月第二区首届各界人民代表会议一次会议当选

梁清璋(女)　1952年12月第二区首届各界人民代表会议二次会议当选

副区长：

徐国财　　1952年8月第二区首届各界人民代表会议一次会议当选

委　员（第二区首届各界人民代表会议一次会议选举产生）：

王士清	徐国财	马文满	王　亮(女)
张卜信	田子彬	李彩威	刘香久
刘洛议	赵俊臣	赵　星	张建柱
杜祥林	赵汝铭	李　义	高春福
李广智			

委　员（第二区首届各界人民代表会议二次会议补选产生）：

张进福	梁清璋(女)	曹凤民

石家庄市第二区协商委员会

第二区首届各界人民代表会议第一次会议选举产生协商委员会主席 1 名、副主席 2 名、委员 27 名。第二区首届各界人民代表会议第二次会议补选产生协商委员会委员 4 名。

主　席：

马文满　　1952 年 8 月第二区首届各界人民代表会议一次会议当选

副主席：

刘香久　　1952 年 8 月第二区首届各界人民代表会议一次会议当选

王士清　　1952 年 8 月第二区首届各界人民代表会议一次会议当选

委　员（第二区首届各界人民代表会议一次会议选举产生）：

马文满	王士清	王　亮(女)	李广智
底金斗(回族)	徐国财	李　义	赵　星
梁清璋(女)	王士堪	刘洛议	张卜信
刘秀英(女)	田子彬	张建柱	刘香久
任淑贞	赵俊臣	孟志尧	关群合
李彩威	杨坤堂	董文彬	赵汝铭
杜祥林	吴靖栋	高春福	

委　员（第二区首届各界人民代表会议二次会议补选产生）：

张进福	曹凤民	于鹤鸣	靳明锋

第三节　会议组织

根据现有档案史料，仅找到第一、三、四次会议组织名单。

一、石家庄市第二区首届各界人民代表会议第一次会议

（一）大会主席团

王士清	马文满	赵　星	李广智
王　亮(女)	刘香久	高春福	杜祥林
李　义	张卜信	田子彬	刘洛议
赵汝铭			

（二）大会秘书长

张思礼

（三）大会代表资格审查委员会

主　任：赵　星

二、石家庄市第二区首届各界人民代表会议第三次会议

（一）大会主席团

马文满	梁清璋(女)	王　亮(女)	刘香久
赵　星	刘洛议	曹凤民	赵汝铭
高春福	杜祥林	张卜信	田子彬
蒋明铎	李　义	张进福	

（二）大会秘书长

刘福星

三、石家庄市第二区首届各界人民代表会议第四次会议

（一）大会主席团

根据现有档案史料，主席团成员共 15 人，只查到 3 人名单。

马文满	梁清璋(女)	王　亮(女)

（二）大会秘书长

邢秀学

第四章　会议决议

一、石家庄市第二区首届各界人民代表会议历次会议作出决议情况

根据现有档案史料，第二区首届各界人民代表会议历次会议共作出决议 2 项。

石家庄市第二区首届各界人民代表会议历次会议决议一览表

表 1–3

会　次	时　间	名　称
三次会议	1953 年 4 月	关于 1953 年 1 至 4 月工作总结和 5、6 月工作意见的报告的决议
四次会议	1953 年 8 月	关于 1953 年上半年工作总结和 1953 年 8、9、10 月份工作意见及提案审理的决议案

二、决议选介

关于 1953 年 1 至 4 月工作总结和 5、6 月工作意见的报告的决议

第二区第一届各界人民代表会议第三次会议《关于 1953 年 1 至 4 月工作总结和 5、6 月工作意见的报告的决议》（以下简称《决议》），于 1953 年 4 月 29 日第二区首届各界人民代表会议第三次会议通过。

《决议》指出，全体代表一致认为此报告完全符合第二区实际情况，正确反映了各界人民的迫切要求。认为要继续推行爱国检查日制度，认真做好拥军优属工作。在春季卫生工作的基础上继续开展夏季卫生突击运动。对私营工商业加强具体指导，签订师徒合同，开展物资交流。继续深入开展反对官僚主义、反对违法乱纪的斗争。以上工作是第二区 5、6 月份必须做好的中心任务。同时要继续宣传贯彻《中华人民共和国婚姻法》，做好税务工作、公安工作、文化教育工作，为实现决议而奋斗。

关于 1953 年上半年工作总结和 1953 年 8、9、10 月份工作意见及提案审理的决议案

第二区第一届各界人民代表会议第四次会议《关于 1953 年上半年工作总结和 1953 年

8、9、10月份工作意见及提案审理的决议案》（以下简称《决议案》），于1953年8月6日第二区首届各界人民代表会议第四次会议通过。

《决议案》认为，梁清璋区长作的《关于1953年上半年工作总结和8、9、10三个月工作意见》和刘香久主任作的《提案初步审查意见》完全符合第二区实际情况，正确反映了第二区各界人民的迫切要求。全体与会代表一致认为，做好普选的宣传工作，同时加强对私营工商业和手工业的领导，配合石家庄市召开手工业代表会议，围绕以上两项中心工作，做好经常性的拥军优属及爱国卫生工作，加强人民来信来访工作，继续开展反对官僚主义、反对强迫命令、反对违法乱纪的斗争，是保障顺利进行国家大规模经济建设的必要措施和保证条件。号召第二区各界人民要紧密团结起来，共同为此决议的实现而奋斗。

第二篇

石家庄市第二区
第一届人民代表大会

（1954 年 3 月至 1956 年 11 月）

第一章　党的领导

实行人民代表大会制度是国家政治生活中一个具有伟大历史意义的事件，标志着人民民主政治迈入新阶段，对国家未来发展有重大影响。石家庄市第二区高度重视第一届人民代表大会代表的选举工作，按照市委下发《关于普遍展开普选工作的指示》，切实加强领导，统一计划、统一安排、统一行动，确保代表选举工作的成功。同时，要求全体人民代表认真履职，共同努力，开好第一届人民代表大会。

第二章　人民代表

石家庄市第二区第一届人民代表大会代表名额 70 名。1954 年 3 月，召开石家庄市第二区第一届人民代表大会第一次会议时实有代表 70 名。

第一节　选举产生

一、石家庄市第二区第一届人民代表大会代表的选举产生

石家庄市第二区人大代表名额为 70 名。根据《中华人民共和国全国人民代表大会及地方各级人民代表大会选举法》，按照区选举委员会统一部署，选举区人民代表大会代表工作自 1953 年 11 月 13 日开始，至 1954 年 1 月 25 日结束。

根据大会代表资格审查委员会所作的报告，选举产生的代表均符合法律规定的程序，确认代表资格有效。

根据现有档案史料，未找到第二区第一届人民代表大会代表的“具体选举情况”和“桥西区选举委员会组成人员名单”。

二、石家庄市第二区出席石家庄市第一届人民代表大会代表的选举产生

1954年3月17日至20日，石家庄市第二区第一届人民代表大会第一次会议召开，应出席代表70名，实出席代表69名，会议选举产生石家庄市第二区出席石家庄市第一届人民代表大会代表37名。

第二节　代表名单

一、石家庄市第二区第一届人民代表大会代表名单

第一组

马文满	闫云英(女)	孙秀堂	赵玉婷(女)
李彩威	吴庆和	乔宝鉴	李秀英(女)
董清珂	刘香久	李　义	陈秋横

第二组

王宽恒	徐文英	高　汉	赵良祺
李霖三	白　克	吴子保	范三妮(女)
张度恒	李灵芝(女)	赵林林	张瑞芬(女)
李迎春			

第三组

张广智	陈肇瑞	宁俊怀	李玉英
阎书田	张志敏	曹凤民	郭雁芳
周濯之	李春有	张凤珍(女)	

第四组

王　琦	张荣池	刘秀英(女)	张世贯
马书香(女,回族)	杨万通	李家训	王文松
林慎之	聂崇庆	贾明和	

第五组

梁清璋(女)	刘　福	孟信友	王顺学
申成和	李秀芳(女)	崔金翠(女)	王敏堪

赵烈卿　张进福　刘洛议　李寅辰
底金斗（回族）

第六组

武立亭　王　亮（女）　邢文兰（女）　刘长恒
王绪合　孟庆武　武春娥　李克仁
刘信海　张宝山

石家庄市第二区第一届人民代表大会人民代表届中调整情况表

表 2-1

时　间	终止情况	补选情况
第三次会议	马文满、李春有、王　亮、林慎之、刘洛议、杨万通	何志雄、董登春、邢秀学、赵新奎、李盛云、李明山

二、石家庄市第二区出席石家庄市第一届人民代表大会代表名单

王毓堪　王昆山　王山子　王　琦
司凤麟（女）　何君平（女）　李哈哈　李　动
周国秀　吴玉保　底金斗（回族）　孟毅亭
徐尚斌　高文兰（女）　马文满　梁清璋（女）
段春明　康修民　崔建仲　陈顺起
黄永年　黄清河　张鹤年　张荣池
张伯仑　冯云章　傅彬卿　傅　臣
楚　庄　杨炳恒　刘明瑛　刘秀英（女）
刘香久　郑　铎　肖贵中　戴锡祉
苏振宁

第三章　人民代表大会

石家庄市第二区第一届人民代表大会任期3年8个月，自1954年3月至1956年11月，共召开3次会议。

石家庄市第二区一届人大历次会议概况表

表2-2

会议次序	会议日期	听取报告（个）	决议决定（项）	代表提案（件）	选举表决（项）
第一次	1954年3月17日至20日	3	3	396	2
第二次	1954年10月20日至21日	3	3	53	
第三次	1955年4月19日至21日	2	1	137	2

第一节　会议概况

一、石家庄市第二区一届人大一次会议

1954年3月17日至20日，第二区一届人大一次会议在区工商联会议室召开。出席代表69人（应到70人）。会议听取和审议区长梁清璋作的《关于1953年几项主要工作的总结检查报告》、副区长王文相作的《关于1954年工作任务的报告》、提案审查委员会主任刘香久作的《关于代表提案审查报告》。会议作出相应决议。会议审查和处理代表提案396件。会议选举产生第二区出席石家庄市第一届人民代表大会代表37名。会议选举产生区人民委员会区长1名、副区长1名、委员17名（名单见本章第二节《会议选举》）。

这次会议，是在向社会主义过渡时期召开的第一届第一次人民代表大会。经过了“五反”运动，大多数工商业者的家国思想有所提高，通过对私营工商业采取“利用、限制、改造”政策，私营工商业得到极大恢复。会议指出，要向第二区群众进一步深入宣传国家过渡时期的总路线，使其成为推动一切工作的动力，进一步提高群众的社会主义觉悟，为

胜利完成 1954 年工作任务、支援国家建设而奋斗。

二、石家庄市第二区一届人大二次会议

1954 年 10 月 20 日至 21 日，第二区一届人大二次会议在区工商联会议室召开。出席代表 65 人（应到 70 人），列席代表 54 名，来宾 2 名。会议听取和审议副区长王文相作的《政府工作报告》、区人民委员会委员刘香久作的《关于本届第一次会议提案执行情况的报告》、区人民委员会委员白克作的《关于本届第二次会议各项提案的初步审查意见报告》。会议通过相应决议。大会审查处理代表提案 53 件。

这次会议是在全国人民代表大会第一次会议闭会、宪法通过的背景下召开的十分重大的会议。一次会议以来，在党和政府的正确领导下，第二区干部和广大群众的努力支持下，手工业、资本主义工商业和优抚救济、文教卫生、公债税收等各项工作都取得了一定成绩，有力支援了国家建设和社会主义改造工作的进行。

三、石家庄市第二区一届人大三次会议

1955 年 4 月 19 日至 21 日，第二区一届人大三次会议在区工商联会议室召开。出席代表 69 人（应到 70 人）。会议审议并通过《区政府 1954 年工作总结和 1955 年工作任务的报告》《关于首届二次会议提案执行情况的报告和第二次会议提案的审查处理报告》。会议改第二区人民政府为第二区人民委员会。会议作出相应决议。大会审查处理代表提案 137 件。会议选举产生区人民委员会区长 1 名、委员 4 名，人民代表 6 名。

这次会议，根据总路线精神对区 1954 年工作以检查的方式进行认真总结，既肯定成绩又指出缺点，制定了区 1955 年工作任务，即大力加强对手工业和资本主义工业生产的领导，发动全体职工搞好生产，改善经营管理，以此举为中心做好商业、粮食、税收、民政、文教、卫生等工作，同时做好治安保卫工作，以保证任务的顺利完成。

第二节 会议选举

根据档案史料，仅找到石家庄市第二区一届人大一次会议选举名单。依据市人民政府（54）选字第一轮指示及区人民政府组织条例，石家庄市第二区一届人大一次会议选举产生区人民委员会区长 1 名、副区长 1 名、委员 17 名。

第二区人民委员会

区　长：

梁清璋(女)　1954 年 3 月石家庄市第二区一届人大一次会议当选

副区长：

王文相　1954 年 3 月石家庄市第二区一届人大一次会议当选

委　员：

马文满	白　克	李春有	刘香久
王　亮(女)	张世贯	刘洛议	王　琦
李　义	宁俊怀	王毓堪	底金斗(回族)
刘秀英(女)	李霖三	张进福	梁清璋(女)
王文相			

第四章　会议决议

一、石家庄市第二区一届人大历次会议作出决议情况

根据现有档案史料，第二区第一届人民代表大会共作出决议 7 项。

石家庄市第二区一届人大历次会议决议一览表

表 2-3

会　次	时　间	名　称
一次会议	1954 年 3 月	关于 1953 年几项主要工作总结检查报告的决议 关于 1954 年工作任务报告的决议 关于代表提案审查报告的决议
二次会议	1954 年 10 月	关于政府工作报告的决议 关于提案执行情况报告的决议 关于各项提案初步审查意见报告的决议
三次会议	1955 年 4 月	石家庄市第二区第一届人民代表大会第三次会议决议

二、决议选介

石家庄市第二区第一届人民代表大会第三次会议决议

《石家庄市第二区第一届人民代表大会第三次会议决议》，于 1955 年 4 月 21 日石家庄市第二区第一届人民代表大会第三次会议通过。

全体代表一致认为，《区政府 1954 年工作总结和 1955 年工作任务的报告》《首届二次会议提案执行情况的报告和第二次会议提案的审查处理报告》符合国家过渡时期总路线精神和第二区的实际情况。大会认为值此第一个五年计划的年度里，在上级党和政府的领导下，要发动第二区广大人民群众认真贯彻执行，以生产为中心大力做好卫生、修房、增产节约等工作，不断提高广大群众的社会主义思想觉悟，改进干部工作作风，为保证 1955 年任务的顺利完成、支援国家建设而奋斗。

第三篇

石家庄市桥西区
第二届人民代表大会

（1956 年 11 月至 1958 年 4 月）

第一章　党的领导

1956年，按照市委《关于1956年选举工作的指示》，区委高度重视人民代表选举工作，对选举工作加强领导，注重选举工作和生产、生活的紧密结合。在选举工作中，切实掌握人民民主统一战线政策，既要考虑到人民代表的广泛性，又要注意到代表的必要性，充分发扬民主，保障人民顺利地行使自己的民主权利，确保了选举工作的成功。在1956年11月11日区二届人大一次会议上，区委书记牛茂堂作《关于当前形势的报告》，分析了当前国际形势和国内存在的矛盾，强调贯彻勤俭建国的方针和发扬艰苦奋斗的优良作风，为开好这次会议打下了政治思想基础。

第二章　人民代表

桥西区第二届人民代表大会代表名额152名。1956年11月，召开区第二届人民代表大会第一次会议时实有代表152名。

第一节　选举产生

一、桥西区第二届人民代表大会代表的选举产生

根据有关规定，桥西区第二届人民代表大会代表名额为152名。根据市人民委员会指示，在区选举委员会统一部署下，桥西区自1956年8月21日至9月底进行选举工作，选举产生第二届人民代表大会代表152名。

大会代表资格审查委员会对代表资格进行了审查，确定所有代表的选举都符合相关规定，代表资格有效。

在152名代表中，男性112名，占73.68%，女性40名，占26.32%；中共党员51名，占33.55%，团员1名，占0.66%，民主党派19名，占12.50%，群众81名，占53.29%；

华侨1名，占0.66%；青年11名，占7.24%，壮年141名，占92.76%；汉族143名，占94.08%，少数民族9名，占5.92%；工人23名，占15.13%，农业社员4名，占2.63%，国家机关工作人员21名，占13.82%，文教卫生人员25名，占16.45%，科学技术人员4名，占2.63%，工商业者47名，占30.92%，宗教界3名，占1.97%，其他25名，占16.45%。

链接：具体选举情况

一、准备阶段（1956年8月21日至31日）

（一）建立组织。根据区实际情况由人民委员会研究确定，由桥西区机关、厂社、团体、学校等有关方面（13人）组成区选举委员会，通过1956年选举工作总则，制定选举工作具体要求，并确定在9月底完成此项工作。选举委员会设办公室、秘书组、宣传组、组织组，根据工作分工成立选举工作组。

（二）划分选区和分配代表名额。以各街人民委员会的范围为基础划分选区，经选举委员会研究确定桥西区共划分居民选区59个、机关选区31个，共90个。选区划分后，根据市分配的代表名额和桥西区人口情况进行代表名额分配。分配原则为1000人的选区分配代表1名，同时照顾到地区分布和机关工厂，最多有1300人，最少有800人分配代表1名，最终分配到居民选区代表114名，机关选区代表38名，共152名。

（三）成立选民资格审查小组。（厂矿、企业、机关、学校可单独成立）设组长1人，组员4~12人，负责本选区的选民资格审查工作。

二、宣传动员阶段（1956年9月1日至9月3日）

（一）要求大张旗鼓向群众广泛进行宣传，利用各种形式，要求各厂矿、企业、机关、学校等结合工作生产传达到每个职工中去，使大家重视和认真参加选举。

（二）宣传的内容主要是：选举的意义，哪些人有和没有选举权和被选举权，应该选举什么样的人当代表等。

三、选民登记和选民资格审查阶段（1956年9月4日至15日）

（一）选民登记。1956年9月4日至15日，根据户口底册卡入户登记填写选民证，登记选民88688人，公布初榜。

（二）选民资格审查。共划分出五类人员：有选举权的人；被剥夺政治权利的反革命分子；因犯法被剥夺政治权利或因执行徒刑没有选举权的人；精神病选民；不够选举年龄的居民。根据类别进行选民资格审查。

四、代表候选人提名阶段（1956年9月16日至21日）

（一）做好群众思想发动工作。这一阶段主要是摸清干部和群众思想情况，针对其思想进行民主教育，宣传提名代表候选人的意义和条件，讲明充分发扬民主的意义，使群众积极准备参加选举。

（二）方法和过程。采取由领导联合提名和选民提名相结合的方式。1956年9月18日，邀请中共桥西区委各街党支部、文教界、宗教界等36个单位进行协商讨论，在提出的

177 名中确定提出 152 名代表候选人初步名单，在各基层选举单位公布交选民讨论。在统一思想基础上，各街采取先党内后党外、先干部后群众，层层贯彻统一认识的方法，开始进行自上而下、自下而上相结合的提名。

五、正式选举阶段（1956 年 9 月 24 日至 10 月 19 日）

这次选举采取的是无记名投票法。选举前认真进行宣传工作和组织准备工作，向群众讲解参加选举是标志着行使民主权利、放弃选举是放弃当家作主权利的道理。将选民小组重新加以组织，各组按选民登记表制出参选登记表，办公室按选区刻印有候选人姓名的选票，各街于 24 日先后采取选举大会和投票站两种方式进行选举。90 个选区中参加投票选举人数为 83775 人，占应参加选举人数的 94.46%，152 名代表候选人全部当选。

总结：1956 年的选举工作按时完成任务，选举出 152 名新的人民代表，通过选举使广大群众又受到了一次深刻的社会主义民主教育，激发了大家参加建设和管理国家的积极性，踊跃参加选举，参选人数达到选民人数的 94% 以上。这些成绩的获得主要是由于上级政府和党委的正确领导，全体选举工作干部的积极努力和社会主义建设事业显著激发人民觉悟提高的结果。

这次选举工作也存在着缺点和问题，主要表现为工作中存有粗枝大叶的缺点，布置计划不明确，没有及时深入工作和具体指导。为改进今后选举工作，应注意以下几点。

1. 做好选举前的准备工作。为保证选举工作胜利完成，首先要组织坚强的干部形成领导机构和工作组，并要做好干部训练工作和做好工作计划，在工作进行中建立集体研究和“分权”制度，对训练干部、划分选区等工作均应提前进行准备。

2. 大力开展选举宣传工作。必须选拔足够的宣传干部并认真组织训练，要结合工作逐级训练逐段宣传，采取多样化的宣传方法，注意群众思想情况，及时指导宣传工作。

3. 认真进行选民登记工作。由于城市人口流动较大，各街应以户口（登记册）为依据，再结合实际深入对照，然后填写选民证和公布选民榜让群众审查。

4. 严把代表候选人提名工作。加强对干部的思想教育，做好选举前的组织准备工作。选举过程中充分发扬民主，在对代表候选人严格把关后公布联合名单，交选民认真进行讨论。居民可采取在投票站投票的方法，机关团体可采取大会形式进行投票选举。

根据现有档案史料，桥西区选举委员会组成人员为 13 人，未找到具体组成人员名单。

二、桥西区出席石家庄市第二届人民代表大会代表的选举产生

1956 年 11 月 11 日至 14 日，桥西区第二届人民代表大会第一次会议召开，应出席代表 152 名，实出席代表 139 名，会议选举产生桥西区出席石家庄市第二届人民代表大会代表 84 名。

第二节　代表名单

一、桥西区第二届人民代表大会代表名单

第一组

周国瑞	白　克	朱喜才	张吉林
闫云英(女)	麻景芳	张荣池	李过春
陈文涛	迟春生	徐淑静(女)	吴士荣
谷俊恒			

第二组

牛茂堂	闫培申	张德昌	王宽恒
王　琦	刘秀亭(女)	贾文斋	苗万盛
陈肇瑞	戎文学	翟　琨	薛太白
许锡章			

第三组

梁清璋(女)	刘正隆	王建中	宋登岐
范三妮(女)	靳华新	张东生	梁志华(女)
刘秀英(女)	刘树森	东风吴	王学卿
底金斗(回族)	聂雪金	武义信	

第四组

王立民	聂肇基	张殿昌	张庆恒
李贵年	郝宪礼	冯退菴	宁俊怀
郭汇芳	林慎之	李彩威	毛德溥
张　锐	吴来喜	高贺民	姜鼎鑫

第五组

刘香久	李　义	贾玉华	安进忠
芦冬菊(女)	牛子英	郝子明	曹洁珊
聂重庆	宋晓民	郝仲三	王恭贤
梁凤岐(女)	吴庆和	马瑞波	孙秀堂

第六组

何志雄	蔡秀文	罗淑芝(女)	李　树
王威绪	周志刚	魏永平	宋建夫
马六星	尹克顺	李建堂	郭呈荣
蔡　申	吴　健	刘文灏	闫秉渊

第七组

武春来(女)	董德元	吴新池(女)	孙玉梅(女)
聂满英(女)	赵二荣(女)	耿银仙(女)	王淑芳(女)
徐玉珍(女)	王利君(女)	颜元申	殷焕成
王炳钧	陈艳荣(女)		

第八组

刘　琴(女)	底玉森	李瑞峰	王春香(女)
马风林(女)	殷殿华	庞泗泉	高计顺
苏庆云	于庆文	刘增寿	吴淑芳(女)

第九组

薛政明	康晋凯	赵林林(女)	武立亭
郭福振	李小顺	张瑞芬(女)	董瑞娥(女)
杨惠中(女)	杨福姐(女)	高凤岐	赵新魁

第十组

邢秀学	张秋云	张凤珍(女)	剧晓然
郭云亭(女)	燕香君(女)	王　亮(女)	闫书田
王成祥	武春娥(女)	何素春(女)	张福来

第十一组

张建明	宋致敏(女)	王毓堪	李明山
李秀芳(女)	马淑香(女)	张进福	王顺学
赵素敏(女)	崔金翠(女)	田凤波(女)	申成和
筱桂琴(女)			

二、桥西区出席石家庄市第二届人民代表大会代表名单

王山子	王立民	王昆山	王清雨
王清顺	王登凤	王毓堪	关永昌
刘安止	刘时和	任昔孟	安进忠(回族)
刘秀英(女)	刘秀堂	刘俊三	刘香久
刘树森	李玉英(女)	邢立朝	何君平(女)
李香花(女)	严纪泽	李清林	李景裕
李新生	李道举	沈炜之	严鸣晨
李锦兰(女)	金子君(女,回族)	陈光斗	陈希孟
底金斗(回族)	周国秀	底贞进(回族)	林春得
苏振宁	周桂芝(女)	周雄风	吴植椒
林慎之	吴新池(女)	孟毅亭	郑　铎
赵扶东	赵俊华(女)	姚鸿芰(女)	高文兰(女)
马书香(女,回族)	袁以群	袁向学	夏佩箴
崔子仪	康云云(女)	黄永年	康修民
曹洁珊	梁清璋(女)	郭砚芳(女)	张　美
张　鹏	张大森	冯云章	冯玉霞(女)
冯式陶	曾光伟	张伯伦	张美英(女)
张杰斌	张德昌	张鹤年	楚　庄
杨金花(女)	杨秀峰	贾鼎臣	杨鸣远
熊文元	管瑞鸿(回族)	樊春秀	谢久朋
戴锡祉	聂风五	韩丽珍(女)	侥熙铭

第三章　人民代表大会

桥西区第二届人民代表大会任期 1 年 5 个月，自 1956 年 11 月至 1958 年 4 月，共召开 2 次会议。

区二届人大历次会议概况表

表 3–1

会议次序	会议日期	听取报告（个）	决议决定（项）	代表提案（件）	选举表决（项）
第一次	1956 年 11 月 11 日至 14 日	5	3	758	3
第二次	1957 年 10 月 8 日至 10 日	3	2	341	

第一节　会议概况

一、区二届人大一次会议

1956 年 11 月 11 日至 14 日，区二届人大一次会议在市政协礼堂召开。出席代表 139 人（应到 152 人）。区委书记牛茂堂作《关于当前形势的报告》。会议听取和审议代理区长王立民作的《关于桥西区人民委员会 1956 年 1—9 月份工作情况及今后几项主要工作意见的报告》，提案审查委员会主任刘香久作的《关于代表提案处理意见的报告》《关于区第二届人民代表大会代表联系选民办法的报告》，区人民法院院长宋致敏作的《关于选举石家庄市人民法院陪审员的几个问题的报告》。会议作出相应决议。大会审查和处理代表提案 758 件。会议选举产生桥西区出席石家庄市第二届人民代表大会代表 84 名。会议选举产生区人民委员会区长 1 名、副区长 3 名、委员 21 名，石家庄市中级人民法院陪审员 14 名（名单见本章第二节《会议选举》）。

这次会议，是在农业合作化高潮到来之际，农业、手工业和资本主义工商业的社会主义改造取得决定性胜利的形势下召开的大会。

二、区二届人大二次会议

1957年10月8日至10日，区二届人大二次会议在市政协礼堂召开。出席代表126人（应到152人）。会议听取和审议副区长何志雄作的《关于1957年上半年工作检查的报告》、提案审查委员会副主任聂肇基作的《关于第一次会议提案执行情况的报告》和《关于第二次会议代表提案审查情况的报告》。大会审查和处理代表提案341件。会议作出相应决议。

这次会议，是在党和上级政府的正确领导下，社会主义建设事业和社会主义改造取得一定成就，桥西区广大干部的政治思想水平和工作能力不断提高，工作作风不断改进，为保证完成和争取超额完成1957年各项任务和第二个五年计划的顺利进行创造良好条件的背景下召开的。会议指出，政府工作报告分五部分概括地总结了政府工作成绩，检查了缺点错误，正确地总结了工作中的经验教训，用事实有力地批判了某些错误思想和认识。报告中提出的今后工作任务是正确的，桥西区人民要更好地团结在党和政府的领导下，认真贯彻执行。

第二节　会议选举

区二届人大一次会议选举产生区人民委员会区长1名、副区长3名、委员21名。

桥西区人民委员会

区　长：

王立民　　1956年11月区二届人大一次会议当选

副区长：

何志雄　　1956年11月区二届人大一次会议当选

刘　琴(女)　　1956年11月区二届人大一次会议当选

刘香久　　1956年11月区二届人大一次会议当选

委　员：

牛茂堂	王　亮(女)	王健中	王春香(女)
王毓堪	白　克	宁俊怀	邢秀学
安进忠(回族)	李贵年	李瑞峰	郭呈荣
康晋凯	曹洁珊	张德昌	蔡秀文
聂肇基	王立民	何志雄	刘　琴(女)
刘香久			

根据《中华人民共和国法院组织法》，1956年11月，区二届人大一次会议选举产生石家庄市中级人民法院人民陪审员14名。

石家庄市中级人民法院陪审员

荣文英	田脏仁	康柳玉	方金荣
齐正昌	底爱珍	律治峰	许　康
李淑英(女)	范三妮(女)	于鉴堂	于庆文
李如珍(女)	牛忠魁		

第三节　会议组织

一、区二届人大一次会议

（一）大会主席团

牛茂堂	王立民	王建中	王　亮(女)
王毓堪	白　克	刘　琴(女)	刘香久
刘正隆	宁俊怀	安进忠	何志雄
李贵年	李瑞峰	梁清璋(女)	张德昌
蔡秀文	魏永平	聂肇基	

（二）大会秘书长

邢秀学

（三）大会代表资格审查委员会

主　任：刘香久

副主任：白　克

委　员：

王　琦	安进忠	郭云亭	冯返巷
康晋凯			

（四）大会提案审查委员会

主　任：刘　琴(女)

副主任：聂肇基

委　员：

王毓堪	邢秀学	李　义	李瑞峰
底金斗(回族)	董德元	颜元申	

二、区二届人大二次会议

（一）大会主席团

牛茂堂	王立民	王毓堪	王　亮(女)

白　克	宁俊怀	刘香久	刘　琴(女)
刘正隆	安进忠	何志雄	李贵年
李瑞峰	张建明	殷焕成	董德元
靳华新	蔡秀文	聂肇基	

（二）大会秘书长

邢秀学

（三）大会执行主席

10 月 9 日

王　亮(女)	宁俊怀	何志雄	李瑞峰
董德元	张建民		

10 月 10 日

王　亮(女)	宁俊怀	何志雄	李瑞峰
董德元			

10 月 11 日

王立民	安进忠	李贵年	靳华新
蔡秀文			

10 月 12 日

牛茂堂	刘正隆	刘　琴(女)	殷焕成
聂肇基			

（四）大会提案审查委员会

主　任：刘　琴(女)

副主任：聂肇基　　董德元

委　员：

王毓堪	邢秀学	李　义	李瑞峰
底金斗(回族)	颜元申		

第四章　会议决议

一、区二届人大历次会议作出决议情况

根据现有档案史料，桥西区第二届人民代表大会共作出决议 5 项。

区二届人大历次会议决议一览表

表 3–2

会　次	时　间	决　议　名　称
一次会议	1956 年 11 月	关于桥西区人民委员会 1956 年 1—9 月份工作情况和当前几项主要工作的报告的决议 关于提案审查报告的决议 关于代表联系选民制度的决议
二次会议	1957 年 10 月	关于政府工作报告的决议 关于提案审查报告的决议

二、决议选介

关于政府工作报告的决议

《关于政府工作报告的决议》（以下简称《决议》），于 1957 年 10 月 10 日石家庄市桥西区第二届人民代表大会第二次会议通过。

《决议》批准区人民委员会副区长何志雄所作的《政府工作报告》，认为报告既总结了成绩，又检查了缺点错误，正确总结经验教训，用事实有力批判某些错误思想和认识。

《决议》指出，桥西区人民在中国共产党的领导下，正在有计划、有步骤地进行整风运动和反对资产阶级右派的斗争，这是政治战线上和思想战线上的社会主义革命，对于巩固社会主义革命成果和继续推进社会主义建设具有重大意义。国家机关工作人员都应把参加这一运动和斗争看作是自己的崇高义务和责任，站稳社会主义立场，明辨是非，克服缺点，改进工作。通过整风运动、反对资产阶级右派的斗争和社会主义教育运动，继续提高人民的政治觉悟，加强团结，认真贯彻执行增产节约、勤俭办社、勤俭办企业、勤俭持家、勤俭办一切事业的方针，发扬艰苦奋斗精神，使桥西区社会主义建设事业继续取得更大的胜利。

第四篇

石家庄市桥西区
第三届人民代表大会

（1958 年 4 月至 1963 年 5 月）

第一章　党的领导

区第三届人民代表大会选举工作是在区委的正确领导下进行的。按照市委下达的区人民代表名额，区委组织相关人员成立区选举委员会。

1958年2月28日，桥西区选举委员会邀请区直机关十个单位的代表，经过充分讨论提出152名代表候选人的初步意见。根据市人民委员会的指示，桥西区于3月选出代表152名。会前，区委组织召开会议，对大会筹备情况进行了报告，对大会主席团、代表资格审查委员会、提案审查委员会、会议日程等作了研究讨论。会议期间，区委组织召开代表座谈会，传达了中心议题和征集提案方法，并向广大群众进行了传达，保证大会顺利召开。

第二章　人民代表

桥西区第三届人民代表大会代表名额152名。1958年4月，召开区第三届人民代表大会第一次会议时实有代表152名。

第一节　选举产生

一、桥西区第三届人民代表大会代表的选举产生

1958年3月，按照市人民委员会的指示，选举代表152名。

在152名代表中，男性114名，占75%，女性38名，占25%；中共党员68名，占44.7%，共青团6名，占3.9%，民主党派16名，占10.5%，群众62名，占40.9%；汉族143名，占94.1%，少数民族9名，占5.9%；工人27名，占17.8%，农民6名，占3.9%，机关工作人员24名，占15.8%，文教卫生人员22名，占14.5%，科学技术人员4名，占2.6%，工商业者46名，占30.3%，其他23名，占15.1%。

链接：桥西区选举委员会组成人员名单

主　席：何志雄

委　员：刘卫凌　贾玉华　王　亮　李瑞峰　刘香久　聂肇基　底金斗　王　琦　刘秀英　姜荣连　蔡秀文　解改名

二、桥西区出席石家庄市第三届人民代表大会代表的选举产生

1958 年 4 月 27 日至 28 日，桥西区第三届人民代表大会第一次会议召开，应出席代表 152 名，实出席代表 130 名，会议选举产生桥西区出席石家庄市第三届人民代表大会代表 80 名。

第二节　代表名单

一、桥西区第三届人民代表大会代表名单

第一组

董福申　周国瑞　白　克　闫云英（女）　张荣池　李过春　陈文涛　迟春生　吴士荣　孙乐山　张　杰　李广仁　徐跌英　李兰培　陈介涛

第二组

牛茂堂　严培申　宁俊怀　王宽恒　王　琦　刘秀亭（女）　苗万盛　翟　琨　许锡京　郭汇芳　高贺民　安连长　张平均（女）

第三组

底金斗（回族）　李广文　宋登岐　靳华欣　张东昇　梁志华（女）　刘秀英（女）　刘树森　郭东生　刘雅泉　王荣卿　赵光明　高宝田　王金玉（女）　刘正隆

第四组

王立民　聂肇基　王希山　张风昌

郝宏礼	孙秀堂	姜洪思	付守三
郑　纯	郝仲三	吴庆和	毛德溥
牛子英	范文聪	王玉林	许兆丰
张德昌	赵　瑞	陈渍华	

第五组

曹洁珊	谢力军	刘香久	贾玉华
姜鼎鑫	吴来喜	张福娣	郝子御
东晓民	戎文学	薛太白	李彩威
芦冬菊(女)	马瑞波	孙锡荣	李　义
安进忠	张　锐		

第六组

何志雄	蔡秀文	张立亭	罗淑芝(女)
李　澍	李建棠	郭呈荣	蔡　申
闫秉渊	崔冠军	任凤翔	任林通
吴　健	张振河	赵成章	韩剑秋

第七组

殷焕成	王春香	张建明	董德元
武春来(女)	吴新池(女)	赵二荣(女)	王利君(女)
王银本(女)	陈万秀(女)	刘凤斌(女)	李瑞峰
吴淑芳(女)	庞泗泉	高计顺	

第八组

底玉森	郝桐格(女)	刘　琴(女)	宋致敏(女)
苏庆云	于庆文	刘增寿	刘锡山
郭云亭(女)	杨树岑(女)	何淑春(女)	马淑香(女)
赵星赸			

第九组

赵素敏(女)	李明山	邢秀学	王　亮(女)
剧晓然	王成祥	武春娥(女)	张进福
崔金翠(女)	邢贵森(女)	马玉珍(女)	刘爱玉(女)
范三妮(女)			

第十组

薛改明	赵林林	康晋凯	武立亭
郭福振	李小顺	张瑞芬(女)	董瑞城(女)
杨惠中	杨福姐(女)	高凤岐	吴金钟
孙玉梅(女)	聂满英(女)	王淑芳(女)	

二、桥西区出席石家庄市第三届人民代表大会代表名单

于化民(蒙古族)	王立民	王成芳	王兆元
王志筠(女)	王清顺	王昆山	王登凤
王瑞双	王毓堪	韦克烈	任　光
任昔孟	刘安祉	刘时和	刘秀英(女)
刘香久	刘俊三	刘树森	孙秀堂
安进忠(回族)	金玉铨	李如双	李道举
李景裕	李新生	李锦兰(女)	陈光斗
陈希孟	邢立朝	何君平(女)	严纪潭
肖贵中	沈炜之	迪　风	周尚忠
周桂芝(女)	周国秀	底金斗(回族)	林春法
吴素兰(女)	吴植椒	吴新池(女)	郑　铎
郑鸿印	姚大柱	赵文治	赵扶东
马淑香(女,回族)	马赋广	袁向学	高贺民
殷焕成	聂丰五	张　鹏	张大森
张沐恩	张美英(女)	张洁斌	张法昌
崔子仪	郭汇芳	曹洁珊	冯云章
冯玉霞(女)	曾光伟	贾鼎庄	杨　瑞
杨金花(女)	裴立君(女)	管瑞鸿(回族)	樊伯钧
樊春秀	穆瑞茂(回族)	谢久朋	檀玉容(女)
戴锡祉	韩丽珍(女)	顾慧莲(女)	锐熙铭

第三章　人民代表大会

桥西区第三届人民代表大会任期 5 年，在此期间，按“一大二公”，并大县、大社要求，桥西区下属组织隶属关系发生多次改变，同时受三年困难时期影响，人民代表大会自 1958 年 4 月至 1963 年 5 月，仅举行一次会议。

区三届人大一次会议概况表

表 4–1

会议次序	会议日期	听取报告（个）	决议决定（项）	代表提案（件）	选举表决（项）
第一次	1958 年 4 月 27 日至 28 日	4	3	212	5

第一节　会议概况

区三届人大一次会议

1958 年 4 月 27 日至 28 日，桥西区第三届人民代表大会第一次会议在市政协礼堂召开。出席代表 130 人（应到 152 人）。会议听取和审议代理区长王立民作的《桥西区关于开展全民整风运动的基本情况和当前几项主要工作任务的报告》，副区长、大会提案审查委员会主任刘琴作的《关于提案审查意见的报告》，并作出相应决议。会议听取和审议副区长刘琴作的《桥西区关于选举区长、副区长、人民委员、人民法院院长、市中级人民法院陪审员、出席石家庄市第三届人民代表大会代表的报告》、大会代表资格审查委员会主任白克作的《关于代表资格审查情况的报告》。会议通过《关于加强区人民委员会与人民代表、人民群众联系的办法的决议》。会议审查处理提案 212 件。会议选举产生桥西区出席石家庄市第三届人民代表大会代表 80 名。会议选举产生区人民委员会区长 1 名、副区长 3 名、委员 21 名，区人民法院院长 1 名，区人民检察院检察长 1 名。会议选举石家庄市中级人民法院陪审员 18 名（名单见本章第二节《会议选举》）。

这次会议，是在国家各个战线上取得伟大胜利的情况下召开的。会议指出，在党和上级政府的领导下，广大人民觉悟提高，社会主义革命热情高涨。1958 年是国家第二个五年计划的第一年。今后十年到十五年的基本任务，就是在优先发展重工业的基础上，实行工农业并举的方针。会议强调，当前的主要任务是争取全民整风运动的全胜，以最大的力量调动一切积极因素促进工农业生产的高潮到来，保证和争取超额完成各项生产任务，积极发展地方工业，相应做好物资供应，把文教卫生工作推向高潮，为不断改善人民群众的文化物质生活而努力。

第二节　会议选举

根据《中华人民共和国地方各级人民代表大会和地方各级人民委员会组织法》的规定及市人民政府的指示，区三届人大一次会议选举产生区人民委员会区长 1 名、副区长 3 名、委员 21 名，区人民法院院长 1 名，区人民检察院检察长 1 名。

桥西区人民委员会

区　长：

王立民　　1958 年 4 月区三届人大一次会议当选

副区长：

何志雄　　1958 年 4 月区三届人大一次会议当选

刘香久　　1958 年 4 月区三届人大一次会议当选

刘　琴（女）　1958 年 4 月区三届人大一次会议当选

委　员：

牛茂堂	王希山	王　亮（女）	王春香（女）
白　克	刘雅泉	宁俊怀	安进忠（回族）
李瑞峰	邢秀学	郭呈荣	康晋凯
曹洁珊	张德昌	蔡秀文	谢力军
聂肇基	王立民	何志雄	刘香久
刘　琴（女）			

石家庄市桥西区人民法院

院　长：

宋致敏（女）　1958 年 4 月区三届人大一次会议当选

石家庄市桥西区人民检察院

检察长：

董德元　　1958 年 4 月区三届人大一次会议当选

根据《中华人民共和国法院组织法》，1958 年 4 月，区三届人大一次会议选举产生石家庄市中级人民法院陪审员 18 名。

石家庄市中级人民法院陪审员

于雪书	高秀荣(女)	邵立勤	康柳玉(女)
李如珍(女)	于庆文	范三妮(女)	许　康
律治峰	王润娟(女)	底爱珍(回族,女)	李庆斌
钱起林	田赃仁	王新禄	任兆瑞
李淑英(女)	刘淑凤(女)		

第三节　会议组织

区三届人大一次会议

（一）大会主席团

牛茂堂	王立民	王希山	王　亮(女)
白　克	刘香久	刘　琴(女)	刘正隆
宁俊怀	安进忠(回族)	何志雄	李瑞峰
殷焕成	张建明	郭呈荣	董德元
靳华新	蔡秀文	聂肇基	

（二）大会秘书长

邢秀学

（三）大会代表资格审查委员会

主　任：白　克

副主任：曹洁珊

委　员：

王　琦	安进忠(回族)	邢秀学	张兰亭
郭云亭			

（四）大会提案审查委员会

主　任：刘　琴(女)

副主任：聂肇基

委　员：

王希山	李　义	李瑞峰	底金斗(回族)
康晋凯	董德元	蔡秀文	

第四章　会议决议

一、区三届人大一次会议作出决议情况

根据现有档案史料，桥西区第三届人民代表大会共作出决议 3 项。

区三届人大一次会议决议一览表

表 4–2

会　次	时　间	名　称
一次会议	1958 年 4 月 28 日	关于桥西区人民委员会开展全民整风以来基本情况和当前几项主要工作任务的报告的决议 关于提案处理的决议 关于加强区人民委员会与人民代表、人民群众联系的办法的决议

二、决议选介

关于加强区人民委员会与人民代表、人民群众联系的办法的决议

《关于加强区人民委员会与人民代表、人民群众联系的办法的决议》，于 1958 年 4 月 28 日区第三届人民代表大会第一次会议通过。

本办法按照《中华人民共和国地方各级人民代表大会和地方各级人民委员会组织法》第二十条规定制定。有利于加强人民代表和人民群众对政府机关的监督，进一步密切政府与人民群众的联系，扩大民主生活，充分发挥人民群众的政治积极性，以便更好地贯彻政策法令，改进政府工作和克服官僚主义，提高工作效率。

经过与会全体代表的讨论，会议认为此办法切实可行，一致同意并认真贯彻执行。

第五篇

石家庄市桥西区
第四届人民代表大会

（1963 年 5 月至 1965 年 12 月）

第一章　党的领导

区委十分重视区第四届人民代表大会代表选举工作，研究确定区选举委员会人员名单及选举时间安排，要求区选举委员会认真组织实施选举工作。

区四届人大一次会议前，按照有关规定和上级指示，做了认真的会前准备工作，区委对会议的关键环节及工作报告进行全面细致的研究。1963 年 5 月 6 日，在区四届人大一次会议开幕式上，区委书记马文满作《关于目前形势的报告》，要求全体代表认清形势，明确方向，调动各方面的积极性。区四届人大二次会议前，研究了《关于召开区四届人民代表大会第二次会议的计划》，对组织、会议资料、保卫等工作进行详细的安排部署，保证会议工作圆满完成。区四届人大三次会议圆满完成选举等各项工作任务，认真落实党的领导和上级工作部署。

第二章　人民代表

桥西区第四届人民代表大会代表名额 169 名。1963 年 5 月，召开区第四届人民代表大会第一次会议时实有代表 155 名。

第一节　选举产生

一、桥西区第四届人民代表大会代表的选举产生

桥西区第四届人民代表大会代表的选举工作，自 1960 年 12 月至 1961 年 4 月，完成区内选举工作。

1963 年第四届人民代表大会第一次会议前，桥西区选出代表 169 名，因工作调动、退职、迁移、病故等原因共缺额 17 名，结合市分配的代表名额，补选 3 名代表，到召开第四届人民代表大会第一次会议时实有代表 155 名。

在155名代表中，有男性111名，占71.6%，女性44名，占28.4%；汉族146名，占94.2%，少数民族9名，占5.8%；华侨1名，占0.6%，工人30名，占19.4%，农业社员3名，占1.9%，国家机关工作人员27名，占17.4%，工商业者52名，占33.6%，文教卫生工作者19名，占12.4%，宗教界人士1名，占0.6%，科学技术工作者2名，占1.2%，居民20名，占12.9%。

链接1：具体选举情况

一、准备工作。桥西区于1960年12月组成选举委员会，设立选举办公室，成立秘书、宣传、选民资格审查三个小组，具体指导桥西区选举工作。同时以分社为单位，成立选举工作组，根据人口分布情况共划分73个选区（未包括归西郊的9个）。为做好选民登记和选民资格审查工作，建立登记组280个，工作人员757人；选民资格审查组29个，工作人员675人。同时组建宣传队伍725人。在建立队伍的基础之上，以分社为单位，根据区选举工作计划，采取了先党内后党外，先干部后群众的方式层层进行训练，分段进行工作培训。

二、宣传发动工作。根据选举工作进度，采取小型座谈、讨论和入户拜访等形式，结合生产穿插进行。同时利用黑板报、有线广播等形式进行宣传。桥西区共有人口787106人，其中应受教育129007人，通过宣传实受教育人数73000人次。

三、选民登记和选民资格审查工作。在训练干部、熟悉业务的基础上，着手进行选民登记。以户口为依据，进行室内初登，室外复查，入户校对修正，公布初榜。随即组织发动选民看榜审查，通过选民审查，对漏登、错登和重登情况及时进行修改更正。与此同时，对选民资格逐个进行审查。其中剥夺政治权利的879人，停止行使权的124人，不应参选的精神病患者48人。桥西区公布正榜应参选人数为87945人。

四、代表候选人提名工作。正榜公布后，开始代表候选人提名工作。这一工作采取上下结合的办法进行，首先各民主党派、各人民团体等10个单位的代表共同协商提出代表候选人初步名单，然后交选民进行讨论酝酿，提出个人意见。选委会根据大多数选民意见，确定正式代表候选人。

五、选举代表工作。桥西区共设投票箱150个，流动票箱104个，共召开选民大会103次。应参选人数87945人，实参选人数84284人，占应参选人数的95.83%。169名代表实得票数186208张，废票354张，弃权票1051张。选举产生169名代表，顺利完成选举工作。

六、经验教训。1.在宣传工作上对居民宣传多，对单位职工宣传少。在参选方面即表现出来，居民参选率高，单位参选率低。2.对选民资格审查贯彻政策不够深入。3.在选举安排代表候选人时，对个别基层干部之间有矛盾问题未引起注意，致使在工作中发生问题。

链接2：桥西区选举委员会组成人员名单

主　席：王希山

委　员：刘　琴　　刘　福　　刘香久　　刘喜书

刘秀英	安进忠	李新志	李秀珍
李瑞峰	赵慎友	许兆丰	董德元

二、桥西区出席石家庄市第四届人民代表大会代表的选举产生

1963 年 5 月 6 日至 9 日，桥西区第四届人民代表大会第一次会议召开，应出席代表 155 名，实出席代表 136 名，会议选举产生桥西区出席石家庄市第四届人民代表大会代表 56 名。

第二节　代表名单

一、桥西区第四届人民代表大会代表名单

第一组

马文满	白　克	袁庆太	孙根旺
陈文涛	迟春生	吴士荣	朱奎元
翟　琨	王　琦	李致存	魏生彩(女)
袁树田	底振山	冀国政	张荣池
许锡章			

第二组

张建明	李新志	宁俊怀	安连长
阎云英(女)	郭汇芳	封东来	高贺民
陈敬斋	刘秀英(女)	张素芳(女)	梁振竹
张桂英(女)	于庆文	赵银拴	杨惠中
聂满英(女)	郭福振		

第三组

韩树宏	许兆峰	李广文	王树森
宋登歧	张东昇	刘雅泉	陈介涛
郭冬生	王学卿	刘绎华	郝桐格(女)
杨淑岑(女)	刘桂芝(女)	王玉珍(女)	杜翠英(女)
王永修			

第四组

董福申	刘香久	张福增	张隆峰
安进忠	东晓民	陈清华	王文杰
李　义	张　锐	吴来喜	李彩威
马瑞坡	郝维通	杜爱民	

第五组

潘树林	史冬菊(女)	聂肇基	郝宏礼
孙秀堂	姜鸿恩	付守三	郑　纯
郝仲三	吴庆和	毛德溥	王玉林
王跃先	赵文智		

第六组

李道信	高计顺	范文聪	殷焕成
马小满(女)	陈根庆	王淑英(女)	张子明
董登春	吴新池(女)	赵星魁	张进福
腾文林			

第七组

李成沅(女)	蔡秀文	郭呈荣	周富强
高亮星	张超然	张兰亭	李　澎
李健棠	崔冠君	阎秉渊	韩剑秋
郭玛丽(女)	李忠钧	刘盈科	丁鸿春

第八组

董德元	底玉森	王　亮(女)	张平均(女)
王利君(女)	陈万秀(女)	吴春来(女)	李瑞峰
王银本(女)	赵二荣(女)	吴淑芳(女)	阎月琴(女)
郭可明	王春香(女)	庞泗泉	

第九组

刘　福	李秀珍(女)	王诚信	赵林林
薛改明	武立亭	李小顺	刘爱玉(女)
杨福姐(女)	吴金钟	孙玉梅(女)	袁宗琴(女)

王淑芳(女)	宋秋丰	景玉琴(女)	

第十组

刘　琴(女)	刘金彩(女)	康晋凯	赵进歧
刘增寿	赵素敏(女)	崔金翠(女)	陈淑贞(女)
崔秀兰(女)	郭彦卿(女)	马淑香(女)	剧晓然
筱桂琴(女)	杨瑞珍(女)	刘喜书	

届中调整情况：根据现有档案史料，本届内，郭福振、李成沅、阎月琴3名代表辞去代表职务，具体辞去时间不详。

二、桥西区出席石家庄市第四届人民代表大会代表名单

马淑香(女,回族)	王山子	王志筠(女)	王昆山
王登风	王毓堪	申希礼	冯云章
任　光	任昔孟	刘安祉	刘秀英(女)
刘香久	刘俊三	孙秀堂	李新生
李锦兰(女)	安进忠(回族)	何君平(女)	邢立朝
严纪潭	林春得	吴素兰(女)	吴新池(女)
张杰斌	张德昌	张纪铭	张大森
杨　瑞	陈希孟	底金斗(回族)	赵扶东
赵文智	迪　风	郑鸿印	郑　铎
姚大柱	高贺民	贾鼎臣	殷焕成
谢久朋	郭汇芳	管瑞鸿(回族)	穆瑞茂(回族)
聂丰五	王碧云(女)	史冬菊(女)	宁俊怀
白金娥(女)	刘立之	孙荫凯	吴双霖
张建明	郭登科	解占魁	赵春梅(女)

第三章　人民代表大会

桥西区第四届人民代表大会任期2年7个月，自1963年5月至1965年12月，共召开3次会议。

区四届人大历次会议概况表

表5-1

会议次序	会议日期	听取报告（个）	决议决定（项）	代表提案（件）	选举表决（项）
第一次	1963年5月6日至9日	4	3	201	3
第二次	1964年6月11日至12日	5	3	104	
第三次	1965年2月18日至20日	6	3	223	1

第一节　会议概况

一、区四届人大一次会议

1963年5月6日至9日，区四届人大一次会议在市政协礼堂召开。出席代表136人（应到155人）。会议听取和审查区委书记马文满作的《关于目前形势的报告》、代理区长张建明作的《桥西区政府工作报告》、区人民委员会委员潘树林作的《关于桥西区1959—1962年财政决算和1963年财政预、决算的报告》、大会财政预算审查委员会主任李道信作的《关于桥西区财政预决算审查的报告》，并作出相应决议。会议审查处理提案201件。会议选举产生桥西区出席石家庄市第四届人民代表大会代表56名。会议选举产生区人民委员会区长1名、副区长3名、委员25名。会议选举产生石家庄市中级人民法院陪审员70名（名单见本章第二节《会议选举》）。

这次会议，是桥西区刚刚胜利度过国家暂时困难时期召开的一次具有重要意义的会议。会议指出，桥西区持续开展增产节约运动，全面安排人民生活，加强政权建设，保障社会治安，加强信访工作，进一步密切了党和政府与人民群众的关系。会议强调，当前桥西区人民的任务是，坚决贯彻执行党的八届十中全会所提出的以农业为基础、以工业为主导的发展国民经济的总方针，深入开展增产节约运动，反对贪污盗窃，反对投机倒把，巩固与加强全民和集体经济，为促进国民经济发展而努力。

二、区四届人大二次会议

1964 年 6 月 11 日至 12 日，区四届人大二次会议在市政协礼堂召开。出席代表 136 人（应到 155 人）。会议听取和审议区长张建明作的《桥西区政府工作报告》、副区长潘树林作的《关于桥西区 1963 年财政预决算和 1964 年财政预算的报告》、大会财政预决算审查委员会副主任李新志作的《关于桥西区财政预决算审查报告》、大会议案审查委员会主任聂肇基作的《关于本次会议议案的审查报告》，并作出相应决议。会议听取和审议副区长刘香久作的《石家庄市桥西区人民委员会关于桥西区第四届人民代表大会第一次会议议案执行情况的报告》。会议审查处理提案 104 件。

这次会议，是在社会主义革命和社会主义建设各方面都进行了大量工作，取得了巨大成绩的背景下召开的。会议指出，桥西区人民在党的正确领导下，团结一致，奋发努力，特别是在同洪涝灾害进行艰苦顽强斗争中，桥西区人民更加坚定革命意志，发扬革命的战斗精神，广泛深入开展生产自救、增产补损运动和比学赶帮竞赛运动。经过英勇奋战，胜利完成了生产救灾和 1963 年的各项工作任务。会议强调，要发扬学解放军、学大庆的革命精神。各行各业要在学习政治、钻研技术、练基本功方面下功夫，掀起革命化浪潮。

三、区四届人大三次会议

1965 年 2 月 18 日至 20 日，区四届人大三次会议在市政协礼堂召开。出席代表 141 人（应到 152 人）。会议听取和审议区长张建明作的《桥西区政府工作报告》、副区长梁振竹作的《关于桥西区 1964 年财政决算的报告》、大会财政决算审查委员会主任孙根旺作的《关于桥西区财政决算审查报告》、大会议案审查委员会主任聂肇基作的《关于本次会议议案的审查报告》，并作出相应决议。会议通过副区长刘香久作的《关于本届二次会议提案执行情况的报告》《关于增选桥西区副区长的报告》。会议审查处理提案 223 件。会议补选产生区人民委员会副区长 1 名（名单见本章第二节《会议选举》）。

这次会议，是桥西区人民在党和上级政府的正确领导下，进一步开展阶级斗争、生产斗争、科学实验三大革命运动背景下召开的。会议指出，要广泛深入地开展以阶级斗争为中心的社会主义教育运动，巩固和扩大政治战线、经济战线和思想文化战线上的社会主义阵地。会议强调，要提高广大人民群众的社会主义觉悟，进一步发扬领导和群众紧密团结、振奋精神、斗志昂扬的新风貌。

第二节　会议选举

区四届人大一次会议选举产生区人民委员会区长 1 名、副区长 3 名，委员 25 名，市中级人民法院陪审员 70 名。区四届人大三次会议补选产生区人民委员会副区长 1 名。

区人民委员会

区　长：

张建明　　1963 年 5 月区四届人大一次会议当选

副区长：

梁振竹　　1963 年 5 月区四届人大一次会议当选

刘香久　　1963 年 5 月区四届人大一次会议当选

潘树林　　1963 年 5 月区四届人大一次会议当选

薛海荣　　1965 年 2 月区四届人大三次会议当选

委　员：

王　亮(女)	宁俊怀	刘雅泉	刘秀英(女)
刘盈科	安进忠(回族)	李瑞峰	宋登歧
武立亭	马文满	高计顺	郝桐阁(女)
许锡章	郭呈荣	康晋凯	崔金翠(女)
董德元	杨福姐(女)	赵春梅(女)	蔡秀文
聂肇基	张建明	梁振竹	刘香久
潘树林			

石家庄市中级人民法院陪审员

乔焕南	李志欣	刘玉水	张双立
王青麦	马风鸣	张兴瑞	王新义
范东才	徐贵义	曹俊敏	梅盛林
杨　范	阎书凯	丁长久	侯树忠
孔宪花(女,回族)	刘喜瑞(女)	李越峰	赵　震
赵景田	池　学	韩盛俭	薛太白
王学谦	张胜卿	聂辰英	刘青堂
殷同朝	焦其坤(女)	段际平	袁汉云
史树钧	赵铭玉	彭守仁	杜大敏
张兰芳(女)	刘殿考	李喜顺	沙保瑞
孟　慧(女)	吴殿臣	王寿兰(女,回族)	吕喜琴(女)
刘秀英(女)	何志华(女)	阎惠旭(女)	李振文(女)
刘汝华(女)	张宝山	殷荣顺	张　风(女)
刘芳华(女)	王春香(女)	孙玉梅(女)	杨　玲(女)
袁淑芬(女)	梁喜珍(女)	王冬喜(女)	孙焕亭(女)

吴梅格(女)　刘联风(女)　何桂英(女)　茹秀荣(女)
梁春芳(女)　齐喜秀(女)　马敬满(女)　聂　英(女)
焦竹林(女)　王素秀(女)

第三节　会议组织

一、区四届人大一次会议

(一)大会主席团

王　亮(女)　宁俊怀　史冬菊(女)　刘秀英(女)
刘香久　安进忠　吴立亭　李瑞峰
李新志　马文满　郭呈荣　殷焕成
张建明　董福申　董德元　潘树林
蔡秀文　韩树宏　聂肇基

(二)大会秘书长

刘喜书

(三)大会财政预算审查委员会

主　任：李道信
副主任：刘香久
委　员：李新志　李　义　高计顺

(四)大会代表资格审查委员会

主　任：董德元
副主任：郭呈荣
委　员：
王　琦　刘喜书　安进忠　阎云英(女)
张兰亭

(五)大会议案审查委员会

主　任：梁振竹
副主任：聂肇基
委　员：
王诚信　李　义　李瑞峰　许兆丰
康晋凯　董德元　蔡秀文

二、区四届人大二次会议

（一）大会主席团

王　亮(女)	史冬菊(女)	刘秀英(女)	刘香久
安进忠	武立亭	李瑞峰	李新志
马文满	郭呈荣	梁振竹	殷焕成
张建明	董德元	潘树林	聂肇基
韩树宏			

（二）大会秘书长

刘喜书

（三）大会财政预决算审查委员会

主　任：刘香久

副主任：李新志

委　员：史冬菊(女)　高计顺　殷焕成

（四）大会议案审查委员会

主　任：聂肇基

副主任：董德元

委　员：

王诚信	李瑞峰	梁振竹	郭呈荣
康晋凯			

三、区四届人大三次会议

（一）大会主席团

王　亮(女)	史冬菊(女)	刘秀英(女)	刘喜书
刘香久	刘盈科	安进忠	李秀珍(女)
武立亭	孙根旺	孙玉梅(女)	袁庆太
郭呈荣	殷焕成	梁振竹	张建明
张福增	张素芳(女)	董福申	蔡秀文
聂肇基			

（二）大会秘书长

刘喜书

（三）大会财政决算审查委员会

主　任：孙根旺

副主任：刘香久

委　员：史冬菊(女)　高计顺　殷焕成

（四）大会议案审查委员会

主　任：聂肇基

副主任：袁庆太

委　员：

王诚信　　李瑞峰　　梁振竹　　郭呈荣

康晋凯

第四章　会议决议

一、区四届人大历次会议作出决议情况

根据现有档案史料，桥西区第四届人民代表大会共作出决议 9 项。

区四届人大历次会议决议一览表

表 5-2

时　间	会　议	名　称
1963 年 5 月 9 日	一次会议	关于 1959 年至 1962 年政府几项主要工作和今后主要任务报告的决议 关于桥西区 1959 年至 1962 年财政决算和 1963 年财政预算报告的决议 关于提案审查报告的决议
1964 年 6 月 12 日	二次会议	关于政府工作报告的决议 关于桥西区 1963 年财政决算和 1964 年财政预算的决议 关于议案审查意见的决议
1965 年 2 月 20 日	三次会议	关于政府工作报告的决议 关于财政决算报告的决议 关于议案审查意见的决议

二、决议选介

关于 1959 年至 1962 年政府几项主要工作和今后主要任务的报告的决议

《关于 1959 年至 1962 年政府几项主要工作和今后主要任务的报告的决议》（以下简称《决议》），于 1963 年 5 月 9 日区第四届人民代表大会第一次会议通过。

《决议》认为，为迎接国民经济新高涨的到来，在桥西区范围内大力、持久、深入、扎实地开展增产节约运动是非常适时和必要的。

关于政府工作报告的决议

《关于政府工作报告的决议》（以下简称《决议》），于 1964 年 6 月 12 日区第四届人民代表大会第二次会议通过。

《决议》强调，桥西区人民要积极行动起来，继续深入开展阶级斗争、生产斗争和科学实验三项伟大革命运动，大学毛泽东主席著作，大学解放军、大庆和其他一切先进经验，促进机关、企业和人的革命化，在工业、文教、机关等各个战线上掀起以“五好”为目标的比学赶帮竞赛热潮。各工厂、手工业社要坚决实现“两赶三消灭”规划，在为农业服务、为大工业服务、为城市建设服务、为城市和人民生活服务方面作出更大的成绩。

关于议案审查意见的决议

《关于议案审查意见的决议》（以下简称《决议》），于 1965 年 2 月 20 日区第四届人民代表大会第三次会议通过。

截至 1965 年 2 月 17 日，本次会议共收到代表提出的议案 223 条，经过整理，将同类性质的进行了合并，共 97 件。其中，市政建设类 20 件，财政经济类 26 件，文教卫生类 28 件，政法类 9 件，劳动就业、劳动保护类 4 件，其他类 10 件。整理议案截止后，又收到议案 13 件，未纳入议案内，会后交区人民委员会作为人民来信来访进行处理。

《决议》决定，将全部议案责成区人民委员会根据审查意见，认真研究处理。并在桥西区人民代表大会下次举行会议时，向会议作出执行情况报告。

第六篇

石家庄市桥西区
第五届至第六届人民代表大会

（1965 年 12 月至 1981 年 6 月）

第一章　党的领导

桥西区人民代表大会在区委的正确领导下，正确行使宪法和法律赋予的职权，加强向区委请示汇报工作，区五届人大一次会议圆满完成选举等各项工作任务，有力地落实党的领导和上级工作部署。后因“文化大革命”运动开始，区五届人民代表大会只召开一次会议，区六届人民代表大会未能召开会议。

第二章　人民代表

桥西区第五届人民代表大会代表名额 167 名。1965 年 12 月，召开桥西区第五届人民代表大会第一次会议时实有代表 167 名。

第一节　选举产生

一、桥西区第五届人民代表大会代表的选举产生

桥西区第五届人民代表大会代表的选举工作自 1965 年 10 月开始。

《全国人民代表大会常务委员会关于县、市、市辖区、乡、民族乡、镇人民代表大会代表名额等问题的决定》第四条规定：市辖区人口超过 10 万至 30 万的，每 1000 至 1500 人选代表 1 人。桥西区现有人口 166754 人，经研究确定桥西区按照每 1000 人左右选代表 1 名，桥西区第五届人民代表大会代表名额应为 167 名，第一次会议时选出代表 167 名。

在 167 名代表中，男性 119 名，占 71.3%，女性 48 名，占 28.7%；汉族 160 名，占 95.8%，少数民族 7 名，占 4.2%；工人、业务员、服务人员 44 名，占 26.2%，农业社员 3 名，占 1.8%，国家干部 28 名，占 16.8%，工商业者 16 名，占 9.6%，文教卫生工作者 40 名，占 24%，科学技术工作者 3 名，占 1.8%，居民 31 名，占 18.6%，华侨 1 名，占 0.6%，文化艺术工作者 1 名，占 0.6%。

链接：

石家庄市桥西区选举委员会关于各街道（分社）
选举工作组组长、副组长的通知
（选通字 1 号）

各街道（分社）选举工作组、各选区：

为了做好桥西区的选举工作，区选举委员会决定，向各街道（分社）派出选举工作组，指导各该地区内的选举工作。现将各街道选举工作组组长、副组长通知如下：

中山路选举工作组，组长董庚，副组长戴东秋、史新喜；

民族路选举工作组，组长施保太，副组长张同印；

新华路选举工作组，组长王广善，副组长李风臣、沈赛君；

宁安街选举工作组，组长王学全，副组长张玉敬；

东焦选举工作组，组长杨作惠，副组长李增寿；

革新街选举工作组，组长王振声，副组长王玉芳；

维明路选举工作组，组长张克功，副组长程树芬；

东里村选举工作组，组长雷占省，副组长宗丙申；

南马路选举工作组，组长刘福秋，副组长王平安、王玉珍；

永安街选举工作组，组长王宗仁，副组长封玉贵。

特此通知。

石家庄市桥西区选举委员会

一九六五年十月十九日

抄：城市四清工作团街道分团，市人委办公室，市选举办公室，区委办公室，区人委办公室，区委宣传部，组织部。

二、桥西区出席石家庄市第五届人民代表大会代表的选举产生

1965 年 12 月 10 日至 14 日，桥西区第五届人民代表大会第一次会议召开，应出席代表 167 名，实出席代表 157 名，会议选举产生桥西区出席石家庄市第五届人民代表大会代表 73 名。

第二节　代表名单

一、桥西区第五届人民代表大会代表名单

第一组

冀国政	陈德天	董福申	李广文
魏生彩(女)	赵进岐	郭汇芳(女)	张素芳(女)
袁庆太	张振魁	朱身修	杜翠英(女)
宋万活	李致存	王学卿	牛　克
王玉珍(女)			

第二组

潘启新	刘秀英(女)	许兆丰	刘　福
王芬芬	封东来	陈　胜	韩振民
郝桐格(女)	蒋廷钧	许锡章	陈敬斋
贡进山	王跃山	孙亚东	谢洪昌
郭东生	吴玉岑		

第三组

宁俊怀	王　琦	梁振竹	李道信
郝维通	张桂英(女)	杨淑岑(女)	吴士荣
刘桂芝(女)	党兰琴(女)	赵立才	张平均(女)
孙根旺	迟春生	陈文涛	袁树男
高玉民	张臣仁	宋登岐	

第四组

李彩威	郭润江	薛海荣(女)	高计顺
孙秀堂	任　姗(女)	游建勤	王淑英(女)
李　碗(女)	李树桐	陈介涛	安进忠
马瑞坡	郑　纯	张进福	付国恩

第五组

史冬菊(女)	殷焕成	王福志	邢绍彬

马文满	赵文智	范文聪	董登春
田玉江	王耀先	王文杰	毛德涛
郝洪礼	李　义	郝仲三	吴新池(女)

第六组

杨兰水	郭玛丽(女)	剧晓然	刘喜书
王君国	周富强	丁鸿春	邢春秋
李春永	韩焕章	魏慎铭	郭可明
钟振远	邵午辰	庞泗泉	张超然

第七组

崔冠军	彭文义	孙随运	李新志
史秉珍	冯玉彬(女)	宋秋丰	阎秉渊
魏书林	筱桂琴(女)	郭呈荣	郑华源(女)
刘期祥(女)	刘根万	蔡秀文	冯祥生

第八组

杨作惠	王润五	阎惠旭(女)	刘香久
赵春梅(女)	袁宗琴(女)	杨福姐(女)	谢克成
白　兰(女)	陈万秀(女)	武春来(女)	穆良花(女)
王秀兰(女)	赵万新	朱玉杰	白玉芝(女)

第九组

王　亮(女)	刘佩珍(女)	底玉森	常正平
刘小芬(女)	刘建亭	冯喜梅(女)	窦俊英(女)
尹林风(女)	郭彦卿(女)	崔秀兰(女)	马淑香(女)
崔鸿甫	杨瑞珍(女)	崔金翠(女)	孙连贵
田春林			

第十组

张星耀	赵素敏(女)	张建明	董德元
赵林林	武立亭	吴金钟	谢荣香
刘　发(女)	段桂林(女)	景玉琴(女)	赵桂朵(女)
梁保书	柴书姐(女)	赵惠芳(女)	王海泉

二、桥西区出席石家庄市第五届人民代表大会代表名单

王玺风	王登山	王碧云(女)	王毓堪
马淑香(女,回族)	史冬菊(女)	申希礼	白金娥(女)
宁俊怀(女)	冯云章	任　光	刘安祉
刘秀英(女)	刘香久	刘俊三	张星耀
陈广训	孙秀堂	孙荫凯	李东和
李新生	李锦兰(女)	何君平(女)	安进忠(回族)
严纪绎	吴双霖	吴素兰(女)	吴新池(女)
林春得	迪　风	底金斗(回族)	杨　瑞
郑鸿印	郑　铎	赵文智	赵扶东
赵春梅(女)	张杰斌	张德昌	姚大柱
殷焕成	郭汇芳	郭登科	解占魁
管瑞鸿(回族)	穆瑞茂(回族)	谢久朋	姚宗虞
史秉珍	张志慈	王金臣	边延亭
梁英贵	陈淑兰(女)	韩秉乾	郭成根
李端立	刘政文	郝振东	王志民(女)
邵景珍(女)	李银斗	李志河	李同乐
李建民	王久娥(女)	宋万活	葛淑平
赵秉礼	魏　炯	喻绍昌	邢绍彬
肖　荔			

第三章　人民代表大会

桥西区第五届人民代表大会任期 6 个月，自 1965 年 12 月至 1966 年 5 月，召开 1 次会议。

区五届人大一次会议概况表

表 6–1

会议次序	会议日期	听取报告(个)	决议决定(项)	代表议案(件)	选举表决(项)
第一次	1965 年 12 月 10 日至 14 日	7	3	186	2

第一节　会议概况

区五届人大一次会议

1965 年 12 月 10 日至 14 日，区五届人大一次会议在市丝弦剧团礼堂召开。出席代表 157 人（应到 167 人）。会议听取和审查区长张建明作的《桥西区政府工作报告》、副区长孙随运作的《关于桥西区 1964 年财政决算和 1965 年财政预算的报告》、大会财政预决算审查委员会主任孙秀堂作的《关于桥西区财政预决算的审查报告》，副区长、大会议案审查委员会主任刘香久作的《关于本次会议议案的审查报告》，并作出相应决议。会议审查通过副区长梁振竹作的《关于桥西区第四届人民代表大会第三次会议提案执行情况的报告》，副区长、大会议案审查委员会主任刘香久作的《关于选举桥西区人民委员会组成人员和出席石家庄市第五届人民代表大会代表的报告》。会议听取并审议大会代表资格审查委员会主任董德元作的《关于代表资格的审查报告》。会议审查处理提案 186 件。会议选举产生桥西区出席石家庄市第五届人民代表大会代表 73 名。会议选举产生区人民委员会区长 1 名，副区长 4 名，委员 25 名（名单见本章第二节《会议选举》）。

这次会议，是在第二个五年计划最后一年召开的重要的总结大会。会议指出，要把这次会议的革命精神，带到广大人民群众中去，广为传播，并且要密切联系群众，积极宣传党和政府的各项方针政策，及时听取和反映广大人民群众的意见和要求。会议强调，要将桥西区人民更好地团结与带动起来，鼓起更大革命干劲，在国家的社会主义革命和社会主义建设事业中，以更高的跃进姿态阔步前进。

第二节　会议选举

区五届人大一次会议选举产生区人民委员会区长1名、副区长4名、委员25名。

区人民委员会

区　长：

邢绍彬　1965年12月区五届人大一次会议当选

副区长：

梁振竹　1965年12月区五届人大一次会议当选

孙随运　1965年12月区五届人大一次会议当选

刘香久　1965年12月区五届人大一次会议当选

薛海荣(女)　1965年12月区五届人大一次会议当选

委　员：

武立亭	宁俊怀	高计顺	孙秀堂
赵春梅(女)	安进忠	蔡秀文	朱玉杰
宋登岐	郭呈荣	田玉江	董德元
马文满	杨福姐(女)	王　亮(女)	许锡章
邵午辰	刘秀英(女)	郝桐阁(女)	崔金翠(女)
邢绍彬	梁振竹	孙随运	刘香久
薛海荣(女)			

第三节　会议组织

区五届人大一次会议

（一）大会主席团

王　亮(女)	史冬菊(女)	刘秀英(女)	刘喜书
刘香久	孙随运	邢绍斌	安进忠
宋万活	赵慧芳(女)	赵立才	张建明
张星耀	梁振竹	武立亭	袁树田
郭呈荣	殷焕成	董福申	蔡秀文
薛海荣(女)			

（二）大会秘书长

刘喜书

（三）大会财政预决算审查委员会

主　任：孙秀堂

副主任：王福志

委　员：

史冬菊(女)	李树洞	李致存	吴士荣
高计顺	郭润江	殷焕成	

（四）大会代表资格审查委员会

主　任：董德元

副主任：郭呈荣

委　员：

王　琦	刘喜书	邵午辰	杨作惠
赵文志	钟振远	冀国政	

（五）大会议案审查委员会

主　任：刘香久

副主任：李　义

委　员：

王文杰	刘秀英(女)	朱玉杰	孙连赏
陈德天	赵慧芳(女)	许兆丰	杨福姐(女)
常正平			

第四章　会议决议

一、区五届人大一次会议作出决议情况

根据现有档案史料，桥西区五届人民代表大会共作出决议 3 项。

区五届人大一次会议决议一览表

表 6-2

时　间	会　议	名　称
1965 年 12 月 14 日	一次会议	关于政府工作报告的决议 关于桥西区 1964 年财政决算和 1965 年财政预算的决议 关于议案审查意见的决议

二、决议选介

关于政府工作报告的决议

《关于政府工作报告的决议》（以下简称《决议》），于 1965 年 12 月 14 日区第五届人民代表大会第一次会议通过。

《决议》认为，在 1965 年的十个月里，桥西区在党和上级政府的正确领导下，全面贯彻执行以农业为基础、以工业为主导、发展国民经济的总方针。随着社会主义教育运动的深入开展，广大人民群众的社会主义觉悟提高，人民群众的精神面貌已经发生和正在发生着深刻的变化。1965 年以来，桥西区各方面的工作，都出现了一个崭新的面貌，取得了优异成绩。会议对 1965 年以来的政府工作表示满意。

为了迎接国家将从 1966 年开始实行的发展国民经济的第三个五年计划，《决议》强调要广泛深入地开展社会主义教育运动，调动一切积极因素，推动社会主义革命和社会主义建设事业的迅速发展，使桥西区人民树立一切工作都是为了革命的思想，从而做到干一行爱一行专一行，把各方面工作做得好上加好，给即将开始的第三个五年计划创造良好的开端。

第七篇

石家庄市桥西区
第七届人民代表大会

（1981 年 6 月至 1984 年 6 月）

第一章　党的领导

桥西区第七届人民代表大会及其常务委员会，坚持以党的十二大精神为指导，在区委的领导下，紧紧围绕区委中心工作，认真履行宪法和法律赋予的职权，在组建中发挥作用，在探索中开拓前进，主动将区委决策部署贯穿于人大各项工作之中。

为顺利召开桥西区第七届人民代表大会，区委多次召开会议研究部署，制定《关于选举区第七届人民代表大会代表和召开第七届人民代表大会的安排意见》，对选举区第七届人民代表大会代表、召开第七届人民代表大会第一次会议有关事项作出了安排。1981 年 6 月，石家庄市桥西区第七届人民代表大会第一次会议召开，首次依法选举产生区七届人大常委会组成人员。1984 年 1 月，经中共桥西区委研究，决定成立中共桥西区人民代表大会常务委员会党组。

结合工作实际，区人大常委会探索制定《石家庄市桥西区人大常委会关于这段工作安排和几项制度的规定》，使工作逐步制度化、正规化。结合区委的重点工作，依法对“一府两院”实施监督，为促进桥西区经济建设的发展和以提高经济效益为中心的改革，贯彻调整、改革、整顿、提高的八字方针，三次听取区人民政府及有关部门《关于工业生产及计划安排情况的报告》《关于经济体制改革情况的报告》《关于“致力改革、搞活经济、富区富民”的报告》等。在每年的全民文明礼貌月活动中，及时听取区人民政府《关于“全民文明礼貌月”活动情况的汇报》，这些汇报指出，桥西区在建设“两个文明”中存在的问题，区人大常委会在审议这些报告时，既肯定了工作成绩，又指出了需要解决的问题，有的还作出了相应的决议。这对于党的路线、方针、政策在桥西区的贯彻执行，调动人民群众进行社会主义物质文明和精神文明建设的积极性都发挥了一定作用。

党的组织机构

中共石家庄市桥西区人大常委会党组

书　记：白梦章（1984 年 1 月至 1984 年 6 月）

副书记：于镜海（1984 年 1 月至 1984 年 6 月）

第二章　人民代表

桥西区第七届人民代表大会代表名额127名。1981年6月召开桥西区第七届人民代表大会第一次会议时，实有代表126名。区七届人大常委会高度重视代表工作，探索建立代表工作机制，充分发挥代表联系群众的桥梁纽带作用；探索开展代表视察检查，充分发挥人民代表的监督作用；尊重代表民主权利，认真办理代表提案。代表工作逐步实现制度化、正规化、经常化。

第一节　选举产生

一、桥西区第七届人民代表大会代表的选举产生

经省人大常委会决定，桥西区第七届人民代表大会代表名额为127名。经区选举委员会研究，报区委同意，分配到各选区名额127名。

在区委、区人大常委会领导下，根据有关法律规定，按照区选举委员会统一部署，各选区依法选举产生区人大代表126名。

在126名代表中，区属代表73名，占57.9%；驻区单位代表53名，占42.1%。男代表77名，占61.1%；女代表49名，占38.9%。中共党员代表77名，占61.1%；群众代表49名，占38.9%。从代表的职业和社会分工看，工人29名，农民1名，占23.8%；居民32名，占25.4%；干部38名，占30.1%；教育4名，卫生3名，科技10名，文艺1名，财贸2名，以上五项占15.9%；部队代表6名，占4.8%。从民族看，汉族代表119名，占94.4%；少数民族代表7名，占5.6%。

链接1：具体选举情况

一、进行充分准备，深入搞好宣传。桥西区于1981年2月由17人组成选举委员会，成立了选举工作办公室，下设秘书组、组织组、宣传组、直属选区组、总务组，具体掌握指导桥西区选举工作的进行。选举工作办公室宣传组集中培训各选区宣传骨干454名。各街道办事处选举领导小组和各选区、单位，又分别采取不同形式对宣传员进行培训。及时发放宣传学习材料，共发放选举宣传提纲一讲至四讲2060套，入户宣传材料33000份。组织抽调工作能力较强的同志，深入到选区或居委会，采取分片包干的办法，协助各选区进

行组织和宣传工作。

二、从实际出发划分选区，认真搞好选民登记。将桥西区所有参选单位，划分为55个选区，选区内以原有班组和学习小组为基础，划分选民小组3916个。划分选区后，层层培训选民登记员。进行选民登记时，先进行预登，主要是各厂矿、企事业、机关、团体等单位根据工资表进行预登，居民选区按居民小组根据户口本进行预登，在预登的基础上，各选区根据单位数量、选民工作和居住地点等情况，以便于选民上站登记为原则设立选民登记站。桥西区共设立选民登记站479个，经过预登和上站登记，共登记选民88530人。随后，对选民资格进行了审查，桥西区不能行使选举权者172人，被剥夺选举权者44人，暂停行使选举权者79人。

三、充分发扬民主，做好提名协商代表候选人工作。首先，确定好代表名额和分配方案；然后做好宣传工作，统一选民思想认识；最后充分发扬民主，让选民广泛提名推荐代表候选人。

四、严格按照选举程序，组织好投票选举。第一，研究确定投票站的数量、地点，确定主持选举人，由区选举委员会发委派证书，确定各组选民的投票时间和地点，确定监票员、计票员和工作人员。第二，区选举委员会对各办事处、各选区、投票站的工作人员和各单位负责选举工作人员进行集中培训。第三，进一步摸清选民各方面的变化底数。选举日，严格按照选举程序进行投票，参选率达97.3%。其中有7个选区参选率达到100%，55个选区中有52个选区一次选举成功，对一次选举未成功的3个选区，及时分析原因，采取措施，2个选区完成补选，42号选区补选未成功，桥西区127名代表名额，共选出代表126名。

五、经验教训。1. 由于宣传工作不够深入，对《中华人民共和国全国人民代表大会和地方各级人民代表大会选举法》的学习领会还不深刻，酝酿、协商、确定正式代表候选人阶段遇到“五一”节，宣传代表候选人的时间不充分。2. 选举组织工作还欠全面和严密，工作上还有漏洞，有的投票站没安排好投票顺序，个别投票站没按规定统一开箱计票。3. 有的选区过大，对行业、系统考虑不周，增加了选举难度，个别联合选区多达20多个单位，组织工作做的不够好。

链接2：桥西区选举委员会组成人员名单

主　任：白梦章

副主任：梁清璋　　孟凡录

委　员：张君实　　刘香久　　岳　良　　付　志

张纯普　　魏安钵　　徐考年　　郭祥珍

邢淑兰　　肖　锐　　张士泽　　杜义峰

李建民　　刘振波

二、桥西区出席石家庄市第六届人民代表大会代表的选举产生

1982 年 1 月 12 日，区七届人大二次会议选举产生桥西区出席石家庄市第六届人民代表大会代表 65 名。

第二节　代表名单

一、桥西区第七届人民代表大会代表名单

殷建芳	赵慎友	洪慰年（女）	洪雨梅（女，满族）
孙灵雪（女）	苏连东	刘二水	崔士林
白冬至	刘瑞合	刘占魁	王玉珍（女）
谢风志	李同年	任瑞金	白梦章
曹鸿缙	王振英（女）	蒋国志	赵汉良
王英惠（女）	左万杰	杨玉娟（女）	陈术美
李金兰（女）	李海景	章日荣	梁玉子（女，朝鲜族）
邢顺长	杨雪程（回族）	程广建	谭云洪
马永森	张君实	孙随运	肖　锐（女）
崔士尧	高来荣（女）	段桂林（女）	康菊文（女）
冯胜华（女）	张彦文（女）	付玉娥（女）	梁　瑞（女）
王山子	卢　钧	杜文许	丛振文
钱瀚声	张纯普	刘宪民	底金斗（回族）
陈风菊（女）	李桂芝	吴印德	常勤珍（女）
王振平（女）	贾风英（女）	叶树权	张明申
王　勇	于树魁	黄培祚（壮族）	刘振芳
尹林风（女）	陈瑞祥	高文秀（女）	徐淑兰（女）
张秀珍（女）	裴崇文	张怡年	杜义锋
孟凡录	刘香久	东桂珍（女）	常秀英（女）
李云祥	张月英（女）	董炳来	郝义景
齐秋波	杨森林（回族）	牛光辉	付　志
谷庆福	潘灵格（女）	张瑞霖（女）	陈　捷
冀国政	刘志华	范闯喜	刘荣珍（女）
赵显珠	孙秀花（女）	李秀英（女）	李慧茹（女）
李生云	武　文	林芳堂	张秀耕（女）
徐明美（女）	黄　岚	张景兰（女）	于润舟

李红姐(女)	马淑香(女,回族)	殷贵祥	杨连生
梁清璋(女)	田汝恒	杨　尚	王淑芬(女)
史新乐	赵墨珍(女)	张国芬(女)	靳光增
高　琴(女)	任秀英(女)	杨　多(女)	杨淑文(女)
孙志明	李春明	刘云生	杨桂珍(女)
姚维河	张恒凯		

届中调整情况：区七届人大三次会议前，杨森林、李秀英调离桥西区，代表资格自行终止。区七届人大四次会议前，孙志明、丛振文、范闯喜调离桥西区，代表资格自行终止。1983 年 9 月 14 日在区七届人大常委会第十三次会议上，罢免尹林凤代表资格。

二、桥西区出席市第六届人民代表大会代表名单

马忠辰(回族)	马淑香(女,回族)	王玉琴(女)	王振平(女)
王振英(女)	左万杰	白冬至	龙铭铨
甘福忠(回族)	刘力夫	田宪法	刘石铭
刘振山	刘振芳	刘荣珍(女)	任长春
边延亭	邢雨和	孙桂彩(女)	汤树根
严三女(女,朝鲜族)	李士英	李志平	李英林
杜吉桃(女)	杨兰水	杨雪程	杨增强(回族)
张长生	张兰欣(女)	张金贵	张柱国
张振盘	张清和	张景兰(女)	张墨生(回族)
陈学慎	陈修和	陈增民	佟乐夫
庞泗泉	来家骥	孟凡录	郎凤云(女)
底金斗(回族)	底俊台(回族)	武舒通	胡　连
赵文智	赵叫唤	赵庆春	洪慰年(女)
高广兴	高树春	徐明美(女)	顾荣娟(女)
柴淑荣(女)	崔　志	梁清璋(女)	曹鸿缙
董福录	谢德玉(女)	蒋国志	樊汝兰(女)
樊修臣			

届中调整情况：1984 年 2 月 10 日，区七届人大常委会第十五次会议补选白梦章为石家庄市第六届人民代表大会代表。

第三节　代表工作

一、建立代表工作机制

区七届人大常委会探索建立代表工作机制，为代表依法履行职责提供制度保障。人民代表肩负着联系群众，监督人民政府、人民法院、人民检察院工作的重任。区人大常委会将126名人民代表，按行政区划和行业特点划成25个联系小组，每个小组推选或确定2名召集人，形成一个联系网。在代表大会期间，依据大多数选民的根本利益和要求，认真搜集、整理提案报大会主席团。在闭会期间，将搜集整理的提案及群众的意见、要求报区人大常委会，并向选民传达提案处理结果。积极宣传党的政策和法律法规，通过人大监督，促进区人民政府各项工作。密切联系选民，倾听群众呼声，及时向区委、区人民政府反映群众的意见和要求。

1983年7月，参照市人大常委会《关于市人民代表联系办法》，区七届人大常委会把25个代表联系小组，按照“以办事处分片，就近就便”的原则，编成6个代表联系组，避免出现小组过于分散、不易集中活动的现象，密切了区人大常委会同代表之间、代表与选民之间、政府同群众之间的关系，体现了人民当家作主。

二、组织代表视察调研

紧紧围绕贯彻党和国家方针政策、法律法规、广大人民群众普遍关心的问题组织了6次视察。视察前认真组织代表学习有关法律和政策，在视察中组织代表认真看、耐心听，发现问题，视察结束后进行总结，并写出视察报告转交给政府有关部门。通过视察活动，提高代表的履职能力，为区人大常委会监督“一府两院”工作提供依据。

三、密切联系人大代表

区七届人大常委会建立区人大常委会联系人民代表和人民代表联系选民的制度，区人大常委会采取定期（一月一次）或不定期的方法，通过召开代表座谈会、个别走访等方式，经常与人民代表取得联系，了解代表和选民的学习、工作和生活情况，反映选民的意见和要求，及时转交区人民政府或有关部门，不断改进工作。

四、代表提案办理

区七届人大一次会议和三次会议期间，代表共提出提案546件，其中28件由桥西区的市人大代表向市人民代表大会作为提案提出，其余518件，全部办结。提案办理的具体情况大体分三类：一是已经解决的，有279件，占提案总数的53.9%。二是尚需逐步实施的有183件，占提案总数的35.3%，这类提案多数属于要求增设学校、粮店、煤店、菜店、汽车站、开拓公路等，对此区人民政府及有关部门有的已经列入规划，有的正在积极落实。三是需要向群众解释的提案 56 件，占提案总数的 10.8%，这类提案所反映的问题多数属于目前党和国家的政策不允许或者因为目前的人力、物力、财力及其他原因暂时难以解决的。区七届人大二次会议和四次会议为选举大会，没有提出提案。

第三章　人民代表大会

根据1978年全国五届人大一次会议修订通过的《中华人民共和国宪法》，中共中央在1979年7月27日提出“地方各级党委今年下半年应该积极做好召开地方各级人民代表大会的准备工作”的要求。经过两年多的准备，石家庄市桥西区第七届人民代表大会第一次会议于1981年6月13日召开。

桥西区第七届人民代表大会任期3年，自1981年6月至1984年6月，共召开4次会议。

区七届人大历次会议概况表

表7–1

会议次序	会议日期	议题（项）	听取报告（个）	决议决定（项）	选举表决（项）
第一次	1981年6月13日至17日	8	4	3	4
第二次	1982年1月11日至12日	1			1
第三次	1983年1月20日至21日	4	4	4	
第四次	1984年2月18日	2			2

第一节　会议概况

一、区七届人大一次会议

1981年6月13日至17日，区七届人大一次会议在桥西区招待所召开。出席代表121人（应到126人）。会议听取和审议区革委会副主任孟凡录作的《桥西区革委工作报告》、区人民法院院长徐考年作的《桥西区人民法院工作报告》、区人民检察院检察长赵孟岐作的《桥西区人民检察院工作报告》，并通过相应决议。会议听取提案审查委员会主任杨尚作的《关于提案审查的报告》。会议选举产生区七届人大常委会组成人员，区人民政府区长、副区长，区人民法院院长，区人民检察院检察长（名单详见本章第二节《会议选举》）。

这次会议，是在深入贯彻执行党的十一届三中全会以来的路线、方针、政策，社会主义物质文明精神文明建设取得新进展的形势下召开的。会议指出，1981 年是贯彻中央工作会议精神，实行在经济上进一步调整，实现在政治上进一步安定的关键一年，这次会议的胜利召开和圆满结束，充分反映了桥西区广大人民对加强区级政权建设的关心和重视，对行使管理国家的各种权利的珍惜和拥护。会议强调，桥西区上下要保持清醒的头脑，正确分析形势，看到有利因素，勇于克服困难，战胜暂时的困难，做切切实实的工作，一个一个解决问题，为国民经济实行进一步的调整，为在政治上实现进一步的安定做出新贡献。

二、区七届人大二次会议

1982 年 1 月 11 日至 12 日，区七届人大二次会议在区委会议室召开。出席代表 108 人（应到 126 人）。会议选举产生桥西区出席石家庄市第六届人民代表大会代表 65 名。

三、区七届人大三次会议

1983 年 1 月 20 日至 21 日，区七届人大三次会议在省第二招待所礼堂召开。出席代表 108 人（应到 124 人）。会议听取和审议区人民政府区长孟凡录作的《桥西区人民政府工作报告》、区人大常委会副主任田汝恒作的《桥西区人民代表大会常务委员会工作报告》、区人民法院院长徐考年作的《桥西区人民法院工作报告》、区人民检察院检察长赵孟岐作的《桥西区人民检察院工作报告》，并通过相应决议。

这次会议，是在认真贯彻党的十一届三中全会、六中全会，党的十二大和全国人大五届五次会议精神的基础上召开的。会议指出，1983 年是党的十二大提出的全面开创社会主义现代化建设新局面的第一年，是实施全国人大五届五次会议通过的新宪法的第一年，桥西区各项工作取得新的进展。会议强调，要深入贯彻党的十二大和全国人大五届五次会议精神，抓住经济建设这个中心，在提高经济效益的前提下，继续解放思想，勇于创新，研究新事物，创造新经验，促进社会主义经济的全面发展，要有领导有步骤地做好各项改革工作，大力加强社会主义民主和法制建设，保障社会风气和社会治安有进一步好转。

四、区七届人大四次会议

1984 年 2 月 18 日，区七届人大四次会议在省第二招待所礼堂召开。出席代表 96 人（应到 120 人）。会议补选产生区七届人大常委会主任，区人民政府区长（名单见本章第二节《会议选举》）。

第二节　会议选举

区七届人大历次会议，共选举产生区级国家机关工作人员 25 人。

区人大常委会

主　任：

梁清璋（女）　1981 年 6 月区七届人大一次会议当选

白梦章　1984 年 2 月区七届人大四次会议当选

副主任：

于树魁　1981 年 6 月区七届人大一次会议当选

田汝恒　1981 年 6 月区七届人大一次会议当选

刘香久　1981 年 6 月区七届人大一次会议当选

孙随运　1981 年 6 月区七届人大一次会议当选

杨　尚　1981 年 6 月区七届人大一次会议当选

委　员（区七届人大一次会议选举产生）：

白冬至　孙志明　肖　锐（女）　杨　多（女）

底金斗（回族）　洪慰年（女）　徐明美（女）　殷贵祥

曹鸿缙

届中调整情况：

梁清璋（女），1984 年 2 月 18 日，在区七届人大四次会议上辞去桥西区人大常委会主任职务。

区人民政府

区　长：

孟凡录　1981 年 6 月区七届人大一次会议当选

赵国昌　1984 年 2 月区七届人大四次会议当选

副区长：

王　勇　1981 年 6 月区七届人大一次会议当选

刘宪民　1981 年 6 月区七届人大一次会议当选

张秀耕（女）　1981 年 6 月区七届人大一次会议当选

殷建芳　1981 年 6 月区七届人大一次会议当选

赵慎友　1981 年 6 月区七届人大一次会议当选

届中调整情况：

张金元，1982 年 8 月 27 日，区七届人大常委会第七次会议决定任命其为桥西区人民政府副区长

孟凡录，1984 年 2 月 18 日，在区七届人大四次会议上辞去桥西区人民政府区长职务

区人民法院

院　长：

徐考年　　1981 年 6 月区七届人大一次会议当选

区人民检察院

检察长：

赵孟岐　　1981 年 6 月区七届人大一次会议当选

第三节　会议组织

一、区七届人大一次会议

（一）大会临时党组

书　记：白梦章

成　员：

梁清璋(女)	孟凡录	田汝恒	张秀耕(女)

（二）大会主席团和秘书长

主席团：

于树魁	王　勇	牛光辉	田汝恒
白梦章	白冬至	孙志明	孙随运
刘香久	刘宪民	任瑞金	杨　尚
杨　多(女)	杨连生	李生云	张君实
张怡年	张秀耕(女)	孟凡录	底金斗(回族)
赵慎友	洪慰年(女)	殷建芳	殷贵祥
徐明美(女)	曹鸿缙	梁清璋(女)	

秘书长：孟凡录(兼)

（三）大会主席团常务主席

于树魁	田汝恒	白梦章	孙随运
刘香久	刘宪民	杨　尚	张君实
张秀耕(女)	孟凡录	赵慎友	殷建芳
梁清璋(女)			

（四）大会代表资格审查委员会

主 任 委 员：张君实

副主任委员：于树魁　　付　志

委　　员：

刘振芳	杨　多(女)	肖　锐(女)	张纯普

（五）大会提案审查委员会

主任委员：杨　尚

副主任委员：孙随运　刘香久

委　　员：底金斗(回族)　洪慰年(女)

二、区七届人大二次会议

（一）大会临时党组

党组书记：白梦章

党组副书记：梁清璋(女)

党组成员：

田汝恒	杨　尚	于树魁	孙随运

（二）大会主席团和秘书长

主席团：

于树魁	牛光辉	田汝恒	白冬至
白梦章	孙志明	孙随运	刘香久
任瑞金	肖　锐(女)	杨　多(女)	杨　底
金斗尚	杨连生	李生云	张君实
张纯普	张怡年	底金斗(回族)	洪慰年(女)
殷贵祥	徐明美(女)	曹鸿缙	梁清璋(女)

秘书长：田汝恒(兼)

（三）大会主席团常务主席

于树魁	田汝恒	白梦章	孙随运
刘香久	杨　尚	梁清璋(女)	

（四）大会代表资格审查委员会

主任委员：张君实

副主任委员：于树魁　孙随运　刘香久

委　　员：

刘振芳	杨　多(女)	肖　锐(女)	张纯普
洪慰年(女)			

三、区七届人大三次会议

（一）大会主席团和秘书长

主席团：

于树魁	牛光辉	田汝恒	白冬至
白梦章	孙志明	孙随运	刘香久
肖　锐(女)	杨　多(女)	杨　尚	杨连生
李生云	张君实	张纯普	张怡年
底金斗(回族)	洪慰年(女)	殷贵祥	徐明美(女)
曹鸿缙	梁清璋(女)		

秘书长：田汝恒(兼)

（二）大会主席团常务主席

于树魁	田汝恒	白梦章	孙随运
刘香久	杨　尚	张君实	梁清璋(女)

（三）大会代表资格审查委员会

主 任 委 员：张君实

副主任委员：于树魁　　孙随运

委　　　员：

刘振芳	杨　多(女)	肖　锐(女)	张纯普

（四）大会提案审查委员会

主 任 委 员：杨　尚

副主任委员：刘香久　　曹鸿缙

委　　　员：

白冬至	洪慰年(女)	徐明美(女)	钱瀚声

四、区七届人大四次会议

（一）大会主席团和秘书长

主席团：

于树魁	田汝恒	白冬至	白梦章
孙随运	刘香久	肖　锐(女)	杨　多(女)
杨　尚	底金斗(回族)	洪慰年(女)	殷贵祥
徐明美(女)	曹鸿缙	梁清璋(女)	

秘书长：田汝恒(兼)

（二）大会主席团常务主席

于树魁	田汝恒	白梦章	杨　尚
梁清璋(女)			

第四章　人民代表大会常务委员会

根据有关法律规定，1981 年 6 月，区七届人大一次会议选举产生区七届人大常委会主任、副主任、委员共 15 人，标志着桥西区人大常委会正式设立。

区七届人大常委会在机构新、人员新、工作新，没有经验可以借鉴的情况下，探索制定了《石家庄市桥西区人大常委会关于这段工作安排和几项制度的规定》，对区人大常委会依法履职作出了具体规定。

区七届人大常委会紧紧依靠区委的领导，坚持四项基本原则，坚持改革开放的方针，全面履行宪法和法律赋予的各项职权，始终围绕经济建设这个中心，维护和发展安定团结的政治局面，保障和促进桥西区改革和“两个文明”建设，经历了一个从开创上路到迈步发展的过程，取得了桥西区人民和社会各方面的支持，显示了人民代表大会制度的巨大优越性。

第一节　常委会会议

区七届人大常委会共召开会议 17 次。

第一次会议　1981 年 7 月 11 日召开，区人大常委会主任梁清璋，副主任田汝恒、于树魁、刘香久、孙随运、杨尚和 9 名委员出席会议。区人民政府副区长赵慎友、区人民法院副院长王印坤、区人民检察院检察长赵孟岐列席会议。会议学习了中发〔1981〕16 号文件，中共中央批转彭真同志在全国各省、自治区、直辖市人大常委会负责同志座谈会上的讲话，研究讨论了《石家庄市桥西区人大常委会关于这段工作安排和几项制度的规定》。会议通过人事任免事项（名单见本篇第七章《选举任免》）。

第二次会议　1981 年 9 月 9 日召开，区人大常委会主任梁清璋，副主任田汝恒、于树魁、刘香久、孙随运和 7 名委员出席会议。区人民政府办公室谷庆福、区人民法院院长徐考年、区人民检察院副检察长冯计堂、区公安分局教导员吕福瑞列席会议。会议听取和审议区人民政府谷庆福作的《关于办理桥西区第七届人代会代表提案情况的汇报》、区公安分局教导员吕福瑞作的《关于社会治安情况的报告》、区人民法院院长徐考年作的《关于今年以来法院工作情况的报告》。会议通过人事任免事项（名单见本篇第七章《选举任免》）。

第三次会议　1981年12月7日召开，区人大常委会主任梁清璋，副主任田汝恒、于树魁、刘香久、孙随运、杨尚和9名委员出席会议。区人民政府区长孟凡录、区人民法院院长徐考年、区人民检察院检察长赵孟岐列席会议。会议传达讨论石家庄市选举委员会关于石家庄市第六届人民代表大会代表选举工作方案。会议研究讨论召开桥西区第七届人民代表大会第二次会议的有关事宜。

第四次会议　1982年1月7日召开，区人大常委会主任梁清璋，副主任田汝恒、刘香久、孙随运、杨尚和9名委员出席会议。区人大常委会办公室副主任林芳棠列席会议。会议研究桥西区第七届人民代表大会第二次会议推迟事项、会议开幕词及会议议程。

第五次会议　1982年3月22日召开，区人大常委会主任梁清璋，副主任于树魁、刘香久、孙随运、杨尚、田汝恒和8名委员出席会议。区人民政府区长孟凡录、区人民法院院长徐考年、区人民检察院检察长赵孟岐、区经计委副主任高林泉、区劳动局局长牛金才、区人大常委会办公室副主任林芳棠列席会议。会议听取和审议区人民政府区长孟凡录作的《关于开展“文明礼貌月”活动中大搞卫生、植树情况和今后意见的汇报》、区经计委副主任高林泉作的《关于1981年工业生产情况及1982年计划安排的报告》、区劳动局局长牛金才作的《关于桥西区劳动就业情况的工作汇报》。

第六次会议　1982年6月22日召开，区人大常委会主任梁清璋，副主任于树魁、刘香久、孙随运、杨尚、田汝恒和7名委员出席会议。区人民政府副区长刘宪民，区人民检察院检察长赵孟岐，区人大常委会办公室副主任林芳棠，李生云，各代表联系组组长，司法局和民政科各1人列席会议。会议认真学习《中华人民共和国宪法修改草案》和中华人民共和国宪法修改委员会副主任委员彭真作的《关于中华人民共和国宪法修改草案的说明》，并作出相应决议。

第七次会议　1982年8月27日召开，区人大常委会主任梁清璋，副主任田汝恒、于树魁、孙随运、杨尚和6名委员出席会议。区人民政府副区长王勇、区人民法院副院长赵桂朵、区人民检察院副检察长连承裕、区人大常委会办公室副主任林芳棠列席会议。会议听取和审议区经计委副主任高林泉作的《关于1982年工业生产计划及1—7月份执行情况的报告》、区财政科副科长石志华作的《关于1982年财政预算和上半年执行情况的报告》。会议通过人事任免事项（名单见本篇第七章《选举任免》）。

第八次会议　1982年10月22日召开，区人大常委会主任梁清璋，副主任田汝恒、杨尚、于树魁、刘香久和8名委员出席会议。区人民政府副区长王勇、区经计委副主任高林泉、区人民法院副院长王炳伟、区人民检察院副检察长冯计堂列席会议。会议听取和审议区经计委副主任高林泉作的《关于国庆节前物价大检查情况的报告》、区人民检察院副检察长冯计堂作的《关于今年以来检察工作的情况报告》。会议传达学习市六届人大常委会第二次会议精神，安排区人大常委会的当前工作。会议通过人事任免事项（名单见本篇第七章《选举任免》）。

第九次会议　1982年12月27日召开，区人大常委会主任梁清璋，副主任田汝恒、杨尚、刘香久和8名委员出席会议。区人民政府区长孟凡录，区人民法院院长徐考年，区人民检察院副检察长冯计堂，区公安分局局长付志，谷庆福列席会议。会议研究确定召开区第七届人民代表大会第三次会议的有关事宜。会议听取和审议区公安分局局长付志作的《关于1982年社会治安情况的报告》。会议审议区人民政府《关于代表提案办理情况的报告》。会议作出《关于动员桥西区人民学习宣传和坚决执行宪法的决议》。会议通过人事任免事项（名单见本篇第七章《选举任免》）。

第十次会议 1983年3月18日召开，区人大常委会主任梁清璋，副主任田汝恒、杨尚、刘香久、于树魁和6名委员出席会议。区人民政府区长孟凡录、副区长张秀耕，区人民法院院长徐考年列席会议。会议听取和审议区人民政府区长孟凡录作的《关于第二个“全民文明礼貌月”活动开展情况的报告》、副区长张秀耕作的《关于1982年计划生育工作情况和1983年安排意见的报告》。会议通过人事任免事项（名单见本篇第七章《选举任免》）。

第十一次会议 1983年5月18日召开，区人大常委会主任梁清璋，副主任杨尚、于树魁、刘香久和8名委员出席会议。会议听取和审议区人民政府副区长刘宪民作的《关于开展法制宣传教育和司法行政改革情况的报告》、区人民政府副区长张金元作的《关于开展卫生“达标”情况的报告》。会议通过人事任免事项（名单见本篇第七章《选举任免》）。

第十二次会议 1983年7月9日召开，区人大常委会主任梁清璋，副主任田汝恒、杨尚、刘香久和9名委员出席会议。李生云、武文、杨连生、张怡年列席会议。会议传达学习全国六届人大会议精神，研究区人民代表贯彻会议精神事宜。

第十三次会议 1983年9月14日召开，区人大常委会主任梁清璋，副主任杨尚、田汝恒和7名委员出席会议。会议听取和审议区公安分局局长付志作的《关于打击严重刑事犯罪活动情况的报告》、区人民政府副区长张金元作的《关于开展爱国卫生运动情况的报告》，并通过相应决议。会议讨论区公安分局关于逮捕一名人大代表的请示报告。

第十四次会议 1983年11月30日召开，区人大常委会主任梁清璋，副主任杨尚、于树魁、刘香久、孙随运、田汝恒和7名委员出席会议。区人民检察院副检察长廉承裕、区文教局局长朱云、区司法局副局长王世瑞、区工商局副局长武孟臣、区民政科副科长杜凤珍列席会议。会议听取区人大常委会主任梁清璋就抵制和清除精神污染问题的讲话。会议审议和通过《桥西区人民行动起来，坚决贯彻执行市人大常委会“关于制止和清除精神污染若干问题的决定”的决议》。会议听取和审议区人民政府副区长张金元作的《关于桥西区教育工作情况的报告》、副区长刘宪民作的《关于司法工作情况的报告》《关于工商行政管理工作的报告》。会议审议区人民政府《关于民政工作的报告》。

第十五次会议 1984年2月10日召开，区人大常委会主任梁清璋，副主任田汝恒、于树魁、杨尚、刘香久和4名委员出席会议。于镜海、刘宝光、区人大常委会办公室副主任毕秀芳列席会议。会议审议并通过《桥西区人大常委会1983年工作报告》，决定2月

18 日召开桥西区第七届人民代表大会第四次会议。根据省六届人大常委会第五次会议的决定及市六届人大常委会第十一次会议的精神，会议决定立即着手进行桥西区人大换届选举工作，会议确定桥西区选举委员会成员。会议通过人事任免事项（名单见本篇第七章《选举任免》）。

第十六次会议　1984 年 4 月 27 日召开，区人大常委会主任白梦章，副主任田汝恒、于树魁、杨尚和 5 名委员出席会议。区人民政府区长赵国昌、区人大常委会办公室副主任毕秀芳，刘宝光、于镜海、李宗昌、张道恒列席会议。会议听取区人民政府区长赵国昌作的《致力改革，搞活经济，富区富民》的政府工作报告、于镜海作的《关于前段工作及下步安排情况的汇报》。会议批准机关参选人员。根据省人大有关代表资格审查委员会的组成人员必须是人大常委会成员的规定，会议对代表资格审查委员会组成人员进行了调查和补充。鉴于省二狱在押犯第一次参加选举，为确保这项工作的顺利进行，会议决定从省二狱增补一名选举委员会委员。会议通过人事任免事项（名单见本篇第七章《选举任免》）。

第十七次会议　1984 年 6 月 13 日召开，区人大常委会主任白梦章，副主任于树魁、杨尚、孙随运、田汝恒和 4 名委员出席会议。刘宝光、于镜海列席会议。会议听取选举委员会报告选举结果。会议决定桥西区第八届人民代表大会第一次会议有关事宜。会议审议《区人大常委会工作报告》。会议通过人事任免事项（名单见本篇第七章《选举任免》）。

第二节　主任会议

区七届人大常委会共召开主任会议 46 次。

桥西区七届人大常委会主任会议情况一览表

表 7–2

序号	时　间	议　题
1	1981 年 7 月 5 日	学习中发〔1981〕16 号文件，研究区人大常委会关于工作安排和几项制度的规定（草案）
2	1981 年 7 月 20 日	传达学习市人大常委会会议精神和桥东区等地经验，研究讨论当前的工作任务
3	1981 年 8 月 28 日	传达省人大常委会第八次会议精神，听取区人大常委会各位主任关于走访联系代表情况的汇报，研究常委会第二次会议有关事项
4	1981 年 9 月 5 日	研究讨论区人大常委会工作情况以及下一步意见
5	1981 年 10 月 9 日	研究学习制度问题，研究常委会第三次会议有关事项
6	1981 年 11 月 5 日	听取田汝恒传达省五届人大三次会议精神，研究常委会第三次会议有关事项

续表 7-2

序号	时间	议题
7	1981 年 12 月 4 日	研究常委会第三次会议有关事项，研究区七届人大二次会议有关事项
8	1982 年 1 月 4 日	研究区七届人大二次会议有关事项
9	1982 年 2 月 5 日	研究区七届人大二次会议选举工作总结，研究区人大常委会 1981 年工作总结，研究常委会第五次会议有关事项
10	1982 年 3 月 17 日	研究常委会第五次会议有关事项
11	1982 年 3 月 26 日	学习人大常委会（全国）工作通讯第二期，研究下一步工作
12	1982 年 5 月 4 日	研究计划生育奖惩问题
13	1982 年 5 月 18 日	传达学习省人大会议精神，讨论修改宪法问题
14	1982 年 6 月 8 日	研究常委会第六次会议有关事项
15	1982 年 6 月 18 日	研究常委会第六次会议有关事项
16	1982 年 8 月 20 日	研究人事任免事项，研究常委会第七次会议有关事项
17	1982 年 9 月 18 日	研究物价检查事宜
18	1982 年 9 月 22 日	研究组织代表视察物价事宜
19	1982 年 9 月 27 日	研究给区人大代表发物价检查证事宜
20	1982 年 10 月 13 日	研究常委会第八次会议有关事项
21	1982 年 10 月 21 日	研究常委会第八次会议有关事项
22	1982 年 12 月 11 日	研究常委会第九次会议有关事项以及当前区人大常委会的工作
23	1982 年 12 月 24 日	传达学习市人大会议精神，研究区七届人大三次会议有关事项，研究区人大常委会工作总结

续表 7-2

序号	时　间	议　题
24	1983 年 1 月 4 日	研究区七届人大三次会议有关事项
25	1983 年 3 月 2 日	研究区工业实行承包情况
26	1983 年 3 月 5 日	研究常委会第十次会议有关事项，研究出勤事宜
27	1983 年 5 月 3 日	研究常委会第十一次会议有关事项
28	1983 年 7 月 5 日	传达市六届人大常委会第七次会议精神，研究贯彻市六届人大常委会第七次会议精神的意见
29	1983 年 7 月 12 日	研究市、区代表联合视察食品卫生情况及环境卫生情况事宜
30	1983 年 8 月 6 日	学习市委文件，研究区人大常委会当前工作
31	1983 年 8 月 26 日	讨论区人大常委会工作总结，研究两个信访案件处理情况，研究常委会第十三次会议有关事项
32	1983 年 9 月 2 日	听取区人民法院一名人员上访问题的汇报，研究常委会第十三次会议有关事项
33	1983 年 9 月 12 日	传达市关于召开代表会的精神，研究常委会第十三次会议有关事项
34	1983 年 9 月 17 日	研究罢免一名人大代表资格问题，研究参加市人大六届三次会议有关事项
35	1983 年 11 月 14 日	研究常委会第十四次会议有关事项
36	1983 年 11 月 28 日	研究常委会第十四次会议有关事项
37	1984 年 1 月 25 日	传达省、市人大常委会会议精神，研究常委会第十五次会议有关事项，研究 1983 年度工作总结报告
38	1984 年 2 月	审议 1983 年区人大常委会工作报告，研究区七届人大四次会议有关事项，讨论批准建立选举委员会、补选市人民代表以及人事任免事项
39	1984 年 2 月 27 日	传达市换届选举工作会议精神，研究桥西区选举工作安排意见，确定主任例会时间，讨论区七届人大四次会议总结
40	1984 年 3 月 12 日	学习葛琪等的讲话，研究选举工作中的有关问题

续表 7-2

序号	时 间	议 题
41	1984 年 4 月 2 日	研究关于选举工作的安排，研究听取政府工作报告事项
42	1984 年 4 月 9 日	研究机关参选人员
43	1984 年 4 月 21 日	研究常委会第十六次会议有关事项
44	1984 年 5 月 5 日	学习工作通讯，研究选举有关事宜
45	1984 年 5 月 14 日	研究省二狱选举有关问题，研究加强选举中推荐协商阶段的领导问题，研究“一府两院”报告
46	1984 年 6 月 6 日	研究区八届人大一次会议有关事项，研究常委会第十七次会议有关事项

第三节　机构设置

区七届人大常委会设办公室。

区七届人大常委会机构人员情况表

表 7–3

机构名称	职务	姓名	任职时间
办公室	副主任	林芳棠	1981 年 6 月至 1982 年 10 月
		秘熙枢	1983 年 3 月至 1983 年 8 月
		毕秀芳	1983 年 8 月至 1984 年 6 月

第五章　监督工作

区七届人大及其常委会按照宪法和法律赋予的职权，不断加大监督力度，提高监督实效。区七届人民代表大会共听取和审议区人大常委会、区“一府两院”工作报告8项；区七届人大常委会共听取和审议区“一府两院”工作报告20项，审查计划、预算报告3项，组织执法检查1次，视察调研6次。

第一节　听取和审议专项工作报告与计划预算报告

区七届人大常委会会议听取和审议区“一府两院”专项工作报告20项，计划、预算工作报告3项。

听取和审议专项工作报告与计划预算报告情况表

表7–4

时间	会议	报告内容
1981年9月9日	第二次	区人民政府关于办理区第七届人代会代表提案情况的汇报，区人民政府关于社会治安情况的报告，区人民法院关于1981年以来工作情况的报告
1982年3月22日	第五次	区人民政府关于开展“文明礼貌月”活动中大搞卫生、植树情况和今后意见的报告，区人民政府关于1981年工业生产情况及1982年计划安排的报告，区人民政府关于区劳动就业情况的工作报告
1982年8月27日	第七次	区人民政府关于1982年工业生产计划及1—7月份执行情况的报告，区人民政府关于1982年财政预算和上半年执行情况的报告
1982年10月22日	第八次	区人民政府关于国庆节前物价大检查情况的报告，区人民检察院关于1982年以来检察工作的情况报告
1982年12月27日	第九次	区人民政府关于1982年社会治安情况的报告，区人民政府关于代表提案办理情况的报告
1983年3月18日	第十次	区人民政府关于第二个“全民文明礼貌月”活动开展情况的报告，区人民政府关于1982年计划生育工作情况和1983年安排意见的报告

续表 7-4

1983 年 5 月 18 日	第十一次	区人民政府关于开展法制宣传教育和司法行政改革情况的报告，区人民政府关于开展卫生“达标”情况的报告
1983 年 9 月 14 日	第十三次	区人民政府关于打击严重刑事犯罪活动情况的报告，区人民政府关于开展爱国卫生运动情况的报告
1983 年 11 月 30 日	第十四次	区人民政府关于区教育工作情况的报告，区人民政府关于司法工作情况的报告，区人民政府关于工商行政管理工作的报告，区人民政府关于民政工作的报告
1984 年 4 月 27 日	第十六次	区人民政府关于致力改革，搞活经济，富区富民的工作报告

第二节　法律法规实施情况的检查

区七届人大常委会共组织开展执法检查 1 次。

1983 年 7 月，区人大常委会组织部分代表就驻桥西区 59 个单位贯彻执行《中华人民共和国食品卫生法（试行）》情况开展执法检查。

第三节　视察调研

区七届人大常委会共组织开展视察调研 6 次。

视察调研活动选录表

表 7–5

时间	视察内容
1982 年 9 月	关于物价检查情况
1983 年 2 月	关于桥西区商业系统 15 个单位在执行物价政策及春节供应方面情况
1983 年 3 月	关于中山路的综合治理情况
1983 年 3 月	关于西里农工商联合公司和化工九厂开展“全民文明礼貌月”活动及实行经济责任制改革情况
1983 年 7 月	关于 11 个街道、2 个集贸市场、2 个居民委员会的环境卫生情况
1983 年 8 月	关于桥西区街办托儿所、幼儿园情况

第六章　会议决议

区七届人大及其常委会围绕经济建设这个中心，坚持四项基本原则，坚持改革开放，依法审议决定重大事项，先后作出决议 12 项。按照法定要求，适时对重大问题作出决议决定，确保桥西区社会平稳运行。《关于动员桥西区人民学习宣传和坚决执行宪法的决议》强调，执法机关必须做到有法必依、执法必严、违法必究，提升公民的爱国守法观念，切实保障新宪法的严格实施。《市人大常委会〈关于制止和清除精神污染若干问题的决定〉的决议》，强调要采取有效措施，加强文化市场管理，净化社会风气，为铲除精神污染源提供坚实的法律支撑。

第一节　作出决议

一、区七届人大历次会议作出决议情况

桥西区第七届人民代表大会共作出决议 7 项。

区七届人大历次会议决议一览表

表 7–6

时　间	会议	名　称
1981 年 6 月 17 日	一次会议	关于区革命委员会工作报告的决议 关于区人民法院工作报告的决议 关于区人民检察院工作报告的决议
1983 年 1 月 21 日	三次会议	关于区人民政府工作报告的决议 关于区人民代表大会常务委员会工作报告的决议 关于区人民法院工作报告的决议 关于区人民检察院工作报告的决议

二、区七届人大历次常委会作出决议情况

区七届人大常委会作出决议 5 项（不包含人事任免事项）。

区七届人大常委会历次会议决议一览表

表 7–7

时　间	常委会会议	名　称
1982 年 6 月 22 日	第六次	关于组织桥西区人民讨论《中华人民共和国宪法修改草案》的决议
1982 年 12 月 27 日	第九次	关于动员桥西区人民学习宣传和坚决执行宪法的决议
1983 年 9 月 14 日	第十三次	关于“动员桥西区人民积极投入打击严重刑事犯罪活动的斗争”的决议 关于“号召桥西区人民深入开展爱国卫生运动，为把桥西区建成洁、齐、美的文明区而奋斗”的决议
1983 年 11 月 30 日	第十四次	关于《桥西区人民行动起来，坚决贯彻执行市人大常委会〈关于制止和清除精神污染若干问题的决定〉的决议》

第二节　决议选介

关于组织桥西区人民讨论《中华人民共和国宪法修改草案》的决议

《桥西区人大常委会关于组织桥西区人民讨论〈中华人民共和国宪法修改草案〉的决议》（以下简称《决议》），于 1982 年 6 月 22 日区七届人大常委会第六次会议通过。

第五届全国人民代表大会常务委员会第二十二次会议决定公布《中华人民共和国宪法修改草案》交付全国各族人民讨论，这是全国人民政治生活中的一件大事。石家庄市桥西区人民代表大会常务委员会第六次扩大会议认真学习讨论了《中华人民共和国宪法修改草案》和中华人民共和国宪法修改委员会副主任委员彭真所作的《关于中华人民共和国宪法修改草案的说明》。为了组织桥西区人民讨论好宪法修改草案，区七届人大常委会第六次会议作出《决议》。

《决议》从深刻认识桥西区人民讨论宪法修改草案的重大意义、加强对宪法修改草案学习、抓住重点搞好讲解、桥西区人民以高度的主人翁责任感积极认真讨论宪法修改草案、及时上报修改意见等五个方面对桥西区人民讨论《中华人民共和国宪法修改草案》提出了要求，有力推动《中华人民共和国宪法修改草案》的宣传和讨论。

关于“号召桥西区人民深入开展爱国卫生运动为把桥西区建成洁、齐、美的文明区而奋斗”的决议

《桥西区人大常委会关于“号召桥西区人民深入开展爱国卫生运动，为把桥西区建成

洁、齐、美的文明区而奋斗”的决议》（以下简称《决议》），于1983年9月14日区七届人大常委会第十三次会议通过。

1983年以来，在区人民政府及有关部门的努力下，桥西区的环境卫生面貌有了较大的改观，尤其是卫生“达标”活动和《中华人民共和国食品卫生法（试行）》的贯彻落实，取得了比较显著的成绩。区七届人大常委会第十三次会议，听取和审议了区人民政府副区长张金元作的《关于开展爱国卫生运动情况的报告》，并批准了这个报告。

《决议》指出广泛深入地开展爱国卫生运动的意义，号召桥西区人民行动起来，广泛深入地开展爱国卫生运动，为石家庄市在全省十二市的卫生流动红旗竞赛活动中争当第一，做出应有贡献。

桥西区人民行动起来，坚决贯彻执行市人大常委会《关于制止和清除精神污染若干问题的决定》的决议

《桥西区人大常委会关于桥西区人民行动起来，坚决贯彻执行市人大常委会〈关于制止和清除精神污染若干问题的决定〉的决议》（以下简称《决议》），于1983年11月区七届人大常委会第十四次会议通过。

党的十二届二中全会关于清除精神污染的决策，表明了党对国家和民族严肃负责和实事求是的科学态度，也反映了全国人民的意愿。抵制和清除精神污染，是关系到国家社会主义事业兴衰成败、关系到子孙后代能不能健康发展的重大问题，为了夺取抵制和清除精神污染斗争的胜利，区七届人大常委会十四次会议作出《决议》。

《决议》从认真贯彻执行市人大常委会《关于制止和清除精神污染若干问题的决定》、积极行动并打一场抵制和清除精神污染的总体战、进一步抓紧抓好精神文明建设三个方面对制止和清除精神污染提出要求，号召桥西区人民行动起来，夺取清除精神污染的彻底胜利。

第七章　选举任免

区七届人大常委会严格按照区委有关要求，依法及时任免地方国家机关工作人员，既尊重党委推荐，又认真行使民主权利，既尊重组织考察，又重视群众反映，先后任免国家机关工作人员67人，补选市人大代表1名。认真负责而又审慎地履行任免职责，任前认真听取对人选的介绍，任后注重对被任命人员的监督，增强被任命干部的责任感和公仆意识。

1981年7月11日，区七届人大常委会第一次会议，通过了区人民法院、区人民检察院相关人事任职事项。

任命：

赵桂朵、王印坤为桥西区人民法院副院长、审判委员会委员

庞志明为桥西区人民法院审判委员会委员、审判员

徐考年为桥西区人民法院审判委员会委员

贾庆辰、梁金福、陈彦儒为桥西区人民法院审判员

冯计堂、连承裕为桥西区人民检察院副检察长、检察委员会委员

李志超、刘治国、崔志军为桥西区人民检察院检察委员会委员、检察员

赵孟岐、邢丙辰为桥西区人民检察院检察委员会委员

张布里、宁尔成、郭连春为桥西区人民检察院检察员

1981年9月9日，区七届人大常委会第二次会议，通过了区人民检察院相关人事任职事项。

任命：

邢丙辰为桥西区人民检察院检察员

1982年8月27日，区七届人大常委会第七次会议，通过了区人民政府、区人民法院、区人民检察院相关人事任免事项。

决定任命：

张金元为桥西区人民政府副区长

任命：

王炳伟为桥西区人民法院副院长、审判委员会委员

马德贵、杨清宾、杜宪法、赵海山、谢振良、王玉才、杨金龙、高平舟为桥西区人民法院审判员

免去：

邢丙辰的桥西区人民检察院检察委员会委员、检察员职务

任命：

李金焕、杨满仓、王勤、张乃云、易凤翔、王振京、李宪法为桥西区人民检察院检察员

1982 年 10 月 22 日，区七届人大常委会第八次会议，通过了区人民政府相关人事任职事项。

决定任命：

石志华为桥西区财政科科长

刘　珍为桥西区人民防空办公室主任

宁　华为桥西区计划生育办公室主任

1982 年 12 月 27 日，区七届人大常委会第九次会议，通过了区人民检察院相关人事任职事项。

任命：

李修正为桥西区人民检察院副检察长、检察委员会委员

1983 年 3 月 18 日，区七届人大常委会第十次会议，通过了区人大常委会、区人民政府、区人民法院相关人事任职事项。

任命：

秘熙枢为桥西区人大常委会办公室副主任

决定任命：

谌赛君为桥西区人事科科长

任命：

梁金福为桥西区人民法院审判委员会委员、刑事审判庭庭长

贾庆辰为桥西区人民法院审判委员会委员、民事审判庭庭长

马德贵为桥西区人民法院审判委员会委员、经济审判庭庭长

杨清宾为桥西区人民法院刑事审判庭副庭长

杜宪法、高平舟为桥西区人民法院民事审判庭副庭长

1983 年 5 月 18 日，区七届人大常委会第十一次会议，通过了区人民政府、区人民检察院相关人事任职事项。

决定任命：

谷庆福为桥西区人民政府办公室主任

任命：

刘丙辰为桥西区人民检察院检察员

1984 年 2 月 10 日，区七届人大常委会第十五次会议，补选石家庄市第六届人民代表大会代表 1 名，通过了区人民检察院相关人事免职事项。

补选：

白梦章为石家庄市第六届人民代表大会代表

免去：

刘丙辰的桥西区人民检察院检察员职务

1984 年 4 月 27 日，区七届人大常委会第十六次会议，通过了区人民政府相关人事任职事项。

决定任命：

崔士尧为桥西区文教局局长

郭祥珍为桥西区劳动人事局局长

张发斌为桥西区城市建设环境保护局局长

赵应文为桥西区工商行政管理局局长

石志华为桥西区财政局局长

樊修臣为桥西区区街商业服务公司经理

齐新民为桥西区税务局局长

1984 年 6 月 13 日，区七届人大常委会第十七次会议，通过了区人民政府、区人民法院相关人事任免事项。

决定任命：

谢建中为桥西区人民政府办公室主任

樊守忠为桥西区经济计划委员会主任

免去：

梁金福的桥西区人民法院刑事审判庭庭长职务

赵桂朵、王印坤的桥西区人民法院副院长职务

杜宪法的桥西区人民法院民事审判庭副庭长职务

任命：

梁金福为桥西区人民法院副院长

赵桂朵、王印坤为桥西区人民法院副院长级审判员

第八章　机关工作

第一节　自身建设

区七届人大常委会成立后，在机构新、工作新、缺少经验的情况下，边学习、边工作，在摸索中前进，在区委的领导下，按照法律赋予区人大常委会的职责，明确了区人大常委会的职责范围，积极开展工作。

坚持党的领导，严格执行民主集中制，认真实行集体领导，区人大常委会的每项决定，都由全体委员作出。在日常的工作中，坚持“寓监督于支持之中”原则，实行正确的监督，充分体现出人民代表大会制度是国家根本政治制度，发挥地方国家权力机关的作用，切实保障人民行使当家作主的民主权利。

第二节　宣传工作

区人大常委会以法律法规宣传为抓手，做好宣传工作。1982 年 4 月，全国人大常委会公布《中华人民共和国宪法修改草案》，区人大常委会会同区委、区人民政府的领导组成宣讲团，深入工厂、医院、商店、街道等基层单位，组织广大人民群众对《中华人民共和国宪法修改草案》进行学习和讨论，在桥西区范围内开展宣传学习。第五届全国人大第五次会议通过的《中华人民共和国宪法》公布后，区人大常委会立即开展宣传，并在区人大常委会第九次会议上作出《关于认真学习宣传宪法的决议》，号召桥西区人民积极行动起来，紧密结合党的十二大精神，迅速掀起学习宣传新宪法的热潮。

第三节　信访工作

区人大常委会高度重视人民代表和群众的来信来访工作，对于群众来访，做到热情接待，耐心倾听申诉，对于正当的意见和要求，及时与有关部门联系，作出答复，对于一些有疑问的意见，向有关部门了解后，给予合理解释，并注意在接待群众来信来访中，宣传党和国家的方针、政策和法令。对于一些涉及法院工作人员的问题，区人大常委会主任办公会议（5 次）专门听取法院办案人员对有关案件的汇报。几年来，共接待人民群众 131 人次，处理来信 37 件。人民代表来信和代表们提出的问题，较多涉及区人民政府方面的问题，在向有关部门进行了解后，给予书面答复。区人大常委会驻会成员，还走访人民代表，了解情况，直至给予满意答复为止。

第八篇

石家庄市桥西区
第八届人民代表大会

（1984 年 6 月至 1987 年 5 月）

第一章　党的领导

桥西区第八届人民代表大会及其常务委员会，在区委的领导和上级人大常委会的指导下，坚持以党的十二大精神为指导，紧紧围绕党的中心工作，认真贯彻《中共中央关于城市经济体制改革的决定》，坚持听命于党、立足于法、取信于民，全面认真履行宪法和法律赋予的各项职权，为桥西政治、经济、文化等各项事业发展发挥积极作用。

区委高度重视1984年换届工作，区委书记赵传文任选举委员会主任，并在选举工作动员大会上亲自作动员部署，区人大常委会在区委的领导和市选举工作领导小组的指导下，依照宪法和有关法律规定，对换届选举工作进行科学安排和严密组织。区八届人大历次会议闭幕会上，区委主要领导都作讲话。1986年12月2日，区人大常委会召开区人大代表工作经验交流会议，区委书记赵传文出席会议并发表讲话。

区人大常委会严格执行请示报告制度，做到整体工作自觉向区委请示、重要工作主动向区委报告，坚决完成区委交办的各项任务。结合工作实际，制定出台了《桥西区人民代表大会常务委员会工作条例》等多项工作制度的试行规定，使区人大常委会工作逐步制度化、规范化。区人大常委会组成人员和机关全体干部不断加强自身建设，坚持在学中干、干中学，进一步加深对人大常委会性质、地位、作用的认识，更加明确如何在区委的领导下发挥区人大常委会作用。

党的组织机构

中共石家庄市桥西区人大常委会党组

书　记：白梦章（1984年6月至1985年12月）
　　　　周景文（1985年12月至1987年5月）
副书记：于镜海（1984年6月至1987年5月）

第二章　人大代表

桥西区第八届人民代表大会代表名额147名。1984年6月，召开桥西区第八届人民代表大会第一次会议时实有代表147名。区八届人大常委会充分发挥人大代表作用，通过组织代表视察、代表小组活动，召开代表座谈会，接待来信来访等多种形式，及时收集代表意见和建议，督促区人民政府及有关部门积极解决落实，发挥人大代表监督作用。

第一节　选举产生

桥西区第八届人民代表大会代表的选举产生

根据《中华人民共和国全国人民代表大会和地方各级人民代表大会选举法》《河北省县、乡两级人民代表大会选举实施细则》的规定，经省人大常委会决定，桥西区第八届人大代表名额为147名。经区选举委员会研究，报区委同意，分配到各选区及驻军、武警部队选区代表名额为147名。

在区委、区人大常委会的领导下，根据有关法律规定，按照区选举委员会统一部署，从68个选区和驻军、武警部队依法选举产生区八届人大代表147名。

经区七届人大常委会代表资格审查委员会审查，并经区七届人大常委会第十五次会议通过，确认147名代表符合宪法和法律规定的代表基本条件，选举程序符合法律规定，确认其代表资格有效。

在147名代表中，工人32名，占21.76%；农民1名，占0.68%；居民32名，占21.76%；干部33名，占22.45%；知识分子35名，占23.81%；个体经营者1名，占0.68%；财贸职工6名，占4.1%；人民解放军和武警7名，占4.76%。中共党员69名，占46.94%；非党群众和爱国民主人士78名，占53.06%。男性108名，占73.5%；女性39名，占26.5%。

链接1：具体选举情况

桥西区换届选举工作，从1984年4月5日开始，在桥西区第七届人民代表大会常务委员会的领导下，由选举委员会主持，经过两个多月的时间，历经准备、宣传发动、选民登记、提名协商代表候选人、选举人大代表五个阶段，选举区人大代表147名。

一、准备工作。换届选举工作，是桥西区人民政治生活中的一件大事，各级领导非常重视，桥西区共抽调800多名工作人员投入选举工作，保证了选举工作顺利进行。选举工作开始前，桥西区人口总数148412人，本着从实际出发，便于选民参加选举活动、了解代表、监督代表工作和代表接触选民的原则，共划分68个选区。选举办公室划分5个组，即资料组、组织组、宣传组、后勤组、保卫组。各组既有分工，又密切协作。换届工作涉及单位多，时间紧、任务重，资料组及时制定安排意见，编发工作简报，交流工作经验，表扬好人好事，激励工作；后勤组为选举工作做充分准备，各组圆满完成工作任务。

二、宣传发动工作。将宣传贯穿选举工作始终，随时关注群众反映，进行有针对性的宣传工作，通过大会与小会相结合，集中与分散相结合，标语、口号、横幅、幻灯、板报、信函、入户、有线广播等多种宣传形式，提高选民对民主选举的认识，经测评汇总，宣传率达96.9%，省、市电视台在桥西区进行选点录像，并及时进行播发。

三、选民登记和选民资格审查工作。桥西区共登记选民104699人，因患精神病、呆傻无法行使选举权和被选举权119人，依照法律被剥夺或暂停行使选举权713人。

四、代表候选人提名工作。提名推荐协商代表候选人，经过“三上三下”的反复酝酿，第一轮提名推荐代表候选人277名，为应选代表名额的18.85倍，第二轮确定代表候选人261名，第三轮确定代表候选人242名，多于应选代表人数的0.65倍，符合法定人数。

五、选举代表工作。桥西区共设133个投票站，130个流动票箱，参加投票选举选民101723人，参选率为97.94%，其中5个选区达到100%。组织保卫力量229人，其中干警91人，单位保卫人员138人，保证投票活动顺利进行。这次换届选举选出代表147名，由于准备比较充分，工作比较细致，68个选区均一次选举成功，圆满完成选举工作任务。

六、存在的问题。此次选举工作准备时间较短，个别单位和选区起步晚，组织的不严密，工作有些粗糙。宣传工作广泛性还不够深透。选区划分和代表名额分配应力争科学、合理，有的选区划得过大，造成选区在协商确定候选人和组织投票选举工作中存在困难。

链接2：桥西区选举委员会组成人员名单

主　任：赵传文

副主任：	温尚杰	白梦章	孟凡录	张金元
委　员：	于镜海	刘宝光	田汝恒	李宗昌
	苏金水	祁连记	赵国昌	王文亮
	郭士安	徐考年	冯计堂	吴志恩
	魏立中	宋秀芳	陈彦斌	王承志
	韦雄宏	张　震	王志新	

第二节　代表名单

一、桥西区第八届人民代表大会代表名单

中山路代表团

邢国栋	胡永祥	石秀珍(女)	剧建国
张顺贵	马大雪(回族)	刘开甲	张金元
马淑香(女,回族)	孟香莲	李红姐(女)	罗更之
郭世安			

永安街代表团

李增寿	黄隆亮	林大模	田汝恒
白梦章	杨士杰	刘淑芳(女)	王淑芬(女)
赵墨珍(女)	贾永喜	王建国	郑桂荣(女)
刘凤岐			

南长街代表团

赵国昌	陈　捷	鲍晓彦	樊　梅
郑朝辉	冯中芳	池凤山	冀国政
叶哲民	张来芳(女)	孙凤舞	王秀琴(女)
亢俊英(女)	刘志华	刘荣珍(女)	毕秀芳(女)
刘顺章	孙文藻	王智山	

兴华街代表团

耿春信	付玉娥(女)	陈丙元	龙铭铨
赵宝山	杨玉娟(女)	赵国昌	林振福
赵传文	白庆隆	于镜海	庞素棉(女)
王维提	王贵印	杨　春	李玉芬(女)
陈敏红(女)	李丽霞	贺修文(女)	王振英(女)
张胜杰(女)	段　立	燕培清	陈彦斌
姚文华(女)	温尚杰		

东里代表团

张　超	崔士林	吴应明	贾风英(女)
朱纪同	刘宝光	刘玉凤(女)	吴新梅
王秀菊(女)	杨春桂(女)	姚藏珍	宋秀芳(女)
张福和	刘振芳	夏景媛(女)	张志福
吴印德	楚秀芝(女)	张秀耕(女)	安维璞
杜文许	田广丰	王玉芳(女)	杨贵良
黄培祚(壮族)	翟建平	葛今恒	唐　征
王书相	刘同倜	宗全和	张宝和
梁先荣	赵东海		

南马路代表团

李春喜	崔增喜	文秀兰(女,满族)	张昶瑞
王玉珍(女)	杨炳辉	苌焕改(女)	冯定海
康伍群	孟凡录	王风玉	王淑敏(女)
董炳来	满月华(女,回族)	王立堂	贾荣国
白冬至	刘二水	殷建芳	李宗昌
刘锁柱	苏连栋		

友谊大街代表团

李兵起	王丽芹(女)	邢计东	杨麦蝉(女)
张守贵	梁玉子(女,朝鲜族)	钱瀚声	黄国栋
王佩琪	王昌宝	邓志成	侯庆仁
骆正彬			

驻军代表团

张俊生	杨桂珍(女)	刘永杰	刘希军
张恒凯	刘云生	赵亚波	

届中调整情况：区八届人大二次会议前，驻军刘云生代表调离桥西区。区八届人大三次会议前，兴华街温尚杰、中山路郭士安共2名代表调离桥西区。补选产生3名代表，分别为兴华街周景文、陈英，驻军王振元。

二、桥西区出席石家庄市第六届人民代表大会代表名单

出席石家庄市第六届人民代表大会代表在区七届人大二次会议上选举产生，具体名单

见第七篇第二章第二节，本节只列出届中调整情况。

届中调整情况：1986 年 3 月 20 日，区八届人大常委会第十一次会议补选周景文为石家庄市第六届人民代表大会代表。

第三节　代表工作

一、建立代表工作机制

区八届人大常委会建立代表工作机制，为代表依法履职提供保障。1984 年 7 月 30 日，区八届人大常委会一次会议通过《桥西区人大常委会关于发挥人大代表作用，加强同人大代表联系的暂行办法》，坚持每季度代表小组活动制度，驻会主任一方面深入到各代表小组听取代表意见和建议，另一方面分别召开工业战线和文教战线的代表座谈会，征求代表对区人大常委会及“一府两院”工作的意见，对于代表来信反映的问题，驻会主任进行督促落实。

二、组织代表视察调研

区八届人大常委会在闭会期间通过组织代表视察活动，不断密切代表与群众的联系，监督支持“一府两院”工作，对群众关注较多的问题进行重点调查了解，以便取得实施监督的发言权。例如，为了贯彻落实《中共中央关于经济体制改革的决定》，组织三次视察，召开车间主任、班组长、老中青工人座谈会，了解工厂改革的具体情况，从中发现问题，提出建议。对风机厂等四个工厂企业厂长任期目标责任制实行情况进行视察，以事例和数据肯定了实行这种承包形式的优点。为了提高商业、饮食服务业的服务质量，视察了 24 家单位“如意杯”竞赛开展情况，视察后同商业公司负责人交换意见，肯定成绩，指出薄弱环节，服务态度和服务质量有了较大改变和提高。

三、密切联系人大代表

区八届人大常委会密切联系人大代表，要求驻会主任每周五接见代表，驻会主任共专题走访代表 35 名，通过召开代表座谈会、组织代表视察调研、开展一季一信活动、走访联系代表、印发会刊、工作简报等多种方法和途径，为代表参与和管理国家事务，监督政府及部门工作创造条件。

四、代表提案、建议办理

区八届人大一次会议，收到提案 343 件，立案 304 件，经大会提案审查委员会审查，按所涉及问题的权限，转请市办理 171 件，交区人民政府及各部门办理 133 件，区有关部门已解决 107 件，占 80.5%。

区八届人大二次会议，收到建议、批评和意见 27 件，转请市办理 5 件，交区有关部门办理 22 件，解决或基本解决 22 件，占 100%。

区八届人大四次会议，收到提案 165 件，立案 122 件，经大会提案审查委员会审理决定转为建议、批评和意见 43 件。立案的 122 件提案中，转请市办理 49 件，交区人民政府及各部门办理 73 件，解决、落实 60 件，占 82.2%。

第三章　人民代表大会

桥西区第八届人民代表大会任期 3 年，自 1984 年 6 月至 1987 年 5 月，共召开 4 次会议。

区八届人大历次会议概况表

表 8–1

会议次序	会议日期	议题（项）	听取报告(个)	决议决定(项)	选举表决(项)
第一次	1984 年 6 月 21 日至 25 日	8	4	4	4
第二次	1985 年 4 月 1 日至 2 日	4	4	4	
第三次	1985 年 12 月 25 日	2		2	2
第四次	1986 年 3 月 18 日至 20 日	5	5	5	

第一节　会议概况

一、区八届人大一次会议

1984 年 6 月 21 日至 25 日，区八届人大一次会议在省第二招待所召开。出席代表 137 人（应到 147 人）。会议听取和审议区人民政府区长赵国昌作的《桥西区人民政府工作报告》、区人大常委会主任白梦章作的《桥西区人民代表大会常务委员会工作报告》、区人民法院院长徐考年作的《桥西区人民法院工作报告》、区人民检察院检察长赵孟岐作的《桥西区人民检察院工作报告》。会议通过相应决议。会议选举产生区第八届人大常委会组成人员，区人民政府区长、副区长，区人民法院院长，区人民检察院检察长（名单见本章第二节《会议选举》）。

这次会议，是在深入贯彻中共中央一号文件，落实中共河北省委 1984 年工作指导纲要，解放思想，致力改革，搞活经济，繁荣省会新形势下召开的。会议指出，面临蓬勃发展的新形势和艰巨而光荣的新任务，要动员桥西区人民，深入进行“两个文明”建设，锐意改革，把以经济建设为中心的各项建设事业推向前进。会议强调，要加快经济体制改革，巩固和完善以承包为中心的经济责任制，积极稳妥对外开放，脚踏实地，实事求是，朝着党的十二大提出的目标努力，为“振兴河北，繁荣省会”做出贡献。

二、区八届人大二次会议

1985 年 4 月 1 日至 2 日，区八届人大二次会议在省第二招待所召开。出席代表 138 人（应到 146 人）。会议听取和审议区人民政府区长赵国昌作的《桥西区人民政府工作报告》、区人大常委会主任白梦章作的《桥西区人民代表大会常务委员会工作报告》、区人民法院院长徐考年作的《桥西区人民法院工作报告》、区人民检察院检察长冯计堂作的《桥西区人民检察院工作报告》。会议通过相应决议。

这次会议，是在桥西区认真贯彻落实党的十二届三中全会精神，取得较好经济效益，增加财税收入，各项工作都有长足进步的情况下召开的一次会议。会议指出，要继续发扬艰苦创业的韧劲，遇难而进的闯劲，要密切联系群众，发挥群众的智慧和力量，要积极稳妥、卓有成效加速人才培养，要保护和发扬群众改革的积极性，解决新问题，总结新经验，把桥西区各项工作推向前进。会议强调，要进一步振奋精神，解放思想，勇于实践，投身改革，围绕经济建设这个中心，坚持提高经济效益，开展科学研究和技术革新，努力增产节约，进一步加强精神文明建设，为完成 1985 年各项工作任务共同努力。

三、区八届人大三次会议

1985 年 12 月 25 日，区八届人大三次会议在桥西区招待所召开。出席代表 120 人（应到 147 人）。会议补选产生区人大常委会主任 1 名、副主任 2 名，区人民政府副区长 2 名（名单见本章第二节《会议选举》）。

四、区八届人大四次会议

1986 年 3 月 18 日至 20 日，区八届人大四次会议在省第二招待所召开。出席代表 123 人（应到 147 人）。会议听取和审议区人民政府区长赵国昌作的《桥西区人民政府工作报告》、区人民政府副区长殷建芳作的《关于桥西区 1986—1990 年经济和社会发展计划报告》、区人大常委会副主任刘宝光作的《桥西区人民代表大会常务委员会工作报告》、区人民法院院长徐考年作的《桥西区人民法院工作报告》、区人民检察院检察长冯计堂作的《桥西区人民检察院工作报告》。会议通过相应决议。

这次会议，是紧紧围绕实现党的十二大提出的总任务和总目标，认真贯彻执行党的十一届三中全会以来的路线、方针和政策，继续把改革放在首位，集中精力抓经济体制改革，推进“两个文明”建设，各项工作都有了新进展的情况下召开的一次会议。会议指出，1986 年是执行“七五”计划的第一年，是桥西区八届人民代表大会的第三年，桥西区的经济体制改革迈出了新步伐，工业生产持续增长，经济效益提高，财政、税收、工商管理、城建市容、文教、科技、卫生、民政及其他各项工作都取得了新的成绩。会议强调，要坚决贯彻执行党的全国代表会议精神，坚持“两个文明”一起抓的方针，着眼提高经济效益和社会效益，团结奋斗，同心同德，艰苦创业，为完成各项任务而努力奋斗。

第二节　会议选举

区八届人大历次会议，共选举产生区级国家机关工作人员28人。

区人大常委会

主　任：

白梦章　1984年6月区八届人大一次会议当选

周景文　1985年12月区八届人大三次会议当选

届中调整情况：

白梦章，1985年12月25日，在区八届人大三次会议上辞去区人大常委会主任职务。

副主任：

于镜海　1984年6月区八届人大一次会议当选

田汝恒　1984年6月区八届人大一次会议当选

刘宝光　1984年6月区八届人大一次会议当选

李宗昌　1984年6月区八届人大一次会议当选

张金元　1985年12月区八届人大三次会议当选

陈　英　1985年12月区八届人大三次会议当选

委　员（区八届人大一次会议选举产生）：

王玉珍(女)　王运相　文秀兰(女,满族)　白冬至

刘永夫　刘同倜　张宗贵　宋秀芳(女)

骆正彬　剧建国　夏景媛(女)　崔士林

区人民政府

区　长：

赵国昌　1984年6月区八届人大一次会议当选

副区长：

张金元　1984年6月区八届人大一次会议当选

殷建芳　1984年6月区八届人大一次会议当选

张秀耕(女)　1984年6月区八届人大一次会议当选

杨荣科　1985年12月区八届人大三次会议当选

赵桂英(女)　1985年12月区八届人大三次会议当选

届中调整情况：

张金元，1985 年 12 月 25 日，在区八届人大三次会议上辞去区人民政府副区长职务。

区人民法院

院　长：

徐考年　　1984 年 6 月区八届人大一次会议当选

区人民检察院

检察长：

冯计堂　　1984 年 6 月区八届人大一次会议当选

第三节　会议组织

一、区八届人大一次会议

（一）大会临时党委

书　记：赵传文

副书记：白梦章

委　员：温尚杰　于镜海　田汝恒

（二）大会主席团和秘书长

主席团：

于镜海	王玉珍(女)	王书相	文秀兰(女,满族)
白冬至	白梦章	刘永杰	刘同倜
刘宝光	刘淑芳(女)	张守贵	宋秀芳(女)
李宗昌	孟凡录	骆正彬	赵传文
剧建国	夏景媛(女)	崔士林	温尚杰

秘书长：于镜海(兼)

（三）大会主席团常务主席

赵传文	白梦章	温尚杰	于镜海
刘宝光	田汝恒	李宗昌	

（四）大会提案审查委员会

主任委员：刘宝光

副主任委员：满月华(女，回族)

委　　员：李　兵　郑桂荣(女)　黄培祚(壮族)

二、区八届人大二次会议

（一）大会主席团和秘书长

主席团：

于镜海	王书相	王玉珍(女)	文秀兰(女)
白冬至	白梦章	田汝恒	刘永杰
刘同倜	刘宝光	刘淑芳(女)	张守贵
宋秀芳(女)	李宗昌	孟凡录	骆正彬
赵传文	剧建国	夏景媛(女)	崔士林
温尚杰			

秘书长：于镜海(兼)

（二）大会主席团常务主席

赵传文	白梦章	温尚杰	于镜海
刘宝光	田汝恒	李宗昌	

三、区八届人大三次会议

（一）大会主席团和秘书长

主席团：

于镜海	王玉珍(女)	王书相	文秀兰(女,满族)
白梦章	白冬至	田汝恒	刘永杰
刘同倜	刘宝光	刘淑芳(女)	张金元
张秀耕(女)	张守贵	宋秀芳(女)	李宗昌
孟凡录	周景文	陈　英	骆正彬
赵传文	赵国昌	殷建芳	剧建国
夏景媛(女)	崔士林		

秘书长：于镜海(兼)

（二）大会主席团常务主席

赵传文	赵国昌	白梦章	周景文
于镜海	刘宝光	田汝恒	张金元
陈　英	李宗昌		

四、区八届人大四次会议

（一）大会主席团和秘书长

主席团：

于镜海	王玉珍(女)	王书相	文秀兰(女,满族)

白冬至	田汝恒	刘永杰	刘同倜
刘宝光	刘淑芳(女)	张金元	张守贵
宋秀芳(女)	李宗昌	孟凡录	周景文
陈　英	骆正彬	赵传文	赵国昌
剧建国	夏景媛(女)	崔士林	

秘书长：刘宝光(兼)

（二）大会主席团常务主席

赵传文	周景文	于镜海	刘宝光
田汝恒	张金元	陈　英	李宗昌

（三）大会提案审查委员会

主 任 委 员：刘宝光

副主任委员：满月华(女,回族)

委　　员：李兵起　郑桂荣(女)　黄培祚(壮族)

第四章　人民代表大会常务委员会

根据有关法律规定，1984 年 6 月，区八届人大一次会议选举产生区八届人大常委会组成人员 17 人。区八届人大常委会制定了《桥西区人民代表大会常务委员会工作条例》《桥西区人大常委会关于区人大常委会讨论决定本区重大事项范围的意见》，对区人大常委会依法履职作出了具体规定。

区八届人大常委会在区委的领导下，坚持四项基本原则，加强社会主义民主和法制建设，紧紧围绕经济建设和改革的中心任务，依法实施决策权、监督权、任免权，充分发挥区人大常委会对“一府两院”的监督作用，振奋精神，团结奋斗，开拓进取，为桥西区“两个文明”建设和各项事业蓬勃发展做出积极贡献。

第一节　常委会会议

区八届人大常委会共召开会议 19 次。

第一次会议　1984 年 7 月 30 日召开，区人大常委会主任白梦章，副主任于镜海、刘宝光、田汝恒、李宗昌和 9 名委员出席会议。区人民政府区长赵国昌、区人民法院副院长梁金福、区人民检察院检察长冯计堂列席会议。会议讨论并通过《桥西区人民代表大会常务委员会工作条例》《桥西区人民代表大会常务委员会人事任免暂行办法》《桥西区人大常委会关于区人大常委会讨论决定本区重大事项范围的意见》《桥西区人大常委会关于发挥人大代表作用，加强同人大代表联系的暂行办法》《桥西区人大常委会关于加强与政府工作联系的制度》。会议听取区人大常委会委员白冬至作的《关于随省农业友好访问团访日的情况介绍》。会议研究和确定区人大常委会主任、副主任和委员的分工。会议通过人事任免事项（名单见本篇第七章《选举任免》）。

第二次会议　1984 年 9 月 29 日召开，区人大常委会主任白梦章，副主任于镜海、刘宝光、田汝恒、李宗昌和 8 名委员出席会议。区人民政府副区长殷建芳、区人民法院副院长梁金福、区人民检察院副检察长赵宪忠列席会议。会议听取和审议区人民政府副区长殷建芳作的《关于今年下半年以来经济改革情况的报告》并通过相应决议。会议讨论并通过《区人大常委会关于人大代表职责的暂行规定（征求意见稿）》。会议通过人事任免事项（名单见本篇第七章《选举任免》）。

第三次会议　1984 年 12 月 1 日召开，区人大常委会主任白梦章，副主任于镜海、刘宝光和 7 名委员出席会议。区人民法院副院长许富兵，区人民检察院副检察长赵宪忠，人大代表郭士安、张宝和列席会议。会议听取和审议区人民政府副区长张金元作的《关于办理落实区第八届人民代表大会第一次会议人大代表提案情况的报告》、区人民法院副院长许富兵作的《关于民事审判工作情况的报告》、区人民检察院副检察长赵宪忠作的《关于打击刑事犯罪等项工作的报告》。会议讨论并通过《区人大办公室关于四季度代表小组活动情况的报告》《区人大常委会关于人大代表进一步学习好〈中共中央关于经济体制改革的决定〉的号召（讨论稿）》《区人大常委会关于人大代表职责的暂行规定》。会议通过人事任免事项（名单见本篇第七章《选举任免》）。

第四次会议　1985 年 1 月 31 日召开，区人大常委会主任白梦章，副主任于镜海、田汝恒、李宗昌和 7 名委员出席会议。区人民政府区长赵国昌、副区长张金元，区人民法院院长徐考年，区人民检察院检察长冯计堂列席会议。会议听取和审议区人民政府区长赵国昌作的《关于 1984 年经济体制改革和 1985 年工作总设想的报告》、区人民政府副区长张金元作的《关于代表提案落实情况的报告》。会议听取区人大常委会副主任田汝恒作的《关于省人大召开的〈人大常委会工作经验交流会〉会议精神的传达报告》。会议听取和审议《关于召开区第八届人民代表大会第二次会议的有关事宜》并通过相应决定。

第五次会议　1985 年 3 月 16 日召开，区人大常委会组成人员出席会议。会议听取和审议《关于召开区第八届人民代表大会第二次会议的有关事宜》，并通过会议召开时间的决定。会议听取和审议《桥西区第八届人民代表大会常务委员会工作报告（草案）》。

第六次会议　1985 年 5 月 17 日召开，区人大常委会主任白梦章，副主任于镜海、刘宝光、田汝恒、李宗昌和 5 名委员出席会议。区人民政府副区长张秀耕，区人民法院副院长许富兵，区人民检察院副检察长赵宪忠，区计划生育办公室副主任张玉芳，区财政局局长石志华、副局长赵梅英，区人民政府办公室贾建国列席会议。会议听取和审议区计划生育办公室副主任张玉芳作的《关于计划生育工作情况和今后意见的报告》、区财政局副局长赵梅英作的《关于加强行政事业单位预算外资金管理暂行办法的报告》。会议审议并通过《区人大常委会关于认真贯彻执行〈中华人民共和国会计法〉的决定（草案）》。会议通过人事任免事项（名单见本篇第七章《选举任免》）。

第七次会议　1985 年 7 月 23 日召开，区人大常委会主任白梦章，副主任于镜海、刘宝光、田汝恒、李宗昌和 10 名委员出席会议。区人民政府副区长张金元、区人民法院院长徐考年、区人民检察院检察长冯计堂、区审计局局长石志华列席会议。会议听取和审议区审计局局长石志华作的《关于审计工作情况的报告》。会议审议并通过《区人大常委会关于加强审计工作的决定（草案）》。会议听取省人大代表武舒通传达河北省人大第三次会议精神。

第八次会议　1985 年 9 月 18 日召开，区人大常委会主任白梦章，副主任于镜海、刘宝光、田汝恒、李宗昌和 5 名委员出席会议。区人民政府副区长殷建芳、区政协副主席杜玉秀、区人民政府办公室贾建国、区防疫站许春永列席会议。会议听取和审议区人民政府副区长殷建芳作的《关于今年以来经济体制改革情况的报告》、区卫生局副局长刘应昌作的《关于贯彻执行〈中华人民共和国食品卫生法（试行）〉情况的报告》。会议审议通过部队缺额代表补选事宜。

第九次会议 1985 年 12 月 10 日召开，区人大常委会主任白梦章，副主任于镜海、刘宝光、田汝恒、李宗昌和 7 名委员出席会议。区人民法院副院长梁金福，区人民检察院检察长冯计堂，区人民政府办公室主任谢建中，区工商局副局长卢喜才，区人大代表、省二监狱办公室主任张宝和列席会议。会议听取和审议区人民法院副院长梁金福作的《关于审理经济案件审判工作情况的报告》、区人民检察院检察长冯计堂作的《关于今年以来打击严重经济犯罪活动的情况的报告》。会议听取和审议《关于召开区第八届人民代表大会第三次会议的有关事宜》并通过相应决定。会议通过补选驻军缺额代表，补选王振元为桥西区第八届人民代表大会代表。

第十次会议 1986 年 1 月 29 日召开，区人大常委会副主任于镜海、刘宝光、田汝恒、陈英、李宗昌和 5 名委员出席会议。区人民政府副区长赵桂英、区人民法院院长徐考年、区人民检察院检察长冯计堂列席会议。会议听取和审议《桥西区人大常委会关于 1985 年工作总结的报告》《桥西区人大常委会关于 1986 年工作要点的报告》。会议审议并通过《桥西区人大常委会关于加强与人民政府工作联系的制度（讨论稿）》。会议听取和审议《关于召开区第八届人民代表大会第四次会议的有关事宜》，并通过会议议程及召开时间的决定。会议听取区人大常委会副主任田汝恒作的《关于传达省人大于上年 12 月份召开的人大工作座谈会和市委召开的人大工作会议精神的报告》。

第十一次会议 1986 年 3 月 20 日召开，区人大常委会主任周景文，副主任刘宝光、陈英、白梦章、田汝恒、李宗昌和 9 名委员出席会议，会议补选产生桥西区出席石家庄市第六届人民代表大会代表 1 名。

第十二次会议 1986 年 4 月 8 日召开，区人大常委会主任周景文，副主任刘宝光、田汝恒、张金元、陈英和 6 名委员出席会议。区人民政府区长赵国昌，区人民政府副区长杨荣科、赵桂英，区人民法院院长徐考年，区人民检察院副检察长赵宪忠，区司法局副局长杜宪法列席会议。会议听取和审议区人民政府副区长赵桂英作的《关于 1985 年财政决算和 1986 年财政预算情况的报告》、区司法局副局长杜宪法作的《关于开展普法教育的规划及目前进展情况的报告》。会议听取区人民政府区长赵国昌作的《关于购买汽车的汇报》。会议通过人事任免事项（名单见本篇第七章《选举任免》）。

第十三次会议 1986 年 6 月 13 日召开，区人大常委会主任周景文，副主任于镜海、刘宝光、田汝恒、张金元、陈英和 5 名委员出席会议。区人民政府副区长张秀耕，区人民检察院检察长冯计堂，区公安分局局长张新平，区爱国卫生运动委员会副主任林芳棠，区城建局副局长杜吉山，区人大代表、兴华街办事处主任耿春信，自强路居委会主任贺修文列席会议。会议听取和审议区公安分局局长张新平作的《关于社会治安情况的报告》、区爱国卫生运动委员会副主任林芳棠作的《关于区绿化美化情况的报告》、区城建局副局长杜吉山作的《关于城建市容管理情况的报告》。

第十四次会议　1986 年 8 月 22 日召开，区人大常委会主任周景文，副主任田汝恒、张金元、陈英和 8 名委员出席会议。区人民政府副区长张秀耕、区人民法院副院长梁金福、区人民检察院检察长冯计堂、区工商局副局长孙绍雪、区计划生育办公室副主任张玉芳列席会议。会议听取和审议区工商局副局长孙绍雪作的《关于经济合同管理情况的报告》、区计划生育办公室副主任张玉芳作的《关于 1986 年上半年计划生育工作情况的报告》。

第十五次会议　1986 年 10 月 10 日召开，区人大常委会主任周景文，副主任于镜海、刘宝光、田汝恒、张金元、李宗昌和 5 名委员出席会议。区人民政协主席孟凡录，区人民政府副区长殷建芳、张秀耕，区人民法院副院长梁金福，区人民检察院副检察长王炳伟，区文教局局长崔士尧，工业公司副经理白玉坤，商业公司副经理潘宗深，区司法局副局长杜宪法列席会议。会议听取和审议区人民政府副区长殷建芳作的《关于落实市八千人大会精神，工业抓提高，商业大发展情况的报告》、区人民政府副区长张秀耕作的《关于区教育改革情况的报告》《关于普法工作进展情况的报告》《关于办理落实区第八届人民代表大会第四次会议人大代表提案情况的报告》。会议审议通过《区人大常委会关于普及〈中华人民共和国义务教育法〉的决议（草案）》。

第十六次会议　1986 年 10 月 31 日召开，区人大常委会主任周景文，副主任于镜海、刘宝光、田汝恒、李宗昌和 7 名委员出席会议。区人民政府区长赵国昌、区人民法院副院长梁金福、区人民检察院副检察长王炳伟列席会议。会议审议通过《桥西区人大常委会人事任免试行办法（草案）》。会议通过人事任免事项（名单见本篇第七章《选举任免》）。

第十七次会议　1986 年 12 月 16 日召开，区人大常委会主任周景文，副主任于镜海、刘宝光、张金元、李宗昌和 8 名委员出席会议。区人民政府副区长杨荣科、区政协副主席杜玉秀、区人民法院副院长梁金福、区人民检察院检察长冯计堂列席会议。会议听取和审议区人民法院副院长梁金福作的《关于刑事审判工作情况的报告》、区人民检察院检察长冯计堂作的《关于今年以来打击严重经济犯罪活动情况的报告》。

第十八次会议　1987 年 1 月 15 日召开，区人大常委会副主任于镜海、刘宝光、田汝恒、张金元、陈英、李宗昌和 6 名委员出席会议。区人民政府副区长杨荣科、区人民法院副院长梁金福、区人民检察院副检察长赵宪忠列席会议。会议学习党中央、省委关于人大换届选举工作的指示精神。会议审议通过《桥西区选举委员会组成人员名单》《桥西区换届选举工作的具体安排意见》《桥西区各办事处选举领导小组组成人员名单》《区人大常委会 1987 年工作要点》。会议通过人事任免事项（名单见本篇第七章《选举任免》）。

第十九次会议　1987 年 5 月 20 日召开，区人大常委会主任周景文，副主任刘宝光、田汝恒、张金元、陈英、李宗昌和 6 名委员出席会议。区人民政府区长赵国昌、区人民法院副院长梁金福、区人民检察院副检察长赵宪忠列席会议。会议听取和审议区选举委员会《关于桥西区第九届人民代表大会代表选举工作情况的报告》、区八届人大常委会代表资格审查委员会《关于区第九届人民代表大会代表资格审查情况的报告》。会议听取和审议《关于召开区第九届人民代表大会第一次会议的有关事宜》并通过有关决定。会议讨论并通过《区人大常委会工作报告》。会议通过人事任免事项（名单见本篇第七章《选举任免》）。

第二节　主任会议

根据现有档案史料，仅找到1984年和1986年主任会议资料。

区八届人大常委会共召开主任会议25次。其中，第1~17次会议由区人大常委会主任白梦章主持召开，第18次、25次会议由区人大常委会副主任于镜海主持召开，第19~24次会议由区人大常委会主任周景文主持召开。区人大常委会主任、副主任出席主任会议，区人大常委会办公室主任视工作需要列席主任会议。

区八届人大常委会主任会议情况一览表

表8-2

序号	时　间	议　题
1	1984年6月28日	研究区人民政府工作报告（区八届人大一次会议修改定稿），研究区委、区人民政府制定干部岗位责任制（草稿），研究关于《中华人民共和国食品卫生法（试行）》贯彻执行情况的视察方案，研究常委会第一次会议有关事项
2	1984年6月30日	传达学习省人大会议精神，研究区人民政府工作报告（修订稿），研究区人大常委会岗位责任制有关事项
3	1984年7月2日	研究区人大常委会办公室编制和干部岗位事项
4	1984年7月9日	研究区人大常委会主任、副主任个人岗位责任制，研究第三季度工作安排
5	1984年7月21日	研究主任岗位责任制，研究关于《中华人民共和国食品卫生法（试行）》贯彻执行情况的视察情况，研究区八届人大常委会一次会议有关事项
6	1984年7月28日	研究区人大常委会委员工作分工，研究主任调研题目，研究赴外地学习事项，研究区人民检察院办公用房紧张怎样解决事项
7	1984年7月31日	传达学习区委书记赵传文讲话精神，研究8月1日视察区经计委工作有关事项

续表 8-2

序号	时　间	议　题
8	1984 年 8 月 13 日	研究关于几个工厂改革情况的调研报告
9	1984 年 8 月 18 日	听取关于调研几个工厂情况的汇报
10	1984 年 8 月 20 日	研究关于部分区属企业经济改革情况的视察报告，传达学习市六届人大常委会第十四次会议精神
11	1984 年 8 月 21 日	研究市人大常委会视察桥西区汇报材料有关事项
12	1984 年 8 月 27 日	研究下一步工作计划，研究常委会第二次会议有关事项
13	1984 年 8 月 30 日	研究关于迎接丹东市元宝区人大常委会到桥西区学习的有关事项
14	1984 年 9 月 3 日	研究区人民检察院有关人事任免事项
15	1984 年 9 月 26 日	研究关于文教系统代表座谈会反映问题的解决办法，研究通过关于人大代表任务职责的暂行规定
16	1984 年 10 月 13 日	研究是否接收 1 名工作人员的事项，研究南小街学校情况如何解决的事项，研究赴外地学习事项
17	1984 年 10 月 19 日	研究讨论提案的解决有关事项，听取关于调查范某办班情况的汇报，听取关于区文化教育座谈会情况的汇报
18	1986 年 8 月 6 日	听取区人民政府《中华人民共和国食品卫生法（试行）》贯彻执行情况的汇报
19	1986 年 9 月 8 日	传达学习党中央〔1986〕18 号《关于全党必须坚决维护社会主义法制的通知》精神，研究调研工商企业发展情况的有关事项
20	1986 年 9 月 19 日	研究第四季度工作安排，研究人大代表工作经验交流会材料，研究 9 月下旬活动安排
21	1986 年 10 月 2 日	研究向区委汇报工作材料事项，研究区人大代表经验交流会事项，研究《桥西区人大常委会人事任免试行办法（草案）》

续表 8-2

序号	时　间	议　题
22	1986 年 10 月 4 日	研究常委会第十五次会议有关事项
23	1986 年 10 月 8 日	听取区人民政府关于第三产业发展情况的汇报
24	1986 年 11 月 18 日至 19 日	听取区人民政府关于民政工作情况的汇报
25	1986 年 12 月 5 日	听取区人民政府关于落实人大视察调研及各种会议提出意见情况的汇报

第三节　机构设置

区八届人大常委会设办公室。

区八届人大常委会机构人员情况表

表 8–3

机构名称	职　务	姓　名	任职时间
办公室	主　任	殷庆才	1984 年 12 月至 1987 年 5 月
	副主任	毕秀芳	1984 年 6 月至 1986 年 3 月

第五章　监督工作

区八届人大及其常委会按照宪法和法律赋予的职权，不断加大监督力度，提高监督实效。区八届人民代表大会共听取和审议区人大常委会、区“一府两院”工作报告12项，审查计划、预算报告1项；区八届人大常委会共听取和审议区“一府两院”工作报告24项，审查预算和审计工作报告2项，开展执法检查2次，组织视察调研20次。

围绕经济建设和改革这个中心实施监督。实践中注意在普遍监督的同时，突出重点。1984年7月，对桥西部分区属企业经济改革情况进行视察。1985年1月31日，区八届人大常委会第四次会议听取和审议区人民政府关于1984年经济体制改革和1985年工作总设想的报告。1986年8月，对24家单位的“如意杯”竞赛开展情况进行视察，提高商业、饮食服务业的服务质量。1986年8月22日，区八届人大常委会第十四次会议听取区人民政府关于经济合同管理情况的报告，强调牢固树立为社会主义经济建设和经济体制改革服务的指导思想，积极向广大群众宣传经济法规，坚持依法办案，防止以罚代法，加强合同管理，提高依法签约率和履约率，对经济合同管理逐步走上法制轨道起到了促进作用。

围绕“双打”实施经常性监督。进行“四化建设”，离不开一个安定的环境。区八届人大常委会加强在严打方面的法律监督，三年来，每年都听取和审议区人民法院、区人民检察院一至两次关于打击经济犯罪或刑事犯罪方面的报告，通过查阅案卷、深入基层调查了解、督办申诉等渠道，了解执法情况，对执法中存在的问题，及时与有关部门交换意见。

围绕广大群众最关心的问题，狠抓检查落实。饮食服务行业直接关系到人民的身体健康和省会的精神面貌，为了保障人民群众的身心健康，区八届人大常委会狠抓《中华人民共和国食品卫生法（试行）》的贯彻落实，听取政府有关部门的汇报，并组织代表视察。《中华人民共和国义务教育法》颁布后，和区人民政府联合召开贯彻《中华人民共和国义务教育法》工作座谈会，对《中华人民共和国义务教育法》的贯彻落实起到了推动作用。1986年11月18日至19日，对民政工作开展视察，提出要坚持贯彻供养与康复相结合的原则，办好社会福利院、工疗站，积极为群众办实事的建议。

第一节　听取和审议专项工作报告与计划预算和审计工作报告

区八届人大常委会会议听取和审议区“一府两院”专项工作报告 24 项，审查预算和审计工作报告 2 项。

听取和审议专项工作报告与预算和审计工作报告情况表

表 8–4

时　间	常委会会议	报告内容
1984 年 9 月 29 日	第二次	区人民政府关于今年下半年以来经济改革情况的报告
1984 年 12 月 1 日	第三次	区人民政府关于办理落实区八届人大一次会议人大代表提案情况的报告，区人民法院关于民事审判工作情况的报告，区人民检察院关于打击刑事犯罪等项工作的报告
1985 年 1 月 31 日	第四次	区人民政府关于 1984 年经济体制改革和 1985 年工作总设想的报告，区人民政府关于代表提案落实情况的报告
1985 年 5 月 17 日	第六次	区人民政府关于计划生育工作情况和今后意见的报告，区人民政府关于加强行政事业单位预算外资金管理暂行办法的报告
1985 年 7 月 23 日	第七次	区人民政府关于审计工作情况的报告
1985 年 9 月 18 日	第八次	区人民政府关于今年以来经济体制改革情况的报告，区人民政府关于贯彻执行《中华人民共和国食品卫生法（试行）》情况的报告
1985 年 12 月 10 日	第九次	区人民法院关于审理经济案件审判工作情况的报告，区人民检察院关于今年以来打击严重经济犯罪活动情况的报告
1986 年 4 月 8 日	第十二次	区人民政府关于开展普法教育的规划及目前进展情况的报告，区人民政府关于 1985 年财政决算和 1986 年财政预算情况的报告
1986 年 6 月 13 日	第十三次	区人民政府关于社会治安情况的报告，区人民政府关于区绿化美化情况的报告，区人民政府关于城建市容管理情况的报告
1986 年 8 月 22 日	第十四次	区人民政府关于经济合同管理情况的报告，区人民政府关于 1986 年上半年计划生育工作情况的报告

续表 8-4

时　间	常委会会议	报告内容
1986 年 10 月 10 日	第十五次	区人民政府关于落实市八千人大会精神，工业抓提高，商业大发展情况的报告，区人民政府关于区教育改革情况的报告，区人民政府关于普法工作进展情况的报告，区人民政府关于办理落实区八届人大四次会议人大代表提案情况的报告
1986 年 12 月 16 日	第十七次	区人民法院关于刑事审判工作情况的报告，区人民检察院关于 1986 年以来打击严重经济犯罪活动情况的报告

第二节　法律法规实施情况的检查

区八届人大常委会共组织开展执法检查 2 次。

1. 1984 年 7 月 5 日至 7 日，区人大常委会主任白梦章带领区人大常委会执法检查组对区人民政府贯彻落实《中华人民共和国食品卫生法（试行）》情况进行执法检查。

2. 1986 年 8 月，区人大常委会主任周景文带领区人大常委会执法检查组就区人民政府贯彻执行《中华人民共和国食品卫生法（试行）》情况开展执法检查。

第三节　视察调研

区八届人大常委会共组织开展视察调研活动 20 次。

视察调研活动选录表

表 8–5

时　间	视察调研内容
1984 年 7 月	关于桥西区部分区属企业经济改革情况
1984 年 10 月	关于桥西区教育系统办经济实体情况
1985 年 1 月	关于桥西区工业科技工作情况
1985 年 4 月	关于桥西区兴办商业服务网点情况
1985 年 5 月	关于桥西区幼儿教育情况
1985 年 5 月	关于桥西区各小学勤工俭学情况
1985 年 6 月	关于桥西区工商管理工作情况

续表 8-5

时　间	视察调研内容
1985 年 8 月	关于桥西区民政工作情况
1985 年 8 月	关于桥西区物价局工作开展情况
1985 年 11 月	关于桥西区区属企业新产品开发情况
1986 年 1 月	关于桥西区精神文明建设情况
1986 年 3 月	关于桥西区驻区和区属单位情况
1986 年 5 月	关于桥西区工业企业厂长、书记、工会主席三者关系及作用
1986 年 5 月	关于桥西区区属工厂厂长目标承包责任制落实情况
1986 年 7 月	关于桥西区职工业余教育工作情况
1986 年 8 月	关于桥西区部分单位开展“如意杯”竞赛活动情况
1986 年 8 月	关于桥西区商业公司、工商局和除友谊大街办事处以外的六个办事处的情况
1986 年 11 月	关于桥西区民政工作开展情况
1987 年 2 月	关于第六届全国人大常委会通过并公布的《关于加强法制教育维护安定团结的决定》学习贯彻情况以及在普法教育中采取的具体措施、进度、经验、收效等情况
1987 年 2 月	关于群众普遍关心的问题（商业“如意杯”竞赛活动开展情况等）

第六章　决议决定

区八届人大及其常委会依法行使重大事项决定权，作出决议决定 22 项。《关于区人民政府下半年以来经济改革情况报告的决议》强调要充分考虑区、街企业在竞争中面临的困难，摸清阻碍桥西区经济起飞的关键；《关于认真贯彻执行〈中华人民共和国会计法〉的决定》保障会计人员依法行使职权，充分发挥会计工作在维护国家财政制度和财务制度、保护社会主义公共财产的作用；《关于加强审计工作的决定》对于推动桥西区审计工作更好服务于经济体制改革，开展审计监督，加强财经管理，维护财经纪律等方面具有重要意义；《关于普及义务教育的决议》对于促进桥西区物质文明建设和精神文明建设具有十分重要的意义。

第一节　作出决议决定

一、区八届人大历次会议作出决议决定情况

桥西区第八届人民代表大会作出决议决定 13 项（不包含人事任免事项）。

区八届人大历次会议决议决定一览表

表 8–6

时　间	会　议	名　称
1984 年 6 月 25 日	一次会议	关于桥西区人民政府工作报告的决议 关于桥西区人民代表大会常务委员会工作报告的决议 关于桥西区人民法院工作报告的决议 关于桥西区人民检察院工作报告的决议
1985 年 4 月 2 日	二次会议	关于桥西区人民政府工作报告的决议 关于桥西区人民代表大会常务委员会工作报告的决议 关于桥西区人民法院工作报告的决议 关于桥西区人民检察院工作报告的决议

续表 8-6

时　间	会　议	名　称
1986 年 3 月 20 日	四次会议	关于桥西区人民政府工作报告的决议 关于《桥西区 1986 年—1990 年经济和社会发展计划》的决议 关于桥西区人民代表大会常务委员会工作报告的决议 关于桥西区人民法院工作报告的决议 关于桥西区人民检察院工作报告的决议

二、区八届人大常委会历次会议作出决议决定情况

区八届人大常委会作出决议决定 9 项（不包含人事任免事项）。

区八届人大常委会历次会议决议决定一览表

表 8–7

时　间	常委会会议	名　称
1984 年 9 月 29 日	第二次	关于《区人民政府下半年以来经济改革情况的报告》的决议
1985 年 1 月 31 日	第四次	关于召开桥西区第八届人民代表大会第二次会议的决定
1985 年 3 月 16 日	第五次	关于桥西区第八届人民代表大会第二次会议召开日期的决定
1985 年 5 月 17 日	第六次	关于认真贯彻执行《中华人民共和国会计法》的决定
1985 年 7 月 23 日	第七次	关于加强审计工作的决定
1985 年 12 月 10 日	第九次	关于桥西区第八届人民代表大会第三次会议召开日期的决定
1986 年 1 月 29 日	第十次	关于桥西区第八届人民代表大会第四次会议召开日期的决定
1986 年 10 月 10 日	第十五次	关于普及《中华人民共和国义务教育法》的决议
1987 年 5 月 20 日	第十九次	关于桥西区第九届人民代表大会第一次会议召开日期的决定

第二节　决议决定选介

关于区人民政府下半年以来经济改革情况的报告的决议

《桥西区人大常委会关于区人民政府下半年以来经济改革情况的报告的决议》（以下简称《决议》）于 1984 年 9 月 29 日区八届人大常委会第二次会议通过。

根据市委、区委的要求，区人民政府对 1984 年上半年经济改革情况进行了认真的“回头看”，依照“总结、完善、提高、配套”的精神，把经济改革进一步推进深入。

《决议》强调要充分考虑区、街企业在竞争中面临的困难，摸清阻碍桥西区经济起飞的关键，既要进行战略方面的研究，又要做到具体分类指导，做到统观全局，多立足于现有基础，挖潜、改造、革新，在提高职工队伍的素质方面狠下功夫，充分发挥各方面积极性，协调各项工作，使桥西区经济工作取得更大成绩。

关于认真贯彻执行《中华人民共和国会计法》的决定

《桥西区人大常委会关于认真贯彻执行〈中华人民共和国会计法〉的决定》（以下简称《决定》）于 1985 年 5 月 17 日区八届人大常委会第六次会议通过。

第六届全国人大常委会第九次会议审议通过《中华人民共和国会计法》，并于 1985 年 5 月 1 日起正式施行。《中华人民共和国会计法》的颁布实施，对于加强和完善社会主义经济立法，以法律形式肯定会计工作的地位和作用，使其真正发挥会计核算和监督职能，进一步搞好经济体制改革，提高经济管理水平，促进社会主义建设，具有十分重要而深远的意义。为了认真贯彻落实好《中华人民共和国会计法》，以保障会计人员依法行使职权，充分发挥会计工作在维护国家财政制度和财务制度、保护社会主义公共财产，加强经济管理，提高经济效益的作用，区八届人大常委会第六次会议作出《决定》。

《决定》从广泛深入学习宣传《中华人民共和国会计法》的重大意义和作用，做好模范遵守和执行的带头人，会计人员守职尽责，模范地守法、执法，遵照《中华人民共和国会计法》有关规定，对认真贯彻执行财会工作有关要求的人员及时给予表彰和奖励等方面，对认真贯彻执行《中华人民共和国会计法》工作提出了明确要求。

关于加强审计工作的决定

《桥西区人大常委会关于加强审计工作的决定》（以下简称《决定》）于 1985 年 7 月 23 日区八届人大常委会第七次会议通过。

审计机关行使审计监督，是《中华人民共和国宪法》赋予的光荣职责，对于加强财经管理，维护财经纪律，促进经济体制改革健康发展，加速社会主义“四化”建设具有重要意义。

《决定》从各部门要配合审计部门，加强对审计工作的认识，审计机关在保持审计工作特点基础上，注意同有关部门密切联系，审计机关工作人员努力提高政治素养和业务水平，加强对审计工作的领导等方面，对桥西区审计工作提出了明确要求。

关于普及《中华人民共和国义务教育法》的决议

《桥西区人大常委会关于普及〈中华人民共和国义务教育法〉的决议》（以下简称《决议》）于1986年10月10日区八届人大常委会第十五次会议通过。

普及九年制义务教育是国家教育史上的一件大事，是关系到民族素质的提高和国家兴旺发达的大问题，对于促进桥西区物质文明建设和精神文明建设具有十分重要的意义。

《决议》从认真宣传、贯彻《中华人民共和国义务教育法》，大力加强教师队伍建设，保证教育经费的增长，进一步端正教育指导思想四个方面，对桥西区普及义务教育工作提出了明确要求。

第七章　选举任免

区八届人大常委会严格按照区委有关要求，依照法律和有关规定，科学安排，严密组织，做好选举任免、人大换届等工作。先后任免国家机关工作人员 53 人次，补选市人大代表 1 名。充分发挥区人大常委会对“一府两院”的监督作用，加强桥西区国家权力机关建设，深化各项改革。认真做好 1987 年人大换届选举工作，依法安排部署，保障换届选举顺利进行。

1984 年 7 月 30 日，区八届人大常委会第一次会议，通过了区人民法院、区人民检察院相关人事任免事项。

免去：

王炳伟的桥西区人民法院副院长、审判委员会委员职务

任命：

许富兵为桥西区人民法院副院长、审判委员会委员

赵宪忠、王炳伟为桥西区人民检察院副检察长

1984 年 9 月 29 日，区八届人大常委会第二次会议，通过了区人民法院、区人民检察院相关人事任免事项。

任命：

庞志明为桥西区人民法院刑事审判庭庭长

杨士占为桥西区人民法院审判委员会委员、审判员

董建义为桥西区人民法院民事审判庭副庭长

张亚平为桥西区人民法院经济审判庭副庭长

范学英、曹俊英、王立新、啜增义、付连顺、王进才、曲东凯为桥西区人民法院审判员

免去：

赵孟岐、连承裕、李正修、崔志军的桥西区人民检察院检察委员会委员职务

崔志军、李宪法的桥西区人民检察院检察员职务

任命：

王炳伟、赵宪忠、李金焕、杨满仓、张布里为桥西区人民检察院检察委员会委员

赵孟岐、连承裕、李正修、底瑞刚、吉增川、赵胜利、狄新立、王建国、杨长发、提志英、杨树仁、王志忠为桥西区人民检察院检察员

1984 年 12 月 1 日，区八届人大常委会第三次会议，通过了区人大常委会、区人民政府相关人事任职事项。

任命：

殷庆才为桥西区人大常委会办公室主任

决定任命：

何德文为桥西区人民防空办公室主任

刘庆涛为桥西区科学技术委员会主任

1985 年 5 月 17 日，区八届人大常委会第六次会议，通过了区人民政府相关人事任免事项。

决定免去：

石志华的桥西区财政局局长职务

决定任命：

石志华为桥西区审计局局长

1986 年 3 月 20 日，区八届人大常委会第十一次会议，补选产生出席石家庄市第六届人民代表大会代表 1 名。

补选：

周景文为石家庄市第六届人民代表大会代表

1986 年 4 月 8 日，区八届人大常委会第十二次会议，通过了区人民政府相关人事任免事项。

决定免去：

郭祥珍的桥西区劳动人事局局长职务

决定任命：

温殿刚为桥西区劳动人事局局长

1986 年 10 月 31 日，区八届人大常委会第十六次会议，通过了区人民政府相关人事任免事项。

决定免去：

谢建中的桥西区人民政府办公室主任职务

齐新民的桥西区税务局局长职务

决定任命：

张昌贤为桥西区人民政府办公室主任

满月华为桥西区民政局局长

齐新民为桥西区物价局局长

1987 年 1 月 15 日，区八届人大常委会第十八次会议，通过了区人民政府相关人事任职事项。

决定任命：

张玉芳为桥西区计划生育办公室主任

1987 年 5 月 20 日，区八届人大常委会第十九次会议，通过了区人民政府、区人民法院相关人事任免事项。

决定任命：

林芳棠为桥西区爱国卫生运动委员会办公室主任

免去：

曲东凯的桥西区人民法院审判员职务

第八章 机关工作

第一节 自身建设

区人大常委会加强制度建设。制定和修订了《桥西区人民代表大会常务委员会工作条例》《桥西区人民代表大会常务委员会人事任免暂行办法》《桥西区人大常委会关于区人大常委会讨论决定本区重大事项范围的意见》《桥西区人大常委会关于发挥人大代表作用，加强同人大代表联系的暂行办法》《桥西区人大常委会关于加强与政府工作联系的制度》，使区人大常委会的工作做到了有章可循。

区人大常委会明确职责严格落实。除每月一次的常委会以外，坚持每周六的主任办公会制度。对一些亟待解决的问题随时召开会议进行研究，做到了及时统一思想认识，有利于工作的开展。坚持每半年进行一次工作和思想述评，经常开展谈心活动，加强政治思想工作。驻会主任及工作人员实行岗位责任制，在日常工作中，做到周有安排、季有计划、年有工作纲要，使区人大常委会工作在整体上有计划性，逐步提高工作效率。

区人大常委会积极开展学习。为提高工作水平，区人大常委会除不断集体研究探讨工作方法外，特别强调自身对党的方针、政策和法律的学习，要求工作人员做到学法、知法、懂法，尤其要熟悉《中华人民共和国宪法》《中华人民共和国全国人民代表大会和地方各级人民代表大会选举法》《中华人民共和国地方各级人民代表大会和地方各级人民政府组织法》。

第二节 宣传工作

区人大常委会积极开展法制宣传，积极参加区委宣传部牵头的“宪法宣传周”活动，取得了较好的宣传效果。

1985 年 1 月 26 日，区人大常委会办公室向各位区人大代表发出通知，要求学习 1985 年 1 月 10 日《人民日报》第二版刊登的《一张没有公章的奖状》的报道。区八届人大常委会通过开展一季一信活动，印发会刊、工作简报等多种方法和途径，使代表比较全面地了解区人大活动情况，为代表参与和管理国家事务，监督国家机关工作创造了条件。

第三节　信访工作

三年来，区人大常委会共接待代表和群众的信访案件142件，接待来访98人次，对来访的群众，做到热情接待，积极与有关部门联系，对于上诉到区人大常委会的案件，本着向人民负责的精神认真接待，及时转办、交办和督促办理，对重要的来信来访，经主任办公会研究进行处理，使个别久拖未决的问题，得到了解决。

第九篇

石家庄市桥西区
第九届人民代表大会

（1987年5月至1990年4月）

第一章　党的领导

桥西区第九届人民代表大会及其常务委员会，坚持以党的十二大、十三大精神为指导，坚持四项基本原则，认真贯彻治理整顿，坚持改革开放方针，自觉坚持在区委领导下，大力推进社会主义民主与法制建设，加强对“一府两院”工作的监督和支持，不断开创人大工作的新局面，圆满完成桥西区第九届人民代表大会各次会议制定的各项工作任务。

本届内，每次人代会开幕前，区委都召开中共党员代表会议。每次人代会闭幕会上，区委主要领导都作讲话。1987年9月18日，区人大常委会召开颁发任命书大会，区委书记赵传文、副书记赵国昌参加会议并讲话。1987年12月25日，区委召开区人大常委会与“一府两院”负责人联席会议，区委书记赵传文、副书记李魁芳参加会议，区委书记赵传文作讲话。1988年6月21日至22日，区人大常委会组织召开代表评议政法工作座谈会，区委书记赵传文参加会议并作指示。1988年8月9日，区人大常委会组织召开发展区街经济座谈会，区委书记赵传文参会并提出指导性意见。1988年9月15日，召开区九届人大常委会第九次会议，区委书记赵传文参加会议并讲话。1988年12月28日，召开区人大常委会与“一府两院”负责人联席会议，区委书记赵传文参加会议并讲话。

区人大常委会主动争取区委对人大的领导，在思想上明确党对人大的领导地位，自觉维护区委的权威，主动提请区委将人大工作列入议事日程；工作中遇到重大问题和困难及时向区委请示汇报。换届选举、召开人代会、组织评议政法工作、考评政府组成人员、人大机关机构设置和工作人员任免等，都主动征得区委的支持，为工作的顺利开展提供可靠的政治和组织保证。

党的组织机构

中共石家庄市桥西区人大常委会党组

书　记：周景文（1987年5月至1990年4月）

副书记：刘宝光（1987年5月至1987年12月）

成　员：张金元　　陈　英　　殷庆才

第二章　人大代表

桥西区第九届人民代表大会代表名额139名。1987年5月，召开桥西区第九届人民代表大会第一次会议时实有代表139名。区九届人大常委会注重发挥代表作用，密切与代表联系，坚持一季一次代表小组活动制度，持续开展“一季一信”活动，组织小型多样的视察，充分发挥代表参政议政作用，共提出40多条振兴区街经济的意见和建议。

第一节　选举产生

桥西区第九届人民代表大会代表的选举产生

根据中办发〔1986〕36号文件精神、省人大《关于县、乡两级人代会换届选举工作若干问题的意见》规定和市人大常委会的工作部署，依据《中华人民共和国全国人民代表大会和地方各级人民代表大会选举法》和《河北省县、乡两级人民代表大会选举实施细则》的规定，经省人大常委会决定，桥西区九届人大代表名额为139名。经区选举委员会研究，报区委同意，分配到各选区及驻军、武警部队选区代表名额为139名。

在区委、区人大常委会的领导下，根据有关法律规定，按照区选举委员会统一部署，从80个选区和驻军、武警部队依法选举产生区九届人大代表139名。

经区八届人大常委会代表资格审查委员会审查，并经区八届人大常委会第十九次会议通过，确定选出的139名代表符合法律规定，代表资格有效。

在139名代表中，中共党员91名，占65.5%；民主党派4名，占2.9%；群众44名，占31.6%。男性103名，占74.1%；女性36名，占25.9%。干部26名，占18.7%；知识分子29名，占20.9%；工人28名，占20.1%；归侨1名，占0.7%；人民解放军和武警5名，占3.6%；居民及其他人员50名，占36%。少数民族代表8名，占5.75%。区八届人大代表继续当选32名，占23.02%。

链接1：具体选举情况

一、准备工作。桥西区人大常委会于1987年1月15日设立区第九届人民代表大会选举委员会，组建选举委员会办公室，办公室设组织组、宣传组、资料秘书组、总务组、保卫组，明确各组分工和职责范围，负责掌握和指导桥西区选举工作进行。7个办事处相继成立选举领导小组，设立选举办公室。摸排桥西区总人口165807人，区属单位和驻区单位544个，根据人口分布情况划分选区80个，组建登记小组520个，培训登记骨干247人，派出基层联络员11人。

二、宣传工作。根据选举委员会办公室关于换届选举宣传工作的安排意见要求，提出把宣传教育贯穿整个选举工作始终的目的要求，各办事处实行分片包户责任制，发动干部骨干，深入班组、家庭进行宣传，悬挂横幅标语160条，张贴大小标语2675条，出黑板报762期，建立宣传咨询站48个，利用有线广播宣传选举工作专题节目340余次，翻印发放宣传材料45024份，受教育人数达98%。

三、选民登记和选民资格审查工作。选民登记工作按照“不漏一个单位、不漏一个人”的要求，通过组建选民登记小组、培训登记骨干、编发《关于选民登记若干问题的解答》等措施，反复核对查错补漏，严格进行选民资格审查，选民登记基本做到“不错、不漏、不重”，共登记选民123417人，并张榜公布。

四、代表候选人提名工作。在提名推荐过程中贯彻“先教育、后提名；先选民、后党派；先审议、后公布”的“三先”“三后”原则，选民意志表达充分，提名较为广泛，第一轮提出代表候选人2587名。在协商正式代表候选人阶段，充分发扬民主，不定调调，不划框框，各选区按三个层次进行协商，第一个层次，召开选民小组会，选民之间协商；第二个层次，办事处根据多数选民的意见，并考虑到代表构成比例同选区进行协商；第三个层次，选区召集各选民小组长协商，并吸收党派、团体负责人参加，确定初步候选人。而后让选区发动选民实行“单位内部比较、单位与单位比较、同行业之间比较”三个比较，经过几上几下反复酝酿协商，根据大多数选民意见，选民小组讨论，确定正式代表候选人215名。

五、选举代表工作。根据既定选举时间，选举委员会和各办事处选举领导小组成员分赴各投票站，认真组织选民投票。桥西区共设投票站177个，流动票箱158个，桥西区共有选民123417人，实际参选选民115842人，参选率为93.86%，桥西区各选区发出选票115842张，收回选票115764张，其中有效票112178张，无效票1725张，弃权票1861张，选出代表139名（含驻军代表5名），圆满完成预定工作任务。

六、换届选举值得注意的问题。一是换届选举不能忽视宣传工作，特别是各级机关选区更应抓紧、抓实、抓好。二是要加强对各级干部民主与法制教育，不能存在“生产忙、顾不上”“图省事、嫌麻烦”“不民主、搞包办”的想法和做法。三是选举办公室所抽调的人员应有独当一面的工作能力，各组长、副组长不宜搞兼职，否则就会影响选举工作的进展。

链接2：桥西区选举委员会组成人员名单

主　任：赵传文

副主任：周景文　　孟凡录

委　员：于镜海　　刘宝光　　田汝恒　　张金元

陈　英	李宗昌	杨荣科	苏金水
祁连纪	赵国昌	王文亮	张新平
徐考年	满月华	高林泉	田向利
孟秀娟	董培仁	周玉帮	翟晓为
刘继明	张宝和	寇有年	

第二节　代表名单

一、桥西区第九届人民代表大会代表名单

中山路代表团

邢国栋	赵喜才	史玉锁	李红姐（女）
满月华（女，回族）	柳芬兰（女）	石秀珍（女）	郭连帮
李新年	剧建国	刘开甲	张金元
高　洁（女）	鲁锦奎	古庆辉	

永安街代表团

朱志新	李增寿	汤玉通	张秀耕（女）
唐惠敏（女）	郑桂荣（女）	姚贵云（女）	殷庆才
周景文	王荣杰	张华林	林大模

南长街代表团

冯忠芳	刘宏泉	赵留歧	叶哲民
刘　欣	贾永生	李魁芳	王增辰
杨荣科	郭世虎	刘荣珍（女）	崔清芝（女）
宋香风（女）			

兴华街代表团

耿春信	刘　杰	阎承义	寇继山
邢秋柱	付福长	贾一善	陈炳元
陈　英	童培仁	吕相基（女）	林振福
赵桂英（女）	李振国	李玲芝（女）	崔俊华
罗彩霞（女）	赵　毅	郑梅秀（女）	韩增盛（女）
王世平	高林泉	赵传文	赵广玉

东里代表团

梁茂森	白冬至	张宝和	郭俊芝(女)
赵玉尊	霍富彬	叶晓燕(女)	孙占先
王志存(女,满族)	王聚兴	刘金凤(女)	邓付银
刘振芳	王卫斌	张富华	梁景鸿
武雅兰(女)	吴应明	于兰群	任增菊(女)
姚藏珍	任铁	殷建芳	张秀华(女,回族)
马冬妹(女,回族)	李永扣	崔志勇	钱春贵
郝喜信	沈惠周	陈占英	史珈(女)
史建华	史洪恩	刘永瑞	陈清林
杜云恒	刘恩源	马西林	于镜海
许桂梅(女)	文秀兰(女,满族)	王印书	

南马路代表团

张　超	张风华(女)	师雅卿	刘平分
李风林	刘君华	马金玲(女,回族)	杜旭惟(女)
赵国昌	刘宝光		

友谊大街代表团

李兵起	张勋南	孙长友	林惠辰
郭智	李家贵	傅俊民	和存平(满族)
侯庆仁	梁玉子(女,朝鲜族)	曹毅	陈军
高桂荣(女)	赵桥(女)	薛振华	

驻军代表团

刘永杰	杨玉梅(女)	周田林	秦一斌
寇自德	张俊生	刘建新	

区九届人大代表届中调整情况表

表 9–1

常委会会议	终止情况	补选情况
1987 年 12 月 15 日 第四次会议	调离：南马路刘宝光	
1988 年 9 月 15 日 第九次会议	调离：南马路赵国昌	

区九届人大三次会议前，中山路古庆辉，南长街李魁芳、叶哲民，东里王聚兴，驻军刘建新、秦一斌共 6 名代表调离桥西区。

二、桥西区出席石家庄市第七届人民代表大会代表名单

武舒通	马忠辰（回族）	周景文	白起林
刘力夫	陈学慎	王春耀	卢冬梅（女）
田增辉	郝喜信	李惠敏（女）	崔志才
魏树平	房肇基	白冬至	董计英
刘荣珍（女）	刘振芳	赵国昌	陈永安
底俊台（女，回族）	赵小菊（女）	赵新玲（女，回族）	刘炯海
贾礼申	王秀荣	杜琳红（女）	张华林
樊修臣	张景兰（女）	范志军	卢冰影（女）
谷顺成	汪俊亮	赵传文	石守礼
郑世钧	徐士先（女）	芦彦彬	邢月朋
仉益文（女，回族）	孙述强	翟　富	王志泰
张桂玲（女）	葛晓和	魏欣山	卫绪恒
王冬梅（女）	苑泽生	李志聪（女）	吕广模

届中调整情况：1988 年 5 月 16 日，区九届人大常委会第七次会议补选吕广模为石家庄市第七届人民代表大会代表。

第三节　代表工作

一、深化代表工作机制

区九届人大常委会深化代表工作机制，1987 年 6 月 22 日，区九届人大常委会第一

次会议通过《桥西区人大常委会关于发挥代表作用，加强同人大代表联系的暂行办法》。1987年10月23日，召开区长与部分代表座谈对话会，通过代表和区长直接座谈对话，实行面对面的监督。区九届人大常委会坚持一季一次代表小组活动制度，学习有关法律法规，组织小型多样视察，积极向"一府两院"提出意见建议，充分发挥代表监督作用。

二、精心组织代表闭会期间视察调研活动

区九届人大常委会在闭会期间积极开展视察、调研、执法检查、评议工作等活动，审议通过《关于桥西区第九届人大代表实行持证检查工作的决定》，共组织较大型视察活动27次，参加代表410人次，视察中发现的问题及时向有关部门提出批评建议，促进工作顺利开展。例如，1987年7月，在《中华人民共和国食品卫生法（试行）》颁布4周年之际，将部分区人大常委会委员和人大代表分为两个小组，视察了3条主要街道、72个饮食摊点，对卫生好的给予肯定和表扬，对卫生很差的春华饭店等4个饭馆，由卫生防疫部门责令其停业整顿，进一步改进食品卫生工作。

三、进一步密切联系人大代表

区九届人大常委会开展"一季一信"活动。区人大常委会对代表来信专人专管，三年来，共收到代表来信220封，全部及时转交"一府两院"认真处理，做到了件件有着落、有答复。召开各代表联络组组长、代表小组长座谈会，对改进区人大常委会的工作作风和工作方法，如何搞好代表联络组、代表小组的工作，进一步加强区人大代表的密切联系和活动等工作提出意见建议。认真组织人大代表参加区人大常委会组织召开的会议。三年来，区人大常委会先后邀请人大代表150余人次列席区人大常委会会议和主任会议。

四、代表议案、建议办理

（一）代表议案办理情况

区九届人大一次会议，收到代表议案14件，大会主席团决定后，经大会议案审查委员会审议决定将其中5件3案列为议案，9件转为建议、批评和意见。

区九届人大二次会议，收到代表议案8件，大会主席团决定后，经大会议案审查委员会审议决定均转为建议、批评和意见，转请市办理5件，交区有关部门办理3件。

区九届人大历次会议交常委会审议决定的议案情况表

表9-2

年　度	议案内容	处理情况
1987年	关于搬迁华安街蔬菜市场的议案	已办结
	关于取缔个人养犬和犬市的议案	已办结
	关于居委会兴建第三产业办证难的议案	已办结

（二）代表建议办理情况

区九届人大一次会议，收到代表建议、批评和意见170件，转请市办理89件，交区有关部门办理81件，会议期间已解决、落实56件，占69.13%。

区九届人大二次会议，收到代表建议、批评和意见138件，转请市办理49件，交区有关部门办理89件，会议期间已解决和基本解决落实38件，占总数的42.7%，正在解决和今后有待解决51件，占总数的57.3%。

区九届人大三次会议，收到代表建议、批评和意见103件，转请市办理34件，交区有关部门办理69件。会议期间已解决47件，占68.1%，其他22件，转交区政府抓紧时间办理。

五、代表培训

区九届人大常委会通过组织代表学习，提高代表的政治素质和业务能力。通过为代表订阅报刊、发送学习材料、开展小组活动等形式，组织代表学习法律法规和党的各项方针政策，提高议政水平。三年来，定期向每位代表印发会刊、公报、简报及各种文件资料，使代表能较全面地了解区人大常委会的工作情况，为代表参与和管理国家事务、监督国家机关工作创造积极条件。

第三章　人民代表大会

桥西区第九届人民代表大会任期3年，自1987年5月至1990年4月，共召开3次会议。

区九届人大历次会议概况表

表9–3

会议次序	会议日期	议题（项）	听取报告（个）	决议决定（项）	选举表决（项）
第一次	1987年5月27日至30日	8	4	4	4
第二次	1988年3月22日至26日	6	5	4	1
第三次	1989年3月21日至25日	7	5	5	1

第一节　会议概况

一、区九届人大一次会议

1987年5月27日至30日，区九届人大一次会议在区人民政府东楼会议室召开。出席代表134人（应到139人）。会议听取和审议区人民政府区长赵国昌作的《桥西区人民政府工作报告》、区人大常委会主任周景文作的《桥西区人民代表大会常务委员会工作报告》、区人民法院院长徐考年作的《桥西区人民法院工作报告》、区人民检察院检察长冯计堂作的《桥西区人民检察院工作报告》。会议通过相应决议。会议选举产生区九届人大常委会组成人员，区人民政府区长、副区长，区人民法院院长，区人民检察院检察长（名单见本章第二节《会议选举》）。

这次会议，是在桥西区坚定不移贯彻执行党的十一届三中全会以来的方针、政策，坚持四项基本原则，坚持改革、开放、搞活的形势下召开的一次大会。会议指出，要以经济建设为中心，以城区管理和建设为重点，认真总结经验，切实解决存在的问题，努力把桥西区各项工作提高到一个新水平。会议强调，要在党的领导下，坚持“两个文明”一起抓的方针，团结奋斗，艰苦创业，努力完成“七五”计划规定的各项任务，以“两个文明”

建设的新胜利迎接党的十三大召开和石家庄解放四十周年。

二、区九届人大二次会议

1988 年 3 月 22 日至 26 日，区九届人大二次会议在区人民政府二楼大会议室召开。出席代表 122 人（应到 137 人）。会议听取和审议区人民政府区长赵国昌作的《桥西区人民政府工作报告》、区人大常委会主任周景文作的《桥西区人民代表大会常务委员会工作报告》、区人民法院院长徐考年作的《桥西区人民法院工作报告》、区人民检察院检察长冯计堂作的《桥西区人民检察院工作报告》。会议听取桥西区人民政府副区长杨荣科作的《关于办理区九届人大一次会议议案、建议、批评和意见情况的报告》。会议通过相应决议。大会选举产生出席石家庄市第七届人民代表大会代表 52 名。

这次会议，是在以经济建设为中心，坚持四项基本原则，坚持改革开放，桥西区经济建设迈上新台阶，实现“三个突破”的情况下召开的一次会议。会议指出，经济体制改革引入竞争机制，向更深层次和更大范围开展，财政收入提高，城区建设和管理成效显著，精神建设有了新的突破，加强了民主政治建设。会议强调，要在党的十三大精神指引下，按照区委二届四次全会扩大会议精神，发展经济，深化改革，以经济建设为中心，以改革统揽全局，继续深入开展增产节约、增收节支运动，提高经济效益，发展生产力，加快旧城改造步伐，增强城区管理和服务功能，把桥西区的经济建设和各方面的工作推向前进。

三、区九届人大三次会议

1989 年 3 月 21 日至 25 日，区九届人大三次会议在区人民政府二楼大会议室召开。出席代表 121 人（应到 131 人）。会议听取和审议区人民政府代理区长张昌荣作的《桥西区人民政府工作报告》、区财政局局长田敏捷作的《关于桥西区人民政府 1988 年财政决算和 1989 年财政预算（草案）报告》、区人大常委会主任周景文作的《桥西区人民代表大会常务委员会工作报告》、区人民法院院长徐考年作的《桥西区人民法院工作报告》、区人民检察院检察长冯计堂作的《桥西区人民检察院工作报告》。会议通过相应决议。区人大常委会主任周景文传达省人大工作会议精神。会议补选产生区人民政府区长（名单见本章第二节《会议选举》）。

这次会议，是在认真贯彻落实党的十三届三中全会精神，以经济建设为中心，继续深化改革，城区建设管理、旧城改造效果明显，社会秩序稳定的情况下召开的一次会议。会议指出，要紧紧围绕党的十三届三中全会提出的治理经济环境、整顿经济秩序、全面深化改革的指导方针，振奋精神，艰苦奋斗，齐心协力，依法治区，充分重视代表提出的意见建议，解决好广大人民群众普遍关心的问题，要从“两公开、一监督”入手，推进廉政制度的建设，进一步提高社会公共事务的规范化、公开化，把政府建成一个廉洁、高效、务实、进取的国家行政机关。会议强调，要同心同德，奋发进取，克服困难，为实现桥西区经济发展和社会发展的战略目标做出不懈努力。

第二节　会议选举

区九届人大历次会议，共选举产生区级国家机关工作人员25人。

区人大常委会

主　任：

周景文　　1987年5月区九届人大一次会议当选

副主任：

刘宝光　　1987年5月区九届人大一次会议当选

张金元　　1987年5月区九届人大一次会议当选

陈　英　　1987年5月区九届人大一次会议当选

马西林　　1987年5月区九届人大一次会议当选

届中调整情况：

刘宝光，1987年12月15日，在区九届人大常委会第四次会议上辞去区人大常委会副主任职务。

委　员（区九届人大一次会议选举产生）：

马冬妹(女,回族)	王增辰	文秀兰(女,满族)	石秀珍(女)
史洪恩	白冬至	任　铁	刘永瑞
杜旭惟	林振福	郑桂荣(女)	殷庆才

区人民政府

区　长：

赵国昌　　1987年5月区九届人大一次会议当选

张昌荣　　1989年3月区九届人大三次会议当选

届中调整情况：

赵国昌，1988年9月15日，在区九届人大常委会第九次会议上辞去区人民政府区长职务。

张昌荣，1988年9月15日，区九届人大常委会第九次会议决定任命其为副区长，决定其为代理区长。1989年10月9日，在区九届人大常委会第十六次会议上辞去区人民政府区长职务。

赵子忠(回族)，1989年10月9日，区九届人大常委会第十六次会议决定任命其为副区长，决定其为代理区长。

副区长：

张秀耕(女)　1987年5月区九届人大一次会议当选

杨荣科　　1987 年 5 月区九届人大一次会议当选
赵桂英(女)　　1987 年 5 月区九届人大一次会议当选
殷建芳　　1987 年 5 月区九届人大一次会议当选

届中调整情况：

段万荣，1989 年 11 月 24 日，区九届人大常委会第十七次会议决定任命其为副区长。

区人民法院

院　长：

徐考年　　1987 年 5 月区九届人大一次会议当选

区人民检察院

检察长：

冯计堂　　1987 年 5 月区九届人大一次会议当选

第三节　会议组织

一、区九届人大一次会议

（一）大会主席团和秘书长

主席团：

于镜海	马西林	文秀兰(女，满族)	白冬至
邢国栋	任　铁	刘永瑞	刘永杰
刘宝光	刘宏泉	李增寿	李兵起
张　超	张金元	陈　英	林振福
周景文	郑桂荣(女)	赵传文	耿春信
剧建国	梁茂森	韩增盛(女)	

秘书长：张金元(兼)

（二）大会主席团常务主席

赵传文	周景文	刘宝光	张金元
陈　英	马西林	韩增盛(女)	

（三）大会代表资格审查委员会

主 任 委 员：陈　英
副主任委员：马西林
委　　　员：文秀兰(女，满族)　　林振福　　王增辰

（四）大会议案审查委员会

主 任 委 员：刘宝光

副主任委员：满月华（女，回族）

委　　　员：李兵起　　吕相基（女）　　吴应明

二、区九届人大二次会议

（一）大会临时党委

书　记：赵传文

副书记：周景文

委　员：

赵国昌	李魁芳	张金元	陈　英
武雅兰（女）	邢国栋	梁茂森	

（二）大会主席团和秘书长

主席团：

马冬妹（女，回族）	马西林	王增辰	文秀兰（女，满族）
石秀珍（女）	史洪恩	白冬至	邢国栋
任　铁	刘永杰	刘永瑞	刘宏泉
杜旭惟（女）	李兵起	李魁芳	李增寿
张　超	张金元	陈　英	林振福
周景文	郑桂荣（女）	赵传文	耿春信
殷庆才	梁茂森		

秘书长：陈　英（兼）

（三）大会主席团常务主席

赵传文	李魁芳	周景文	张金元
陈　英	马西林		

（四）大会议案审查委员会

主 任 委 员：张金元

副主任委员：满月华（女，回族）

委　　　员：李兵起　　吕相基（女）　　吴应明

三、区九届人大三次会议

（一）大会主席团和秘书长

主席团：

马冬妹（女，回族）	马西林	王增辰	文秀兰（女，满族）
石秀珍（女）	史洪恩	白冬至	邢国栋

任　铁	刘永杰	刘永瑞	刘宏泉
杜旭惟(女)	李兵起	李增寿	张　超
张金元	陈　英	林振福	周景文
郑桂荣(女)	赵传文	耿春信	殷庆才
梁茂森			

秘书长：马西林(兼)

（二）大会主席团常务主席

赵传文	周景文	张金元	陈　英
马西林			

（三）大会议案审查委员会

主 任 委 员：张金元

副主任委员：满月华(女,回族)

委　　　员：李兵起　　吕相基(女)　　吴应明

（四）大会财政预决算审查委员会

主 任 委 员：马西林

副主任委员：刘永瑞　　史洪恩

委　　　员：

史　珈(女)	邢国栋	高林泉	剧建国

第四章　人民代表大会常务委员会

区九届人大常委会在区委的领导下，坚持以经济建设为中心，坚持四项基本原则，坚持改革开放的方针，大力推进社会主义民主与法制建设，发挥地方国家权力机关的作用，显示人民代表大会制度优越性，不断开创人大工作的新局面，为促进桥西区治理整顿、深化改革和各项建设事业的发展做出积极贡献。

第一节　常委会会议

区九届人大常委会共召开会议 18 次。

第一次会议　1987 年 6 月 22 日召开，区人大常委会主任周景文，副主任刘宝光、张金元、陈英、马西林和 12 名委员出席会议。区人民政府区长赵国昌、区人民法院副院长许富兵、区人民检察院检察长冯计堂、区人民政府办公室副主任光吉胜列席会议。会上，学习了《中华人民共和国地方各级人民代表大会和地方各级人民政府组织法》有关章节。会议审议并通过《桥西区人大常委会工作细则》《桥西区人大常委会人事任免暂行办法》《桥西区人大常委会关于发挥人大代表作用，加强同人大代表联系的暂行办法》《区人大常委会关于加强与区“一府两院”工作联系的制度》。会议审议通过区人大常委会《关于区第九届人大代表实行持证检查工作的决定》。会议审议通过《区第九届人大常委会代表资格审查委员会组成人员名单》。会议审议通过区人大常委会主任、副主任工作分工的意见。

第二次会议　1987 年 9 月 17 日召开，区人大常委会主任周景文，副主任刘宝光、张金元、陈英、马西林和 12 名委员出席会议。区人民政府区长赵国昌、区人民法院副院长梁金福、区人民检察院检察长冯计堂列席会议。会议决定于 9 月 18 日召开桥西区人大常委会颁发任命书大会，会议通过人事任免事项（名单见本篇第七章《选举任免》）。

第三次会议　1987 年 10 月 30 日召开，区人大常委会主任周景文，副主任刘宝光、张金元、陈英、马西林和 8 名委员出席会议。区人大常委会党组顾问田汝恒、区人民政府副区长殷建芳、区人民检察院检察长冯计堂、区人民法院副院长许富兵、区人民政府体改办公室副主任张熬列席会议。会议听取和审议区人民政府体改办公室副主任张熬作的《关于桥西区工商企业经济体制改革情况的报告》。

第四次会议　1987 年 12 月 15 日召开，区人大常委会主任周景文，副主任刘宝光、陈英、马西林和 8 名委员出席会议。区人民政府副区长杨荣科，区人民法院院长徐考年、副院长梁金福，区人民检察院检察长冯计堂和 2 名区人大代表列席会议。会议听取和审议区人民法院副院长梁金福作的《关于 1987 年民事审判工作情况的报告》，区人民检察院检察长冯计堂作的《关于今年以来刑事检察工作情况的报告》。会议通过人事任免事项（名单见本篇第七章《选举任免》）。

第五次会议 1988 年 3 月 2 日召开，区人大常委会主任周景文，副主任陈英、马西林和 9 名委员出席会议。区人民政府副区长杨荣科列席会议。会议听取和审议《关于召开桥西区第九届人民代表大会第二次会议有关事项的报告》并通过相应决定、议程、各项名单（草案），《桥西区人民代表大会常务委员会工作报告（讨论稿）》《区人大常委会 1988 年工作要点》。会议审议通过《桥西区人大常委会关于政权机关负责人同人大代表、群众协商对话的决定》。

第六次会议 1988 年 4 月 27 日召开，区人大常委会主任周景文，副主任张金元、陈英、马西林和 7 名委员出席会议。区人民政府副区长杨荣科、赵桂英，区人民法院副院长许富兵，区人民检察院检察长冯计堂，区工商局局长赵应文，区审计局局长石志华，区税务局副局长贾玉萍，区财政局副局长田敏捷，区人民政府办公室侯明玉列席会议。会议听取和审议区人民政府副区长赵桂英作的《关于对工商企业实施经济监督情况的报告》。会议通过人事任免事项（名单见本篇第七章《选举任免》）。

第七次会议 1988 年 5 月 16 日召开，区人大常委会组成人员出席会议，会议补选产生出席市七届人民代表大会代表 1 名。

第八次会议 1988 年 7 月 9 日召开，区人大常委会主任周景文，副主任张金元、陈英、马西林和 9 名委员出席会议。区人民法院院长徐考年、区人民检察院检察长冯计堂、区人民政府办公室主任张昌贤和 3 名区人大代表列席会议。会议听取和审议区人民政府办公室主任张昌贤作的《关于落实区九届二次人代会期间人大代表与区长协商对话情况的报告》《关于办理区人大代表建议、批评和意见的报告》。会议通过人事任免事项（名单见本篇第七章《选举任免》）。

第九次会议 1988 年 9 月 14 日至 15 日召开，区人大常委会主任周景文，副主任张金元、陈英、马西林和 9 名委员出席会议。区委书记赵传文、副书记张昌荣，区人民政府区长赵国昌、副区长杨荣科，区人大常委会党组顾问田汝恒，区委组织部部长武雅兰，区人民法院院长徐考年，区人民检察院检察长冯计堂，区人民政府办公室主任张昌贤，区司法局副局长范彩轩，区普法办公室主任王世瑞列席会议。会议听取和审议区人民政府办公室主任张昌贤作的《关于实施依法治区规划的报告》、区人民政府副区长杨荣科作的《关于今年以来普法工作情况的报告》。会议审议通过《石家庄市桥西区人大常委会关于依法治区的决议（草案）》。会议通过了关于接受赵国昌辞去区人民政府区长职务请求的决定。会议通过人事任免事项（名单见本篇第七章《选举任免》）。

第十次会议 1988 年 11 月 30 日召开，区人大常委会主任周景文，副主任张金元、陈英、马西林和10名委员出席会议。区人民政府副区长杨荣科、区人民法院副院长梁金福、区人民检察院检察长冯计堂列席会议。会议听取和审议区人民政府副区长杨荣科、区人民法院副院长梁金福、区人民检察院检察长冯计堂作的《关于执法检查情况的报告》。会议听取区人民法院副院长梁金福作的《关于贯彻执行〈中华人民共和国民法通则〉，加强民事审判工作情况的报告》。会议通过人事任免事项（名单见本篇第七章《选举任免》）。

第十一次会议　1989年1月16日召开，区人大常委会主任周景文，副主任张金元、陈英、马西林和9名委员出席会议。区人民政府副区长杨荣科、区人民法院院长徐考年、区人民检察院检察长冯计堂列席会议。会议审议通过《桥西区人大常委会1988年工作报告（讨论稿）》和《桥西区人大常委会1989年工作要点（讨论稿）》。会议听取和审议《关于召开桥西区第九届人民代表大会第三次会议的有关事宜》并通过相应决定。会议审议通过议案审查委员会和财政预决算审查委员会主任委员、副主任委员和委员的建议名单。会议审议通过《关于设置区人大常委会工作机构的决定》。会议通过人事任免事项（名单见本篇第七章《选举任免》）。

第十二次会议　1989年3月13日召开，区人大常委会主任周景文，副主任张金元、陈英、马西林和9名委员出席会议。区人民政府副区长张秀耕、区人民法院院长徐考年、区人民检察院检察长冯计堂、区公安分局局长张新平列席会议。会议听取和审议区公安分局局长张新平作的《关于挽救失足青少年工作情况的报告》并通过相应决议。会议听取和审议桥西区第九届人民代表大会第三次会议主席团、秘书长、常务主席名单（草案），会议议程（草案）。会议通过人事任免事项（名单见本篇第七章《选举任免》）。

第十三次会议　1989年5月16日召开，区人大常委会主任周景文，副主任陈英、马西林和9名委员出席会议。区人民政府副区长赵桂英，区人民法院院长徐考年，区人民检察院检察长冯计堂，区司法局局长范彩轩，区监察局局长魏俊杰，区财政局局长田敏捷，区司法局副局长杜宪法、夏云华，区人大代表霍富彬、林惠辰，区人大常委会代表联络教科文卫科副科长耿白元，区人大常委会办公室科员刘国栋列席会议。会议听取和审议区人民政府副区长赵桂英作的《关于依法治区规划落实情况的报告》、夏云华作的《关于〈中华人民共和国统计法〉贯彻执行情况的报告》并通过相应决议、区财政局局长田敏捷作的《关于〈中华人民共和国会计法〉贯彻执行情况的报告》并通过相应决议、区监察局局长魏俊杰作的《关于廉政建设情况和行政监察情况的报告》。会议通过人事任免事项（名单见本篇第七章《选举任免》）。

第十四次会议　1989年7月18日召开，区人大常委会组成人员出席会议，会议审议通过《区人大常委会会议议事规则（草案）》。会议听取和审议区人民政府《关于〈中华人民共和国档案法〉贯彻执行情况的报告》并通过相应决议、《关于〈中华人民共和国土地管理法〉贯彻执行情况的报告》并通过相应决议、《关于〈中华人民共和国计量法〉贯彻执行情况的报告》并通过相应决议、《关于普法验收工作情况的报告》。

第十五次会议　1989年9月18日召开，区人大常委会主任周景文，副主任张金元、陈英、马西林和 9 名委员出席会议。区人民政府区长赵子忠、区人民法院院长徐考年、区人民检察院检察长冯计堂和 4 名人大代表列席会议。会议听取和审议区人民政府《关于桥西区第九届人民代表大会第三次会议代表议案、建议、批评和意见处理情况的报告》《关于〈中华人民共和国传染病防治法〉宣传教育情况的报告》。会议听取和审议区文教局局长崔士尧、区监察局局长魏俊杰、区城建局局长张发斌、区卫生局局长刘应昌、区爱卫办主任林芳棠、区标准计量局局长刘庆涛作的履行职责情况报告。

第十六次会议 1989 年 10 月 9 日召开，区人大常委会组成人员出席会议，会议听取和审议区人民法院《关于案件执行情况的报告》、区人民检察院《关于贯彻执行高检、法两院〈通告〉情况的报告》。会议通过人事任免事项（名单见本篇第七章《选举任免》。

第十七次会议 1989 年 11 月 24 日召开，区人大常委会主任周景文，副主任张金元、陈英、马西林和 7 名委员出席会议。区人民政府区长赵子忠，副区长段万荣、赵桂英，区委组织部部长苏金水，区人民法院院长徐考年，区人民检察院检察长冯计堂，区财政局局长田敏捷，区人大常委会政法财经科科长武增军，区人大常委会代表联络教科文卫科副科长耿白元，区人大常委会办公室副主任李立冬列席会议。会上，传达贯彻市人大常委会召开的十六城市人大工作研讨会议精神，传达市委、市人大换届选举工作会议精神。会议审议通过桥西区换届选举工作安排意见、桥西区选举委员会组成人员名单、各办事处选举领导小组成员名单、区人大常委会关于换届选举的决定。会议听取区财政局局长田敏捷作的《关于 1989 年预算执行情况和 1989 年财政预算调整情况的报告》并通过相应决议。会议通过人事任免事项（名单见本篇第七章《选举任免》）。

第十八次会议 1990 年 3 月 21 日召开，区人大常委会主任周景文，副主任张金元、陈英、马西林和 8 名委员出席会议。区人民政府副区长赵桂英、区人民法院院长徐考年、区人民检察院检察长冯计堂和人大常委会机关各科室负责人列席会议。会议听取和审议通过区人大常委会副主任马西林作的《关于桥西区选举第十届人民代表大会代表工作的报告》，会议审议通过《桥西区九届人大常委会的工作总结和 1990 年工作要点》，会议审议决定《关于召开桥西区第十届人民代表大会第一次会议的有关事宜》。会议审议通过《桥西区第十届人民代表大会第一次会议建议议程》《桥西区第十届人大代表资格审查报告》，桥西区第十届人民代表大会第一次会议主席团和常务主席、秘书长、副秘书长名单（草案），议案审查委员会、财政预决算审查委员会主任委员、副主任委员和委员名单（草案）。

第二节 主任会议

区九届人大常委会共召开主任会议 69 次，主任会议均由周景文主任主持召开。常委会各位副主任出席会议，办公室主任、政法财经科科长和代表联络教科文卫科副科长根据工作需要列席会议。

区九届人大常委会主任会议情况一览表

表 9–4

序号	时　间	议　题
1	1987 年 6 月 10 日	研究区人大常委会 6 月工作安排及第三季度工作，研究区人大常委会主任、副主任、委员的分工，研究区人大常委会工作细则等事项，研究代表资格审查委员会、办公室主任等有关人事任免事项
2	1987 年 6 月 16 日	听取区人民政府关于上半年普法工作情况的汇报，听取区人民政府关于永安街东段改造情况的汇报
3	1987 年 6 月 19 日	传达学习省人大选举座谈会和市人大座谈会精神，研究区人大常委会办公室人员工作分工事项，研究常委会第一次会议有关事项
4	1987 年 7 月 29 日	传达学习市人大常委会部署开展普法执法情况检查的安排文件精神，研究常委会第二次会议有关事项，研究在桥西区开展普法执法检查的安排意见的报告
5	1987 年 8 月 14 日	研究推迟常委会第二次会议召开的事项，研究关于普法工作检查的问题
6	1987 年 8 月 22 日	研究视察普法工作安排意见，听取区人大常委会办公室工作汇报
7	1987 年 8 月 25 日	听取和审议关于区人民政府 1986 年财政决算和 1987 年财政预算及上半年执行情况的报告，听取和审议关于区公安分局 1987 年 1—7 月份的工作报告
8	1987 年 8 月 31 日	研究视察普法执法情况的具体办法
9	1987 年 9 月 9 日	研究视察文教系统普法工作情况，研究常委会第二次会议有关事项
10	1987 年 9 月 16 日	研究区人大常委会颁发任命书大会的有关事项
11	1987 年 9 月 19 日	研究区人大常委会当前工作和第四季度工作安排，研究人员的工作问题
12	1987 年 9 月 28 日	研究区人大常委会第四季度工作安排，研究工作人员评定工资问题
13	1987 年 10 月 11 日	研究常委会第三次会议召开时间、议程等有关事项

续表 9-4

序号	时间	议题
14	1987 年 10 月 21 日	研究对话会的安排意见，研究录用司机事项，研究关于文教系统的调研报告
15	1987 年 11 月 7 日	听取区人民政府关于贯彻执行《中华人民共和国义务教育法》情况的汇报
16	1987 年 11 月 12 日	研究召开区人大常委会和“一府两院”联席会的有关事项
17	1987 年 11 月 24 日	研究区人大常委会 1988 年工作设想，研究年终干部政查问题有关事项
18	1987 年 12 月 6 日	进一步研究召开区人大常委会和“一府两院”联席会的有关事项，研究参加市人大座谈会的发言内容
19	1987 年 12 月 11 日	研究区人大常委会副主任免职事项，进一步研究年终干部政查问题有关事项
20	1987 年 12 月 21 日	听取并审议关于区人民政府房屋开发情况的报告
21	1987 年 12 月 26 日	研究区人大常委会 1987 年工作总结，研究召开代表联络组组长、小组长会议的有关事项
22	1988 年 1 月 5 日	传达学习市人大换届选举工作会议精神，研究区人大常委会 1988 年第一季度工作安排，研究区人大常委会 1987 年工作总结（修改稿）
23	1988 年 1 月 14 日	研究印制代表证事项，研究区人大常委会预算安排情况
24	1988 年 1 月 18 日	研究市人大常委会向市委报告工作的意见（修改稿）的修改意见，研究政权机关建立对话制度的工作
25	1988 年 1 月 25 日	研究区九届人大二次会议有关事项，研究区人民政府成立区统计局、区监察局有关事项
26	1988 年 2 月 2 日	研究到各办事处征求议案、批评意见的工作安排，研究年度工作安排要点
27	1988 年 2 月 10 日	研究区九届人大二次会议有关事项

续表 9-4

序号	时　间	议　题
28	1988 年 4 月 4 日	研究区人大常委会第二季度工作安排
29	1988 年 4 月 7 日	研究区人大常委会向区委请示关于评议政法工作的事项
30	1988 年 4 月 16 日	研究常委会第六次会议有关事项，研究召开“四长”会议有关事项，研究区人大代表来信反映问题的答复内容
31	1988 年 5 月 3 日	研究对政法工作进行评议的调研提纲
32	1988 年 6 月 20 日	研究评议政法工作座谈会的准备工作
33	1988 年 7 月 5 日	研究常委会第八次会议有关事项，研究区人大常委会第三季度工作要点
34	1988 年 7 月 30 日	听取区计量局关于贯彻执行《中华人民共和国计量法》情况的汇报
35	1988 年 7 月 30 日	研究代表活动经费的使用情况，研究视察“学山东，政府部门如何协调服务”的安排意见，研究邀请工程科技人员为区工业发展献计献策的工作
36	1988 年 9 月 19 日	研究组织视察《中华人民共和国义务教育法》贯彻执行情况的安排意见
37	1988 年 11 月 7 日	听取外出学习人大工作经验的汇报
38	1988 年 12 月 26 日	研究区人大常委会 1989 年工作要点及第一季度工作安排，研究 1989 年人大代表活动经费的预算安排情况，研究区九届人大三次会议有关事项
39	1989 年 1 月 4 日	传达学习省检察院会议精神，研究关于召开区九届人大三次会议的请示
40	1989 年 1 月 4 日	研究常委会第十一次会议有关事项，研究关于征集议案的通知，研究关于设置区人大常委会工作机构事项，研究任命干部事项，研究区九届人大三次会议有关事项

续表 9-4

序号	时间	议题
41	1989 年 1 月 23 日	传达学习省人大工作会议精神，研究贯彻省人大工作会议精神主要做法的汇报材料，传达学习市人大政法工委会议精神，研究区人大常委会“一室两科”职责范围和人员分工事项
42	1989 年 2 月 13 日	研究区九届人大三次会议有关事项
43	1989 年 2 月 18 日	研究区人民政府 1988 年财政预算执行情况和 1989 年财政预算草案的报告（讨论稿），研究区九届人大三次会议有关事项
44	1989 年 2 月 22 日	研究张某家属挨打一案处理情况事项，研究一名代表资格审查情况事项，研究补选代表的安排意见
45	1989 年 3 月 3 日	研究区九届人大三次会议有关事项，研究常委会第十二次会议有关事项，研究办公用房问题，听取张某家属挨打一案进展情况的汇报，传达学习市人大常委会会议议程工作，听取议案、建议、批评和意见征集情况的汇报
46	1989 年 4 月 6 日	研究区九届人大三次会议总结材料，研究区人大常委会第二季度工作安排意见
47	1989 年 4 月 25 日	研究区人大常委会机关各项管理制度，研究常委会第十三次会议有关事项
48	1989 年 5 月 9 日	听取区人大常委会各科室工作汇报，研究常委会第十三次会议有关事项，研究区人大常委会各科室目标责任制工作，研究区人大工作人员保持廉洁的规定
49	1989 年 5 月 25 日	听取区人民政府关于计划生育工作的汇报，听取关于组织代表视察执法检查后改进工作情况的汇报，研究关于区县人大联席会议事项，研究其他问题
50	1989 年 6 月 29 日	听取区公安分局关于制止动乱、稳定秩序的工作汇报
51	1989 年 6 月 30 日	研究接收考评干部事项，研究区人大常委会第三季度工作要点
52	1989 年 7 月 3 日	听取区人大常委会各科室的工作汇报，研究区人大常委会关于资料工作的分工事项，研究新调入人员工作安排事项
53	1989 年 7 月	研究区人民法院关于征求人大代表意见的安排意见，研究常委会第十四次会议有关事项，研究区人大常委会会议议事规则（草案）

续表 9-4

序号	时　间	议　题
54	1989 年 7 月 14 日	听取区人民政府关于防汛工作情况的汇报
55	1989 年 7 月 22 日	听取区人大常委会上半年工作情况和下半年工作安排的汇报，研究关于区县联席会议发言材料事项
56	1989 年 8 月 1 日	听取区人大常委会各科室 7 月份工作情况和 8 月份工作安排的汇报，听取区人大常委会办公室关于清查工作情况的汇报
57	1989 年 8 月 4 日	传达学习市人大常委会司法检查工作的会议精神，研究关于区县人大联席会议工作事宜
58	1989 年 8 月 15 日	传达市人大常委会主任分工的文件，研究关于迎接市人大常委会对《中华人民共和国全民所有制工业企业法》执法检查的安排意见，研究关于中小学德育情况的调查报告，研究张某家属挨打一案的进展情况
59	1989 年 8 月 30 日	听取区人民政府关于人防工作开展情况的全面汇报
60	1989 年 9 月 9 日	研究关于考评部分政府组成人员情况报告的事项，研究常委会第十五次会议有关事项，听取区人大常委会各科室的工作汇报，研究关于录用干部事项
61	1989 年 9 月 15 日	审议《关于贯彻〈中华人民共和国传染病防治法〉的决议（草案）》，审议《关于实现依法治区措施（草案）》，审议关于依法治区的方案
62	1989 年 10 月 4 日	研究关于组织视察“如意杯”竞赛的意见，研究传达学习江泽民在国庆四十周年讲话精神的安排意见，研究关于揭发商业公司李某的来信处理意见，研究关于市人大常委会实行监督有关规定的征求意见事项
63	1989 年 10 月 12 日	研究关于考评干部情况的报告，研究关于换届选举工作报告的请示事项，听取区人大常委会各科室 9 月份工作情况和 10 月工作安排的汇报
64	1989 年 10 月 20 日	听取区人民政府关于普法工作进展情况的报告，研究关于接待山东人大参观学习的安排意见
65	1989 年 10 月 27 日	传达学习区委常委会会议精神，传达学习市人大常委会两个会议精神
66	1989 年 11 月 6 日	听取区人大常委会各科室的工作汇报，研究关于《中华人民共和国全国人民代表大会和地方各级人民代表大会代表法》起草征求意见事项

续表 9-4

序号	时　间	议　题
67	1989 年 11 月 13 日	研究关于选举委员会成员和换届选举安排意见（草案）
68	1989 年 11 月 17 日	传达学习市人大换届选举会议精神，研究接收市人大常委会推荐工作人员事项，研究关于区人大常委会工作机构事项
69	1989 年 12 月 21 日	听取关于选区划分和人口摸底情况的工作汇报，研究关于参选人员事项

第三节　机构设置

区九届人大常委会设办公室、政法财经科、代表联络教科文卫科。1988 年 12 月，成立政法财经科、代表联络教科文卫科。

区九届人大常委会机构人员情况表

表 9–5

机构名称	职务	姓名	任职时间
办公室	主　任	殷庆才	1987 年 9 月至 1990 年 4 月
	副主任	武增军	1987 年 9 月至 1989 年 1 月
		李立冬	1989 年 1 月至 1990 年 4 月
政法财经科	科　长	武增军	1989 年 1 月至 1990 年 4 月
代表联络教科文卫科	副科长	耿白元	1989 年 1 月至 1990 年 4 月

第五章　监督工作

区九届人大及其常委会紧紧围绕经济建设、民生关注、依法治区等工作切实加强监督。区九届人民代表大会共听取和审议区人大常委会、区“一府两院”工作报告13项，审查计划、预算报告1项；区九届人大常委会共听取和审议区“一府两院”工作报告23项，审查计划、预算报告1项，开展执法检查7次，组织视察调研25次。

坚持以经济建设为中心，为区街经济发展贡献力量。组织省、市、区科技界和大厂的人大代表召开座谈会，围绕发展区街经济出谋献策，动员科研企业人大代表与桥西企业对接挂钩，联合创办石家庄市第一家高新技术企业。为使企业经济活动依法运行，树立依法管理的观念，组织部分人大代表视察桥西区一批工商企业依法治厂、治店情况，代表提出三个方面多条建议，引起了区人民政府对依法管理经济的高度重视。

围绕民生关心关注问题开展监督。聚焦食品安全，在《中华人民共和国食品卫生法（试行）》颁布4周年之际，组织部分委员和代表对3条主要街道、72个饮食摊点的食品卫生工作情况进行专题视察，提高食品卫生工作质量和水平。听取和审议区人民政府贯彻执行《中华人民共和国义务教育法》情况报告，组织省、市、区人大代表对8所小学的义务教育情况进行专题视察，提出意见建议。继续深入开展“一季一信”活动，积极反映群众意见建议，充分发挥代表桥梁纽带作用，有力推动桥西区经济、政治体制改革和各项工作顺利进行。

积极推进依法治区。区九届人大常委会第十三次和十四次会议，分别听取和审议关于贯彻执行《中华人民共和国计量法》《中华人民共和国土地管理法》《中华人民共和国统计法》《中华人民共和国会计法》工作情况的报告，组织开展各项视察调研，真正发挥监督作用。为进一步推动普法教育深入开展，组织人大代表围绕宣传发动、典型推广、补课学法等方面，采取“一听、二看、三座谈、四测验”的方法，对桥西区的普法工作情况进行视察，并在区人大常委会上听取和审议区人民政府普法工作报告。按照市人大常委会提出的开展执法检查“七条标准”，对桥西区1986年以来办理的各类执法案件进行全面普查和重点抽查，共查出徇私枉法、违章违纪等6个方面260多起问题，完善21项80多条规章制度，有力推动政府工作向法制化迈进新的一步。

第一节　听取和审议专项工作报告与计划预算报告

区九届人大常委会会议听取和审议区“一府两院”专项工作报告 23 项、计划预算报告 1 项。

听取和审议专项工作报告与计划预算报告情况表

表 9–6

时　间	常委会会议	报告内容
1987 年 10 月 30 日	第三次	区人民政府关于桥西区工商企业经济体制改革情况的报告
1987 年 12 月 15 日	第四次	区人民法院关于 1987 年民事审判工作情况的报告，区人民检察院关于 1987 年以来刑事检察工作情况的报告
1988 年 4 月 27 日	第六次	区人民政府关于对工商企业实施经济监督情况的报告
1988 年 7 月 9 日	第八次	区人民政府关于落实区九届二次人代会期间人大代表与区长协商对话情况的报告，区人民政府关于办理区人大代表建议、批评和意见的报告
1988 年 9 月 14 日至 15 日	第九次	区人民政府关于实施依法治区规划的报告，区人民政府关于 1988 年以来普法工作情况的报告
1988 年 11 月 30 日	第十次	区人民政府、区人民法院、区人民检察院关于执法检查情况的报告，区人民法院关于贯彻执行《中华人民共和国民法通则》，加强民事审判工作情况的报告
1989 年 3 月 13 日	第十二次	区人民政府关于挽救失足青少年工作情况的报告
1989 年 5 月 16 日	第十三次	区人民政府关于依法治区规划落实情况的报告，区人民政府关于廉政建设情况和政纪监察情况的报告，区人民政府关于《中华人民共和国统计法》贯彻执行情况的报告，区人民政府关于《中华人民共和国会计法》贯彻执行情况的报告
1989 年 7 月 18 日	第十四次	区人民政府关于《中华人民共和国档案法》贯彻执行情况的报告，区人民政府关于《中华人民共和国土地管理法》贯彻执行情况的报告，区人民政府关于《中华人民共和国计量法》贯彻执行情况的报告，区人民政府关于普法验收工作情况的报告

续表 9-6

时　间	常委会会议	报告内容
1989 年 9 月 18 日	第十五次	区人民政府关于桥西区第九届人民代表大会第三次会议代表议案、建议、批评和意见处理情况的报告，区人民政府关于《中华人民共和国传染病防治法》宣传教育情况的报告
1989 年 10 月 9 日	第十六次	区人民法院关于案件执行情况的报告，区人民检察院关于贯彻执行高检、法两院《通告》情况的报告
1989 年 11 月 24 日	第十七次	区人民政府关于 1989 年预算执行情况和调整 1989 年财政预算情况的报告

第二节　法律法规实施情况的检查

区九届人大常委会共组织开展执法检查 7 次。

1. 1987 年 7 月 13 日至 15 日，区人大常委会组织部分委员和代表就桥西区人民政府贯彻执行《中华人民共和国食品卫生法（试行）》情况开展执法检查，对 72 个经营食品、饮食业的单位和个体户进行检查。

2. 1988 年 9 月 22 日至 24 日，区人大常委会主任周景文带队就桥西区人民政府贯彻执行《中华人民共和国义务教育法》情况开展执法检查。

3. 1989 年 5 月 10 日至 12 日，区人大常委会主任周景文带队就桥西区人民政府贯彻执行《中华人民共和国统计法》和《中华人民共和国会计法》情况开展执法检查。

4. 1989 年 6 月 13 日至 15 日，区人大常委会主任周景文带队就桥西区人民政府贯彻执行《中华人民共和国义务教育法》情况开展执法检查。

5. 1989 年 7 月 4 日至 5 日，区人大常委会副主任张金元、陈英、马西林带队就桥西区人民政府贯彻实施《中华人民共和国食品卫生法（试行）》情况开展执法检查。

6. 1989 年 9 月 25 日至 27 日，区人大常委会主任周景文带队就桥西区人民政府贯彻执行《中华人民共和国全民所有制工业企业法》情况开展执法检查。

7. 1989 年 11 月 16 日至 28 日，区人大常委会组织部分委员和代表就桥西区人民政府贯彻执行《河北省计划生育条例》情况开展执法检查。

第三节　视察调研

区九届人大常委会共组织开展视察调研活动25次。

视察调研活动选录表

表9–7

时　间	视察内容
1987年7月	关于桥西区安全度汛工作情况、防汛物资准备和居民危险房屋的排查情况
1987年9月	关于桥西区区属部分单位普法执法情况
1987年10月	关于桥西区区属五所小学的师资队伍建设和经费收支情况
1987年10月	关于桥西区区属工商企业经济体制改革情况
1988年4月	关于桥西区经济体制改革情况
1988年4月	关于桥西区企业生产及职工对改革和承包的反映情况
1988年4月	关于桥西区教育体制改革情况
1988年4月	关于桥西区普法执法开展情况
1988年4月	关于桥西区“如意杯”竞赛的开展情况
1988年4月	关于桥西区科技改革开展情况
1988年4月	关于桥西区医院体制改革开展情况
1988年5月	关于桥西区依法治区、依法治厂、依法治店情况
1988年8月	关于桥西区人民政府有关职能部门学习山东搞好协调服务，发展桥西区经济情况
1988年12月	关于桥西区区属工业、商业单位经济体制改革情况
1988年12月	关于桥西区市容市貌、卫生、环境保护、道路交通情况
1988年12月	关于桥西区各农贸市场经营、管理情况
1988年12月	关于桥西区市场物价情况
1989年5月至6月	关于桥西区“一府两院”执法检查后改进工作的情况

续表 9-7

时　间	视察内容
1989 年 8 月	关于桥西区小学德育工作情况
1989 年 10 月	关于桥西区部分商业企业开展“如意杯”竞赛情况
1989 年 10 月	关于桥西区区属小学体育开展情况

调研活动选录表

表 9–8

时　间	调研内容
1987 年	关于五所小学的师资队伍建设和经费收支情况的调研
	关于区属工厂党员厂长兼任党支部书记的调研
	关于区普法办现状情况的调研
1988 年	关于弱小企业如何增强活力的调研

第四节　评议工作

区九届人大常委会先后听取和审议区人民政府 5 名局长、1 名主任履行职责情况的报告及评议政法工作情况的报告。

区人民政府部门主要负责人履职评议情况表

表 9–9

时　间	常委会会议	报告人	职　务
1989 年 9 月 18 日	第十五次	崔士尧	区文教局局长
		魏俊杰	区监察局局长
		张发斌	区城建局局长
		刘应昌	区卫生局局长
		林芳棠	区爱国卫生运动委员会办公室主任
		刘庆涛	区标准计量局局长

评议政法工作情况表

表 9–10

时　间	评议形式	工作内容
1988 年 6 月	座谈会	关于区政法工作情况

第六章　决议决定

区九届人大及其常委会依法行使重大事项决定权，注重发挥决议决定推动落实工作，先后作出决议决定26项，较好地贯彻了党的领导，体现了人民意志。按照法定要求，1989年召开的桥西区第九届人民代表大会第三次会议，首次对区人民政府财政决算和财政预算报告作出决议决定，体现了对预算、决算等重大问题的重视。区人大常委会作出关于政权机关负责人同人大代表、群众协商对话的决定，建立起顺畅的下情上达、上情下达的沟通渠道，开辟了人大代表参政议政的新途径，推进桥西区“四化”建设。

第一节　作出决议决定

一、区九届人大历次会议作出决议决定情况

桥西区第九届人民代表大会共作出决议决定13项。

区九届人大历次会议决议决定一览表

表 9–11

时　间	会议	名　称
1987年 5月30日	一次会议	关于桥西区人民政府工作报告的决议 关于桥西区人民代表大会常务委员会工作报告的决议 关于桥西区人民法院工作报告的决议 关于桥西区人民检察院工作报告的决议
1988年 3月26日	二次会议	关于桥西区人民政府工作报告的决议 关于桥西区人民代表大会常务委员会工作报告的决议 关于桥西区人民法院工作报告的决议 关于桥西区人民检察院工作报告的决议

续表 9-11

时　间	会议	名　称
1989 年 3 月 25 日	三次会议	关于桥西区人民政府工作报告的决议 关于桥西区人民代表大会常务委员会工作报告的决议 关于桥西区人民政府 1988 年财政决算和 1989 年财政预算的决议 关于桥西区人民法院工作报告的决议 关于桥西区人民检察院工作报告的决议

二、区九届人大常委会历次会议作出决议决定情况

区九届人大常委会作出决议决定 13 项（不包含人事任免事项）。

区九届人大常委会历次会议决议决定一览表

表 9–12

时　间	常委会议	名　称
1987 年 6 月 22 日	第一次	关于区第九届人大代表实行持证检查工作的决定
1988 年 3 月 2 日	第五次	关于政权机关负责人同人大代表、群众协商对话的决定 关于召开桥西区第九届人民代表大会第二次会议的决定
1988 年 9 月 14 日至 15 日	第九次	关于依法治区的决议
1989 年 1 月 16 日	第十一次	关于召开桥西区第九届人民代表大会第三次会议的决定 关于设置区人大常委会工作机构的决定
1989 年 3 月 13 日	第十二次	关于挽救失足青少年工作情况的决议
1989 年 5 月 16 日	第十三次	关于《中华人民共和国统计法》贯彻执行情况的决议 关于《中华人民共和国会计法》贯彻执行情况的决议
1989 年 7 月 18 日	第十四次	关于《中华人民共和国档案法》贯彻执行情况的决议 关于《中华人民共和国土地管理法》贯彻执行情况的决议 关于《中华人民共和国计量法》贯彻执行情况的决议
1989 年 11 月 24 日	第十七次	关于批准桥西区人民政府 1989 年财政预算调整的决议

第二节　决议决定选介

关于区第九届人大代表实行持证检查工作的决定

《桥西区人大常委会关于区第九届人大代表实行持证检查工作的决定》（以下简称《决定》），于1987年6月22日区九届人大常委会第一次会议通过。

为了使区九届人大代表充分实施法律赋予的职权，更好地发挥人大代表的作用，积极地向国家机关反映广大人民群众的意见和要求，协助“一府两院”推动工作，在桥西区范围内实行代表持证检查工作，区九届人大常委会第一次会议作出了《决定》。

《决定》对区人大代表检查工作明确了三个方面的检查范围，提出要遵循全心全意为人民服务的宗旨，坚持实事求是和坚持依法办事的原则，采取“小型、就近、单项、易办”的方式，讲究方法，注重实效，廉明清正，遵纪守法，真正为人民说话，为群众办事。

《决定》强调，区人大代表持证检查工作，是充分发挥代表作用，加强社会主义民主和法制建设，体现民意，提高代表参政议政能力，协助政府推动工作的一项重要措施。《决定》要求，区人民政府对区人大代表持证检查工作，要给予大力支持和协助，应热情欢迎，严肃对待，如实介绍情况，诚恳虚心听取区人大代表的意见、批评和建议，积极支持代表的活动。对代表的意见、批评和建议要认真办理，一般的要求在一个月内办理完毕，并将办理结果以书面形式直接答复代表，因问题较复杂，一个月内办理不完的，要向代表说明情况。

关于政权机关负责人同人大代表、群众协商对话的决定

《桥西区人大常委会关于政权机关负责人同人大代表、群众协商对话的决定》（以下简称《决定》），于1988年3月2日区九届人大常委会第五次会议通过。

《决定》强调，开展政权机关负责人同人大代表、群众协商对话，是为了认真贯彻落实党的十三大精神，是政治体制改革的重要内容，是促进新型政治体制的完善和发展的一种有效方法。有利于发扬“从群众中来，到群众中去”的优良传统，重要情况让人民知道，重大问题经人民讨论，激发人大代表、群众知政、议政、参政的热情，建立社会协商对话制度，提高领导机关活动的开放程度，开辟人大代表参政议政的新途径，使政权机关与人民群众之间建立起顺畅的下情上达、上情下达的沟通渠道，推进桥西区“四化”建设。

《决定》提出具体要求，要紧紧围绕桥西区的政治、经济、文化、科学、教育、卫生、民族等重大问题，采取请上来、走下去的方式方法开展协商对话；要坚持平等原则，要讲求实效，要坚持实事求是原则，要耐心答复问题，要充分发挥代表的桥梁作用等。

第七章　选举任免

区九届人大常委会坚持党管干部原则与人大依法选举任免相统一，严格按照区委相关要求和法律规定，先后任免桥西区国家机关工作人员 51 人次，接受辞职 3 人，补选市人大代表 1 名，为地方国家机关依法行政和公正司法提供组织保障。进一步深化干部任后监督工作，先后对区人民政府 6 个组成部门主要负责人进行述职评议，促使被评议人员遵守和执行宪法和法律法规，树立国家观念、法制观念和做人民公仆的观念。

第一节　常委会选举任免情况

1987 年 9 月 17 日，区九届人大常委会第二次会议，通过了区人大常委会、区人民政府相关人事任职事项。

任命：

殷庆才为桥西区人大常委会办公室主任

武增军为桥西区人大常委会办公室副主任

决定任命：

张昌贤为桥西区人民政府办公室主任

温殿刚为桥西区劳动人事局局长

满月华为桥西区民政局局长

石志华为桥西区审计局局长

张玉芳为桥西区计划生育委员会主任

林芳棠为桥西区爱国卫生运动委员会办公室主任

何德文为桥西区人民防空办公室主任

齐新民为桥西区物价局局长

崔士尧为桥西区文教局局长

张发斌为桥西区城市建设环境保护局局长

赵应文为桥西区工商行政管理局局长

竹　青为桥西区档案科科长

刘庆涛为桥西区标准计量局局长

1988 年 4 月 27 日，区九届人大常委会第六次会议，通过了区人民政府相关人事任职事项。

决定任命：

魏俊杰为桥西区监察局局长

1988 年 5 月 16 日，区九届人大常委会第七次会议，补选产生出席石家庄市第七届人民代表大会代表 1 名。

补选：

吕广模为石家庄市第七届人民代表大会代表

1988 年 7 月 9 日，区九届人大常委会第八次会议，通过了区人民法院、区人民检察院相关人事任免事项。

免去：

董建义的桥西区人民法院民事审判庭副庭长职务

任命：

董建义为桥西区人民法院执行庭庭长、审判委员会委员

范学英为桥西区人民法院民事审判庭副庭长

米书明、梁胜利、张义怀、王桂珍为桥西区人民检察院检察员

1988 年 9 月 15 日，区九届人大常委会第九次会议，通过了区人民政府、区人民法院相关人事任职事项。

决定任命：

张昌荣为桥西区人民政府副区长,决定其为代理区长

范彩轩为桥西区司法局局长

刘应昌为桥西区卫生局局长

于荣真为桥西区体育运动委员会主任

任命：

孟凡瑞、赵勇刚为桥西区人民法院审判员

1988 年 11 月 30 日，区九届人大常委会第十次会议，通过了区人民政府、区人民法院、区人民检察院相关人事任免事项。

决定免去：

竹　青的桥西区档案科科长职务

决定任命：

竹　青为桥西区档案局局长

免去：

董建义的桥西区人民法院执行庭庭长职务

任命：

董建义为桥西区人民法院副院长

李志超为桥西区人民检察院副检察长

1989 年 1 月 16 日，区九届人大常委会第十一次会议，通过了区人大常委会、区人民政府相关人事任免事项。

免去：

武增军的桥西区人大常委会办公室副主任职务

任命：

武增军为桥西区人大常委会政法财经科科长

耿白元为桥西区人大常委会代表联络教科文卫科副科长

李立冬为桥西区人大常委会办公室副主任

决定免去：

齐新民的桥西区物价局局长职务

决定任命：

纪振国为桥西区计划委员会主任

田敏捷为桥西区财政局局长

贾渝萍为桥西区税务局局长

1989 年 3 月 13 日，区九届人大常委会第十二次会议，通过了区人民法院相关人事任免事项。

免去：

张亚平的桥西区人民法院经济庭副庭长职务

任命：

张亚平为桥西区人民法院执行庭庭长、审判委员会委员

闫平华为桥西区人民法院审判员

1989 年 5 月 16 日，区九届人大常委会第十三次会议，通过了区人民政府相关人事任职事项。

决定任命：

贾建国为桥西区物价局局长

夏云华为桥西区统计局局长

1989 年 10 月 9 日，区九届人大常委会第十六次会议，通过了区人民政府相关人事任职事项。

决定任命：

赵子忠为桥西区人民政府副区长,决定其为代理区长

1989 年 11 月 24 日，区九届人大常委会第十七次会议，通过了区人民政府、区人民法院相关人事任免事项。

决定任命：

段万荣为桥西区人民政府副区长

决定免去：

范彩轩的桥西区司法局局长职务

免去：

齐洪森的桥西区人民法院经济庭副庭长职务

第二节　常委会接受辞职情况

1987 年 12 月 15 日，区九届人大常委会第四次会议接受刘宝光辞去桥西区人大常委会副主任职务。

1988 年 9 月 15 日，区九届人大常委会第九次会议接受赵国昌辞去桥西区人民政府区长职务。

1989 年 10 月 9 日，区九届人大常委会第十六次会议接受张昌荣辞去桥西区人民政府区长职务。

第八章　机关工作

第一节　自身建设

区人大常委会加强自身建设，不断提高政治和业务素质。狠抓制度建设，使相关工作有章可循。区九届人大常委会第一次会议制订和通过了《区人大常务委员会的工作细则》《加强同人大代表联系的暂行办法》《加强与区“一府两院”工作联系的制度》等工作办法和制度，使人大工作在制度化、规范化方面向前迈进了一步。组织办公室工作人员制定了目标管理责任制，为强化服务观念，转变工作作风，提高办事效率，促进人大工作起到作用。

狠抓全体工作人员的法制学习，坚持每周五学法日制度，采取干什么学什么的方法，组织学习《中华人民共和国宪法》《中华人民共和国全国人民代表大会和地方各级人民代表大会选举法》《中华人民共和国地方各级人民代表大会和地方各级人民政府组织法》《中华人民共和国治安管理处罚条例》《中华人民共和国民法通则》《中华人民共和国刑法》《中华人民共和国刑事诉讼法》等，增强了法制观念和依法办事的自觉性。

第二节　宣传工作

区人大常委会积极进行法律监督，推动普法教育深入开展。广泛进行宣传，在桥西区推广南长街办事处、区公安分局效果明显的典型经验，巩固扩大普法教育成果。区人大常委会向每位代表印发会刊、会报、简报等材料，使代表比较全面地了解区人大活动情况，为代表参与和管理国家事务，监督国家机关工作创造条件。

第十篇

石家庄市桥西区
第十届人民代表大会

（1990年4月至1993年2月）

第一章　党的领导

桥西区第十届人民代表大会及其常务委员会，紧紧围绕经济建设这个中心，坚持四项基本原则，坚持改革开放，大力推进社会主义民主与法制建设，不断开创人大工作新局面，为促进桥西区经济及各项事业蓬勃发展做出积极贡献。

区十届人大历次会议召开前，区委都召开中共党员代表会议。每次人代会闭幕会上，区委主要领导都作讲话。区委领导七次出席区十届人大常委会会议。1989 年换届选举，成立选举委员会，区委书记张昌荣任选举委员会主任。1990 年 7 月 7 日，区委副书记刘庆瑞参加区人大常委会与“一府两院”联席会议并作讲话。1991 年 1 月 9 日，区委书记张昌荣，区委副书记段万荣、刘庆瑞出席纪念桥西区人大常委会成立十周年大会，区委书记张昌荣作总结讲话，指出区委必须加强和改善对人大工作的领导，领导干部要高度重视和尊重人大依法行使宪法和法律赋予的权力。区人大常委会要努力适应新形势和新任务的需要，积极做好自身建设，为推动桥西区政治、经济和社会稳定发展做出新的贡献。1991 年 3 月，区委召开人大工作会议，制定《关于加强人大工作的 17 条规定》，对区人大常委会工作给予支持，同时也提出新要求。

区人大常委会党组坚持重大事项向区委请示报告，先后就加强依法治区工作、人事事项、人大机构成立和贯彻中央、省委、市委重要会议精神等向区委请示报告。坚持在区委领导下发挥人大的民主决策作用，把正确处理党委领导与人大决定的关系作为重要课题，聚焦经济建设，深入开展监督检查，推动区委重大决策部署落地落实。

党的组织机构

中共石家庄市桥西区人大常委会党组

书　记：周景文（1990 年 4 月至 1993 年 2 月）

副书记：张秀耕（女，1990 年 5 月至 1993 年 2 月）

　　　　蔡生东（1992 年 11 月至 1993 年 2 月）

　　　　祁连记（1992 年 11 月至 1993 年 2 月）

成　员：殷建芳　武舒通　窦玉仲　孙金铭

　　　　殷庆才　李立冬

第二章　人大代表

桥西区第十届人民代表大会代表名额170名。1990年4月，召开区十届人大一次会议时实有代表169名。区十届人大常委会高度重视代表工作，始终把代表工作作为基础性工作来抓，充分发挥人大代表主体作用。探索建立区人大常委会组成人员联系代表机制，密切区人大常委会同代表的联系，保证区人大常委会决策民主化、科学化；注重发挥代表作用，持续开展视察调研，积极为代表行使民主权利创造条件；认真办理代表议案及建议、批评和意见，提高了代表履职积极性，激发了代表履职热情。

第一节　选举产生

桥西区第十届人民代表大会代表的选举产生

根据《中华人民共和国全国人民代表大会和地方各级人民代表大会选举法》和《河北省县、乡两级人民代表大会选举实施细则》的规定，经省人大常委会决定，区十届人大代表名额为170名。经区选举委员会研究，报区委同意，分配到各选区名额170名。

在区委、区人大常委会的领导下，根据有关法律规定，按照区选举委员会统一部署，各选区依法选举产生区十届人大代表169名。

经区九届人大常委会代表资格审查委员会审查，并经区九届人大常委会第十八次会议通过，确定选出的169名代表符合法律规定，代表资格有效。

在169名代表中，党政干部34名，占20.1%；工业方面40名，占23.7%；财贸方面14名，占8.3%；科技方面6名，占3.6%；文教卫生方面19名，占11.2%；政法方面6名，占3.6%；驻军代表10名，占5.9%；武警1名，占0.6%；街道干部、居民37名，占21.9%；城镇个体及其他2名，占1.2%。妇女51名，占30.2%。少数民族4名，占2.4%。中共党员120名，占71%；非党群众49名，占29%。

链接1：具体选举情况

桥西区第十届人民代表大会代表的选举工作从1989年12月1日开始，经过准备、宣传发动、选民登记、提名协商确定代表候选人、选举代表等五个阶段，于1990年3月7日基本结束。

一、准备工作。桥西区成立以区委书记张昌荣为主任的选举委员会，组建40余人的选举办公室，区委两名主要领导、区人大常委会四位正副主任，亲自进行宣传发动，具体研究部署检查指导选举工作。各办事处成立由党工委书记、主任为正、副组长的选举领导小组，并分别抽调20~30名干部组织选举工作。桥西区90个选区和3441个选民小组均组建选举小组，形成了区、街道、选区、选民小组的四级领导网络，投入领导力量达4000余人。

二、宣传发动工作。为更好地完成选举工作，区人大常委会突出抓三个环节：一是大造声势；二是集中时间、集中力量，进行宣传发动；三是在选举工作的各个阶段，有针对性地做好思想工作。各街道办事处、各单位以《中华人民共和国全国人民代表大会和地方各级人民代表大会选举法》《河北省县、乡两级人民代表大会选举实施细则》为主要内容，采取多种形式、利用多种工具进行深入广泛的宣传发动。据统计，桥西区共培训宣传骨干5000多人次。张贴悬挂标语、横幅4000余条，出黑板报、展牌、橱窗1000余期（块）。发放各种宣传材料30000多份，建立宣传咨询站20多个，组织换届选举知识竞赛100余场，出动宣传车2辆，宣传队8个，巡回宣传200余次，有线广播100余次，入户宣传30000余户。

三、选民登记工作。在选民登记阶段，各选区把好草表关，办事处把好登记关，选举办把好审核关，选民登记后进行复核，及时进行查漏补登。为了不让一个有选举权的人漏登，又不让一个依法被剥夺选举权的人窃取到选举权，区人大常委会与公检法司和各办事处对选民名单进行了反复审核，做到剥权停权有根据。同时，采取对搬迁户、拆迁户采取张贴公告，派人到高柱、柏林、裕东小区逐个查访等形式，补登选民1200人。

四、候选人提名工作。区人大常委会通过召开各级选举工作会议，贯彻以选民为主为先的原则，同选民讲清提名协商代表候选人的重要性，讲清代表应具备的素质和条件，讲清代表的广泛性、群众性、代表性，讲清提名协商代表候选人的法律规定和方法步骤，调动了广大选民提名协商候选人的积极性。参与提名的人多，提名广泛，包括了各个方面，为协商确定代表候选人打下良好的基础。桥西区第一轮提出代表候选人2171名，其中选民10人以上联合提名的2029名，占所提总数的93.5%；政党团体提名的142名，占总数的6.5%。经过充分、广泛、反复协商，确定250名正式代表候选人。

五、选举代表工作。1990年3月5日，选举委员会派出代表主持各选区选举工作。桥西区126685名选民在155个投票站、306个流动投票箱参加了投票选举，参选率达93.7%。经过投票选举，桥西区共选出正式代表169名（含驻军代表），顺利完成了选举工作。

六、经验教训。1.在选出的代表中，非党代表的比例较低。2.少数选民因搬迁不知去向，造成漏登漏选现象。3.个别选举投票站秩序较差。

链接2：桥西区选举委员会组成人员名单

主　任：张昌荣

副主任：周景文　　刘庆瑞　　段万荣　　马西林

委　员：于镜海　　张金元　　陈　英　　武雅兰

祁连记	王文亮	殷建芳	张秀耕
苏金水	张新平	徐考年	冯计堂
满月华	高林泉	田向丽	宋秀芳
孙福泉	彭子光	田　野	刘继明
张宝和	田运棉	陈华增	

第二节　代表名单

桥西区第十届人民代表大会代表名单

中山路代表团

王跃先	石秀珍(女)	邢国栋	孙银玉
李红姐(女)	李秀芬(女)	李振泉	李新年
张金元	武舒通	武增军	段友贵
剧建国	葛秀成	焦国芹(女)	

永安街代表团

王根草	王惠芝	刘作信	李广兰
张忠信	林芳棠	罗　璞(女)	周景文
郑桂荣(女)	郑朝辉	赵秀珍(女)	殷庆才
黄双福			

南长街代表团

牛葆安	田敏捷(满族)	刘荣珍(女)	刘顺章
李晓黎(女)	杨福全	张来芳(女)	和国权
姜根活	高慧英(女)	崔志才	梁贵茗
梁淑银(女)	彭兴华	窦玉仲	

兴华街代表团

马西林	王书臣	王玉芳(女)	付夫昌
白冬至	吕相基(女)	许满篁	孙金铭
李立冬	李壮云(女)	李振国	李蕴智(女)
张昌荣	张耀宗	陈　英	林振福
庞素棉(女)	郑梅秀(女)	赵广玉	赵树茂

耿白元	耿春信	贾宝章	高林泉
梁喜梅(女)	董培仁	潘　香	

东里代表团

于镜海	马宝荣	王　义	王志存(女,满族)
邓富银	田　园(女)	代玉英(女)	冯玉巧(女)
邢素萍(女)	刘金凤(女)	池得水	孙克平(女)
李庆英	吴丽敏(女)	宋元利	张玉凤(女)
张秀耕(女)	张宝和	张道昌	张富华
张新平	周凤云(女)	赵玉尊	赵建纲
种庆芬(女)	段万荣	祝　珍(女)	姚藏珍
郭俊芝(女)	崔彦斌	梁茂森	敬克清
霍富彬			

红旗大街代表团

丁昌志	于兰群	于亚萍(女)	王彦申
乔增起	刘永瑞	刘存山	李长征
杨宗毅	张俊兰(女)	武万亮	林卫民
赵贵庆	耿书多(女)	殷建芳	阎翠兰(女)
路晋通			

南马路代表团

马文学	刘庆瑞	刘金彩(女)	安占洲
李瑞珍(女)	吴香琴(女)	张　超	陈树林
范秋贵	赵子忠(回族)	赵桂英(女)	郝喜信
聂克明	郭彦珍(女)	焦玉珍(女)	翟　富

友谊大街代表团

付俊民	王永臣	毛诗传	文匡国
刘景春	杜云峰(女)	李冀芸(女)	陈望和
范煦章	和存平(满族)	郑清江	郑毓文(女)
赵光跃	胡祖耀	侯庆仁	高桂荣(女)
郭　智	崔桂段(女)	崔淑霞(女)	梁敬鸿
焦毅民	靳桂芝(女)		

驻军代表团

王庚建	丛月珠	刘永杰	安金忠
杨玉梅（女）	肖清友	张维德	荆向喜
夏新柏	陶维平	董是栋	

届中调整情况：区十届人大二次会议前，友谊大街付俊民因病去世，南马路赵子忠、张超、陈树林共3名代表调离桥西区。区十届人大三次会议前，中山路段友贵、永安街刘作信共2名代表调离桥西区。

第三节　代表工作

一、健全完善代表工作机制

1990年5月24日，区十届人大常委会第一次会议通过《区人大常委会关于加强同人民群众联系的几项制度》，要求区人大常委会主任、副主任建立基层联系点，并规定每月5日为接待代表、群众来访日；坚持一季度一次代表活动制度，各代表小组因地制宜，组织小型多样的视察，积极提出意见和建议，充分发挥参政议政的作用；开展“一季一信”活动，印制代表专用信笺、信封；为了督促“一府两院”认真办理代表建议、批评和意见，区十届人大常委会第十二次会议通过《关于办理人大代表建议、批评和意见的暂行办法》，使这一工作进一步规范化、制度化。

二、密切联系人大代表

区十届人大常委会引导代表积极参政议政，充分发挥民主渠道作用。区人大常委会主任、副主任始终坚持每月5日轮流接待人大代表、人民群众来访，共接待来访230多人次，来信300多封，都及时转交“一府两院”有关部门处理，并做了反馈和答复。先后邀请代表84人次列席区人大常委会会议和主任会议，为代表参政议政创造条件。向代表印发会刊、公报等文件材料，注意向代表传递信息，通报情况，使代表们及时全面地了解区人大常委会和“一府两院”工作情况。

三、引导代表积极参政议政

三年来，每次开展视察、检查、调研前，组织代表学习有关法律法规、方针、政策和业务知识。为每位代表订购《河北法制报》，提高代表的履职能力。组织代表评议“一府两院”工作，代表们共提出批评建议172条，进一步提高了代表参政议政能力，密切了党和政府同人民群众的联系。

四、代表议案、建议办理

（一）代表议案办理情况

区十届人大一次、二次、三次会议，分别收到代表议案 13 件、8 件、3 件，大会主席团决定均转为建议、批评和意见。

（二）代表建议办理情况

区十届人大一次会议，收到代表建议、批评和意见 157 件，其中属于市有关部门解决的 97 件，属于区职权范围内办理的 60 件，均转交区人民政府办理，会议结束时已办结答复代表 32 件，占 53.3%。其余 28 件待会后交有关部门办理。

区十届人大二次会议，收到代表建议、批评和意见 155 件。其中属于市有关部门解决的 65 件，属于区职权范围内办理的 90 件，会议结束时已办结答复代表 49 件，占 54.4%。在办结答复的 49 件中收到代表反馈回意见 43 件，表示满意和基本满意的 42 件，满意率 97.9%，不满意 1 件。其余 41 件待会后交有关部门办理。

区十届人大三次会议，收到代表建议、批评和意见 164 件。其中属于市有关部门解决的 69 件，属于区职权范围内办理的 95 件，会议结束时已办结答复代表 70 件，占 73.7%。在办结答复的 70 件中收到代表反馈回意见 60 件，表示满意和基本满意的 58 件，满意率 96.7%，不满意 2 件。其余 25 件待会后交有关部门办理。

第三章　人民代表大会

桥西区第十届人民代表大会任期2年10个月，自1990年4月至1993年2月，共举行3次会议。

区十届人大历次会议概况表

表10–1

会议次序	会议日期	议题（项）	听取报告(个)	决议决定(项)	选举表决(项)
第一次	1990年4月3日至7日	9	5	5	4
第二次	1991年3月18日至23日	8	5	5	2
第三次	1992年3月16日至20日	6	6	6	

第一节　会议概况

一、区十届人大一次会议

1990年4月3日至7日，区十届人大一次会议在省人民政府招待处礼堂召开。出席代表163人（应到169人）。会议听取和审议区人民政府代理区长赵子忠作的《桥西区人民政府工作报告》、区财政局局长田敏捷作的《关于桥西区1989年财政决算和1990年财政预算（草案）的报告》、区人大常委会主任周景文作的《桥西区人民代表大会常务委员会工作报告》、区人民法院院长徐考年作的《桥西区人民法院工作报告》、区人民检察院检察长冯计堂作的《桥西区人民检察院工作报告》。会议通过相应决议。会议选举产生区第十届人大常委会组成人员，区人民政府区长、副区长，区人民法院院长，区人民检察院检察长（名单见本章第二节《会议选举》）。

这次会议，是在坚定不移贯彻执行党的十一届三中全会以来的路线、方针、政策，坚持四项基本原则，坚持改革开放的方针，桥西区各条战线、各项工作都取得了新成绩的形势下召开的一次重要会议。会议坚持以党的十三届四中、五中、六中全会精神为指引，旗帜鲜明地反对资产阶级自由化。在中国共产党的领导下，进一步完善人民代表大会制度，充分发扬民主，严格依法办事，努力提高议政质量，切实推进桥西区社会主义民主与法制建设。会议指出，今后三年，是国家深入进行并完成治理整顿任务的重要年份，又是实施“七五”和“八五”计划的跨越时期。要认真贯彻党的十三届四中、五中、六中全会精神，树立稳定高于一切的思想，从桥西区的实际出发，因地制宜地贯彻落实治理整顿和深化改革的各项任务，逐步建立起符合国家产业政策、适应市场需求，并具有自身特点和一定发展优势的经济格局，推动经济持续、稳定、协调发展。特别要把与人民群众生产生活紧密相关的环境卫生、物价计量、市容绿化、商业服务、卫生防疫、文化教育、社会治安、妇幼保健等各项社会事业努力提高到一个新水平。会议强调，要切实加强政治思想工作，密切同人民群众的血肉联系，同心同德，励精图治，自力更生，艰苦奋斗，战胜困难，为把桥西区建设成经济繁荣、社会稳定、环境优美的文明城区而努力奋斗。

二、区十届人大二次会议

1991 年 3 月 18 日至 23 日，区十届人大二次会议在省人民政府招待处礼堂召开。出席代表 144 人（应到 165 人）。会议听取和审议区人民政府代理区长段万荣作的《桥西区人民政府工作报告》、区财政局局长田敏捷作的《关于桥西区 1990 年财政决算和 1991 年财政预算（草案）的报告》、区人大常委会主任周景文作的《桥西区人民代表大会常务委员会工作报告》、区人民法院院长董建义作的《桥西区人民法院工作报告》、区人民检察院检察长容荃作的《桥西区人民检察院工作报告》。会议传达省、市委人大工作会议精神。会议补选产生区人民政府区长和 1 名区人大常委会副主任（名单见本章第二节《会议选举》）。

这次会议，是在桥西区人民认真贯彻落实党的十三届七中全会精神，治理整顿取得明显成效，经济建设和社会各项事业取得新成绩的形势下召开的，是关系到桥西区政权建设和各项事业发展的一次重要会议。会议认真贯彻党的十三届七中全会、市委五届二次全会和区委三届三次全会精神，认真贯彻省、市委人大工作会议精神。会议指出，1991 年是实施国民经济和社会发展十年规划和“八五”计划的第一年，也是继续贯彻党的十三届七中全会精神，继续治理整顿和深化改革的关键一年。会议强调，要认真学习贯彻党的十三届七中全会精神和省、市、区委全会精神，坚持以经济建设为中心，从桥西区的实际出发，研究制定好十年规划和“八五”计划。继续深化企业改革，以科技进步为先导，狠抓质量，大上品种，优化经济结构，提高经济素质和经济效益，积极发展各项社会事业，推进民主与法制建设，打好“八五”计划的第一仗。

三、区十届人大三次会议

1992 年 3 月 16 日至 20 日，区十届人大三次会议在省人民政府招待处礼堂召开。出席代表 136 人（应到 163 人）。会议听取和审议区人民政府区长段万荣作的《桥西区人民政府工作报告》。会议听取区人民政府副区长张昌贤作的《关于桥西区国民经济和社会发展十年规划和第八个五年计划纲要（草案）的说明》，审议通过《桥西区国民经济和社会发展十年规划和“八五”计划纲要》。会议听取和审议区财政局局长田敏捷作的《关于桥西区 1991 年财政决算和 1992 年财政预算（草案）的报告》、区人大常委会副主任张秀耕作的《桥西区人民代表大会常务委员会工作报告》、区人民法院院长董建义作的《桥西区人民法院工作报告》、区人民检察院检察长容荃作的《桥西区人民检察院工作报告》。会议通过相应决议。

这次会议，是在桥西区人民认真贯彻落实党的十三届八中全会和中央工作会议、中央政治局会议及省、市、区委全会精神，经济和各项事业面临新挑战的新形势下召开的。会议认真贯彻落实中央工作会议和党的十三届七中、八中全会精神，按照区委三届四次会议的总体部署，通过了国民经济和社会发展十年规划和“八五”计划纲要。会议指出，1992 年是“八五”计划的第二年，是实施“八五”计划关键的一年。党中央、国务院要求做好发展经济，加强党的建设，保持社会稳定三件大事。要以中央工作会议和党的十三届八中全会精神为指针，按照区委三届四次全会的总体部署，全面贯彻党的基本路线，紧紧抓住经济建设这个中心，解放思想，深化改革，坚持科技兴区、开放兴区、开发兴区的经济发展战略，积极推进各项社会事业和民主与法制建设，努力把“两个文明”建设提高到一个新水平。会议强调，要在中央工作会议和党的十三届八中全会精神的指引下，奋发图强，艰苦奋斗，求真务实，以经济和各项事业的优异成绩迎接党的十四大胜利召开。

第二节　会议选举

区十届人大历次会议，共选举产生区级国家机关工作人员 25 人。

区人大常委会

主　任：

周景文　　1990 年 4 月区十届人大一次会议当选

副主任：

张秀耕(女)　1990 年 4 月区十届人大一次会议当选

殷建芳　　1990 年 4 月区十届人大一次会议当选

马西林　　1990 年 4 月区十届人大一次会议当选

武舒通　　1990 年 4 月区十届人大一次会议当选

窦玉仲　　1990 年 4 月区十届人大一次会议当选

孙金铭　　1991 年 3 月区十届人大二次会议当选

届中调整情况：

窦玉仲，1993 年 1 月 6 日，在区十届人大常委会第二十一次会议上辞去桥西区人大常委会副主任职务。

委　员：

白冬至	李立冬	李壮云(女)	张玉凤(女)
武增军	和存平(满族)	周凤云(女)	耿白元
殷庆才	高林泉	阎翠兰(女)	

区人民政府

区　长：

赵子忠　　1990 年 4 月区十届人大一次会议当选

段万荣　　1991 年 3 月区十届人大二次会议当选

届中调整情况：

赵子忠，1990 年 8 月 23 日，在区十届人大常委会第三次会议上辞去区人民政府区长职务。

段万荣，1990 年 8 月 23 日，区十届人大常委会第三次会议决定其为区人民政府代理区长。

副区长：

段万荣　　1990 年 4 月区十届人大一次会议当选

赵桂英(女)　1990 年 4 月区十届人大一次会议当选

张昌贤　　1990 年 4 月区十届人大一次会议当选

届中调整情况：

张石峰，1990 年 11 月 14 日，区十届人大常委会第五次会议决定任命其为桥西区人民政府副区长。

吕振福，1990 年 11 月 14 日，区十届人大常委会第五次会议决定任命其为桥西区人民政府副区长；1993 年 1 月 6 日，在区十届人大常委会第二十一次会议上辞去桥西区人民政府副区长职务。

龙凤银，1991 年 6 月 21 日，区十届人大常委会第十一次会议决定任命其为桥西区人民政府副区长。

赵桂英(女)，1992 年 8 月 21 日，在区十届人大常委会第十九次会议上辞去桥西区人民政府副区长职务。

路中林、刘平，1993 年 1 月 6 日，区十届人大常委会第二十一次会议决定任命其为桥西区人民政府副区长。

区人民法院

院　长：

董建义　　1990 年 4 月区十届人大一次会议当选

区人民检察院

检察长：

容　荃	1990年4月区十届人大一次会议当选

第三节　会议组织

一、区十届人大一次会议

（一）大会主席团和秘书长

主席团：

于镜海	马西林	王彦申	石秀珍(女)
白冬至	邢国栋	刘庆瑞	孙金铭
张昌荣	肖清友	张金元	张　超
张秀耕(女)	陈　英	武舒通	周景文
和存平(满族)	郑清江	郑朝辉	赵子忠
郝喜信	姜根活	耿春信	殷建芳
高林泉	阎翠兰(女)	梁茂森	窦玉仲

秘书长：马西林(兼)

（二）大会主席团常务主席

周景文	张金元	陈　英	马西林
张秀耕(女)	殷建芳	武舒通	窦玉仲
孙金铭			

（三）大会议案审查委员会

主 任 委 员：殷建芳

副主任委员：张秀耕(女)

委　　　员：

付夫昌	吕相基(女)	林芳棠	梁茂森
霍富彬			

（四）大会财政预决算审查委员会

主 任 委 员：马西林

副主任委员：高林泉

委　　　员：

王　义	李长征	武万亮	武增军
崔彦斌			

（五）大会代表资格审查委员会

主 任 委 员：张秀耕(女)

副主任委员：武舒通

委　　　员：耿白元　　阎翠兰(女)　和存平(满族)

二、区十届人大二次会议

（一）大会临时党委

书　记：张昌荣

副书记：刘庆瑞　郝喜信　周景文

委　员：

张秀耕(女)	殷建芳	武舒通	窦玉仲
敬克清			

（二）大会主席团和秘书长

主席团：

于镜海	马西林	王彦申	白冬至
邢国栋	刘庆瑞	孙金铭	肖清友
李壮云(女)	张玉凤(女)	张秀耕(女)	张昌荣
张金元	陈　英	武舒通	周凤云(女)
周景文	和存平(满族)	郑清江	郑朝辉
郝喜信	姜根活	耿春信	殷建芳
高林泉	阎翠兰(女)	梁茂森	窦玉仲

秘书长：张秀耕(女,兼)

（三）大会主席团常务主席

张昌荣	周景文	刘庆瑞	郝喜信
张秀耕(女)	殷建芳	马西林	武舒通
窦玉仲	张金元	陈　英	孙金铭

（四）大会议案审查委员会

主 任 委 员：武舒通

副主任委员：李壮云(女)

委　　　员：

付夫昌	吕相基(女)	林芳棠	梁茂森
霍富彬			

（五）大会财政预决算审查委员会

主 任 委 员：马西林

副主任委员：高林泉

委　　员：

王　义　　李长征　　武万亮　　武增军

崔彦斌

三、区十届人大三次会议

（一）大会临时党委

书　记：张昌荣

副书记：刘庆瑞　郝喜信　周景文

委　员：

张秀耕(女)　　殷建芳　　武舒通　　窦玉仲

孙金铭　　敬克清

（二）大会主席团和秘书长

主席团：

于镜海　　马西林　　王彦申　　白冬至

邢国栋　　刘庆瑞　　孙金铭　　李立冬

李壮云(女)　　肖清友　　张玉凤(女)　　张秀耕(女)

张昌荣　　武舒通　　武增军　　和存平(满族)

周凤云(女)　　周景文　　郑清江　　郑朝晖

郝喜信　　姜根活　　耿白元　　耿春信

殷庆才　　殷建芳　　高林泉　　阎翠兰(女)

梁茂森　　窦玉仲

秘书长：窦玉仲(兼)

（三）大会主席团常务主席

张昌荣　　周景文　　刘庆瑞　　郝喜信

张秀耕(女)　　殷建芳　　马西林　　武舒通

窦玉仲　　孙金铭

（四）大会议案审查委员会

主 任 委 员：武舒通

副主任委员：李壮云(女)

委　　员：

付夫昌　　吕相基(女)　　林芳棠　　周凤云(女)

梁茂森

（五）大会财政预决算审查委员会

主 任 委 员：马西林

副主任委员：乔增起

委　　员：

王　义	王彦申	田　园	李长征
崔彦斌			

第四章　人民代表大会常务委员会

区十届人大常委会坚持以经济建设为中心，坚持四项基本原则，坚持改革开放，认真履行宪法和法律赋予的各项职权，为完善人民代表大会制度，加强民主与法制建设，推动桥西区社会主义物质文明和精神文明建设做出积极贡献。

第一节　常委会会议

区十届人大常委会共召开会议 21 次。

第一次会议　1990 年 5 月 23 日至 24 日召开，区人大常委会主任周景文，副主任张秀耕、马西林、武舒通、窦玉仲和 10 名委员出席会议。区人大常委会党组顾问张金元、区人民政府区长赵子忠、区政协副主席赵国昌、区人民法院院长董建义、区人民检察院检察长容荃列席会议。会议集体学习《中共中央关于加强党同人民群众联系的决定》和《中华人民共和国地方各级人民代表大会和地方各级人民政府组织法》部分章节。会议审议通过《桥西区第十届人民代表大会常务委员会代表资格审查委员会组成人员名单》《区人大常委会议事规则》《区人大常委会人事任免办法》《区人大常委会关于加强与区“一府两院”工作联系的制度》《区人大常委会关于第十届人民代表大会实行持证检查工作的决定》《区人大常委会主任会议议事规则》《区人大常委会关于加强同群众联系的几项制度》《桥西区人大常委会主任、副主任、委员分工的意见》。会议通过人事任免事项（名单见本篇第七章《选举任免》）。

第二次会议　1990 年 7 月 24 日召开，区人大常委会主任周景文，副主任张秀耕、殷建芳、马西林、窦玉仲和 10 名委员出席会议。区人民政府副区长段万荣、区政协副主席赵国昌、区人民法院院长董建义、区人民检察院检察长容荃、区经济委员会主任张熬、区商业局局长李兵起列席会议。会议听取和审议区人民政府副区长段万荣作的《关于上半年经济工作情况和下半年经济工作安排意见》。会议听取区人大常委会财经城建科科长武增军作的《关于加强经济工作领导的几个问题的调查报告》。会议通过人事任免事项（名单见本篇第七章《选举任免》）。

第三次会议　1990 年 8 月 23 日召开，区人大常委会主任周景文，副主任张秀耕、殷建芳、马西林、武舒通、窦玉仲和 10 名委员出席会议。区委副书记刘庆瑞，区人大常委会党组顾问张金元，区人民政府区长赵子忠，副区长段万荣、张昌贤，区人民法院院长董建义，区人民检察院检察长容荃，区司法局局长齐洪森及区人大常委会各科室有关人员列席会议。会议听取和审议区人民政府《关于依法治区情况的汇报》、区人民法院《贯彻区人大依法治区决议情况的报告》、区人民检察院《关于依法治区措施落实情况的报告》。会议通过人事任免事项（名单见本篇第七章《选举任免》）。

第四次会议　1990年10月16日至17日召开，区人大常委会主任周景文，副主任张秀耕、殷建芳、马西林、窦玉仲和11名委员出席会议。区人大常委会党组顾问张金元、陈英，区人民政府副区长赵桂英、张昌贤，区政协副主席赵国昌，区人民法院副院长许富兵，区人民检察院检察长容荃、副检察长王炳伟，区财政局局长田敏捷，区司法局局长齐洪森，区人大代表李振国、张宝和、武万亮、李长征、王义、崔彦斌及区人大常委会有关人员列席会议。会议集体学习江泽民总书记关于坚持和完善人民代表大会制度的论述、《中华人民共和国行政诉讼法》和《河北省预算管理暂行条例》的有关章节。会议听取区人民政府、区人民法院《关于贯彻实施〈中华人民共和国行政诉讼法〉准备工作情况的报告》，并通过相应决议。会议听取和审议区财政局局长田敏捷作的《关于1990年财政预算执行情况及调整意见》和《关于贯彻〈河北省预算管理暂行条例〉情况的报告》。会议听取区人大常委会财经城建科科长武增军作的《关于对区人民政府1990年财政预算执行情况及调整意见初审报告》。会议审议通过区人大常委会《关于对“一府两院”实施法律工作监督的暂行规定》。会议通过人事任免事项（名单见本篇第七章《选举任免》）。

第五次会议　1990年11月14日召开，区人大常委会主任周景文，副主任张秀耕、殷建芳、马西林、窦玉仲和11名委员出席会议。区人大常委会党组顾问张金元、陈英，区人民政府代理区长段万荣，区委组织部副部长敬克清列席会议。会议通过人事任免事项（名单见本篇第七章《选举任免》）。

第六次会议　1990年12月18日至19日召开，区人大常委会主任周景文，副主任张秀耕、殷建芳、马西林、武舒通、窦玉仲和11名委员出席会议。区人大常委会党组顾问张金元，区人民政府代理区长段万荣、副区长张昌贤，区人民法院院长董建义，区人民检察院检察长容荃，区经济委员会主任张熬，区商业局局长李兵起，区人大代表梁茂森、马保荣及区人大常委会有关人员列席会议。会议听取和审议《区人民政府关于传达贯彻市八千人大会精神情况的汇报》并通过相应决议、《区人民政府关于调整1990年经济指标意见的汇报》并通过相应决定。会议听取和审议《区人民政府1990年要为群众办的八件实事进展情况的汇报》《区人民检察院关于1990年以来开展反行贿受贿、反贪污斗争情况的汇报》。会议通过人事任免事项（名单见本篇第七章《选举任免》）。

第七次会议　1991年1月31日至2月1日召开，区人大常委会主任周景文，副主任张秀耕、殷建芳、马西林、武舒通、窦玉仲和10名委员出席会议。区委副书记、代理区长段万荣，区委副书记刘庆瑞，区委组织部部长武雅兰，区人大常委会党组顾问张金元，区人民法院院长董建义，区人民检察院检察长容荃，区委组织部副部长兼区劳动人事局副局长敬克清，区工商局局长郑立庄，区财政局局长田敏捷，区物价局局长贾建国，区城市建设管理委员会主任何德文，区人大代表武万亮、付夫昌、张道昌、葛秀成、李蕴智及区人大常委会有关人员列席会议。会议听取和审议区工商局局长郑立庄、区物价局局长贾建国、区财政局局长田敏捷、区城市建设管理委员会主任何德文分别作的履职情况报告。会议审议并通过区人大常委会《关于召开区第十届人民代表大会第二次会议的决定和安排意见》。会议通过人事任免事项（名单见本篇第七章《选举任免》）。

第八次会议 1991 年 2 月 26 日召开，区人大常委会主任周景文，副主任张秀耕、殷建芳、马西林、武舒通、窦玉仲和 10 名委员出席会议。区人大常委会党组顾问张金元、区人民政府副区长吕振福、区人民法院院长董建义、区人民检察院检察长容荃列席会议。会议审议并通过《桥西区人民代表大会常务委员会工作报告（讨论稿）》《桥西区人大常委会 1991 年工作要点及其附件（草稿）》、区十届人大二次会议主席团、秘书长名单（草案），常务主席建议名单，国民经济和社会发展计划审查委员会建议名单，财政预决算审查委员会建议名单和议案审查委员会建议名单。

第九次会议 1991 年 3 月 8 日召开，区人大常委会主任周景文，副主任张秀耕、殷建芳、马西林、武舒通、窦玉仲和 8 名委员出席会议。会议讨论修改区十届人大二次会议建议议程及有关事项。会议讨论审议《代表资格审查情况的报告》。

第十次会议 1991 年 4 月 26 日召开，区人大常委会主任周景文，副主任张秀耕、殷建芳、马西林、武舒通、孙金铭和 7 名委员出席会议。区人大常委会党组顾问张金元、陈英，区人民政府副区长张昌贤、吕振福，区人民法院院长董建义，区人民检察院检察长容荃，区人民政府办公室主任周连赏，区经济委员会主任张熬，区商业局局长李兵起，区街道企业公司经理刘士斌，区司法局调研员王士瑞及区人大常委会有关人员列席会议。会议听取和审议区人民政府副区长吕振福作的《关于当前法制教育工作情况的报告》、区人民政府副区长张昌贤作的《关于区人民政府落实区人大常委会第六次会议的决议》和《区人民政府开展“质量、品种、效益年”活动情况的报告》。会议通过人事任免事项（名单见本篇第七章《选举任免》）。

第十一次会议 1991 年 6 月 20 日至 21 日召开，区人大常委会主任周景文，副主任张秀耕、殷建芳、马西林、武舒通、窦玉仲、孙金铭和 9 名委员出席会议。区人民政府区长段万荣、区委副书记刘庆瑞、区人民政府副区长吕振福、区人民法院院长董建义、区人民检察院副检察长宁尔成、区委组织部副部长兼区劳动人事局副局长敬克清、区人民政府办公室主任周连赏、区司法局局长梁金福和区人大常委会各科室负责人及有关工作人员列席会议。会议听取和审议《区人民政府关于依法治区工作进展情况的汇报》《区人大常委会政法科关于依法治区情况的初审报告》。会议审议并通过《区人大常委会关于组织代表评议“一府两院”工作的意见》《关于变更区人大常委会机构名称的决定》。会议通过人事任免事项（名单见本篇第七章《选举任免》）。

第十二次会议 1991 年 8 月 14 日至 15 日召开，区人大常委会主任周景文，副主任张秀耕、殷建芳、马西林、武舒通、窦玉仲、孙金铭和 7 名委员出席会议。区政协主席于镜海，区人民政府副区长赵桂英、张石峰，区人民法院院长董建义，区人民检察院检察长容荃，区人民政府有关部门负责人及区人大常委会有关工作人员列席会议。14 日，与会全体组成人员在区人民政府二楼大会议室参加了区人大常委会组织召开的区人大代表评议政府工作会议。15 日，会议听取和审议《区人民政府上半年财政预算执行情况的汇报》。会议审议并通过《关于在桥西区居民中继续深入开展法制宣传教育的决议》《关于在桥西区进一步完善执法责任制的决议》。

第十三次会议　1991 年 11 月 6 日召开，区人大常委会主任周景文，副主任张秀耕、殷建芳、马西林、武舒通、孙金铭和 7 名委员出席会议。区政协主席于镜海、区人民政府副区长张昌贤、区人民法院院长董建义、区人民检察院检察长容荃、部分区人大代表和政府有关部门负责人列席会议。会议听取和审议区人民政府副区长张昌贤作的《区人民政府关于办理区十届人大二次会议代表建议批评和意见情况的报告》《区十届人大二次会议重点督办建议办理情况的报告》、区经济委员会主任张熬作的《关于区人民政府新产品开发和技术改造情况的报告》、区财政局局长田敏捷作的《关于 1991 年财政预算执行情况和调整 1991 年财政预算的报告》。会议审议并通过《区人大常委会关于在部分单位开展评选执法先进集体和模范执法工作者活动的意见》《区人大常委会关于办理人大代表批评建议的暂行办法》。

第十四次会议　1991 年 12 月 18 日召开，区人大常委会主任周景文，副主任张秀耕、殷建芳、马西林、武舒通、窦玉仲、孙金铭和 10 名委员出席会议。区人民政府副区长张昌贤、区政协副主席张珩、区人民法院院长董建义、区人民检察院检察长容荃、区委组织部副部长敬克清、区劳动人事局局长温殿刚和部分区人大代表及区人大常委会各委办有关人员列席会议。会议听取和审议区文教局局长赵志彬和区人民防空办公室主任李秀坤分别作的履行职责情况报告。会议听取区人大常委会人事代表工委《关于对被任命干部进行法律知识考试情况的报告》。会议通过人事任免事项（名单见本篇第七章《选举任免》）。

第十五次会议　1992 年 1 月 22 日至 23 日召开，区人大常委会主任周景文，副主任张秀耕、殷建芳、马西林、武舒通、窦玉仲、孙金铭和 10 名委员出席会议。区人民政府区长段万荣、副区长张昌贤，区政协副主席张珩，区人民法院院长董建义，区人民检察院检察长容荃及区人民政府、区人大常委会各委办有关人员列席会议。会议听取和审议《桥西区国民经济和社会发展十年规划、"八五"计划纲要（草案）》。会议原则通过纲要（草案）。会议审议并通过《区人大常委会 1991 年工作报告（草稿）》《区人大常委会 1992 年工作要点（草稿）》。会议作出《关于召开区第十届人民代表大会第三次会议的决定》，审议并通过区十届人大三次会议主席团、秘书长、常务主席建议名单，国民经济和社会发展十年规划和第八个五年计划审查委员会建议名单，财政预决算审查委员会建议名单，议案审查委员会建议名单。

第十六次会议　1992 年 2 月 26 日召开，区人大常委会主任周景文，副主任张秀耕、殷建芳、马西林、武舒通、窦玉仲、孙金铭和8名委员出席会议。区委副书记刘庆瑞、区人民政府副区长龙凤银、区委政法委副书记齐洪森、区人民法院院长董建义、区人民检察院检察长容荃及区人大常委会各委办有关人员列席会议。会议听取区人大常委会法制工委副主任袁三臣作的《关于评选执法先进集体和模范执法工作者情况的报告》。会议审议并通过《区人大常委会关于授予执法先进集体和模范执法工作者荣誉称号的决定》《1992年区人大常委会例会议题安排意见》。会议补充提名郝喜信为区十届人大三次会议主席团成员、常务主席。会议通过人事任免事项（名单见本篇第七章《选举任免》）。

第十七次会议　1992年4月9日至10日召开，区人大常委会主任周景文，副主任张秀耕、殷建芳、马西林、武舒通、窦玉仲、孙金铭和7名委员出席会议。区人民政府区长段万荣，区委副书记刘庆瑞，区政协副主席赵国昌，区人民法院院长董建义、副院长张亚平，区人民检察院检察长容荃，区委政法委副书记齐洪森，区委组织部副部长敬克清，区公安分局局长张新平，区司法局局长梁金福及区人大常委会各委办负责人列席会议。会议听取和审议桥西区公安分局局长张新平作的《区人民政府落实全国人大常委会〈关于加强社会治安综合治理的决定〉情况的汇报》。会议听取《区“一府两院”实行执法责任制情况的汇报》。会议通过人事任免事项（名单见本篇第七章《选举任免》）。

第十八次会议　1992年6月26日召开，区人大常委会组成人员出席会议。会议听取《区人民政府“科技兴区、开放兴区、开发兴区”发展战略规划和实施方案的汇报》和《区人民政府贯彻落实〈中华人民共和国城镇集体所有制企业条例〉情况的汇报》及其他事项。

第十九次会议　1992年8月21日至22日召开，区人大常委会主任周景文，副主任张秀耕、殷建芳、马西林、武舒通、窦玉仲、孙金铭和7名委员出席会议。区委副书记刘庆瑞，区人民政府副区长龙凤银，区政协副主席张珩，区委组织部副部长王宏滨，区人民检察院检察长容荃，区人民法院副院长张亚平，区人大常委会各委办、区计划委员会、区财政局、区司法局、区劳动人事局、区计生委、区民政局的负责人列席会议。会议听取和审议区计划委员会主任张坤山和区财政局局长田敏捷作的《关于桥西区1992年上半年国民经济计划和财政预算执行情况的报告》，区司法局局长梁金福作的《关于贯彻“二五”法制宣传教育决议情况的报告》，区劳动人事局局长温殿刚、区计生委主任钟秀英、区民政局局长刘平分别作的履行职责情况的报告。会议通过人事任免事项（名单见本篇第七章《选举任免》）。

第二十次会议　1992年10月21日召开，区人大常委会主任周景文，副主任张秀耕、殷建芳、马西林、武舒通、窦玉仲、孙金铭和8名委员出席会议。区人民政府副区长张石峰、区人民检察院检察长容荃、区人民法院副院长张亚平和区人大常委会各委办的负责人列席会议。会上传达省、市人大换届选举工作会议精神。会议审议《区人大常委会关于换届选举工作的安排意见（讨论稿）》。会议审议通过区选举委员会组成人员建议名单、各街道办事处选举领导小组成员名单。

第二十一次会议　1993年1月6日召开，区人大常委会主任周景文，副主任张秀耕、殷建芳、马西林、武舒通、窦玉仲、孙金铭和8名委员出席会议。区人民政府区长段万荣，区委副书记刘庆瑞，区委组织部部长武雅兰，区政协主席于镜海，区人民法院院长董建义，区人民检察院检察长容荃及区人大常委会、区人民政府有关部门负责人列席会议。会议听取和审议武舒通代表区选举委员会作的《关于选举第十一届人大代表工作的总结报告》。会议审议并通过《区十届人大常委会工作报告和1993年工作要点》。会议听取《区人民政府关于1992年财政预算执行情况和调整1992年财政预算方案的意见》。会议作出《关于召开区第十一届人民代表大会第一次会议的决定》，审议并通过区十一届人大一次会议主席团、秘书长建议名单，国民经济和社会发展十年规划和第八个五年计划审查委员会建议名单，财政预决算审查委员会建议名单，议案审查委员会建议名单和《区十届人大常委会代表资格审查委员会关于第十一届人大代表资格审查情况的报告》。会议通过人事任免事项（名单见本篇第七章《选举任免》）。

第二节　主任会议

根据现有档案史料，仅找到1991年和1993年主任会议资料。

区十届人大常委会共召开主任会议38次。会议均由周景文主任主持召开。常委会各位副主任出席会议，各委办主任列席会议。

区十届人大常委会主任会议情况一览表

表10-2

序号	时　间	议　题
1	1991年 1月9日	听取区人大常委会各科室1990年12月工作和1991年1月工作安排的汇报，听取区人大常委会办公室关于召开区十届人大二次会议向区委请示的汇报，研究区人大常委会对政府部分组成人员视察考评工作的分工意见，研究1990年度区人大常委会工作总结报告，研究区人大常委会和区“一府两院”联席会议时间，研究机关目标管理年终考评的安排
2	1991年 1月22日	听取区人大常委会各个考评小组关于考评政府组成人员情况的汇报，研究常委会第七次会议有关事项，研究区十届人大二次会议有关事项，研究确定关于招用面包车司机人选问题
3	1991年 1月28日	研究常委会第七次会议有关事项，传达市人大工作会议精神，研究机关干部下基层人员，研究周景文主任在区人大常委会第七次会议结束时的讲话
4	1991年 2月4日	讨论区委关于加强人大工作的规定，春节前走访代表安排

续表 10-2

序号	时　间	议　题
5	1991 年 2 月 21 日	研究常委会第八次会议有关事项，研究区十届人大二次会议有关事项
6	1991 年 2 月 27 日	研究区十届人大二次会议有关事项
7	1991 年 3 月 4 日	研究区十届人大二次会议有关事项，研究常委会第九次会议有关事项
8	1991 年 3 月 13 日	听取区十届人大二次会议秘书处关于会议筹备工作情况的汇报，听取议案组关于提交区十届人大二次会议审定议案意见的汇报，研究区十届人大二次会议有关事项
9	1991 年 3 月 21 日	研究周景文主任在区人大工作会议上的讲话
10	1991 年 4 月 4 日	听取关于参加市人代会情况的汇报，研究调整机关办公用房问题，研究机关目标责任制制订和落实工作，研究机关购置车辆、电脑打字机事项，研究外出参观学习事项
11	1991 年 4 月 9 日	研究外出参观学习事项
12	1991 年 4 月 16 日	研究区人大常委会第二季度工作安排，听取走访友好区县汇报
13	1991 年 4 月 22 日	研究接受代表意见、改进区人大常委会工作问题，听取关于外出参观学习情况的汇报，研究常委会第十次会议有关事项
14	1991 年 5 月 8 日	听取关于司法监督情况的汇报，听取人事代表工委目标责任制的汇报，听取教科文卫工委目标责任制的汇报，讨论区人大常委会关于变更各科名称的决定
15	1991 年 5 月 15 日	研究区人大常委会办公室、政法科、财经科目标责任制，研究视察计划生育和卫生防疫的安排意见
16	1991 年 5 月 22 日	研究组织 8 名人大代表视察《中华人民共和国食品卫生法》《中华人民共和国传染病防治法》落实情况事项
17	1991 年 5 月 27 日	研究关于评议区“一府两院”工作的意见，研究视察依法治区工作安排意见，研究接受代表意见、改进人大工作的措施

续表 10-2

序号	时　间	议　题
18	1991 年 6 月 4 日	讨论区人大常委会变更各科名称的决定
19	1991 年 6 月 12 日	听取区人大常委会各科室工作的汇报，研究各工委组成人员名单（草案），研究常委会第十一次会议有关事项，研究普法事迹材料，研究周景文主任在第十一次常委会上的讲话材料，研究 6 月中旬代表活动内容，研究关于加入省地方人大建设研究会问题
20	1991 年 6 月 26 日	听取区人民法院关于案件执行情况的汇报，研究制定区人大常委会第三季度工作安排意见，研究区人大常委会向区委常委会汇报 1991 年上半年工作提纲，研究关于评议政府工作的安排意见
21	1991 年 7 月 17 日	听取区人大常委会各委办工作的汇报，传达区委对区人大常委会下半年工作意见，研究区人大常委会各委办落实执法监督责任制问题，研究区人大常委会各工委不驻会委员补贴办法，参加区人大常委会研讨会事项，研究外出参观事项
22	1991 年 8 月 5 日	研究评议区人民政府工作发言材料
23	1991 年 8 月 12 日	研究确定评议区人民政府工作有关事宜，研究常委会第十二次会议有关事项
24	1991 年 8 月 26 日	研究主任会议时间和安排，研究评议区人民政府工作材料
25	1991 年 8 月 30 日	听取区公安分局关于社会治安综合治理情况的汇报，听取区人民法院关于经济案件审理工作的汇报，听取区人民检察院关于打击经济犯罪工作的汇报
26	1991 年 9 月 12 日	研究“八五”计划，研究住房制度改革的报告
27	1991 年 10 月 7 日	听取区人大常委会各工委工作情况的汇报，研究区人大常委会第四季度工作安排
28	1991 年 10 月 14 日	研究法制工委起草的关于评选执法先进集体和模范执法工作者的决议、执法检查安排意见，研究代表工委起草的关于办理区人大代表批评建议暂行办法
29	1991 年 10 月 21 日	研究代表批评意见，研究《中华人民共和国全民所有制工业企业法》执行情况视察安排意见
30	1991 年 10 月 30 日	研究常委会第十三次会议有关事项

续表 10-2

序号	时　间	议　题
31	1991 年 11 月 9 日	研究区人民检察院有关案件情况的请示
32	1991 年 11 月 20 日	研究确定执法检查抽查时间、抽查单位，研究视察区劳动人事局、劳动服务公司事项
33	1991 年 11 月 29 日	研究区人民检察院案件事项
34	1991 年 12 月 2 日	听取区劳动人事局汇报工作，研究视察劳动服务公司事项
35	1991 年 12 月 11 日	听取区人大常委会奖金发放和调资问题的汇报，传达市人大信访工作会议精神，研究区人大常委会工作总结提纲，听取评议政府组成人员情况的汇报，听取区人大常委会各委办工作汇报，研究常委会第十四次会议有关事项
36	1991 年 12 月 25 日	传达市人大常委会第二十五次会议精神
37	1991 年 12 月 29 日	研究召开《河北省各级人民代表大会常务委员会监督工作条例》征求意见会的相关事项
38	1993 年 2 月 1 日	研究区十一届人大一次会议有关事项

第三节　机构设置

区十届人大常委会设办公室、政法财经科、代表联络教科文卫科。

1990 年 5 月，根据西编〔1990〕1 号文件将两科改为四个科，即财经城建科、政法科、人事代表科、教科文卫科。

1991 年 6 月，根据西编〔1991〕4 号文件和区十届人大第十一次常委会研究决定，将四个科改为四个工作委员会，其职能任务不变，原任科长、副科长改作主任、副主任。

区十届人大常委会机构人员情况表

表 10–3

机构名称	职　务	姓　名	任职时间
办公室	主　任	殷庆才	1990 年 4 月至 1992 年 4 月
		李立冬	1992 年 4 月至 1993 年 2 月
	副主任	李立冬	1990 年 4 月至 1992 年 4 月
		任智军	1992 年 4 月至 1992 年 12 月
政法财经科	科　长	武增军	1990 年 4 月至 1990 年 5 月
代表联络教科文卫科	副科长	耿白元	1990 年 4 月至 1990 年 5 月
财经城建科	科　长	武增军	1990 年 5 月至 1991 年 4 月
政法科	副科长	袁三臣	1990 年 5 月至 1991 年 6 月
人事代表科	科　长	耿白元	1990 年 5 月至 1991 年 6 月
教科文卫科	副科长	张俊英	1990 年 5 月至 1991 年 6 月
财经城建工作委员会	主　任	徐洪杰	1992 年 4 月至 1993 年 2 月
	副主任	高林泉	1991 年 6 月至 1992 年 12 月
法制工作委员会	主　任	孟秀娟	1992 年 4 月至 1993 年 2 月
	副主任	袁三臣	1991 年 6 月至 1992 年 4 月
教科文卫工作委员会	副主任	张俊英	1991 年 6 月至 1993 年 2 月
人事代表工作委员会	主　任	耿白元	1991 年 6 月至 1993 年 2 月

第五章　监督工作

区十届人大及其常委会坚持正确监督、有效监督、依法监督，紧紧围绕桥西区中心工作开展监督。区十届人民代表大会共听取和审议区人大常委会、区“一府两院”专项工作报告12项、审查计划、预算报告4项；区十届人大常委会先后听取和审议区“一府两院”专项工作报告21项、计划预算工作报告7项，开展视察调研14次、执法检查7次。

加强对区“一府两院”经济工作的监督，保障经济建设顺利进行。三年来，区人大常委会通过审议报告、视察和检查，对“一府两院”落实人大围绕经济工作所作决议决定情况进行监督。区人大常委会围绕发展区街经济先后17次组织人大代表深入工商企业和经济部门进行调查研究。1990年7月上旬，针对市场疲软、精神不振、生产下降的情况，区人大常委会领导带队深入到区属12个工商企业进行调研，写出《关于加强经济工作领导的几个问题》调研报告，提出统一思想、理顺情绪、稳定政策、宽松环境、调动经营者积极性等5个方面的建议，区人民政府据此采取了一系列措施，使工商企业下半年生产经营呈现新局面。1991年初，针对长期困扰区人民政府及基层领导的街道企业徘徊停滞问题，组织代表深入街道办事处调查研究，与区人民政府领导、经济主管部门以及办事处负责人座谈，对桥西区街道经济进行会诊，找到制约桥西区街道经济发展的症结所在，在十届人大二次会议上作为重点建议向区人民政府提出，引起区委、区人民政府的重视，研究制定16条优惠政策和方法，到1991年10月份，街道经济扭转持续三年滑坡的被动局面，出现了回升势头。

加强社会主义民主与法制建设的监督，巩固和提高依法治区工作成果。区十届人大常委会每年年底都要进行一次桥西区执法大检查，共纠正定性不准案件3起，处理解决久拖不决案件62件，处理违纪行为12起，清退不合格临时雇用人员20名，各执法部门针对查找出的问题，健全各种规章制度200多项，使各项执法活动不断步入法制轨道。开展经常性的专项执法检查，促进法律法规的贯彻实施。区十届人大常委会先后对《中华人民共和国土地管理法》《中华人民共和国食品卫生法（试行）》《中华人民共和国传染病防治法》《河北省人口与计划生育条例》《河北省预算管理暂行条例》等法律法规执行情况进行检查，有针对性地提出意见和建议，督促有关部门认真解决存在的问题，有效促进法律法规的贯彻实施。结合普法教育，推动依法治区工作。1991年4月，针对长期以来普法教育与依法治区领导机构设置重叠、关系不顺、影响工作开展的情况，区人大常委会向区委和区人民政府提出理顺关系、明确职责、加强领导的建议，得到政府的采纳，进一步推动桥西区依法治区工作的开展。区十届人大常委会第十二次会议听取区人民政府关于“二五”法制宣传教育工作的汇报，并作出《关于在桥西区公民中继续深入开展法制宣传教育的决议》，督促区人民政府加强领导，精心组织，突出重点，搞好以宪法为核心的法制宣传教育，进一步巩固和提高依法治区工作成果。

第一节　听取和审议专项工作报告与计划预算报告

区十届人大常委会会议听取和审议区“一府两院”专项工作报告 21 项、计划预算报告 7 项。

听取和审议专项工作报告与计划预算报告情况表

表 10–4

时　间	常委会会议	报告内容
1990 年 7 月 24 日	第二次	区人民政府关于上半年经济工作情况和下半年经济工作安排意见的汇报
1990 年 8 月 23 日	第三次	区人民政府关于依法治区情况的汇报，区人民法院关于贯彻区人大依法治区决议情况的报告，区人民检察院关于依法治区措施落实情况的报告
1990 年 10 月 16 日至 17 日	第四次	区人民政府、区人民法院关于贯彻实施《中华人民共和国行政诉讼法》准备工作情况的汇报，区人民政府关于 1990 年财政预算执行情况及调整意见，区人民政府关于贯彻《河北省预算管理暂行条例》情况的报告
1990 年 12 月 18 日至 19 日	第六次	区人民政府关于调整 1990 年经济指标意见的汇报，区人民政府关于传达贯彻市八千人大会精神的报告，区人民政府 1990 年要为群众办的 8 件实事进展情况的报告，区人民检察院关于 1990 年以来开展反行贿受贿、反贪污斗争情况的汇报
1991 年 4 月 26 日	第十次	区人民政府关于当前普法教育进展情况的汇报，区人民政府关于落实区人大常委会第六次会议决议情况的汇报，区人民政府关于开展质量、品种、效益年活动安排意见的汇报
1991 年 6 月 20 日至 21 日	第十一次	区人民政府关于依法治区工作进展情况的汇报
1991 年 8 月 14 日至 15 日	第十二次	区人民政府关于 1991 年上半年财政预算执行情况的汇报

续表 10-4

时 间	常委会会议	报告内容
1991 年 11 月 6 日	第十三次	区人民政府关于办理区十届人大二次会议代表建议批评和意见情况的报告，区人民政府关于办理区十届人大二次会议重点督办建议情况的报告，区人民政府关于新产品开发和技术改造情况的汇报，区人民政府关于 1991 年财政预算执行情况和 1991 年财政预算调整情况的报告
1992 年 1 月 22 日至 23 日	第十五次	区人民政府关于桥西区国民经济和社会发展十年规划、“八五”计划纲要（草案）的报告
1992 年 4 月 9 日至 10 日	第十七次	区人民政府关于落实全国人大常委会关于加强社会治安综合治理的决定情况的汇报，区人民政府、区人民法院、区人民检察院关于实行执法责任制情况的汇报
1992 年 6 月 26 日	第十八次	区人民政府关于“科技兴区、开放兴区、开发兴区”发展战略规划和实施方案的汇报，区人民政府关于贯彻落实《中华人民共和国城镇集体所有制企业条例》情况的汇报
1992 年 8 月 21 日至 22 日	第十九次	区人民政府关于桥西区 1992 年上半年国民经济计划的报告，区人民政府关于财政预算执行情况的报告，区人民政府关于贯彻“二五”法制宣传教育决议情况的报告

第二节　法律法规实施情况的检查

区十届人大常委会共组织开展执法检查 7 次。

1. 1990 年 8 月上旬，区人大常委会副主任殷建芳、区人民政府副区长赵桂英带领检查领导小组，对桥西区实施《河北省保护消费者合法权益条例》情况开展执法检查。

2. 1990 年 8 月 16 日至 18 日，区人大常委会组织部分区人大代表，对桥西区环境卫生和《中华人民共和国食品卫生法（试行）》《中华人民共和国传染病防治法》执行情况开展执法检查。

3. 1990 年 11 月 1 日至 16 日，为贯彻落实省、市人大常委会，省、市人民政府关于开展计划生育法规执行情况大检查的通知精神，区人大常委会在桥西区开展《河北省人口与计划生育条例》实施情况开展执法检查。

4. 1990 年 12 月 8 日，区人大常委会副主任马西林带领区土地管理法律、法规执行情况检查领导小组，对贯彻执行《中华人民共和国土地管理法》和《中华人民共和国土地管理法实施条例》情况开展执法检查，并向市人大常委会提交总结报告。

5. 1991 年 5 月中旬，区人大常委会组织部分人大代表并邀请区政协部分委员联合对桥西区六所小学贯彻执行《中华人民共和国义务教育法》的情况开展执法检查。

6. 1991 年 9 月 19 日至 20 日，区人大常委会副主任张秀耕、孙金铭带领部分人大代表对区人民政府贯彻实施《中华人民共和国食品卫生法（试行）》情况开展执法检查。

7. 1992 年 6 月 18 日至 19 日，区人大常委会组织部分区人大代表及区人大常委会相关工委的有关人员对《中华人民共和国义务教育法》《中华人民共和国食品卫生法（试行）》《中华人民共和国传染病防治法》贯彻实施情况开展执法检查。

第三节　视察调研

区十届人大常委会共组织开展视察调研 14 次。

视察调研活动选录表

表 10–5

时　间	视察内容	牵头单位
1990 年 8 月	关于桥西区大街小巷垃圾处理、公厕管理、街容市貌、环境卫生等工作情况	教科文卫科
1990 年 8 月	关于桥西区食品生产、经营单位、个体摊贩、集贸市场工作情况	教科文卫科
1990 年 10 月	关于桥西区培养青年教师工作情况	教科文卫科
1990 年 11 月	关于桥西区工商企业经营管理情况	财经城建科
1991 年 6 月	关于桥西区绿化工作情况	财经城建科
1991 年 7 月	关于对依靠科技进步发展河北经济决议的贯彻落实情况	教科文卫工委
1991 年 9 月	关于桥西区创建卫生城情况	教科文卫工委
1991 年 10 月	关于区人民政府办理代表批评建议情况	人事代表工委
1991 年 11 月	关于部分执法部门执法检查情况	法制工委
1991 年 11 月	关于桥西区校办企业工作情况	教科文卫工委
1992 年 1 月	关于桥西区春供市场及市容卫生情况	教科文卫工委
1992 年 5 月	关于部分执法部门执法检查情况	法制工委
1992 年 7 月	关于桥西区创建卫生城情况	教科文卫工委
1992 年 10 月	关于桥西区育龄妇女普查工作情况	教科文卫工委

第四节　评议工作

区十届人大常委会第十一次会议作出《关于评议“一府两院”工作的规定》后，1991年8月，区人大常委会组织代表评议政府工作，共提出各种批评、建议172条。1992年5月，组织代表评议政府工作，走访单位136个，选民421人，征求意见、建议20条。

区人民政府部门主要负责人履职评议情况表

表10-6

时　间	常委会会议	被评议人员	职　务
1991年 1月31日至2月1日	第七次	郑立庄	区工商局局长
		贾建国	区物价局局长
		田敏捷	区财政局局长
		何德文	区城市建设管理委员会主任
1991年 12月18日	第十四次	赵志彬	区文教局局长
		李秀坤	区人民防空办公室主任
1992年 8月21日至22日	第十九次	温殿刚	区劳动人事局局长
		刘　平	区民政局局长
		钟秀英	区计划生育委员会主任

第六章　决议决定

区十届人大及其常委会依法行使重大事项决定权，注重发挥决议决定推动落实工作作用，先后作出决议决定28项，执行党的主张，体现人民意志。按照法定要求，适时对计划、预算、预算调整、决算等重大问题作出决议决定，确保经济稳步发展。坚持对“一府两院”和区人大常委会工作报告作出决议，促进工作落实。

第一节　作出决议决定

一、区十届人大历次会议作出决议决定情况

桥西区第十届人民代表大会共作出决议决定16项。

区十届人大历次会议决议决定一览表

表10–7

时　间	会　次	名　称
1990年4月7日	一次会议	关于桥西区人民政府工作报告的决议 关于桥西区人民政府1989年财政决算和1990年财政预算草案的决议 关于桥西区人民代表大会常务委员会工作报告的决议 关于桥西区人民法院工作报告的决议 关于桥西区人民检察院工作报告的决议
1991年3月23日	二次会议	关于桥西区人民政府工作报告的决议 关于桥西区人民政府1990年财政决算和1991年财政预算草案的决议 关于桥西区人民代表大会常务委员会工作报告的决议 关于桥西区人民法院工作报告的决议 关于桥西区人民检察院工作报告的决议

续表 10-7

时　间	会　次	名　称
1992 年 3 月 20 日	三次会议	关于桥西区人民政府工作报告的决议 关于贯彻落实桥西区国民经济和社会发展十年规划和第八个五年计划纲要的决议 关于桥西区人民政府 1991 年财政决算和 1992 年财政预算草案的决议 关于桥西区人民代表大会常务委员会工作报告的决议 关于桥西区人民法院工作报告的决议 关于桥西区人民检察院工作报告的决议

二、区十届人大常委会历次会议作出决议决定情况

区十届人大常委会作出决议决定 12 项（不包含人事任免事项）。

区十届人大常委会历次会议决议决定一览表

表 10–8

时　间	常委会会议	名　称
1990 年 5 月 23 日至 24 日	第一次	关于第十届人民代表大会实行持证检查工作的决定
1990 年 10 月 16 日至 17 日	第四次	关于贯彻实施《中华人民共和国行政诉讼法》的决议
1990 年 12 月 18 日至 19 日	第六次	关于深入贯彻市八千人大会精神的决议 关于桥西区人民政府调整 1990 年经济计划指标的决定
1991 年 1 月 31 日至 2 月 1 日	第七次	关于召开桥西区第十届人民代表大会第二次会议安排意见的决议
1991 年 4 月 26 日	第十次	关于桥西区人民政府落实区人大常委会第六次会议的决议
1991 年 6 月 20 日至 21 日	第十一次	关于变更桥西区人大常委会机构名称的决定
1991 年 8 月 14 日至 15 日	第十二次	关于在桥西区居民中继续深入开展法制宣传教育的决议 关于在桥西区进一步完善执法责任制的决议

续表 10-8

时　间	常委会会议	名　称
1992 年 1 月 22 日至 23 日	第十五次	关于召开桥西区第十届人民代表大会第三次会议的决定
1992 年 2 月 26 日	第十六次	关于授予执法先进集体和模范执法工作者荣誉称号的决定
1993 年 1 月 6 日	第二十一次	关于召开桥西区第十一届人民代表大会第一次会议的决定

第二节　决议决定选介

关于第十届人民代表大会实行持证检查工作的决定

《桥西区人大常委会关于第十届人民代表大会实行持证检查工作的决定》（以下简称《决定》），于 1990 年 5 月 23 日至 24 日区十届人大常委会第一次会议通过。

区人大代表持证检查工作，是充分发挥代表作用，加强社会主义民主和法制建设，体现民意，提高代表参政议政能力，协助政府推动工作的一项重要措施。为此，要求区人民政府对区人大代表持证检查工作，给予大力支持和协助，并向区直属单位发出通知，提出认真接待代表检查工作的具体要求。对区人大代表检查工作应热情欢迎，严肃对待，如实介绍情况，诚恳虚心地听取区人大代表的意见、批评和建议，为代表活动提供方便。各有关部门和单位，对代表提出的建议、批评和意见要认真办理，一般要在一个月内办理完毕，并将办理结果以书面形式直接答复代表。同时抄送区人大常委会代表联络科和区人民政府办公室各一份。因问题较复杂，一个月内办理不完的，要向代表说明情况。

《决定》的出台，使区十届人大代表充分实施法律赋予的职权，更好地发挥人大代表的作用，积极向国家机关反映广大人民群众的意见和要求，助力“一府两院”工作，促进桥西区的两个文明建设。

关于授予执法先进集体和模范执法工作者荣誉称号的决定

《桥西区人大常委会关于授予执法先进集体和模范执法工作者荣誉称号的决定》（以下简称《决定》），于 1992 年 2 月 26 日区十届人大常委会第十六次会议通过。

根据《中华人民共和国地方各级人民代表大会和地方各级人民政府组织法》第三十九条关于县级以上各级人民代表大会常务委员会行使“决定授予地方的荣誉称号”职权的规定，桥西区人大常委会 1991 年在桥西区部分执法部门开展了评选执法先进集体和模范执法工作者的活动。这项活动的开展，对于加强执法队伍建设，增强广大执法人员法律意识和依法办事的自觉性，提高办案质量，保证宪法和各种法律法规正确贯彻实施，推进桥西区民主与法制建设都具有重要意义。

《决定》要求，桥西区执法部门和执法人员，要向执法先进集体和模范执法工作者学习。为进一步改善桥西区执法工作，加强执法队伍建设，提高执法人员执法水平，保证宪法、法律和各项法规得以正确贯彻实施，维护国家和人民利益，推进桥西区民主与法制建设，促进经济及各项事业的全面发展做出新贡献。

第七章　选举任免

区十届人大常委会坚持按照《中华人民共和国地方各级人民代表大会和地方各级人民政府组织法》《中华人民共和国人民法院组织法》《中华人民共和国人民检察院组织法》规定的范围、方式和程序，认真行使人事任免权，共任免区级国家机关工作人员 140 人次，接受辞职 4 人。加强对被任命干部监督，先后对区人民政府 9 个部门主要负责人进行评议，增强被任命人员的法律意识和责任意识。认真做好 1993 年人大换届选举工作，成立换届选举领导小组和工作机构，及时进行安排部署，保障换届选举顺利进行。

第一节　常委会选举任免情况

1990 年 5 月 24 日，区十届人大常委会第一次会议，通过了区人大常委会、区人民政府、区人民法院、区人民检察院相关人事任免事项。

免去：

武增军的桥西区人大常委会政法科科长职务

耿白元的桥西区人大常委会人事代表科副科长职务

任命：

武增军为桥西区人大常委会财经城建科科长

耿白元为桥西区人大常委会人事代表科科长

张俊英为桥西区人大常委会教科文卫科副科长

袁三臣为桥西区人大常委会政法科副科长

决定任命：

温殿刚为桥西区劳动人事局局长

林芳棠为桥西区爱国卫生运动委员会办公室主任

于荣真为桥西区体育运动委员会主任

刘应昌为桥西区卫生局局长

田敏捷为桥西区财政局局长

纪振国为桥西区计划委员会主任

贾建国为桥西区物价局局长

刘庆涛为桥西区标准计量局局长

郑立庄为桥西区工商行政管理局局长

齐洪森为桥西区司法局局长

赵志彬为桥西区文教局局长

何德文为桥西区城建环保局局长

耿素珍为桥西区档案局局长

李秀坤为桥西区人民防空办公室主任

李兵起为桥西区商业局局长

张　熬为桥西区经济委员会主任

任命：

徐考年为桥西区人民法院审判员、审判委员会委员

宁尔成为桥西区人民检察院副检察长、检察委员会委员

狄新立为桥西区人民检察院检察委员会委员

冯计堂为桥西区人民检察院检察员

1990 年 7 月 24 日，区十届人大常委会第二次会议，通过了区人民政府相关人事任职事项。

决定任命：

段万荣兼任桥西区体制改革委员会主任

魏俊杰为桥西区监察局局长

1990 年 8 月 23 日，区十届人大常委会第三次会议，通过了区人民政府相关人事任职事项。

决定：

段万荣为桥西区人民政府代理区长

1990 年 10 月 17 日，区十届人大常委会第四次会议，通过了区人民政府、区人民法院相关人事任免事项。

决定免去：

何德文的桥西区城建环保局局长职务

决定任命：

何德文为桥西区城市建设管理委员会主任

免去：

张亚平的桥西区人民法院执行庭庭长职务

范学英的桥西区人民法院民事审判庭副庭长职务

任命：

张亚平为桥西区人民法院西里人民法庭庭长

范学英为桥西区人民法院行政审判庭庭长、审判委员会委员
陈彦儒为桥西区人民法院告诉申诉审判庭庭长、审判委员会委员
杨金龙为桥西区人民法院执行庭庭长、审判委员会委员

1990 年 11 月 14 日，区十届人大常委会第五次会议，通过了区人民政府相关人事任职事项。

决定任命：

张石峰、吕振福为桥西区人民政府副区长

1990 年 12 月 19 日，区十届人大常委会第六次会议，通过了区人民检察院相关人事任免事项。

免去：

李正修的桥西区人民检察院副检察长、检察员职务

任命：

张文先、李建平、陈丽平、陈辉、杜国江、刘振江、董建宁、易忠稳为桥西区人民检察院检察员

1991 年 2 月 1 日，区十届人大常委会第七次会议，通过了区人民政府、区人民法院相关人事任免事项。

决定免去：

齐洪森的桥西区司法局局长职务

决定任命：

梁金福为桥西区司法局局长

免去：

梁金福的桥西区人民法院副院长、审判委员会委员职务

任命：

曹俊英为桥西区人民法院民事审判庭副庭长
孟凡瑞为桥西区人民法院经济审判庭副庭长
阎平华为桥西区人民法院执行庭副庭长
王进才为桥西区人民法院告诉申诉庭副庭长

1991 年 4 月 26 日，区十届人大常委会第十次会议，通过了区人大常委会相关人事免职事项。

免去：

武增军的桥西区人大常委会财经城建科科长职务

1991 年 6 月 21 日，区十届人大常委会第十一次会议，通过了区人大常委会、区人民政府、区人民法院相关人事任免事项。

决定任命：

龙凤银为桥西区人民政府副区长

免去：

耿白元的桥西区人大常委会人事代表联络科科长职务

袁三臣的桥西区人大常委会政法科副科长职务

张俊英的桥西区人大常委会教科文卫科副科长职务

任命：

耿白元为桥西区人大常委会人事代表工作委员会主任

高林泉为桥西区人大常委会财经城建工作委员会副主任(不驻会)

袁三臣为桥西区人大常委会法制工作委员会副主任

张俊英为桥西区人大常委会教科文卫工作委员会副主任

夏云华、王义、赵新祥、刘国栋、胡增军为桥西区人大常委会财经城建工作委员会委员

袁鲁斋、王文恒、张宝和、卞宏伟为桥西区人大常委会法制工作委员会委员

满月华、张玉芳、李壮云、任智军为桥西区人大常委会教科文卫工作委员会委员

周凤云、付夫昌、张志华、张英为桥西区人大常委会人事代表工作委员会委员

决定任命：

杨友华为桥西区审计局局长

张坤山为桥西区统计局局长

刘　平为桥西区民政局局长

王晋堂为桥西区科学技术委员会主任

钟秀英为桥西区计划生育委员会主任

免去：

张亚平的桥西区人民法院西里人民法庭庭长职务

贾庆辰的桥西区人民法院民事审判庭庭长职务

任命：

张亚平、贾庆辰为桥西区人民法院副院长

1991 年 12 月 18 日，区十届人大常委会第十四次会议，通过了区人民检察院相关人事任职事项。

任命：

崔建民为桥西区人民检察院检察员

1992 年 2 月 26 日，区十届人大常委会第十六次会议，通过了区人民法院、区人民检察院相关人事任免事项。

免去：

杨金龙的桥西区人民法院执行庭庭长职务

曹俊英的桥西区人民法院民事审判庭副庭长职务

王进才的桥西区人民法院告诉申诉庭副庭长职务

任命：

曹俊英为桥西区人民法院民事审判庭庭长、审判委员会委员

杨士占为桥西区人民法院西里人民法庭庭长

王进才为桥西区人民法院执行庭庭长、审判委员会委员

啜增义为桥西区人民法院刑事审判庭副庭长

付连顺为桥西区人民法院民事审判庭副庭长

王立新为桥西区人民法院告诉申诉庭副庭长

免去：

李金焕、杨满仓、刘治国的桥西区人民检察院检察委员会委员职务

狄新立的桥西区人民检察院检察委员会委员、检察员职务

任命：

赵胜利、王建国、张义怀、杨长发为桥西区人民检察院检察委员会委员

扈长根、田先明为桥西区人民检察院检察员

1992 年 4 月 10 日，区十届人大常委会第十七次会议，通过了区人大常委会、区人民政府相关人事任免事项。

免去：

殷庆才的桥西区人大常委会办公室主任职务

李立冬的桥西区人大常委会办公室副主任职务

袁三臣的桥西区人大常委会法制工作委员会副主任职务

任命：

李立冬为桥西区人大常委会办公室主任

徐洪杰为桥西区人大常委会财经城建工作委员会主任

孟秀娟为桥西区人大常委会法制工作委员会主任

任智军为桥西区人大常委会办公室副主任

殷庆才为桥西区人大常委会办公室调研员

决定免去：

段万荣的桥西区体制改革委员会主任职务

张坤山的桥西区统计局局长职务

李兵起的桥西区商业局局长职务
杨友华的桥西区审计局局长职务
纪振国的桥西区计划委员会主任职务
刘应昌的桥西区卫生局局长职务
贾建国的桥西区物价局局长职务
魏俊杰的桥西区监察局局长职务
何德文的桥西区城市建设管理委员会主任职务

决定任命：

张坤山为桥西区计划委员会主任
李兵起为桥西区城市建设管理委员会主任
郑丁江为桥西区审计局局长
潘宗深为桥西区体制改革委员会主任
光吉胜为桥西区住房委员会办公室主任
梁茂森为桥西区物价局局长
张发斌为桥西区商业局局长
姜根活为桥西区卫生局局长
王常振为桥西区监察局局长
杨友华为桥西区统计局局长

1993 年 1 月 6 日，区十届人大常委会第二十一次会议，通过了区人民政府相关人事任免事项。

决定任命：

路中林、刘平为桥西区人民政府副区长

决定免去：

张发斌的桥西区商业局局长职务

第二节　常委会接受辞职情况

1990 年 8 月 23 日，区十届人大常委会第三次会议接受赵子忠辞去桥西区人民政府区长职务。

1992 年 8 月 21 日，区十届人大常委会第十九次会议接受赵桂英辞去桥西区人民政府副区长职务。

1993 年 1 月 6 日，区十届人大常委会第二十一次会议接受窦玉仲辞去桥西区人大常委会副主任职务。

1993 年 1 月 6 日，区十届人大常委会第二十一次会议接受吕振福辞去桥西区人民政府副区长职务。

第八章　机关工作

第一节　自身建设

区人大常委会不断加强自身建设，切实提高常委会组成人员及机关工作人员的政治理论水平和业务水平。

加强制度建设。为规范人大工作，换届后，重新制定和修订桥西区人大常委会《常委会会议议事规则》《主任会议议事规则》《关于加强对“一府两院”实施监督的暂行规定》《关于加强与区“一府两院”工作联系的制度》《关于加强同人民群众联系的几项制度》《人事任免办法》等决定、规定、制度和办法，使人大工作不断向规范化、制度化迈进。

加强思想建设。区十届人大常委会始终注意加强学习，不断提高机关工作人员的政治业务素质。区人大常委会主任、副主任带头学习马克思主义哲学、中国近现代史、邓小平关于社会主义市场经济理论的精辟论述、南巡讲话精神、党的十四大文件，在扩大开放的新形势下，坚定社会主义必胜的信念，解放思想，勇于试验，不断探索人大工作的新途径。

加强作风建设。区十届人大常委会成员注重深入群众调查研究，保持同代表、群众的密切联系；注重接受代表的批评建议，改进机关工作作风。区十届人大二次会议上，李壮云代表向区人大常委会提出“提高认识，加强领导，促进桥西区经济建设和各项事业发展”的建议，会后，区人大常委会专门召开主任会议，邀请李壮云代表一起就深化区人大常委会对区“一府两院”的监督，加强人大自身建设，提高工作效率等方面的问题进行认真研究，并制定8条整改措施，推动人大工作的开展。

加强组织建设。为提高工作效率，强化办事职能，在区委的关怀和支持下，区人大常委会由“一室二科”扩建为“一室四科”，并适当增加编制，调整充实工作人员。1991年，将四科改为四个工作委员会，吸收部分人大代表和专业人员到各职能机构，壮大力量，增强活力。

第二节　宣传工作

区人大常委会高度重视宣传工作，组建人大通讯报道队伍，不断提高宣传队伍业务水平。聚焦法制宣传工作，在区十届人大常委会第十二次会议上听取区人民政府关于“二五”法制宣传教育工作的汇报，并作出《在桥西区公民中继续深入开展法制宣传教育的决议》，督促区人民政府加强领导，精心组织，突出重点，搞好以宪法为核心的法制宣传教育。

第三节　信访工作

区人大常委会扎实开展信访工作。一方面，坚持实行区人大常委会主任、副主任每月5日轮流接待人大代表、人民群众来信来访制度，累计接待来访230多人次，来信300多封，都及时转交“一府两院”有关部门处理，并做了反馈和答复。另一方面，区人大常委会各委办也加强群众来信来访接待工作，共接待来访426人次，来信124封，多数问题已及时得到解决。区十届人大常委会创新开展信访工作，在石家庄市人大信访工作会议上介绍经验。

第十一篇

石家庄市桥西区
第十一届人民代表大会

（1993年2月至1998年2月）

第一章　党的领导

桥西区第十一届人民代表大会及其常务委员会，坚持以邓小平理论为指导，认真贯彻落实党的十四大、十五大精神，紧紧围绕经济建设这个中心，积极履行宪法和法律赋予的各项职权，抓大事、办实事，突出重点、注重实效。坚持和依靠党的领导，区人大及其常委会认真贯彻党的基本路线，坚决执行党的决议决定，争取区委对人大工作的领导和支持。紧紧围绕区委中心工作和阶段性任务开展人大各项工作，努力做到与区委合拍同步，全力保障和促进桥西区改革开放和经济建设健康快速发展。

区十一届人大历次会议召开前，区委都召开中共党员代表会议，充分发挥党员代表政治引领作用。每次人代会闭幕会上，区委主要领导都作讲话。1992 年换届选举，成立选举委员会，区委书记孙明奎任选举委员会主任。1994 年 9 月 9 日，区委书记孙明奎出席桥西区纪念人民代表大会成立四十周年大会并作讲话。1995 年 3 月 2 日，区委书记孙明奎出席区十一届人大常委会第十二次会议并作讲话，指出桥西区各项工作取得的成绩与人大的正确监督分不开，希望区人大常委会继续努力，把各项工作做得更好。1996 年 6 月 22 日，区十一届人大常委会第二十次会议召开，区委书记韩宪章出席并作讲话。1997 年 3 月，区人大常委会领导先后深入桥西区织带厂、橡胶六厂等 10 家企业进行专题调研，并写出有关调研报告 5 篇，引起区委领导的高度重视，区委书记作出批示，部分报告在区委《调查研究》刊发。

区人大常委会党组坚持重大事项向区委请示报告制度，坚持民主集中制，倾听人民群众的要求和呼声，把党委的意图同人民群众的要求密切结合起来，通过区人大常委会集体行使职权变为国家意志和桥西区人民的自觉行动，为保障和促进桥西区改革开放、经济建设以及各项事业发展等方面做出积极贡献。

第一节　党的组织机构

中共石家庄市桥西区人大常委会党组

书　记：周景文（1993 年 2 月至 1993 年 4 月）

　　　　蔡生东（1993 年 4 月至 1998 年 2 月）

副书记：蔡生东（1993 年 2 月至 1993 年 4 月）
祁连记（1993 年 2 月至 1998 年 2 月）
张秀耕（女，1993 年 2 月至 1993 年 4 月）
成　员：孙金铭（1993 年 2 月至 1993 年 4 月）
殷建芳（1993 年 2 月至 1993 年 4 月）
武舒通（1993 年 2 月至 1996 年 3 月）
张秀耕（女，1993 年 4 月至 1998 年 2 月）
吕振福（1993 年 4 月至 1998 年 2 月）
白冬至（1993 年 4 月至 1998 年 2 月）
李立冬（1993 年 4 月至 1998 年 2 月）

第二节　党组会议

一、党组会

区十一届人大期间，区人大常委会党组召开党组会 27 次。其中，1993 年召开党组会 5 次，1994 年召开党组会 6 次，1995 年召开党组会 3 次，1996 年召开党组会 9 次，1997 年召开党组会 3 次，1998 年召开党组会 1 次。

1993 年党组会情况一览表

表 11-1

时　间	会　次	会议议题
4 月 13 日	第 1 次	研究干部人事问题
6 月 28 日	第 2 次	研究干部人事问题，研究关于区人民检察院在税务局设检察室事项
8 月 7 日	第 3 次	研究关于推荐市人大代表事宜，研究区十一届人大二次会议临时党委、支部名单，研究干部人事问题
10 月 28 日	第 4 次	研究干部人事问题
12 月 27 日	第 5 次	研究干部人事问题

1994 年党组会情况一览表

表 11-2

时　间	会　次	会议议题
1 月 15 日	第 1 次	研究干部人事问题

续表 11-2

时　间	会　次	会议议题
4月25日	第2次	研究干部人事问题
6月13日	第3次	研究干部人事问题
10月6日	第4次	研究干部人事问题，研究关于下放干部锻炼的问题，传达区委关于学习四中全会公报的通知精神，传达区委会议精神
10月24日	第5次	研究干部人事问题
12月16日	第6次	研究干部人事问题

1995年党组会情况一览表

表 11–3

时　间	会　次	会议议题
2月24日	第1次	研究干部人事问题
6月29日	第2次	研究干部人事问题
11月14日	第3次	研究干部人事问题，研究关于老干部部门的相关事项

1996年党组会情况一览表

表 11–4

时　间	会　次	会议议题
2月1日	第1次	研究干部人事问题
4月1日	第2次	听取蔡生东主任传达市委、区委组织部文件通知精神
6月7日	第3次	通报书记办公会的几个事项，研究干部人事问题
6月21日	第4次	研究干部人事问题
7月30日	第5次	研究干部人事问题
8月1日	第6次	研究干部人事问题
8月3日	第7次	听取蔡生东主任传达区委组织部通知精神
8月5日	第8次	讨论党政负责干部会议精神

续表 11-4

时　间	会　次	会议议题
8 月 23 日	第 9 次	研究干部人事问题

1997 年党组会情况一览表

表 11-5

时　间	会　次	会议议题
2 月 20 日	第 1 次	研究关于在办事处建立人大工作室事宜，研究干部人事问题
7 月 7 日	第 2 次	研究干部人事问题
12 月 3 日	第 3 次	研究机构改革及干部人事问题

1998 年党组会情况一览表

表 11-6

时　间	会　次	会议议题
2 月 11 日	第 1 次	研究干部人事问题

二、党组民主生活会

区十一届人大期间，区人大常委会党组召开党组民主生活会 7 次。

1993 年 11 月 13 日，召开以“按党中央、省、市文件精神，围绕《十不准》进行对照检查”为主题的民主生活会。

1994 年 5 月 20 日，召开以“传达区委班子生活会情况，开展批评与自我批评”为主题的民主生活会。

1995 年 4 月 27 日，召开以“学习领导干部廉洁自律有关规定”为主题的民主生活会。

1995 年 9 月 26 日，召开以“学习区委关于开好民主集中制生活会的通知”为主题的民主生活会。

1996 年 6 月 5 日，召开以“传达区委生活会精神、市纪委文件精神及省纪委几条要求，开展批评与自我批评”为主题的民主生活会。

1997 年 7 月 10 日，召开以“遵守廉政规定”为主题的民主生活会。

1997 年 12 月 26 日，召开以“学习省、市委主要领导在市换届思想政治工作会议上的讲话，集中精力做好当前换届选举工作”为主题的民主生活会。

第二章　人大代表

桥西区第十一届人民代表大会代表名额162名。1993年2月，召开区十一届人大一次会议时实有代表162名。区十一届人大常委会充分认识代表工作是区人大常委会的基础工作，通过组织代表开展法律知识培训、视察调研、检查评议等活动，不断活跃代表工作，重视代表建议、批评和意见以及来信来访工作，充分发挥人大民主主渠道作用。

第一节　选举产生

一、桥西区第十一届人民代表大会代表的选举产生

根据《中华人民共和国全国人民代表大会和地方各级人民代表大会选举法》和《河北省县、乡两级人民代表大会选举实施细则》的规定，经省人大常委会决定，区第十一届人大代表名额为162名。经区选举委员会研究，报区委同意，分配到各选区名额162名。

在区委、区人大常委会的领导下，根据有关法律规定，按照区选举委员会统一部署，各选区依法选举产生区十一届人大代表162名。

经区十届人大常委会代表资格审查委员会审查，并经区十届人大常委会第二十一次会议通过，确定162名代表符合宪法和法律规定的代表的基本条件，选举符合法律规定的程序，确认其代表资格有效。

在162名代表中，党政机关干部38名，占23.5%；工商企业界51名，占31.5%（其中：工人21名，占13%；企业领导30名，占18.5%）；科教文卫界25名，占15.4%；驻军武警3名，占1.85%；三胞宗教界2名，占1.2%；居委会第三产业35名，占21.6%；其他8名，占4.95%。代表中妇女54名，占33.3%。少数民族6名，占3.7%。中共党员110名，占67.9%；非党群众（包括民主党派6名）52名，占32.1%。新当选的代表中，区十届人大代表继续当选57名，占35.2%。

链接1：具体选举情况

桥西区第十一届人民代表大会代表的选举工作从1992年10月20日开始，经过准备、宣传发动、选民登记、提名协商确定代表候选人、选举代表等五个阶段，于12月28日基本结束。

一、准备工作。这次换届选举是近年来规模最大、层次最多、范围最广、时间最紧的一次，从准备到选出代表仅仅两个月的时间。为高质量地完成这项政治任务，区委、区人大常委会领导非常重视，将换届选举工作列入重要议事日程，把其作为加强国家政权建设和民主法制建设的一件大事来抓，本着“党委领导、人大主办、各方配合”的原则，成立了以区委书记孙明奎为主任的选举委员会，下设由30余人组成的选举办公室，具体指导桥西区选举工作。区人大常委会明确一名副主任主抓选举日常工作。各街道办事处都建立了选举工作领导小组，由党工委书记、主任任正副组长，任务层层分解，逐项落实到人，辖区及驻区各单位也都分别建立选举领导机构，明确专人负责此项工作，并在人力、物力上予以支持。区委组织部为选举办公室及时抽调了工作人员，区财政局及时划拨了选举工作所需经费。由于领导重视、超前考虑、统筹安排、严密组织，使得整个选举工作按照法律程序有条不紊地进行。

二、宣传发动工作。区十一届人大常委会在选举宣传工作中，加强宣传工作的广度和深度，并将宣传教育贯穿于选举工作的始终。在准备阶段，举办两期换届选举宣传骨干培训班，培训骨干100多人。在宣传发动阶段，区人大常委会成立宣讲小组，分片包干到各办事处及单位宣讲达10余次。注意将宣传选举法律知识与宣传党的十四大精神相结合，宣传人民代表大会制度与注重提高代表素质相结合，宣传完成换届选举这一阶段性重要任务与搞好经济建设这个中心工作相结合，各选区选举小组按照不同阶段的具体内容和要求有针对性地进行宣传。在整个选举工作中，共编写简报10期，市人大常委会转发3篇，向《石家庄日报》、市电台、电视台投寄的9篇宣传稿件也均被采用播登。

三、选民登记工作。在选民登记阶段，注意严把“三关”，即各选区把好草表关，办事处把好登记关，选举办把好审核关。选民登记后又进行复核，及时进行查漏补登，对地址不详下落不明的选民，经过走访群众，调查核实，予以登记。针对辖区搬迁户多的特点，区选举办印制400张公告张贴在搬迁人员集中居住的小区，努力做到不让一个有选举权利的人被错误地剥夺选举权和被选举权，也不让一个依照法律被剥夺了选举权利的人窃取选举权。

四、候选人提名工作。区人大常委会强调各单位决不能给选民画框框、定调子，限制选民提名，要充分让选民提出自己认为最满意的人。由于各单位对这项工作比较重视，并且贯彻了先教育、后提名，先选民、后党派，先审议、后公布的“三先”“三后”原则，第一轮提名较为广泛，选民意志表达充分。桥西区第一轮共提代表候选人2399名，是应选代表的14.81倍，其中最高达到114倍，最低的也在1.67倍。进入协商确定代表候选人阶段后，区选举委员会本着反复酝酿，民主协商的原则，最后确定出选民比较满意的正式代表候选人251名。

五、选举代表工作。1992年12月26日，选举委员会委派选举主持人主持各选区的选举工作，设177个投票站、205个流动投票箱，参加投票选举的选民数为132798人，参选率达94.8%。经过投票选举，桥西区共选出正式代表162名（包括驻军代表2名），顺利完成选举任务。

六、经验教训。1. 区内搬迁户较多，虽做了大量的宣传工作，但仍存在个别漏登现象。2. 一些小单位和门店对选举工作不重视，认为谁当选都可以，缺乏民主意识。3. 个别联合选区的投票站秩序较差。

链接2：桥西区选举委员会组成人员名单

主　任：孙明奎

副主任：周景文　　刘庆瑞　　张昌贤

委　员：于镜海　　张秀耕　　殷建芳　　马西林

武舒通　　窦玉仲　　孙金铭　　王文亮

祁连记　　武雅兰　　苏金水　　董建义

容　荃　　张新平　　郭治中　　吴秋英

曹军恒　　刘　平　　王金雪　　彭子光

王新朋　　崔荣昌　　田运棉　　陈华增

杨喜良

二、桥西区出席石家庄市第八届、第九届人民代表大会代表的选举产生

因石家庄市地市合并，1993年相继召开石家庄市第八届人民代表大会和石家庄市第九届人民代表大会。

1993年2月20日，区十一届人大一次会议选举产生桥西区出席石家庄市第八届人民代表大会代表57名。

1993年8月25日，区十一届人大二次会议选举产生桥西区出席石家庄市第九届人民代表大会代表42名。

第二节　代表名单

一、桥西区第十一届人民代表大会代表名单

中山路代表团

石秀珍(女)　　付起瑞　　白晓君(女)　　苏彬秀

李　刚　　李红姐(女)　　李新年　　吴敬云

陈俊彦(女)　　武舒通　　郑立庄　　徐丽荣(女)

剧建国

永安街代表团

王汉琴	王春敏(女)	史益玲(女)	李秀山
吴秋英(女)	张忠信	罗　璞(女)	周景文
郑朝晖	姚贵云(女)	殷建芳	龚振华(满族)
樊修臣			

南长街代表团

王锁柱	牛葆安	石　娟(女)	田敏捷(满族)
池得水	孙泉生	张瑞婷(女)	国敏英(女)
段万荣	贾永生	党振岭	高惠英(女)
崔志才	梁贵茗	董美柱	

兴华街代表团

卫　琦	王世昌	王宪军	卢家雄
付夫昌	白冬至	祁连记	孙明奎
孙金铭	孙普化	李立冬	李壮云(女)
李胜强	李彦生	李振国	李蕴智(女)
张昌贤	张金奎	张俊英(女)	尚玉霞(女)
郑梅秀(女)	赵国昌	耿白元	韩云萍(女)
韩国明	谢永承(女)	蔡生东	魏玉亭(女)
魏立中			

东里代表团

王　义	王　杰(女)	王文国(女)	冯玉巧(女)
戒佩恒	曲德福	齐增芳(女)	孙悦春
李建德	吴金环(女)	吴宝贵	吴爱荣(女)
何振国	何德文	谷化信	张秀茹(女)
张秀耕(女)	张昌福	张宝和	张淑华(女)
封清江	赵建纲	种庆芬(女)	徐洪杰
董建义	曾　铎(女)	霍　武	霍富彬
魏　藏(女)			

红旗大街代表团

于亚萍(女)	王　志	王士峰	王英茹(女)

王彦申	牛东明	龙庄伟(土家族)	吕振福
乔增起	刘连增	纪树青	李松义
杨成健	吴玉兰(女)	武万亮	武雅兰(女)
底瑞峰(回族)	赵贵庆	柏永立(回族)	宫玉芝(女)
阎翠兰(女)	路晋通		

南马路代表团

王卫寅	王树群	刘庆瑞	刘金彩(女)
刘春生	刘彩欣(女)	孙建玲(女)	杜建华
张世云(女)	武增军	郭彦珍(女)	焦玉珍(女)

友谊大街代表团

马越平	王　林	王文涛	王永臣
文匡国	田承德	刘永杰	孙士英
李计云(女)	李春喜	张玉华(女)	陈望和
和存平(满族)	郑刚强	郑清芳(女)	郑毓文(女)
孟秀娟(女)	赵占科	赵清步	赵淑芹(女)
胡祖耀	侯庆仁	郭　智	郭和平(女)
陶维平	黄秀京(女)	梁景鸿	蒋浩君
魏　青			

区十一届人大代表届中调整情况表

表 11-7

常委会会议	终止情况	补选情况
1994 年 2 月 24 日 第六次会议	调离：东里霍武，南长街党振岭、石娟，永安街姚贵云 去世：东里张秀茹	
1994 年 12 月 30 日 第十一次会议	调离：南马路焦玉珍，永安街李秀山、史益玲、王汉琴，友谊大街王文涛	
1995 年 3 月 2 日 第十二次会议	调离：南长街牛葆安，兴华街张昌贤	

续表 11-7

常委会会议	终止情况	补选情况
1996 年 2 月 2 日 第十八次会议	调离：南长街贾永生、段万荣，友谊大街陶维平，红旗大街纪树青、赵贵庆，兴华街孙明奎 去世：兴华街孙普化 罢免：兴华街李胜强	
1996 年 8 月 27 日 第二十二次会议		韩宪章、张治春、刘月照、齐洪森、李凤江、冯同海、路中林、李冰海、郑丁江、底瑞刚、张亚平、侯明玉、王建国、林海军、郭风芹、韩胜利、张宝祥、冯春平、赵森林、吕志敏
1996 年 11 月 6 日 第二十三次会议	调离：南马路张世云、中山路苏彬秀、兴华街魏立中、友谊大街田承德	

二、桥西区出席石家庄市人民代表大会代表名单

（一）出席石家庄市第八届人民代表大会代表名单

马忠辰(回族)	王卫寅	王玉廷	王冬梅(女)
王志泰	王春耀	王鸿瑞	王朝阳(回族)
仉益文(女,回族)	文克强	白冬至	白起林
乔增起	任　强(女)	刘吉斌	刘金彩(女)
刘炯海	刘振义	齐胜华(女)	孙述强
孙喜斌	严荣纲	杜　慧(女)	杜哲朴
李　力	李惠珠(女)	李惠敏(女)	杨考生
吴自勤(女)	吴喜合	何青林(女)	谷顺成
宋双才	张友宽	张庆怀	张昌荣
张建崑	张桂玲(女)	周景文	郑世钧
赵　毅	赵同启	赵传文	赵秀珍(女)
赵国昌	赵建纲	赵洪跃	赵新祥
郝喜信	段万荣	徐宝德	崔志才
梁卫冀	梁绍成	蒋华容(女)	蔡生东
魏秉礼			

（二）出席石家庄市第九届人民代表大会代表名单

马　静(女)	马忠辰(回族)	王玉廷	王冬梅(女)
王志泰	王春耀	王鸿瑞	王朝阳(回族)

仉益文(女,回族)	史锦秀(女)	白冬至	乔增起
刘炯海	刘振义	孙绍燕(女)	孙述强
严荣纲	苏彬秀	杜哲朴	李惠珠(女)
杨考生	宋双才	张永泉	张桂玲(女)
林海军	周秀琴(女)	郑世钧	赵子忠(回族)
赵同启	赵秀珍(女)	赵建纲	赵洪跃
赵新祥	郝喜信	段万荣	崔守信
崔志才	梁卫冀	蒋华容(女)	蔡生东
樊修臣	魏立中		

届中调整情况：1996年12月28日，区十一届人大常委会第二十四次会议补选穆培文为石家庄市第九届人民代表大会代表。

第三节　代表工作

一、组织代表对工商行政管理工作进行评议

1996年，区人大常委会组织代表对工商行政管理工作进行评议，省、市、区三级人大代表180余人，利用近三个月时间，采取视察、调研、走访、座谈等多种形式，召开各种类型的座谈会20余次，走访企业和个体工商户181个，消费者262人，街头摊点近百个，对桥西工商分局管理工作进行全面的检查评议，提出意见和建议20余条，并对工商分局整改情况进行跟踪检查，收到较好效果。

二、充分发挥人大民主主渠道作用

为充分调动和发挥广大代表参政议政积极性，畅通民主渠道，使人大代表更好地发挥代表作用，代表活动更能依靠广大群众，区十一届人大常委会努力提高代表建议、批评和意见的办理质量，开展丰富多彩的代表活动，不断探索代表工作新思路。两次组织开展人大代表联系选民、向选民述职活动，共有252名代表参加活动，联系选民2715人，联系选举单位211个，征集群众意见901条，召开代表工作经验交流会1次，座谈会20余次。

三、重视提高代表素质

1993年换届以后，区人大常委会及时对新当选代表进行以《中华人民共和国宪法》《中华人民共和国全国人民代表大会和地方各级人民代表大会代表法》等为主要内容的履职培训，使代表尽快进入角色，发挥作用。在每季度的代表活动中，区人大常委会坚持组织人大代表学习与活动内容有关的法律法规及专业知识，使代表议政能力不断提高。为使代表充分行使职权，区人大常委会在每次代表活动时都精心选题，认真组织，力争使活动内容和方式

灵活多样。

四、代表议案、建议办理

（一）代表议案办理情况

区十一届人大一次、三次、四次、五次、六次会议，分别收到代表议案 10 件、3 件、4 件、3 件、4 件，大会主席团决定均转为建议、批评和意见。

（二）代表建议办理情况

区十一届人大一次会议，收到代表建议 198 件。其中属于市有关部门解决的 66 件，属于区职权范围内办理的 132 件，共转交区人民政府办理 123 件，会议结束时已办结答复代表 90 件，占 73.2%，表示满意或基本满意的有 88 件，满意率 97.8%，不满意的 2 件。

区十一届人大三次会议，收到代表建议 112 件。其中属于市有关部门解决的 29 件，属于区职权范围内办理的 83 件，共转交区人民政府办理 61 件，会议结束时已办结答复代表 48 件，占 78.7%，表示满意或基本满意的有 43 件，满意率 89.6%，不满意的 5 件。

区十一届人大四次会议，收到代表建议 137 件。其中属于市有关部门解决的 49 件，属于区职权范围内办理的 88 件，转交区委、区人民政府、区人民检察院办理 87 件，会议结束时已办结答复代表 61 件，占 70.1%，表示满意或基本满意的有 52 件，满意率 85.2%，不满意的 9 件。

区十一届人大五次会议，收到代表建议 107 件。其中属于市有关部门解决的 43 件，属于区职权范围内办理的 64 件，大会交办 61 件，会议结束时已办结答复代表 50 件，占 82%，在办结答复的 50 件中收到代表反馈回意见 44 件，表示满意或基本满意的有 43 件，满意率 97.7%，不满意的 1 件。

区十一届人大六次会议，收到代表建议 114 件。其中属于市有关部门解决的 39 件，属于区职权范围内办理的 75 件，大会交办 71 件，会议结束时已办结答复代表 60 件，占 84.5%，表示满意的有 55 件，满意率 91.7%，不满意的 5 件。

第三章　人民代表大会

桥西区第十一届人民代表大会任期 5 年，自 1993 年 2 月至 1998 年 2 月，共召开 6 次会议。

区十一届人大历次会议概况表

表 11-8

会议次序	会议日期	议题（项）	听取报告（个）	决议决定（项）	选举表决（项）
第一次	1993 年 2 月 15 日至 20 日	12	6	5	5
第二次	1993 年 8 月 24 日至 25 日	3			2
第三次	1994 年 3 月 17 日至 19 日	5	5	5	
第四次	1995 年 3 月 7 日至 10 日	5	5	5	
第五次	1996 年 4 月 14 日至 19 日	7	6	6	1
第六次	1997 年 1 月 22 日至 25 日	6	5	5	1

第一节　会议概况

一、区十一届人大一次会议

1993 年 2 月 15 日至 20 日，区十一届人大一次会议在省人民政府招待处礼堂召开。出席代表 158 人（应到 162 人）。会议听取和审议区人民政府区长段万荣作的《桥西区人民政府工作报告》；听取区人民政府副区长张昌贤作的《关于修改桥西区国民经济和社会发展十年规划和第八个五年计划纲要的补充说明》，审议通过修改后的《纲要》；听取和审议区财政局局长田敏捷作的《关于区人民政府 1992 年财政决算和 1993 年财政预算（草案）的报告》；听取和审议区人大常委会主任周景文作的《桥西区人民代表大会常务委员会工作报告》、区人民法院院长董建义作的《桥西区人民法院工作报告》、区人民检察院检察长容荃作的《桥西区人民检察院工作报告》。会议通过相应决议。会议选举产生桥西区出席石家庄市第八届人民代表大会代表 57 名。会议选举产生桥西区第十一届人大常委会组成人员，区人民政府区长、副区长，区人民法院院长，区人民检察院检察长（名单见本章第二节《会议选举》）。

这次会议，是在桥西区上下深入学习贯彻党的十四大精神和区委第四次党代会精神，加快改革开放和经济建设步伐的关键时刻召开的大会。会议坚持以邓小平建设有中国特色社会主义思想为指导，以促进桥西经济腾飞为主题，讨论决定了一系列事关桥西发展全局的重大事项。会议指出，今后三年正值“八五”计划后三年，是国家按照党的十四大精神指引的路线大步前进、建立社会主义市场经济体制的重要三年。要全面贯彻落实党的十四大精神，根据区第四次党代会精神和区委《关于加快改革开放和经济建设步伐的决定》，坚持以经济建设为中心，以社会主义市场经济理论为指导，坚持科技兴区、开放兴区、开发兴区的战略方针，进一步解放思想，深化改革，扩大开放，工业生产上水平，第三产业上档次，旧城改造上规模，大干快上，加速经济发展，提高经济效益，努力抓好社会主义精神文明建设，推动社会全面进步，把桥西区建设成为“经济繁荣、科技发达、功能齐全、服务良好、环境优美、生活方便”的新城区。会议强调，1993 年是贯彻落实党的十四大精神的重要一年，也是全面实施桥西区十年规划和“八五”计划的关键一年。要按照区第四次党代会确定的目标，以高度的历史责任感和时代紧迫感，更加紧密地同桥西区人民团结在一起，努力工作，为加快桥西区经济及各项事业的发展做出更大的贡献。

二、区十一届人大二次会议

1993 年 8 月 24 日至 25 日，区十一届人大二次会议在潜水电泵厂礼堂召开。出席代表 142 人（应到 162 人）。会议传达市换届工作会议精神；会议选举产生桥西区出席石家庄市第九届人民代表大会代表 42 名；会议补选产生 1 名区人大常委会委员（名单见本章第二节《会议选举》）。

三、区十一届人大三次会议

1994 年 3 月 17 日至 19 日，区十一届人大三次会议在汇源大酒店召开。出席代表 145 人（应到 157 人）。会议听取和审议区人民政府区长段万荣作的《桥西区人民政府工作报告》、区财政局局长田敏捷作的《关于桥西区 1993 年财政决算和 1994 年财政预算（草案）的报告》、区人大常委会主任蔡生东作的《桥西区人民代表大会常务委员会工作报告》、区人民法院院长董建义作的《桥西区人民法院工作报告》、区人民检察院检察长宁尔成作的《桥西区人民检察院工作报告》。会议通过相应决议。

这次会议，是桥西区在建设有中国特色社会主义理论和党的基本路线指引下，在区委的领导下，在改革开放和经济建设都取得显著成绩的大好形势下召开的。会议坚持以邓小平建设有中国特色社会主义理论和党的基本路线为指导，全面贯彻党的十四大和十四届三中全会、区委四届二次全会精神，讨论决定了加快桥西区经济体制改革和各项事业发展的长远规划。会议指出，1994 年是国家改革开放和现代化建设关键的一年，也是桥西区坚持“四个兴区”发展战略，努力实现“八五”计划奋斗目标的重要一年。要坚持以经济建设为中心，以强化改革为动力，全面实施科技兴区、开放兴区、开发兴区、流通兴区的发展战略，促进国民经济持续快速健康发展。会议强调，要在市委、市政府和区委的领导下，同心同德，克服困难，真抓实干，开拓前进，为保持桥西区国民经济持续、快速、健康发展和夺取“四个兴区”战略目标的决定性胜利而努力奋斗。

四、区十一届人大四次会议

1995 年 3 月 7 日至 10 日，区十一届人大四次会议在区委六楼会议室召开。出席代表 131 人（应到 150 人）。会议听取和审议区人民政府区长段万荣作的《桥西区人民政府工作报告》、区财政局局长田敏捷作的《关于桥西区 1994 年财政决算和 1995 年财政预算（草案）的报告》、区人大常委会主任蔡生东作的《桥西区人民代表大会常务委员会工作报告》、区人民法院院长董建义作的《桥西区人民法院工作报告》、区人民检察院检察长宁尔成作的《桥西区人民检察院工作报告》。会议通过相应决议。

这次会议，是继区委四届三次全会之后，召开的一次十分重要的会议。会议指出，1995 年是“八五”计划的最后一年，也是桥西区实现“四个兴区”奋斗目标、改革开放和经济建设深入发展的关键一年，也是与“九五”计划相衔接的第一年。要以邓小平建设有中国特色社会主义理论和党的基本路线为指导，全面贯彻党的十四届三中全会、四中全会和中央经济工作会议精神，继续坚持抓住机遇、深化改革、扩大开放、促进发展、保持稳定的指导方针和“四个兴区”的发展战略，牢固坚持以经济建设为中心，改革抓深化，经济抓发展，社会抓稳定，管理抓提高，作风抓转变，促使桥西区经济建设迈上一个新的台阶，推动社会的全面进步。会议强调，要进一步处理好改革、发展、稳定的关系，统一思想，同心同德，克服困难，真抓实干，开拓前进，为全面完成 1995 年的各项任务而努力奋斗。

五、区十一届人大五次会议

1996 年 4 月 14 日至 19 日，区十一届人大五次会议在区委六楼会议室召开，出席代表 114 人（应到 141 人）。会议听取和审议区人民政府代理区长张治春作的《桥西区人民政府工作报告》、区人民政府副区长路中林作的《关于桥西区国民经济和社会发展“九五”计划和 2010 年远景目标纲要（草案）的说明》，审议和批准《桥西区国民经济和社会发展“九五”计划和 2010 年远景目标纲要》。会议听取和审议区财政局局长田敏捷作的《关于桥西区 1995 年财政决算和 1996 年财政预算（草案）的报告》、区人大常委会副主任祁连记作的《桥西区人民代表大会常务委员会工作报告》、区人民法院院长董建义作的《桥西区人民法院工作报告》、区人民检察院检察长宁尔成作的《桥西区人民检察院工作报告》。会议通过相应决议。会议补选产生区人民政府区长（名单见本章第二节《会议选举》）。

这次会议，是在桥西区胜利完成“八五”计划，改革开放和各项建设事业都取得了新成绩的形势下召开的。会议指出，1996 年是全面贯彻党的十四届五中全会精神，实现“九五”计划和 2010 年远景目标的第一年。要继续坚持邓小平建设有中国特色社会主义理论和党的基本路线，紧紧围绕“抓住机遇、深化改革、扩大开放、促进发展、保持稳定”的大局，认真实施“三产强区，科教兴区”的发展战略，促进经济建设持续、快速、健康发展和社会全面进步，确保“九五”第一年开好头、起好步。会议强调，要坚持“两手抓，两手都要硬”的方针，切实加强民主与法制建设，加强廉政建设，加大反腐败斗争力度，加强社会治安综合治理，推动桥西区政治、经济、教育、科技、文化、卫生等各项事业全面发展，巩固和发展安定团结的政治局面，为圆满完成 1996 年各项工作任务而努力奋斗。

六、区十一届人大六次会议

1997 年 1 月 22 日至 25 日，区十一届人大六次会议在区委六楼会议室召开，出席代表 138 人（应到 158 人）。会议听取和审议区人民政府区长张治春作的《桥西区人民政府工作报告》、区财政局副局长田荣凤作的《关于桥西区 1996 年财政决算和 1997 年财政预算（草案）的报告》、区人大常委会主任蔡生东作的《桥西区人民代表大会常务委员会工作报告》、区人民法院院长董建义作的《桥西区人民法院工作报告》、区人民检察院代理检察长李冰海作的《桥西区人民检察院工作报告》。会议通过相应决议。会议补选产生区人民检察院检察长（名单见本章第二节《会议选举》）。

这次会议，是桥西区在“团结奋进，实干争先”的精神鼓舞下，经济建设和社会各项事业都取得了显著成绩的新形势下召开的一次十分重要的会议。会议坚持以建设有中国特色社会主义理论和党的基本路线为指导，全面贯彻党的十四届五中、六中全会和区委四届六次全会精神。会议指出，1997 年在国家历史上是一个极为重要的年份，香港回归，党的十五大即将召开，这是国家政治生活中两件举世瞩目的大事。1997 年也是实现十一届人大五次会议确定的“九五”计划和 2010 年远景目标的关键一年，要坚持以邓小平建设有中国特色社会主义理论和党的基本路线、基本方针为指导，紧紧围绕建设经济强区的目标，加快实施“三产强区、科教兴区”的发展战略，促进国民经济持续、快速、健康发展和社会全面进步。会议强调，要大力发扬“团结奋进、实干争先”的桥西精神，同心同德，锐意进取，扎实工作，以优异成绩向党的十五大献礼。

第二节　会议选举

区十一届人大历次会议，共选举产生区级国家机关工作人员28人。

区人大常委会

主　任：

蔡生东　　1993年2月区十一届人大一次会议当选

副主任：

祁连记　　1993年2月区十一届人大一次会议当选

张秀耕(女)　1993年2月区十一届人大一次会议当选

武舒通　　1993年2月区十一届人大一次会议当选

吕振福　　1993年2月区十一届人大一次会议当选

李建德　　1993年2月区十一届人大一次会议当选

白冬至　　1993年2月区十一届人大一次会议当选

届中调整情况：

武舒通，1996年4月4日，在区十一届人大常委会第十九次会议上辞去区人大常委会副主任职务。

委　员（区十一届人大一次会议选举产生）：

付夫昌　李立冬　李壮云(女)　吴秋英(女)

何振国　张俊英(女)　和存平(满族)　孟秀娟(女)

耿白元　徐洪杰

委　员（区十一届人大二次会议补选产生）：

李春喜

届中调整情况：

耿白元，1993年8月13日，在区十一届人大常委会第三次会议上辞去区人大常委会委员职务。

区人民政府

区　长：

段万荣　　1993年2月区十一届人大一次会议当选

张治春　　1996年4月区十一届人大五次会议当选

届中调整情况：

段万荣，1996年4月4日，在区十一届人大常委会第十九次会议上辞去桥西区人民政府区长职务。

张治春，1996 年 4 月 4 日，区十一届人大常委会第十九次会议决定任命其为桥西区人民政府副区长，决定其为代理区长。

副区长：

张昌贤　　1993 年 2 月区十一届人大一次会议当选

张石峰　　1993 年 2 月区十一届人大一次会议当选

龙凤银　　1993 年 2 月区十一届人大一次会议当选

路中林　　1993 年 2 月区十一届人大一次会议当选

王晋堂　　1993 年 2 月区十一届人大一次会议当选

届中调整情况：

张昌贤，1995 年 3 月 2 日，在区十一届人大常委会第十二次会议上辞去桥西区人民政府副区长职务。

彭彩欣（女），1995 年 7 月 10 日，区十一届人大常委会第十四次会议决定任命其为桥西区人民政府副区长。

张石峰，1996 年 6 月 22 日，在区十一届人大常委会第二十次会议上辞去桥西区人民政府副区长职务。

宁尔成、田敏捷（满族），1996 年 6 月 22 日，区十一届人大常委会第二十次会议决定任命其为桥西区人民政府副区长。

区人民法院

院　长：

董建义　　1993 年 2 月区十一届人大一次会议当选

区人民检察院

检察长：

宁尔成　　1993 年 2 月区十一届人大一次会议当选

李冰海　　1997 年 1 月区十一届人大六次会议当选

届中调整情况：

宁尔成，1996 年 6 月 22 日，在区十一届人大常委会第二十次会议上辞去桥西区人民检察院检察长职务。

李冰海，1996 年 6 月 22 日，区十一届人大常委会第二十次会议任命其为桥西区人民检察院副检察长，决定其为代理检察长。

第三节　会议组织

一、区十一届人大一次会议

（一）大会临时党委

书　记：孙明奎

副书记：周景文　　蔡生东　　刘庆瑞

委　员：

祁连记	张秀耕(女)	殷建芳	武舒通
孙金铭	吕振福	白冬至	郑立庄

（二）大会主席团和秘书长

主席团：

王彦申	付夫昌	白冬至	吕振福
刘庆瑞	祁连记	孙明奎	孙金铭
李壮云(女)	李春喜	李建德	吴秋英(女)
吴敬云	何德文	张秀耕(女)	张瑞婷(女)
武舒通	武增军	和存平(满族)	周景文
郑立庄	郑朝晖	赵国昌	殷建芳
蔡生东	魏立中		

秘书长：武舒通(兼)

（三）大会主席团常务主席

孙明奎	周景文	蔡生东	刘庆瑞
祁连记	张秀耕(女)	殷建芳	武舒通
孙金铭	吕振福	李建德	白冬至
郑立庄			

（四）大会议案审查委员会

主 任 委 员：张秀耕(女)

副主任委员：孟秀娟(女)

委　　　员：

付夫昌	刘金彩(女)	池得水	李壮云(女)
郑朝晖			

（五）大会财政预决算审查委员会

主 任 委 员：孙金铭

副主任委员：徐洪杰

委　　员：

王　义	王彦申	李新年	杨成健
霍　武			

二、区十一届人大二次会议

（一）大会临时党委

书　记：孙明奎

副书记：蔡生东　段万荣　刘庆瑞

委　员：

祁连记	张秀耕(女)	武舒通	吕振福
白冬至	殷建芳	孙金铭	

（二）大会主席团和秘书长

主席团：

王彦申	付夫昌	白冬至	吕振福
刘永杰	刘庆瑞	祁连记	孙明奎
孙金铭	李壮云(女)	李建德	吴秋英(女)
吴敬云	何振国	张昌贤	张秀耕(女)
张瑞婷(女)	武雅兰(女)	武舒通	武增军
和存平(满族)	段万荣	赵国昌	赵建纲
殷建芳	蔡生东	魏立中	

秘书长：祁连记(兼)

（三）大会主席团常务主席

孙明奎	蔡生东	段万荣	刘庆瑞
祁连记	张秀耕(女)	武舒通	吕振福
李建德	白冬至		

三、区十一届人大三次会议

（一）大会临时党委

书　记：孙明奎

副书记：蔡生东　段万荣　刘庆瑞

委　员：

祁连记	张秀耕(女)	武舒通	吕振福
白冬至	殷建芳	孙金铭	

（二）大会主席团和秘书长

主席团：

王彦申	付夫昌	白冬至	吕振福
刘永杰	刘庆瑞	祁连记	孙明奎
孙金铭	李壮云(女)	李建德	吴秋英(女)
吴敬云	何振国	张昌贤	张秀耕(女)
张瑞婷(女)	武雅兰(女)	武舒通	武增军
和存平(满族)	段万荣	赵国昌	赵建纲
殷建芳	蔡生东	魏立中	

秘书长：吕振福(兼)

（三）大会主席团常务主席

孙明奎	蔡生东	段万荣	刘庆瑞
祁连记	张秀耕(女)	武舒通	吕振福
李建德	白冬至	殷建芳	孙金铭

（四）大会议案审查委员会

主 任 委 员：张秀耕(女)

副主任委员：孟秀娟(女)

委　　员：

付夫昌	刘金彩(女)	池得水	李壮云(女)
耿白元			

（五）大会财政预决算审查委员会

主 任 委 员：吕振福

副主任委员：徐洪杰

委　　员：

王　义	王彦申	李新年	杨成健
徐丽荣(女)			

四、区十一届人大四次会议

（一）大会临时党委

书　记：孙明奎

副书记：蔡生东　段万荣　刘庆瑞

委　员：

祁连记	张秀耕(女)	武舒通	吕振福
白冬至	孙金铭		

（二）大会主席团和秘书长

主席团：

王彦申	付夫昌	白冬至	吕振福
刘永杰	刘庆瑞	祁连记	孙明奎
孙金铭	李立冬	李壮云(女)	李建德
李春喜	吴秋英(女)	吴敬云	何振国
张秀耕(女)	张俊英(女)	张瑞婷(女)	武舒通
武增军	和存平(满族)	孟秀娟(女)	赵国昌
赵建纲	段万荣	徐洪杰	殷建芳
蔡生东	魏立中		

秘书长：张秀耕(女,兼)

（三）大会主席团常务主席

孙明奎	蔡生东	段万荣	刘庆瑞
祁连记	张秀耕(女)	武舒通	吕振福
李建德	白冬至	孙金铭	

（四）大会议案审查委员会

主 任 委 员：武舒通

副主任委员：孟秀娟(女)

委　　员：

付夫昌	乔增起	刘金彩(女)	李壮云(女)
耿白元			

（五）大会财政预决算审查委员会

主 任 委 员：吕振福

副主任委员：徐洪杰

委　　员：

王　义	王彦申	纪树青	杨成健
徐丽荣(女)			

五、区十一届人大五次会议

（一）大会临时党委

书　记：韩宪章

副书记：

蔡生东	张治春	刘庆瑞	郝喜信

委　员：

李凤江	祁连记	张秀耕(女)	吕振福

白冬至

（二）大会主席团和秘书长

主席团：

王彦申	文匡国	付夫昌	白冬至
吕振福	刘庆瑞	祁连记	李立冬
李壮云(女)	李建德	李春喜	吴秋英(女)
吴敬云	何振国	张秀耕(女)	张俊英(女)
张瑞婷(女)	武舒通	武增军	和存平(满族)
孟秀娟(女)	赵国昌	徐洪杰	殷建芳
蔡生东	霍富彬	魏立中	

秘书长：吕振福(兼)

（三）大会主席团常务主席

蔡生东	祁连记	张秀耕(女)	吕振福
李建德	白冬至		

（四）大会议案审查委员会

主 任 委 员：武舒通

副主任委员：孟秀娟(女)

委　　员：

王春敏(女)	付夫昌	刘金彩(女)	张宝和
耿白元			

（五）大会财政预算审查委员会

主 任 委 员：吕振福

副主任委员：徐洪杰

委　　员：

王　义	王彦申	乔增起	杨成健
徐丽荣(女)			

六、区十一届人大六次会议

（一）大会临时党委

书　记：韩宪章

副书记：蔡生东　　齐洪森

委　员：

祁连记	张秀耕(女)	吕振福	白冬至

（二）大会主席团和秘书长

主席团：

王建国	付夫昌	白冬至	吕振福
刘月照	刘庆瑞	齐洪森	祁连记
李凤江	李立冬	李壮云(女)	李建德
李春喜	吴秋英(女)	何振国	张亚平
张秀耕(女)	张治春	张宝祥	张俊英(女)
武增军	林海军	和存平(满族)	孟秀娟(女)
赵国昌	侯明玉	徐洪杰	郭凤芹(女)
韩胜利	韩宪章	蔡生东	

秘书长：祁连记(兼)

（三）大会主席团常务主席

蔡生东	祁连记	张秀耕(女)	吕振福
李建德	白冬至		

（四）大会议案审查委员会

主 任 委 员：李建德

副主任委员：孟秀娟(女)

委　　员：

付夫昌	刘金彩(女)	池得水	张宝和
耿白元			

（五）大会财政预算审查委员会

主 任 委 员：吕振福

副主任委员：徐洪杰

委　　员：

王　义	王彦申	乔增起	杨成健
徐丽荣(女)			

第四章　人民代表大会常务委员会

区十一届人大常委会紧紧围绕经济建设这个中心，坚持四项基本原则，坚持改革开放，认真贯彻党的十四大、十五大精神，认真履行宪法和法律赋予的各项职权，推进社会主义民主与法制建设，促进桥西区改革开放、经济建设以及各项事业发展。

第一节　常委会会议

区十一届人大常委会共召开会议 30 次。

第一次会议　1993 年 4 月 23 日至 24 日召开，区人大常委会主任蔡生东，副主任祁连记、张秀耕、武舒通、吕振福、李建德、白冬至和 8 名委员出席会议。区人民政府区长段万荣，区委副书记刘庆瑞，区委组织部部长武雅兰、副部长王宏滨，区政协主席赵国昌，区人大常委会党组顾问殷建芳，区人民法院院长董建义，区人民检察院检察长宁尔成列席会议。会议审议并通过区人大常委会十项工作制度、区十一届人大常委会代表资格审查委员会名单和主任、副主任、委员分工的意见。会议通过人事任免事项（名单见本篇第七章《选举任免》）。

第二次会议　1993 年 6 月 30 日召开，区人大常委会主任蔡生东，副主任祁连记、张秀耕、武舒通、吕振福、李建德和 8 名委员出席会议。区人民政府区长段万荣，区委副书记刘庆瑞，区人民政府副区长张昌贤，区人大常委会党组顾问殷建芳、孙金铭，区人民政府办公室主任吴敬云，区人大常委会人事代表工委主任李春喜，区委组织部副部长王宏滨，区人民法院副院长许富兵，区人民检察院副检察长王炳伟，区民政局副局长康永发列席会议。会议听取和审议区人民政府副区长张昌贤作的《关于区人民政府经济工作情况的汇报》，区人民政府办公室主任吴敬云、区民政局副局长康永发作的《关于区人民政府办理人代会重点批评建议情况的汇报》。会议审议并通过《1993 年下半年区人大常委会例会议题安排意见》。会议通过人事任免事项（名单见本篇第七章《选举任免》）。

第三次会议　1993 年 8 月 13 日召开，区人大常委会主任蔡生东，副主任祁连记、张秀耕、武舒通、吕振福、李建德、白冬至和 8 名委员出席会议。区人民政府副区长王晋堂、区政协主席赵国昌、区人民法院院长董建义、区人民检察院检察长宁尔成、区人民政府办公室主任吴敬云、区科学技术委员会主任杨志诚列席会议。会议听取和审议《区人民政府

“科技兴区”工作情况的汇报》《区人民检察院关于反贪污贿赂工作情况的汇报》。会议审议并通过区十一届人大二次会议主席团、秘书长建议名单，常务主席建议名单。会议作出《关于召开桥西区第十一届人民代表大会第二次会议的决定》《关于接受耿白元辞去区人大常委会委员职务请求的决定》。

第四次会议 1993年10月30日召开，区人大常委会主任蔡生东，副主任祁连记、张秀耕、武舒通、吕振福、李建德、白冬至和8名委员出席会议。区人民政府区长段万荣，区委副书记刘庆瑞，区委组织部部长武雅兰、副部长王法藏，区人大常委会党组顾问殷建芳、孙金铭，区政协副主席苏金水，区人民检察院检察长宁尔成，区人民法院副院长许富兵，区人民政府办公室主任吴敬云，区财政局局长田敏捷列席会议。会议听取和审议区财政局局长田敏捷作的《关于区人民政府1998年1—8月份财政预算执行情况的报告》、区人民政府办公室主任吴敬云作的《关于区人民政府办理区十一届人大一次会议代表建议、批评和意见的报告》、区人民法院副院长许富兵作的《关于区人民法院经济审判工作的汇报》。会议通过人事任免事项（名单见本篇第七章《选举任免》）。

第五次会议 1993年12月29日召开，区人大常委会主任蔡生东，副主任祁连记、张秀耕、武舒通、吕振福、李建德和9名委员出席会议。区委副书记刘庆瑞，区人民政府副区长张昌贤，区政协副主席白玉昆，区人大常委会党组顾问殷建芳、孙金铭，区人民法院院长董建义，区人民检察院检察长宁尔成，区委组织部副部长王宏滨及区人大常委会、区人民政府有关人员列席会议。会议听取和审议区经济委员会主任温春勇作的《区人民政府开展工业“三增一进”活动情况的汇报》、区财政局局长田敏捷作的《区人民政府关于调整1993年财政预算的报告》、区监察局局长王常振作的《区人民政府系统反腐倡廉情况的汇报》。会议通过《区人民政府1993年财政预算调整意见》。会议审议并通过《区人大常委会1993年工作总结和1994年工作安排意见》。会议作出了《关于召开区第十一届人民代表大会第三次会议的决定》。会议通过人事任免事项（名单见本篇第七章《选举任免》）。

第六次会议 1994年2月24日召开，区人大常委会主任蔡生东，副主任祁连记、张秀耕、武舒通、吕振福、李建德、白冬至和9名委员出席会议。区人大常委会党组顾问殷建芳、孙金铭，区政协副主席苏金水，区人民法院院长董建义，区人民检察院副检察长王炳伟，区委组织部副部长王宏滨列席会议。会议听取区人大常委会副主任、区十一届三次人代会筹备处秘书长吕振福作的《关于大会筹备工作进展情况的汇报》。会议审议并通过区十一届人大三次会议建议议程，区十一届人大三次会议主席团秘书长建议名单，常务主席建议名单，各代表团团长建议名单，财政预决算审查委员会建议名单和议案审查委员会建议名单。会议听取并审议《区人大常委会代表资格审查委员会关于区十一届人大三次会议代表资格的审查报告（草案）》。

第七次会议 1994年4月27日召开，区人大常委会副主任祁连记、张秀耕、吕振福、李建德、白冬至和7名委员出席会议。区人大常委会党组顾问孙金铭、区人民政府副区长张石峰、区人民法院院长董建义、区人民检察院检察长宁尔成、区委组织部副部长王宏滨、区人民政府办公室副主任韩胜利、区公安分局副局长王云才、区开发公司副经理王慈、臧志昌及区人大常委会有关人员列席会议。会议听取和审议区人民政府办公室副主任韩胜利作的《关于区人民政府旧城改造和房地产开发情况的报告》、区人大常委会财经城建工委委员刘国栋作的《关于桥西区人民政府旧城改造和房地产开发情况报告的初审意见》、区公安分局副局长王进才作的《关于区人民政府社会治安综合治理情况的报告》、区人大常委会法制工委主任孟秀娟作的《关于区人民政府社会治安综合治理工作情况的初审意见》。会议通过人事任免事项（名单见本篇第七章《选举任免》）。

第八次会议　1994 年 6 月 28 日召开，区人大常委会组成人员出席会议。区委副书记、区政协主席、区委组织部相关负责同志列席会议。会议听取《区人民政府关于工业企业产权制度改革情况的报告》《区人民政府关于落实国务院物价大检查通知精神情况的报告》。会议通过人事任免事项（名单见本篇第七章《选举任免》）。

第九次会议　1994 年 8 月 30 日召开，区人大常委会组成人员出席会议。会议听取《区人民政府办理区十一届人大三次会议代表建议、批评和意见及重点批评建议情况的报告》《区人民检察院查处经济大案、要案情况的报告》。

第十次会议　1994 年 10 月 26 日召开，区人大常委会主任蔡生东，副主任祁连记、张秀耕、武舒通、吕振福、李建德、白冬至和 8 名委员出席会议。区人民政府区长段万荣，区委副书记刘庆瑞，区人民政府副区长张昌贤，区委组织部部长武雅兰，区人大常委会党组顾问孙金铭，区人民检察院检察长宁尔成，区人民法院副院长曹俊英及区人大常委会、区人民政府有关人员列席会议。会议听取和审议区财政局局长田敏捷作的《关于区人民政府 1—9 月份财政预算执行情况的报告》、区人大常委会财经城建工委主任徐洪杰作的《关于区人民政府财政报告的审议意见》。会议评议了 4 名区人民政府被任命干部。会议通过人事任免事项（名单见本篇第七章《选举任免》）。

第十一次会议　1994 年 12 月 30 日召开，区人大常委会主任蔡生东，副主任祁连记、张秀耕、武舒通、吕振福、李建德、白冬至和 8 名委员出席会议。区人大常委会党组顾问孙金铭、区政协副主席苏金水、区人民法院院长董建义、区人民检察院副检察长赵胜利、区委组织部副部长王宏滨、区人民政府办公室主任吴敬云及区人大常委会有关人员列席会议。会议听取并审议《区人大常委会 1994 年工作总结（讨论稿）》。会议审议并通过《区人大常委会关于召开桥西区第十一届人民代表大会第四次会议的决定》。会议听取区人大常委会代表资格审查委员会作的《关于终止焦玉珍等五位代表资格的报告》。会议通过人事任免事项（名单见本篇第七章《选举任免》）。

第十二次会议　1995 年 3 月 2 日召开，区人大常委会主任蔡生东，副主任祁连记、张秀耕、武舒通、吕振福、李建德和 10 名委员出席会议。区委书记孙明奎、区人民政府区长段万荣、区委副书记刘庆瑞、区人大常委会党组顾问孙金铭、区人民法院院长董建义、区人民检察院检察长宁尔成、区委组织部副部长王宏滨列席会议。会议审议并通过十一届人大四次会议建议议程，主席团、秘书长建议名单，财政预决算审查委员会和议案审查委员会建议名单。会议听取并审议区人大常委会代表资格审查委员会《关于十一届人大四次会议代表资格审查情况的报告》。会议初步审议《桥西区 1995 年财政预算报告（草案）》。会议审议通过《区人大常委会关于办理区人大代表建议、批评和意见暂行办法的补充规定》。会议通过人事任免事项（名单见本篇第七章《选举任免》）。

第十三次会议 1995 年 4 月 26 日召开，区人大常委会主任蔡生东，副主任祁连记、张秀耕、武舒通、吕振福、李建德、白冬至和 8 名委员出席会议。区人民政府副区长龙凤银、区人民法院院长董建义、区人民检察院检察长宁尔成、区经济委员会主任温春勇、区商业局局长魏俊杰、区街道企业公司经理姜根活列席会议。会议听取和审议区经济委员会主任温春勇作的《关于 1995 年一季度区属工业生产情况及下步打算的汇报》、区商业局局长魏俊杰作的《关于 1995 年一季度区属商业经营情况及下步打算的汇报》、区街道企业公司经理姜根活作的《关于街道经济一季度运行情况及全年进展的报告》。会议审议通过区人大常委会 1995 年议题安排。

第十四次会议 1995 年 7 月 10 日召开，区人大常委会主任蔡生东，副主任祁连记、张秀耕、武舒通、吕振福、李建德、白冬至和 10 名委员出席会议。区人民政府区长段万荣、副区长路中林、区人民检察院检察长宁尔成、区人民法院副院长曹俊英、区委组织部副部长王宏滨列席会议。会议听取和审议区人民政府副区长路中林作的《区人民政府关于上半年经济工作情况的报告》。会议通过人事任免事项（名单见本篇第七章《选举任免》）。

第十五次会议 1995 年 8 月 30 日召开，区人大常委会主任蔡生东，副主任祁连记、张秀耕、武舒通、吕振福、李建德、白冬至和 8 名委员出席会议。区人民政府副区长路中林、区人民法院院长董建义、区人民检察院检察长宁尔成、区人民政府办公室副主任韩胜利列席会议。会议听取和审议区人民政府办公室副主任韩胜利作的《关于办理区十一届人大四次会议代表建议、批评和意见情况的报告》，区人民法院院长董建义、区人民检察院检察长宁尔成作的《关于实行错案责任追究制情况的报告》。会议作出《关于把错案和行政执法过错责任追究制进一步引向深入的决定》。

第十六次会议 1995 年 10 月 30 日召开，区人大常委会主任蔡生东，副主任祁连记、张秀耕、吕振福、李建德和 6 名委员出席会议。区政协副主席苏金水、区人民法院院长董建义、区人民检察院检察长宁尔成、区统计局局长何德文、区审计局局长敦彦福、区体改委主任潘宗深列席会议。会议听取和审议区统计局局长何德文作的《统计工作的情况报告》、区审计局局长敦彦福作的《审计工作的情况报告》、区体改委主任潘宗深作的《工商企业体制改革情况的报告》。

第十七次会议 1995 年 12 月 18 日召开，区人大常委会主任蔡生东，副主任祁连记、张秀耕、武舒通、吕振福、李建德、白冬至和 9 名委员出席会议。区人民政府区长段万荣、区人民法院院长董建义、区人民检察院检察长宁尔成、区委组织部副部长王宏滨列席会议。会议听取和审议区教育局局长高建华作的《桥西区人民政府关于宣传贯彻〈中华人民共和国教育法〉情况的报告》。会议审议并通过区人大常委会法制工委主任孟秀娟作的《桥西区人大常委会关于实行部分案件汇报卡制度的决定》。会议通过人事任免事项（名单见本篇第七章《选举任免》）。

第十八次会议　1996年2月2日召开，区人大常委会主任蔡生东，副主任祁连记、武舒通、吕振福、李建德、白冬至和9名委员出席会议。区人民政府区长段万荣、区人民法院院长董建义、区人民检察院检察长宁尔成、区委组织部副部长王宏滨、区计划委员会主任张坤山、区财政局局长田敏捷、区审计局局长敦彦福列席会议。会议听取和审议区计划委员会主任张坤山作的《关于桥西区国民经济和社会发展“九五”计划及2010年远景目标草案》、区审计局局长敦彦福作的《关于1995年区财政决算草案进行审计情况的报告》。会议听取和审议《区人大常委会1995年工作报告及1996年工作要点》《区人大常委会关于代表活动经费列入财政预算的意见》《区十一届人大常委会代表资格审查委员会关于代表资格审查情况的报告》。会议审议并通过《关于召开区十一届人大五次会议的决定》《区十一届人大五次会议建议议程》，区十一届人大五次会议主席团、秘书长建议名单，区十一届人大五次会议常务主席建议名单，区十一届人大五次会议国民经济和社会发展“九五”计划及2010年远景目标审查委员会、财政预算审查委员会、议案审查委员会三项建议名单。会议听取区财政局局长田敏捷作的《关于桥西区1995年财政决算草案和1996年财政预算草案情况的报告》，批准1995年区财政决算。会议通过人事任免事项（名单见本篇第七章《选举任免》）。

第十九次会议　1996年4月4日召开，区人大常委会主任蔡生东，副主任祁连记、张秀耕、吕振福、李建德、白冬至和10名委员出席会议。区“一府两院”领导、区委、区政协有关领导，区委组织部有关负责人列席会议。会议研究区十一届人大五次会议有关事项。会议审议通过《区人大常委会1996年议题安排意见》。会议通过人事任免事项（名单见本篇第七章《选举任免》）。

第二十次会议　1996年6月22日召开，区人大常委会主任蔡生东，副主任祁连记、张秀耕、吕振福、李建德、白冬至和10名委员出席会议。区委书记韩宪章，区人民政府区长张治春，区委副书记刘庆瑞、齐洪森，区政协主席赵国昌，区委组织部部长李凤江、副部长王宏滨，区人民法院副院长曹俊英列席会议。会议通过人事任免事项（名单见本篇第七章《选举任免》）。

第二十一次会议　1996年8月3日召开，区人大常委会主任蔡生东，副主任祁连记、张秀耕、吕振福、李建德、白冬至和8名委员出席会议。区委书记韩宪章，区人民政府区长张治春，区委副书记刘庆瑞、齐洪森，区政协主席赵国昌，区委组织部部长李凤江、副部长董保贤，区人民检察院代理检察长李冰海，区人民法院副院长曹俊英列席会议。会议通过人事任免事项（名单见本篇第七章《选举任免》）。

第二十二次会议　1996年8月27日召开，区人大常委会主任蔡生东，副主任祁连记、张秀耕、吕振福、李建德、白冬至和8名委员出席会议。区委书记韩宪章、区人民政府区长张治春、区委副书记齐洪森、区政协主席赵国昌、区委组织部副部长董保贤、区人民法院院长董建义、区人民检察院代理检察长李冰海列席会议。会议听取和审议区人民政府副区长路中林作的《关于上半年经济运行情况工作报告》、区财政局局长田敏捷作的《财政预算执行情况的报告》和区计划局局长张坤山作的《1996年重点项目进展情况的报告》。会议审议通过《区人大常委会关于补选代表的实施方案》。会议通过人事任免事项（名单见本篇第七章《选举任免》）。

第二十三次会议 1996年11月6日召开，区人大常委会主任蔡生东，副主任祁连记、张秀耕、吕振福、李建德、白冬至和9名委员出席会议。会议听取和审议区人民政府办公室主任底瑞刚作的《关于办理代表建议、批评和意见情况的报告》、区财政局副局长田荣凤作的《区人民政府关于贯彻执行〈河北省预算外资金管理条例〉情况的报告》。会议听取和审议《关于调整1996年财政预算和部分经济指标的报告》。会议批准区计划局局长张坤山作的《桥西区人民政府关于调整工业总产值和工商利税总额计划指标的报告》。会议通过相应决定。会议听取补选代表情况汇报，确认新当选代表资格。

第二十四次会议 1996年12月28日召开，区人大常委会主任蔡生东，副主任祁连记、张秀耕、吕振福、李建德、白冬至和10名委员出席会议。区委副书记齐洪森、区人民法院院长董建义、区人民检察院代理检察长李冰海、区财政局副局长田荣凤列席会议。会议审议《区人大常委会工作报告（草案）和1997年工作要点》。会议审议通过《关于召开区十一届人大六次会议的决定》，区十一届人大六次会议建议议程，区第十一届人大六次会议主席团、秘书长，常务主席，议案审查委员会，财政预算审查委员会和列席人员建议名单。会议听取和审议区人大常委会代表资格审查委员会《关于区十一届人大六次会议代表资格审查情况的报告》。会议审查区人民政府关于1997年财政预算草案的主要内容。会议补选产生石家庄市人大代表1名。

第二十五次会议 1997年3月10日召开，区人大常委会主任蔡生东，副主任祁连记、张秀耕、吕振福、李建德和8名委员出席会议。区委副书记齐洪森、区人民政府副区长田敏捷、区政协副主席苏金水、区人民法院院长董建义、区人民检察院检察长李冰海、区科技局局长张瑞婷、区财政局副局长田荣凤、区审计局副局长董平稳列席会议。会议听取区审计局局长敦彦福作的《关于对桥西区1996年度财政预算执行情况的审计工作报告》、区科技局局长张瑞婷作的《关于科教兴区的思路及措施工作报告》。会议听取和审议区财政局副局长田荣凤作的《关于桥西区1996年财政决算草案的报告》。会议批准区1996年财政决算。

第二十六次会议 1997年4月28日召开，区人大常委会主任蔡生东，副主任祁连记、张秀耕、吕振福、李建德、白冬至和8名委员出席会议。区人民政府副区长田敏捷、区人民法院副院长许富兵、区人民检察院检察长李冰海、区公安分局副局长甄庆、区经贸局局长温春勇、区教育局局长高建华、区商贸局副局长王利军列席会议。会议听取和审议区经贸局局长温春勇、区商贸局副局长王利军作的《关于1997年第一季度桥西区经济运行情况的报告》，区教育局局长高建华作的《关于贯彻〈中华人民共和国教育法〉情况的报告》，区人民法院副院长许富兵、区人民检察院检察长李冰海、区公安分局副局长甄庆作的《关于贯彻实施修改后的〈中华人民共和国刑事诉讼法〉情况的报告》。会议讨论区委、区人民政府拟订的《关于加强街道办事处和居（家）委会建设的若干意见（讨论稿）》。

第二十七次会议　1997年7月16日召开，区人大常委会主任蔡生东，副主任祁连记、张秀耕、吕振福、李建德、白冬至和10名委员出席会议。区委副书记齐洪森、区人民政府副区长路中林、区政协副主席武雅兰、区人民检察院检察长李冰海、区计划局局长张坤山、区财政局副局长田荣凤、区人民政府办公室副主任田海燕列席会议。会议听取和审议区计划局局长张坤山作的《关于1997年上半年经济运行情况的报告》、区财政局副局长田荣凤作的《1997年上半年财政预算执行情况的报告》、区人民政府办公室副主任田海燕作的《关于贯彻实施〈中华人民共和国行政处罚法〉情况的报告》。会议通过人事任免事项（名单见本篇第七章《选举任免》）。

第二十八次会议　1997年8月29日召开，区人大常委会主任蔡生东，副主任张秀耕、吕振福、李建德、白冬至和10名委员出席会议。区人民政府副区长田敏捷、区政协副主席苏金水、区人民法院副院长许富兵、区人民检察院副检察长赵胜利、区计划局局长张坤山、区科技局局长张瑞婷列席会议。会议听取和审议《桥西区1996年至2000年科技发展规划纲要（草案）的报告》并通过相应决议、《区人民政府关于1997年24个重点项目进展情况的报告》。

第二十九次会议　1997年11月20日召开，区人大常委会主任蔡生东，副主任张秀耕、吕振福、李建德、白冬至和9名委员出席会议。区人民政府副区长王晋堂、区科技局局长张瑞婷、区财政局副局长田荣凤列席会议。会议审议通过区科技局局长张瑞婷作的《关于科教兴区规划（草案）的报告》。会议听取和审议区财政局副局长田荣凤作的《关于调整1997年财政预算指标的报告》。会议通过相应决议。会议审议通过关于换届选举委员会名单、选举委员会办公室组成人员名单、换届选举安排意见和代表名额分配意见。

第三十次会议　1998年2月11日召开，区人大常委会主任蔡生东，副主任祁连记、张秀耕、吕振福、白冬至、李建德和9名委员出席会议。区委副书记齐洪森、区政协副主席苏金水、区人民法院院长董建义、区人民检察院检察长李冰海及区人大常委会有关人员列席会议。会议听取、审议并通过《桥西区人大常委会工作报告（草案）和1998年工作要点（草案）》。会议作出《关于召开桥西区第十二届人民代表大会第一次会议的决定》。会议审议并通过区第十二届人大一次会议议程（草案），会议主席团、秘书长建议名单、常务主席建议名单、计划预算审查委员会建议名单、议案审查委员会建议名单。会议听取和审议《区第十二届人民代表大会代表选举情况的报告》《代表资格审查报告》。会议通过人事任免事项（名单见本篇第七章《选举任免》）。

第二节　主任会议

区十一届人大常委会共召开主任会议 82 次。会议由蔡生东主任主持召开。常委会各位副主任出席会议，各委办主任列席会议。

区十一届人大常委会主任会议情况一览表

表 11-9

序号	时　间	议　题
1	1993 年 10 月 12 日	听取区人大常委会各委办第三季度工作及下一步安排的汇报，研究常委会第四次会议有关事项，研究区人大常委会与“一府两院”联席会有关事宜
2	1993 年 10 月 25 日	听取法制工委对部分重点案件进行检查的情况汇报，研究确定区人大常委会各工委委员名单（草案）
3	1993 年 10 月 28 日	研究人事任免事项
4	1993 年 11 月 29 日	听取区标准计量局执法责任制情况的汇报，听取区审计局执法责任制情况的汇报，听取人事代表工委第四季度代表活动情况的汇报
5	1993 年 12 月 15 日	听取赴山东学习情况，传达区委机关建设领导小组几次会议精神，听取区人大常委会年终总结提纲的汇报，研究区人大工作研究会第一次会议有关问题
6	1993 年 12 月 27 日	研究区人大常委会 1993 年工作总结和 1994 年工作安排意见（讨论稿），听取区人大常委会有关委办对第五次常委会材料进行初审的情况汇报，研究常委会第五次会议有关事项
7	1994 年 1 月 10 日	听取关于召开区十一届人大三次会议向区委请示的汇报，听取区人大常委会各委办 1993 年工作总结和 1994 年工作设想的汇报，研究区十一届人大三次会议有关事项，研究区人大常委会 1993 年节约编制奖发放办法，研究区人大常委会第一季度工作安排，听取区人大常委会办公室关于修车包干办法的汇报
8	1994 年 1 月 24 日	研究区十一届人大三次会议有关事项，传达市教科文卫工作会议精神
9	1994 年 2 月 1 日	听取区十一届人大三次会议会前组织代表视察安排意见的汇报，听取区十一届人大三次会议会务筹备工作进展情况的汇报
10	1994 年 2 月 18 日	研究区十一届人大三次会议有关事项，研究常委会第六次会议有关事项

续表 11-9

序号	时　间	议　题
11	1994 年 3 月 4 日	研究区十一届人大三次会议有关事项
12	1994 年 3 月 28 日	研究区十一届人大三次会议总结，研究区人大常委会如何对照代表批评、建议，改进机关工作问题，研究区人大常委会第二季度工作安排（草案），研究区人大常委会各委办工作职责（草案）
13	1994 年 4 月 11 日	研究区人大常委会老干部管理工作，听取区人大常委会各委办关于 1994 年工作设想及建章立制情况的汇报，传达市人大代表工作会议精神，研究区人大常委会各委办工作职责和工作制度
14	1994 年 4 月 25 日	听取有关工委会议文件初审情况的汇报，研究有关被任命干部情况，研究区人大常委会各部门工作职责和工作制度、区人大常委会宣传工作计分奖励办法，研究常委会第七次会议有关事项
15	1994 年 5 月 16 日	研究区人大常委会办公用房预分配方案，研究区人大常委会各工委对口单位的职责范围、人员组成，涉及法律法规的调研情况
16	1994 年 5 月 30 日	听取区人大常委会各委办对各对口单位进行调研情况的汇报，研究人事代表工委第二季度区代表活动安排，听取教科文卫工委关于食品卫生视察情况的报告，听取财经城建工委组织代表视察区绿化工作安排意见的汇报
17	1994 年 6 月 13 日	听取区人民法院关于上半年工作情况的汇报，研究人事任免事项，研究常委会第八次会议有关事项
18	1994 年 7 月 18 日	研究石家庄市错案责任追究会议精神及桥西区意见，研究区人大常委会上半年工作总结、区人大常委会第三季度工作安排，听取区人大常委会办公室关于上半年财务情况的汇报
19	1994 年 8 月 1 日	听取区人民政府关于上半年经济工作运行情况的汇报，听取法制工委在桥西区推行错案责任追究制的安排意见的汇报，听取人事代表工委分片召开代表座谈会的安排意见的汇报
20	1994 年 9 月 26 日	研究第三季度代表活动安排意见，研究补选代表事宜，研究人事任免事项
21	1994 年 10 月 10 日	研究评议被任命干部具体时间、步骤，听取“两院”关于“错案责任追究制”实施办法的汇报，听取区技术监督局关于开展技术监督、进行打假工作情况的汇报
22	1994 年 10 月 24 日	听取各视察组对被任命干部的视察评议报告，听取人事代表工委对市内四区代表工作联谊会情况的汇报，听取市人大监督工作经验交流会情况的汇报，研究常委会第十次会议有关事项

续表 11-9

序号	时　间	议　题
23	1994 年 11 月 7 日	听取区人民政府关于执法部门推行“行政过错责任”追究制工作情况汇报，听取人事代表工委第四季度市区代表活动意见的汇报，研究关于对 4 名被任命人员履职评议的视察报告综合意见，研究召开“一府两院”联席会事宜
24	1994 年 11 月 21 日	听取区监察局关于清理占用企业财物情况的汇报，研究关于补选代表问题，听取教科文卫工委关于《河北省人口与计划生育条例》执法检查的汇报
25	1994 年 12 月 5 日	听取区物价局关于当前物价情况的汇报，听取法制工委关于市人大对“错案责任追究制”检查情况的汇报，研究 1994 年度区人大常委会工作总结提纲，研究补选代表安排意见
26	1994 年 12 月 19 日	听取区体改委关于工业、商业体改工作汇报，研究区人大常委会工作总结（草稿），研究机关目标责任制考评问题，研究人事任免事项
27	1994 年 12 月 23 日	研究区十一届人大四次会议有关事项，研究常委会第十一次会议有关事项
28	1995 年 1 月 16 日	听取区经济委员会关于 1994 年开展“三增一降一提高”活动情况及 1995 年工作初步设想的汇报，听取区商业局关于 1994 年区商业运行情况及 1995 年工作初步设想的汇报，听取区人大常委会各委办 1995 年工作责任目标汇报，听取市代表工作经验交流会情况的汇报，听取人事代表工委对市内四区代表工作联谊会情况的汇报，传达学习市人大信访工作会议精神，研究区人大常委会 1995 年工作要点，听取办公室车辆管理、1994 年财务收支情况的汇报
29	1995 年 2 月 13 日	研究区十一届人大四次会议有关事项
30	1995 年 2 月 24 日	听取人事代表工委关于人大代表活动经费列入本级财政预算的汇报，研究区十一届人大四次会议有关事项，研究人事任免事项，研究常委会第十二次会议有关事项
31	1995 年 4 月 4 日	听取人事代表工委关于学习“三法”安排意见的汇报，听取第二季度工作安排意见的汇报，听取机关思想作风整顿会议精神和安排意见的汇报
32	1995 年 4 月 17 日	听取区科学技术委员会 1995 年科技兴区工作设想汇报，研究人事代表工委关于在代表中开展“创先争优”活动的意见，研究人事代表工委关于召开区代表工作经验交流会安排意见，研究 1995 年区人大常委会议题安排意见，研究常委会第十三次会议有关事项
33	1995 年 5 月 15 日	听取财经城建工委关于开展《河北省预算外资金管理条例》执法检查安排意见的汇报，听取法制工委组织代表视察政府行政执法部门行政过错责任追究制安排意见的汇报，听取人事代表工委代表工作经验交流会有关情况的汇报

续表 11-9

序号	时　间	议　题
34	1995 年 6 月 5 日	听取区人民政府关于 1995 年度办七件实事进展情况报告，听取人事代表工委第二季度代表活动的汇报，传达学习 1994 年度公务员考核会议精神
35	1995 年 6 月 19 日	听取区人大常委会 1995 年上半年工作情况、财务开支情况的汇报，听取办公室及各工委职责情况的汇报
36	1995 年 6 月 30 日	听取财经城建工委关于《河北省预算外资金管理条例》执法检查情况的汇报，听取人事代表工委关于评议工商行政管理工作实施意见的汇报，听取区人大常委会 1995 年上半年工作总结的汇报，研究区人大常委会第三季度工作安排，研究人事任免事宜，研究常委会第十四次会议有关事项
37	1995 年 7 月 17 日	听取区财政局关于 1995 年上半年财政预算执行情况的报告，听取关于参加市人大常委会学习班情况的汇报
38	1995 年 8 月 23 日	听取市人大常委会“驼梁会议”精神的汇报，传达学习市人大常委会信息工作会议精神，研究召开评议工商行政管理工作大会有关事宜，研究常委会第十五次会议有关事项
39	1995 年 9 月 11 日	听取区人民检察院有关大案要案情况的报告，研究召开评议工商行政管理工作大会有关事宜
40	1995 年 9 月 25 日	听取区经济委员会关于区直工业 1—8 月运行情况及今后工作打算的汇报，听取人事代表工委关于评议“两院”部分被任命干部安排意见的汇报，听取关于区人大常委会第四季度工作安排的汇报
41	1995 年 10 月 23 日	听取区卫生局关于对公费医疗和个体行医管理情况的汇报，研究常委会第十六次会议有关事项
42	1995 年 11 月 9 日	听取人事代表工委关于补选代表安排意见的汇报，听取区人大常委会工作汇报
43	1995 年 12 月 4 日	研究 1995 年度区人大常委会工作总结提纲，研究区人大常委会关于经济调研活动安排意见，研究人事任免事项，研究常委会第十七次会议有关事项
44	1996 年 1 月 2 日	传达市人大财经工作会议精神，听取区人大常委会 1995 年工作总结的汇报，听取区人大常委会 1996 年工作要点的汇报
45	1996 年 1 月 22 日	研究区十一届人大五次会议有关事项，研究代表活动经费事宜
46	1996 年 2 月 1 日	研究区十一届人大五次会议有关事项，研究人事任免事项，研究常委会第十八次会议有关事项

续表 11-9

序号	时　间	议　题
47	1996 年 2 月 13 日	研究区十一届人大五次会议有关事项
48	1996 年 3 月 4 日	研究区十一届人大五次会议有关事项，研究区人民政府关于“九五”计划及 2010 远景目标草案的决议
49	1996 年 4 月 1 日	研究区十一届人大五次会议有关事项，研究区人大常委会 1996 年议题安排意见，研究人事任免事项，研究常委会第十九次会议有关事项
50	1996 年 4 月 5 日	研究区十一届人大五次会议有关事项
51	1996 年 4 月 29 日	研究区人大常委会 1996 年议题安排，研究区十一届人大五次会议各代表团有关意见和建议，研究人事代表工委组织代表活动安排意见，听取各工委关于各专项调查、视察活动意见的汇报
52	1996 年 5 月 20 日	听取区人民法院关于案件执行情况的汇报，听取关于承德学习情况的汇报，传达学习市人大常委会宣传信息工作会议精神，研究第二季度人大代表活动安排意见
53	1996 年 6 月 12 日	听取区人民政府关于形象工程方案的汇报，听取区人民政府关于 1996 年上半年财政收入情况的汇报，传达学习市人大常委会关于《中华人民共和国食品卫生法（试行）》执法检查会议精神
54	1996 年 6 月 21 日	研究人事任免事项，研究常委会第二十次会议有关事项
55	1996 年 7 月 1 日	听取区人大常委会 1996 年上半年工作情况的汇报，研究第三季度工作安排，研究关于学习推广高邑县“议政日”暂行办法，研究如何深化政府部门行政过错责任追究制问题，研究关于区人民政府向区人大常委会报告重大事项通报重要情况和报送重要文件的规定（草案）
56	1996 年 7 月 15 日	听取区计生委关于上半年计划生育工作情况的汇报
57	1996 年 7 月 31 日	研究人事任免事项，研究常委会第二十一次会议有关事项
58	1996 年 8 月 19 日	研究关于区人民政府向区人大常委会报告重大事项通报重要情况和报送重要文件的规定，听取人事代表工委关于补选代表事宜的汇报，听取办公室关于 1996 年上半年宣传信息情况的汇报，听取区人民政府关于 1996 年上半年财务支出情况的汇报

续表 11-9

序号	时　间	议　题
59	1996 年 8 月 22 日	研究人事任免事项，研究常委会第二十二次会议有关事项
60	1996 年 9 月 12 日	听取区人民政府关于《中华人民共和国行政处罚法》贯彻实施情况的汇报，听取区人民政府关于“二五”普法的工作总结暨“三五”普法安排，研究关于补选代表有关事宜
61	1996 年 10 月 3 日	听取法制工委关于“就案查执法”工作安排意见的汇报，听取人事代表工委关于补选代表工作情况的汇报，研究区人大常委会第四季度工作安排
62	1996 年 10 月 21 日	听取区人民政府关于办理代表意见、批评和建议情况的汇报，听取区人大常委会各工委第四季度具体工作和措施的汇报，研究计划生育执法检查安排意见
63	1996 年 11 月 4 日	听取区计划生育局关于计划生育检查情况的汇报，听取区人民法院、区人民检察院、区公安分局关于开展“就案查执法”情况的汇报，研究常委会第二十三次会议有关事项
64	1996 年 11 月 11 日	研究区人大常委会 1997 年工作思路、重点和措施
65	1996 年 11 月 25 日	听取财经城建工委关于组织代表视察安排意见的汇报，听取关于区人大常委会年终工作总结事宜的汇报
66	1996 年 12 月 5 日	研究区十一届人大六次会议有关事项
67	1996 年 12 月 16 日	研究区人大常委会工作报告
68	1996 年 12 月 19 日	研究区十一届人大六次会议有关事项
69	1996 年 12 月 24 日	研究代表资格审查报告，研究区十一届人大六次会议有关事项，研究常委会第二十四次会议有关事项
70	1997 年 1 月 5 日	研究区十一届人大六次会议有关事项，听取区人大常委会 1996 年财政开支情况的汇报
71	1997 年 1 月 15 日	研究区十一届人大六次会议有关事项

续表 11-9

序号	时　间	议　题
72	1997 年 2 月 24 日	听取法制工委关于“双学”活动检查情况的汇报，传达学习市人大政法工作会议精神，研究 1997 年区人大常委会议题安排意见，研究常委会第二十五次会议有关事项
73	1997 年 3 月 17 日	研究区人大常委会各工委 1997 年目标责任
74	1997 年 3 月 31 日	研究主任、副主任集体下基层的意见和办法
75	1997 年 4 月 21 日	传达学习市人大宣传信息工作会议精神及贯彻落实意见，研究人事任免事项，研究常委会第二十六次会议有关事项
76	1997 年 6 月 9 日	听取财经城建工委关于《中华人民共和国消费者权益保护法》执法检查安排意见和市关于《中华人民共和国统计法》《中华人民共和国产品质量检查法》《中华人民共和国会计法》执法检查会议精神的汇报，听取人事代表工委关于市人大代表第二季度活动安排意见的汇报，听取法制工委关于《中华人民共和国行政处罚法》执法检查情况的汇报，研究车辆管理制度
77	1997 年 7 月 7 日	听取财经城建工委关于《中华人民共和国消费者权益保护法》执法检查情况的汇报，研究区人大常委会 1997 年上半年财务开支情况，研究人事任免事项，研究常委会第二十七次会议有关事项
78	1997 年 8 月 20 日	研究教科文卫工委关于《中华人民共和国科技进步法》执法检查安排，听取参加在晋州举办的人大干部培训班学习情况的汇报，研究常委会第二十八次会议有关事项
79	1997 年 10 月 5 日	传达学习石家庄市换届选举会议精神，研究区人大选举委员会名单
80	1997 年 10 月 21 日	研究区人大常委会党组关于桥西区人民代表大会换届选举工作的请示、选举委员会名单、选举委员会办公室名单
81	1997 年 11 月 17 日	听取区财政局关于调整 1997 年财政预算指标的报告，听取区财政局《关于预算外资金管理条例》贯彻执行情况的报告，听取区科技局关于“科教兴区规划”（草案）的报告，研究关于换届选举的有关事宜，研究常委会第二十九次会议有关事项
82	1998 年 1 月 14 日	研究区十二届人大一次会议有关事项，研究常委会第三十次会议有关事项

第三节　机构设置

区十一届人大常委会设办公室、人事代表工作委员会、法制工作委员会、财经城建工作委员会、教科文卫工作委员会。

区十一届人大常委会机构人员情况表

表 11-10

机构名称	职　务	姓　名	任职时间
办公室	主　任	李立冬	1993 年 2 月至 1998 年 2 月
	副主任	蒋北松	1994 年 10 月至 1995 年 3 月
		邓利全	1996 年 8 月至 1998 年 2 月
人事代表工作委员会	主　任	耿白元	1993 年 2 月至 1993 年 4 月
		李春喜	1993 年 4 月至 1996 年 8 月
		缺　职	1996 年 8 月至 1998 年 2 月
		袁三臣	1998 年 2 月任
	副主任	张　英	1998 年 2 月任
法制工作委员会	主　任	孟秀娟	1993 年 2 月至 1998 年 2 月
财经城建工作委员会	主　任	徐洪杰	1993 年 2 月至 1996 年 8 月
		缺　职	1996 年 8 月至 1998 年 2 月
		祁藏法	1998 年 2 月任
	副主任	智艾乡	1996 年 8 月至 1998 年 2 月
教科文卫工作委员会	主　任	缺　职	1993 年 2 月至 1995 年 12 月
		张俊英	1995 年 12 月至 1998 年 2 月
	副主任	张俊英	1993 年 2 月至 1995 年 12 月

第五章　监督工作

区十一届人大及其常委会充分发挥监督职能，不断完善监督机制，加强工作监督和法律监督。区十一届人民代表大会共听取和审议区人大常委会、区“一府两院”工作报告20项，审查计划、预算报告7项；区十一届人大常委会先后听取和审议区“一府两院”专项工作报告36项、计划预算和审计工作报告14项，开展视察调研16次、执法检查15次。

聚焦经济建设开展监督。五年中，区人大常委会坚持以经济建设为中心，抓住桥西区经济及社会发展中的突出问题和人民群众普遍关心的问题实施监督。加强对宏观经济决策的经常性监督，督促和支持区人民政府认真抓好桥西区国民经济计划和财政预算的实施。认真研究解决企业效益不佳、困难职工增多等问题，加快企业结构调整步伐。对区人民政府提出的年度财政决算，区人大常委会在认真审议的基础上依法作出决定。在对计划和预决算的审查和执行情况的监督中，区人大常委会不断创新举措，提前介入计划、预算的编制，经过广泛深入的调查研究和论证，提出审查意见，增强编制草案的群众性和科学性；注重发挥审计监督的作用，把审议批准上一年区财政决算同听取审计工作报告结合起来，增强审议的针对性和权威性。五年来，区人大常委会深入区工商企业进行调查和视察共计30余次。1995年末，区人大常委会领导分别深入到橡胶六厂、万方商厦、蔬菜批发市场等十几个单位，了解生产经营情况，帮助谋划进一步发展的思路。针对万方商厦在经营发展中面临的严重困难和问题，提出加强思想政治工作，稳定职工队伍，保证商厦财产安全和正常经营的意见和要求，向区人民政府提出尽快研究解决万方商厦生存与发展问题的意见和建议。

聚焦法制建设开展监督。随着社会主义市场经济的发展，法制建设在推动改革开放中的作用越来越大，区十一届人大常委会充分发挥自身优势，把实施有效的法律监督作为一项重要工作来抓。加强执法检查，促进法律法规贯彻实施。区十一届人大常委会采取听取专项报告、执法检查相结合的方法，先后对30余部法律法规的贯彻实施情况进行检查，对执法检查中发现的问题提出解决意见，督促有关方面认真加以落实。为检查新颁布的《中华人民共和国行政处罚法》贯彻执行情况，区人大常委会采取听取汇报、重点抽查案卷和走访有关群众的方法检查部分行政执法部门的执法情况，重点检查是否依法行政，行政处罚的主体和程序是否合法，有无乱用处罚权现象以及有无截留处罚款、私设小金库和其他不正之风、不廉洁行为。通过检查，对存在的问题提出整改意见，督促执法部门健全和完善内部制约机制。继续开展和深化“两错”责任追究工作，促进公检法机关的法制建设和自身建设，健全和完善有效的内部监督制约机制。为了减少和防止错案和执法过错的发生，促进严格执法，区人大常委会第十七次会议通过了《关于建立案件汇报卡制度的决定》，对报告的范围、时间、形式都作了具体规定。

第一节　听取和审议专项工作报告与计划预算和审计工作报告

区十一届人大常委会会议听取和审议区“一府两院”专项工作报告 36 项、计划预算和审计工作报告 14 项。

听取和审议专项工作报告与计划预算和审计工作报告情况表

表 11–11

时　间	常委会会议	报告内容
1993 年 6 月 30 日	第二次	区人民政府关于 1993 年以来政府经济工作情况的汇报，区人民政府关于办理人代会重点批评建议情况的汇报
1993 年 8 月 13 日	第三次	区人民政府关于“科技兴区”工作情况的汇报，区人民检察院关于反贪污贿赂工作情况的汇报
1993 年 10 月 30 日	第四次	区人民政府关于 1993 年 1—8 月份财政预算执行情况的报告，区人民政府关于办理区十一届人大一次会议代表建议、批评和意见的报告，区人民法院关于经济审判工作的汇报
1993 年 12 月 29 日	第五次	区人民政府关于开展工业“三增一进”活动情况的汇报，区人民政府关于 1993 年财政预算调整方案的报告，区人民政府关于系统反腐倡廉情况的汇报
1994 年 4 月 27 日	第七次	区人民政府关于旧城改造和房地产开发情况的报告，区人民政府关于社会治安综合治理情况的报告
1994 年 6 月 28 日	第八次	区人民政府关于工业企业产权制度改革情况的报告，区人民政府关于落实国务院物价大检查通知精神情况的报告
1994 年 8 月 30 日	第九次	区人民政府关于办理区十一届人大三次会议代表建议、批评和意见及重点批评建议情况的报告，区人民检察院关于查处经济大案、要案情况的报告
1994 年 10 月 26 日	第十次	区人民政府关于 1—9 月份财政预算执行情况的报告

续表 11-11

时　间	常委会会议	报告内容
1995 年 3 月 2 日	第十二次	区人民政府关于 1995 年财政预算的报告（草案）
1995 年 4 月 26 日	第十三次	区人民政府关于 1995 年一季度区属工业生产情况及下步打算的汇报，区人民政府关于 1995 年一季度区属商业经营情况及下步打算的汇报，区人民政府关于街道经济一季度运行情况及全年进展的报告
1995 年 7 月 10 日	第十四次	区人民政府关于上半年经济工作情况的报告
1995 年 8 月 30 日	第十五次	区人民政府关于办理区十一届人大四次会议代表建议、批评和意见情况的报告，区人民法院、区人民检察院关于实行错案责任追究制情况的报告
1995 年 10 月 30 日	第十六次	区人民政府关于统计工作的情况报告，区人民政府关于审计工作的情况报告，区人民政府关于体改工作的情况报告
1995 年 12 月 18 日	第十七次	区人民政府关于宣传贯彻《中华人民共和国教育法》情况的报告
1996 年 2 月 2 日	第十八次	区人民政府关于桥西区国民经济和社会发展“九五”计划及 2010 年远景目标草案，区人民政府关于桥西区 1995 年财政决算草案和 1996 年财政预算草案情况的报告，区人民政府关于对 1995 年区财政决算草案进行审计情况的报告
1996 年 8 月 27 日	第二十二次	区人民政府关于上半年经济运行情况，区人民政府关于财政预算执行情况的报告，区人民政府关于 1996 年重点项目进展情况的汇报
1996 年 11 月 6 日	第二十三次	区人民政府关于办理代表建议、批评和意见情况的报告，区人民政府关于贯彻执行《河北省预算外资金管理条例》情况的报告，区人民政府关于调整 1996 年财政预算和部分经济指标的报告
1997 年 3 月 10 日	第二十五次	区人民政府关于桥西区 1996 年财政决算草案的报告，区人民政府关于对桥西区 1996 年财政预算执行情况的审计工作报告，区人民政府关于科教兴区的思路及措施工作的报告
1997 年 4 月 28 日	第二十六次	区人民政府关于 1997 年第一季度经济运行情况的报告，区人民政府关于贯彻《中华人民共和国教育法》情况的报告，区人民法院、区人民检察院、区公安分局关于贯彻实施修改后的《中华人民共和国刑事诉讼法》情况的报告

续表 11-11

时　间	常委会会议	报告内容
1997 年 7 月 16 日	第二十七次	区人民政府关于 1997 年上半年经济运行情况的报告，区人民政府关于 1997 年上半年财政预算执行情况的报告，区人民政府关于贯彻实施《中华人民共和国行政处罚法》情况的报告
1997 年 8 月 29 日	第二十八次	区人民政府关于 1997 年 24 个重点项目进展情况的报告，区人民政府关于桥西区 1996 年至 2000 年科技发展规划纲要（草案）的报告
1997 年 11 月 20 日	第二十九次	区人民政府关于科教兴区规划（草案）的报告，区人民政府关于调整 1997 年财政预算指标的报告

第二节　法律法规实施情况的检查

区十一届人大常委会共组织开展执法检查 15 次。

1. 1993 年 7 月，区人大常委会就桥西区贯彻落实《中华人民共和国食品卫生法（试行）》和《中华人民共和国传染病防治法》情况开展执法检查。

2. 1993 年 10 月，区人大常委会就桥西区贯彻落实《中华人民共和国教育法》情况开展执法检查。

3. 1993 年 10 月 28 日，区人大常委会就桥西区贯彻落实《河北省计划生育条例》情况开展执法检查。

4. 1994 年 5 月 15 日至 30 日，区人大常委会就桥西区贯彻落实《中华人民共和国食品卫生法（试行）》情况开展执法检查，促进桥西区食品卫生状况的改善和食品卫生质量的提高，为广大消费者提供营养、卫生的食品。

5. 1994 年 7 月，区人大常委会就桥西区贯彻落实《中华人民共和国民族区域自治法》《河北省散居少数民族权益保障条例》情况开展执法检查，并将实施情况报市执法检查领导小组。

6. 1994 年 10 月 31 日至 11 月中旬，区人大常委会就桥西区贯彻落实《中华人民共和国会计法》《中华人民共和国注册会计师法》开展执法大检查。主要目的是规范和加强会计工作，保障会计人员依法行使职权，维护社会主义市场经济秩序，促进廉政建设，保障国民经济持续、快速、健康发展。

7. 1994 年 11 月 14 日至 26 日，区人大常委会就桥西区贯彻落实《河北省计划生育条例》情况开展执法检查，全面推动《河北省计划生育条例》的贯彻落实。

8. 1994 年 12 月，区人大常委会就桥西区贯彻落实《中华人民共和国教师法》情况开展执法检查。

9. 1995年5月10日至6月中旬，区人大常委会就桥西区贯彻落实《河北省预算外资金管理条例》情况开展执法检查。对规范预算外资金收支行为，正确引导预算外资金使用方向，提高资金使用效益，控制消费基金过快增长和通货膨胀，维护市场经济秩序，治理“三乱”，促进廉政建设起到了重要作用。

10. 1995年7月，根据省人大常委会办公厅、省政府办公厅和市人大常委会办公厅、市政府办公厅《关于开展1995年全省环境保护执法检查工作的通知》精神，区人大常委会组织、成立环境保护执法检查领导小组，以《中华人民共和国环境保护法》《中华人民共和国大气污染防治法》《中华人民共和国水污染防治法》和《中华人民共和国野生动物保护法》等与生态环境保护有关的法律以及国务院和河北省关于环境保护的法规为依据，进行环保执法检查。

11. 1996年5月20日至6月15日，区人大常委会就桥西区贯彻落实《河北省档案工作条例》情况开展执法检查。

12. 1996年6月20日至7月15日，区人大常委会就桥西区贯彻落实《中华人民共和国食品卫生法（试行）》情况开展执法检查。主要目的是进一步贯彻落实《中华人民共和国食品卫生法（试行）》，保障人民群众的饮食安全和身体健康，促进食品生产、经营企业的健康发展。

13. 1996年7月1日至15日，根据市人大常委会办公厅《关于开展教育法执法检查的通知》精神，区人大常委会就桥西区贯彻落实《中华人民共和国教育法》情况开展执法检查。

14. 1997年5月26日至6月15日，区人大常委会就桥西区贯彻落实《中华人民共和国消费者权益保护法》和《河北省保护消费者合法权益条例》情况开展执法检查，切实做好保护消费者权益工作。

15. 1997年6月18日至19日，区人大常委会组织部分人大代表对区土地局、区环保局、区城管局等六个部门学习《中华人民共和国行政处罚法》和执法情况进行检查。

第三节　视察调研

区十一届人大常委会共组织开展视察调研活动16次。

视察调研活动选录表

表11–12

时　间	视察内容	牵头单位
1993年5月	关于桥西区市场管理和市场建设情况	办　公　室
1993年6月	关于桥西区“三资”企业和大项目建设情况	办　公　室

续表 11-12

时　间	视察内容	牵头单位
1993 年 6 月	关于桥西区文教局和六个小学贯彻实施《中国教育改革和发展纲要》情况	教科文卫工委
1994 年 4 月	关于桥西区医疗卫生管理情况	教科文卫工委
1994 年 5 月	关于政府行政执法部门过错责任追究制执行情况	法制工委
1994 年 8 月	关于桥西区创建卫生城工作情况	办公室
1995 年 5 月	关于政府“行政执法过错责任追究制”执行情况	法制工委
1995 年 5 月	关于桥西区计划生育工作情况	教科文卫工委
1995 年 7 月	关于辖区部分经营性电子游戏厅经营和管理情况	教科文卫工委
1995 年 8 月	关于桥西工商分局的有关工作情况	财经城建工委
1995 年 12 月	关于部分工业、商业企业经营运转情况	财经城建工委
1996 年 5 月	关于辖区食品卫生工作情况	教科文卫工委
1996 年 11 月	关于桥西区公、检、法系统开展“就案查执法”活动情况	法制工委
1996 年 11 月	关于维明街改造、延伸工作情况	财经城建工委
1996 年 11 月	关于桥西区计划生育工作情况	教科文卫工委
1997 年 3 月	关于桥西区刑侦体制改革情况	法制工委

第四节　评议工作

被任命人员每年向区人大常委会递交书面述职报告。区人大常委会组织常委会委员和人大代表对被任命人员进行述职评议。本届对区人民政府系统 23 个部门领导履行职责进行全面测评，1994 年 10 月 13 日至 23 日，为了深入贯彻党的十四届四中全会精神，充分发挥人大代表的参政议政作用，加强区人大常委会对被任命干部的管理，经区人大常委会主任会议研究，组织四个调查组对区人大常委会任命的区司法局局长梁金福、区体制改革委员会主任潘宗深、区计划委员会主任张坤山、区经济委员会主任温春勇进行履职评议。

区人民政府部门主要负责人履职评议情况表

表 11–13

时　间	常委会会议	被评议人员	职　务
1994 年 10 月 26 日	第十次	梁金福	区司法局局长
		潘宗深	区体制改革委员会主任
		张坤山	区计划委员会主任
		温春勇	区经济委员会主任

第六章　决议决定

区十一届人大及其常委会坚持充分发挥决议决定重要作用，推动党的主张落地落实，先后共作出决议决定39项，统一思想，凝聚合力。按照法定要求，对“一府两院”和区人大常委会工作报告作出决议，促进工作高质量开展。适时对计划、预算、预算调整、决算等重大问题作出决议决定，确保经济稳步发展。

第一节　作出决议决定

一、区十一届人大历次会议作出决议决定情况

桥西区第十一届人民代表大会共作出决议决定26项。

区十一届人大历次会议决议决定一览表

表11-14

时　间	会　次	名　称
1993年 2月20日	一次会议	关于桥西区人民政府工作报告的决议 关于桥西区1992年财政决算和1993年财政预算报告草案的决议 关于桥西区人民代表大会常务委员会工作报告的决议 关于桥西区人民法院工作报告的决议 关于桥西区人民检察院工作报告的决议
1994年 3月19日	三次会议	关于桥西区人民政府工作报告的决议 关于桥西区1993年财政决算和1994年财政预算报告草案的决议 关于桥西区人民代表大会常务委员会工作报告的决议 关于桥西区人民法院工作报告的决议 关于桥西区人民检察院工作报告的决议

续表 11-14

时　间	会　次	名　称
1995 年 3 月 10 日	四次会议	关于桥西区人民政府工作报告的决议 关于桥西区 1994 年财政决算和 1995 年财政预算报告草案的决议 关于桥西区人民代表大会常务委员会工作报告的决议 关于桥西区人民法院工作报告的决议 关于桥西区人民检察院工作报告的决议
1996 年 4 月 19 日	五次会议	关于桥西区人民政府工作报告的决议 关于桥西区国民经济和社会发展“九五”计划和 2010 年远景目标纲要（草案）的决议 关于桥西区 1995 年财政决算和 1996 年财政预算报告草案的决议 关于桥西区人民代表大会常务委员会工作报告的决议 关于桥西区人民法院工作报告的决议 关于桥西区人民检察院工作报告的决议
1997 年 1 月 25 日	六次会议	关于桥西区人民政府工作报告的决议 关于桥西区 1996 年财政决算和 1997 年财政预算报告草案的决议 关于桥西区人民代表大会常务委员会工作报告的决议 关于桥西区人民法院工作报告的决议 关于桥西区人民检察院工作报告的决议

二、区十一届人大常委会历次会议作出决议决定情况

区十一届人大常委会作出决议决定 13 项（不包含人事任免事项）。

区十一届人大常委会历次会议决议决定一览表

表 11-15

时　间	常委会会议	名　称
1993 年 8 月 13 日	第三次	关于召开桥西区第十一届人民代表大会第二次会议的决定
1993 年 12 月 29 日	第五次	关于召开桥西区第十一届人民代表大会第三次会议的决定
1994 年 12 月 30 日	第十一次	关于召开桥西区第十一届人民代表大会第四次会议的决定
1995 年 8 月 30 日	第十五次	关于把错案和行政执法过错责任追究制进一步引向深入的决定

续表 11-15

时　间	常委会会议	名　称
1995 年 12 月 18 日	第十七次	关于实行部分案件汇报卡制度的决定
1996 年 2 月 2 日	第十八次	关于召开桥西区第十一届人民代表大会第五次会议的决定
1996 年 11 月 6 日	第二十三次	关于批准桥西区人民政府调整财政预算报告的决定 关于批准桥西区人民政府调整工业总产值和工商利税总额计划指标报告的决定
1996 年 12 月 28 日	第二十四次	关于召开桥西区第十一届人民代表大会第六次会议的决定
1997 年 8 月 29 日	第二十八次	关于《桥西区 1996—2000 年科技发展规划纲要》的决议
1997 年 11 月 20 日	第二十九次	关于桥西区科技兴区规划的决议 关于桥西区人民政府调整 1997 年度财政预算报告的决议
1998 年 2 月 11 日	第三十次	关于召开桥西区第十二届人民代表大会第一次会议的决定

第二节　决议决定选介

关于把推行错案和行政执法过错责任追究制进一步引向深入的决定

《桥西区人大常委会关于把推行错案和行政执法过错责任追究制进一步引向深入的决定》（以下简称《决定》），于 1995 年 8 月 30 日区十一届人大常委会第十五次会议通过。

近一年，桥西区“一府两院”在推行错案和行政执法过错（以下简称“两错”）责任追究制过程中，增强了执法人员的法制观念，促进了严肃执法，加强了廉政建设，保持了社会稳定，受到了广大群众的欢迎和拥护，收到了初步的、阶段性成效。但是，也存在一些执法部门领导对推行“两错”责任追究制的重要意义认识不深、领导力度不够的问题，导致工作进展不平衡，效果不够明显。为此，区人大常委会提出了关于把推行错案和行政执法过错责任追究制进一步引向深入的决定。

《决定》要求，“两错”责任追究制，是在新形势下不断提高执法水平，严肃执法的一项全新工作，“一府两院”要在实践中，坚持以点带面，调查研究，积极探索，不断完善自我约束机制，以保证推行“两错”责任追究制顺利、健康发展。

关于《桥西区国民经济和社会发展“九五”计划和2010年远景目标纲要》的决议

《桥西区人大常委会关于〈桥西区国民经济和社会发展“九五”计划和2010年远景目标纲要〉的决议》（以下简称《决议》），于1996年4月19日桥西区十一届人民代表大会第五次会议审查通过。

《决议》实事求是地对“八五”建设成绩和问题进行分析。“八五”期间，区人民政府在市委、市人民政府和区委的领导下，带领桥西区人民坚定不移地贯彻执行党的基本路线和党的十四届三、四、五中全会精神，坚持“科技兴区、开放兴区、开发兴区、流通兴区”的经济发展战略，同心同德，奋力拼搏，经济建设和社会发展取得了显著成绩，为“九五”发展乃至第二步战略目标的实施积蓄了发展后劲，奠定了物质基础和思想基础，积累了宝贵的经验。1996年到2010年是桥西区社会主义现代化建设进程中的重要时期，《桥西区国民经济和社会发展“九五”计划和2010年远景目标纲要》（以下简称《纲要》）提出的“九五”期间的指导思想和主要任务、今后十五年的目标和措施，符合桥西区实际，体现了桥西区人民加快发展的愿望和要求。

《决议》强调，《纲要》是今后十五年桥西区现代化建设的行动纲领，要全面完成《纲要》规定的各项任务，把美好蓝图转化为实实在在的发展成果。

关于《桥西区1996—2000年科技发展规划纲要》的决议

《关于〈桥西区1996—2000年科技发展规划纲要〉的决议》（以下简称《决议》），于1997年8月29日区十一届人大常委会第二十八次会议通过。

《决议》强调，科技工作必须面向经济建设，紧紧围绕两个根本转变，抓好产品、产业结构调整，加大新产品开发力度，加快实施“三产强区、科教兴区”的发展战略，促进国民经济持续、快速、健康发展和社会全面进步。

第七章　选举任免

区十一届人大常委会在行使人事任免权的过程中，本着对党和人民高度负责的态度，把党委推荐干部和严格依法任免的原则结合起来，对被任命干部的德才学识、法制观念、公仆意识进行全面衡量，既听取其任职打算，又考察其以往政绩，严格按程序任免干部。第十一届期间，区人大常委会依法任免地方国家工作人员 208 人次，接受辞职 6 人，补选市人大代表 1 名。为了加强对被任命干部的监督管理，每次任命后，都要召开颁发任命书大会，每年末要求被任命干部向区人大常委会作书面述职报告，提高被任命干部接受人大监督的自觉性。此外，区人大常委会还有计划地组织区人大常委会委员和区人大代表认真开展对被任命人员的履职评议。五年中，区人大常委会对区人民政府 23 个部门负责人履行职责情况进行了全面测评，并对部分被任命人员进行了履职评议，这对增强被任命人员的法制意识、民主意识、廉政意识、公仆意识和为党为人民做好工作的责任感，起到了积极的作用。认真做好人大换届选举工作，成立领导小组和工作机构，依法作出安排部署，引导选民和代表依法行使民主权利，保障了换届选举顺利进行。

第一节　常委会选举任免情况

1993 年 4 月 24 日，区十一届人大常委会第一次会议，通过了区人大常委会、区人民政府、区人民法院、区人民检察院相关人事任免事项。

免去：

耿白元的桥西区人大常委会人事代表工作委员会主任职务

任命：

李春喜为桥西区人大常委会人事代表工作委员会主任

决定免去：

王晋堂的桥西区科学技术委员会主任职务

温殿刚的桥西区劳动人事局局长职务

张　敖的桥西区经济委员会主任职务

郑丁江的桥西区审计局局长职务

姜根活的桥西区卫生局局长职务

杨友华的桥西区统计局局长职务

赵志彬的桥西区文教局局长职务

决定任命：

张坤山为桥西区计划委员会主任

于荣真为桥西区体育运动委员会主任

田敏捷为桥西区财政局局长

李兵起为桥西区城市建设管理委员会主任

王常振为桥西区监察局局长

梁茂森为桥西区物价局局长

刘庆涛为桥西区标准计量局局长

郑立庄为桥西区工商行政管理局局长

钟秀英为桥西区计划生育委员会主任

潘宗深为桥西区体制改革委员会主任

耿素珍为桥西区档案局局长

林芳棠为桥西区爱国卫生运动委员会办公室主任

李秀坤为桥西区人民防空办公室主任

梁金福为桥西区司法局局长

光吉胜为桥西区住房委员会办公室主任

王玉庭为桥西区劳动人事局局长

敦彦福为桥西区审计局局长

何德文为桥西区统计局局长

王　臣为桥西区卫生局局长

杨志诚为桥西区科学技术委员会主任

高建华为桥西区文教局局长

免去：

张亚平的桥西区人民法院副院长、审判委员会委员、审判员职务

任命：

许富兵、贾庆辰为桥西区人民法院副院长

赵勇刚为桥西区人民法院西里人民法庭副庭长

免去：

李志超的桥西区人民检察院副检察长、检察委员会委员职务

王建国的桥西区人民检察院检察委员会委员、检察员职务

任命：

王炳伟、赵胜利、张布里为桥西区人民检察院副检察长

扈长根、张文先、崔建民、陈辉为桥西区人民检察院检察委员会委员

张保林、郭克栋、容荃为桥西区人民检察院检察员

1993 年 6 月 30 日，区十一届人大常委会第二次会议，通过了区人民法院、区人民检察院相关人事任免事项。

免去：

徐考年、王印坤的桥西区人民法院审判委员会委员、审判员职务

任命：

王立山为桥西区人民法院副院长(挂职)

王增录、郄清琴、王跃斌、刘如杰、刘晓梅、史瑾、齐燕为桥西区人民法院审判员

李文刚、马利英、张仲伟、高永兵、冯秋生、张婕、李金正、贾景辉为桥西区人民检察院检察员

1993 年 10 月 30 日，区十一届人大常委会第四次会议，通过了区人民政府相关人事任职事项。

决定任命：

温春勇为桥西区经济委员会主任

魏俊杰为桥西区商业局局长

张　敖为桥西区民政局局长

1993 年 12 月 29 日，区十一届人大常委会第五次会议，通过了区人民法院相关人事任职事项。

任命：

曹俊英、任丽波为桥西区人民法院副院长

张岩军、史振利、王国光、苏常印、李立新为桥西区人民法院审判员

1994 年 4 月 27 日，区十一届人大常委会第七次会议，通过了区人民法院相关人事任免事项。

免去：

曹俊英的桥西区人民法院民事审判庭庭长职务

王进才的桥西区人民法院执行庭庭长职务

孟凡端的桥西区人民法院经济审判庭副庭长职务

高平舟的桥西区人民法院民事审判庭副庭长职务

王立新的桥西区人民法院告诉申诉审判庭副庭长职务

闫平华的桥西区人民法院执行庭副庭长职务

赵勇刚的桥西区人民法院西里人民法庭副庭长职务

付连顺的桥西区人民法院民事审判庭副庭长职务

任命：

王进才为桥西区人民法院民事审判庭庭长

孟凡瑞为桥西区人民法院执行庭庭长

高平舟为桥西区人民法院告诉申诉审判庭副庭长

王立新为桥西区人民法院民事审判庭副庭长

闫平华为桥西区人民法院经济审判庭副庭长

赵勇刚为桥西区人民法院西里人民法庭副庭长

王跃斌为桥西区人民法院经济审判庭副庭长

尹惠敏为桥西区人民法院审判员

1994 年 6 月 28 日，区十一届人大常委会第八次会议，通过了区人民政府、区人民法院、区人民检察院相关人事任免事项。

决定免去：

刘庆涛的桥西区标准计量局局长职务

决定任命：

刘庆涛为桥西区技术监督局局长

免去：

王立山的桥西区人民法院副院长职务(挂职)

任命：

任丽波为桥西区人民法院副院长、审判委员会委员(挂职)

付连顺、孟凡瑞为桥西区人民法院审判委员会委员

高秋成、孙兰英、杜增寿、王瑞平、魏文龙、贾立国、李亚男、赵祥云、潘丽华为桥西区人民检察院检察员

1994 年 10 月 26 日，区十一届人大常委会第十次会议，通过了区人大常委会、区人民检察院相关人事任免事项。

任命：

蒋北松为桥西区人大常委会办公室副主任

免去：

王炳伟的桥西区人民检察院副检察长职务

1994 年 12 月 30 日，区十一届人大常委会第十一次会议，通过了区人民法院相关人事任免事项。

免去：

马德贵的桥西区人民法院经济审判庭庭长、审判委员会委员职务

庞志明的桥西区人民法院刑事审判庭庭长、审判委员会委员职务

杨清滨的桥西区人民法院刑事审判庭副庭长职务

高平舟的桥西区人民法院告诉申诉庭副庭长职务

闫平华的桥西区人民法院经济审判庭副庭长职务

啜增义的桥西区人民法院刑事审判庭副庭长职务

任命：

啜增义为桥西区人民法院刑事审判庭庭长、审判委员会委员

闫平华为桥西区人民法院经济审判庭庭长、审判委员会委员

王玉才为桥西区人民法院刑事审判庭副庭长

刘晓梅为桥西区人民法院民事审判庭副庭长

王豪、马文毅、张燕超、艾卫军为桥西区人民法院审判员

1995 年 7 月 10 日，区十一届人大常委会第十四次会议，通过了区人民政府、区人民法院、区人民检察院相关人事任免事项。

决定任命：

彭彩欣为桥西区人民政府副区长

任命：

史　瑾为桥西区人民法院经济审判庭副庭长

刘如杰为桥西区人民法院执行庭副庭长

赵晓渝为桥西区人民法院审判员

免去：

赵祥云、潘丽华的桥西区人民检察院检察员职务

任命：

张义怀为桥西区人民检察院副检察长

王志忠、李建平、米书明、杜国江为桥西区人民检察院检察委员会委员

武慧玲、吴文娟、杨新义、路新、杨红、郑东为桥西区人民检察院检察员

1995 年 12 月 18 日，区十一届人大常委会第十七次会议，通过了区人大常委会、区人民政府、区人民法院相关人事任免事项。

免去：

张俊英的桥西区人大常委会教科文卫工作委员会副主任职务

任命：

张俊英为桥西区人大常委会教科文卫工作委员会主任

决定免去：

林芳棠的桥西区爱国卫生运动委员会办公室主任职务

决定任命：

董大考为桥西区爱国卫生运动委员会办公室主任

免去：

任丽波的桥西区人民法院副院长、审判委员会委员职务(挂职)

庞志明、杨清滨的桥西区人民法院审判员职务

1996年2月2日，区十一届人大常委会第十八次会议，通过了区人民法院相关人事免职事项。

免去：

陈彦儒的桥西区人民法院告诉申诉庭庭长、审判委员会委员职务

杨士占的桥西区人民法院西里人民法庭庭长、审判委员会委员职务

范学英的桥西区人民法院行政审判庭庭长、审判委员会委员职务

1996年4月4日，区十一届人大常委会第十九次会议，通过了区人民政府、区人民法院相关人事任免事项。

决定任命：

张治春为桥西区人民政府副区长、决定其为代理区长

免去：

赵勇刚的桥西区人民法院执行庭副庭长职务

刘晓梅的桥西区人民法院民事审判庭副庭长职务

任命：

赵勇刚为桥西区人民法院行政审判庭庭长、审判委员会委员

刘晓梅为桥西区人民法院西里人民法庭庭长、审判委员会委员

苏常印为桥西区人民法院刑事审判庭副庭长

史振利为桥西区人民法院告诉申诉庭副庭长

李立新为桥西区人民法院民事审判庭副庭长

郝富林、杜洪波、李国军、武冀海为桥西区人民法院审判员

1996年6月22日，区十一届人大常委会第二十次会议，通过了区人民政府、区人民检察院相关人事任职事项。

决定任命：

宁尔成、田敏捷为桥西区人民政府副区长

任命：

李冰海为桥西区人民检察院副检察长、决定其为代理检察长

1996 年 8 月 3 日，区十一届人大常委会第二十一次会议，通过了区人大常委会、区人民政府、区人民检察院相关人事任免事项。

免去：

徐洪杰的桥西区人大常委会财经城建工作委员会主任职务

李春喜的桥西区人大常委会人事代表工作委员会主任职务

任命：

邓利全为桥西区人大常委会办公室副主任

决定免去：

张坤山的桥西区计划委员会主任职务

温春勇的桥西区经济委员会主任职务

钟秀英的桥西区计划生育委员会主任职务

高建华的桥西区文教局局长职务

李兵起的桥西区城市建设管理委员会主任职务

王　臣的桥西区卫生局局长职务

梁茂森的桥西区物价局局长职务

梁金福的桥西区司法局局长职务

杨志诚的桥西区科学技术委员会主任职务

刘庆涛的桥西区技术监督局局长职务

于荣真的桥西区体育运动委员会主任职务

潘宗深的桥西区体制改革委员会主任职务

魏俊杰的桥西区商业局局长职务

决定任命：

张坤山为桥西区计划局局长

温春勇为桥西区经济贸易局局长

钟秀英为桥西区计划生育局局长

高建华为桥西区教育局局长

李兵起为桥西区城市建设市容管理局局长

贾建国为桥西区商贸局局长

杨双臻为桥西区文化体育局局长

张瑞婷为桥西区科学技术局局长

王香水为桥西区卫生局局长

底国英为桥西区物价局局长

成振魁为桥西区环境保护局局长

王宏滨为桥西区技术监督局局长

王　臣为桥西区司法局局长

免去：

张布里的桥西区人民检察院副检察长职务

1996 年 8 月 27 日，区十一届人大常委会第二十二次会议，通过了区人大常委会、区人民政府相关人事任职事项。

任命：

智艾乡为桥西区人大常委会财经城建工作委员会副主任

决定任命：

纪振国为桥西区土地局局长

1996 年 12 月 28 日，区十一届人大常委会第二十四次会议，补选产生出席石家庄市第九届人民代表大会代表 1 名。

补选：

穆培文为石家庄市第九届人民代表大会代表

1997 年 7 月 16 日，区十一届人大常委会第二十七次会议，通过了区人民法院相关人事任职事项。

任命：

李学境、郑丽君为桥西区人民法院审判员

1998 年 2 月 11 日，区十一届人大常委会第三十次会议，通过了区人大常委会相关人事任职事项。

任命：

祁藏法为桥西区人大常委会财经城建工作委员会主任

袁三臣为桥西区人大常委会人事代表工作委员会主任

张　英为桥西区人大常委会人事代表工作委员会副主任

刘延清为桥西区人大常委会中山路办事处工作室主任

檀荣书为桥西区人大常委会永安街办事处工作室主任

梁云芝为桥西区人大常委会南长街办事处工作室主任

刘聚权为桥西区人大常委会裕华西路办事处工作室主任

李桂端为桥西区人大常委会兴华街办事处工作室主任

任贵芳为桥西区人大常委会东里办事处工作室主任

禹炳涛为桥西区人大常委会红旗大街办事处工作室主任
靳美全为桥西区人大常委会友谊大街办事处工作室主任

第二节　常委会接受辞职情况

1993 年 8 月 13 日，区十一届人大常委会第三次会议接受耿白元辞去桥西区第十一届人民代表大会常务委员会委员职务。

1995 年 3 月 2 日，区十一届人大常委会第十二次会议接受张昌贤辞去桥西区人民政府副区长职务。

1996 年 4 月 4 日，区十一届人大常委会第十九次会议接受武舒通辞去桥西区人大常委会副主任职务。

1996 年 4 月 4 日，区十一届人大常委会第十九次会议接受段万荣辞去桥西区人民政府区长职务。

1996 年 6 月 22 日，区十一届人大常委会第二十次会议接受张石峰辞去桥西区人民政府副区长职务。

1996 年 6 月 22 日，区十一届人大常委会第二十次会议接受宁尔成辞去桥西区人民检察院检察长职务。

第八章　机关工作

第一节　自身建设

区人大常委会始终注重加强自身建设，提高常委会组成人员以及机关工作人员的政治理论水平和业务水平，努力建设团结、务实、廉洁、高效的地方国家权力机关。

加强区人大常委会领导班子建设。在日常工作中认真执行主任会、常委会议事规则，坚持民主集中制原则，充分发扬民主，严格依法办事，不断提高议事议政的质量。严格执行《领导干部廉洁自律若干规定》，做到廉洁自律、勤政为民。

加强干部队伍建设。深入学习邓小平建设有中国特色社会主义理论，党的十四大、十五大精神。坚持举办学习培训班，组织全体人员学习《中华人民共和国全国人民代表大会和地方各级人民代表大会选举法》《中华人民共和国地方各级人民代表大会和地方各级人民政府组织法》，学习社会主义市场经济理论和各项法律法规，不断提高机关干部的政治理论素养和业务素质，不断提高机关干部观察问题、分析问题、解决问题的能力。

加强制度建设。建立健全主任会及常委会议事、监督、任免、代表、信访等各项工作制度，明确职责分工，实行严格的目标管理，形成运行有序、密切配合、协同一致的工作局面，确保完成各项工作任务。

第二节　宣传工作

区人大常委会加大人大制度宣传和法律宣传的力度。制定《关于做好人大宣传报道工作的意见》，对宣传信息工作的内容、方法、信息员的培训以及任务要求、奖惩办法等提出明确要求，使人大宣传报道工作有新起色。1994 年 4 月 25 日主任会议上讨论区人大常委会宣传工作计分奖励办法。1997 年 4 月 21 日主任会议上研究市人大宣传信息工作会议精神。

第三节　信访工作

区人大常委会把做好代表和群众的信访工作作为密切联系人民群众、体察社情民意的重要渠道，坚持由区人大常委会主任、副主任批办重要信访案件。信访工作部门加强与“一府两院”信访部门的联系和协调，加强催办督办，提高办理速度和结案率。区十一届人大常委会共受理人民群众来信来访370件次，其中受理申诉控告的案件87件，及时转交有关部门办理。通过与有关部门共同努力，为人民群众解决了一些迫切需要解决的问题，维护群众合法权益，化解社会矛盾。区人大常委会负责信访的工作人员荣获省人大信访先进工作者称号，并受到表彰。

第十二篇

石家庄市桥西区
第十二届人民代表大会

（1998 年 2 月至 2003 年 5 月）

第一章　党的领导

桥西区第十二届人民代表大会及其常务委员会，坚持以邓小平理论和“三个代表”重要思想为指导，认真贯彻党的十五大和十六大精神，以实施依法治国方略、推进依法治区总揽人大工作全局，积极探索，开拓进取，大力推进民主法制建设，认真履行宪法和法律赋予的职责，为保障改革开放和现代化建设的健康发展，发挥了积极作用。

区委对人大工作高度重视。区十二届人大常委会主任由区委书记韩宪章兼任。五年来，区委书记韩宪章共主持召开主任会议 17 次，出席区人大常委会 14 次，并多次组织人大代表开展视察。1998 年换届选举，成立了以区委书记韩宪章为主任的选举委员会。1998 年 2 月 21 日，区委书记韩宪章在桥西区第十二届人民代表大会第一次会议闭幕时发表讲话，要求新一届区人大及其常委会在区委的领导下，继续坚持人民代表大会制度，继续完善法律监督和工作监督，积极推进依法治区工作，切实加强区人大及其常委会的自身建设，依法履行国家权力机关的职能，全面完成大会确定的各项任务。1998 年 8 月 25 日，区委书记韩宪章带领部分区人大常委会组成人员对 1998 年重点建设项目进展情况进行视察。1999 年 7 月 14 日至 15 日，区委书记韩宪章带领部分区人大代表对贯彻落实《中华人民共和国行政处罚法》情况进行视察。

区人大常委会党组坚持请示报告制度，工作中的重大事项及时向区委报告，把坚持党的领导和严格依法办事有机统一起来，自觉将人大工作置于区委的领导下，落实区委的各项决策和工作部署，区人大常委会紧密联系人大工作实际，认真学习邓小平理论、“三个代表”重要思想，切实加强区人大常委会及机关的思想、组织和作风建设，推动人大工作顺利开展。

第一节　党的组织机构

中共石家庄市桥西区人大常委会党组

书　记：韩宪章（1998 年 2 月至 2003 年 4 月）
　　　　宋东来（2003 年 4 月至 2003 年 5 月）
副书记：祁连记（1998 年 2 月至 2003 年 5 月）

成　员：吕振福（1998 年 2 月至 2003 年 5 月）
郑丁江（1998 年 2 月至 2003 年 4 月）
李立冬（1998 年 2 月至 1998 年 5 月）
陈丽敏（女，1998 年 5 月至 2003 年 5 月）

第二节　党组会议

一、党组会

区十二届人大期间，区人大常委会党组召开党组会 16 次。其中，1998 年召开党组会 4 次，1999 年召开党组会 2 次，2000 年召开党组会 1 次，2001 年召开党组会 2 次，2002 年召开党组会 4 次，2003 年召开党组会 3 次。

1998 年党组会情况一览表

表 12–1

时　间	会　次	会议议题
6 月 5 日	第 1 次	研究机构设置、人员编制
8 月 17 日	第 2 次	研究人事任免事宜
9 月 2 日	第 3 次	研究人事任免事宜
11 月 16 日	第 4 次	研究区十二届人大二次会议召开时间，研究补选区人大代表事宜，研究人代会经费，研究补选代表时间

1999 年党组会情况一览表

表 12–2

时　间	会　次	会议议题
3 月 9 日	第 1 次	研究人事任免事宜
6 月 2 日	第 2 次	研究人事任免事宜

2000 年党组会情况一览表

表 12–3

时　间	会　次	会议议题
9 月 8 日	第 1 次	研究人事任免事宜

2001 年党组会情况一览表

表 12-4

时　间	会　次	会议议题
3 月 25 日	第 1 次	研究推荐祁连记为 2000 年工作成绩突出先进个人
10 月 18 日	第 2 次	研究人事任免事宜

2002 年党组会情况一览表

表 12-5

时　间	会　次	会议议题
1 月 23 日	第 1 次	研究推荐祁连记为 2001 年度优秀领导干部
7 月 29 日	第 2 次	研究人事任免事宜
9 月 16 日	第 3 次	研究人事任免事宜
10 月 23 日	第 4 次	研究人事任免事宜

2003 年党组会情况一览表

表 12-6

时　间	会　次	会议议题
3 月 18 日	第 1 次	研究人事任免事宜
3 月 31 日	第 2 次	研究人事任免事宜
4 月 18 日	第 3 次	研究人事任免事宜

二、党组民主生活会

区十二届人大期间，区人大常委会党组召开党组民主生活会 4 次。

1998 年 7 月 15 日，召开以“按照中央、省、市纪委的有关规定，做到廉洁自律，在住房、乘车、住宅电话、公务接待等方面按规定办事”为主题的民主生活会。

1998 年 9 月 10 日，召开以“学习市纪委关于召开廉洁自律民主生活会的通知”“个人对照市纪委文件六项要求进行廉洁自律自查自纠”为主题的民主生活会。

2002 年 9 月 4 日，召开以“按照‘三个代表’重要思想为要求，结合桥西区实际，认真查找在思想作风、学风、领导作风以及生活作风方面存在的问题和不足，对照《中共中央关于加强和改进党的作风建设的决定》提出的‘八个坚持、八个反对’和市纪委、市委组织部通知提出的‘7 个是否’，逐条检查，剖析反思”为主题的民主生活会。

2002年9月12日，召开以“对照‘八个坚持、八个反对’，从思想作风、学风、工作作风、领导作风、生活作风等方面进行了认真查找，积极开展了批评与自我批评”为主题的民主生活会。

第二章　人大代表

桥西区第十二届人民代表大会代表名额 163 名。1998 年 2 月，召开区十二届人大一次会议时实有代表 158 名。区十二届人大常委会不断加强和改进代表工作，充分发挥代表作用，认真听取代表和选民对区人大常委会和“一府两院”工作的意见和建议，切实保障人民民主权利。

第一节　选举产生

一、桥西区第十二届人民代表大会代表的选举产生

根据省人大常委会决定，区第十二届人大代表名额为 163 名。在区委、区人大常委会的领导下，根据有关法律规定，按照区选举委员会统一部署，各选区依法选举产生区人大代表 158 名。

经区十一届人大常委会代表资格审查委员会审查，并经区十一届人大常委会第三十次会议通过，确定当选的 158 名代表符合宪法和法律规定的代表基本条件，选举符合法律规定的程序，确认其代表资格有效。

在 158 名代表中，党政干部 38 名，占 24.1%；工商企业 43 名，占 27.2%（其中工人 27 名，占 17.1%；企业领导 16 名，占 10.1%）；科教文卫 34 名，占 21.5%；驻军武警 3 名，占 1.9%；三胞宗教 2 名，占 1.27%；民主党派 8 名，占 5.1%；居委会第三产业 20 名，占 12.7%；其他 10 名，占 6.33%。代表中的妇女 50 名，占 31.6%。少数民族代表 5 名，占 3.16%。中共党员 125 名，占 79.1%；非中共党员 33 名，占 20.9%。在新当选的代表中，有上届人大代表 53 名，占 33.5%。代表的文化程度，大、中专以上 136 名，占 86%，比上届提高 31.7%，其中，大学以上 34 名，研究生 3 名；中学 20 名，占 12.7%；小学 2 名，占 1.27%。代表的年龄结构，年龄最大的 69 岁，年龄最小的 26 岁；35 岁以下 22 名，占 13.9%；36~55 岁 115 名，占 72.8%；56 岁以上 21 名，占 13.3%；平均年龄 44.71 岁，比上届低 3.16 岁。

链接 1：具体选举情况

一、准备工作。桥西区第十二届人民代表大会代表的选举工作从 1997 年 12 月 1 日开

始，本着“党委领导、人大主办、各方配合”的原则，成立以区委书记韩宪章为主任的选举委员会，负责安排指导桥西区人大代表选举工作。选举委员会下设由资料组、组织组、宣传组、后勤组、保卫组组成的选举办公室，办公室主任由区人大常委会副主任吕振福担任。8个街道办事处同时成立选举领导小组，由办事处书记、主任分别担任领导小组正副组长，负责具体细致的选举工作，选举办公室同各办事处领导小组共同划分选区，成立选区选举小组93个，为做好换届选举工作奠定基础，提供有力的组织保证。

二、宣传动员工作。召开各办事处主要负责人参加的座谈会和桥西区选举工作安排大会，对选举工作的意义和任务进行认真讨论、研究，对基础工作进行部署。在桥西区选举宣传动员大会上，区属和驻区各单位负责人共750人参加，区委主要领导作重要动员讲话，统一思想和认识，动员各办事处悬挂横幅50多条，书写板报、墙报300多块，印发选举宣传标语1000多份。

三、选民登记和选民资格审查工作。选区把好草表关，街道办事处把好登记关，选举办公室把好审核关。审核中，一是审核年龄，二是审核户口情况，三是审核暂时停权的是否有“两院”决定，四是审核被剥夺政治权利的是否有判决手续。

四、代表候选人提名工作。召集千人以上驻区单位负责人会议进行协商，根据各方意见制定详细的工作安排。

五、选举代表工作。安排区直机关参选人员与选民见面，安排专人负责接听群众来电，及时解决群众所反映的问题。

链接2：桥西区选举委员会组成人员名单

主　任：韩宪章

副主任：	蔡生东	张治春	刘月照	齐洪森
委　员：	赵国昌	祁连记	张秀耕	吕振福
	李建德	白冬至	冯同海	李凤江
	吴敬云	耿春信	刘永杰	张发斌
	董建义	李冰海	李立冬	郭治中
	吴秋英	曹军恒	张　熬	王　臣
	田荣凤			

二、桥西区出席石家庄市第十届人民代表大会代表的选举产生

1998年2月21日，区十二届人大一次会议选举产生桥西区出席石家庄市第十届人民代表大会代表32名。

三、桥西区出席石家庄市第十一届人民代表大会代表的选举产生

2003年1月25日，区十二届人大六次会议选举产生桥西区出席石家庄市第十一届人民代表大会代表45名。市十一届人大一次会议召开前，2003年2月13日，区十二届人大

常委会第三十三次会议补选产生桥西区出席石家庄市第十一届人民代表大会代表 1 名。

第二节　代表名单

一、桥西区第十二届人民代表大会代表名单

中山代表团

刘延清	刘河泉(女)	刘新英(女)	李　刚
李世亮	李建忠	李新年	吴敬云
林海军	郑立庄	惠玉敏(女)	

永安街代表团

王建国	王彦申	牛俊萍(女)	石杏敏(女)
孙秀华(女,满族)	李凤江	杨锦艳(女)	张　兰(女)
赵继红(女)	龚振华(满族)	蔡生东	檀荣书(女)

南长街代表团

冯春平	刘冀鲁	李宪民	李瑞士
国敏英(女)	赵森林	赵曙媛(女)	胡贵和
侯明玉	郭　玲(女)	闫国军	梁云芝(女)
梁浩民	董建义	路中林	

裕西代表团

左国英(女)	刘金彩(女)	刘振华	刘聚权
李银峰	张继伟	陈以丰	武增军
周淑贞(女)	封联法	姚志忠	徐自田
梁会敏(女)	魏广杰		

兴华街代表团

卢圣杰	白冬至	吕振福	刘金星
安振平	论秀缺(女)	李冰海	李桂端(女)
李蕴智(女)	吴秋英(女)	吴隆昌	宋秀芳(女)
张秀珍(女)	张坤山	张金奎	陆进英
孟秀娟(女)	姜　震(回族)	袁三臣	韩云萍(女)

韩国明	韩胜利	熊妙兰（女）	魏　杰

东里代表团

王玉庭	尹学刚	任贵芳	任桂岭
刘月照	齐洪森	李秀菊（女）	李建德
李春巧（女）	杨倩描	宋东来	宋辰良
张　林	张广沛	张亚平	张治春
张俊英（女）	张淑华（女）	陈桂斋（女）	孟　伟（女）
赵建纲	姚力强	郭永强	韩宪章
曾　铎（女）	魏　藏（女）	魏清艳（女）	

红旗大街代表团

于亚萍（女）	王　志	王文恒	牛东明
卢　霞（女）	田荣凤（女）	吕　戈	吕志敏（女）
乔增起	刘连增	祁连记	杜兰卓
李立冬	吴灵之	张秉本	张宝祥
张福来	武秀芝（女）	孟一凡	柏永立（回族）
禹炳涛	阎翠兰（女）	路晋通	

友谊大街代表团

王永臣	文匡国	刘永杰	刘忠明
祁藏法	苌少沛	杜烨华（女）	李路智
杨伟杰	吴淑芳（女）	张瑞菊（女）	郄建业
底瑞刚（回族）	郑丁江	郑刚强	孟广勋
赵占科	赵秀华（女）	胡　波	胡绪义
柳忠学	耿豫温（女）	夏　杭	夏兆兰（女）
郭　智	郭风芹（女）	靳美全	路喜柱
樊国社			

驻军代表团

丁　焱（女）	王　彬	梁家骏	

区十二届人大代表届中调整情况表

表 12–7

常委会会议	终止情况	补选情况
1998 年 12 月 21 日 第七次会议	调离：东里街道张治春，红旗街道吕戈	东里街道戴增社、郝建国，红旗街道曹军恒、陈丽敏，裕西街道胡增军，永安街道钟秀英，中山街道康永发
1999 年 12 月 27 日 第十五次会议	调离：友谊街道夏杭	
2000 年 12 月 29 日 第二十次会议	调离：南长街道冯春平 去世：友谊街道吴淑芳	
2002 年 3 月 4 日 第二十六次会议	调离：东里街道宋辰良，中山街道刘新英 去世：友谊街道赵占科，永安街道王彦申	西里街道魏永杰、张建平、王书年、刘志明、梁富春，建国路街道李建坤、牛秀珍，留营乡杨家茂、梁瑞华、刘丛新、宋桂英、李海林、薛银荣、崔书祥、王根平、王建同，振头街道马国欣、党复明、白云清、李明云、温士良、李富学、冯志强、李小虎、郑建文、宫春山、宫秋山、董伟
2003 年 1 月 22 日 第三十二次会议	调离：红旗街道李凤江，友谊街道苌少沛	

二、桥西区出席石家庄市第十届人民代表大会代表名单

（一）市直参选 4 名

王彦青　　张景学　　徐增厚　　穆培文

（二）工业财贸 8 名

邢铁钢　　乔增起　　李英奎　　吴孟华

赵建纲　　郝振国　　徐丽荣(女)　　霍拉庭

（三）干部 4 名

祁连记　　张治春　　林海军　　韩宪章

（四）政法 1 名

扈长根

（五）各类专业技术人员 10 名

马忠辰(回族)　　王贵婷(女)　　牛东明　　白冬至

范志学　　封联法　　赵续琪　　柴振国

黄　莺(女,土家族)　　崔守信

（六）民主党派、无党派爱国人士 3 名

徐士先(女)　　郝景坤　　盖习英

（七）归侨、侨眷、台胞台属 1 名

何国辉

（八）其他劳动者 1 名

刘永干

届中调整情况：2001 年 3 月，石家庄市区划调整，原郊区团代表韩建良、蒋树林、罗磊明、王爱琴划归桥西区。

三、桥西区出席石家庄市第十一届人民代表大会代表名单

（一）市直参选 4 名

赵炳志　赵雪芹(女)　高友林　蒋洪江

（二）干部参选 3 名

林海军　郝建国　韩宪章

（三）工农 16 名

王世谦　王振清　王福喜　邢铁钢

乔增起　李中义　吴孟华　苗社祥

周新来　赵建纲　赵新想　宫春山

徐自田　徐丽荣(女)　崔书祥　霍丽君(女)

（四）知识分子 14 名

马忠辰(回族)　牛东明　石二珍(女)　史　瑾(女)

冯惠云(女)　张　焱(回族)　赵玉庸　姚秀清(女)

柴振国　黄　莺(女，土家族)　康学富　扈长根

韩建良　霍拉庭

（五）民主党派和无党派爱国人士 7 名

王保兴　牛锡铮　田书彦(女)　张继春

罗磊明　赵梦周　岳凤杰(女)

（六）归侨、侨眷代表 1 名

陈士凯

（七）武警 1 名

王建峰

第三节　代表工作

一、完善代表工作机制

区十二届人大常委会组织代表集中学习《中华人民共和国全国人民代表大会和地方各

级人民代表大会代表法》《中华人民共和国地方各级人民代表大会和地方各级人民政府组织法》等法律法规，进一步完善区人大常委会组成人员联系代表和选民、加强和改进代表工作等办法和意见，努力使代表工作规范化、制度化。积极组织代表闭会期间的活动，指导各代表小组活动，完善有关工作制度，坚持围绕经济结构调整、非公有制经济发展、环境保护以及部分区人大常委会议题和人民群众普遍关心的热点问题，在继续坚持代表挂牌服务群众、学习培训、议政调研、述职评议制度的同时，组织代表开展视察、调研和检查等活动，对相关方面的工作提出意见、建议，在推进依法治区、促进经济发展、密切联系群众等方面，发挥了代表的积极作用。

二、丰富代表履职方式

区十二届人大常委会努力为代表履职提供服务，始终把代表工作作为人大工作的基础，组织召开区人大代表经验交流暨培训会议，开展评选、表彰优秀区人大代表活动，以增强职责意识、充分发挥代表作用为主题的“国徽在心、责任在身”活动。通过视察代表建议办理情况，听取和审议区人民政府和区人民法院关于代表建议、批评和意见办理情况的报告，推动解决了一批群众普遍关心的问题。

三、密切联系人大代表

区十二届人大常委会认真贯彻《中华人民共和国全国人民代表大会和地方各级人民代表大会代表法》，积极开展常委会组成人员联系代表、代表联系选民的“双联”活动，进一步密切同人大代表和选民的联系，探索、总结新形势下做好代表工作的办法和措施，以及代表闭会期间的活动，为代表履行职责、发挥作用创造条件。

四、代表培训

区十二届人大常委会注重学习培训，不断完善代表学习培训制度，举办有区人大常委会机关全体干部、“一府两院”有关人员、街道办事处人大工作室主任参加的培训班，邀请市人大常委会有关领导讲课，得到了大家的肯定，进一步增强了代表履行职责的积极性和主动性，代表参加区人代会和闭会期间活动的出勤率明显提高，提出的建议数量明显增加。

五、代表议案、建议办理

（一）代表议案办理情况

区十二届人大二次会议，收到代表提出的议案 1 件，大会主席团决定转为建议、批评和意见。

区十二届人大五次会议，收到代表提出的议案 4 件，大会主席团决定转为建议、批评和意见。

（二）代表建议办理情况

区十二届人大一次会议，共收到涉及区人民政府的代表建议、批评和意见 45 件，按时办结率 100%。

区十二届人大二次会议，共收到涉及区人民政府的代表建议、批评和意见 56 件，按时办结率 100%。

区十二届人大三次会议，共收到涉及区人民政府的代表建议、批评和意见 46 件，按时办结率 100%。

区十二届人大四次会议，共收到涉及区人民政府的代表建议、批评和意见 56 件，按时办结率 100%。

区十二届人大五次会议，共收到涉及区人民政府的代表建议、批评和意见 77 件，按时办结率 100%。

六、评选优秀人大代表

2001 年 3 月，区十二届人大常委会评选出 2000 年度优秀区人大代表 14 名。

2000 年度优秀区人大代表名单

表 12–8

代表团	姓名
东里街道（2 名）	李秀菊（女）、杨倩描
兴华街道（2 名）	李蕴智（女）、魏　杰
永安街道（1 名）	孙秀华（女，满族）
友谊街道（3 名）	张瑞菊（女）、樊国社、王永臣
红旗街道（3 名）	王　志、孟一凡、杜兰卓
裕西街道（1 名）	刘金彩（女）
南长街道（1 名）	闫国军
中山街道（1 名）	惠玉敏（女）

第三章　人民代表大会

桥西区第十二届人民代表大会任期5年3个月，自1998年2月至2003年5月，共召开6次会议。

区十二届人大历次会议概况表

表12–9

会议次序	会议日期	议题（项）	听取报告(个)	决议决定（项）	选举表决(项)
第一次	1998年2月16日至21日	11	6	6	5
第二次	1999年1月12日至15日	8	6	6	2
第三次	2000年1月8日至10日	6	6	6	
第四次	2001年1月11日至13日	7	7	7	
第五次	2002年3月12日至14日	6	6	6	
第六次	2003年1月24日至25日	1			1

第一节　会议概况

一、区十二届人大一次会议

1998年2月16日至21日，区十二届人大一次会议在区委六楼大会议室召开。出席代表146人（应到158人）。会议听取和审议区人民政府区长张治春作的《桥西区人民政府工作报告》；听取和审议区计划局局长张坤山作的《关于桥西区1997年国民经济和社会发展计划完成情况与1998年国民经济和社会发展计划（草案）的报告》，审查和批准桥西区1997年国民经济和社会发展计划完成情况的报告与1998年国民经济和社会发展计划草案；听取和审议区财政局副局长田荣凤作的《关于桥西区1997年财政预算执行情况和1998年财政预算（草案）的报告》，审查和批准桥西区1997年财政预算执行情况的报告和1998

年财政预算草案；听取和审议区人大常委会主任蔡生东作的《桥西区人民代表大会常务委员会工作报告》、区人民法院院长董建义作的《桥西区人民法院工作报告》、区人民检察院检察长李冰海作的《桥西区人民检察院工作报告》。会议通过相应决议。会议选举产生桥西区出席石家庄市第十届人民代表大会代表。会议选举产生区第十二届人大常务委员会组成人员，区人民政府区长、副区长，区人民法院院长，区人民检察院检察长（名单见本章第二节《会议选举》）。

这次会议，是桥西区在“团结奋进、实干争先”的精神鼓舞下，经济建设和社会各项事业都取得新成绩的形势下召开的一次重要会议。会议指出，要继续坚持以邓小平理论为指导，全面贯彻党的十五大精神，推进对外开放和社会全面进步。会议强调，要高度重视加强社会主义精神文明建设和民主法制建设，不断自我加压，真抓实干，切实把各项工作做好。

二、区十二届人大二次会议

1999 年 1 月 12 日至 15 日，区十二届人大二次会议在区委六楼大会议室召开。出席代表 154 人（应到 163 人）。会议听取和审议区人民政府代理区长郝建国作的《桥西区人民政府工作报告》；听取和审议区计划局局长张坤山作的《关于桥西区 1998 年国民经济和社会发展计划完成情况与 1999 年国民经济和社会发展计划（草案）的报告》，审查和批准桥西区 1998 年国民经济和社会发展计划完成情况的报告与 1999 年国民经济和社会发展计划草案；听取和审议区财政局局长田荣凤作的《关于桥西区 1998 年财政预算执行情况和 1999 年财政预算（草案）的报告》，审查和批准桥西区 1998 年财政预算执行情况的报告和 1999 年财政预算草案；听取和审议区人大常委会主任韩宪章作的《桥西区人民代表大会常务委员会工作报告》、区人民法院院长董建义作的《桥西区人民法院工作报告》、区人民检察院检察长李冰海作的《桥西区人民检察院工作报告》。会议通过相应决议。会议补选产生区人民政府区长、1 名区人大常委会委员（名单见本章第二节《会议选举》）。

这次会议，是桥西区在区委的领导下，深入贯彻党的十五大、十五届三中全会精神，各项事业克服重重困难取得新成绩的形势下召开的一次重要会议。会议指出，1999 年是国家改革开放和社会主义现代化建设承前启后的关键性一年。会议强调，要认真贯彻中央和省、市经济工作会议精神，加快桥西区改革开放的进程，提高经济运行的质量和效益。

三、区十二届人大三次会议

2000 年 1 月 8 日至 10 日，区十二届人大三次会议在桥西区委六楼大会议室召开。出席代表 150 人（应到 162 人）。会议听取和审议区人民政府区长郝建国作的《桥西区人民政府工作报告》；听取和审议区计划局局长张坤山作的《关于桥西区 1999 年国民经济和社会发展计划完成情况与 2000 年国民经济和社会发展计划（草案）的报告》，审查和批准桥西区 1999 年国民经济和社会发展计划完成情况的报告与 2000 年国民经济和社会发展计划草案；听取和审议区财政局局长田荣凤作的《关于桥西区 1999 年财政预算执行情况和 2000 年财政预算（草案）的报告》，审查和批准桥西区 1999 年财政预算执行情况的报告和 2000 年财政预算草案；听取和审议区人大常委会副主任祁连记作的《桥西区人民代表大会常务委员会工作报告》、区人民法院院长董建义作的《桥西区人民法院工作报告》、区人民检察院检察长李冰海作的《桥西区人民检察院工作报告》。会议通过相应决议。

这次会议，是在桥西区认真贯彻党的十五大和十五届四中全会精神，坚持以经济建设为中心，改革开放和两个文明建设都取得了新成绩的形势下召开的一次重要会议。会议指出，2000 年是“九五”计划的最后一年，要紧紧围绕建设“经济强区”和“形象建设示范区”。会议强调，要始终不渝地坚持“两手抓，两手都要硬”的方针，大力加强社会主义精神文明建设和民主法制建设，加快政府职能转变。

四、区十二届人大四次会议

2001 年 1 月 11 日至 13 日，区十二届人大四次会议在区委六楼大会议室召开。出席代表 148 人（应到 160 人）。会议听取和审议区人民政府区长郝建国作的《桥西区人民政府工作报告》；审查区人民政府提出的《桥西区国民经济和社会发展第十个五年计划纲要（草案）》；听取和审议区计划局局长张坤山作的《关于桥西区 2000 年国民经济和社会发展计划完成情况与 2001 年国民经济和社会发展计划（草案）的报告》，审查和批准桥西区 2000 年国民经济和社会发展计划完成情况的报告与 2001 年国民经济和社会发展计划草案；听取和审议区财政局局长田荣凤作的《关于桥西区 2000 年财政预算执行情况和 2001 年财政预算（草案）的报告》，审查和批准桥西区 2000 年财政预算执行情况的报告和 2001 年财政预算草案；听取和审议区人大常委会副主任吕振福作的《桥西区人民代表大会常务委员会工作报告》、区人民法院院长董建义作的《桥西区人民法院工作报告》、区人民检察院检察长李冰海作的《桥西区人民检察院工作报告》。会议通过相应决议。

这次会议，是桥西区深入贯彻党的十五大、十五届五中全会和各级全会、经济工作会议精神，认真落实“三个代表”重要思想的新形势下召开的一次重要会议。会议指出，2001 年是进入新世纪和实施“十五”计划的第一年，要全面推进改革开放和各项建设事业，实现新世纪和“十五”计划的良好开局。会议强调，要抓住机遇，加快发展。围绕建设经济强区的目标，积极扶持强区经济发展，不断改善和提高人民群众的生活质量。

五、区十二届人大五次会议

2002 年 3 月 12 日至 14 日，区十二届人大五次会议在区委六楼大会议室召开。出席代表 172 人（应到 184 人）。会议听取和审议区人民政府区长郝建国作的《桥西区人民政府工作报告》；听取和审议区计划局局长张坤山作的《关于桥西区 2001 年国民经济和社会发展计划完成情况与 2002 年国民经济和社会发展计划（草案）的报告》，审查和批准桥西区 2001 年国民经济和社会发展计划完成情况的报告与 2002 年国民经济和社会发展计划草案；

听取和审议区财政局局长田荣凤作的《关于桥西区 2001 年财政预算执行情况和 2002 年财政预算（草案）的报告》，审查和批准桥西区 2001 年财政预算执行情况的报告和 2002 年财政预算草案；听取和审议区人大常委会副主任张秀珍作的《桥西区人民代表大会常务委员会工作报告》、区人民法院副院长张亚平作的《桥西区人民法院工作报告》、区人民检察院检察长李冰海作的《桥西区人民检察院工作报告》。会议通过相应决议。

这次会议，是桥西区认真贯彻党的十五届五中、六中全会精神，适应改革开放和现代化建设以及入世新形势下召开的一次重要会议。会议指出，2002 是国家加入世贸组织的第一年，要以邓小平理论和“三个代表”重要思想为指导，促进桥西区国民经济持续、快速、健康发展和社会全面进步。会议强调，要努力实现重点项目、专业市场、社区建设、农业结构调整和非公有制经济发展五大突破，以优异的成绩迎接党的十六大召开。

六、区十二届人大六次会议

2003 年 1 月 24 日至 25 日，区十二届人大六次会议在区委六楼大会议室召开。出席代表 165 人（应到 182 人）。会议选举产生桥西区出席石家庄市第十一届人民代表大会代表 45 名。

第二节　会议选举

区十二届人大历次会议，共选举产生区级国家机关工作人员 29 人。

区人大常委会

主　任：

韩宪章　　1998 年 2 月区十二届人大一次会议当选

副主任：

祁连记　　1998 年 2 月区十二届人大一次会议当选

吕振福　　1998 年 2 月区十二届人大一次会议当选

张秀珍(女)　1998 年 2 月区十二届人大一次会议当选

郑丁江　　1998 年 2 月区十二届人大一次会议当选

届中调整情况：

郑丁江，2003 年 4 月 18 日，在区十二届人大常委会第三十六次会议上辞去区人大常委会副主任职务。

委　员（区十二届人大一次会议选举产生）：

白冬至	刘聚权	祁藏法	李立冬
李建德	杨倩描	吴秋英(女)	张广沛
张俊英(女)	孟秀娟(女)	赵建纲	袁三臣

梁云芝(女)　　　　靳美全

委　员（区十二届人大二次会议补选产生）：

陈丽敏(女)

届中调整情况：

孟秀娟(女)，1998年11月23日,在区十二届人大常委会第六次会议上辞去区人大常委会委员职务。

区人民政府

区　长：

张治春　　　1998年2月区十二届人大一次会议当选

郝建国　　　1999年1月区十二届人大二次会议当选

届中调整情况：

张治春，1998年8月17日,在区十二届人大常委会第四次会议上辞去桥西区人民政府区长职务。

郝建国，1998年8月17日,区十二届人大常委会第四次会议决定任命其为桥西区人民政府副区长、决定其为代理区长；2003年4月1日,在区十二届人大常委会第三十五次会议上辞去桥西区人民政府区长职务。

刘月照，2003年4月1日,区十二届人大常委会第三十五次会议决定任命其为桥西区人民政府副区长,决定其为代理区长。

副区长：

路中林　　　1998年2月区十二届人大一次会议当选

王晋堂　　　1998年2月区十二届人大一次会议当选

宁尔成　　　1998年2月区十二届人大一次会议当选

胡晓光　　　1998年2月区十二届人大一次会议当选

宋秀芳(女)　1998年2月区十二届人大一次会议当选

届中调整情况：

凌青利，2000年8月29日,区十二届人大常委会第十八次会议上决定任命其为桥西人民政府副区长。

周雪军，2002年5月21日,区十二届人大常委会第二十七次会议决定任命其为桥西区人民政府副区长；2003年4月18日,在区十二届人大常委会第三十六次会议上辞去桥西区人民政府副区长职务。

胡晓光，2002年7月16日,在区十二届人大常委会第二十八次会议上辞去桥西区人民政府副区长职务。

董成树，2002年10月24日,区十二届人大常委会第三十一次会议决定任命其为桥西区人民政府副区长。

陶明法，2003 年 4 月 18 日，区十二届人大常委会第三十六次会议决定任命其为桥西区人民政府副区长。

邓小梅(女)，2003 年 4 月 18 日，区十二届人大常委会第三十六次会议决定任命其为桥西区人民政府副区长。

路中林、王晋堂、宁尔成，2003 年 4 月 18 日，在区十二届人大常委会第三十六次会议上分别辞去桥西区人民政府副区长职务。

区人民法院

院　长：

董建义　　1998 年 2 月区十二届人大一次会议当选

届中调整情况：

董建义，2003 年 4 月 18 日，在区十二届人大常委会第三十六次会议上辞去桥西区人民法院院长职务。

张瑞明(女)，2003 年 4 月 18 日，区十二届人大常委会第三十六次会议任命其为桥西区人民法院副院长，决定其为代理院长。

区人民检察院

检察长：

李冰海　　1998 年 2 月区十二届人大一次会议当选

届中调整情况：

李冰海，2003 年 4 月 18 日，在区十二届人大常委会第三十六次会议上辞去桥西区人民检察院检察长职务。

李彦彪，2003 年 4 月 18 日，区十二届人大常委会第三十六次会议任命其为桥西区人民检察院副检察长，决定其为代理检察长。

第三节　会议组织

一、区十二届人大一次会议

（一）大会临时党委

书　记：韩宪章

副书记：

张治春　　蔡生东　　刘月照　　宋东来

陈以丰

委　员：

路中林	李凤江	吴敬云	刘永杰
刘忠明	祁连记	吕振福	郑丁江

（二）大会主席团和秘书长

主席团：

王文恒	王彦申	白冬至	吕振福
刘月照	刘永杰	刘忠明	刘聚权
齐洪森	祁连记	祁藏法	杨倩描
李凤江	李立冬	李世亮	李建德
李瑞士	李路智	宋东来	宋秀芳(女)
吴秋英(女)	吴敬云	张广沛	张亚平
张秀珍(女)	张治春	张俊英(女)	陈以丰
武增军	郑丁江	孟秀娟(女)	赵建纲
袁三臣	梁云芝(女)	韩宪章	靳美全
路中林	蔡生东		

秘书长：吕振福(兼)

（三）大会主席团常务主席

韩宪章	张治春	蔡生东	刘月照
宋东来	陈以丰	祁连记	吕振福
张秀珍(女)	郑丁江		

（四）大会议案审查委员会

主 任 委 员：郑丁江

副主任委员：孟秀娟(女)

委　　员：

刘金彩(女)	宋辰良	张宝祥	张淑华(女)
龚振华(满族)			

（五）大会计划预算审查委员会

主 任 委 员：吕振福

副主任委员：祁藏法

委　　员：

王彦申	刘振华	乔增起	张　林
夏　杭			

二、区十二届人大二次会议

（一）大会临时党委

书　记：韩宪章

副书记：

郝建国	刘月照	宋东来	陈以丰

委　员：

路中林	李凤江	吴敬云	刘永杰
刘忠明	祁连记	吕振福	郑丁江

（二）大会主席团和秘书长

主席团：

王文恒	王彦申	王建国	白冬至
吕振福	刘月照	刘永杰	刘忠明
刘聚权	齐洪森	祁连记	祁藏法
李凤江	李立冬	李建德	李瑞士
杨倩描	宋东来	吴秋英(女)	吴敬云
张广沛	张秀珍(女)	张俊英(女)	陈以丰
陈丽敏(女)	林海军	武增军	郑丁江
赵建纲	郝建国	袁三臣	梁云芝(女)
韩胜利	韩宪章	靳美全	路中林

秘书长：祁连记(兼)

（三）大会主席团常务主席

韩宪章	郝建国	刘月照	宋东来
陈以丰	祁连记	吕振福	张秀珍(女)
郑丁江			

（四）大会议案审查委员会

主 任 委 员：张秀珍(女)

副主任委员：张俊英(女)

委　　　员：

刘金彩(女)	宋辰良	张宝祥	张淑华(女)
龚振华(满族)			

（五）大会计划预算审查委员会

主 任 委 员：吕振福

副主任委员：祁藏法

委　　员：

王彦申	刘振华	乔增起	张　林
夏　杭			

三、区十二届人大三次会议

（一）大会临时党委

书　记：韩宪章

副书记：

郝建国	刘月照	宋东来	陈以丰

委　员：祁连记　　吕振福　　郑丁江

（二）大会主席团和秘书长

主席团：

王彦申	白冬至	吕振福	刘月照
刘忠明	刘聚权	齐洪森	祁连记
祁藏法	杨倩描	李凤江	李立冬
李建德	李瑞士	宋东来	吴秋英(女)
吴敬云	张广沛	张秀珍(女)	张俊英(女)
陈以丰	陈丽敏(女)	林海军	郑丁江
胡增军	郝建国	赵建纲	袁三臣
郭风芹(女)	曹军恒	梁云芝(女)	韩胜利
韩宪章	靳美全	路中林	

秘书长：张秀珍(女,兼)

（三）大会主席团常务主席

韩宪章	郝建国	刘月照	宋东来
陈以丰	祁连记	吕振福	张秀珍(女)
郑丁江			

（四）大会议案审查委员会

主任委员：郑丁江

副主任委员：祁藏法

委　　员：

刘金彩(女)	宋辰良	张宝祥	龚振华(满族)
靳美全			

（五）大会计划预算审查委员会

主任委员：吕振福

副主任委员：白冬至

委　　员：

王彦申　刘振华　乔增起　苌少沛

张淑华(女)

四、区十二届人大四次会议

（一）大会临时党委

书　记：韩宪章

副书记：

郝建国　刘月照　宋东来　陈以丰

委　员：祁连记　吕振福　郑丁江

（二）大会主席团和秘书长

主席团：

王彦申　白冬至　吕振福　刘月照

刘忠明　刘聚权　齐洪森　祁连记

祁藏法　杨倩描　李凤江　李立冬

李建德　李瑞士　宋东来　吴秋英(女)

吴敬云　张广沛　张秀珍(女)　张俊英(女)

陈以丰　陈丽敏(女)　林海军　郑丁江

胡增军　郝建国　赵建纲　袁三臣

郭风芹(女)　曹军恒　梁云芝(女)　韩胜利

韩宪章　靳美全　路中林

秘书长：吕振福(兼)

（三）大会主席团常务主席

韩宪章　郝建国　刘月照　宋东来

陈以丰　祁连记　吕振福　张秀珍(女)

郑丁江

（四）大会议案审查委员会

主 任 委 员：张秀珍(女)

副主任委员：祁藏法

委　　员：

刘金彩(女)　宋辰良　张宝祥　龚振华(满族)

靳美全

（五）大会计划预算审查委员会

主 任 委 员：吕振福

副主任委员：白冬至

委　　员：

王彦申	刘振华	乔增起	苌少沛
张淑华(女)			

五、区十二届人大五次会议

（一）大会临时党委

书　记：韩宪章

副书记：

郝建国	刘月照	宋东来	陈以丰

委　员：祁连记　吕振福　郑丁江

（二）大会主席团和秘书长

主席团：

马国欣	白冬至	吕振福	刘月照
刘忠明	刘聚权	齐洪森	祁连记
祁藏法	李凤江	李立冬	李建坤
李建德	李瑞士	杨家茂	杨倩描
吴秋英(女)	吴敬云	宋东来	张广沛
张秀珍(女)	张俊英(女)	陈以丰	陈丽敏(女)
林海军	郑丁江	赵建纲	郝建国
胡增军	钟秀英(女)	袁三臣	郭风芹(女)
曹军恒	梁云芝(女)	韩胜利	韩宪章
靳美全	路中林	魏永杰	

秘书长：祁连记(兼)

（三）大会主席团常务主席

韩宪章	郝建国	刘月照	宋东来
陈以丰	祁连记	吕振福	张秀珍(女)
郑丁江			

（四）大会议案审查委员会

主 任 委 员：张秀珍(女)

副主任委员：祁藏法

委　　员：

刘金彩(女)	张宝祥	龚振华(满族)	靳美全
路晋通			

（五）大会计划预算审查委员会

主 任 委 员：吕振福

副主任委员：白冬至

委　　员：

刘振华	乔增起	苌少沛	张淑华(女)
魏永杰			

六、区十二届人大六次会议

（一）大会临时党委

书　记：韩宪章

副书记：

郝建国	刘月照	宋东来	陈以丰
吴敬云			

委　员：祁连记　　吕振福　　郑丁江

（二）大会主席团和秘书长

主席团：

马国欣	白冬至	吕振福	刘月照
刘忠明	刘聚权	齐洪森	祁连记
祁藏法	李立冬	李建坤	李建德
李瑞士	杨家茂	杨倩描	吴秋英(女)
吴敬云	宋东来	张广沛	张秀珍(女)
张俊英(女)	陈以丰	陈丽敏(女)	林海军
郑丁江	赵建纲	郝建国	胡增军
钟秀英(女)	袁三臣	郭风芹(女)	曹军恒
梁云芝(女)	韩胜利	韩宪章	靳美全
路中林	魏永杰		

秘书长：吕振福(兼)

（三）大会主席团常务主席

韩宪章	郝建国	刘月照	宋东来
陈以丰	吴敬云	祁连记	吕振福
张秀珍(女)	郑丁江		

第四章　人民代表大会常务委员会

区十二届人大常委会在区委的领导下，以经济建设为中心，履行宪法和法律赋予的各项职权，抓大事，办实事，突出重点，注重实效。在坚持和完善人民代表大会制度，推进社会主义民主与法制建设，保障和促进桥西区改革开放、经济建设以及各项事业发展等方面作出贡献。

第一节　常委会会议

区十二届人大常委会共召开会议 37 次。

第一次会议　1998 年 4 月 30 日召开，区人大常委会副主任祁连记、吕振福、张秀珍、郑丁江和 13 名委员出席会议。区人民政府副区长王晋堂、区人民法院院长董建义、区人民检察院检察长李冰海列席会议。会议审议通过《桥西区人大常委会 1998 年工作要点和常委会议题安排（草案）》《桥西区人大常委会关于加强自身建设的意见和各项制度》《桥西区第十二届人大常委会代表资格审查委员会名单（草案）》《各办事处人大工作室工作规则（暂行）》。会议听取和审议区审计局副局长董平稳作的《关于 1997 年财政决算情况的审计工作报告》、区财政局副局长田荣凤作的《关于 1997 年财政决算的报告》并通过相应决议。

第二次会议　1998 年 5 月 29 日召开，区人大常委会主任韩宪章，副主任祁连记、吕振福、张秀珍、郑丁江和 14 名委员出席会议。区人民政府区长张治春、区人民法院院长董建义、区人民检察院检察长李冰海列席会议。会议通过人事任免事项（名单见本篇第七章《选举任免》）。

第三次会议　1998 年 7 月 21 日召开，区人大常委会主任韩宪章，副主任祁连记、吕振福、张秀珍、郑丁江和 12 名委员出席会议。区人民政府副区长路中林、王晋堂，区人民法院院长董建义，区人民检察院检察长李冰海列席会议。会议听取和审议区人民政府《关于上半年经济运行情况的报告》《关于贯彻执行〈中华人民共和国食品卫生法〉情况的报告》，区公、检、法三机关《关于司法队伍建设、反腐倡廉情况的报告》。会议听取区人大代表对加强区司法队伍建设、市场建设的意见和建议。

第四次会议　1998 年 8 月 17 日召开，区人大常委会主任韩宪章，副主任祁连记、吕振福、张秀珍、郑丁江和13名委员出席会议。区人民政府副区长路中林、区人民法院院长董建义、区人民检察院检察长李冰海列席会议。会议通过人事任免事项（名单见本篇第七章《选举任免》）。

第五次会议 1998年9月8日召开，区人大常委会副主任祁连记、吕振福、张秀珍、郑丁江和13名委员出席会议。区人民政府副区长路中林、区人民法院院长董建义、区人民检察院检察长李冰海列席会议。会议听取和审议区人民政府《关于1998年重点建设项目进展情况的报告》《关于行政执法情况的报告》《关于下岗职工解困和再就业情况的报告》。会议听取区人大代表对区主要工业产品科技含量的调查分析和建议。会议通过人事任免事项（名单见本篇第七章《选举任免》）。

第六次会议 1998年11月23日召开，区人大常委会主任韩宪章，副主任祁连记、张秀珍、郑丁江和13名委员出席会议。区人民政府副区长宋秀芳、区人民法院副院长曹俊英、区人民检察院检察长李冰海列席会议。会议听取和审议区人民政府《关于1998年1—9月份财政预算执行情况的报告》《关于办理代表建议、批评和意见情况的报告》《关于调整1998年重点建设项目的报告》并通过相应决议。会议听取区人大代表作的《关于区行政执法情况的调查报告》。会议审议通过区人大常委会《关于补选区第十二届人民代表大会代表的安排意见》《关于召开桥西区第十二届人民代表大会第二次会议的决定（草案）》《关于开展向桥西区人民法院学习的决定》。会议通过了关于接受孟秀娟辞去区人大常委会委员职务请求的决定。

第七次会议 1998年12月21日召开，区人大常委会主任韩宪章，副主任祁连记、吕振福、张秀珍、郑丁江和12名委员出席会议。区人民政府副区长路中林、区人民法院院长董建义、区人民检察院检察长李冰海列席会议。会议听取和审议《桥西区人民代表大会常务委员会工作报告（草稿）》、区人大常委会代表资格审查委员会《关于代表资格审查情况的报告（草案）》《桥西区十二届人大二次会议选举办法（草案）》《关于补选代表工作情况汇报》。会议审议通过主席团、秘书长、常务主席、计划预算审查委员会、议案审查委员会、正副团长、列席人员名单（草案）。会议听取关于区人民政府区长候选人、区十二届人大常委会委员候选人情况介绍。

第八次会议 1999年3月9日召开，区人大常委会副主任祁连记、吕振福、张秀珍、郑丁江和13名委员出席会议。区人民政府副区长王晋堂、区人民法院院长董建义、区人民检察院副检察长王志忠列席会议。会议审议通过《关于实行法律文书备案和审查制度的决定（草案）》《桥西区人大常委会1999年工作要点（草案）》《桥西区人大常委会1999年议题安排（草案）》。会议通过人事任免事项（名单见本篇第七章《选举任免》）。

第九次会议 1999年4月30日召开，区人大常委会副主任祁连记、吕振福、张秀珍、郑丁江和13名委员出席会议。区人民政府副区长路中林、区人民法院院长董建义、区人民检察院副检察长杜国江列席会议。会议听取和审议区人民政府《关于第一季度经济运行情况的报告》，区人民法院、区人民检察院、区公安分局《关于贯彻“两错”责任追究制情况的报告》。

第十次会议　1999 年 6 月 2 日召开，区人大常委会主任韩宪章，副主任祁连记、吕振福、张秀珍、郑丁江和 13 名委员出席会议。区人民政府副区长路中林、区人民法院副院长曹俊英、区人民检察院副检察长王志忠列席会议。会议通过人事任免事项（名单见本篇第七章《选举任免》）。

第十一次会议　1999 年 7 月 19 日召开，区人大常委会副主任祁连记、吕振福、张秀珍、郑丁江和 13 名委员出席会议。区人民政府副区长路中林、区人民法院副院长许富兵、区人民检察院检察长李冰海列席会议。会议听取和审议区人民政府《关于贯彻落实〈中华人民共和国行政处罚法〉情况的报告》、区人大常委会《关于在市、区人大代表中开展"国徽在心、责任在身"活动的安排意见》。会议听取《关于桥西区流动人口计划生育工作存在问题及对策的调查报告》。

第十二次会议　1999 年 9 月 13 日召开，区人大常委会副主任祁连记、吕振福、张秀珍、郑丁江和 13 名委员出席会议。区人民政府副区长王晋堂、区人民法院副院长啜增义、区人民检察院检察长李冰海列席会议。会议听取和审议区财政局局长田荣凤作的《关于 1998 年财政决算和 1999 年上半年预算执行情况的报告》并通过相应决议。会议听取区审计局局长董保贤作的《关于 1998 年度区财政预算执行情况及财务收支情况的审计工作报告》。会议听取和审议区计划局局长张坤山作的《关于 1999 年重点建设项目、实事项目工作进展情况的报告》。

第十三次会议　1999 年 11 月 12 日召开，区人大常委会副主任祁连记、吕振福、张秀珍、郑丁江和 12 名委员出席会议。区人民政府副区长王晋堂、区人民法院副院长曹俊英、区人民检察院副检察长王志忠列席会议。会议听取和审议区财政局局长田荣凤作的《关于调整 1999 年财政预算情况的报告》并通过相应决议、区人民政府办公室副主任刘征兵和区人民法院副院长曹俊英作的《关于办理代表建议、批评和意见情况的报告》、区人事局局长王玉庭作的《关于下岗职工基本生活保障和再就业工作情况的报告》、区卫生局局长武增军作的《关于〈中华人民共和国执业医师法〉执行情况的报告》。

第十四次会议　1999 年 12 月 21 日召开，区人大常委会主任韩宪章，副主任祁连记、吕振福、张秀珍、郑丁江和 9 名委员出席会议。区人民政府副区长路中林、区人民法院院长董建义、区人民检察院副检察长李建平列席会议。会议审议通过《桥西区人民代表大会常务委员会工作报告（草稿）》《关于召开桥西区第十二届人民代表大会第三次会议的决定（草案）》《关于召开桥西区第十二届人民代表大会第三次会议的议程（草案）》。会议听取和审议区人民政府《关于 1999 年国民经济和社会发展计划完成情况及 2000 年国民经济和社会发展计划（草案）的报告》《关于 1999 年财政预算执行情况和 2000 年财政预算（草案）的报告》。

第十五次会议　1999 年 12 月 27 日召开，区人大常委会副主任祁连记、吕振福、张秀珍、郑丁江和 13 名委员出席会议。区人民政府副区长路中林、区人民法院副院长曹俊英、区人民检察院检察长李冰海列席会议。会议审议通过桥西区第十二届人民代表大会第三次会议的各项建议名单（草案）、区人大常委会人事代表工委主任袁三臣作的《桥西区十二届人民代表大会第三次会议代表资格审查报告（草案）》。

第十六次会议 2000年3月10日召开，区人大常委会副主任祁连记、吕振福、张秀珍、郑丁江和12名委员出席会议。区人民政府副区长胡晓光、区人民法院副院长啜增义、区人民检察院副检察长王志忠列席会议。会议审议通过《桥西区人大常委会2000年工作要点（草案）》《桥西区人大常委会2000年议题安排（草案）》。会议听取3名市人大代表述职报告。

第十七次会议 2000年4月28日召开，区人大常委会副主任祁连记、吕振福、张秀珍、郑丁江和12名委员出席会议。区人民政府副区长胡晓光、区人民法院副院长啜增义、区人民检察院副检察长王志忠列席会议。会议听取和审议区人民政府《关于第一季度经济运行情况的报告》、区人民法院《关于案件执行情况的报告》。

第十八次会议 2000年8月29日召开，区人大常委会主任韩宪章，副主任祁连记、吕振福、张秀珍、郑丁江和13名委员出席会议。区人民政府副区长王晋堂、区人民法院副院长曹俊英、区人民检察院检察长李冰海列席会议。会议听取和审议区财政局局长田荣凤作的《关于1999年财政决算情况的报告》并通过相应决议。会议听取区审计局局长董保贤作的《关于桥西区1999年度财政预算执行情况和其他财政收支情况的审计工作报告》。会议听取和审议区卫生局局长赵欢作的《关于〈中华人民共和国食品卫生法〉贯彻执行情况的报告》、区人民政府办公室主任底瑞刚作的《关于办理代表建议、批评和意见情况的报告》。会议通过人事任免事项（名单见本篇第七章《选举任免》）。

第十九次会议 2000年9月26日召开，区人大常委会主任韩宪章，副主任祁连记、吕振福、张秀珍和11名委员出席会议。区人民政府副区长路中林、区人民法院副院长曹俊英、区人民检察院检察长李冰海列席会议。会议听取和审议区人民政府《关于2000年重点建设项目和办实事项目进展情况的报告》《关于实行执法责任制和执法过错责任追究制情况的报告》。会议通过人事任免事项（名单见本篇第七章《选举任免》）。

第二十次会议 2000年12月29日召开，区人大常委会副主任祁连记、吕振福、张秀珍、郑丁江和13名委员出席会议。区人民政府副区长路中林、区人民法院副院长曹俊英、区人民检察院检察长李冰海列席会议。会议听取和审议区人民政府《关于2000年财政预算执行情况的调整意见及2001年财政预算（草案）的报告》《关于2000年国民经济和社会发展计划完成情况及2001年国民经济和社会发展计划（草案）的报告》《关于桥西区国民经济和社会发展第十个五年计划纲要（草案）》。会议审议通过《关于召开桥西区第十二届人民代表大会第四次会议的决定（草案）》《桥西区十二届人大四次会议建议议程（草案）》《桥西区人民代表大会常务委员会工作报告（草稿）》，桥西区十二届人大四次会议主席团、秘书长、常务主席、计划预算审查委员会、议案审查委员会、正副团长名单（草案），《桥西区十二届人大四次会议代表资格审查委员会报告（草案）》。

第二十一次会议　2001年3月6日召开，区人大常委会副主任祁连记、张秀珍、郑丁江和10名委员出席会议。区人民政府副区长胡晓光、区人民法院副院长许富兵、区人民检察院检察长李冰海列席会议。会议听取《关于在代表中开展“争先创优”活动情况汇报》。会议审议通过《桥西区人大常委会2001年议题安排（草案）》《桥西区人大常委会关于修改〈人大工作室工作规则〉的决定》。

第二十二次会议　2001年4月27日召开，区人大常委会副主任祁连记、吕振福、张秀珍和12名委员出席会议。区人民政府副区长凌青利、区人民法院副院长曹俊英、区人民检察院副检察长扈长根列席会议。会议听取和审议区人民政府《关于第一季度经济运行情况的报告》。会议听取4名市人大代表述职报告。

第二十三次会议　2001年7月13日召开，区人大常委会副主任祁连记、张秀珍和10名委员出席会议。区人民政府副区长王晋堂、区人民法院副院长许富兵、区人民检察院检察长李冰海列席会议。会议听取和审议区财政局局长田荣凤作的《关于上半年经济运行情况的报告》、区教育局局长高建华作的《关于贯彻落实〈中华人民共和国义务教育法〉情况的报告》、区人民检察院检察长李冰海作的《关于反贪工作情况的报告》。

第二十四次会议　2001年10月19日召开，区人大常委会副主任祁连记、吕振福、张秀珍和11名委员出席会议。区人民政府副区长王晋堂、区人民法院副院长张亚平、区人民检察院副检察长王志忠列席会议。会议听取和审议区人民政府《关于2000年财政决算情况的报告》并通过相应决议、《关于2000年度财政预算执行情况的审计工作报告》《关于2001年重点建设项目进展情况的报告》《关于贯彻落实〈中华人民共和国科技进步法〉情况的报告》《关于办理代表建议、批评和意见情况的报告》、区公安分局《关于开展“三项教育”情况的报告》。会议审议通过区人大常委会《关于补选区十二届人大代表的安排意见》。会议通过人事任免事项（名单见本篇第七章《选举任免》）。

第二十五次会议　2001年12月7日召开，区人大常委会副主任祁连记、吕振福、张秀珍、郑丁江和10名委员出席会议。区人民政府副区长王晋堂、区人民法院副院长张亚平、区人民检察院检察长李冰海列席会议。会议听取和审议区人民政府《关于调整2001年财政预算情况的报告》并通过相应决议、《关于调整2001年主要经济发展预期目标计划的报告》《关于打击制售假冒伪劣商品情况的工作报告》。会议听取区人民政府《关于区划调整情况的汇报》、区人大常委会《关于补选区人大代表情况的汇报》。会议审议通过《关于召开桥西区第十二届人民代表大会第五次会议的决定（草案）》。

第二十六次会议　2002年3月4日召开，区人大常委会副主任祁连记、吕振福、张秀珍、郑丁江和12名委员出席会议。区人民政府副区长路中林、区人民法院副院长张亚平、区人民检察院检察长李冰海列席会议。会议审议通过区人大常委会办公室副主任张卫娟作的《桥西区人民代表大会常务委员会工作报告（草稿）》，区计划局局长张坤山作的《关于2001年国民经济和社会发展计划完成情况和2002年国民经济和社会发展计划（草案）的报告》，区财政局局长田荣凤作的《关于2001年财政预算执行情况和2002年财政预算

（草案）的报告》，桥西区十二届人大五次会议主席团、秘书长、计划预算和议案审查委员会、正副团长、列席人员建议名单（草案），《桥西区十二届人民代表大会第五次会议代表资格审查报告（草案）》。

第二十七次会议 2002 年 5 月 21 日召开，区人大常委会主任韩宪章，副主任祁连记、吕振福、张秀珍、郑丁江和 11 名委员出席会议。区人民政府区长郝建国、区人民法院副院长许富兵、区人民检察院检察长李冰海列席会议。会议听取《桥西区留营乡人大换届选举工作情况汇报》。会议通过人事任免事项（名单见本篇第七章《选举任免》）。

第二十八次会议 2002 年 7 月 16 日召开，区人大常委会副主任祁连记、吕振福、张秀珍、郑丁江和 14 名委员出席会议。区人民政府副区长周雪军、区人民法院副院长刘占国、区人民检察院副检察长王志忠列席会议。会议听取和审议区计划局局长张坤山作的《关于 2002 年上半年国民经济和社会发展计划执行情况的报告》、区卫生局局长武增军作的《关于贯彻落实〈中华人民共和国食品卫生法〉情况的报告》、区人民政府副区长周雪军作的《关于贯彻落实〈河北省关于支持和鼓励个体工商户和私营企业发展条例〉情况的报告》、区人民法院副院长刘占国作的《关于区人民法院队伍建设情况的报告》。会议通过人事任免事项（名单见本篇第七章《选举任免》）。

第二十九次会议 2002 年 7 月 30 日召开，区人大常委会主任韩宪章，副主任祁连记、吕振福、张秀珍和 13 名委员出席会议。区人民政府副区长路中林、区人民法院副院长曹俊英、区人民检察院副检察长王志忠列席会议。会议通过人事任免事项（名单见本篇第七章《选举任免》）。

第三十次会议 2002 年 9 月 17 日召开，区人大常委会主任韩宪章，副主任祁连记、吕振福、张秀珍、郑丁江和 14 名委员出席会议。区人民政府副区长周雪军、区人民法院副院长张亚平、区人民检察院检察长李冰海列席会议。会议听取和审议区人民政府《关于 2001 年财政决算和 2002 年 1—6 月份财政预算执行情况的报告》并通过相应决议。会议听取区人民政府《关于 2001 年度财政预算执行情况的审计工作报告》。会议听取和审议区人民政府《关于办理代表建议、批评和意见情况的报告》。会议通过人事任免事项（名单见本篇第七章《选举任免》）。

第三十一次会议 2002 年 10 月 24 日召开，区人大常委会主任韩宪章，副主任祁连记、吕振福、张秀珍、郑丁江和 13 名委员出席会议。区人民政府区长郝建国、区人民法院副院长刘占国、区人民检察院检察长李冰海列席会议。会议通过人事任免事项（名单见本篇第七章《选举任免》）。

第三十二次会议 2003 年 1 月 22 日召开，区人大常委会副主任祁连记、吕振福、张秀珍、郑丁江和 14 名委员出席会议。区人民政府副区长董成树、区人民法院院长董建义、区人民检察院检察长李冰海列席会议。会议审议通过区人大常委会《关于召开桥西区第十二届人民代表大会第六次会议的决定（草案）》，桥西区十二届人大六次会议主席团、秘书长、常务主席、各代表团团长建议名单，《桥西区十二届人民代表大会第六次会议代表资格审查报告（草案）》。

第三十三次会议　2003年2月13日召开，区人大常委会主任韩宪章，副主任祁连记、吕振福、张秀珍、郑丁江和14名委员出席会议。区人民政府副区长路中林、区人民法院副院长啜增义、区人民检察院检察长李冰海列席会议。会议补选产生桥西区出席石家庄市第十一届人民代表大会代表1名。

第三十四次会议　2003年3月21日召开，区人大常委会副主任祁连记、吕振福、张秀珍、郑丁江和14名委员出席会议。区人民政府副区长路中林、区人民法院副院长刘占国、区人民检察院检察长李冰海列席会议。会议通过人事任免事项（名单见本篇第七章《选举任免》）。

第三十五次会议　2003年4月1日召开，区人大常委会副主任祁连记、吕振福、张秀珍、郑丁江和14名委员出席会议。区人民政府副区长路中林、区人民法院副院长刘占国、区人民检察院检察长李冰海列席会议。会议审议通过区人大常委会《关于换届选举工作安排意见及选举委员会名单（草案）》。会议通过人事任免事项（名单见本篇第七章《选举任免》）。

第三十六次会议　2003年4月18日召开，区人大常委会副主任祁连记、吕振福、张秀珍和14名委员出席会议。区人民政府代理区长刘月照、区人民法院副院长董建义、区人民检察院检察长李冰海列席会议。会议审议通过区人大常委会《关于召开桥西区第十三届人民代表大会第一次会议的决定（草案）》《关于桥西区第十三届人民代表大会第一次会议建议议程》。会议通过人事任免事项（名单见本篇第七章《选举任免》）。

第三十七次会议　2003年4月29日召开，区人大常委会副主任祁连记、吕振福、张秀珍和12名委员出席会议。区人民政府副区长宋秀芳、区人民法院副院长刘占国、区人民检察院检察长李彦彪列席会议。会议听取区人大常委会人事代表工委主任袁三臣作的《关于换届选举工作情况的报告》《关于代表资格审查情况的报告（草案）》。会议审议通过《桥西区第十二届人大常委会工作报告（草稿）》，桥西区十三届人大一次会议主席团、秘书长、常务主席、计划预算审查委员会、议案审查委员会和列席人员名单（草案）。

第二节　主任会议

区十二届人大常委会共召开主任会议66次，其中韩宪章主任主持召开17次，祁连记副主任主持召开49次。常委会各位副主任出席会议，各委办主任列席会议。

区十二届人大常委会主任会议情况一览表

表 12–10

序号	时间	议题
1	1998 年 2 月 24 日	研究决定区人大常委会主任、副主任分工，研究区人大常委会近期工作及当前抓好的几项具体工作
2	1998 年 3 月 4 日	听取区人大常委会各委办和各街道人大工作室主任关于 1998 年工作安排汇报，研究部署区人大常委会当前工作
3	1998 年 4 月 23 日	研究常委会第一次会议有关事项，研究区人大常委会 1998 年工作要点（草案）和 1998 年议题安排（草案），研究区人大常委会关于加强自身建设的意见和各项制度，研究关于区人民政府 1997 年财政决算情况和 1997 年财政决算审计情况的初审意见，研究桥西区第十二届人大常委会代表资格审查委员会名单（草案），研究各办事处人大工作室工作规则（暂行）
4	1998 年 5 月 27 日	研究常委会第二次会议有关事项
5	1998 年 5 月 28 日	研究人事任免事项
6	1998 年 6 月 5 日	研究第二季度代表活动安排意见，研究《中华人民共和国审计法》执法检查安排意见，传达学习市人大宣传信息工作会议精神，传达学习市人大信访工作会议精神
7	1998 年 7 月 3 日	研究区人大常委会第三季度工作安排意见，听取区人大常委会 1998 年上半年信息工作汇报，研究关于区人民政府上半年经济运行情况的初审意见，研究关于区人民政府贯彻执行《中华人民共和国食品卫生法》情况的初审意见，研究关于区“公、检、法”三机关司法队伍建设、反腐倡廉情况报告的初审意见，研究常委会第三次会议有关事项
8	1998 年 8 月 14 日	研究常委会第四次会议有关事项，研究人事任免事项
9	1998 年 8 月 27 日	研究人事任免事项
10	1998 年 9 月 2 日	研究常委会第五次会议有关事项，研究人事任免事项，听取区人大常委会各委办上半年工作汇报，研究区人大常委会机关考勤制度，研究关于区人民政府 1998 年重点建设项目进展情况的初审意见，研究关于区人民政府行政执法情况的初审意见，研究关于区人民政府下岗职工解困和再就业情况的初审意见

续表 12-10

序　号	时　间	议　题
11	1998 年 11 月 16 日	研究常委会第六次会议有关事项，研究补选区十二届人大代表事宜，研究区人大常委会关于开展向区人民法院学习的决定，研究通过区十二届人大二次会议安排意见，听取区人大常委会财经城建工委关于市人大财经工作联系点、联系片活动情况的汇报，研究关于区人民政府 1998 年 1—9 月份财政预算执行情况的初审意见，研究关于区人民政府调整 1998 年重点建设项目的初审意见，研究关于区人民政府办理代表建议、批评和意见情况的视察报告，研究关于接受孟秀娟辞去桥西区第十二届人大常委会委员职务的决定
12	1998 年 12 月 10 日	研究区十二届人大二次会议有关事项，研究区人大常委会工作报告（草稿）
13	1998 年 12 月 18 日	研究区十二届人大二次会议有关事项
14	1998 年 12 月 28 日	研究常委会第七次会议有关事项，研究区十二届人大二次会议有关事项
15	1999 年 3 月 1 日	研究常委会第八次会议有关事项，听取区人大常委会各委办 1998 年工作情况和 1999 年工作安排汇报，研究区人大常委会 1999 年工作要点（草案），研究区人大常委会 1999 年议题安排（草案），研究区人大常委会 1999 年宣传信息工作目标及奖励办法，研究区人大常委会关于实行法律文书备案和审查制度的决定（草案）
16	1999 年 4 月 2 日	研究区人大常委会第二季度工作安排，研究区人大常委会关于组织代表培训的安排意见，研究区人大常委会组织部分代表视察公、检、法“两错”责任追究制实施情况的安排意见，研究关于区人民政府第一季度经济运行情况的初审意见
17	1999 年 4 月 20 日	研究常委会第九次会议有关事项，传达市依法治市和人大工作会议精神，传达市人大宣传信息工作会议精神，研究关于人大工作室主任例会制度
18	1999 年 5 月 31 日	研究常委会第十次会议有关事项
19	1999 年 6 月 19 日	研究第二季度代表活动安排，研究关于组织部分代表视察市容市貌、城市建设情况的安排意见，研究关于组织部分代表视察区人民政府有关部门贯彻落实《中华人民共和国行政处罚法》的安排意见，研究关于人大工作室主任例会制度
20	1999 年 7 月 9 日	研究常委会第十一次会议有关事项，研究对被任命人员进行评议的安排意见，研究关于在市、区人大代表中开展“国徽在心、责任在身”活动安排意见，研究第三季度工作安排

续表 12-10

序 号	时 间	议 题
21	1999 年 8 月 3 日	研究第三季度代表活动安排
22	1999 年 8 月 31 日	研究常委会第十二次会议有关事项，听取关于组织代表视察“两法一决定”活动安排，听取关于组织代表视察重点项目活动安排，研究区人大常委会关于批准区人民政府 1998 年财政决算的决定（草案），传达市代表开展“国徽在心、责任在身”座谈会精神，研究关于举办人大宣传信息培训班活动安排，研究关于区人民政府 1999 年重点建设项目、实事项目工作进展情况的初审意见
23	1999 年 10 月 15 日	研究常委会第十三次会议有关事项，传达石家庄市乡镇人大工作会议精神，传达学习中共河北省委批转《省人大常委会党组关于加强和改进人大代表工作、发挥代表作用的意见》的通知精神，研究关于区人民政府调整 1999 年财政预算的初审意见，研究关于区人民政府和区人民法院办理代表建议、批评和意见情况的初审意见，研究关于区人民政府下岗职工基本生活保障和再就业工作情况的初审意见，研究关于区人民政府《中华人民共和国执业医师法》贯彻执行情况的初审意见
24	1999 年 11 月 18 日	听取区人大常委会财经城建工委关于建立人大代表专业组情况的汇报，听取区人大常委会人事代表工委关于第四季度代表活动的安排意见，研究区十二届人大三次会议有关事项
25	1999 年 11 月 24 日	研究区十二届人大三次会议有关事项
26	1999 年 12 月 10 日	研究常委会第十四次会议有关事项，研究区十二届人大三次会议有关事项
27	1999 年 12 月 17 日	研究区十二届人大三次会议有关事项
28	1999 年 12 月 23 日	研究常委会第十五次会议有关事项，研究区十二届人大三次会议有关事项
29	2000 年 2 月 18 日	研究常委会第十六次会议有关事项,研究区人大常委会 2000 年工作要点(草案)，研究区人大常委会 2000 年议题安排（草案），研究区人大常委会第一季度工作安排，听取区人大常委会 1999 年宣传信息工作情况汇报
30	2000 年 4 月 12 日	研究常委会第十七次会议有关事项，听取区人大常委会各委办前一阶段调研工作汇报，传达市人大常委会宣传信息工作会议精神，研究区人大常委会第二季度工作安排，研究关于区人民政府第一季度经济运行情况的初审意见，研究关于区人民法院案件执行情况的初审意见

续表 12-10

序　号	时　间	议　题
31	2000 年 6 月 13 日	研究区人大常委会关于组织代表视察城市建设及市容管理情况的安排意见，研究区人大常委会关于组织代表视察《中华人民共和国食品卫生法》贯彻执行情况的安排意见，研究区人大常委会关于召开人大工作研讨会的有关事宜，研究关于司机技师聘任情况事宜
32	2000 年 6 月 29 日	研究常委会第十八次会议有关事项，研究区人大常委会第三季度工作安排，通报 2000 年上半年人大宣传信息工作情况，研究关于区人民政府 1999 年财政决算情况的初审意见，研究关于桥西区 1999 年财政预算执行情况和其他财政收支情况审计工作报告的初审意见，研究关于区人民政府《中华人民共和国食品卫生法》贯彻执行情况的初审意见，研究关于区人民政府办理代表建议、批评和意见情况的视察报告，研究人事任免事项
33	2000 年 9 月 8 日	研究人事任免事项，研究区人大常委会第四季度活动安排，传达市人大代表小组长经验交流会议精神，研究关于组织代表视察有关事宜，研究关于组织代表视察重点建设项目进展情况的安排意见，研究常委会第十九次会议有关事项，听取填写干部履历表有关事宜的汇报，研究关于区人民政府实行执法责任制和执法过错责任追究制情况报告的初审意见，研究其他事项
34	2000 年 9 月 21 日	研究常委会第十九次会议有关事项，听取关于参加市人大常委会培训班学习情况的汇报，研究其他事项
35	2000 年 12 月 15 日	研究常委会第二十次会议有关事项，研究区十二届人大四次会议有关事项
36	2000 年 12 月 27 日	研究区十二届人大四次会议有关事项
37	2001 年 2 月 9 日	听取区人大常委会各委办、办事处人大工作室关于 2001 年工作打算、措施情况的汇报
38	2001 年 2 月 27 日	研究常委会第二十一次会议有关事项，听取区人大常委会人事代表工委关于在市、区人大代表中开展“争先创优”活动情况的汇报，研究区人大常委会 2001 年工作要点（草案），研究区人大常委会 2001 年议题安排（草案），研究修改人大工作室工作规则的事宜
39	2001 年 4 月 9 日	研究关于开展打击制售假冒伪劣商品执法检查的安排意见，研究补选区人大代表有关事宜，听取区人大常委会 2000 年度宣传信息工作汇报，研究区人大常委会第二季度工作安排，研究关于人大工作室挂牌有关事宜
40	2001 年 4 月 19 日	研究常委会第二十二次会议有关事项，研究关于区人民政府第一季度经济运行情况报告的初审意见

续表 12-10

序号	时间	议题
41	2001 年 5 月 11 日	传达市人大县（市、区）人大常委会主任座谈会精神
42	2001 年 5 月 25 日	研究关于视察城市建设和市容管理安排意见，听取关于友谊办事处和建国路办事处区划调整后区人大代表变动情况的意见，听取关于对桥西区部分派出所、武警部队“三项教育”检查情况汇报
43	2001 年 6 月 29 日	研究常委会第二十三次会议有关事项，研究区人大常委会第三季度工作安排，研究关于区人民政府上半年经济运行情况的初审意见，研究关于区人民政府贯彻落实《中华人民共和国义务教育法》情况的初审意见，研究关于区人民检察院反贪工作情况的初审意见
44	2001 年 8 月 3 日	研究乡镇人大主席团、人大工作室年度工作考核评比办法，研究其他事项
45	2001 年 9 月 27 日	研究常委会第二十四次会议有关事项，传达学习市人大常委会关于《中华人民共和国全国人民代表大会和地方各级人民代表大会代表法》座谈会议精神，传达学习市城区工作座谈会议精神，研究区人大常委会第四季度工作安排，研究关于区人民政府 2000 年财政决算情况的初审意见，研究关于区人民政府 2000 年度财政预算执行情况审计工作报告的初审意见，研究关于区人民政府贯彻落实《中华人民共和国科技进步法》情况报告的初审意见，研究关于区人民政府办理代表建议、批评和意见情况的视察报告，研究关于区公安分局开展“三项教育”情况的初审意见，研究区人大常委会关于补选区十二届人大代表的安排意见
46	2001 年 10 月 18 日	研究关于区人民政府 2001 年重点建设项目进展情况的初审意见，研究人事任免事项
47	2001 年 11 月 29 日	研究常委会第二十五次会议有关事项，听取区人大常委会人事代表工委关于组织市人大代表开展会前活动的安排意见，研究关于区人民政府调整 2001 年主要经济发展预期目标计划情况的初审意见，研究关于区人民政府调整 2001 年财政预算情况的初审意见，听取打击制售假冒伪劣商品执法检查情况的汇报，听取区人民政府关于区划调整情况的汇报，听取关于补选区人大代表情况的汇报
48	2001 年 12 月 18 日	研究区十二届人大五次会议有关事项
49	2001 年 12 月 21 日	研究区人大常委会工作报告（草稿），研究区十二届人大五次会议有关事项
50	2002 年 1 月 11 日	传达市换届选举工作会议精神，研究关于乡换届选举工作安排意见

续表 12-10

序　号	时　间	议　题
51	2002 年 2 月 28 日	研究常委会第二十六次会议有关事项，研究区十二届人大五次会议有关事项
52	2002 年 3 月 26 日	研究区人大常委会 2002 年工作要点（草案），研究区人大常委会 2002 年议题安排（草案），研究区人大常委会第二季度工作安排（草案）
53	2002 年 5 月 16 日	研究常委会第二十七次会议有关事项
54	2002 年 6 月 6 日	研究常委会第二十八次会议有关事项，研究关于第二季度代表活动安排意见
55	2002 年 7 月 9 日	研究区人大常委会第三季度工作安排，研究关于区人民政府 2002 年上半年国民经济和社会发展计划执行情况的初审意见，研究关于区人民政府贯彻落实《中华人民共和国食品卫生法》情况的初审意见，研究关于区人民政府贯彻落实《河北省关于支持和鼓励个体工商户和私营企业发展条例》情况的初审意见，研究关于区人民法院队伍建设情况的初审意见，听取关于调整第二十八次常委会议题和时间的说明，研究区人民政府副区长胡晓光辞职申请
56	2002 年 7 月 29 日	研究常委会第二十九次会议有关事项
57	2002 年 9 月 10 日	研究常委会第三十次会议有关事项，研究关于区人民政府 2001 年财政决算和 2002 年 1—6 月份财政预算执行情况的初审意见，研究关于区人民政府 2001 年度财政预算执行情况审计工作报告的初审意见，研究关于区人民政府办理代表建议、批评和意见情况的视察报告，研究人事任免事项
58	2002 年 10 月 17 日	研究常委会第三十一次会议有关事项
59	2002 年 10 月 17 日	传达市人大常委会关于选举市人大代表会议精神，研究区十二届人大六次会议有关事项
60	2003 年 1 月 20 日	研究常委会第三十二次会议有关事项，研究区十二届人大六次会议有关事项
61	2003 年 2 月 11 日	研究常委会第三十三次会议有关事项，研究补选市人大代表事宜
62	2003 年 3 月 18 日	研究常委会第三十四次会议有关事项，研究人事任免事项

续表 12-10

序 号	时 间	议 题
63	2003 年 3 月 31 日	研究常委会第三十五次会议有关事项，研究人事任免事项，研究关于换届选举工作安排意见及选举委员会名单（草案）
64	2003 年 4 月 16 日	研究常委会第三十六次会议有关事项，研究区十三届人大一次会议有关事项
65	2003 年 4 月 17 日	研究人事任免事项
66	2003 年 4 月 24 日	研究常委会第三十七次会议有关事项，研究区十三届人大一次会议有关事项

第三节　机构设置

区十二届人大常委会设办公室、人事代表工作委员会、法制工作委员会、财经城建工作委员会、教科文卫工作委员会。

区十二届人大常委会机构人员情况表

表 12-11

机构名称	职务	姓名	任职时间
办公室	主 任	李立冬	1998 年 2 月至 1998 年 5 月
		陈丽敏	1998 年 5 月至 2003 年 5 月
	副主任	邓利全	1998 年 2 月至 1999 年 6 月
	副主任兼信访科科长	邓利全	1999 年 6 月至 2003 年 5 月
	副主任	张卫娟	1998 年 9 月至 2003 年 5 月
	副主任科员	王玉武	1998 年 9 月至 2003 年 5 月
人事代表工作委员会	主 任	袁三臣	1998 年 2 月至 2003 年 5 月
	副主任	张　英	1998 年 2 月至 2003 年 5 月

续表 12-11

机构名称	职务	姓名	任职时间
法制工作委员会	主 任	孟秀娟	1998 年 2 月至 1998 年 5 月
		王　臣	1998 年 5 月至 1999 年 6 月
		祁藏法	1999 年 6 月至 2003 年 5 月
	副主任科员	徐传胜	1999 年 9 月至 2003 年 5 月
财经城建工作委员会	主 任	祁藏法	1998 年 2 月至 1999 年 6 月
		智艾乡	1999 年 6 月至 2003 年 5 月
	副主任	智艾乡	1998 年 2 月至 1999 年 6 月
		芦永红	2002 年 9 月至 2003 年 5 月
教科文卫工作委员会	主 任	张俊英	1998 年 2 月至 2003 年 5 月

第五章　监督工作

区十二届人大及其常委会自觉服务于改革、发展、稳定这个大局，立足于支持和促进“一府两院”工作。区十二届人民代表大会共听取和审议区人大常委会、区“一府两院”工作报告 20 个，审查计划、预算报告 11 个；区十二届人大常委会共听取区“一府两院”专项工作报告 35 项、计划预算和审计工作报告 22 项，执法检查 7 次，视察调研 31 次。

围绕经济和社会发展中的重大问题实施监督。区十二届人大常委会切实加大对计划、预算执行情况的监督力度，为促进计划、预算的落实，每年都要专题听取和审议区人民政府关于计划、预算执行情况，决算、财政预算执行情况和其他财政收支情况的审计工作报告，结合桥西区的经济形势，提出加快经济结构调整步伐，推进企业技术创新，夯实收入基础，提高收入质量，加强财政管理，确保公教人员工资及科技、教育等重点资金需要，努力完成区人代会确定的各项经济目标等意见和建议，审查批准区人民政府各年度决算。同时，还围绕桥西区经济发展中的重大问题，分别听取和审议区人民政府关于经济运行情况、重点建设项目进展情况、区域经济发展情况、城市建设及市容管理等情况的报告，审议通过桥西区国民经济和社会发展第十个五年计划纲要，并组织区人大代表有针对性地进行专题视察，提出意见、建议，促进相关工作顺利开展。

围绕改革和发展中的热点难点问题实施监督。区十二届人大常委会抓住改革和发展中的突出矛盾和制约因素，围绕区人民政府关于下岗职工基本生活保障和再就业工作、发展特色经济和非公有制经济、普及义务教育、中小学教师工资发放、食品卫生、医保制度改革、社会办医、文化市场管理等问题，听取工作报告和组织执法检查。针对相关工作报告，提出要优化经济结构、大力扶持重点行业和优势产业、转变政府职能、完善政策、为非公有制经济发展创造公平竞争环境等意见和建议。特别是从维护广大职工切实利益出发，把下岗职工基本生活保障和再就业工作作为一项重要内容，视察了劳动力市场，听取和审议区人民政府有关工作情况报告，要求区人民政府及有关部门严格规范职工下岗行为，抓好组织、资金、政策和岗位落实，切实做好企业下岗职工基本生活保障和再就业及离退休人员养老金发放等各项工作，维护社会稳定。针对社会反映强烈的电子游戏场所违章经营问题，多次组织区人大常委会委员和人大代表开展视察、检查和跟踪调查活动，促进区人民政府及有关部门进一步加大执法力度，净化市场环境，维护群众利益。

第一节　听取和审议专项工作报告与计划预算和审计工作报告

区十二届人大常委会会议听取和审议区“一府两院”专项工作报告35项、计划预算和审计工作报告22项。

听取和审议专项工作报告与计划预算和审计工作报告情况表

表12–12

时　间	常委会会议	报告内容
1998年4月30日	第一次	区人民政府关于1997年财政决算的报告，区人民政府关于1997年财政决算情况的审计工作报告
1998年7月21日	第三次	区人民政府关于上半年经济运行情况的报告，区人民政府关于贯彻落实《中华人民共和国食品卫生法》情况的报告，区“公、检、法”三机关关于司法队伍建设、反腐倡廉情况的报告
1998年9月8日	第五次	区人民政府关于1998年重点建设项目进展情况的报告，区人民政府关于行政执法情况的报告，区人民政府关于下岗职工解困和再就业情况的报告
1998年11月23日	第六次	区人民政府关于1998年1—9月份财政预算执行情况的报告，区人民政府关于调整1998年重点建设项目情况的报告，区人民政府关于办理代表建议、批评和意见情况的报告
1999年4月30日	第九次	区人民政府关于第一季度经济运行情况的报告，区“公、检、法”三机关贯彻“两错”责任追究制情况的报告
1999年7月19日	第十一次	区人民政府关于贯彻落实《中华人民共和国行政处罚法》情况的报告
1999年9月13日	第十二次	区人民政府关于1998年财政决算和1999年上半年预算执行情况的报告，区人民政府关于1998年度财政预算执行情况及财务收支情况的审计工作报告，区人民政府关于1999年重点建设项目、实事项目工作进展情况的报告
1999年11月12日	第十三次	区人民政府关于调整1999年财政预算情况的报告，区人民政府和区人民法院关于办理代表建议、批评和意见情况的报告，区人民政府关于下岗职工基本生活保障和再就业工作情况的报告，区人民政府关于贯彻落实《中华人民共和国执业医师法》情况的报告
1999年12月21日	第十四次	区人民政府关于1999年国民经济和社会发展计划完成情况及2000年国民经济和社会发展计划（草案）的报告，区人民政府关于1999年财政预算执行情况和2000年财政预算（草案）的报告

续表 12-12

时　间	常委会会议	报告内容
2000 年 4 月 28 日	第十七次	区人民政府关于第一季度经济运行情况的报告，区人民法院关于案件执行情况的报告
2000 年 8 月 29 日	第十八次	区人民政府关于 1999 年财政决算的报告，区人民政府关于 1999 年度财政预算执行情况和其他财政收支情况的审计工作报告，区人民政府关于《中华人民共和国食品卫生法》贯彻执行情况的报告，区人民政府关于办理代表建议、批评和意见情况的报告
2000 年 9 月 26 日	第十九次	区人民政府关于 2000 年重点建设项目和办实事项目进展情况的报告，区人民政府关于实行执法责任制和执法过错责任追究制情况的报告
2000 年 12 月 29 日	第二十次	区人民政府关于 2000 年财政预算执行情况的调整意见及 2001 年财政预算（草案）的报告，区人民政府关于 2000 年国民经济和社会发展计划完成情况及 2001 年国民经济和社会发展计划（草案）的报告，区人民政府关于桥西区国民经济和社会发展第十个五年计划纲要（草案）的报告
2001 年 4 月 27 日	第二十二次	区人民政府关于第一季度经济运行情况的报告
2001 年 7 月 13 日	第二十三次	区人民政府关于上半年经济运行情况的报告，区人民政府关于贯彻落实《中华人民共和国义务教育法》情况的报告，区人民检察院关于反贪工作情况的报告
2001 年 10 月 19 日	第二十四次	区人民政府关于 2000 年财政决算情况的报告，区人民政府关于 2000 年度财政预算执行情况的审计工作报告，区人民政府关于 2001 年重点建设项目进展情况的报告，区人民政府关于贯彻落实《中华人民共和国科技进步法》情况的报告，区人民政府关于办理代表建议、批评和意见情况的报告，区人民政府关于开展“三项教育”情况的报告
2001 年 12 月 7 日	第二十五次	区人民政府关于调整 2001 年主要经济发展预期目标计划的报告，区人民政府关于调整 2001 年财政预算情况的报告，区人民政府关于打击制售假冒伪劣商品情况的工作报告，区人民政府关于区划调整情况的汇报
2002 年 3 月 4 日	第二十六次	区人民政府关于 2001 年国民经济和社会发展计划完成情况和 2002 年国民经济和社会发展计划（草案）的报告，区人民政府关于 2001 年财政预算执行情况和 2002 年财政预算（草案）的报告
2002 年 7 月 16 日	第二十八次	区人民政府关于 2002 年上半年国民经济和社会发展计划执行情况的报告，区人民政府关于贯彻落实《中华人民共和国食品卫生法》情况的报告，区人民政府关于贯彻落实《河北省关于支持和鼓励个体工商户和私营企业发展条例》情况的报告，区人民法院关于队伍建设情况的报告

续表 12-12

时　间	常委会会议	报告内容
2002 年 9 月 17 日	第三十次	区人民政府关于 2001 年财政决算和 2002 年 1—6 月份财政预算执行情况的报告，区人民政府关于 2001 年度财政预算执行情况的审计工作报告，区人民政府关于办理代表建议、批评和意见情况的报告

第二节　法律法规实施情况的检查

区十二届人大常委会共组织开展执法检查 7 次。

1. 1998 年 6 月 9 日至 10 日，区人大常委会主任韩宪章，副主任祁连记、吕振福、张秀珍、郑丁江带领部分区人大代表对桥西区贯彻落实《中华人民共和国食品卫生法》《中华人民共和国传染病防治法》情况进行执法检查。1998 年 7 月 21 日，区十二届人大常委会第三次会议听取和审议区人民政府关于贯彻执行《中华人民共和国食品卫生法》情况的报告，审议区人大常委会教科文卫工委初审意见。

2. 1999 年 5 月 25 日至 26 日，区人大常委会主任韩宪章，副主任祁连记、吕振福、张秀珍、郑丁江带领部分区人大代表对桥西区贯彻落实《中华人民共和国城市规划法》情况和城区建设市容市貌情况进行执法检查。

3. 1999 年 7 月 14 日至 15 日，区人大常委会主任韩宪章，副主任祁连记、吕振福、张秀珍、郑丁江带领部分区人大代表对桥西区贯彻落实《中华人民共和国行政处罚法》情况进行执法检查。1999 年 7 月 19 日，区十二届人大常委会第十一次会议听取和审议区人民政府关于贯彻落实《中华人民共和国行政处罚法》情况的报告，审议区人大常委会法制工委初审意见。

4. 1999 年 9 月 15 日至 17 日，区人大常委会主任韩宪章，副主任祁连记、吕振福、张秀珍、郑丁江带领部分区人大代表对桥西区宣传贯彻《中华人民共和国教育法》《中华人民共和国教师法》和《关于深化教育改革全面推进素质教育的决定》情况进行执法检查。

5. 1999 年 11 月 29 日至 30 日，区人大常委会主任韩宪章，副主任祁连记、吕振福、张秀珍、郑丁江带领部分区人大代表对桥西区贯彻执行《中华人民共和国环境保护法》情况进行执法检查。

6. 2002 年 6 月，区人大常委会财经城建工委对桥西区贯彻执行《河北省关于支持和鼓励个体工商户和私营企业发展条例》情况进行执法检查。2002 年 7 月 16 日，区十二届人大常委会第二十八次会议听取和审议区人民政府关于贯彻落实《河北省关于支持和鼓励个体工商户和私营企业发展条例》情况的报告，审议区人大常委会财经城建工委初审意见。

7. 2002 年 7 月 4 日，区人大常委会主任韩宪章，副主任祁连记、吕振福、张秀珍、郑丁江带领部分区人大代表对桥西区贯彻落实《中华人民共和国食品卫生法》情况进行执法检查。2002 年 7 月 16 日，区十二届人大常委会第二十八次会议听取和审议区人民政府关于贯彻落实《中华人民共和国食品卫生法》情况的报告，审议区人大常委会教科文卫工委初审意见。

第三节　视察调研

区十二届人大常委会共组织开展视察调研活动 31 次。

视察调研活动选录表

表 12–13

时　间	视察内容	牵头单位
1998 年 6 月	关于区“公、检、法”三机关司法队伍建设情况	法 制 工 委
	关于区人民政府城建和市容管理情况	财经城建工委
1998 年 7 月	关于区“公、检、法”三机关司法队伍建设、反腐倡廉情况	法 制 工 委
	关于区人民政府上半年经济运行情况	财经城建工委
1998 年 8 月	关于区人民政府 1998 年重点建设项目进展情况	财经城建工委
1998 年 9 月	关于区人民政府下岗职工解困和再就业情况	财经城建工委
1998 年 11 月	关于区人民政府办理区十二届人大一次会议代表建议、批评和意见情况	人事代表工委
1999 年 4 月	关于区人民政府第一季度经济运行情况	财经城建工委
	关于区“公、检、法”三机关贯彻“两错”责任追究制情况	法 制 工 委
1999 年 9 月	关于区人民政府 1999 年重点建设项目、实事项目工作进展情况	财经城建工委
1999 年 11 月	关于区人民政府下岗职工基本生活保障和再就业工作情况	人事代表工委
	关于区人民政府、区人民法院办理区十二届人大二次会议代表建议、批评和意见情况	人事代表工委
2000 年 4 月	关于区人民政府第一季度经济运行情况	财经城建工委
	关于区人民法院案件执行情况	法 制 工 委
2000 年 7 月	关于区人民政府上半年经济运行情况	财经城建工委

续表 12-13

时　间	视察内容	牵头单位
2000 年 8 月	关于区人民政府办理区十二届人大三次会议代表建议、批评和意见情况	人事代表工委
2000 年 9 月	关于区人民政府实行执法责任制和执法过错责任追究制情况	法 制 工 委
	关于区人民政府 2000 年重点建设项目和实事项目进展情况	财经城建工委
2001 年 3 月	关于在代表中开展“争先创优”活动情况	人事代表工委
2001 年 4 月	关于区人民政府第一季度经济运行情况	财经城建工委
2001 年 7 月	关于区人民政府上半年经济运行情况	财经城建工委
2001 年 10 月	关于区人民政府办理区十二届人大四次会议代表建议、批评和意见情况	人事代表工委
	关于区人民政府 2001 年重点建设项目进展情况	财经城建工委
	关于区公安分局开展“三项教育”情况	法 制 工 委
2001 年 12 月	关于区人民政府打击制售假冒伪劣商品情况	法 制 工 委
	关于区人民政府区划调整情况	财经城建工委
	关于补选区人大代表情况	人事代表工委
	关于区人民政府调整 2001 年主要经济发展预期目标计划情况	财经城建工委
2002 年 6 月	关于区“法、检”两院工作情况	法 制 工 委
2002 年 7 月	关于区人民政府 2002 年上半年国民经济和社会发展计划执行情况	财经城建工委
	关于区人民法院队伍建设情况	法 制 工 委

第六章　决议决定

区十二届人大及其常委会按照法定要求，适时对计划、预算、预算调整、决算等重大问题作出决议决定，注重发挥决议决定作用。坚持对“一府两院”和区人大常委会工作报告作出决议，促进工作落实，先后作出决议决定48项。

第一节　作出决议决定

一、区十二届人大历次会议作出决议决定情况

桥西区第十二届人民代表大会共作出决议决定31项。

区十二届人大历次会议决议决定一览表

表12–14

时　间	会　次	名　称
1998年2月21日	一次会议	关于桥西区人民政府工作报告的决议
		关于桥西区1997年国民经济和社会发展计划完成情况与1998年国民经济和社会发展计划报告的决议
		关于桥西区1997年财政预算执行情况和1998年财政预算报告的决议
		关于桥西区人民代表大会常务委员会工作报告的决议
		关于桥西区人民法院工作报告的决议
		关于桥西区人民检察院工作报告的决议
1999年1月15日	二次会议	关于桥西区人民政府工作报告的决议
		关于桥西区1998年国民经济和社会发展计划完成情况与1999年国民经济和社会发展计划报告的决议
		关于桥西区1998年财政预算执行情况和1999年财政预算报告的决议
		关于桥西区人民代表大会常务委员会工作报告的决议
		关于桥西区人民法院工作报告的决议
		关于桥西区人民检察院工作报告的决议

续表 12-14

时　间	会　次	名　称
2000 年 1 月 10 日	三次会议	关于桥西区人民政府工作报告的决议 关于桥西区 1999 年国民经济和社会发展计划完成情况与 2000 年国民经济和社会发展计划报告的决议 关于桥西区 1999 年财政预算执行情况和 2000 年财政预算报告的决议 关于桥西区人民代表大会常务委员会工作报告的决议 关于桥西区人民法院工作报告的决议 关于桥西区人民检察院工作报告的决议
2001 年 1 月 13 日	四次会议	关于桥西区人民政府工作报告的决议 关于桥西区国民经济和社会发展第十个五年计划纲要的决议 关于桥西区 2000 年国民经济和社会发展计划完成情况与 2001 年国民经济和社会发展计划报告的决议 关于桥西区 2000 年财政预算执行情况和 2001 年财政预算报告的决议 关于桥西区人民代表大会常务委员会工作报告的决议 关于桥西区人民法院工作报告的决议 关于桥西区人民检察院工作报告的决议
2002 年 3 月 14 日	五次会议	关于桥西区人民政府工作报告的决议 关于桥西区 2001 年国民经济和社会发展计划完成情况与 2002 年国民经济和社会发展计划报告的决议 关于桥西区 2001 年财政预算执行情况和 2002 年财政预算报告的决议 关于桥西区人民代表大会常务委员会工作报告的决议 关于桥西区人民法院工作报告的决议 关于桥西区人民检察院工作报告的决议

二、区十二届人大常委会历次会议作出决议决定情况

区十二届人大常委会作出决议决定 17 项（不包含人事任免事项）。

区十二届人大常委会历次会议决议决定一览表

表 12–15

时　间	常委会会议	名　称
1998 年 4 月 30 日	第一次	关于批准桥西区人民政府 1997 年财政决算的决议

续表 12-15

时　间	常委会会议	名　称
1998 年 11 月 23 日	第六次	关于批准桥西区人民政府调整 1998 年重点建设项目的决议 关于召开桥西区第十二届人民代表大会第二次会议的决定 关于开展向桥西区人民法院学习的决定
1999 年 3 月 9 日	第八次	关于实行法律文书备案和审查制度的决定
1999 年 9 月 13 日	第十二次	关于批准桥西区人民政府 1998 年财政决算的决议
1999 年 11 月 12 日	第十三次	关于批准桥西区人民政府 1999 年财政预算调整方案的决议
1999 年 12 月 21 日	第十四次	关于召开桥西区第十二届人民代表大会第三次会议的决定
2000 年 8 月 29 日	第十八次	关于批准桥西区人民政府 1999 年财政决算的决议
2000 年 12 月 29 日	第二十次	关于召开桥西区第十二届人民代表大会第四次会议的决定
2001 年 3 月 6 日	第二十一次	关于修改《人大工作室工作规则》的决定
2001 年 10 月 19 日	第二十四次	关于批准桥西区人民政府 2000 年财政决算的决议
2001 年 12 月 7 日	第二十五次	关于召开桥西区第十二届人民代表大会第五次会议的决定 关于批准桥西区人民政府 2001 年财政预算调整方案的决议
2002 年 9 月 17 日	第三十次	关于批准桥西区人民政府 2001 年财政决算的决议
2003 年 1 月 22 日	第三十二次	关于召开桥西区第十二届人民代表大会第六次会议的决定
2003 年 4 月 18 日	第三十六次	关于召开桥西区第十三届人民代表大会第一次会议的决定

第二节　决议决定选介

关于实行法律文书备案和审查制度的决定

《桥西区人大常委会关于实行法律文书备案和审查制度的决定（草案）》（以下简称《决定》），于1999年3月9日区十二届人大常委会第八次会议通过。

为进一步加强民主法制建设，维护法制的统一和尊严，加大人大监督力度，在桥西区公、检、法三机关健全法律文书，实行备案和审查制度，区十二届人大常委会第八次会议作出《决定》。

《决定》从区公、检、法三机关月报法律文书的具体内容，月报法律文书的负责人、报送时间、隐瞒不报或不按时上报的责任，区人大常委会审查责任等方面，对实行法律文书备案和审查制度工作提出了明确要求。

关于修改《人大工作室工作规则》的决定

《桥西区人大常委会关于修改〈人大工作室工作规则〉的决定》（以下简称《决定》），于2001年3月6日区十二届人大常委会第二十一次会议通过。

桥西区人大工作室工作规则是发挥人大工作室作用、确保人大代表有效履职、密切联系群众、推动地方治理现代化的重要基石。通过加强考核评估、强化责任追究等机制，可以激发代表们的工作积极性和创造力，推动人大工作不断取得新成效。

《决定》明确人大工作室职责、促进人大代表依法履职、加强代表与群众联系、推动地方治理现代化、提升人大工作效能方面提出了具体要求。

《决定》的重要意义不仅体现在具体的制度和措施上，更体现在推动地方经济社会发展和维护人民群众根本利益的实际效果上。

第七章　选举任免

区十二届人大常委会坚持按照法律规定的范围、方式和程序，认真行使人事任免权，共任免国家机关工作人员104人次，接受辞职11人，补选市人大代表1名。在任免过程中，区人大常委会把党委推荐干部和严格依法任免的原则结合起来，对被任命干部的德才学识和公仆意识进行全面衡量，既听取其任职打算，又考察其以往政绩，努力将全心全意为人民服务、有较强工作能力、具有开拓进取精神的人选拔到各级领导岗位上来。

第一节　常委会选举任免情况

1998年5月29日，区十二届人大常委会第二次会议，通过了区人大常委会、区人民政府、区人民法院、区人民检察院相关人事任免事项。

免去：

李立冬的桥西区人大常委会办公室主任职务

孟秀娟的桥西区人大常委会法制工作委员会主任职务

任命：

陈丽敏为桥西区人大常委会办公室主任

王　臣为桥西区人大常委会法制工作委员会主任

决定任命：

张坤山为桥西区计划局局长

何德文为桥西区统计局局长

尹占春为桥西区经贸局局长

贾建国为桥西区商贸局局长

高建华为桥西区教育局局长

孙云芳为桥西区文化体育局局长

张瑞婷为桥西区科技局局长

张　敖为桥西区民政局局长

王玉庭为桥西区劳动人事局局长

田荣凤为桥西区财政局局长

王香水为桥西区卫生局局长
周淑贞为桥西区计生局局长
底国英为桥西区物价局局长
李兵起为桥西区城管局局长
成振奎为桥西区环保局局长
王宏滨为桥西区技术监督局局长
李　波为桥西区人民防空办公室主任
董保贤为桥西区审计局局长
武冀珍为桥西区监察局局长
张义怀为桥西区司法局局长
温春勇为桥西区土地局局长

免去：

贾庆辰的桥西区人民法院副院长、审判委员会委员职务

任命：

张亚平为桥西区人民法院副院长、审判委员会委员、审判员
啜增义为桥西区人民法院副院长

免去：

张义怀的桥西区人民检察院副检察长、检察委员会委员、检察员职务

任命：

扈长根、杜国江、王志忠为桥西区人民检察院副检察长

决定撤销：

李立新的桥西区人民法院民事审判庭副庭长职务

1998 年 8 月 17 日，区十二届人大常委会第四次会议，通过了区人民政府相关人事任职事项。

决定任命：

郝建国为桥西区人民政府副区长、决定其为代理区长

1998 年 9 月 8 日，区十二届人大常委会第五次会议，通过了区人大常委会、区人民法院相关人事任职事项。

任命：

张卫娟为桥西区人大常委会办公室副主任
王玉武为桥西区人大常委会办公室副主任科员
徐传胜为桥西区人大常委会法制工作委员会副主任科员
刘占国为桥西区人民法院副院长、审判委员会委员、审判员

1999 年 3 月 9 日，区十二届人大常委会第八次会议，通过了区人民法院相关人事任免事项。

免去：

孟凡瑞的桥西区人民法院执行庭庭长职务

史振利的桥西区人民法院告诉申诉庭副庭长职务

苏常印的桥西区人民法院刑事审判庭副庭长职务

王立新的桥西区人民法院民事审判庭副庭长职务

王国光的桥西区人民法院西里人民法庭副庭长职务

刘晓梅的桥西区人民法院西里人民法庭庭长职务

杨金龙的桥西区人民法院审判委员会委员职务

任命：

张向荣为桥西区人民法院审判委员会委员

孟凡瑞为桥西区人民法院西里人民法庭庭长

付连顺为桥西区人民法院执行庭庭长

史振利为桥西区人民法院告诉申诉庭庭长、审判委员会委员

苏常印为桥西区人民法院刑事审判庭庭长、审判委员会委员

王立新为桥西区人民法院告诉申诉庭副庭长

王国光、赵晓渝为桥西区人民法院民事审判庭副庭长

齐　燕为桥西区人民法院西里人民法庭副庭长

张岩军为桥西区人民法院执行庭副庭长

张燕超为桥西区人民法院刑事审判庭副庭长

郝增良、刘燕为桥西区人民法院审判员

1999 年 6 月 2 日，区十二届人大常委会第十次会议，通过了区人大常委会、区人民政府相关人事任免事项。

免去：

王　臣的桥西区人大常委会法制工作委员会主任职务

祁藏法的桥西区人大常委会财经城建工作委员会主任职务

智艾乡的桥西区人大常委会财经城建工作委员会副主任职务

任命：

祁藏法为桥西区人大常委会法制工作委员会主任

智艾乡为桥西区人大常委会财经城建工作委员会主任

邓利全兼任桥西区人大常委会信访科科长

决定免去：

成振魁的桥西区环保局局长职务

王香水的桥西区卫生局局长职务

何德文的桥西区统计局局长职务

李兵起的桥西区城管局局长职务

决定任命：

武增军为桥西区卫生局局长

王文恒为桥西区环保局局长

李小功为桥西区城管局局长

2000 年 8 月 29 日，区十二届人大常委会第十八次会议，通过了区人民政府相关人事任职事项。

决定任命：

凌青利为桥西区人民政府副区长

2000 年 9 月 26 日，区十二届人大常委会第十九次会议，通过了区人民检察院相关人事任职事项。

任命：

马利英、郑东、冯秋生为桥西区人民检察院检察委员会委员

徐继平、崔新友、刘海鹏为桥西区人民检察院检察员

2001 年 10 月 19 日，区十二届人大常委会第二十四次会议，通过了区人民法院相关人事任职事项。

任命：

耿振瑛为桥西区人民法院振头人民法庭庭长、审判委员会委员

张锁晨为桥西区人民法院留营人民法庭庭长、审判委员会委员

郎敏、张素利、段世安为桥西区人民法院审判员

2002 年 5 月 21 日，区十二届人大常委会第二十七次会议，通过了区人民政府相关人事任职事项。

决定任命：

周雪军为桥西区人民政府副区长

2002 年 7 月 30 日，区十二届人大常委会第二十九次会议，通过了区人民政府相关人事任职事项。

决定任命：

王玉庭为桥西区人事劳动和社会保障局局长

尹占春为桥西区经济贸易局局长

张坤山为桥西区发展计划局局长

李小功为桥西区城区建设管理局局长

2002 年 9 月 17 日，区十二届人大常委会第三十次会议，通过了区人大常委会、区人民政府相关人事任职事项。

任命：

芦永红为桥西区人大常委会财经城建工作委员会副主任

决定任命：

姜凤刚为桥西区农业办公室主任

2002 年 10 月 24 日，区十二届人大常委会第三十一次会议，通过了区人民政府、区人民检察院相关人事任职事项。

决定任命：

董成树为桥西区人民政府副区长

任命：

孙云英、张晓鹏、王韶辉、杜红全、薛冰、张景斌为桥西区人民检察院检察员

2003 年 2 月 13 日，区十二届人大常委会第三十三次会议，补选产生出席石家庄市第十一届人民代表大会代表 1 名。

补选：

蒋洪江为石家庄市第十一届人民代表大会代表

2003 年 3 月 21 日，区十二届人大常委会第三十四次会议，通过了区人民法院相关人事任职事项。

任命：

温　满为桥西区人民法院副院长(挂职)

2003 年 4 月 1 日，区十二届人大常委会第三十五次会议，通过了区人民政府相关人事任职事项。

决定任命：

刘月照为桥西区人民政府副区长、决定其为代理区长

2003 年 4 月 18 日，区十二届人大常委会第三十六次会议，通过了区人民政府、区人民法院、区人民检察院相关人事任免事项。

决定任命：

陶明法、邓小梅为桥西区人民政府副区长

决定免去：

田荣凤的桥西区财政局局长职务

任命：

张瑞明为桥西区人民法院副院长、决定其为代理院长

李彦彪为桥西区人民检察院副检察长、决定其为代理检察长

第二节　常委会接受辞职情况

1998年8月17日，区十二届人大常委会第四次会议接受张治春辞去桥西区人民政府区长职务。

1998年11月23日，区十二届人大常委会第六次会议接受孟秀娟辞去桥西区第十二届人民代表大会常务委员会委员职务。

2002年7月16日，区十二届人大常委会第二十八次会议接受胡晓光辞去桥西区人民政府副区长职务。

2003年4月1日，区十二届人大常委会第三十五次会议接受郝建国辞去桥西区人民政府区长职务。

2003年4月18日，区十二届人大常委会第三十六次会议接受郑丁江辞去桥西区人民代表大会常务委员会副主任职务，路中林、王晋堂、宁尔成、周雪军辞去桥西区人民政府副区长职务，董建义辞去桥西区人民法院院长职务，李冰海辞去桥西区人民检察院检察长职务。

第八章　机关工作

第一节　自身建设

区人大常委会机关围绕履行好法定职责，适应新的形势和任务，从提高自身素质入手，着力加强政治、思想和作风建设，促进了常委会及机关整体水平的提高。

加强政治理论学习，不断增强做好人大工作的责任感和使命感。区人大常委会把学习贯彻“三个代表”重要思想同坚持和完善人民代表大会制度、推进民主法制建设结合起来，深入开展“三个代表”学习教育、廉政教育、革命传统教育、思想作风整顿及创建“三讲”文明机关等活动。通过这些活动，进一步增强机关全体人员以积极进取的精神状态做好人大工作的政治责任感和历史使命感，自觉实践“三个代表”重要思想，围绕桥西区改革、发展、稳定的大局履行职责，推动人大工作的顺利开展。

不断改进和加强作风建设。工作中，牢固树立群众观点，坚持深入基层，深入实际，体察民情，了解民意，集中民智。围绕区人大常委会议题及区域经济发展、争创文明市民、创建优美环境、中小学招生及收费等问题开展调研活动，使常委会的决策更加科学、民主，较好地反映人民群众的意愿和要求。

加强对人民代表大会制度的宣传和研究工作。进一步拓宽宣传渠道，强化宣传效果，加大对人代会、常委会、主任会及闭会期间区人大常委会重要工作和人大代表履行职责情况的宣传力度，使人民群众对区人大及其常委会性质、地位和作用的认识得到进一步深化，为人大履行职责创造良好环境。

第二节　宣传工作

区人大常委会对人民代表大会制度的宣传逐步加强。修订了《关于做好人大常委会机关宣传信息工作的意见》，对宣传信息的内容、方法、信息员的培训及任务要求、奖惩办法等进行了充实和加强。五年来，在全国、省、市、区各类报刊上发表信息稿件240篇。为营造浓厚的舆论氛围，区人大常委会认真贯彻全国、省、市人大宣传会议和通讯员会议精神，高度重视民主法制和人大制度的宣传，努力深化宣传主题，拓宽宣传领域，强化宣传效果。举办有区人大常委会机关全体干部、“一府两院”有关人员、街道办事处人大工作室主任等参加的宣传信息工作培训班，邀请市人大常委会有关领导讲课，产生了很好效果。1999 年，为更好适应新时期人大工作的形势和任务，研究探讨人大工作的新思路和新方法，常委会组织由人大常委会机关全体人员和人大街道工作室主任参加的人大工作研讨会，交流论文 20 篇，13 人就地方人大监督工作存在的问题和对策、发挥人大代表主体作用、加强人大常委会机关干部队伍建设等方面在会上作书面发言，积极探讨和推动桥西区人大工作。同时，区人大常委会注意加强同外地人大常委会的联系和工作交流，学习借鉴外地人大工作的经验，不断提高桥西区人大工作水平。

第三节　信访工作

区人大常委会把认真受理人民群众的来信来访和申诉、控告，作为了解社情民意的窗口和保障人民合法权益的重要途径，坚持依法接访，按照有关信访法律法规的规定，进一步规范人大信访工作。在认真抓好一般信访案件的同时，加大对涉及面广、影响较大、群众反映强烈的重点信访案件的督办力度，适时听取和审议区有关部门办理重要信访案件情况的报告。设置信访专门机构，明确人大信访网络员，形成了桥西区人大信访组织网络。五年来，共受理群众来信来访 761 件（起），解决了一批重要信访案件，维护了公民的合法权益，为化解矛盾、促进社会稳定做出了积极贡献。桥西区人大信访工作受到省、市人大有关部门的肯定。

第十三篇

石家庄市桥西区
第十三届人民代表大会

（2003 年 5 月至 2007 年 4 月）

第一章　党的领导

桥西区第十三届人民代表大会及其常务委员会，坚持以邓小平理论和“三个代表”重要思想为指导，全面贯彻党的十六大、十七大精神，以科学发展观统领人大工作全局，全面履行宪法和法律赋予的各项职权，保障和促进桥西区经济持续快速健康发展和社会全面进步。

2003 年换届选举工作，成立了以区委书记朱增海为主任的选举委员会。2005 年 1 月 14 日，区委书记朱增海在区第十三届人民代表大会第三次会议闭幕式上发表讲话，要求进一步加强和改善党对人大工作的领导，努力开创人大工作新局面。区委组织部领导多次参加主任会议参与研究人事任免事项。

区人大常委会党组坚持请示报告制度，及时向区委报告工作中的重大问题。积极落实中央和省委、市委、区委文件精神，加强常委会制度建设。积极主动围绕“三个代表”重要思想学习纲要等内容开展学习，通过组织研讨活动、自学、召开民主生活会等形式，强化区人大常委会机关干部实践“三个代表”重要思想的自觉性。

区人大常委会党组扎实开展保持中国共产党党员先进性教育活动。通过认真抓好学习培训、分析评议、整改提高及巩固扩大整改成果各个阶段的工作，充分发挥领导干部的示范带头作用，不断提高思想认识，广泛听取群众意见，着力解决突出问题，加强党组织建设，提高党员素质，为推动人大工作的顺利开展提供坚强的政治和组织保障。

第一节　党的组织机构

中共石家庄市桥西区人大常委会党组

书　记：宋东来（2003 年 5 月至 2006 年 3 月）
　　　　门秀敏（2006 年 3 月至 2007 年 4 月）
副书记：吴敬云（2003 年 5 月至 2007 年 4 月）
　　　　宋东来（2006 年 3 月至 2007 年 4 月）
成　员：吕振福（2003 年 5 月至 2007 年 4 月）
　　　　马国欣（2003 年 5 月至 2007 年 4 月）

刘金钟（2004 年 11 月至 2007 年 4 月）
赵　欣（2005 年 9 月至 2007 年 4 月）

第二节　党组会议

一、党组会

区十三届人大期间，区人大常委会党组召开党组会 15 次。其中，2003 年召开党组会 3 次，2004 年召开党组会 5 次，2005 年召开党组会 3 次，2006 年召开党组会 3 次，2007 年召开党组会 1 次。

2003 年党组会情况一览表

表 13–1

时　间	会　次	会议议题
7 月 3 日	第 1 次	研究人事任免事宜
9 月 28 日	第 2 次	研究人事任免事宜
12 月 9 日	第 3 次	研究人事任免事宜

2004 年党组会情况一览表

表 13–2

时　间	会　次	会议议题
2 月 3 日	第 1 次	研究人事任免事宜
4 月 20 日	第 2 次	研究人事任免事宜
7 月 13 日	第 3 次	研究人事任免事宜
9 月 22 日	第 4 次	研究人事任免事宜
12 月 13 日	第 5 次	研究人事任免事宜

2005 年党组会情况一览表

表 13–3

时　间	会　次	会议议题
4 月 27 日	第 1 次	研究人事任免事宜

续表 13-3

时　间	会　次	会议议题
9 月 9 日	第 2 次	研究人事任免事宜
11 月 2 日	第 3 次	研究人事任免事宜

2006 年党组会情况一览表

表 13–4

时　间	会　次	会议议题
3 月 7 日	第 1 次	研究人事任免事宜
7 月 12 日	第 2 次	研究人事任免事宜
12 月 26 日	第 3 次	研究人事任免事宜

2007 年党组会情况一览表

表 13–5

时　间	会　次	会议议题
4 月 4 日	第 1 次	研究人事任免事宜

二、党组民主生活会

区十三届人大期间，区人大常委会党组召开党组民主生活会 2 次。

2005 年 4 月 19 日，按照分析评议阶段的安排及市纪委和市委组织部联合下发的石组字〔2005〕36 号文件要求，召开了区人大常委会党组分析评议阶段专题民主生活会。

2006 年 11 月 23 日，按照市委要求和市纪委、市委组织部《关于召开 2006 年党员领导干部民主生活会的通知》精神和区委相关工作安排，召开了以“加强和改进区人大常委会制度建设，进一步做好新时期人大工作”为主题的党员领导干部专题民主生活会。

第二章　人大代表

桥西区第十三届人民代表大会代表名额 191 名。2003 年 5 月，召开区十三届人大一次会议时实有代表 184 名。区十三届人大常委会努力活跃代表工作，充分发挥代表主体作用，认真办理代表提出的各项建议、批评和意见。

第一节　选举产生

桥西区第十三届人民代表大会代表的选举产生

根据河北省第九届人大常委会第二十次会议决定，区第十三届人大代表名额为 191 名。经区选举委员会研究，报区委同意，分配到各选区名额 184 名，留机动名额 7 名。

在区委、区人大常委会的领导下，根据有关法律规定，按照区选举委员会统一部署，各选区依法选举产生区人大代表 184 名。

经区十二届人大常委会代表资格审查委员会审查，并经区十二届人大常委会第三十七次会议通过，确定当选的 184 名代表符合宪法和法律规定的代表基本条件，选举符合法律规定的程序，确认其代表资格有效。

在 184 名代表中，党政干部 59 名，占 32.07%；工商企业 52 名，占 28.26%；科教文卫 23 名，占 12.50%；驻军武警 4 名，占 2.17%；非公有制经济 3 名，占 1.63%；政法系统 2 名，占 1.09%；村（居）委会 35 名，占 19.02%；其他 6 名，占 3.26%。妇女 46 名，占 25%。少数民族 2 名，占 1.09%。非中共党员 31 名，占 16.85%。具有大专以上文化程度的 146 名，占 79.35%；研究生及以上文化程度的 12 名，占 6.52%。区十二届人大代表中继续当选的 68 名，占 36.96%。

链接 1：具体选举情况

一、准备工作。本次区人大代表的选举本着“党委领导、人大主办、各方配合”的原则，成立以区委书记朱增海为主任的选举委员会，下设由资料组、组织组、宣传组、后勤组、保卫组组成的选举委员会办公室，由区人大常委会副主任吕振福任办公室主任；各乡、街道办事处同时成立选举领导小组，由乡、街道办事处书记任领导小组组长，负责辖区的选举工作。选举委员会办公室会同各乡、街道办事处领导小组划分 129 个选区，成立 3820

个选民小组，并对基层315名选举骨干进行专业培训。在选举过程中，桥西区有180多名干部负责选举工作，每个选区都有1至2名乡、办事处干部蹲点负责，把任务层层分解，并逐项落实到人，形成了区、乡（街道）办事处、选区、选民小组四级组织网络，为搞好换届选举工作奠定较好基础，提供有力组织保证，保障整个选举工作按照法律程序有条不紊地进行。

二、宣传动员工作。召开各乡、街道办事处主要负责人参加的座谈会和桥西区选举工作大会。明确责任，反复强调，统一思想和认识。把宣传选举法律知识与宣传党的十六大精神相结合，加强宣传工作的深度和广度。发动乡、各街道办事处悬挂大幅横标190多条，书写板报、墙报1800多块，印发选举宣传提纲4.5万份，宣传标语4.5万份。通过宣传动员使选举工作深入人心，为换届选举打下良好的思想基础。

三、选民登记和选民资格审查工作。在选民登记阶段，注意把好登记关、审核关。本着不让一个有选举权的人失去选举权的原则，重点抓人户分离人员、在外经商人员的登记工作，并严格进行选民资格审查，把好年龄关、法律政策关。桥西区共登记选民225691人，剥夺政治权利4664人，不能行使选举权136人。选民登记完成后又进行复核，对照选民名单逐一进行复查核实，层层把关，及时进行补登，共补登186人。桥西区第一轮提名广泛，选民意志表达充分，共提名代表候选人602名。

四、代表候选人提名工作。严格按照法律程序，充分发扬民主，最后确定选民满意的正式代表候选人312名（不含驻军），经区选举委员会对312名正式代表候选人进行初步审查，认为这些候选人的提名和协商符合法律规定的程序，代表候选人的结构较为合理，符合上级提出的要求，为选举打下良好基础。

五、选举代表工作。最大限度地组织选民参加投票选举，各乡、街道办事处从思想、组织、物质等方面做了大量细致的准备工作。桥西区应参加投票选举的选民230697人，实际参选人数210402人，参选率为91.2%。选举过程中，共发出选票210402张，收回选票206066张，其中有效票198077张，无效票7989张。桥西区129个选区，共设投票站214个，流动票箱370个，有127个选区为一次选举成功。

链接2：桥西区选举委员会组成人员名单

主　任：朱增海

副主任：刘月照　　祁连记　　吕振福

委　员：张秀珍　　郑丁江　　解立芳　　任素江

方苏宁　　耿春信　　李　兴　　陈丽敏

袁三臣　　祁藏法　　张俊英　　智艾乡

底瑞刚　　田荣凤　　吴秋英　　邢国栋

赵雪飞　　张　敖

第二节　代表名单

一、桥西区第十三届人民代表大会代表名单

中山代表团

王书涛	孙秀华(女,满族)	李　丽(女)	李志萍(女)
李建中	李新年	刘延清	张　兰(女)
张军良	周雪军	郑金钟	耿保平
徐志强	徐春永(女)	高春昌	高新京

南长代表团

王　璞(女)	刘冀鲁	闫国军	祁藏法
李建国	李瑞士	沈海涛	赵子联(女)
黄德新	梁云芝(女)	梁浩民	路中林

裕西代表团

王银华	刘金彩(女)	刘聚权	李滨海
张继伟	陈以丰	周公法	胡增军
茹新杰	侯顺华	姚志忠	商桂良
解立芳(女)			

红旗代表团

牛东明	卢　霞(女)	冯卫星	乔增起
任素江	刘恩志	许林平	李建平
何国印	孟令鹏	钟秀英(女)	鲁勇慧
檀荣书(女)			

维明代表团

于文学	吕振福	刘志军	刘俊艳(女)
孙淑文(女)	李桂端(女)	李蕴智(女)	杨玲珍(女)
吴隆昌	宋雅丽(女)	张印明	张秀珍(女)
张坤山	陈千豁	陈义全	钟均奇
袁克难(女)	贾树国	高春平	陶明法

韩胜利

东里代表团

王　斌	王文晔(女)	方　勤(女)	曲卫东
朱增海	任贵芳	刘月照	刘丽娜(女)
祁连记	苏　丽(女)	李立冬	李树学
宋东来	张百伦	张旭庆	武喜荣(女)
赵建纲	胡二明	胡贵钦(女)	董　燕(女)
魏忠魁			

新石代表团

王　志	李金祥	李朝卿	张瑞明(女)
陈丽敏(女)	周向实	赵新堂	禹炳涛
曹军恒	崔海林	韩华锋	

友谊代表团

王海岭	王鹏程	王福喜	牛泽斌
邢国栋	刘忠明	安振平	李日霞(女,满族)
李培林	杨惠素(女)	吴敬云	张春刚
陈　宪(女)	赵会庭	袁三臣	郭风芹(女)
常　虹(女)	靳美全	樊国社	

振头代表团

马国欣	王双喜	白云清	冯志强
吕书文	李大平	李小虎	李改群
李明云	李彦彪	李富学	张　毅
赵振平	宫金全	董明岐	温保利

西里代表团

王书年	刘志明	刘国进	齐洪森
芦桂祥	杨风娥(女)	孟　刚	徐存海
高秀玲(女)	郭荣歧	梁富春	路喜柱
魏永杰			

苑东代表团

丁晓梅(女)　牛秀珍(女)　刘金国　贡会萍(女)
李建坤　李聚永　张林森　张俊英(女)
赵新惠　昝　兵　崔志诚　智艾乡(女)

留营代表团

门秀敏　马润身　王建同　王根平
邓明录　师秀芳(女)　刘丛新(女)　李明霞
杨家茂　张　伟　陶淑君(女)　崔书祥
董会芬(女)

驻军代表团

孔繁强　方苏宁　罗本亮　周海宏

区十三届人大代表届中调整情况表

表 13-6

常委会会议	终止情况	补选情况
2003年 12月24日 第七次会议	调离：裕西街道侯顺华，西里街道徐存海 辞职：东里街道李立冬，新石街道禹炳涛，南长街道梁云芝，红旗街道檀荣书，维明街道李桂端，留营乡刘丛新	东里街道张宝祥，新石街道李万祯，南长街道王明让、张卫娟，裕西街道周连赏、李亚，红旗街道陈卫平、张英，中山街道高景深，友谊街道刘玉生，维明街道吴树果、赵欣，振头街道党复明，苑东街道康永发，留营乡梁瑞华
2004年 12月30日 第十五次会议	辞职：维明街道孙淑文 调离：友谊街道陈宪，维明街道张印明，振头街道张毅 去世：苑东街道李建坤	维明街道刘金钟、王军利，友谊街道李文朝，振头街道田俊川，苑东街道郑丽珠
2006年 3月9日 第二十三次会议	辞职：友谊街道刘忠明，中山街道高春昌 调离：西里街道孟刚，维明街道贾树国，苑东街道刘金国，新石街道崔海林，驻军罗本亮 罢免：维明街道韩胜利	西里街道王瑞芬、容建华，新石街道姜凤刚，裕西街道邓焱，维明街道秦景红，留营乡王爱民

二、桥西区出席石家庄市第十一届人民代表大会代表名单

出席石家庄市第十一届人民代表大会代表在区十二届人大六次会议上选举产生，具体

名单见第十二篇第二章第二节，本节只列出届中调整情况。

届中调整情况：2003 年 5 月 28 日，区十三届人大常委会第一次会议补选张铁力、宋东来为石家庄市第十一届人民代表大会代表。2004 年 12 月 16 日，区十三届人大常委会第十三次会议罢免石二珍石家庄市第十一届人民代表大会代表资格。2004 年 12 月 24 日，区十三届人大常委会第十四次会议补选刘月照为石家庄市第十一届人民代表大会代表。石家庄市第十一届人民代表大会第二次会议时，韩宪章由桥西区代表团调整到鹿泉市代表团；朱增海由长安区代表团调整到桥西区代表团；郝建国由桥西区代表团调整到长安区代表团；林海军由桥西区代表团调整到桥东区代表团。石家庄市第十一届人民代表大会第五次会议时，蔡保安由裕华区代表团调整到桥西区代表团。

第三节　代表工作

一、深化代表工作机制

区十三届人大常委会指导乡人民代表大会、各街道人大工作室完善代表学习培训制度、执行职务登记等制度，并制定代表工作激励机制，组织开展优秀代表评选和代表向选民述职活动。在优秀代表评选活动中，有 5 名市代表被市人大常委会评为优秀人大代表，1 名被评为优秀市代表小组长；18 名区人大代表被评为优秀区人大代表。在代表述职活动中，13 名区人大代表向选民进行述职，15 名市人大代表向区人大常委会进行述职。这些措施的施行，进一步增强代表履行职责的积极性和主动性，代表工作得到进一步加强，桥西区代表履行职责的情况，先后两次被选为典型在市代表工作经验交流会上作经验介绍，《中国人大》《人民代表报》也予以选载刊发。

二、组织代表视察调研

区第十三届人大常委会精心组织代表在闭会期间的活动，按照《中华人民共和国全国人民代表大会和地方各级人民代表大会代表法》的要求，组织代表开展形式多样的活动，丰富代表闭会期间的活动。在各项视察、调研和执法检查中，代表们广泛联系选民，征集对有关方面工作的建议、批评和意见，各代表组形成的调研报告，为政府决策提供了参考与依据，在推进依法治区、促进桥西区经济发展、密切联系群众等方面，充分发挥作用。

三、扎实落实代表“梯形联系网络”

区十三届人大常委会十分注重联系代表工作，经常性地开展代表活动，进一步落实省市区三级人大代表“梯形联系网络”，定期走访代表，使联系代表工作制度化、经常化。在行使职权时，坚持深入基层，深入代表，广泛听取代表意见和建议，把体现代表和人民群众的意志、维护人民群众的根本利益作为人大工作的出发点和落脚点。

四、精心组织代表培训

区十三届人大常委会定期组织代表学习《中华人民共和国宪法修正案》《中华人民共和国全国人民代表大会和地方各级人民代表大会代表法》《中华人民共和国地方各级人民代表大会和地方各级人民政府组织法》等与代表工作有关的法律法规，组织培训和经验交流会，坚持定期向代表寄送报刊、资料，为代表知情知政创造条件。通过学习和培训，代表的自身素质和履职水平进一步提高，联系群众、反映民意的意识得到进一步加强。

五、代表建议办理

区十三届人大一次会议，共收到涉及区人民政府的代表建议、批评和意见42件，按时办结率100%。

区十三届人大二次会议，共收到涉及区人民政府的代表建议、批评和意见63件，按时办结率100%。

区十三届人大三次会议，共收到涉及区人民政府的代表建议、批评和意见141件，按时办结率100%。

区十三届人大四次会议，共收到涉及区人民政府的代表建议、批评和意见84件，按时办结率100%。

六、评选优秀人大代表

2004年12月，区十三届人大常委会评选出2004年度优秀区人大代表18名。

2004年度优秀区人大代表名单

表13–7

代表团	姓名
东里街道（2名）	李树学、魏忠魁
南长街道（1名）	闫国军
红旗街道（1名）	牛东明
西里街道（1名）	芦桂祥
中山街道（2名）	孙秀华（女，满族）、张军良
新石街道（1名）	王　志
振头街道（2名）	李改群、李大平
友谊街道（2名）	张春刚、王福喜

续表 13-7

代表团	姓名
苑东街道（1 名）	李聚永
留营乡（1 名）	张　伟
裕西街道（1 名）	刘金彩（女）
维明街道（3 名）	韩胜利、于文学、李蕴智（女）

第三章　人民代表大会

桥西区第十三届人民代表大会任期4年，自2003年5月至2007年4月，共召开4次会议。

区第十三届人大历次会议概况表

表13–8

会议次序	会议日期	议题（项）	听取报告（个）	决议决定（项）	选举表决（项）
第一次	2003年5月3日至5日	10	6	6	4
第二次	2004年1月7日至9日	7	6	6	1
第三次	2005年1月12日至14日	7	6	6	1
第四次	2006年3月14日至16日	8	7	7	1

第一节　会议概况

一、区十三届人大一次会议

2003年5月3日至5日，区十三届人大一次会议在区委六楼大会议室召开。出席代表168人（应到184人）。会议听取和审议区人民政府代理区长刘月照作的《桥西区人民政府工作报告》；听取和审议区计划局局长张坤山作的《关于桥西区2002年国民经济和社会发展计划执行情况与2003年国民经济和社会发展计划（草案）的报告》，审查和批准桥西区2002年国民经济和社会发展计划执行情况的报告与2003年国民经济和社会发展计划草案；听取和审议区财政局副局长杨卫华作的《关于桥西区2002年财政预算执行情况和2003年财政预算（草案）的报告》，审查和批准桥西区2002年财政预算执行情况的报告和2003年财政预算草案；听取和审议区人大常委会副主任祁连记作的《桥西区人民代表大会常务委员会工作报告》、区人民法院代理院长张瑞明作的《桥西区人民法院工作报告》、区人民检察院代理检察长李彦彪作的《桥西区人民检察院工作报告》。会议通过相应决议。会议选举产生区第十三届人大常委会组成人员，区人民政府区长、副区长，区人民法院院长，区人民检察院检察长（名单见本章第二节《会议选举》）。

这次会议，是桥西区认真贯彻党的十六大精神，加快推进改革开放和社会主义现代化建设之际召开的一次重要会议。会议指出，要以邓小平理论和“三个代表”重要思想为指导，紧紧围绕全面建设小康社会总体目标，以结构调整为主线，以改革开放和科技进步为动力，进一步解放思想，把握大局，敢于面对困难，善于解决矛盾，继续实施“科教兴区”“三产强区”战略，促进桥西区国民经济持续、快速、健康发展。会议强调，要努力推进社会主义政治文明和精神文明建设，不断提高公民素质和城乡文明程度。坚持依法行政，执政为民，推进民主法制建设，为全面建设小康社会提供强大的精神动力和支持。

二、区十三届人大二次会议

2004 年 1 月 7 日至 9 日，区十三届人大二次会议在区委六楼大会议室召开。出席代表 181 人（应到 191 人）。会议听取和审议区人民政府区长刘月照作的《桥西区人民政府工作报告》；听取和审议区发展计划局局长王彦敏作的《关于桥西区 2003 年国民经济和社会发展计划执行情况与 2004 年国民经济和社会发展计划（草案）的报告》，审查和批准桥西区 2003 年国民经济和社会发展计划执行情况的报告与 2004 年国民经济和社会发展计划草案；听取和审议区财政局局长董保贤作的《关于桥西区 2003 年财政预算执行情况和 2004 年财政预算（草案）的报告》，审查和批准桥西区 2003 年财政预算执行情况的报告和 2004 年财政预算草案；听取和审议区人大常委会主任宋东来作的《桥西区人民代表大会常务委员会工作报告》、区人民法院院长张瑞明作的《桥西区人民法院工作报告》、区人民检察院检察长李彦彪作的《桥西区人民检察院工作报告》。会议通过相应决议。会议补选产生 4 名区人大常委会委员（名单见本章第二节《会议选举》）。

这次会议，是在桥西区深入学习贯彻党的十六届三中全会精神之际召开的一次重要会议。会议指出，要继续以邓小平理论和“三个代表”重要思想为指导，紧紧围绕建设河北第一区，牢牢把握“聚精会神搞建设，一心一意谋发展”，围绕中心、服务大局、创新务实、与时俱进、抓住根本、提高水平、突出重点、整体推进的工作方针和总体要求，努力把桥西区建设成为经济繁荣、环境优美、社会稳定的现代化主城区。会议强调，面对新形势，坚持以人为本，树立全面、协调、可持续发展观，围绕富民强区、建设成为“河北第一区”的目标，加快区域经济发展，提高区属经济运行质量，搞好商务商贸区和特色专业市场（群）建设，大力发展非公有制经济和第三产业，不断拓宽财政收入渠道。加大招商引资力度，扩大对内对外开放，推进企业改革和农村城市化改革进程，提高社区建设和城区管理水平。

三、区十三届人大三次会议

2005 年 1 月 12 日至 14 日，区十三届人大三次会议在桥西区委六楼大会议室召开。出席代表 182 人（应到 191 人）。会议听取和审议区人民政府区长刘月照作的《桥西区人民政府工作报告》；听取和审议区发展计划局局长王彦敏作的《关于桥西区 2004 年国民经济和社会发展计划执行情况与 2005 年国民经济和社会发展计划（草案）的报告》，审查和批准桥西区 2004 年国民经济和社会发展计划执行情况的报告与 2005 年国民经济和社会发展计划草案；听取和审议区财政局局长董保贤作的《关于桥西区 2004 年财政预算执行情况和 2005 年财政预算（草案）的报告》，审查和批准桥西区 2004 年财政预算执行情况的报告和 2005 年财政预算草案；听取和审议区人大常委会主任宋东来作的《桥西区人民代表大会常务委员会工作报告》、区人民法院院长张瑞明作的《桥西区人民法院工作报告》、区人民检察院检察长李彦彪作的《桥西区人民检察院工作报告》。会议通过相应决议。会议补选产生 1 名区人大常委会副主任（名单见本章第二节《会议选举》）。

这次会议，是桥西区进一步落实科学发展观，保持桥西区经济和社会发展良好势头之际召开的一次重要会议。会议指出，要继续以邓小平理论和“三个代表”重要思想为指导，以加快发展为第一要务，以发展壮大经济实力为第一目标，以招商引资为第一手段，以全面建设小康社会，提高人民生活水平为根本出发点，为推进桥西区物质文明、政治文明、精神文明建设的协调发展发挥应有作用。会议强调，要坚持不懈地抓好廉政建设，进一步搞好社会治安综合治理，妥善处理社会各种矛盾，维护政治稳定和社会安定，促进物质文明、政治文明和精神文明协调发展，努力把桥西区建设成为经济繁荣、环境优美、社会稳定的现代化主城区。

四、区十三届人大四次会议

2006 年 3 月 14 日至 16 日，区十三届人大四次会议在区委六楼大会议室召开。出席代表 179 人（应到 189 人）。会议听取和审议区人民政府区长刘月照作的《桥西区人民政府工作报告》；审查区人民政府提出的《关于桥西区国民经济和社会发展第十一个五年规划纲要（草案）》；听取和审议区发展改革局局长王彦敏作的《关于桥西区 2005 年国民经济和社会发展计划执行情况与 2006 年国民经济和社会发展计划（草案）的报告》，审查和批准桥西区 2005 年国民经济和社会发展计划执行情况的报告与 2006 年国民经济和社会发展计划草案；听取和审议区财政局局长董保贤作的《关于桥西区 2005 年财政预算执行情况和 2006 年财政预算（草案）的报告》，审查和批准桥西区 2005 年财政预算执行情况的报告和 2006 年财政预算草案；听取和审议区人大常委会主任宋东来作的《桥西区人民代表大会常务委员会工作报告》、区人民法院院长张瑞明作的《桥西区人民法院工作报告》、区人民检察院检察长李彦彪作的《桥西区人民检察院工作报告》。会议通过相应决议。会议补选产生 1 名区人大常委会副主任（名单见本章第二节《会议选举》）。

这次会议，是桥西区认真贯彻党的十六大、十六届五中全会精神和省、市委的决策部署，总结“十五”成绩、迈入“十一五”第一年之际召开的一次重要会议。会议指出，要以邓小平理论和“三个代表”重要思想为指导，坚持以人为本，以科学发展观统领经济社会发展全局，以实现更快更好发展和构建和谐社会为总目标，以促进人的全面发展为根本出发点和落脚点。会议强调，要进一步加快区域经济发展，积极培植税源，不断丰富“一区一群、三街两路”区域发展的思路，调整经济结构，转变增长方式，优化发展环境，努力将桥西区打造成为“首善之区”“和谐之区”，为全面实现“十一五”规划、建设小康社会奠定坚实基础。

第二节　会议选举

区十三届人大历次会议，共选举产生区级国家机关工作人员 34 人。

区人大常委会

主　任：

宋东来　　2003 年 5 月区十三届人大一次会议当选

副主任：

吴敬云　　2003 年 5 月区十三届人大一次会议当选
吕振福　　2003 年 5 月区十三届人大一次会议当选
马国欣　　2003 年 5 月区十三届人大一次会议当选
王文晔(女)　2003 年 5 月区十三届人大一次会议当选
刘金钟　　2005 年 1 月区十三届人大三次会议当选
门秀敏　　2006 年 3 月区十三届人大四次会议当选

委　员（区十三届人大一次会议选举产生）：

方　勤(女)　刘俊艳(女)　祁藏法　张　兰(女)
张春刚　张俊英(女)　陈丽敏(女)　茹新杰
赵建纲　钟均奇　袁三臣　崔书祥
崔海林　智艾乡(女)

委　员（区十三届人大二次会议补选产生）：

张　英(女)　张卫娟(女)　周连赏　张坤山

届中调整情况：

祁藏法、袁三臣、智艾乡(女)、张俊英(女)，2003 年 12 月 24 日,在区十三届人大常委会第七次会议上辞去区人大常委会委员职务。

崔海林，2006 年 3 月 9 日,因调离桥西区辖区,在区十三届人大常委会第二十三次会议上确认其代表资格自行终止,其常委会委员职务相应终止。

区人民政府

区　长：

刘月照　　2003 年 5 月区十三届人大一次会议当选

副区长：

陶明法　　2003 年 5 月区十三届人大一次会议当选

宋秀芳(女)　2003 年 5 月区十三届人大一次会议当选

凌青利　　2003 年 5 月区十三届人大一次会议当选

董成树　　2003 年 5 月区十三届人大一次会议当选

邓小梅(女)　2003 年 5 月区十三届人大一次会议当选

郭彦军　　2003 年 5 月区十三届人大一次会议当选

届中调整情况：

凌青利，2004 年 2 月 6 日，在区十三届人大常委会第八次会议上辞去桥西区人民政府副区长职务。

蒲建伟，2004 年 7 月 15 日，区十三届人大常委会第十次会议决定任命其为桥西区人民政府副区长。

区人民法院

院　长：

张瑞明(女)　2003 年 5 月区十三届人大一次会议当选

区人民检察院

检察长：

李彦彪　　2003 年 5 月区十三届人大一次会议当选

第三节　会议组织

一、区十三届人大一次会议

（一）大会临时党委

书　记：朱增海

副书记：

刘月照	周公法	门秀敏	赵新惠
宋东来			

委　员：

祁连记	吴敬云	吕振福	马国欣

（二）大会主席团和秘书长

主席团：

门秀敏	马国欣	王文晔(女)	方苏宁

方　勤(女)	吕振福	朱增海	任素江
刘月照	刘延清	刘忠明	刘俊艳(女)
祁连记	祁藏法	李立冬	李明霞
李建坤	李瑞士	杨家茂	吴敬云
宋东来	张　兰(女)	张秀珍(女)	张春刚
张俊英(女)	陈丽敏(女)	周公法	周雪军
茹新杰	赵建纲	赵新惠	胡增军
钟均奇	钟秀英(女)	袁三臣	郭风芹(女)
陶明法	曹军恒	崔书祥	崔海林
韩胜利	智艾乡(女)	路中林	解立芳(女)
魏永杰			

秘书长：吕振福(兼)

（三）大会主席团常务主席

朱增海	宋东来	刘月照	周公法
门秀敏	赵新惠	吴敬云	吕振福
马国欣	王文晔(女)		

（四）大会议案审查委员会

主 任 委 员：王文晔(女)

副主任委员：祁藏法

委　　　员：

任贵芳	闫国军	李明云	张　兰(女)
靳美全			

（五）大会计划预算审查委员会

主 任 委 员：马国欣

副主任委员：智艾乡(女)

委　　　员：

王建同	王鹏程	钟均奇	侯顺华
高春平			

二、区十三届人大二次会议

（一）大会临时党委

书　记：朱增海

副书记：

宋东来	刘月照	周公法	门秀敏
赵新惠			

委　员：吴敬云　　吕振福　　马国欣

（二）大会主席团和秘书长

主席团：

门秀敏	马国欣	王文晔(女)	方苏宁
方　勤(女)	吕振福	朱增海	任素江
刘月照	刘玉生	刘忠明	刘俊艳(女)
李明霞	李瑞士	吴敬云	宋东来
张　兰(女)	张宝祥	张春刚	陈丽敏(女)
周公法	周雪军	茹新杰	赵建纲
赵新惠	胡增军	钟均奇	钟秀英(女)
党复明	高景深	陶明法	曹军恒
崔书祥	崔海林	康永发	梁瑞华
韩胜利	路中林	解立芳(女)	魏永杰

秘书长：吕振福(兼)

（三）大会主席团常务主席

朱增海	宋东来	刘月照	周公法
门秀敏	赵新惠	吴敬云	吕振福
马国欣	王文晔(女)		

（四）大会议案审查委员会

主 任 委 员：王文晔(女)

副主任委员：周连赏

委　　　员：

任贵芳	祁藏法	李明云	张　兰(女)
闫国军	靳美全		

（五）大会计划预算审查委员会

主 任 委 员：马国欣

副主任委员：张坤山

委　　　员：

王建同	王鹏程	刘国进	乔增起
李　亚	智艾乡(女)		

三、区十三届人大三次会议

（一）大会临时党委

书　记：朱增海

副书记：

宋东来	刘月照	周公法	门秀敏
赵新惠			

委　员：吴敬云　吕振福　马国欣

（二）大会主席团和秘书长

主席团：

门秀敏	马国欣	王文晔(女)	方苏宁
方　勤(女)	吕振福	朱增海	任素江
刘月照	刘玉生	刘金钟	刘俊艳(女)
李明霞	李瑞士	吴敬云	宋东来
张卫娟(女)	张　兰(女)	张坤山	张　英(女)
张宝祥	张春刚	陈丽敏(女)	周公法
周连赏	周雪军	茹新杰	赵建纲
赵新惠	胡增军	钟均奇	钟秀英(女)
党复明	高景深	陶明法	曹军恒
崔书祥	崔海林	康永发	梁瑞华
路中林	解立芳(女)	魏永杰	

秘书长：吴敬云(兼)

（三）大会主席团常务主席

朱增海	宋东来	刘月照	周公法
门秀敏	赵新惠	吴敬云	吕振福
马国欣	王文晔(女)		

（四）大会议案审查委员会

主 任 委 员：王文晔(女)

副主任委员：周连赏

委　　员：

任贵芳	祁藏法	李明云	张　兰(女)
闫国军	靳美全		

（五）大会计划预算审查委员会

主 任 委 员：马国欣

副主任委员：张坤山

委　　员：

王建同	王鹏程	刘国进	乔增起
李　亚	智艾乡(女)		

四、区十三届人大四次会议

（一）大会临时党委

书　记：朱增海

副书记：

宋东来	刘月照	周公法	门秀敏
赵新惠			

委　员：

吴敬云	刘金钟	吕振福	马国欣

（二）大会主席团和秘书长

主席团：

门秀敏	马国欣	王文晔(女)	方苏宁
方　勤(女)	吕振福	朱增海	任素江
刘月照	刘玉生	刘金钟	刘俊艳(女)
李明霞	李瑞士	吴敬云	宋东来
张卫娟(女)	张　兰(女)	张坤山	张　英(女)
张宝祥	张春刚	陈丽敏(女)	周公法
周连赏	周雪军	茹新杰	赵建纲
赵新惠	胡增军	钟均奇	姜凤刚
秦景红	党复明	高景深	容建华
陶明法	曹军恒	崔书祥	康永发
梁瑞华	路中林	解立芳(女)	

秘书长：吴敬云(兼)

（三）大会主席团常务主席

朱增海	宋东来	刘月照	周公法
门秀敏	赵新惠	吴敬云	刘金钟
吕振福	马国欣	王文晔(女)	

（四）大会议案审查委员会

主 任 委 员：王文晔(女)

副主任委员：周连赏

委　　　员：

任贵芳	祁藏法	李明云	张　兰(女)
闫国军	靳美全		

（五）大会计划预算审查委员会

主 任 委 员：马国欣

副主任委员：张坤山

委　　员：

王建同	王鹏程	刘国进	乔增起
李　亚	智艾乡(女)		

第四章　人民代表大会常务委员会

区十三届人大常委会坚持以邓小平理论和“三个代表”重要思想为指导，深入贯彻落实科学发展观和党的十六大、十七大精神，紧紧围绕省、市、区委决策部署，全面履行宪法和法律赋予的各项职权，不断加强和改进区人大常委会的工作，为全面推进社会主义物质文明、政治文明和精神文明建设做出了积极贡献。

第一节　常委会会议

区十三届人大常委会共召开会议 31 次。

第一次会议　2003 年 5 月 28 日召开，区人大常委会主任宋东来，副主任吴敬云、吕振福、马国欣、王文晔和 14 名委员出席会议。区人民政府副区长陶明法、邓小梅，区人民法院院长张瑞明，区人民检察院检察长李彦彪列席会议。会议听取和审议区人民政府《关于贯彻执行〈中华人民共和国传染病防治法〉，防治“非典”工作情况的报告》并通过相应决定。会议审议通过《桥西区人大常委会 2003 年工作要点（草案）》《桥西区人大常委会 2003 年下半年常委会议题安排（草案）》《桥西区人大常委会关于加强自身建设的意见》《桥西区十三届人大常委会会议议事规则和主任会会议议事规则》《桥西区十三届人大常委会代表资格审查委员会成员名单（草案）》。会议补选产生桥西区出席石家庄市第十一届人民代表大会代表 2 名。

第二次会议　2003 年 7 月 3 日召开，区人大常委会主任宋东来，副主任吴敬云、吕振福、马国欣、王文晔和 12 名委员出席会议。区人民政府副区长董成树、区人民法院院长张瑞明、区人民检察院检察长李彦彪列席会议。会议审议通过区人大常委会办公室《关于组织人大代表视察桥西区贯彻执行〈中华人民共和国传染病防治法〉切实做好防治非典型肺炎工作的安排意见》《关于开展第二季度区人大代表活动情况的安排意见》。会议通过人事任免事项（名单见本篇第七章《选举任免》）。

第三次会议　2003 年 8 月 28 日召开，区人大常委会主任宋东来，副主任吴敬云、吕振福、马国欣、王文晔和 10 名委员出席会议。区人民政府副区长董成树、区人民法院副院长曹俊英列席会议。会议听取和审议区计划局局长张坤山作的《关于桥西区 2003 年上半年国民经济和社会发展计划执行情况的报告》、区财政局副局长杨卫华作的《关于 2003 年上半年财政预算执行情况的报告》。会议审议通过《石家庄市桥西区第十三届人民代表大会常务委员会组成人员守则（草案）》。

第四次会议　2003 年 9 月 29 日召开，区人大常委会主任宋东来，副主任吴敬云、吕振福、马国欣、王文晔和 14 名委员出席会议。区人民政府副区长宋秀芳、董成树，区人民法院院长张瑞明，区人民检察院检察长李彦彪列席会议。会议听取和审议区人民政府《关于 2002 年财政决算情况的报告》并通过相应决议。会议听取《关于 2002 年度区本级预算执行和其他财政收支情况的审计工作报告》。会议通过人事任免事项（名单见本篇第七章《选举任免》）。

第五次会议　2003 年 10 月 29 日召开，区人大常委会主任宋东来，副主任吴敬云、吕振福、马国欣、王文晔和 10 名委员出席会议。区人民政府副区长陶明法、区人民法院副院长啜增义、区人民检察院副检察长扈长根列席会议。会议听取和审议区人民政府《关于桥西区中小学收费情况的报告》、区发展计划局局长王彦敏作的《关于 2003 年桥西区重点建设项目进展情况的报告》并通过相应决议、区财政局局长董保贤作的《关于 2003 年财政预算调整情况的报告》并通过相应决议。会议听取和审议区计划生育局局长周淑贞作的《关于贯彻落实计划生育"一法三规一条例"情况的报告》。会议审议通过《关于组织代表对被任命人员进行述职评议的安排意见（草案）》。

第六次会议　2003 年 12 月 10 日召开，区人大常委会主任宋东来，副主任吴敬云、吕振福、马国欣、王文晔和 11 名委员出席会议。区人民政府副区长陶明法、区人民法院院长张瑞明、区人民检察院检察长李彦彪列席会议。会议审议通过《关于召开桥西区第十三届人民代表大会第二次会议的安排意见（草案）》《桥西区第十三届人民代表大会第二次会议秘书处各组职责及工作人员分工（草案）》《关于召开桥西区第十三届人民代表大会第二次会议的决定（草案）》《桥西区第十三届人民代表大会第二次会议议程（草案）》《桥西区人大常委会有关工作制度（草案）》《区人大常委会关于补选代表的安排意见（草案）》。会上，对区物价局局长底国英、区文化体育局局长孙云芳、区计划生育局局长周淑贞履行职责情况进行评议。会议通过人事任免事项（名单见本篇第七章《选举任免》）。

第七次会议　2003 年 12 月 24 日召开，区人大常委会主任宋东来，副主任吴敬云、吕振福、马国欣、王文晔和 11 名委员出席会议。区人民政府副区长陶明法、区人民法院院长张瑞明、区人民检察院检察长李彦彪列席会议。会议听取和审议区人民政府《关于 2004 年国民经济和社会发展计划执行情况及 2005 年国民经济和社会发展计划（草案）的报告》《关于 2004 年财政预算执行情况和 2005 年财政预算（草案）的报告》。会议审议通过《关于补选代表情况的报告》《桥西区人民代表大会常务委员会工作报告（征求意见稿）》《桥西区第十三届人大三次会议代表资格审查报告（草案）》，桥西区第十三届人大三次会议主席团、秘书长、常务主席、计划预算审查委员会、议案审查委员会、正副团长、列席人员名单（草案）。会议通过了关于接受祁藏法、袁三臣、智艾乡、张俊英辞去区人大常委会委员职务请求的决定。

第八次会议 2004 年 2 月 6 日召开，区人大常委会主任宋东来，副主任吴敬云、吕振福、马国欣、王文晔和 11 名委员出席会议。区人民政府副区长陶明法、区人民法院院长张瑞明、区人民检察院检察长李彦彪列席会议。会议审议通过《关于调整区第十三届人大常委会代表资格审查委员会成员名单（草案）》《桥西区人大常委会 2004 年工作要点（草案）》《桥西区人大常委会 2004 年议题安排（草案）》。会议通过人事任免事项（名单见本篇第七章《选举任免》）。

第九次会议 2004 年 4 月 22 日召开，区人大常委会主任宋东来，副主任吴敬云、吕振福、马国欣和 12 名委员出席会议。区人民政府副区长邓小梅、区人民法院副院长刘晓梅、区人民检察院副检察长扈长根列席会议。会议听取和审议区发展计划局局长王彦敏作的《桥西区第一季度经济运行情况的报告》、区人民政府《关于贯彻实施〈互联网上网服务营业场所管理条例〉情况的报告》、部分被评议干部整改情况的报告。会议听取《关于代表提出的建议、批评和意见情况的汇报》、区人大常委会办公室《关于实行“学法日”制度的汇报》。会议审议通过《关于深入学习宣传和贯彻〈中华人民共和国宪法〉的决议》。会议通过人事任免事项（名单见本篇第七章《选举任免》）。

第十次会议 2004 年 7 月 15 日召开，区人大常委会主任宋东来，副主任吴敬云、吕振福、马国欣、王文晔和 13 名委员出席会议。区人民政府副区长董成树、区人民法院院长张瑞明、区人民检察院检察长李彦彪列席会议。会议听取和审议区人民政府《关于 2004 年 1—6 月份国民经济和社会发展计划执行情况的报告》《关于 2004 年 1—6 月份财政预算执行情况的报告》《关于贯彻落实〈中华人民共和国科技进步法〉情况的报告》、桥西区公安分局《关于执法责任制落实情况报告》。会议审议通过区人大常委会《关于贯彻〈河北省各级人民代表大会常务委员会预算审查监督条例〉的意见》《关于贯彻〈河北省各级人民代表大会常务委员会经济工作监督条例〉的意见》《关于选举和任命人员述职评议试行办法》。会上，对区人民法院副院长张亚平、啜增义、刘占国履行职责情况进行述职评议。会议通过人事任免事项（名单见本篇第七章《选举任免》）。

第十一次会议 2004 年 9 月 23 日召开，区人大常委会主任宋东来，副主任吴敬云、吕振福、马国欣、王文晔和 11 名委员出席会议。区人民政府副区长董成树、区人民法院副院长刘占国、区人民检察院副检察长朱新燕列席会议。会议听取和审议区人大常委会《关于对“退二进三”企业视察情况的报告》、区人民政府《关于 2003 年财政决算情况的报告》并通过相应决议。会议听取《关于 2003 年度财政预算执行情况的审计工作报告》。会议听取和审议《关于贯彻实施〈中华人民共和国食品卫生法〉情况的报告》《关于办理代表建议、批评和意见情况的报告》《关于桥西区重点建设项目进展情况的报告》《关于开展法律援助和法律服务进社区情况的报告》。会议通过人事任免事项（名单见本篇第七章《选举任免》）。

第十二次会议 2004 年 11 月 4 日召开，区人大常委会主任宋东来，副主任吴敬云、吕振福、马国欣、王文晔和 13 名委员出席会议。区人民政府副区长董成树、区人民法院院长张瑞明、区人民检察院检察长李彦彪列席会议。会议听取和审议区人民政府《关于 2004 年财政预算调整情况的报告》并通过相应决议、《关于贯彻落实〈中华人民共和国教育法〉情况的报告》。会上，对区卫生局局长赵欢、区统计局局长郝莉萍履行职责情况进行评议。会议听取部分市人大代表述职。

第十三次会议　2004 年 12 月 16 日召开，区人大常委会主任宋东来，副主任吴敬云、吕振福、马国欣、王文晔和 11 名委员出席会议。区人民政府副区长邓小梅、区人民法院副院长刘晓梅、区人民检察院检察长李彦彪列席会议。会议审议通过《关于召开桥西区第十三届人民代表大会第三次会议的决定（草案）》《桥西区第十三届人民代表大会第三次会议议程（草案）》《关于接受代表辞职的决定（草案）》《关于补选代表的安排意见（草案）》《关于罢免石二珍的石家庄市第十一届人民代表大会代表职务的议案（草案）》、区人民检察院《关于提请审议〈石家庄市桥西区预防职务犯罪工作办法（试行）〉的议案》。会议通过人事任免事项（名单见本篇第七章《选举任免》）。

第十四次会议　2004 年 12 月 24 日召开，区人大常委会主任宋东来，副主任吴敬云、吕振福、马国欣、王文晔和 11 名委员出席会议。区人民政府副区长邓小梅、区人民法院副院长刘晓梅、区人民检察院检察长李彦彪列席会议。会议补选产生桥西区出席石家庄市第十一届人民代表大会代表 1 名。

第十五次会议　2004 年 12 月 30 日召开，区人大常委会主任宋东来，副主任吴敬云、吕振福、马国欣和 12 名委员出席会议。区人民政府副区长邓小梅、区人民法院副院长刘晓梅、区人民检察院副检察长扈长根列席会议。会议听取和审议区人民政府《关于 2004 年国民经济和社会发展计划执行情况及 2005 年国民经济和社会发展计划（草案）的报告》《关于 2004 年财政预算执行情况和 2005 年财政预算（草案）的报告》。会议审议通过《关于补选代表情况的报告》《桥西区人民代表大会常务委员会工作报告（草稿）》《桥西区十三届人民代表大会第三次会议代表资格审查报告（草案）》，桥西区第十三届人大三次会议主席团、秘书长、常务主席、计划预算审查委员会、议案审查委员会、正副团长、列席人员名单（草案）。

第十六次会议　2005 年 1 月 7 日召开，区人大常委会主任宋东来，副主任吴敬云、吕振福、马国欣、王文晔和 12 名委员出席会议。区人民政府副区长陶明法、区人民法院副院长刘晓梅、区人民检察院副检察长扈长根列席会议。会议审议通过关于许可刑事拘留 1 名区第十三届人大代表的决定。

第十七次会议　2005 年 3 月 22 日召开，区人大常委会主任宋东来，副主任吴敬云、刘金钟、吕振福、马国欣、王文晔和 12 名委员出席会议。区人民政府副区长陶明法、区人民法院院长张瑞明、区人民检察院副检察长李建平列席会议。会议审议通过《桥西区人大常委会 2005 年工作要点（草案）》《桥西区人大常委会 2005 年议题安排（草案）》《桥西区人大常委会实行特殊案件月报制度的决定》。

第十八次会议　2005 年 4 月 28 日召开，区人大常委会主任宋东来，副主任吴敬云、刘金钟、吕振福、马国欣、王文晔和 11 名委员出席会议。区人民政府副区长蒲建伟、区人民法院院长张瑞明、区人民检察院检察长李彦彪列席会议。会议听取和审议区人民政府《关于第一季度经济运行情况的报告》《关于贯彻实施〈中华人民共和国促进科技成果转化法〉情况的报告》。会议审议通过区人大常委会《关于人民陪审员任免暂行办法》。会议通过人事任免事项（名单见本篇第七章《选举任免》）。

第十九次会议 2005 年 7 月 7 日召开，区人大常委会主任宋东来，副主任吴敬云、刘金钟、吕振福、马国欣、王文晔和 14 名委员出席会议。区人民政府副区长邓小梅、区人民法院副院长刘晓梅、区人民检察院检察长李彦彪列席会议。会议听取和审议区人民政府《关于 2005 年 1—6 月份国民经济和社会发展计划执行情况的报告》《关于 2005 年 1—6 月份财政预算执行情况的报告》《关于低保收入保障情况的报告》。会上，对区人民检察院副检察长扈长根、杜国江、王志忠履行职责情况进行述职评议，对宫春山、康学富、史瑾三位代表进行述职评议。

第二十次会议 2005 年 9 月 13 日召开，区人大常委会主任宋东来，副主任吴敬云、刘金钟、吕振福、马国欣、王文晔和 11 名委员出席会议。区人民政府副区长蒲建伟、区人民法院副院长刘晓梅、区人民检察院副检察长杜国江列席会议。会议听取和审议区人民政府《关于 2004 年区财政决算情况的报告》并通过相应决议。会议听取《关于 2004 年度区财政预算执行情况的审计工作报告》。会议听取和审议《关于贯彻实施〈中华人民共和国食品卫生法〉和加强食品安全监管工作情况的报告》，区“一府两院”《关于办理代表建议、批评和意见情况的报告》，区人民法院、区人民检察院《关于落实执法责任制情况的报告》。会上，对区地税局、国税局进行工作评议。会议通过人事任免事项（名单见本篇第七章《选举任免》）。

第二十一次会议 2005 年 11 月 3 日召开，区人大常委会主任宋东来，副主任吴敬云、吕振福、马国欣、王文晔和 12 名委员出席会议。区人民政府副区长陶明法、区人民法院副院长刘晓梅、区人民检察院检察长李彦彪列席会议。会议听取和审议区人民政府《关于 2005 年财政预算调整情况的报告》并通过相应决议，《关于“三街两路”建设进展情况的报告》。会上，对区经贸局局长赵树芳、区科技局局长张瑞婷履行职责情况进行评议。会议通过人事任免事项（名单见本篇第七章《选举任免》）。

第二十二次会议 2005 年 12 月 20 日召开，区人大常委会主任宋东来，副主任吴敬云、刘金钟、吕振福、马国欣、王文晔和 9 名委员出席会议。区人民政府副区长蒲建伟、区人民法院副院长刘占国、区人民检察院副检察长李建平列席会议。会议审议通过《关于召开桥西区第十三届人民代表大会第四次会议的决定（草案）》《桥西区第十三届人民代表大会第四次会议议程（草案）》《关于补选代表的安排意见（草案）》。会议通过《关于接受代表辞职的决定（草案）》。

第二十三次会议 2006 年 3 月 9 日召开，区人大常委会主任宋东来，副主任吴敬云、刘金钟、吕振福、马国欣、王文晔和 13 名委员出席会议。区人民政府副区长陶明法、区人民法院副院长刘晓梅、区人民检察院检察长李彦彪列席会议。会议审议通过《桥西区人民代表大会常务委员会工作报告（草稿）》《桥西区第十三届人民代表大会第四次会议各项建议名单（草案）》《桥西区第十三届人民代表大会第四次会议代表资格审查报告（草案）》《桥西区人大常委会2006年工作要点（草案）》《桥西区人大常委会2006年议题安排（草案）》。会议听取《关于补选代表情况的报告》。会议听取和审议区人民政府《关于2005年国民经济和社会发展计划执行情况及2006年国民经济和社会发展计划（草案）的报告》《关于国民经济和社会发展第十一个五年规划纲要（草案）及其说明》《关于2005年财政预算执行情况和2006年财政预算（草案）的报告》。会议通过人事任免事项（名单见本篇第七章《选举任免》）。

第二十四次会议　2006年5月17日召开，区人大常委会主任宋东来、副主任吴敬云、吕振福、马国欣、王文晔和11名委员出席会议。区人民政府副区长董成树、区人民法院院长张瑞明、区人民检察院检察长李彦彪列席会议。会议听取和审议区发展计划局局长王彦敏作的《关于第一季度经济运行情况的报告》、区公安分局《关于治安防控工作情况的报告》。会上，对区发展改革局局长王彦敏、区民政局局长唐金亭、区司法局局长王玉宝、区教育局局长李英辉履行职责情况进行评议。

第二十五次会议　2006年7月14日召开，区人大常委会主任宋东来，副主任吴敬云、吕振福、马国欣、王文晔和11名委员出席会议。区人民政府副区长陶明法、区人民法院院长张瑞明、区人民检察院副检察长扈长根列席会议。会议听取和审议区人民政府《关于2006年上半年经济运行情况的报告》《关于2006年1—6月份财政预算执行情况的报告》《关于贯彻实施〈中华人民共和国传染病防治法〉情况的报告》《关于第七届村民委员会换届选举情况的报告》、区人民法院《关于履行〈中华人民共和国法官法〉情况的报告》。会议通过人事任免事项（名单见本篇第七章《选举任免》）。

第二十六次会议　2006年9月19日召开，区人大常委会主任宋东来，副主任门秀敏、吴敬云、吕振福、王文晔和10名委员出席会议。区人民政府副区长董成树、区人民法院院长张瑞明、区人民检察院副检察长杜国江列席会议。会议通过区人大常委会《关于学习贯彻〈中华人民共和国各级人民代表大会常务委员会监督法〉的决定》。会议听取和审议区人民政府《关于2005年财政决算情况的报告》并通过相应决议。会议听取《关于2005年度区财政预算执行情况的审计工作报告》并批准2005年区本级预算。会议听取和审议区人民检察院《关于落实特殊案件月报制度的报告》。会上，对区财政局局长董保贤、区人事劳动和社会保障局局长张瑞芳、区城区建设管理局局长高建华、区审计局局长杨卫华、区安全生产监督管理局局长王云波履行职责情况进行述职评议。

第二十七次会议　2006年11月10日召开，区人大常委会主任宋东来，副主任门秀敏、吴敬云、吕振福、马国欣、王文晔和8名委员出席会议。区人民政府副区长邓小梅、区人民法院院长张瑞明、区人民检察院副检察长李建平列席会议。会议听取和审议区人民政府《关于2006年财政预算调整情况的报告》并通过相应决议、《关于2006年1—9月份经济指标完成情况的报告》《关于办理代表建议、批评和意见情况的报告》《关于贯彻实施〈娱乐场所管理条例〉情况的报告》。

第二十八次会议 2006年12月28日召开，区人大常委会主任宋东来，副主任吴敬云、门秀敏、刘金钟、吕振福、马国欣、王文晔和9名委员出席会议。区人民政府副区长陶明法，区人民法院院长张瑞明、副院长刘晓梅，区人民检察院副检察长杜国江列席会议。会议学习《中华人民共和国各级人民代表大会常务委员会监督法》。会议审议通过区人大常委会《关于2007年重点监督工作（草案）》。会议通过人事任免事项（名单见本篇第七章《选举任免》）。

第二十九次会议 2007年1月15日召开，区人大常委会主任宋东来，副主任吴敬云、门秀敏、吕振福、马国欣、王文晔和11名委员出席会议。区人民政府副区长董成树、区人民法院院长张瑞明、区人民检察院副检察长王志忠列席会议。会议通过《桥西区第十四届选举委员会名单和留营乡第十四届选举委员会名单》。会议审议通过《桥西区人大常委会关于桥西区、乡两级人民代表大会同步换届选举工作的安排意见（草案）》、留营乡第十四届人民代表大会代表名额、各街道办事处选举领导小组成员名单（草案）。

第三十次会议 2007年4月4日召开，区人大常委会主任宋东来，副主任吴敬云、吕振福、马国欣、王文晔和11名委员出席会议。区人民政府副区长宋秀芳、区人民法院院长张瑞明、区人民检察院副检察长杜国江列席会议。会议听取《桥西区第十四届人民代表大会选举情况的报告》。会议审议通过《桥西区第十四届人大一次会议代表资格审查报告（草案）》《关于补选代表的安排意见（草案）》。会议通过人事任免事项（名单见本篇第七章《选举任免》）。

第三十一次会议 2007年4月11日召开，区人大常委会主任宋东来，副主任吴敬云、吕振福、马国欣、王文晔和10名委员出席会议。区人民政府副区长董成树、区人民法院院长张瑞明、区人民检察院副检察长扈长根列席会议。会议听取《关于补选代表情况的报告》。会议审议通过《关于召开桥西区第十四届人民代表大会第一次会议的决定（草案）》《桥西区第十四届人民代表大会第一次会议议程（草案）》、大会主席团、秘书长、常务主席、两个委员会、正副团长、列席人员名单（草案）、《桥西区人民代表大会常务委员会工作报告（草稿）》、区人民政府《关于2006年国民经济和社会发展计划执行情况及2007年国民经济和社会发展计划（草案）的报告》《关于2006年财政预算执行情况和2007年财政预算（草案）的报告》《代表资格审查报告（草案）》。

第二节　主任会议

区十三届人大常委会共召开主任会议52次，会议均由宋东来主任主持召开。常委会各位副主任出席会议，各委办主任列席会议。

区十三届人大常委会主任会议情况一览表

表 13–9

序　号	时　间	议　题
1	2003 年 5 月 6 日	研究区人大常委会主任、副主任工作分工，传达区委有关会议精神，研究加强新一届区人大常委会领导班子自身建设和制定区人大常委会工作规则问题
2	2003 年 5 月 14 日	研究常委会第一次会议有关事项，研究区人大常委会各委办工作职责，听取区人大常委会各委办 2003 年工作设想和工作措施情况汇报，研究区人大常委会 2003 年工作要点（草案），研究区人大常委会关于加强自身建设的意见（草案）、常委会会议议事规则（草案）和主任会议议事规则（草案）
3	2003 年 5 月 20 日	研究区人大常委会关于下半年常委会会议议题安排（草案），研究区人大常委会关于认真贯彻执行《中华人民共和国传染病防治法》切实做好防治非典型肺炎工作的决定，研究常委会第一次会议有关事项
4	2003 年 6 月 10 日	研究常委会第二次会议有关事项，研究区人大常委会办公室关于组织人大代表视察桥西区贯彻执行《中华人民共和国传染病防治法》切实做好防治非典型肺炎工作的安排意见，研究关于开展第二季度区人大代表活动情况的安排意见
5	2003 年 7 月 2 日	研究人事任免事项
6	2003 年 7 月 11 日	学习胡锦涛总书记在“三个代表”重要思想理论研讨会上的重要讲话和中共中央关于在全党兴起学习贯彻“三个代表”重要思想新高潮的通知，研究区人大常委会第三季度工作安排，研究区人大常委会宣传信息工作
7	2003 年 7 月 30 日	研究常委会第三次会议有关事项，研究关于 2003 年 1—6 月份国民经济和社会发展计划执行情况的初审意见，研究关于 2003 年 1—6 月份财政预算执行情况的初审意见，研究石家庄市桥西区第十三届人民代表大会常务委员会组成人员守则（草案）
8	2003 年 9 月 28 日	研究常委会第四次会议有关事项，研究关于 2002 年财政决算情况的初审意见，研究关于 2002 年度区本级预算执行和其他财政收支情况审计工作报告的初审意见，研究人事任免事项
9	2003 年 10 月 13 日	听取区人大常委会各委办主任汇报 2003 年第四季度工作安排，研究区人大常委会第四季度工作安排，研究关于组织代表对被任命人员进行述职评议的安排意见（草案），研究加强区人大常委会队伍建设和制定区人大常委会工作规则问题
10	2003 年 10 月 15 日	研究区人大常委会各项规章制度的制定情况，研究区人大常委会教科文卫工委组织人大代表视察桥西区中小学收费情况的有关事项，研究区人大常委会财经城建工委组织人大代表视察重点项目进展情况的有关事项

续表 13-9

序　号	时　间	议　题
11	2003 年 10 月 24 日	研究区人大常委会各项规章制度的制定情况，研究区人大常委会财经城建工委关于区人民政府调整2003年重点项目的初审意见，研究加强对区“一府两院”实行监督的有关事项
12	2003 年 10 月 28 日	研究常委会第五次会议有关事项，研究区人大常委会财经城建工委关于区人民政府 2003 年桥西区重点项目进展情况的初审意见和决议（草案），研究区人大常委会财经城建工委关于区人民政府调整2003年财政预算的决议(草案)，研究区人大常委会教科文卫工委关于区人民政府贯彻落实计划生育“一法三规一条例”的初审意见，研究区人大常委会人事代表工委关于组织代表对被任命人员进行述职评议的安排意见，研究关于区人大常委会对区人民法院审判员、区人民检察院检察员进行任命的工作安排
13	2003 年 11 月 25 日	研究补选桥西区第十三届人民代表大会代表的有关问题，研究区人大常委会视察组关于区物价局局长底国英、区计生局局长周淑贞、区文体局局长孙云芳履行职责情况的视察报告，研究区人大常委会办公室及各工作委员会联系部门的意见，研究区十三届人大二次会议有关事项
14	2003 年 12 月 9 日	研究常委会第六次会议有关事项，研究区十三届人大二次会议有关事项，研究补选桥西区第十三届人民代表大会代表的安排意见（草案），研究人事任免事项
15	2003 年 12 月 23 日	研究常委会第七次会议有关事项，研究区十三届人大二次会议有关事项，研究关于接受祁藏法、袁三臣、智艾乡、张俊英辞去区人大常委会委员职务请求的决定
16	2004 年 2 月 3 日	研究常委会第八次会议有关事项，研究人事任免事项，研究桥西区第十三届人大常委会代表资格审查委员会成员名单（草案），研究区人大常委会 2004 年工作具体安排
17	2004 年 3 月 24 日	传达市人大调研工作会议精神，研究区人大常委会调研工作安排，听取区人大常委会各委办一季度工作进展情况汇报，研究区人大常委会第二季度工作安排，听取关于代表提出的建议、批评和意见情况的汇报，研究对区物价局、区文体局、区计生局局长进行述职评议整改落实情况，研究关于组织有关部门开展《河北省各级人民代表大会常务委员会预算审查监督条例》《河北省各级人民代表大会常务委员会经济工作监督条例》学习培训工作
18	2004 年 4 月 20 日	研究常委会第九次会议有关事项，研究人事任免事项，研究关于区人民政府第一季度经济运行情况报告的初审意见，研究关于区人民政府贯彻实施《互联网上网服务营业场所管理条例》情况报告的初审意见，听取被评议干部整改情况的报告，研究区人大常委会关于深入学习宣传和贯彻《中华人民共和国宪法》的决议（草案），听取区人大常委会办公室关于实行“学法日”制度的汇报

续表 13-9

序　号	时　间	议　题
19	2004 年 4 月 28 日	听取关于部分人大任命干部进行述职评议工作安排情况的汇报
20	2004 年 5 月 18 日	学习《河北省各级人民代表大会常务委员会预算审查监督条例》《河北省各级人民代表大会常务委员会经济工作监督条例》，听取区人大常委会财经城建工委关于贯彻《河北省各级人民代表大会常务委员会预算审查监督条例》《河北省各级人民代表大会常务委员会经济工作监督条例》情况的汇报
21	2004 年 6 月 17 日	研究区人大常委会对区“一府两院”职能部门负责人进行信任投票的方案，研究区人大常委会对选举和任命人员述职评议的试行办法，听取关于区人民政府贯彻落实《中华人民共和国科技进步法》情况的初审意见
22	2004 年 7 月 8 日	研究常委会第十次会议有关事项
23	2004 年 7 月 13 日	研究人事任免事项，研究关于区人民政府 2004 年 1—6 月份国民经济和社会发展计划执行情况的初审意见，研究关于区人民政府 2004 年 1—6 月份财政预算执行情况的初审意见，研究关于对区公安分局执法责任制落实情况的初审意见，听取对区人民法院 3 名被任命人员的视察评议意见
24	2004 年 7 月 26 日	听取对区国税局进行工作评议的安排意见，听取关于对《中华人民共和国食品卫生法》贯彻实施情况进行调研的安排情况
25	2004 年 8 月 30 日	研究区人大常委会财经城建工委关于“退二进三”企业视察情况的报告，研究区人大常委会关于开展纪念人民代表大会成立五十周年活动的实施意见
26	2004 年 9 月 20 日	听取区财政局关于区财政体制现状、2003 年财政决算和部门预算执行情况的汇报，研究对区国税局开展评议工作的意见，研究下半年述职评议人员名单
27	2004 年 9 月 22 日	研究常委会第十一次会议有关事项，研究人事任免事项，研究关于区人民政府 2003 年财政决算报告的初审意见和决议（草案），研究关于区人民政府贯彻执行《中华人民共和国食品卫生法》情况报告的初审意见，研究关于区人民政府办理代表建议、批评和意见情况的视察报告，研究关于区人民政府法律援助及法律服务进社区工作情况的初审意见，研究关于区人民政府 2004 年区重点建设项目进展情况的初审意见
28	2004 年 10 月 8 日	听取区人大常委会各委办三季度工作情况和四季度工作安排的汇报

续表 13-9

序号	时间	议题
29	2004 年 10 月 26 日	研究常委会第十二次会议有关事项，研究关于区人民政府贯彻落实《中华人民共和国教育法》情况报告的初审意见，听取对区卫生局局长赵欢、区统计局局长郝莉萍的考察评议意见，研究市人大代表向区人大常委会述职人员名单，研究关于区人民政府 2004 年调整预算情况的审查报告，研究区人大常委会第四季度工作安排，听取赴成都市金牛区学习情况的汇报，研究调研工作情况
30	2004 年 11 月 19 日	研究 2004 年第四季度代表活动安排，听取市人大常委会关于评选优秀市人大代表和优秀人大代表小组长活动的安排意见的汇报，研究工作人员调动问题
31	2004 年 12 月 1 日	听取各乡主席团、街道人大工作室和区人大常委会各委办 2004 年工作小结和 2005 年工作初步设想，研究补选区十三届人大代表情况，研究区十三届人大三次会议有关事项
32	2004 年 12 月 13 日	研究人事任免事项，研究区十三届人大三次会议有关事项
33	2004 年 12 月 15 日	研究常委会第十三次会议有关事项，研究区十三届人大三次会议有关事项，研究代表变动情况，研究关于补选代表安排意见（草案）
34	2004 年 12 月 22 日	研究常委会第十四次会议有关事项
35	2004 年 12 月 28 日	研究常委会第十五次会议有关事项，研究区十三届人大三次会议有关事项
36	2005 年 1 月 4 日	研究常委会第十六次会议有关事项
37	2005 年 3 月 21 日	研究常委会第十七次会议有关事项，研究区人大常委会 2005 年工作要点（草案），研究区人大常委会 2005 年议题安排（草案），研究区人大常委会关于实行特殊案件月报制度的决定
38	2005 年 4 月 26 日	研究常委会第十八次会议有关事项，研究区人大常委会关于人民陪审员任免暂行办法，研究关于区人民政府第一季度经济运行情况的报告，研究关于区人民政府贯彻实施《中华人民共和国促进科技成果转化法》情况的报告，研究人事任免事项
39	2005 年 7 月 5 日	研究常委会第十九次会议有关事项，研究区人民检察院 3 名副检察长履行职责情况的评议视察报告，听取 3 名代表的述职评议情况

续表 13-9

序 号	时 间	议 题
40	2005 年 9 月 8 日	研究常委会第二十次会议有关事项，研究关于区人民政府 2004 年区财政决算报告的初审意见，研究关于区人民政府 2004 年度区财政预算执行情况审计工作报告的初审意见，研究关于区人民政府贯彻实施《中华人民共和国食品卫生法》和加强食品安全监管工作情况的初审意见，研究对区“一府两院”关于办理代表建议、批评和意见情况的视察报告，研究关于区人民法院、区人民检察院落实执法责任制情况的初审意见，研究关于区地税局、区国税局进行工作评议的视察报告，研究人事任免事项
41	2005 年 11 月 1 日	研究常委会第二十一次会议有关事项，研究关于区人民政府“三街两路”建设进展情况的初审意见，研究关于区人民政府调整 2005 年财政预算报告的初审意见，研究对区经贸局局长赵树芳、区科技局局长张瑞婷履行职责情况的评议视察报告，研究人事任免事项
42	2005 年 12 月 16 日	研究常委会第二十二次会议有关事项，研究补选代表情况，研究区十三届人大四次会议有关事项
43	2006 年 3 月 6 日	研究常委会第二十三次会议有关事项，研究区十三届人大会四次会议有关事项，研究区人大常委会 2003 年工作要点（草案），研究区人大常委会 2006 年议题安排（草案）
44	2006 年 5 月 15 日	研究常委会第二十四次会议有关事项，研究关于区人民政府第一季度经济运行情况的初审意见，研究关于区公安分局治安防控工作情况的初审意见，研究对区发展改革局局长王彦敏、区民政局局长唐金亭、区司法局局长王玉宝、区教育局局长李英辉的视察评议意见
45	2006 年 6 月 29 日	研究常委会第二十五次有关事项，听取区人大常委会各委办 6 月份工作情况汇报
46	2006 年 7 月 11 日	研究人事任免事项，研究关于区人民政府 2006 年上半年经济运行情况的初审意见，研究关于区人民政府 2006 年 1—6 月份财政预算执行情况的初审意见，研究关于区人民政府贯彻实施《中华人民共和国传染病防治法》情况的初审意见，研究关于区人民政府第七届村民委员会换届选举情况的报告，研究关于区人民法院履行《中华人民共和国法官法》情况报告的初审意见，传达市人大常委会各县（区）人大常委会主任会议精神，研究上报市人大调研题目
47	2006 年 9 月 14 日	研究常委会第二十六次会议有关事项，研究区人大常委会关于学习贯彻《中华人民共和国各级人民代表大会常务委员会监督法》的决定，研究关于区人民政府 2005 年本级财政决算的初审意见，研究关于区人民政府 2005 年度区财政预算执行情况审计工作报告的初审意见，研究关于区人民检察院落实特殊案件办理情况的初审意见，研究区人民政府 5 名局长履行职责情况的评议视察报告

续表 13-9

序号	时间	议题
48	2006 年 10 月 27 日	研究常委会第二十七次会议有关事项，研究关于区人民政府 2006 年 1—9 月份经济指标完成情况的初审意见，研究关于区人民政府 2006 年财政预算调整情况的初审意见和决议，研究关于区人民政府办理代表建议、批评和意见情况的视察报告，研究关于区人民政府贯彻实施《娱乐场所管理条例》情况的初审意见，研究关于国土资源局桥西分局工作评议的视察报告
49	2006 年 12 月 26 日	研究常委会第二十八次会议有关事项，研究区人大常委会 2007 年重点监督工作（草案），研究人事任免事项
50	2007 年 1 月 12 日	研究常委会第二十九次会议有关事项，研究桥西区人大常委会关于区、乡两级人民代表大会同步换届选举工作的安排意见（草案），研究留营乡第十四届人民代表大会代表名额，研究各街道办事处选举领导小组成员名单（草案）
51	2007 年 4 月 2 日	研究常委会第三十次会议有关事项，听取区第十四届人民代表大会选举情况汇报，研究代表资格审查报告（草案），研究补选代表安排意见（草案）
52	2007 年 4 月 9 日	研究常委会第三十一次会议有关事项，研究区十四届人大一次会议有关事项，研究补选代表情况，研究代表资格审查报告

第三节　机构设置

区十三届人大常委会设办公室、人事代表工作委员会、法制工作委员会、财经城建工作委员会、教科文卫工作委员会。

区十三届人大常委会机构人员情况表

表 13-10

机构名称	职　务	姓　名	任职时间
办公室	主　任	陈丽敏	2003 年 5 月至 2003 年 9 月
		赵　欣	2005 年 9 月至 2007 年 4 月
	副主任、兼信访科科长	邓利全	2003 年 5 月至 2007 年 4 月
	副主任	张卫娟	2003 年 5 月至 2003 年 12 月
		赵　欣	2003 年 9 月至 2005 年 9 月
		王玉武	2003 年 12 月至 2007 年 4 月
	副主任科员	王玉武	2003 年 5 月至 2003 年 12 月
人事代表工作委员会	主　任	袁三臣	2003 年 5 月至 2003 年 9 月
		张　英	2003 年 9 月至 2007 年 4 月
	副主任	张　英	2003 年 5 月至 2003 年 9 月
法制工作委员会	主　任	祁藏法	2003 年 5 月至 2003 年 9 月
		周连赏	2003 年 9 月至 2007 年 4 月
	副主任	徐传胜	2003 年 5 月至 2007 年 4 月
财经城建工作委员会	主　任	智艾乡	2003 年 5 月至 2003 年 9 月
		张坤山	2003 年 9 月至 2007 年 4 月
	副主任	芦永红	2003 年 5 月至 2003 年 9 月
教科文卫工作委员会	主　任	张俊英	2003 年 5 月至 2003 年 9 月
		张卫娟	2003 年 12 月至 2007 年 4 月

第五章 监督工作

区十三届人大及其常委会自觉服务于改革、发展、稳定这个大局，立足于支持和促进“一府两院”的工作。区十三届人民代表大会共听取和审议区人大常委会、区“一府两院”工作报告 16 个，审查计划、预算报告 9 个；区十三届人大常委会共听取区“一府两院”专项工作报告 31 项、计划预算和审计工作报告 28 项，执法检查 8 次，视察调研 15 次。

助力桥西区经济稳健发展。四年来，区十三届人大常委会每年听取和审议区决算报告、财政预算执行情况和其他财政收支情况的审计工作报告，听取和审议区国民经济和社会发展计划及执行情况的报告，不断加强对桥西区预算工作和经济工作的监督，逐步加大对预算外资金及其使用情况的监督力度。区十三届人大常委会先后围绕区重点经济建设项目、区属亏困企业解困、中小型工商企业产权制度改革、个体私营经济发展状况等方面进行了专题调研并形成调研报告，为区委、区人民政府提供决策参考和整改建议，有力促进桥西区经济社会稳定健康发展。

围绕群众关心的民生问题，进一步加强对法律实施情况的监督。对《中华人民共和国农业法》实施情况的检查，在促进区农业与农村经济的发展上起到了重要作用。对科技法律、法规落实情况的视察，有力促进区科技三项经费投入逐年提高。对《中华人民共和国食品卫生法》贯彻实施情况的执法检查，一定程度上改善人民群众的食品安全环境，维护消费者的权益。对《中华人民共和国传染病防治法》《中华人民共和国人口与计划生育法》开展执法检查，巩固各项法规的落实成效，推动执法过程的科学化、规范化、人性化进程。

以推进依法行政、司法公正为目标，区十三届人大常委会每年听取区人民法院和区人民检察院专项工作报告，加大对司法工作的监督力度，并根据视察检查和专项调研情况提出审议意见，有效推动桥西区政法队伍建设，促进司法公正。为增强实施法律监督的针对性和可操作性，区十三届人大常委会在“公、检、法”机关实行特殊案件月报制度，把“公、检、法”机关 14 种案件列为必报范围，并严格报送时间和程序，这一制度被多个县、区人大学习借鉴，被多家报刊刊载。

第一节　听取和审议专项工作报告与计划预算和审计工作报告

区十三届人大常委会会议听取和审议区“一府两院”专项工作报告 31 项、计划预算和审计工作报告 28 项。

听取和审议专项工作报告与计划预算和审计工作报告情况表

表 13-11

时　间	常委会会议	报告内容
2003 年 5 月 28 日	第一次	区人民政府关于贯彻执行《中华人民共和国传染病防治法》，防治“非典”工作情况的报告
2003 年 8 月 28 日	第三次	区人民政府关于桥西区 2003 年上半年国民经济和社会发展计划执行情况的报告，区人民政府关于 2003 年上半年财政预算执行情况的报告
2003 年 9 月 29 日	第四次	区人民政府关于 2002 年财政决算情况的报告，区人民政府关于 2002 年度区本级预算执行和其他财政收支情况的审计工作报告
2003 年 10 月 29 日	第五次	区人民政府关于桥西区 2003 年重点建设项目进展情况的报告，区人民政府关于 2003 年财政预算调整情况的报告，区人民政府关于贯彻落实计划生育“一法三规一条例”情况的报告，区人民政府关于桥西区中小学收费情况的报告
2003 年 12 月 24 日	第七次	区人民政府关于 2004 年国民经济和社会发展计划执行情况及 2005 年国民经济和社会发展计划（草案）的报告，区人民政府关于 2004 年财政预算执行情况和 2005 年财政预算（草案）的报告
2004 年 4 月 22 日	第九次	区人民政府关于第一季度经济运行情况的报告，区人民政府关于贯彻实施《互联网上网服务营业场所管理条例》情况的报告，区人民政府部分被评议干部整改情况的报告
2004 年 7 月 15 日	第十次	区人民政府 2004 年 1—6 月份国民经济和社会发展计划执行情况的报告，区人民政府 2004 年 1—6 月份财政预算执行情况的报告，区人民政府关于贯彻落实《中华人民共和国科技进步法》情况的报告，区人民政府关于执法责任制落实情况报告
2004 年 9 月 23 日	第十一次	区人民政府关于 2003 年财政决算的报告，区人民政府关于 2003 年度财政预算执行情况的审计工作报告，区人民政府关于贯彻实施《中华人民共和国食品卫生法》情况的报告，区人民政府关于办理代表建议、批评和意见情况的报告，区人民政府关于桥西区重点建设项目进展情况的报告，区人民政府关于开展法律援助和法律服务进社区情况的报告

续表 13-11

时 间	常委会会议	报告内容
2004 年 11 月 4 日	第十二次	区人民政府关于 2004 年财政预算调整情况的报告，区人民政府关于贯彻落实《中华人民共和国教育法》情况的报告
2004 年 12 月 30 日	第十五次	区人民政府关于 2004 年国民经济和社会发展计划执行情况及 2005 年国民经济和社会发展计划（草案）的报告，区人民政府关于 2004 年财政预算执行情况和 2005 年财政预算（草案）的报告
2005 年 4 月 28 日	第十八次	区人民政府关于第一季度经济运行情况的报告，区人民政府关于贯彻实施《中华人民共和国促进科技成果转化法》情况的报告
2005 年 7 月 7 日	第十九次	区人民政府关于 2005 年 1—6 月份国民经济和社会发展计划执行情况的报告，区人民政府关于 2005 年 1—6 月份财政预算执行情况的报告，区人民政府关于低保收入保障情况的报告
2005 年 9 月 13 日	第二十次	区人民政府关于 2004 年区财政决算情况的报告，区审计局关于 2004 年度区财政预算执行情况的审计工作报告，区人民政府关于贯彻实施《中华人民共和国食品卫生法》和加强食品安全监管工作情况的报告，区人民政府、区人民法院、区人民检察院关于办理代表建议、批评和意见情况的报告，区人民法院、区人民检察院关于落实执法责任制情况的报告
2005 年 11 月 3 日	第二十一次	区人民政府关于“三街两路”建设进展情况的报告，区人民政府关于 2005 年财政预算调整情况的报告
2006 年 3 月 9 日	第二十三次	区人民政府关于 2005 年国民经济和社会发展计划执行情况及 2006 年国民经济和社会发展计划（草案）的报告，区人民政府关于 2005 年财政预算执行情况和 2006 年财政预算（草案）的报告，区人民政府关于国民经济和社会发展第十一个五年规划纲要（草案）的报告
2006 年 5 月 17 日	第二十四次	区人民政府关于第一季度经济运行情况的报告，区公安分局关于治安防控工作情况的报告
2006 年 7 月 14 日	第二十五次	区人民政府关于 2006 年上半年经济运行情况的报告，区人民政府关于 2006 年 1—6 月份财政预算执行情况的报告，区人民政府关于贯彻实施《中华人民共和国传染病防治法》情况的报告，区人民政府关于第七届村民委员会换届选举情况的报告，区人民法院关于履行《中华人民共和国法官法》情况的报告
2006 年 9 月 19 日	第二十六次	区人民政府关于 2005 年财政决算情况的报告，区人民政府关于 2005 年度区财政预算执行情况的审计工作报告，区人民检察院关于落实特殊案件月报告制度的报告

续表 13-11

时　间	常委会会议	报告内容
2006 年 11 月 10 日	第二十七次	区人民政府关于 2006 年财政预算调整情况的报告，区人民政府关于办理代表建议、批评和意见情况的报告，区人民政府关于贯彻实施《娱乐场所管理条例》情况的报告，区人民政府关于 2006 年 1—9 月份经济指标完成情况的报告
2007 年 4 月 11 日	第三十一次	区人民政府关于 2006 年国民经济和社会发展计划执行情况及 2007 年国民经济和社会发展计划（草案）的报告，区人民政府关于 2006 年财政预算执行情况和 2007 年财政预算（草案）的报告

第二节　法律法规实施情况的检查

区十三届人大常委会共组织开展执法检查 8 次。

1. 2003 年 6 月 12 日，区人大常委会主任宋东来带队对桥西区医院、友谊大街办事处、桥西区防疫站、新石小学贯彻实施“一法一条例”、切实做好防治非典型肺炎的情况进行执法检查。

2. 2003 年 7 月 29 日，区人大常委会主任宋东来，副主任吕振福、王文晔带领部分区人大代表对《中华人民共和国食品卫生法》贯彻执行情况进行执法检查。

3. 2004 年 6 月 4 日，区人大常委会主任宋东来、副主任王文晔带领部分区人大代表对《中华人民共和国科技进步法》和《河北省科技进步条例》贯彻执行情况进行执法检查。2004 年 7 月 15 日，区十三届人大常委会第十次会议听取和审议区人民政府关于贯彻落实《中华人民共和国科技进步法》情况的报告，审议区人大常委会教科文卫工委初审意见。

4. 2004 年 8 月 19 日，区人大常委会主任宋东来，副主任吕振福、王文晔带领部分区大代表对《中华人民共和国食品卫生法》贯彻执行情况进行执法检查。2004 年 9 月 23 日，区十三届人大常委会第十一次会议听取和审议区人民政府关于贯彻落实《中华人民共和国食品卫生法》情况的报告，审议区人大常委会教科文卫工委初审意见。

5. 2005 年 7 月 29 日至 30 日，区人大常委会教科文卫工委组织部分区人大代表对《中华人民共和国食品卫生法》贯彻实施情况进行执法检查。2005 年 9 月 13 日，区十三届人大常委会第二十次会议听取和审议区人民政府关于贯彻实施《中华人民共和国食品卫生法》和加强食品安全监管工作情况的报告，审议区人大常委会教科文卫工委初审意见。

6. 2005 年 10 月 25 日，区人大常委会副主任王文晔带领区人大常委会教科文卫工委和部分区人大代表对《中华人民共和国体育法》贯彻执行情况进行执法检查。

7. 2006 年 5 月 25 日，区人大常委会副主任王文晔带领部分区人大代表对《中华人民共和国人口与计划生育法》《河北省人口与计划生育条例》贯彻执行情况进行执法检查。

8. 2006 年 6 月 14 日，区人大常委会副主任王文晔带领部分区人大代表对《中华人民共和国传染病防治法》贯彻执行情况进行执法检查。2006 年 7 月 14 日，区十三届人大常委会第二十五次会议听取和审议区人民政府关于贯彻实施《中华人民共和国传染病防治法》情况的报告，审议区人大常委会教科文卫工委初审意见。

第三节　视察调研

区十三届人大常委会共组织开展视察调研活动 15 次。

视察调研活动选录表

表 13–12

时　间	视察内容	牵头单位
2003 年 10 月	关于区人民政府 2003 年重点建设项目进展情况	财经城建工委
2004 年 4 月	关于区人民政府贯彻实施《互联网上网服务营业场所管理条例》情况	法　制　工　委
2004 年 7 月	关于区公安分局执法责任制落实情况	法　制　工　委
2004 年 9 月	关于区人民政府办理区十三届人大二次会议代表建议、批评和意见情况	人事代表工委
2004 年 9 月	关于区人民政府 2004 年重点建设项目进展情况	财经城建工委
2004 年 9 月	关于区人民政府开展法律援助和法律服务进社区情况	法　制　工　委
2005 年 5 月	关于区人民政府民政专项资金使用情况	财经城建工委
2005 年 7 月	关于区人民政府低保收入保障情况	财经城建工委
2005 年 9 月	关于区人民政府、区人民法院、区人民检察院办理区十三届人大三次会议代表建议、批评和意见情况	人事代表工委
2005 年 9 月	关于区人民法院、区人民检察院落实执法责任制情况	法　制　工　委
2005 年 11 月	关于区人民政府“三街两路”建设进展情况	财经城建工委
2006 年 5 月	关于区公安分局治安防控工作情况	法　制　工　委
2006 年 7 月	关于区人民政府第七届村民委员会换届选举情况	人事代表工委

续表 13-12

时　间	视察内容	牵头单位
2006 年 11 月	关于区人民政府办理区十三届人大四次会议代表建议、批评和意见情况	人事代表工委
2006 年 11 月	关于区人民政府贯彻实施《娱乐场所管理条例》情况	教科文卫工委

第四节　评议工作

区十三届人大常委会先后对 16 名区人民政府组成部门主要负责人进行履职评议。

区人民政府部门主要负责人履职评议情况表

表 13–13

时　间	常委会会议	被评议人员	职　务
2003 年 12 月 10 日	第六次	底国英	区物价局局长
		孙云芳	区文化体育局局长
		周淑贞	区计划生育局局长
2004 年 11 月 4 日	第十二次	赵　欢	区卫生局局长
		郝莉萍	区统计局局长
2005 年 11 月 3 日	第二十一次	赵树芳	区经贸局局长
		张瑞婷	区科技局局长
2006 年 5 月 17 日	第二十四次	王彦敏	区发展改革局局长
		唐金亭	区民政局局长
		王玉宝	区司法局局长
		李英辉	区教育局局长

续表 13-13

时　间	常委会会议	被评议人员	职　务
2006 年 9 月 19 日	第二十六次	董保贤	区财政局局长
		张瑞芳	区人事劳动和社会保障局局长
		高建华	区城区建设管理局局长
		杨卫华	区审计局局长
		王云波	区安全生产监督管理局局长

区十三届人大常委会先后对 3 名区人民法院副院长和 3 名区人民检察院副检察长进行履职评议。

“两官”述职评议情况表

表 13–14

时　间	常委会会议	被评议人员	职　务
2004 年 7 月 15 日	第十次	张亚平	区人民法院副院长
		啜增义	区人民法院副院长
		刘占国	区人民法院副院长
2005 年 7 月 7 日	第十九次	扈长根	区人民检察院副检察长
		杜国江	区人民检察院副检察长
		王志忠	区人民检察院副检察长

第六章　决议决定

区十三届人大及其常委会坚持充分发挥决议决定重要作用，推动政策落地落实。按照法定要求，对“一府两院”和区人大常委会工作报告作出决议，促进工作高质量开展。为统一思想，凝聚合力，四年来共作出决议决定 42 项。适时对计划、预算、预算调整、决算等重大问题作出决议决定，推动经济稳步发展。

第一节　作出决议决定

一、区十三届人大历次会议作出决议决定情况

桥西区第十三届人民代表大会共作出决议决定 25 项。

区十三届人大历次会议决议决定一览表

表 13–15

时　间	会　次	名　称
2003 年 5 月 5 日	一次会议	关于桥西区人民政府工作报告的决议 关于桥西区 2002 年国民经济和社会发展计划执行情况与 2003 年国民经济和社会发展计划报告的决议 关于桥西区 2002 年财政预算执行情况和 2003 年财政预算报告的决议 关于桥西区人民代表大会常务委员会工作报告的决议 关于桥西区人民法院工作报告的决议 关于桥西区人民检察院工作报告的决议
2004 年 1 月 9 日	二次会议	关于桥西区人民政府工作报告的决议 关于桥西区 2003 年国民经济和社会发展计划执行情况与 2004 年国民经济和社会发展计划报告的决议 关于桥西区 2003 年财政预算执行情况和 2004 年财政预算报告的决议 关于桥西区人民代表大会常务委员会工作报告的决议 关于桥西区人民法院工作报告的决议 关于桥西区人民检察院工作报告的决议

续表 13-15

时　间	会　次	名　称
2005 年 1 月 14 日	三次会议	关于桥西区人民政府工作报告的决议 关于桥西区 2004 年国民经济和社会发展计划执行情况与 2005 年国民经济和社会发展计划报告的决议 关于桥西区 2004 年财政预算执行情况和 2005 年财政预算报告的决议 关于桥西区人民代表大会常务委员会工作报告的决议 关于桥西区人民法院工作报告的决议 关于桥西区人民检察院工作报告的决议
2006 年 3 月 16 日	四次会议	关于桥西区人民政府工作报告的决议 关于桥西区国民经济和社会发展第十一个五年规划纲要的决议 关于桥西区 2005 年国民经济和社会发展计划执行情况与 2006 年国民经济和社会发展计划报告的决议 关于桥西区 2005 年财政预算执行情况和 2006 年财政预算报告的决议 关于桥西区人民代表大会常务委员会工作报告的决议 关于桥西区人民法院工作报告的决议 关于桥西区人民检察院工作报告的决议

二、区十三届人大常委会历次会议作出决议决定情况

区十三届人大常委会作出决议决定 17 项（不包含人事任免事项）。

区十三届人大常委会历次会议决议决定一览表

表 13–16

时　间	常委会会议	名　称
2003 年 5 月 28 日	第一次	关于认真执行《中华人民共和国传染病防治法》切实做好防治非典型肺炎工作的决定
2003 年 9 月 29 日	第四次	关于批准桥西区人民政府 2002 年财政决算的决议
2003 年 10 月 29 日	第五次	关于批准桥西区人民政府调整 2003 年重点建设项目的决议 关于批准桥西区人民政府 2003 年财政预算调整方案的决议
2003 年 12 月 10 日	第六次	关于召开桥西区第十三届人民代表大会第二次会议的决定
2004 年 4 月 22 日	第九次	关于深入学习宣传和贯彻《中华人民共和国宪法》的决议

续表 13-16

时　间	常委会会议	名　称
2004 年 9 月 23 日	第十一次	关于批准桥西区人民政府 2003 年财政决算的决议
2004 年 11 月 4 日	第十二次	关于批准桥西区人民政府 2004 年财政预算调整方案的决议
2004 年 12 月 16 日	第十三次	关于召开桥西区第十三届人民代表大会第三次会议的决定
2005 年 3 月 22 日	第十七次	关于实行特殊案件月报制度的决定
2005 年 9 月 13 日	第二十次	关于批准桥西区人民政府 2004 年财政决算的决议
2005 年 11 月 3 日	第二十一次	关于批准桥西区人民政府 2005 年财政预算调整方案的决议
2005 年 12 月 20 日	第二十二次	关于召开桥西区第十三届人民代表大会第四次会议的决定
2006 年 9 月 19 日	第二十六次	关于学习贯彻《中华人民共和国各级人民代表大会常务委员会监督法》的决定 关于批准桥西区人民政府 2005 年财政决算的决议
2006 年 11 月 10 日	第二十七次	关于批准桥西区人民政府 2006 年财政预算调整方案的决议
2007 年 4 月 11 日	第三十一次	关于召开桥西区第十四届人民代表大会第一次会议的决定

第二节　决议决定选介

关于学习贯彻《中华人民共和国各级人民代表大会常务委员会监督法》的决定

《桥西区人大常委会关于学习贯彻〈中华人民共和国各级人民代表大会常务委员会监督法〉的决定》（以下简称《决定》），于 2006 年 9 月 19 日区十三届人大常委会第二十六次会议通过。

学习贯彻《中华人民共和国各级人民代表大会常务委员会监督法》的决定具有重要意

义，不仅强化法律监督、促进依法行政和公正司法，还推动民主法制建设、提高监督实效，对于促进国家治理现代化具有积极作用。《中华人民共和国各级人民代表大会常务委员会监督法》的颁布实施，为各级人大常委会依法行使监督职权提供了坚实的法律基础。明确了人大常委会监督的范围、方式和程序，确保了监督工作的合法性和有效性，规定了人大常委会对人民政府、人民法院和人民检察院工作的监督方式和程序，有助于促进政府依法行政，提高政府工作的透明度和公信力，促进公正司法。通过学习贯彻《中华人民共和国各级人民代表大会常务委员会监督法》，有助于人大常委会更好地履行宪法和法律赋予的监督职责，确保宪法和法律的正确实施，推动民主监督的发展，体现人民当家作主的本质要求。通过加强人大监督，可以及时发现和纠正政府工作中的问题和不足，推动政府改进工作作风、提高行政效能，为经济社会发展提供有力保障。

《决定》要求，各级各部门要认真学习胡锦涛总书记关于监督工作的重要讲话精神，真抓实学，确保《中华人民共和国各级人民代表大会常务委员会监督法》的全面正确实施，进一步增强人大监督工作的实效。

第七章　选举任免

区十三届人大常委会坚持按照《中华人民共和国地方各级人民代表大会和地方各级人民政府组织法》《中华人民共和国人民法院组织法》《中华人民共和国人民检察院组织法》规定的范围、方式和程序，认真行使人事任免权，共任免国家机关工作人员 212 人次，接受辞职 5 人，补选市人大代表 3 名。区人大常委会认真搞好干部任免和监督工作，重新修订了《人事任免办法》，坚持任前法律知识考试，要求被任命人员切实增强群众观念、法制观念、自律观念和创新观念，为桥西区各项工作的顺利开展提供可靠的组织保证。

第一节　常委会选举任免情况

2003 年 5 月 28 日，区十三届人大常委会第一次会议，补选产生出席石家庄市第十一届人民代表大会代表 2 名。

补选：

张铁力、宋东来为石家庄市第十一届人民代表大会代表

2003 年 7 月 3 日，区十三届人大常委会第二次会议，通过了区人民政府相关人事任职事项。

决定任命：

张坤山为桥西区发展计划局局长
尹占春为桥西区经济贸易局局长
高建华为桥西区教育局局长
张瑞婷为桥西区科技局局长
武冀珍为桥西区监察局局长
张熬为桥西区民政局局长
王玉庭为桥西区人事劳动和社会保障局局长
李小功为桥西区城区建设管理局局长
孙云芳为桥西区文化体育局局长
武增军为桥西区卫生局局长

周淑贞为桥西区计划生育局局长
董保贤为桥西区审计局局长
郝莉萍为桥西区统计局局长
底国英为桥西区物价局局长
姜凤刚为桥西区农业办公室主任

2003 年 9 月 29 日，区十三届人大常委会第四次会议，通过了区人大常委会、区人民政府、区人民法院、区人民检察院相关人事任免事项。

免去：

陈丽敏的桥西区人大常委会办公室主任职务
祁藏法的桥西区人大常委会法制工作委员会主任职务
张俊英的桥西区人大常委会教科文卫工作委员会主任职务
智艾乡的桥西区人大常委会财经城建工作委员会主任职务
袁三臣的桥西区人大常委会人事代表工作委员会主任职务
芦永红的桥西区人大常委会财经城建工作委员会副主任职务
张　英的桥西区人大常委会人事代表工作委员会副主任职务
靳美全的桥西区人大常委会友谊街道工作室主任职务
刘延清的桥西区人大常委会中山街道工作室主任职务
檀荣书的桥西区人大常委会红旗街道工作室主任职务
刘聚权的桥西区人大常委会裕西街道工作室主任职务
梁云芝的桥西区人大常委会南长街道工作室主任职务
李桂端的桥西区人大常委会维明街道工作室主任职务
禹炳涛的桥西区人大常委会新石街道工作室主任职务
牛秀珍的桥西区人大常委会苑东街道工作室主任职务
白云清的桥西区人大常委会振头街道工作室主任职务
王书年的桥西区人大常委会西里街道工作室主任职务

任命：

赵　欣为桥西区人大常委会办公室副主任
周连赏为桥西区人大常委会法制工作委员会主任
张　英为桥西区人大常委会人事代表工作委员会主任
张坤山为桥西区人大常委会财经城建工作委员会主任
靳美全为桥西区人大常委会中山街道工作室主任
陈卫平为桥西区人大常委会红旗街道工作室主任
邓　焱为桥西区人大常委会裕西街道工作室主任
吴树果为桥西区人大常委会维明街道工作室主任

李万祯为桥西区人大常委会新石街道工作室主任

王瑞芬为桥西区人大常委会西里街道工作室主任

决定免去：

张坤山的桥西区发展计划局局长职务

董保贤的桥西区审计局局长职务

高建华的桥西区教育局局长职务

尹占春的桥西区经济贸易局局长职务

张　熬的桥西区民政局局长职务

武增军的桥西区卫生局局长职务

李小功的桥西区城区建设管理局局长职务

决定任命：

王彦敏为桥西区发展计划局局长

赵树芳为桥西区经济贸易局局长

李英辉为桥西区教育局局长

唐金亭为桥西区民政局局长

董保贤为桥西区财政局局长

赵　欢为桥西区卫生局局长

杨卫华为桥西区审计局局长

王玉宝为桥西区司法局局长

高建华为桥西区城区建设管理局局长

免去：

许富兵、曹俊英的桥西区人民法院副院长、审判委员会委员、审判员职务

王玉才、陈彦儒、杨士占、范学英的桥西区人民法院审判员职务

赵胜利的桥西区人民检察院副检察长、检察委员会委员、检察员职务

杨树仁的桥西区人民检察院检察员职务

2003 年 12 月 10 日，区十三届人大常委会第六次会议，通过了区人大常委会、区人民政府、区人民检察院相关人事任免事项。

免去：

张卫娟的桥西区人大常委会办公室副主任职务

王玉武的桥西区人大常委会办公室副主任科员职务

任命：

王玉武为桥西区人大常委会办公室副主任

张卫娟为桥西区人大常委会教科文卫工作委员会主任

王明让为桥西区人大常委会南长街道工作室主任

李文朝为桥西区人大常委会友谊街道工作室主任
郑丽珠为桥西区人大常委会苑东街道工作室主任
田俊川为桥西区人大常委会振头街道工作室主任
决定免去：
王玉庭的桥西区人事劳动和社会保障局局长职务
决定任命：
张瑞芳为桥西区人事劳动和社会保障局局长
任命：
王亚卿、焦燕为桥西区人民检察院检察员

2004 年 2 月 6 日，区十三届人大常委会第八次会议，通过了区人民政府、区人民法院、区人民检察院相关人事任免事项。

决定任命：
王云波为桥西区安全生产监督管理局局长
免去：
齐　燕的桥西区人民法院西里人民法庭副庭长职务
耿振英的桥西区人民法院振头人民法庭庭长职务
苏常印的桥西区人民法院刑事审判庭庭长职务
张燕超的桥西区人民法院刑事审判庭副庭长职务
王立新的桥西区人民法院告诉申诉庭副庭长职务
赵晓渝的桥西区人民法院民事审判庭副庭长职务
王跃斌的桥西区人民法院经济审判庭副庭长职务
王进才的桥西区人民法院民事审判庭庭长职务
史　瑾的桥西区人民法院经济审判庭副庭长职务
王国光的桥西区人民法院民事审判庭副庭长职务
张岩军的桥西区人民法院执行庭副庭长职务
张锁晨的桥西区人民法院留营人民法庭庭长职务
史振利的桥西区人民法院告诉申诉庭庭长职务
闫平华的桥西区人民法院经济审判庭庭长职务
孟凡瑞的桥西区人民法院西里人民法庭庭长职务
任命：
刘晓梅为桥西区人民法院副院长
齐　燕为桥西区人民法院立案庭庭长
耿振瑛为桥西区人民法院审判监督庭庭长
王增录、刘燕为桥西区人民法院审判监督庭副庭长

苏常印为桥西区人民法院刑事审判第一庭庭长
郑丽君为桥西区人民法院刑事审判第一庭副庭长
张燕超为桥西区人民法院刑事审判第二庭庭长
王立新为桥西区人民法院刑事审判第二庭副庭长
赵晓渝为桥西区人民法院民事审判第一庭庭长
李立新为桥西区人民法院民事审判第一庭副庭长
王跃斌为桥西区人民法院民事审判第二庭庭长
王　豪为桥西区人民法院民事审判第二庭副庭长
王进才为桥西区人民法院民事审判第三庭庭长
史　瑾为桥西区人民法院民事审判第三庭副庭长
尹惠敏为桥西区人民法院行政审判庭副庭长
王国光为桥西区人民法院振头人民法庭庭长
郝增良为桥西区人民法院振头人民法庭副庭长
张岩军为桥西区人民法院留营人民法庭庭长
朗　敏为桥西区人民法院留营人民法庭副庭长
李建平、崔建民为桥西区人民检察院副检察长

2004 年 4 月 22 日，区十三届人大常委会第九次会议，通过了区人民法院、区人民检察院相关人事任免事项。

免去：

温　满的桥西区人民法院副院长职务(挂职)

任命：

朱新燕为桥西区人民检察院副检察长(挂职)

2004 年 7 月 15 日，区十三届人大常委会第十次会议，通过了区人民政府、区人民法院、区人民检察院相关人事任职事项。

决定任命：

蒲建伟为桥西区人民政府副区长

任命：

牛海霞、杨镜之、刘恰、赵静、季磊、张前亮为桥西区人民法院审判员
李素娟、李翠敏、王海岩、任海龙为桥西区人民检察院检察员

2004 年 9 月 23 日，区十三届人大常委会第十一次会议，通过了区人民法院相关人事免职事项。

免去：

刘如杰的桥西区人民法院执行庭副庭长职务

2004 年 12 月 16 日，区十三届人大常委会第十三次会议，通过了区人民法院相关人事任职事项。

任命：

赵晓渝、王跃斌为桥西区人民法院审判委员会委员

2004 年 12 月 24 日，区十三届人大常委会第十四次会议，补选产生出席石家庄市第十一届人民代表大会代表 1 名。

补选：

刘月照为石家庄市第十一届人民代表大会代表

2005 年 4 月 28 日，区十三届人大常委会第十八次会议，通过了区人民法院、区人民检察院相关人事任职事项。

任命：

19 人为桥西区人民法院人民陪审员（名单略）

陆钢、于恺为桥西区人民检察院检察员

2005 年 9 月 13 日，区十三届人大常委会第二十次会议，通过了区人大常委会、区人民政府相关人事任免事项。

免去：

赵　欣的桥西区人大常委会办公室副主任职务

任命：

赵　欣为桥西区人大常委会办公室主任

决定免去：

姜凤刚的桥西区农业办公室主任职务

决定任命：

魏永杰为桥西区农业办公室主任

2005 年 11 月 3 日，区十三届人大常委会第二十一次会议，通过了区人民法院相关人事任职事项。

任命：

杨镜之为桥西区人民法院民事审判第二庭副庭长

赵永升、纪晨宇、马冰、戎艳增、胡英燕为桥西区人民法院审判员

2006年3月9日，区十三届人大常委会第二十三次会议，通过了区人民政府、区人民法院、区人民检察院相关人事任免事项。

决定免去：

王彦敏的桥西区发展计划局局长职务

赵树芳的桥西区经济贸易局局长职务

周淑贞的桥西区计划生育局局长职务

决定任命：

王彦敏为桥西区发展改革局局长

赵树芳为桥西区商务局局长

周淑贞为桥西区人口和计划生育局局长

任命：

刘新章为桥西区人民法院审判员

李娟、张立新、武建永为桥西区人民检察院检察员

2006年7月14日，区十三届人大常委会第二十五次会议，通过了区人民政府、区人民法院、区人民检察院相关人事任免事项。

决定免去：

武冀珍的桥西区监察局局长职务

决定任命：

张大船为桥西区监察局局长

免去：

3人的桥西区人民法院人民陪审员职务(名单略)

任命：

8名桥西区人民法院人民陪审员(名单略)

免去：

朱新燕的桥西区人民检察院副检察长职务(挂职)

2006年12月28日，区十三届人大常委会第二十八次会议，通过了区人民法院相关人事任免事项。

免去：

王　豪的桥西区人民法院民事审判第二庭副庭长职务

郎　敏的桥西区人民法院留营人民法庭副庭长职务

郝增良的桥西区人民法院振头人民法庭副庭长职务

刘　燕的桥西区人民法院审判监督庭副庭长职务

杨镜之的桥西区人民法院民事审判第二庭副庭长职务

王进才的桥西区人民法院民事审判第三庭庭长职务

史　瑾的桥西区人民法院民事审判第三庭副庭长职务

任命：

王　豪为桥西区人民法院民事审判第三庭庭长

张前亮为桥西区人民法院刑事审判第一庭副庭长

赵　静为桥西区人民法院刑事审判第二庭副庭长

纪晨宇为桥西区人民法院民事审判第一庭副庭长

戎艳增为桥西区人民法院民事审判第二庭副庭长

刘恰、马冰为桥西区人民法院民事审判第三庭副庭长

季　磊为桥西区人民法院执行庭副庭长

刘新章为桥西区人民法院振头人民法庭副庭长

张素利为桥西区人民法院留营人民法庭副庭长

齐玉华为桥西区人民法院审判员、留营人民法庭副庭长

郎　敏为桥西区人民法院立案庭副庭长

郝增良为桥西区人民法院审判监督庭副庭长

刘燕、牛海霞为桥西区人民法院民事审判第二庭副庭长

杜洪波为桥西区人民法院执行庭副庭长

杨镜之为桥西区人民法院振头人民法庭副庭长

2007 年 4 月 4 日，区十三届人大常委会第三十次会议，通过了区人民检察院相关人事任职事项。

任命：

石彦波为桥西区人民检察院副检察长

第二节　常委会接受辞职情况

2003 年 12 月 24 日，区十三届人大常委会第七次会议接受祁藏法、袁三臣、智艾乡、张俊英辞去桥西区第十三届人民代表大会常务委员会委员职务。

2004 年 2 月 6 日，区十三届人大常委会第八次会议接受凌青利辞去桥西区人民政府副区长职务。

2004 年 12 月 16 日，区十三届人大常委会第十三次会议罢免石二珍石家庄市第十一届人大代表职务。

第八章　机关工作

第一节　自身建设

区人大常委会按照政治坚定，业务精通，务实高效，作风过硬，勤政廉政的要求，全面加强自身建设，持续提高履职能力。常委会组织全体人员认真学习邓小平理论和“三个代表”重要思想，学习宪法和法律，不断提高依法履行职责的能力，并结合在机关中开展的“保持共产党员先进性教育”和“双提三效”活动，相继举办了30余次法制讲座，不断提高常委会进行监督、开展执法检查的水平和效率，切实加强自身建设。

区十三届人大常委会重视作风建设。四年来，常委会和各工作委员会组成人员，认真履行职责，围绕关系桥西区经济社会发展、人民群众关心的热点难点问题及监督中的重大问题，深入实际开展调研，加深对桥西区实际情况的了解，努力使常委会的工作符合客观实际，更好地代表最广大人民群众的根本利益。

区十三届人大常委会不断改进工作制度。本届任期内，常委会总结多年来工作实践经验，多方面吸收各地人大工作研究的新理论、新方法，认真做好有关制度的修改和完善，进一步细化和规范常委会工作流程，确保用制度约束履职行为，规范各项工作。

区十三届人大常委会工作机构和办事机构的建设得到加强。常委会按照精简、统一、效能的原则进行机构改革，对常委会一室四委负责人进行调整，使常委会人员结构更趋合理。常委会认真落实乡、街道人大干部的政治、经济与生活待遇，配齐乡、街道人大工作专（兼）职工作人员，切实解决基层人大工作人员不足的问题，加强对乡、街道人大工作的指导，支持乡人民代表大会、街道人大工作室依法履行职责，推进基层人大工作的健康发展。

第二节　宣传工作

区人大常委会强调法制宣传教育和人大新闻宣传工作是人大工作的重要组成部分，加强这方面的工作，有利于人民群众了解人大工作、对人大工作进行监督，也有利于提高全社会对人民代表大会制度的认识，增强人民群众行使当家作主权利的自觉性和积极性。

区人大常委会始终把法制宣传教育放在重要位置。为继续深入学习宪法和法律，推进各个方面的依法治理工作，常委会结合全国人大“四五”普法的决定，采取举办讲座与培训、发放宣传册、悬挂宣传标语、举行法律知识测试等形式，在常委会机关和桥西区人民群众中开展广泛深入的普法宣传，进一步强化人民群众的宪法意识和法制观念，有效地推动宪法和法律的贯彻实施。

对人民代表大会制度和人大工作的宣传报道进一步加强。区人大常委会指派专门人员负责人大工作的宣传报道，并充分调动乡、街道人大工作人员的积极性，广泛联系媒体，近年来，相继在《中国人大》《人民代表报》《燕赵都市报》《石家庄人大》《燕赵晚报》等国家、省、市级报刊刊发人大工作和代表工作宣传稿件100余篇，切实扩大区人大及其常委会的社会影响。

第三节　信访工作

区人大常委会为加强对信访工作的领导与监督，制定《区人大常委会关于机关信访工作的指导意见》，建立交办督办信访事项处理办法、群众来信来访办理程序、群众来访接待程序和信访事项督查督办等具体工作制度。区人大常委会把信访工作作为了解社情民意的窗口和受理人民群众申诉、化解社会矛盾的重要途径。四年来，共受理群众来信、来访430余件次，省、市人大督办案件27件。对一般性来信来访案件，坚持热情接待、积极受理的原则，充分发挥人大“三级信访网络”作用。对影响较大、群众反映强烈的重要信访案件，区人大常委会积极促进问题尽快解决。通过信访案件的督办和落实，密切与人民群众的关系，化解社会矛盾，维护桥西区政治安定和社会稳定。2005年，针对社会转型期各类矛盾较多的新形势，重新制定《桥西区人大常委会关于机关信访工作的意见》，按照分别受理、综合分析、统一交办、定期反馈、严格督办的原则，采取更加务实有效的方式，对一些群众反映强烈的案件，变上访为下访，主动深入基层了解真实情况，促使问题得到妥善解决。

第十四篇

石家庄市桥西区
第十四届人民代表大会

（2007 年 4 月至 2012 年 2 月）

第一章　党的领导

桥西区第十四届人民代表大会及其常务委员会，坚持以邓小平理论和“三个代表”重要思想为指导，以科学发展观为统领，紧紧围绕桥西区中心工作和改革发展稳定大局，认真履行宪法和法律赋予的职责，扎实做好各项工作，为加强桥西区社会主义民主法制建设，推进依法治区进程，保障和促进桥西区经济发展和社会进步做出积极贡献。

区委高度重视换届选举工作，及时批转区人大常委会党组《关于区、乡两级人大换届选举工作安排意见的请示》，第一时间召开区委常委会研究，区委书记朱增海任十四届换届选举委员会主任，并于2007年1月16日参加桥西区换届选举工作动员大会，提出换届选举工作一定要充分发扬民主，严格依法办事，扎实有效推进选举工作。区十四届人大历次会议召开前，区委都专题研究人代会筹备工作，召开中共党员代表会议，充分发挥中共党员代表政治引领作用，凝聚各方力量，确保大会成功。2007年4月20日，区委书记朱增海参加区十四届人大常委会第一次会议并作讲话。

区人大常委会党组始终把坚持党的领导作为人大工作的根本原则，重大事项及时向区委请示，主要工作定期向区委汇报，做到思想高度统一。充分发挥人大职能作用，适时开展执法检查和视察活动，听取工作报告，作出决议决定，对经济领域的重点工作和重要环节实施有效监督，有力促进区委决策的贯彻落实，确保人大工作的正确方向。

区人大常委会党组把加强理论、法规政策学习列入重要议事日程，深入贯彻落实科学发展观，通过开展作风建设年、创先争优、优化发展环境等主题活动，健全学习制度，改进学习方式，不断提高依法履职的能力和水平。严格执行政治纪律、保密纪律、会议纪律、认真遵守党员领导干部廉洁从政的若干规定，提高党组织的凝聚力、战斗力和执行力。

第一节　党的组织机构

中共石家庄市桥西区人大常委会党组

书　记：王来传（2007年4月至2011年6月）

　　　　张书凯（2011年6月至2012年2月）

副书记：吴敬云（2007年4月至2012年2月）

王来传（2011 年 6 月至 2011 年 8 月）
成　员：吕振福（2007 年 4 月至 2012 年 2 月）
刘金钟（2007 年 4 月至 2007 年 5 月）
党复明（2009 年 5 月至 2012 年 2 月）
杨宗奇（2011 年 8 月至 2012 年 2 月）
赵　欣（2007 年 4 月至 2007 年 6 月）
孔祥国（2007 年 6 月至 2009 年 5 月）
张　英（女，2009 年 5 月至 2012 年 2 月）

第二节　党组会议

一、党组会

区十四届人大期间，区人大常委会党组召开党组会 21 次。其中，2007 年召开党组会 3 次，2009 年召开党组会 6 次，2010 年召开党组会 4 次，2011 年召开党组会 5 次，2012 年召开党组会 3 次。

2007 年党组会情况一览表

表 14-1

时　间	会　次	会议议题
4 月 4 日	第 1 次	研究人事任免事项
6 月 19 日	第 2 次	研究人事任免事项
12 月 5 日	第 3 次	研究人事任免事项

2009 年党组会情况一览表

表 14-2

时　间	会　次	会议议题
5 月 8 日	第 1 次	研究人事任免事项
5 月 26 日	第 2 次	研究人事任免事项
6 月 4 日	第 3 次	学习市委书记车俊《强化省会意识、发挥省会作用、开创石家庄科学发展新局面》讲话
7 月 8 日	第 4 次	讨论区人大常委会班子整改落实方案

续表 14-2

时　间	会　次	会议议题
7 月 31 日	第 5 次	研究人事任免事项
12 月 22 日	第 6 次	研究人事任免事项

2010 年党组会情况一览表

表 14-3

时　间	会　次	会议议题
2 月 24 日	第 1 次	研究人事任免事项
5 月 11 日	第 2 次	研究人事任免事项
9 月 3 日	第 3 次	研究人事任免事项
10 月 29 日	第 4 次	研究人事任免事项

2011 年党组会情况一览表

表 14-4

时　间	会　次	会议议题
1 月 11 日	第 1 次	研究人事任免事项
6 月 9 日	第 2 次	研究人事任免事项
6 月 14 日	第 3 次	研究人事任免事项
10 月 21 日	第 4 次	研究选举工作各项安排
10 月 27 日	第 5 次	研究人事任免事项

2012 年党组会情况一览表

表 14-5

时　间	会　次	会议议题
1 月 9 日	第 1 次	研究人事任免事项
1 月 31 日	第 2 次	研究区十五届人大常委会组成人员的请示
2 月 8 日	第 3 次	研究人事任免事项，研究区十五届人大一次会议有关事项的请示

二、党组民主生活会

区十四届人大期间，区人大常委会党组召开党组民主生活会5次。

2009年6月4日，区人大常委会党组召开了以“贯彻落实科学发展观”为主题的专题民主生活会。

2010年5月24日，区人大常委会党组召开了以“学习贯彻廉政准则”为主题的专题民主生活会。

2010年11月19日，区人大常委会党组召开了党组班子民主生活会。

2011年5月31日，区人大常委会党组召开了以“严肃换届纪律，保证换届风清气正”为主题的专题民主生活会。

2011年8月12日，区人大常委会党组召开了区级领导民主生活会。

第二章　人大代表

桥西区第十四届人民代表大会代表名额191名。2007年4月，召开区十四届人大一次会议时实有代表185名。区十四届人大常委会尊重代表主体地位、发挥代表作用，积极支持和保障代表依法履职。建立人大代表学习培训制度，不断提升代表综合素质，加强代表建议督办，推动代表建议落地落实，解决一批群众关心关切的热点问题。

第一节　选举产生

一、桥西区第十四届人民代表大会代表的选举产生

根据河北省第十届人大常委会第二十三次会议决定，区第十四届人大代表名额为191名。根据有关法律规定，按照区选举委员会统一部署并报区委同意，各选区依法选举产生区十四届人大代表185名。

在区十四届人大一次会议召开前，2名代表调离桥西区，代表资格自行终止。有关选区依法补选2名代表，桥西区第十四届人民代表大会实有代表185名。区十三届人大常委会代表资格审查委员会对185名代表资格进行审查，当选代表符合宪法和法律规定，确认其代表资格有效。

在185名代表中，工农代表49名，占26.49%；干部代表47名，占25.41%；知识分子代表45名，占24.32%；驻军武警代表4名，占2.16%；个体民营经济代表10名，占5.41%；政法代表8名，占4.32%；居（家）委会代表17名，占9.19%；其他代表5名，占2.70%。少数民族代表3名，占1.62%。非中共党员代表33名，占17.84%。妇女代表36名，占19.46%。区十三届人大代表继续当选的89名，占48.11%。

链接1：具体选举情况

桥西区第十四届人民代表大会代表的选举工作从2007年2月17日开始，经过准备、宣传发动、选民登记、提名协商确定代表候选人、选举代表等五个阶段，于2007年3月15日基本结束。

一、准备工作。为做好选民登记工作，区人大常委会主任会议多次听取换届选举工作进展情况的汇报，研究工作中的重大问题，及时向区委请示报告；为加强对选举工作的指

导，常委会建立分工包片检查指导制度，在常委会各位主任的带领下，组成工作指导小组，深入各乡、街道办事处了解情况，指导工作。在日常工作中，选举委员会办公室加强与各乡、街道办事处的沟通，把选举工作的进展情况和一些单位经验做法，编制 4 期简报下发各单位指导开展工作。对提出的一些涉及法律法规的重大疑难问题专题进行研究，并指定专人予以解答，确保有关问题得到及时解决。

二、宣传发动工作。为更好地完成选举工作，确保换届选举深入人心，力求选民登记工作“不错、不漏、不重”，各选区深入做好宣传发动工作，共向选民发放《致桥西区选民的一封信》1 万份，张贴宣传标语 1000 张，张贴选举委员会公告 1000 份，印发宣传提纲 3.6 万张，各选区书写板报、墙报 160 多块，入户宣传 2500 多户，营造了浓厚的选举氛围，使选民明确登记时间、方法和意义，积极主动地配合登记工作。

三、选民登记工作。区选举委员会办公室对各选区登记的选民进行资格审查；依照法律政策规定，严格审查应予登记、准予登记、不予登记、暂缓（停止）登记和不列入选民名单五种情况；对不能行使选举权利的公民逐人审查监护人或医院的意见，对 18 周岁的选民逐人审查出生日期，对符合条件的选民颁发选民证。按照区选举委员会的要求，2 月 15 日前，各选区都按时张贴区选举委员会第二号公告及选民名单，各选区公榜率达 100%，并组织选民看榜，认真做好查漏补缺工作。据统计，至 2 月 15 日，桥西区 18 周岁以上人口共有 273931 人。其中，选民 270137 人，剥夺政治权利 3742 人，不能行使选举权 52 人。男性选民 130717 人，女性选民 139420 人；汉族 265173 人，少数民族 4964 人。各选区均采取多种形式对选民进行登记，其中，入户登记 25048 人，上站登记 245089 人。

四、候选人提名工作。截至 2 月 28 日，各乡、街道办事处 118 个选区（不含驻军）共提出初步代表候选人 372 名，经过三上三下反复协商酝酿，推出正式代表候选人 301 名。其中，非中共党员 110 名（民主党派 3 名，群众 107 名），占 36.5%；妇女 101 名，占 33.6%；少数民族 5 名，占 1.66%；工农 68 名，占 22.6%。在正式代表候选人中，政党、团体单独提名推荐的 191 名，占 63.5%；选民十人以上联名推荐的 110 名，占 36.5%。

五、选举代表工作。选举过程中，共发出选票 247585 张，收回选票 245883 张，其中有效票 238903 张，无效票 6980 张，全区 118 个选区，经过投票选举，于 2007 年 3 月 15 日选出区十四届人民代表大会正式代表 185 名，顺利完成选举工作。

链接 2：桥西区选举委员会组成人员名单

主　任：朱增海

副主任：宋东来　刘月照

委　员：周公法　赵新惠　门秀敏　吴敬云
刘金钟　吕振福　马国欣　王文晔
方苏宁　陶明法　谢立芳　任素江
周雪军　刘建芳　胡增军　耿春信
张瑞明　李彦彪　赵　欣　张　英

周连赏	张坤山	张卫娟	李　波
董保贤	张金池	唐金亭	王玉宝
底瑞刚	赵爱袖	底　欣	

二、桥西区出席石家庄市第十二届人民代表大会代表的选举产生

2008 年 1 月 24 日，区十四届人大二次会议选举产生桥西区出席石家庄市第十二届人民代表大会代表 46 名。

第二节　代表名单

一、桥西区第十四届人民代表大会代表名单

中山代表团

高景深	靳美全	张　兰(女)	张军良
刘孟春	高新京	王书涛	金绍平
邢耀华	张双群	李建英	周连赏
李志萍(女)	孙秀华(女,满族)	李彦彪	刘洪英

南长代表团

黄德新	杨喜良	李　莉(女)	解存才
李瑞士	李建国	董成树	张文华
沈海涛	王明让	赵子联(女)	张卫娟(女)

裕西代表团

李立成	周公法	胡增军	李　华
郝纪建	姚志忠	武继红(女)	杨宗奇
吴学志	静海峰	邓　焱(女)	

红旗代表团

朱春良	曹军恒	蔡建民	陈卫平
牛东明	乔增起	张林峰	张　英(女)
韩二刚	张晓辉	邸彦芳(女)	周雪军
何朝华	董兆伟	卢　霞(女)	郑振峰
刘金霞(女)			

维明代表团

高继承	张坤山	傅君利(女)	陈千豁
王　琳	程才实	李红梅(女)	狄东升
刘玉来	白海军	刘俊艳(女)	袁克难(女)
秦景红	陶明法	董保贤	王军利
吴树果(女)	吕振福	线登洲	

东里代表团

刘月照	门秀敏	解立芳(女)	方　勤(女)
黄庆梅(女)	龚福德	郭永强	王　斌
赵建纲	任贵芳	王　成	刘国进
朱彦敏(女)	张宝祥	吴华英(女)	吴建云
姚秀清(女)	底瑞刚	胡贵钦(女)	夏建平
王路光			

新石代表团

李朝卿	赵新堂	周向实	李万祯
姜凤刚	杨金辉	徐春永(女)	张瑞明(女)
邓新文	宋东来	任盼志	李志坚

友谊代表团

安振平	居桂洋	王文晔(女)	王福喜
李文朝	李东飞	张金池	贾庆武
任素江	刘玉生	刘炳午	罗　勇
樊国社	吴敬云	杜立丽(女)	侯典龙
郭生荣	张春刚		

振头代表团

董明岐	刘建芳	李树辰	温士良
刘世永	李大平	冯志强	王秀生
吕书文	宫金全	马国欣	赵振平
李贵山	党复明	田俊川	

西里代表团

张志海	路中林	田惠明(女)	郭荣岐
钱进亮	刘玉杰	杜计河	容建华
王瑞芬(女)	刘肖芳(女)	李　亚	白麦收
梁富春			

苑东代表团

黄九良	张林森	张秋敏(女)	郑保华
昝　兵	赵　欣	丁晓梅(女)	刘金钟
赵新惠	康永发	胡绪义	郭荣麟
陈风堂	郑丽珠(女)		

留营代表团

王爱民	孙新泽	李玉虎	梁慧社
朱增海	崔书祥	王根平	王建同
邓秀明	李建华	王彦敏(女)	李爱清(女)
梁瑞华			

驻军武警代表团

方苏宁	李兵文	彭　涛	雒铁虎

区十四届人大代表届中调整情况表

表 14–6

常委会会议	终止情况	补选情况
2008 年 1 月 17 日 第六次会议	调离：红旗街道曹军恒，友谊街道罗勇，东里街道王斌，西里街道李亚，中山街道邢耀华，驻军方苏宁 去世：苑东街道刘金钟	
2009 年 1 月 12 日 第十二次会议	调离：东里街道刘月照、刘国进，留营乡朱增海，维明街道傅君利	

续表 14-6

常委会会议	终止情况	补选情况
2009 年 2 月 13 日 第十三次会议		东里街道赵建平，红旗街道张香国，南长街道赵雪飞，西里街道胡小平，留营乡崔银雪、聂英武，振头街道王玉武，驻军侯旭亚
2009 年 2 月 19 日 第十四次会议	辞职：南长街道李瑞士	
2010 年 2 月 26 日 第二十次会议		东里街道袁俊兰，红旗街道张书凯、崔广利，南长街道兰志伟，中山街道周立新、张芃、刘东，新石街道闫杰，维明街道郭红琴，西里街道王玉洁，友谊街道韩春生、孟建中，留营街道何立军，苑东街道狄洁，振头街道周志忠、郝建平，驻军李兴伟
2010 年 3 月 9 日 第二十一次会议	调离：驻军侯旭亚，东里街道解立芳，友谊街道张金池、任素江，振头街道刘建芳，新石街道张瑞明，南长街道沈海涛，西里街道刘玉杰	
2010 年 5 月 13 日 第二十二次会议	辞职：友谊街道王福喜	
2011 年 2 月 16 日 第二十六次会议	调离：友谊街道刘炳午，西里街道张志海	

二、桥西区出席石家庄市第十二届人民代表大会代表名单

蒋洪江	张铁力	郑治国	赵炳志
王亚东	王瑞琦（女）	王福喜	牛延君
冯惠云（女）	邢铁钢	乔增起	安　锋
李中义	李成全	武引娥（女）	房勤慧
线登洲	赵建纲	徐丽荣（女）	崔书祥
王来传	朱增海	刘月照	马忠辰（回族）
王军利	牛东明	白海军	边东书
杨志军	张　焱（回族）	张丽萍（女）	赵梦周

赵雪芹(女)	赵新想	侯典龙	段林国(满族)
商亚平(女)	康学富	蔡保安	霍丽君(女)
王保兴	牛锡铮	李进飞	张继春
罗磊明	陈士凯		

届中调整情况：2009 年 1 月 8 日，区十四届人大常委会第十一次会议补选陶明法为石家庄市第十二届人民代表大会代表。2010 年 5 月 13 日，区十四届人大常委会第二十二次会议罢免王福喜石家庄市第十二届人民代表大会代表职务。

第三节　代表工作

一、增强代表活动实效

创新闭会期间代表活动形式，充分发挥代表小组作用，指导代表小组制定活动计划、丰富活动内容，进一步活跃代表工作。引导代表围绕推动经济发展、民生问题以及促进社会和谐等方面的内容进行视察调研。五年来，组织代表参加视察调研和执法检查 1230 人次，增强监督时效，汇聚了民心民意，不断推动代表工作向纵深发展。

二、密切联系人大代表

落实主任接待代表日、代表联系选民和代表列席常委会等制度，加强与代表的联系。定期向代表通报“一府两院”重要工作情况，保障代表的知情权、参与权。通过会议、座谈、信息简报、经验交流等方式加强代表学习培训，就相关法律法规和人大监督工作内容，为代表进行专题辅导，不断提高代表依法履职的能力。区人大常委会高度重视代表建议办理，通过完善重点督办建议制度，开展专题视察、跟踪督办，圆满地解决了一批涉及民生领域的代表建议和人民群众普遍关注的热点、难点问题，代表对办理结果的满意率持续提高。

三、代表建议办理

区十四届人大一次会议，共收到涉及区人民政府的代表建议 75 件，得到解决和基本解决的 75 件，代表满意率与基本满意率 97.3%。

区十四届人大二次会议，共收到涉及区人民政府的代表建议 90 件，得到解决和基本解决的 90 件，代表满意率与基本满意率 98.9%。

区十四届人大三次会议，共收到涉及区人民政府的代表建议 95 件，得到解决和基本解决的 95 件，代表满意率与基本满意率 100%。

区十四届人大四次会议，共收到涉及区人民政府的代表建议 101 件，得到解决和基本解决的 101 件，代表满意率与基本满意率 100%。

区十四届人大五次会议，共收到涉及区人民政府的代表建议 67 件，得到解决和基本解决的67件，代表满意率100%。

四、评选优秀区人大代表

2010年1月，区十四届人大常委会评选出优秀区人大代表28名。

2009年度优秀区人大代表名单

表14-7

代表团	姓　名
红旗（3名）	卢　霞（女）、董兆伟、韩二刚
南长（2名）	张文华、赵子联（女）
振头（2名）	吕书文、刘世永
苑东（1名）	丁晓梅（女）
留营（3名）	张春刚、崔书祥、王建同
友谊（1名）	李文朝
新石（2名）	邓新文、赵新堂
中山（2名）	孙秀华（女，满族）、李志萍（女）
裕西（2名）	静海峰、邓　焱（女）
东里（3名）	吴建云、王路光、方　勤（女）
西里（3名）	钱进亮、刘肖芳（女）、田惠明（女）
维明（3名）	王军利、刘玉来、高继承
驻军（1名）	李兵文

2011年6月，区十四届人大常委会评选出优秀区人大代表42名。

2010年度优秀区人大代表名单

表14-8

代表团	姓　名
红旗（4名）	乔增起、张晓辉、郑振峰、何朝华
南长（3名）	李　莉（女）、李建国、杨喜良

续表 14-8

代表团	姓　名
振头（4 名）	吕书文、王秀生、刘世永、冯志强
苑东（2 名）	丁晓梅（女）、胡绪义
留营（3 名）	崔书祥、李玉虎、王根平
友谊（3 名）	侯典龙、张春刚、李文朝
新石（3 名）	任盼志、赵新堂、邓新文
中山（4 名）	李志萍（女）、张　兰（女）、张双群、刘　东
裕西（3 名）	邓　焱（女）、李　华、吴学志
东里（4 名）	朱彦敏（女）、夏建平、吴建云、黄庆梅（女）
西里（3 名）	刘肖芳（女）、田慧明（女）、钱进亮
维明（5 名）	高继承、线登洲、王军利、王　琳、袁克难（女）
驻军（1 名）	李兵文

第三章　人民代表大会

桥西区第十四届人民代表大会任期 4 年 10 个月，自 2007 年 4 月至 2012 年 2 月，共召开 5 次会议。

区十四届人大历次会议概况表

表 14-9

会议次序	会议日期	议题（项）	听取报告（个）	决议决定（项）	选举表决（项）
第一次	2007 年 4 月 18 日至 20 日	10	6	6	4
第二次	2008 年 1 月 22 日至 24 日	7	6	6	1
第三次	2009 年 2 月 25 日至 27 日	7	6	6	1
第四次	2010 年 3 月 17 日至 19 日	9	6	6	3
第五次	2011 年 2 月 24 日至 25 日	6	6	6	

第一节　会议概况

一、区十四届人大一次会议

2007 年 4 月 18 日至 20 日，区十四届人大一次会议在桥西区委六楼大会议室召开。出席代表 168 人（应到 185 人）。会议听取和审议区人民政府区长刘月照作的《桥西区人民政府工作报告》；听取和审议区发展改革局局长王彦敏作的《关于桥西区 2006 年国民经济和社会发展计划执行情况与 2007 年国民经济和社会发展计划（草案）的报告》，审查和批准桥西区 2006 年国民经济和社会发展计划执行情况的报告与 2007 年国民经济和社会发展计划草案；听取和审议区财政局局长董保贤作的《关于桥西区 2006 年财政预算执行情况和 2007 年财政预算（草案）的报告》，审查和批准桥西区 2006 年财政预算执行情况的报告和 2007 年财政预算草案；听取和审议区人大常委会主任宋东来作的《桥西区人民代表大会常务委员会工作报告》、区人民法院院长张瑞明作的《桥西区人民法院工作报告》、区人民检察院检察长李彦彪作的《桥西区人民检察院工作报告》。会议通过相应决议。会议选举产生区十四届人大常委会组成人员，区人民政府区长、副区长，区人民法院院长，区人民检察院检察长（名单见本章第二节《会议选举》）。

这次会议，是在全面落实科学发展观，以优异成绩迎接党的十七大的新形势下召开的一次重要会议。会议审议通过政府工作报告和其他各项报告，选举产生新一届区级国家工作人员，为推进桥西区经济社会各项事业发展提供坚强保障。会议指出，2007 年是深入贯彻落实科学发展观，建设繁荣文明、和谐桥西的关键一年，做好 2007 年的工作意义重大。会议强调，桥西区上下要以邓小平理论和“三个代表”重要思想为指导，认真贯彻党的十六届六中全会精神和省、市、区委决策部署，以经济建设为中心，以增强综合实力、综合竞争力和可持续发展能力为重点，以提高人民生活水平为根本，大力实施“开放、开发”带动战略，调整经济结构，转变增长方式，优化发展环境，努力实现经济又好又快发展和社会全面进步，以优异成绩迎接党的十七大胜利召开。

二、区十四届人大二次会议

2008 年 1 月 22 日至 24 日，区十四届人大二次会议在桥西区委六楼大会议室召开。出席代表 165 人（应到 178 人）。会议听取和审议区人民政府区长刘月照作的《桥西区人民政府工作报告》；听取和审议区发展改革局局长王彦敏作的《关于桥西区 2007 年国民经济和社会发展计划执行情况与 2008 年国民经济和社会发展计划（草案）的报告》，审查和批准桥西区 2007 年国民经济和社会发展计划执行情况的报告与 2008 年国民经济和社会发展计划草案；听取和审议区财政局局长董保贤作的《关于桥西区 2007 年财政预算执行情况和 2008 年财政预算（草案）的报告》，审查和批准桥西区 2007 年财政预算执行情况的报告和 2008 年财政预算草案；听取和审议区人大常委会主任王来传作的《桥西区人民代表大会常务委员会工作报告》、区人民法院院长张瑞明作的《桥西区人民法院工作报告》、区人民检察院检察长李彦彪作的《桥西区人民检察院工作报告》。会议通过相应决议。会议选举产生出席石家庄市第十二届人民代表大会代表 46 名。

这次会议，是在桥西区经济社会发展的新阶段召开的一次重要的大会。会议指出，2008 年，是全面贯彻落实党的十七大精神的开局之年，是落实省、市委“每年一大步，三年大变样”要求的第一年。会议强调，要以邓小平理论和“三个代表”重要思想为指导，认真贯彻党的十七大精神和省、市、区委决策部署，紧紧围绕建设“河北第一区”和构建“和谐桥西”两大任务，以增强实力、活力、竞争力为重点，进一步增强财政经济实力、提升经济发展活力，以提高人民生活水平为根本，进一步改善城区环境、加快经济社会统筹协调发展，确保全年目标任务圆满完成。

三、区十四届人大三次会议

2009 年 2 月 25 日至 27 日，区十四届人大三次会议在十七中学南校区报告厅召开。出席代表172人（应到181人）。会议听取和审议《桥西区人民政府工作报告》；听取和审议区发展改革局局长王彦敏作的《关于桥西区2008年国民经济和社会发展计划执行情况与2009年国民经济和社会发展计划（草案）的报告》，审查和批准桥西区2008年国民经济和社会发展计划执行情况的报告与2009年国民经济和社会发展计划草案；听取和审议区财政局局长董保贤作的《关于桥西区2008年财政预算执行情况和2009年财政预算（草案）的报告》，审查和批准桥西区2008年财政预算执行情况的报告和2009年财政预算草案；听取和审议区人大常委会主任王来传作的《桥西区人民代表大会常务委员会工作报告》、区人民法院院长张瑞明作的《桥西区人民法院工作报告》、区人民检察院检察长李彦彪作的《桥西区人民检察院工作报告》。会议通过相应决议。会议补选产生桥西区人民政府区长（名单见本章第二节《会议选举》）。

这次会议，是在深入贯彻党的十七大精神，全面落实“十一五”规划，推动桥西区跨越式发展的新局面下召开的。会议指出，2009年是实施“十一五”规划、实现“三年大变样”的关键一年，要全面贯彻党的十七大、十七届三中全会和省、市、区委全会精神，认真贯彻落实科学发展观。会议强调，要以“建设省会繁华舒适主城区，打造西南靓丽一流新城区”为目标，以保持经济平稳较快发展为首要任务，努力在科学发展、率先发展上实现新突破，全面完成本次会议确定的各项目标任务。

四、区十四届人大四次会议

2010年3月17日至19日，区十四届人大四次会议在十七中学南校区报告厅召开。出席代表181人（应到189人）。会议听取和审议《桥西区人民政府工作报告》；听取和审议区发展改革局局长王彦敏作的《关于桥西区2009年国民经济和社会发展计划执行情况与2010年国民经济和社会发展计划（草案）的报告》，审查和批准桥西区2009年国民经济和社会发展计划执行情况的报告与2010年国民经济和社会发展计划草案；听取和审议区财政局局长董保贤作的《关于桥西区2009年财政预算执行情况和2010年财政预算（草案）的报告》，审查和批准桥西区2009年财政预算执行情况的报告和2010年财政预算草案；听取和审议区人大常委会主任王来传作的《桥西区人民代表大会常务委员会工作报告》、区人民法院代理院长闫杰作的《桥西区人民法院工作报告》、区人民检察院代理检察长兰志伟作的《桥西区人民检察院工作报告》。会议通过相应决议。会议补选产生区人大常委会副主任1名、区人民法院院长、区人民检察院检察长（名单见本章第二节《会议选举》）。

这次会议，是在桥西区贯彻落实科学发展观，应对挑战、抢抓机遇、攻坚克难，经济建设、城市建设和各项社会事业发展跃上新台阶的新形势下召开的一次重要会议。会议指出，2010年是实施“十一五”规划的最后一年，是实现城市建设“三年大变样”的决战决胜之年，也是“保增长、增效益、树形象、上水平”的重要一年；做好2010年的工作，对于保持经济平稳较快增长，促进经济结构和发展方式转变，为实施“十二五”规划奠定扎实基础，具有十分重要的意义。会议强调，要全面贯彻党的十七届三中、四中全会和省、市、区委全会精神，深入贯彻落实科学发展观，继续坚持“五大主攻方向”，坚定不移地推进“六大战略”，以项目建设年、城市管理年、和谐社区创建年、干部作风深化年等活动为抓手，进一步提高经济增长质量和效益，提升城区形象，改善民生，努力构建和谐桥西、平安桥西、健康桥西、幸福桥西。

五、区十四届人大五次会议

2011 年 2 月 24 日至 25 日，区十四届人大五次会议在十七中学南校区报告厅召开。出席代表 169 人（应到 187 人）。会议听取和审议《桥西区国民经济和社会发展第十二个五年规划纲要（草案）的报告》，审查和批准桥西区国民经济和社会发展第十二个五年规划纲要草案；听取和审议区发展改革局局长王彦敏作的《关于桥西区 2010 年国民经济和社会发展计划执行情况与 2011 年国民经济和社会发展计划（草案）的报告》，审查和批准桥西区 2010 年国民经济和社会发展计划执行情况的报告与 2011 年国民经济和社会发展计划草案；听取和审议区财政局局长董保贤作的《关于桥西区 2010 年财政预算执行情况和 2011 年财政预算（草案）的报告》，审查和批准桥西区 2010 年财政预算执行情况的报告和 2011 年财政预算草案；听取和审议区人大常委会主任王来传作的《桥西区人民代表大会常务委员会工作报告》、区人民法院院长闫杰作的《桥西区人民法院工作报告》、区人民检察院检察长兰志伟作的《桥西区人民检察院工作报告》。会议通过相应决议。

这次会议，是在实施“十二五”规划承前启后关键时刻召开的一次十分重要的会议。会议指出，要全面贯彻党的十七届五中全会和省、市、区委全会精神，深入贯彻落实科学发展观。会议强调，要以“三年上水平”为主线，以“充分发挥龙头带动作用，领跑全市发展”为目标，着力构建“六区两园一带”发展格局，推动现代服务业做大做强；着力实施“四大工程”，提升城区建设管理品位；着力创新群众工作机制，切实改善民生，打造和谐桥西，努力实现桥西区经济社会发展新跨越。

第二节　会议选举

区十四届人大历次会议，共选举产生区级国家机关工作人员 37 人。

区人大常委会

主　任：

　　王来传　　　2007 年 4 月区十四届人大一次会议当选

副主任：

　　吴敬云　　　2007 年 4 月区十四届人大一次会议当选

　　刘金钟　　　2007 年 4 月区十四届人大一次会议当选

　　吕振福　　　2007 年 4 月区十四届人大一次会议当选

王文晔(女)　2007 年 4 月区十四届人大一次会议当选
党复明　2010 年 3 月区十四届人大四次会议当选

委　员（区十四届人大一次会议选举产生）：

方　勤(女)	邓新文	白海军	刘俊艳(女)
李万祯	张　兰(女)	张　英(女)	张坤山
张春刚	张晓辉	金绍平	周连赏
底瑞刚	赵　欣	赵建纲	袁克难(女)
崔书祥	韩二刚	狄东升	张卫娟(女)

区人民政府

区　长：

刘月照　2007 年 4 月区十四届人大一次会议当选
陶明法　2009 年 2 月区十四届人大三次会议当选

届中调整情况：

刘月照，2009 年 1 月 12 日，在区人大常委会第十二次会议上辞去桥西区人民政府区长职务。

陶明法，2009 年 1 月 12 日，区人大常委会第十二次会议决定其为桥西区人民政府代理区长； 2011 年 9 月 7 日，在区十四届人大常委会第二十九次会议上辞去桥西区人民政府区长职务。

周立新(女)，2009 年 8 月 4 日，区十四届人大常委会第十七次会议决定任命其为桥西区人民政府副区长。2011 年 9 月 7 日，区十四届人大常委会第二十九次会议决定其为桥西区人民政府代理区长。

副区长：

陶明法　2007 年 4 月区十四届人大一次会议当选
刘建芳　2007 年 4 月区十四届人大一次会议当选
邓小梅(女)　2007 年 4 月区十四届人大一次会议当选
蒲建伟　2007 年 4 月区十四届人大一次会议当选
郭彦军　2007 年 4 月区十四届人大一次会议当选

届中调整情况：

张聚华，2009 年 8 月 4 日，区十四届人大常委会第十七次会议决定任命其为桥西区人民政府副区长；2011 年 9 月 7 日，在区十四届人大常委会第二十九次会议上辞去桥西区人民政府副区长职务。

刘建芳，2009 年 8 月 4 日，在区十四届人大常委会第十七次会议上辞去桥西区人民政府副区长职务。

郭彦军，2009 年 8 月 4 日，在区十四届人大常委会第十七次会议上辞去桥西区人民政府副区长职务。

尹　勃，2011 年 6 月 14 日，区十四届人大常委会第二十八次会议决定任命其为桥西区人民政府副区长。

刘春东，2011 年 9 月 7 日，区十四届人大常委会第二十九次会议决定任命其为桥西区人民政府副区长。

徐志峰，2011 年 9 月 7 日，区十四届人大常委会第二十九次会议决定任命其为桥西区人民政府副区长。

赵月芬(女)，2011 年 9 月 7 日，区十四届人大常委会第二十九次会议决定任命其为桥西区人民政府副区长。

王玉洁，2011 年 9 月 7 日，区十四届人大常委会第二十九次会议决定任命其为桥西区人民政府副区长。

高　华，2011 年 9 月 7 日，区十四届人大常委会第二十九次会议决定任命其为桥西区人民政府副区长。

邓小梅(女)，2011 年 9 月 7 日，在区十四届人大常委会第二十九次会议上辞去桥西区人民政府副区长职务。

蒲建伟，2011 年 9 月 7 日，在区十四届人大常委会第二十九次会议上辞去桥西区人民政府副区长职务。

区人民法院

院　长：

张瑞明(女)　2007 年 4 月区十四届人大一次会议当选

闫　杰　2010 年 3 月区十四届人大四次会议当选

届中调整情况：

张瑞明(女)，2009 年 10 月 30 日，在区十四届人大常委会第十八次会议上辞去桥西区人民法院院长职务。

闫　杰，2010 年 2 月 26 日，区十四届人大常委会第二十次会议任命其为桥西区人民法院副院长，决定其为代理院长。

区人民检察院

检察长：

李彦彪　2007 年 4 月区十四届人大一次会议当选

兰志伟(女)　2010 年 3 月区十四届人大四次会议当选

届中调整情况：

李彦彪，2010 年 2 月 26 日，在区十四届人大常委会第二十次会议上辞去桥西区人民检察院检察长职务。

兰志伟(女)，2010 年 2 月 26 日,区十四届人大常委会第二十次会议任命其为桥西区人民检察院副检察长,决定其为代理检察长。

第三节　会议组织

一、区十四届人大一次会议

（一）大会临时党委

书　记：朱增海

副书记：

王来传	刘月照	周公法	赵新惠

委　员：

吴敬云	刘金钟	吕振福	宋东来

（二）大会主席团和秘书长

主席团：

马国欣	王文晔(女)	王来传	方苏宁
吕振福	朱增海	任素江	刘月照
刘玉生	刘金钟	刘建芳	杨宗奇
李瑞士	吴敬云	宋东来	张　英(女)
张卫娟(女)	张坤山	张宝祥	张聚华
周公法	周连赏	胡增军	赵　欣
赵新惠	姜凤刚	秦景红	党复明
高景深	容建华	陶明法	康永发
梁瑞华	路中林	解立芳(女)	

秘书长：吴敬云(兼)

（三）大会主席团常务主席

朱增海	王来传	刘月照	周公法
赵新惠	吴敬云	刘金钟	吕振福
王文晔(女)	宋东来		

（四）大会计划预算审查委员会

主 任 委 员：吕振福

副主任委员：张坤山

委　　　员：

刘国进	李　亚	李树辰	狄东升
沈海涛	罗　勇		

（五）大会议案审查委员会

主任委员：王文晔(女)

副主任委员：周连赏

委　　员：

丁晓梅(女)	任贵芳	姚志忠	郭生荣
黄庆梅(女)	梁慧社		

二、区十四届人大二次会议

（一）大会临时党委

书　记：朱增海

副书记：

王来传	刘月照	周公法	赵新惠

委　员：

吴敬云	吕振福	任素江

（二）大会主席团和秘书长

主席团：

王文晔(女)	王来传	王明让	吕振福
朱增海	任素江	刘月照	刘玉生
刘建芳	杨宗奇	吴敬云	张　英(女)
张卫娟(女)	张坤山	张宝祥	张聚华
陈卫平	周公法	胡增军	赵新惠
姜凤刚	秦景红	党复明	高景深
容建华	陶明法	康永发	梁瑞华
路中林	解立芳(女)		

秘书长：吴敬云(兼)

（三）大会主席团常务主席

朱增海	王来传	刘月照	周公法
赵新惠	吴敬云	吕振福	王文晔(女)

（四）大会计划预算审查委员会

主任委员：吕振福

副主任委员：张坤山

委　　员：

王军利	王福喜	刘国进	刘炳午
李树辰	张林森		

（五）大会议案审查委员会

主 任 委 员：王文晔(女)

副主任委员：王爱民

委　　　员：

丁晓梅(女)	任贵芳	姚志忠	郭生荣
黄庆梅(女)	梁慧社		

三、区十四届人大三次会议

（一）大会临时党委

书　记：聂英武

副书记：

王来传	陶明法	周公法	赵新惠

委　员：吴敬云　吕振福　任素江

（二）大会主席团和秘书长

主席团：

王文晔(女)	王来传	吕振福	任素江
刘玉生	刘建芳	杨宗奇	吴树果(女)
吴敬云	张　英(女)	张卫娟(女)	张坤山
张宝祥	张香国	张聚华	周公法
胡增军	赵雪飞	赵新惠	侯旭亚
姜凤刚	秦景红	聂英武	党复明
高景深	容建华	陶明法	梁瑞华
路中林	解立芳(女)		

秘书长：吴敬云(兼)

（三）大会主席团常务主席

聂英武	王来传	陶明法	周公法
赵新惠	吴敬云	吕振福	王文晔(女)

（四）大会计划预算审查委员会

主 任 委 员：吕振福

副主任委员：张坤山

委　　　员：

王军利	王建同	牛东明	刘炳午
张双群	张林森		

（五）大会议案审查委员会

主 任 委 员：王文晔(女)

副主任委员：王爱民

委　　员：

丁晓梅(女)	任贵芳	姚志忠	郭生荣
黄庆梅(女)	梁慧社		

四、区十四届人大四次会议

（一）大会临时党委

书　记：聂英武

副书记：

王来传	陶明法	周公法	赵新惠

委　员：吴敬云　吕振福　韩春生

（二）大会主席团和秘书长

主席团：

王文晔(女)	王玉洁	王来传	吕振福
刘玉生	李兴伟	杨宗奇	吴敬云
何立军	张　芃	张　英(女)	张卫娟(女)
张书凯	张聚华	周公法	周立新(女)
胡增军	赵　欣	赵雪飞	赵新惠
姜凤刚	秦景红	袁俊兰(女)	聂英武
党复明	郭红琴(女)	陶明法	崔广利
韩春生	路中林		

秘书长：吴敬云(兼)

（三）大会主席团常务主席

聂英武	王来传	陶明法	周公法
赵新惠	吴敬云	吕振福	王文晔(女)

（四）大会计划预算审查委员会

主 任 委 员：吕振福

副主任委员：狄　洁(女)

委　　员：

王军利	王建同	牛东明	吴华英(女)
张双群	张林森		

（五）大会议案审查委员会

主 任 委 员：王文晔(女)

副主任委员：王爱民

委　　员：

丁晓梅(女)	任贵芳	姚志忠	郭生荣
黄庆梅(女)	梁慧社		

五、区十四届人大五次会议

（一）大会临时党委

书　记：聂英武

副书记：

王来传	陶明法	周公法	赵新惠

委　员：吴敬云　　吕振福　　韩春生

（二）大会主席团和秘书长

主席团：

王文晔(女)	王玉洁	王来传	吕振福
刘玉生	李兴伟	杨宗奇	吴敬云
何立军	张　芃	张　英(女)	张卫娟(女)
张书凯	张聚华	周公法	周立新(女)
胡增军	赵　欣	赵雪飞	赵新惠
姜凤刚	秦景红	袁俊兰(女)	聂英武
党复明	郭红琴(女)	陶明法	崔广利
韩春生	路中林		

秘书长：吴敬云(兼)

（三）大会主席团常务主席

聂英武	王来传	陶明法	周公法
吴敬云	吕振福	王文晔(女)	党复明

（四）大会计划预算审查委员会

主 任 委 员：党复明

副主任委员：狄　洁(女)

委　　员：

王军利	王建同	牛东明	吴华英(女)
张双群	张林森		

（五）大会议案审查委员会

主 任 委 员：王文晔(女)

副主任委员：王爱民

委　　员：

丁晓梅(女)	任贵芳	姚志忠	郭生荣
黄庆梅(女)	梁慧社		

第四章　人民代表大会常务委员会

桥西区人大常委会组成人员名额为25人，区十四届人大一次会议选举产生区人大常委会组成人员25人。

区十四届人大常委会坚持以邓小平理论和“三个代表”重要思想为指导，深入贯彻落实科学发展观，全面贯彻党的十七大精神，紧紧围绕桥西区中心工作和改革发展稳定大局，认真履行宪法和法律赋予的职责，扎实做好各项工作，为加强社会主义民主法制建设，保障和促进桥西区政治、经济、文化和社会的全面协调可持续发展做出积极贡献。

第一节　常委会会议

区十四届人大常委会共召开会议32次。

第一次会议　2007年5月23日召开，区人大常委会主任王来传，副主任吴敬云、吕振福、王文晔和12名委员出席会议。区人民政府区长刘月照、区人民法院院长张瑞明、区人民检察院检察长李彦彪列席会议。会议审议通过区人大常委会办公室主任赵欣作的《区人大常委会2007年工作要点》《区第十四届人大常委会代表资格审查委员会名单》。会议听取和审议区人民法院执行局局长张向荣作的《关于区人民法院执行工作情况的报告》、区发展改革局局长王彦敏作的《关于第一季度经济运行情况的报告》。

第二次会议　2007年6月19日召开，区人大常委会主任王来传，副主任吴敬云、吕振福、王文晔和17名委员出席会议。区人民政府区长刘月照、区人民法院院长张瑞明、区人民检察院副检察长扈长根列席会议。会议通过人事任免事项（名单见本篇第七章《选举任免》）。

第三次会议　2007年8月7日召开，区人大常委会主任王来传，副主任吴敬云、吕振福、王文晔和19名委员出席会议。区人民政府副区长邓小梅、区人民检察院副检察长杜国江和区人民法院相关负责人列席会议。会议听取和审议区发展改革局局长王彦敏作的《关于2007年1—6月份国民经济运行情况的报告》、区财政局局长董保贤作的《关于2007年1—6月份财政预算执行情况的报告》、区卫生局局长赵欢作的《关于贯彻落实〈中华人民共和国食品卫生法〉及加强食品安全监管情况的报告》、区人民检察院检察长李彦彪作的《关于区人民检察院关于2004—2006年度法律监督工作情况的报告》。

第四次会议 2007年10月16日召开，区人大常委会主任王来传，副主任吴敬云、吕振福、王文晔和18名委员出席会议。区人民政府副区长陶明法、区人民法院院长张瑞明、区人民检察院副检察长扈长根列席会议。会议听取和审议区财政局局长董保贤作的《区人民政府关于2006年区财政决算的报告》并通过相应决议。会议听取区审计局局长杨卫华作的《关于2006年度财政预算执行情况的审计工作报告》。会议听取和审议区发展改革局局长王彦敏作的《关于桥西区重点建设项目进展情况的报告》、区人民政府办公室主任李波作的《关于办理区十四届人大一次会议代表建议、批评和意见情况的报告》。

第五次会议 2007年12月7日召开，区人大常委会主任王来传，副主任吴敬云、吕振福、王文晔和18名委员出席会议。区人民政府副区长董成树、区人民法院院长张瑞明、区人民检察院检察长李彦彪列席会议。会议听取和审议区财政局局长董保贤作的《区人民政府关于2007年财政预算调整情况的报告》并通过相应决定。会议通过人事任免事项（名单见本篇第七章《选举任免》）。

第六次会议 2008年1月17日召开，区人大常委会主任王来传，副主任吴敬云、吕振福、王文晔和16名委员出席会议。区人民政府副区长陶明法、区人民法院院长张瑞明、区人民检察院检察长李彦彪列席会议。会议听取和审议区人大常委会办公室郝春作的《区人大常委会工作报告（征求意见稿）》。会议审议并通过区人大常委会办公室主任孔祥国作的《关于召开桥西区第十四届人民代表大会第二次会议的决定》《区第十四届人民代表大会第二次会议建议议程》，区人大常委会人事代表工委主任张英作的《代表资格审查报告》，大会主席团、秘书长、常务主席、两个委员会、列席人员名单（草案）。会议通过人事任免事项（名单见本篇第七章《选举任免》）。

第七次会议 2008年3月12日召开，区人大常委会主任王来传，副主任吴敬云、吕振福、王文晔和15名委员出席会议。区人民政府副区长陶明法、区人民法院院长张瑞明、区人民检察院副检察长扈长根列席会议。会议审议并通过区人大常委会办公室主任孔祥国作的《区人大常委会2008年工作要点》《区人大常委会2008年议题安排》。会议听取和审议区人社局局长张瑞芳作的《关于桥西区就业和再就业工作情况的报告》。

第八次会议 2008年5月16日召开，区人大常委会主任王来传，副主任吴敬云、吕振福、王文晔和16名委员出席会议。区人民政府副区长宋秀芳、区人民法院副院长刘晓梅、区人民检察院相关负责人列席会议。会议听取和审议区发展改革局局长王彦敏作的《关于2008年第一季度经济运行情况的报告》、区档案局局长姜海生作的《关于贯彻落实〈中华人民共和国档案法〉工作情况的报告》、区规划局局长高伟作的《关于城市建设规划工作情况的报告》。

第九次会议 2008年7月18日召开，区人大常委会主任王来传，副主任吴敬云、吕振福、王文晔和13名委员出席会议。区人民政府副区长陶明法、区人民法院院长张瑞明、区人民检察院副检察长李建平列席会议。会议听取和审议区财政局局长董保贤作的《关于2008年1—6月份财政预算执行情况的报告》、区人民法院院长张瑞明作的《关于贯彻执行〈中华人民共和国民事诉讼法（修正案）〉工作情况的报告》。会议通过人事任免事项（名单见本篇第七章《选举任免》）。

第十次会议　2008年10月30日召开，区人大常委会主任王来传，副主任吴敬云、吕振福、王文晔和16名委员出席会议。区人民政府副区长陶明法、区人民法院副院长张亚平、区人民检察院检察长李彦彪列席会议。会议审议通过区财政局局长董保贤作的《关于2007年财政决算情况的报告》并通过相应决议。会议听取区审计局局长杨卫华作的《关于2007年度区本级财政预算执行情况的审计工作报告》。会议听取和审议区发展改革局局长王彦敏作的《关于2008年重点项目建设进展情况的报告》、区财政局局长董保贤作的《关于2008年财政预算调整情况的报告》并通过相应决定、区科技局局长李洪泽作的《关于贯彻实施〈中华人民共和国科学技术进步法〉工作情况的报告》、区人民政府办公室主任李波作的《关于办理区十四届人大二次会议代表建议、批评和意见的报告》、区司法局局长王玉宝作的《关于大调解和基层司法所建设工作情况的报告》。

第十一次会议　2009年1月8日召开，区人大常委会主任王来传，副主任吴敬云、吕振福、王文晔和20名委员出席会议。区人民政府、区人民法院、区人民检察院相关负责人列席会议。会议听取区公安分局副局长杨朝平作的《关于公安队伍建设工作情况的报告》。会议补选产生桥西区出席石家庄市第十二届人民代表大会代表1名。

第十二次会议　2009年1月12日召开，区人大常委会主任王来传，副主任吴敬云、吕振福、王文晔和20名委员出席会议。区人民政府、区人民法院和区人民检察院相关负责人列席会议。会议通过关于接受刘月照辞去桥西区人民政府区长职务的决定。会议通过人事任免事项（名单见本篇第七章《选举任免》）。

第十三次会议　2009年2月13日召开，区人大常委会主任王来传，副主任吴敬云、吕振福、王文晔和17名委员出席会议。区人民政府副区长刘建芳、区人民法院和区人民检察院相关负责人列席会议。会议听取和审议《区人大常委会工作报告（征求意见稿）》《代表补选工作的安排意见》。会议审议并通过《关于召开桥西区第十四届人民代表大会第三次会议的决定》《区第十四届人民代表大会第三次会议建议议程》。

第十四次会议　2009年2月19日召开，区人大常委会主任王来传，副主任吴敬云、吕振福、王文晔和15名委员出席会议。区人民政府副区长刘建芳、区人民法院院长张瑞明、区人民检察院副检察长杜国江列席会议。会议审议并通过《区人大常委会2009年工作要点》《区人大常委会2009年议题安排》《代表资格审查报告》，大会主席团、秘书长、常务主席、两个委员会、列席人员名单（草案）。

第十五次会议　2009年5月13日召开，区人大常委会主任王来传，副主任吴敬云、吕振福、王文晔和15名委员出席会议。区人民政府副区长董成树、区人民法院院长张瑞明、区人民检察院检察长李彦彪列席会议。会议听取和审议区发展改革局局长王彦敏作的《关于第一季度经济运行情况的报告》、区人民检察院检察长李彦彪作的《关于区人民检察院队伍建设情况的报告》。

第十六次会议　2009 年 6 月 2 日召开，区人大常委会主任王来传，副主任吴敬云、吕振福、王文晔和 15 名委员出席会议。区人大常委会党组成员党复明、区人民政府副区长蒲建伟、区人民法院院长张瑞明、区人民检察院检察长李彦彪、区委组织部副部长何立军列席会议。会议通过人事任免事项（名单见本篇第七章《选举任免》）。

第十七次会议　2009 年 8 月 4 日召开，区人大常委会主任王来传，副主任吴敬云、吕振福、王文晔和 20 名委员出席会议。区人大常委会党组成员党复明、区人民法院院长张瑞明、区人民检察院副检察长杜国江列席会议。会议听取和审议区人口与计划生育局局长姜震作的《关于贯彻落实〈中华人民共和国人口与计划生育法〉工作情况的报告》、区发展改革局局长王彦敏作的《关于 2009 年 1—6 月份国民经济运行情况的报告》、区财政局局长董保贤作的《关于 2009 年 1—6 月份财政预算执行情况的报告》。会议通过人事任免事项（名单见本篇第七章《选举任免》）。

第十八次会议　2009 年 10 月 30 日召开，区人大常委会主任王来传，副主任吴敬云、吕振福、王文晔和 11 名委员出席会议。区人大常委会党组成员党复明、区人民政府副区长周立新、区人民法院副院长啜增义、区人民检察院副检察长杜国江列席会议。会议听取区审计局副局长张淑芬作的《关于 2008 年度区本级预算执行和其他财政收支情况的审计工作报告》。会议听取和审议区财政局局长董保贤作的《关于 2008 年财政决算情况的报告》并通过相应决议、区卫生局局长赵欢作的《关于贯彻实施〈中华人民共和国食品安全法〉情况的报告》、区公安分局副局长杨朝平作的《关于科技强警工作情况的报告》、区人民政府办公室副主任张治军作的《关于办理区十四届人大三次会议代表建议、批评和意见情况的报告》。会议通过人事任免事项（名单见本篇第七章《选举任免》）。

第十九次会议　2009 年 12 月 24 日召开，区人大常委会主任王来传，副主任吴敬云、吕振福、王文晔和 15 名委员出席会议。区人大常委会党组成员党复明、区人民政府副区长宋秀芳、区人民法院副院长刘晓梅、区人民检察院副检察长杜国江列席会议。会议听取和审议区财政局局长董保贤作的《关于调整 2009 年财政预算情况的报告》并通过相应决定、区人民法院副院长刘晓梅作的《关于民事审判工作情况的报告》。会议听取区“三指办”主任张伍银作的《关于“三年大变样”工作进展情况的报告》。会议通过人事任免事项（名单见本篇第七章《选举任免》）。

第二十次会议　2010 年 2 月 26 日召开，区人大常委会主任王来传，副主任吴敬云、吕振福、王文晔和 20 名委员出席会议。区人大常委会党组成员党复明、区人民政府副区长邓小梅、区人民法院副院长啜增义、区人民检察院检察长李彦彪列席会议。会议听取区卫生局局长赵欢作的《关于甲型 H1N1 流感防控工作情况的报告》。会议听取和审议《补选代表的安排意见》。会议审议并通过《关于召开桥西区第十四届人民代表大会第四次会议的决定》《区第十四届人民代表大会第四次会议建议议程》、区人大常委会代表资格审查委员会副主任委员张英作的《代表资格审查报告》。会议通过人事任免事项（名单见本篇第七章《选举任免》）。

第二十一次会议　2010年3月9日召开，区人大常委会主任王来传，副主任吴敬云、吕振福、王文晔和15名委员出席会议。区人民政府常务副区长周立新、区人民法院代理院长闫杰、区人民检察院代理检察长兰志伟列席会议。会议听取和审议《区人大常委会工作报告（征求意见稿）》、区人大常委会人事代表工委主任张卫娟作的《关于补选代表工作情况的报告》。会议审议并通过《区人大常委会2010年工作要点》《区人大常委会2010年议题安排》《代表资格审查报告》，大会主席团、秘书长、常务主席、两个委员会、列席人员名单（草案）。

第二十二次会议　2010年5月13日召开，区人大常委会主任王来传，副主任吴敬云、吕振福、王文晔、党复明和15名委员出席会议。区人民政府副区长邓小梅、区人民法院院长闫杰、区人民检察院检察长兰志伟列席会议。会议听取区人民政府《关于2010年第一季度经济运行情况的报告》、区人民检察院《关于民事行政检察工作情况的报告》。会议听取和审议区人民政府《关于贯彻实施〈中华人民共和国科学技术进步法〉情况的报告》。会议通过关于接受王福喜辞去区十四届人民代表大会代表职务事项。会议通过人事任免事项（名单见本篇第七章《选举任免》）。

第二十三次会议　2010年9月6日召开，区人大常委会主任王来传，副主任吴敬云、吕振福、王文晔、党复明和17名委员出席会议。区人民政府副区长宋秀芳、区人民法院院长闫杰、区人民检察院检察长兰志伟列席会议。会议听取和审议区人民政府《关于2010年上半年经济运行情况的报告》《关于2010年1—6月份财政预算执行情况的报告》、区人民法院《关于信息网络和文化建设工作情况的报告》。会议通过人事任免事项（名单见本篇第七章《选举任免》）。

第二十四次会议　2010年11月4日召开，区人大常委会主任王来传，副主任吴敬云、吕振福、王文晔、党复明和12名委员出席会议。区人民政府副区长周立新、区人民法院院长闫杰、区人民检察院检察长兰志伟列席会议。会议听取区人民政府《关于2009年度预算执行和其他财政收支情况的审计工作报告》。会议听取和审议区人民政府《关于2009年财政决算情况的报告》并通过相应决议、《关于2010年财政预算调整情况的报告》并通过相应决定、区人民政府《关于办理区十四届人大四次会议代表建议、批评和意见情况的报告》《关于贯彻落实〈中华人民共和国义务教育法〉工作情况的报告》、区公安分局《关于贯彻实施〈中华人民共和国治安管理处罚法〉情况的报告》。会议通过人事任免事项（名单见本篇第七章《选举任免》）。

第二十五次会议　2011年1月12日召开，区人大常委会主任王来传，副主任吴敬云、吕振福、王文晔、党复明和20名委员出席会议。区人民政府副区长蒲建伟、区人民法院院长闫杰、区人民检察院检察长兰志伟列席会议。会议听取区人民政府《关于"三年大变样"工作进展情况的报告》《关于行政效能建设情况的报告》《关于重点项目建设情况的报告》《关于就业与再就业工作情况的报告》。会议通过人事任免事项（名单见本篇第七章《选举任免》）。

第二十六次会议 2011 年 2 月 16 日召开，区人大常委会主任王来传，副主任吴敬云、吕振福、王文晔、党复明和 20 名委员出席会议。区人民政府副区长邓小梅、区人民检察院副检察长杜国江、区人民法院正科级审判员张向荣列席会议。会议听取和审议《区人大常委会工作报告（征求意见稿）》。会议审议并通过《区人大常委会 2011 年工作要点》《区人大常委会 2011 年议题安排》《关于召开区第十四届人民代表大会第五次会议的决定》《区第十四届人民代表大会第五次会议建议议程》《代表资格审查报告》，大会主席团、秘书长、常务主席、两个委员会、列席人员名单（草案）。

第二十七次会议 2011 年 6 月 10 日召开，区人大常委会主任王来传，副主任吴敬云、吕振福、王文晔、党复明和 17 名委员出席会议。区人民政府副区长蒲建伟、区人民法院院长闫杰、区人民检察院检察长兰志伟列席会议。会议听取区人民政府《关于优化发展环境建设工作情况报告》。会议听取和审议区人民政府《关于实施“五五”普法规划情况的报告》。会议通过人事任免事项（名单见本篇第七章《选举任免》）。

第二十八次会议 2011 年 6 月 14 日召开，区人大常委会主任王来传，副主任吴敬云、吕振福、王文晔、党复明和 14 名委员出席会议。区人民政府区长陶明法、区人民法院院长闫杰、区人民检察院检察长兰志伟列席会议。会议通过人事任免事项（名单见本篇第七章《选举任免》）。

第二十九次会议 2011 年 9 月 7 日召开，区人大常委会主任王来传，副主任吴敬云、吕振福、王文晔、党复明和 20 名委员出席会议。区人民政府代理区长周立新、区人民法院院长闫杰、区人民检察院副检察长杜国江列席会议。会议听取和审议区人民政府《关于 2011 年上半年经济运行情况的报告》《关于 2011 年 1—6 月份财政预算执行情况的报告》《关于社区卫生服务工作开展情况的报告》。会议通过人事任免事项（名单见本篇第七章《选举任免》）。

第三十次会议 2011 年 10 月 28 日召开，区人大常委会主任王来传，副主任吴敬云、吕振福、王文晔和 20 名委员出席会议。区人民政府副区长王玉洁、区人民法院院长闫杰、区人民检察院检察长兰志伟列席会议。会议审议并通过《关于区人民代表大会换届选举时间的决定》《区人民代表大会换届选举委员会名单》。会议听取和审议区财政局局长董保贤作的《关于 2010 年财政决算情况的报告》并通过相应决议、《关于调整 2011 年度财政预算的报告》并通过相应决定。会议听取区审计局局长张宝祥作的《关于 2010 年预算执行情况的审计工作报告》、区人民政府办公室主任张治军作的《关于办理区十四届人大五次会议代表建议、批评和意见情况的报告》、区人民检察院检察长兰志伟作的《区人民检察院反渎职侵权工作情况的报告》。会议通过人事任免事项（名单见本篇第七章《选举任免》）。

第三十一次会议 2012 年 1 月 10 日召开，区人大常委会主任王来传，副主任吴敬云、吕振福、王文晔和 20 名委员出席会议。区人民政府副区长王玉洁、区人民法院院长闫杰、区人民检察院检察长兰志伟、区委组织部副部长杨丽倩列席会议。会议听取区人民政府《关于城市建设管理“三年上水平”工作情况的报告》《关于经济犯罪侦查工作情况的报告》，听取和审议区人民政府《关于贯彻落实计划生育法律法规情况的报告》。会议听取《关于区第十五届人民代表大会代表换届选举工作情况的报告》，听取和审议《关于区第十五届人民代表大会代表资格的审查报告》。会议通过人事任免事项（名单见本篇第七章《选举任免》）。

第三十二次会议　2012 年 2 月 9 日召开，区人大常委会主任王来传，副主任吴敬云、吕振福、王文晔和 20 名委员出席会议。区人民法院院长闫杰、区人民检察院副检察长杜国江列席会议。会议听取和审议《区人大常委会工作报告（征求意见稿）》《关于补选代表工作情况的报告》。会议审议并通过《关于召开桥西区第十五届人民代表大会第一次会议的决定》《补选代表资格审查报告》，大会主席团、秘书长、常务主席、两个委员会、列席人员名单（草案）。会议通过人事任免事项（名单见本篇第七章《选举任免》）。

第二节　主任会议

区十四届人大常委会共召开主任会议 35 次，由王来传主任主持召开。常委会各位副主任出席会议，各委办主任列席会议。

区十四届人大常委会历次主任会议情况一览表

表 14–10

序号	时　间	议　题
1	2007 年 6 月 18 日	研究人事任免事项
2	2007 年 7 月 27 日	研究关于区人民政府 2007 年上半年经济运行情况的初审意见，研究关于区人民政府 2007 年 1—6 月份财政预算执行情况的初审意见，研究关于贯彻落实《中华人民共和国食品卫生法》及加强食品安全监管情况的初审意见，研究关于法律监督工作情况的初审意见，研究其他事项
3	2007 年 10 月 11 日	研究关于区人民政府 2006 年财政决算情况的初审意见，研究关于桥西区重点建设项目进展情况的视察报告，研究关于对区人民政府办理代表建议、批评和意见情况的视察报告（草稿）
4	2007 年 12 月 5 日	研究常委会第五次会议有关事项，研究人事任免事项，研究关于区人民政府 2007 年财政预算调整情况的初审意见，研究关于批准区人民政府 2007 年财政预算调整的决定（草案）
5	2008 年 1 月 14 日	研究区十四届人大二次会议有关事项，研究常委会第六次会议有关事项

续表 14-10

序号	时　间	议　题
6	2008 年 1 月 17 日	研究区十四届人大二次会议有关事项
7	2009 年 2 月 6 日	研究区十四届人大三次会议有关事项，研究区人大常委会工作报告（草稿）
8	2009 年 2 月 10 日	研究区十四届人大三次会议有关事项
9	2009 年 5 月 7 日	研究关于区人民政府第一季度经济运行情况的初审意见，研究关于区人民检察院检察队伍建设情况的视察报告，研究人事任免事项，研究常委会第十五次会议有关事项
10	2009 年 5 月 28 日	研究人事任免事项，研究常委会第十六次会议有关事项
11	2009 年 7 月 31 日	研究人事任免事项，研究关于对区人民政府贯彻落实《中华人民共和国人口与计划生育法》工作情况的初审意见，研究关于区人民政府 2009 年 1—6 月份国民经济运行情况的初审意见，研究关于区人民政府 2009 年 1—6 月份财政预算执行情况的初审意见，研究常委会第十七次会议有关事项
12	2009 年 10 月 28 日	研究关于区人民政府 2008 年财政决算情况的初审意见，研究关于批准 2008 年区本级财政决算的决议（草案），研究关于区公安分局科技强警工作情况的初审意见，听取区人民政府办理代表建议、批评和意见情况的视察报告，研究区人民政府贯彻实施《中华人民共和国食品安全法》情况的初审意见，研究关于张瑞明辞职的决定（草案），研究常委会第十八次会议有关事项
13	2009 年 12 月 22 日	研究人事任免事项，研究关于区人民政府 2009 年财政预算调整情况的初审意见，研究关于批准 2009 年财政预算调整的决定（草案），研究关于区人民法院民事审判工作情况的初审意见，研究常委会第十九次会议有关事项
14	2010 年 1 月 5 日	研究常委会 2010 年工作要点，通报优秀代表评选情况
15	2010 年 2 月 22 日	研究区十四届人大四次会议补选代表的安排意见，研究区人大常委会工作报告（草稿）
16	2010 年 2 月 24 日	研究人事任免事项，研究常委会第二十次会议有关事项，研究区十四届人大四次会议有关事项，研究区人大常委会工作报告（草案）
17	2010 年 3 月 3 日	研究召开区十四届人大四次会议的请示及大会临时党委等五项名单（草案）

续表 14-10

序号	时　间	议　题
18	2010 年 3 月 8 日	研究区十四届人大四次会议有关事项，研究常委会第二十一次会议有关事项，研究区人大常委会 2010 年工作要点、议题安排
19	2010 年 5 月 11 日	研究人事任免事项，研究关于区人民政府贯彻实施《中华人民共和国科学技术进步法》情况的初审意见，研究关于区民事行政检察工作情况的初审意见，听取关于交办区十四届人大四次会议代表建议、批评和意见情况的汇报，研究王福喜代表职务的有关事宜，研究常委会第二十二次会议有关事项，听取各税收品种的基本知识讲座
20	2010 年 9 月 3 日	研究人事任免事项，研究关于区人民政府 2010 年上半年经济运行情况的初审意见，研究关于区人民政府 2010 年 1—6 月份财政预算执行情况的初审意见，研究关于信息网络和文化建设情况的初审意见，研究常委会第二十三次会议有关事项，传达市人大代表培训暨经验交流会议精神
21	2010 年 10 月 29 日	研究关于贯彻实施《中华人民共和国治安管理处罚法》情况的初审意见，研究关于区人民政府 2009 年财政决算情况的初审意见，研究关于批准区 2009 年财政决算的决议（草案），研究关于区人民政府贯彻落实《中华人民共和国义务教育法》工作情况的初审意见，研究关于区人民政府办理十四届人大四次会议代表建议、批评和意见情况的视察报告，研究常委会第二十四次会议有关事项，研究人事任免事项
22	2011 年 1 月 11 日	研究区人民法院人事任免报告，研究常委会第二十五次会议有关事项
23	2011 年 1 月 29 日	研究区人大常委会关于组织市人大代表开展会前活动的安排意见，研究常委会第二十五次会议有关事项，研究区十四届人大五次会议有关事项
24	2011 年 2 月 11 日	研究区十四届人大五次会议有关事项，研究常委会第二十六次会议有关事项
25	2011 年 2 月 18 日	研究区十四届人大五次会议有关事项
26	2011 年 4 月 24 日	研究关于进一步加强对优化发展环境监督检查的安排意见（草案），研究区人大代表第二季度工作的安排，研究区人大常委会相关工作制度
27	2011 年 6 月 9 日	研究人事任免事项，研究关于区人民政府实施“五五”普法情况的初审意见，通报关于表彰 2010 年度优秀区人大代表的决定，研究常委会第二十七次会议有关事项
28	2011 年 6 月 14 日	研究人事任免事项，研究常委会第二十八次会议有关事项

续表 14-10

序号	时　间	议　题
29	2011 年 9 月 6 日	研究关于区人民政府 2011 年 1—6 月份经济运行情况的初审意见，研究关于区人民政府 2011 年 1—6 月份财政预算执行情况的初审意见，研究关于社区卫生服务工作进展情况的初审意见，研究人事任免事项，研究常委会第二十九次会议有关事项
30	2011 年 10 月 21 日	研究选举委员会建议名单，研究区人大常委会党组关于换届选举工作安排意见的请示、选举办各工作组名单、职责范围、区人代会换届选举时间的决定（草案），研究选举委员会一号公告
31	2011 年 10 月 27 日	研究人事任免事项，研究关于区人民政府 2010 年财政决算情况的初审意见，听取关于区人民政府 2011 年预算调整情况的报告，研究关于反渎职侵权工作情况的初审意见，研究关于区人民政府办理代表建议、批评和意见情况的初审意见，研究常委会第三十次会议有关事项
32	2011 年 12 月 30 日	听取区人大常委会各委办关于近期工作情况的汇报，研究区人大常委会年终工作及 2012 年议题安排
33	2012 年 1 月 9 日	研究人事任免事项，研究关于经济犯罪侦查工作情况的初审意见，研究关于区人民政府贯彻落实计划生育法律法规情况的初审意见，听取区十五届人民代表大会换届选举情况的报告，听取区十五届人民代表大会代表资格审查报告，研究常委会第三十一次会议有关事项
34	2012 年 2 月 2 日	研究区十五届人大一次会议有关事项，研究常委会第三十二次会议有关事项
35	2012 年 2 月 8 日	研究人事任免事项，研究区十五届人大一次会议有关事项

第三节　机构设置

区十四届人大常委会设办公室、人事代表工作委员会、法制工作委员会、财经城建工作委员会、教科文卫工作委员会。

区十四届人大常委会机构人员情况表

表 14–11

机构名称	职务	姓名	任职时间
办公室	主任	赵　欣	2007 年 4 月至 2007 年 6 月
		孔祥国	2007 年 6 月至 2009 年 6 月
		张　英	2009 年 6 月至 2012 年 2 月
	副主任	邓利全	2007 年 4 月至 2010 年 2 月
		王玉武	2007 年 4 月至 2007 年 6 月
		蔡　明	2010 年 2 月至 2012 年 2 月
人事代表工作委员会	主任	张　英	2007 年 4 月至 2009 年 6 月
		张卫娟	2009 年 6 月至 2012 年 2 月
法制工作委员会	主任	周连赏	2007 年 4 月至 2007 年 6 月
		王爱民	2007 年 6 月至 2012 年 1 月
财经城建工作委员会	主任	张坤山	2007 年 4 月至 2009 年 6 月
		狄　洁	2009 年 12 月至 2012 年 2 月
教科文卫工作委员会	主任	张卫娟	2007 年 4 月至 2009 年 6 月
		周志忠	2010 年 2 月至 2012 年 2 月

第五章　监督工作

区十四届人大及其常委会坚持把监督工作作为重中之重，加大监督力度，紧紧围绕区委中心工作，全力推动区委关于桥西区经济社会重大决策部署的贯彻落实。区十四届人民代表大会共听取和审议区人大常委会、区“一府两院”工作报告 19 项，审查计划、预算报告 11 项；区人大常委会共听取和审议区“一府两院”专项工作报告 46 项，计划预算和审计工作报告 22 项。区十四届人大及其常委会坚持每年听取和审议国民经济和社会发展计划执行情况的报告，及时了解经济运行和计划执行情况。开展“十一五”规划中期评估，提前介入“十二五”规划编制工作。严格执行《河北省人大常委会预算审查监督条例》，每年听取和审议区财政决算和上半年预算执行情况的报告，区财政预算执行情况的审计工作报告，就批准财政决算作出相应决议。提前介入预算编制工作，对重点部门的预算进行审查，使预算审查监督逐步由程序性监督向实质性监督转变。

推动经济结构转型升级。区人大常委会加大对项目建设及招商引资工作的监督，每年适时听取报告，组织重点项目视察，切实做到从项目立项、建设到完成进行全程监督。几年来，先后对南小街步行商业街、万象天成、祥云国际、振新工业园、浦发银行等省、市重点项目进行视察调研，提出大力开展招商引资、加快项目建设、着力提升现代服务业等建议；同时，支持政府研究制定招商引资奖励办法。五年来，相继有 64 家总部型企业、127 家金融机构和一批国际知名品牌商贸企业入驻桥西区，产业结构进一步优化，第三产业对 GDP 的贡献率越来越大，现代服务业的主导作用更加凸显；桥西区综合实力大幅提升，9 项经济指标在全市领先。

助推城市建设和管理工作上水平，全力支持“三年大变样”工作。区人大常委会定期听取“三年大变样”工作情况汇报，多次组织市、区人大代表进行实地视察，针对不同阶段的工作重点，及时提出意见和建议；在华润综合体、中裕立交桥周边、民心广场、新客站西广场等重点项目、重点工程的拆迁过程中，区人大常委会机关干部全力以赴做好拆迁工作，以实际行动推动“三年大变样”工作开展。多次组织市、区人大代表围绕桥西区环境整治、景观美化和城中村改造等工作找不足、提建议，几年来，共提出城建管理方面的建议 245 条，均交由政府有关部门进行办理。2010 年、2011 年，区人大常委会组织代表深入桥西区 23 个行政村，就加快城市化建设进行专题调研，提出争取主动、科学规划、打造精品、提升档次，注重精神文明和物质文明协调发展的建议。

积极推进普法工作，认真开展执法检查。区人大常委会先后组织人大代表对《中华人民共和国人口计划生育法》《中华人民共和国环境保护法》《中华人民共和国档案法》《中华人民共和国科学技术进步法》《中华人民共和国人民防空法》《互联网上网服务营业场所管理条例》等28部法律法规在桥西区的贯彻实施情况进行检查，并听取区人民政府的专项工作报告。有效监督司法工作。区人大常委会先后听取和审议区人民法院关于民事审判、案件执行工作、内部监督制约机制等工作报告，区人民检察院关于干警队伍建设、法律监督、反渎职侵权工作等工作报告；组织代表150余人次参加法院案件审理的旁听及开展工作座谈，加强代表对“两院”公正司法情况的了解和监督，促进司法机关进一步规范司法行为，提高办案质量和效果。组织人大代表视察人民调解、社会治安综合治理、公安队伍建设、基层司法所建设等工作。提出强化干警队伍建设，完善内部监督机制，改进办案工作，加大治安整治力度等建议，切实维护社会公平和正义。积极推进普法工作。区人大常委会对“五五”普法规划的实施进行监督，听取政府部门“五五”普法规划执行情况的报告，提出相关审议意见。区人民政府认真落实建议，加强制度建设，不断加大法制宣传力度，开展法律“六进”（进机关、进乡村、进社区、进学校、进企业、进单位）活动，有力推进普法工作的深入开展，促进全民素质的不断提高。

第一节　听取和审议专项工作报告与计划预算和审计工作报告

区十四届人大常委会听取和审议区“一府两院”专项工作报告46项，计划预算和审计工作报告22项。

听取和审议专项工作报告与计划预算和审计工作报告情况表

表14-12

时　间	常委会会议	报告内容
2007年5月23日	第一次	区人民法院关于执行工作的情况报告，区人民政府关于第一季度经济运行情况的报告
2007年8月7日	第三次	区人民政府关于2007年1—6月份国民经济运行情况的报告，区人民政府关于2007年1—6月份财政预算执行情况的报告，区人民政府关于贯彻落实《中华人民共和国食品卫生法》及加强食品安全监管情况的报告，区人民检察院关于2004—2006年度法律监督工作情况的报告
2007年10月16日	第四次	区人民政府关于2006年区财政决算的报告，区人民政府关于2006年度财政预算执行情况的审计工作报告，区人民政府关于重点项目进展情况的报告，区人民政府关于办理代表建议、批评和意见情况的报告
2007年12月7日	第五次	区人民政府关于2007年财政预算调整情况的报告

续表 14-12

时　间	常委会会议	报告内容
2008 年 3 月 12 日	第七次	区人民政府关于就业和再就业工作情况的报告
2008 年 5 月 16 日	第八次	区人民政府关于 2008 年第一季度经济运行情况的报告，区人民政府关于贯彻落实《中华人民共和国档案法》工作情况的报告，区人民政府关于城市建设规划工作情况的报告
2008 年 7 月 18 日	第九次	区人民政府关于 2008 年 1—6 月份财政预算执行情况的报告，区人民法院关于贯彻执行《中华人民共和国民事诉讼法（修正案）》工作情况的报告
2008 年 10 月 30 日	第十次	区人民政府关于 2007 年财政决算情况的报告，区人民政府关于 2007 年度区本级财政预算执行情况的审计工作报告，区人民政府关于 2008 年财政预算调整情况的报告，区人民政府关于 2008 年重点项目建设进展情况的报告，区人民政府关于贯彻实施《中华人民共和国科学技术进步法》工作情况的报告，区人民政府关于办理代表建议、批评和意见情况的报告，区人民政府关于大调解和基层司法所建设工作情况的报告
2009 年 1 月 8 日	第十一次	区公安分局关于公安队伍建设工作情况的报告
2009 年 5 月 13 日	第十五次	区人民政府关于第一季度经济运行情况的报告，区人民检察院关于队伍建设情况的报告
2009 年 8 月 4 日	第十七次	区人民政府关于贯彻落实《中华人民共和国人口与计划生育法》工作情况的报告，区人民政府关于 2009 年 1—6 月份国民经济运行情况的报告，区人民政府关于 2009 年 1—6 月份财政预算执行情况的报告
2009 年 10 月 30 日	第十八次	区人民政府关于 2008 年财政决算情况的报告，区人民政府关于 2008 年度区本级预算执行和其他财政收支情况的审计报告，区人民政府关于贯彻实施《中华人民共和国食品安全法》情况的报告，区人民政府关于科技强警工作情况的报告，区人民政府关于办理代表建议、批评和意见情况的报告
2009 年 12 月 24 日	第十九次	区人民政府关于 2009 年财政预算调整情况的报告，区人民法院关于民事审判工作情况的报告，区人民政府关于“三年大变样”工作进展情况的报告
2010 年 2 月 26 日	第二十次	区人民政府关于甲型 H1N1 流感防控工作情况的报告
2010 年 5 月 13 日	第二十二次	区人民政府关于 2010 年第一季度经济运行情况的报告，区人民检察院关于民事行政检察工作情况的报告，区人民政府关于贯彻实施《中华人民共和国科学技术进步法》情况的报告

续表 14-12

时　间	常委会会议	报告内容
2010 年 9 月 6 日	第二十三次	区人民政府关于 2010 年上半年经济运行情况的报告，区人民政府关于 2010 年 1—6 月份财政预算执行情况的报告，区人民法院关于信息网络和文化建设工作情况的报告
2010 年 11 月 4 日	第二十四次	区人民政府关于 2009 年财政决算情况的报告，区人民政府关于 2009 年度预算执行和其他财政收支情况的审计工作报告，区人民政府关于办理代表建议、批评和意见情况的报告，区人民政府关于贯彻落实《中华人民共和国义务教育法》工作情况的报告，区公安分局关于贯彻实施《中华人民共和国治安管理处罚法》情况的报告，区人民政府关于 2010 年财政预算调整情况的报告
2011 年 1 月 12 日	第二十五次	区人民政府关于“三年大变样”工作进展情况的报告，区人民政府关于行政效能建设情况的报告，区人民政府关于重点项目建设情况的报告，区人民政府关于就业与再就业工作情况的报告
2011 年 6 月 10 日	第二十七次	区人民政府关于优化发展环境建设工作情况的报告，区人民政府关于实施“五五”普法规划情况的报告
2011 年 9 月 7 日	第二十九次	区人民政府关于 2011 年上半年经济运行情况的报告，区人民政府关于 2011 年 1—6 月份财政预算执行情况的报告，区人民政府关于社区卫生服务工作开展情况的报告
2011 年 10 月 28 日	第三十次	区人民政府关于 2010 年财政决算情况的报告，区人民政府关于 2010 年度预算执行情况的审计工作报告，区人民政府关于 2011 年财政预算调整情况的报告，区人民政府关于办理代表建议、批评和意见情况的报告，区人民检察院关于反渎职侵权工作情况的报告
2012 年 1 月 10 日	第三十一次	区人民政府关于城市建设管理“三年上水平”工作情况的报告，区人民政府关于经济犯罪侦查工作情况的报告，区人民政府关于贯彻落实计划生育法律法规情况的报告

第二节　法律法规实施情况的检查

区十四届人大常委会共组织开展执法检查 8 次。

1. 2007 年 7 月 23 日，区人大常委会副主任王文晔带领部分区人大代表对贯彻落实《中华人民共和国食品卫生法》情况进行执法检查。2007 年 8 月 7 日，区十四届人大常委会第三次会议，听取和审议区人大常委会教科文卫工委主任张卫娟作的《关于区人民政府贯彻实施〈中华人民共和国食品卫生法〉及加强食品安全监管工作情况的报告》。

2. 2007 年 11 月 6 日，区人大常委会主任王来传、副主任王文晔带领部分区人大代表对贯彻落实《中华人民共和国义务教育法》情况进行执法检查。

3. 2008 年 5 月，区人大常委会教科文卫工委对区人民政府贯彻《中华人民共和国档案法》情况进行执法检查。2008 年 5 月 16 日，区十四届人大常委会第八次会议，听取和审议区人大常委会教科文卫工委主任张卫娟作的《关于区人民政府贯彻实施〈中华人民共和国档案法〉情况的报告》。

4. 2008 年 7 月 9 日，区人大常委会副主任吴敬云带领部分区人大代表对修正案实施后的《中华人民共和国民事诉讼法》贯彻执行情况进行执法检查。

5. 2008 年 9 月 9 日，区人大常委会副主任王文晔带领教科文卫工委及部分区人大代表，对区人民政府贯彻落实《中华人民共和国科技进步法》情况进行执法检查。2008 年 10 月 30 日，区十四届人大常委会第十次会议，听取和审议区人大常委会教科文卫工委主任张卫娟作的《关于区人民政府贯彻实施〈中华人民共和国科学技术进步法〉情况的报告》。

6. 2009 年 6 月 9 日，区人大常委会副主任王文晔带领教科文卫工委及部分区人大代表对贯彻落实《中华人民共和国人口与计划生育法》进行执法检查。2009 年 8 月 4 日，区十四届人大常委会第十七次会议，听取和审议区人大常委会教科文卫工委主任张卫娟作的《关于对区人民政府贯彻实施〈中华人民共和国人口与计划生育法〉情况的报告》。

7. 2009 年 10 月 13 日，区人大常委会副主任吴敬云带领教科文卫工委及部分区人大代表，对贯彻落实《中华人民共和国食品安全法》情况进行执法检查。2009 年 10 月 30 日，区十四届人大常委会第十八次会议，听取和审议区人大常委会教科文卫工委作的《关于区人民政府贯彻实施〈中华人民共和国食品安全法〉情况的报告》。

8. 2010 年 7 月 20 日，区人大常委会副主任王文晔带领部分区人大代表，对贯彻落实《互联网上网服务营业场所管理条例》情况进行执法检查。

第三节　视察调研

区十四届人大常委会共组织开展调研活动 26 次。

视察调研活动选录表

表 14–13

时　间	视察内容	牵头单位
2007 年 7 月	关于留营乡东简良村工作开展情况	财经城建工委
2007 年 8 月	关于桥西区城建管理工作开展情况	财经城建工委
2007 年 8 月	关于桥西区网吧与娱乐场所管理工作开展情况	教科文卫工委
2007 年 11 月	关于农业农村工作开展情况	财经城建工委

续表 14-13

时　间	视察内容	牵头单位
2008 年 2 月	关于区重点项目建设开展情况	财经城建工委
2008 年 4 月	关于民族宗教工作开展情况	教科文卫工委
2008 年 4 月	关于拆违、拆迁和环境整治工作进展情况	人事代表工委
2008 年 12 月	关于区公安分局队伍建设开展情况	法 制 工 委
2009 年 4 月	关于“三年大变样”工作进展情况	财经城建工委
2009 年 4 月	关于人防工作开展情况	财经城建工委
2009 年 5 月	关于区人民检察院队伍建设工作开展情况	法 制 工 委
2009 年 6 月	关于人口与计划生育工作开展情况	教科文卫工委
2009 年 10 月	关于食品安全工作开展情况	教科文卫工委
2009 年 10 月	关于区公安分局科技强警工作开展情况	法 制 工 委
2009 年 10 月	关于区人民政府办理代表建议工作开展情况	法 制 工 委
2009 年 12 月	关于区人民法院民事审判工作开展情况	法 制 工 委
2010 年 4 月	关于区人民检察院民事行政检察工作开展情况	法 制 工 委
2010 年 4 月	关于留营办事处东简良村工作开展情况	财经城建工委
2010 年 4 月	关于留营办事处社区重点项目与社区建设工作开展情况	财经城建工委
2010 年 4 月	关于区部分重点项目建设开展情况	财经城建工委
2010 年 5 月	关于农产品质量安全监管工作开展情况	教科文卫工委
2010 年 6 月	关于食品安全工作开展情况	教科文卫工委
2010 年 9 月	关于区公安分局治安工作开展情况	法 制 工 委
2011 年 7 月	关于社区卫生服务工作开展情况	教科文卫工委
2011 年 8 月	关于上半年经济运行情况及城郊接合部市容环境工作开展情况	财经城建工委
2011 年 9 月	关于城中村改造工作开展情况	财经城建工委

第六章　决议决定

区十四届人大及其常委会紧紧围绕区委中心工作，依法行使重大事项决定权，先后作出决议决定45项。按照法定要求，每年适时听取和审议区财政决算、预算调整和上半年预算执行情况、区财政预算执行情况的审计工作报告，就预算调整批准财政决算做出相应决议；提前介入预算编制工作，对重点部门的预算进行审查，使预算审查监督逐步由程序性监督向实质性监督转变。

第一节　作出决议决定

一、区十四届人大历次会议作出决议决定情况

桥西区第十四届人民代表大会共作出决议决定30项。

区十四届人大历次会议决议决定一览表

表14–14

时　间	会　次	名　称
2007年4月20日	一次会议	关于桥西区人民政府工作报告的决议
		关于桥西区2006年国民经济和社会发展计划执行情况与2007年国民经济和社会发展计划报告的决议
		关于桥西区2006年财政预算执行情况与2007年财政预算报告的决议
		关于桥西区人民代表大会常务委员会工作报告的决议
		关于桥西区人民法院工作报告的决议
		关于桥西区人民检察院工作报告的决议
2008年1月24日	二次会议	关于桥西区人民政府工作报告的决议
		关于桥西区2007年国民经济和社会发展计划执行情况与2008年国民经济和社会发展计划报告的决议
		关于桥西区2007年财政预算执行情况与2008年财政预算报告的决议
		关于桥西区人民代表大会常务委员会工作报告的决议
		关于桥西区人民法院工作报告的决议
		关于桥西区人民检察院工作报告的决议

续表 14-14

时　间	会　次	名　称
2009 年 2 月 27 日	三次会议	关于桥西区人民政府工作报告的决议 关于桥西区 2008 年国民经济和社会发展计划执行情况与 2009 年国民经济和社会发展计划报告的决议 关于桥西区 2008 年财政预算执行情况与 2009 年财政预算报告的决议 关于桥西区人民代表大会常务委员会工作报告的决议 关于桥西区人民法院工作报告的决议 关于桥西区人民检察院工作报告的决议
2010 年 3 月 19 日	四次会议	关于桥西区人民政府工作报告的决议 关于桥西区 2009 年国民经济和社会发展计划执行情况与 2010 年国民经济和社会发展计划报告的决议 关于桥西区 2009 年财政预算执行情况与 2010 年财政预算报告的决议 关于桥西区人民代表大会常务委员会工作报告的决议 关于桥西区人民法院工作报告的决议 关于桥西区人民检察院工作报告的决议
2011 年 2 月 25 日	五次会议	关于桥西区国民经济和社会发展第十二个五年规划纲要及纲要报告的决议 关于桥西区 2010 年国民经济和社会发展计划执行情况与 2011 年国民经济和社会发展计划报告的决议 关于桥西区 2010 年财政预算执行情况与 2011 年财政预算报告的决议 关于桥西区人民代表大会常务委员会工作报告的决议 关于桥西区人民法院工作报告的决议 关于桥西区人民检察院工作报告的决议

二、区十四届人大常委会历次会议作出决议决定情况

区十四届人大常委会作出决议决定 15 项（不包含人事任免事项）。

区十四届人大常委会历次会议决议决定一览表

表 14–15

时　间	常委会会议	名　称
2007 年 10 月 16 日	第四次	关于批准桥西区人民政府 2006 年财政决算的决议
2007 年 12 月 7 日	第五次	关于批准桥西区人民政府 2007 年财政预算调整方案的决定

续表 14-15

时 间	常委会会议	名 称
2008 年 1 月 17 日	第六次	关于召开桥西区第十四届人民代表大会第二次会议的决定
2008 年 10 月 30 日	第十次	关于批准桥西区人民政府 2007 年财政决算的决议 关于批准桥西区人民政府 2008 年财政预算调整方案的决定
2009 年 2 月 13 日	第十三次	关于召开桥西区第十四届人民代表大会第三次会议的决定
2009 年 10 月 30 日	第十八次	关于批准桥西区人民政府 2008 年财政决算的决议
2009 年 12 月 24 日	第十九次	关于批准桥西区人民政府 2009 年财政预算调整方案的决定
2010 年 2 月 26 日	第二十次	关于召开桥西区第十四届人民代表大会第四次会议的决定
2010 年 11 月 4 日	第二十四次	关于批准桥西区人民政府 2009 年财政决算的决议 关于批准桥西区人民政府 2010 年财政预算调整方案的决定
2011 年 2 月 16 日	第二十六次	关于召开桥西区第十四届人民代表大会第五次会议的决定
2011 年 10 月 28 日	第三十次	关于批准桥西区人民政府 2010 年财政决算的决议 关于批准桥西区人民政府 2011 年财政预算调整方案的决定
2012 年 2 月 9 日	第三十二次	关于召开桥西区第十五届人民代表大会第一次会议的决定

第二节　决议决定选介

关于《桥西区国民经济和社会发展第十二个五年规划纲要》的决议

《桥西区人大常委会关于〈桥西区国民经济和社会发展第十二个五年规划纲要〉（以下简称《纲要》）的决议》，于 2011 年 2 月 25 日区十四届人民代表大会第五次会议通过。

《纲要》回顾了“十一五”期间取得的成绩并对存在的问题进行分析，“十一五”期间，区人民政府紧紧围绕“建设省会繁华舒适主城区，打造西南靓丽一流新城区”的工作目标，团结带领桥西区人民，开拓创新、真抓实干、创先争优，桥西区国民经济平稳较快发展，经济实力显著增强，城区形象明显改善，各项社会事业取得了全面进步，为“十二五”规划的实施奠定了坚实的基础。《纲要》体现了科学发展的主题，以加快转变经济发展方式为主线，有针对性地提出了“十二五”时期的重大任务和举措，指导思想明确，目标安排积极稳妥，政策措施符合桥西区实际。

该决议要求，《纲要》是桥西区“十二五”期间经济社会协调发展、跨越发展的指导性文件，要全面完成《纲要》规定的各项任务，保证规划目标的实现。

第七章　选举任免

区十四届人大常委会按照党管干部和人大依法任免相统一的原则，严格依法办事，做好人事任免和换届选举工作。先后任免国家机关工作人员 237 人次，接受辞职 9 人，补选市人大代表 1 名。通过组织对拟任命人员的任前法律知识考试、谈任职设想、任后颁发任命书、听取工作汇报等形式，加强对人大常委会任命的国家机关工作人员履职情况的监督，促使被任命人员把科学发展、执政为民的理念落实到履职全过程，为推动桥西区跨越发展提供了坚实的组织保障。

第一节　常委会选举任免情况

2007 年 6 月 19 日，区十四届人大常委会第二次会议，通过了区人大常委会、区人民政府相关人事任免事项。

免去：

赵　欣的桥西区人大常委会办公室主任职务

周连赏的桥西区人大常委会法制工作委员会主任职务

王玉武的桥西区人大常委会办公室副主任职务

田俊川的桥西区人大常委会振头街道工作室主任职务

刘国进的桥西区人大常委会振头街道工作室副主任职务

王巧花的桥西区人大常委会西里街道工作室副主任职务

任命：

孔祥国为桥西区人大常委会办公室主任

王爱民为桥西区人大常委会法制工作委员会主任

王玉武为桥西区人大常委会振头街道工作室主任

决定免去：

魏永杰的桥西区农业办公室主任职务

张瑞婷的桥西区科学技术局局长职务

高建华的桥西区城区建设管理局局长职务

孙云芳的桥西区文化体育局局长职务

决定任命：

王彦敏为桥西区发展改革局局长

李英辉为桥西区教育局局长

李洪泽为桥西区科学技术局局长

张大船为桥西区监察局局长

唐金亭为桥西区民政局局长

王玉宝为桥西区司法局局长

董保贤为桥西区财政局局长

张瑞芳为桥西区人事劳动和社会保障局局长

陈志强为桥西区城区建设管理局局长

李淑珍为桥西区文化体育局局长

赵　欢为桥西区卫生局局长

周淑贞为桥西区人口和计划生育局局长

杨卫华为桥西区审计局局长

郝莉萍为桥西区统计局局长

赵树芳为桥西区商务局局长

王云波为桥西区安全生产监督管理局局长

2007 年 12 月 7 日，区十四届人大常委会第五次会议，通过了区人民法院人事任免事项。

免去：

刘占国的桥西区人民法院副院长职务

任命：

史瑾、刘如杰、王国光、王豪为桥西区人民法院审判委员会委员

2008 年 1 月 17 日，区十四届人大常委会第六次会议，通过了区人民检察院人事任免事项。

免去：

张文先的桥西区人民检察院检察委员会委员职务

王海岩、李翠敏的桥西区人民检察院检察员职务

任命：

贾立国、贾景辉、张保林、徐继平、崔新友、易忠稳、李亚男、李文刚、吴文娟为桥西区人民检察院检察委员会委员

2008 年 7 月 18 日，区十四届人大常委会第九次会议，通过了区人民法院人事任免

事项。

免去：

杨镜之的桥西区人民法院振头人民法庭副庭长、审判员职务

3 人的桥西区人民法院人民陪审员职务(名单略)

任命：

10 名桥西区人民法院人民陪审员(名单略)

2009 年 1 月 8 日，区十四届人大常委会第十一次会议，补选产生了出席石家庄市第十二届人大代表 1 名。

补选：

陶明法为石家庄市第十二届人民代表大会代表

2009 年 1 月 12 日，区十四届人大常委会第十二次会议，通过了区人民政府人事任职事项。

决定：

陶明法为桥西区人民政府代理区长

2009 年 6 月 2 日，区十四届人大常委会第十六次会议，通过了区人大常委会、区人民政府、区人民法院、区人民检察院相关人事任免事项。

免去：

孔祥国的桥西区人大常委会办公室主任职务

张　英的桥西区人大常委会人事代表工作委员会主任职务

张卫娟的桥西区人大常委会教科文卫工作委员会主任职务

张坤山的桥西区人大常委会财经城建工作委员会主任职务

靳美全的桥西区人大常委会中山街道工作室主任职务

邓　焱的桥西区人大常委会裕西街道工作室主任职务

李文朝的桥西区人大常委会友谊街道工作室主任职务

郑丽珠的桥西区人大常委会苑东街道工作室主任职务

王瑞芬的桥西区人大常委会西里街道工作室主任职务

任命：

张　英为桥西区人大常委会办公室主任

张卫娟为桥西区人大常委会人事代表工作委员会主任

决定免去：

周淑贞的桥西区人口和计划生育局局长职务

决定任命：

姜　震为桥西区人口和计划生育局局长

免去：

张亚平的桥西区人民法院副院长职务

闫平华的桥西区人民法院审判委员会委员、审判员职务

王立新的桥西区人民法院刑事审判第二庭副庭长、审判员职务

3 人的桥西区人民法院人民陪审员职务(名单略)

任命：

齐　燕为桥西区人民法院审判委员会委员

张岩军、赵永升、张燕超为桥西区人民法院审判委员会委员

4 名桥西区人民法院人民陪审员(名单略)

免去：

扈长根、王志忠、石彦波的桥西区人民检察院副检察长职务

任命：

齐英辉、范雨蒙、张敏娜、张旭昶、陈亮为桥西区人民检察院检察员

2009 年 8 月 4 日，区十四届人大常委会第十七次会议，通过了区人民政府人事任职事项。

决定任命：

周立新、张聚华为桥西区人民政府副区长

2009 年 12 月 24 日，区十四届人大常委会第十九次会议，通过了区人大常委会、区人民政府相关人事任免事项。

任命：

狄　洁为桥西区人大常委会财经城建工作委员会主任

决定免去：

杨卫华的桥西区审计局局长职务

郝丽萍的桥西区统计局局长职务

决定任命：

张宝祥为桥西区审计局局长

孟　伟为桥西区统计局局长

闫战好为桥西区农业办公室主任

2010 年 2 月 26 日，区十四届人大常委会第二十次会议，通过了区人大常委会、区人民法院、区人民检察院相关人事任免事项。

任命：

闫　杰为桥西区人民法院副院长，决定其为代理院长

兰志伟为桥西区人民检察院副检察长，决定其为代理检察长

免去：

邓利全的桥西区人大常委会办公室副主任、信访科科长职务

吴树果的桥西区人大常委会维明街道工作室主任职务

任贵芳的桥西区人大常委会东里街道工作室主任职务

任命：

周志忠为桥西区人大常委会教科文卫工作委员会主任

蔡　明为桥西区人大常委会办公室副主任（试用期一年）

张迎芬为桥西区人大常委会裕西街道工作室主任

张　泽为桥西区人大常委会中山街道工作室主任

陈卫涛为桥西区人大常委会维明街道工作室主任

鲍世琦为桥西区人大常委会友谊街道工作室主任

李连宁为桥西区人大常委会东里街道工作室主任

李华平为桥西区人大常委会苑东街道工作室主任

鲍世建为桥西区人大常委会西里街道工作室主任

崔银雪为桥西区人大常委会留营街道工作室主任

李香萍为桥西区人大常委会留营街道工作室副主任

2010 年 5 月 13 日，区十四届人大常委会第二十二次会议，通过了区人民法院、区人民检察院相关人事任免事项。

免去：

齐玉华的桥西区人民法院留营人民法庭副庭长职务

任命：

齐玉华为桥西区人民法院刑事审判第二庭副庭长

张玉辉、陈风海、宫丽英、王娜、张晓辉为桥西区人民法院审判员

免去：

扈长根、王志忠、李建平的桥西区人民检察院检察委员会委员职务

2010 年 9 月 6 日，区十四届人大常委会第二十三次会议，通过了区人民法院相关人事任职事项。

任命：

31 名桥西区人民法院人民陪审员（名单略）

2010 年 11 月 4 日，区十四届人大常委会第二十四次会议，通过了区人民检察院相关人事任免事项。

免去：

易忠稳的桥西区人民检察院检察委员会委员职务

任命：

高俊强、陈宏伟、史栋、景明月、阎红艳为桥西区人民检察院检察员

2011 年 1 月 12 日，区十四届人大常委会第二十五次会议，通过了区人民法院相关人事任免事项。

免去：

王进才的桥西区人民法院审判委员会委员、审判员职务

尹会敏的桥西区人民法院行政审判庭副庭长、审判员职务

任命：

吴宏丽为桥西区人民法院审判员

2011 年 6 月 10 日，区十四届人大常委会第二十七次会议，通过了区人民政府相关人事任免事项。

决定免去：

张瑞芳的桥西区人事劳动和社会保障局局长职务

决定任命：

张瑞芳为桥西区人力资源和社会保障局局长

2011 年 6 月 14 日，区十四届人大常委会第二十八次会议，通过了区人民政府相关人事任职事项。

决定任命：

尹　勃为桥西区人民政府副区长

2011 年 9 月 7 日，区十四届人大常委会第二十九次会议，通过了区人民政府、区人民法院相关人事任职事项。

决定：

周立新为桥西区人民政府代理区长

决定任命：

刘春东、徐志峰、赵月芬、王玉洁、高华为桥西区人民政府副区长

任命：

戎艳增为桥西区人民法院审判监督庭庭长、审判委员会委员

刘新章为桥西区人民法院民事审判第二庭副庭长
郭文富为桥西区人民法院人民陪审员

2011 年 10 月 28 日，区十四届人大常委会第三十次会议，通过了区人民政府、区人民法院相关人事任免事项。

决定免去：

王彦敏的桥西区发展改革局局长职务

决定任命：

赵雪飞为桥西区发展改革局局长

任命：

李国平为桥西区人民法院立案庭副庭长
陈风海为桥西区人民法院振头人民法庭副庭长
王　娜为桥西区人民法院振头人民法庭副庭长
宫丽英为桥西区人民法院留营人民法庭副庭长
于丽霞为桥西区人民法院刑事审判第二庭副庭长
王宏建为桥西区人民法院审判员
2 名桥西区人民法院人民陪审员(名单略)

2012 年 1 月 10 日，区十四届人大常委会第三十一次会议，通过了区人大常委会、区人民法院、区人民检察院相关人事任免事项。

免去：

王爱民的桥西区人大常委会法制工作委员会主任职务
王明让的桥西区人大常委会南长街道工作室主任职务
李万祯的桥西区人大常委会新石街道工作室主任职务
李华平的桥西区人大常委会苑东街道工作室主任职务

任命：

刘玉巧为桥西区人大常委会南长街道工作室主任
郄凤魁为桥西区人大常委会新石街道工作室主任
李文晋为桥西区人大常委会苑东街道工作室主任

任命：

张向荣为桥西区人民法院副院长
李建永为桥西区人民法院审判员

免去：

杨长发、冯秋生、李亚男、徐继平的桥西区人民检察院检察委员会委员职务

任命：

贾景辉为桥西区人民检察院副检察长

2012 年 2 月 9 日，区十四届人大常委会第三十二次会议，通过了区人大常委会、区人民政府、区人民法院相关人事任免事项。

任命：

王树亮为桥西区人大常委会办公室副主任

决定免去：

李英辉的桥西区教育局局长职务

王玉宝的桥西区司法局局长职务

董保贤的桥西区财政局局长职务

张瑞芳的桥西区人力资源和社会保障局局长职务

闫战好的桥西区农业办公室主任职务

李淑珍的桥西区文体局局长职务

赵　欢的桥西区卫生局局长职务

姜　震的桥西区人口和计划生育局局长职务

王云波的桥西区安监局局长职务

孟　伟的桥西区统计局局长职务

决定任命：

张治军为桥西区教育局局长

王杰清为桥西区司法局局长

孟　伟为桥西区财政局局长

赵文平为桥西区人力资源和社会保障局局长

张苏华为桥西区农业办公室主任

蔡风国为桥西区文体局局长

崔广利为桥西区卫生局局长

李淑珍为桥西区人口和计划生育局局长

董俊岐为桥西区安监局局长

免去：

李立新的桥西区人民法院民一庭副庭长职务

宫丽英的桥西区人民法院留营人民法庭副庭长职务

郝增良的桥西区人民法院审判监督庭副庭长职务

张前亮的桥西区人民法院刑一庭副庭长职务

牛海霞的桥西区人民法院民二庭副庭长职务

任命：

武冀海为桥西区人民法院审判委员会委员

李立新为桥西区人民法院刑一庭副庭长

宫丽英为桥西区人民法院民一庭副庭长

张晓辉为桥西区人民法院留营人民法庭副庭长

2名桥西区人民法院人民陪审员(名单略)

第二节　常委会接受辞职情况

2009年1月12日，区十四届人大常委会第十二次会议接受刘月照辞去桥西区人民政府区长职务。

2009年8月4日，区十四届人大常委会第十七次会议接受刘建芳、郭彦军辞去桥西区人民政府副区长职务。

2009年10月30日，区十四届人大常委会第十八次会议接受张瑞明辞去桥西区人民法院院长职务。

2010年2月26日，区十四届人大常委会第二十次会议接受李彦彪辞去桥西区人民检察院检察长职务。

2010年5月13日，区十四届人大常委会第二十二次会议罢免王福喜的石家庄市第十二届人民代表大会代表职务。

2011年9月7日，区十四届人大常委会第二十九次会议接受陶明法辞去桥西区人民政府区长职务，张聚华、邓小梅、蒲建伟辞去桥西区人民政府副区长职务。

第八章　机关工作

第一节　自身建设

区人大常委会坚持以邓小平理论和“三个代表”重要思想为指导，深入贯彻落实科学发展观，全面贯彻党的十七大和历次全会精神，紧紧围绕桥西区中心工作和改革发展稳定大局，认真履行宪法和法律赋予的职责，扎实做好各项工作。

加强学习培训。常委会把加强理论、法规政策的学习列入重要议事日程，深入贯彻落实科学发展观，通过开展作风建设年、创先争优、优化发展环境等主题活动，健全学习制度、改进学习方式，不断提高学习实效，提升常委会组成人员和机关干部的理论水平和履职能力。

加强制度建设。致力于将工作规范化、制度化，结合《中华人民共和国各级人民代表大会常务委员会监督法》的实施，修定和完善了常委会有关规章制度，从形式、内容、机制上为常委会依法行使职权、充分发挥作用提供了有力保障。

加强作风建设。常委会在工作中始终坚持民主集中制原则，充分发扬民主，集体行使职权；注重发挥主任会议的作用，深入实际开展调研，了解人民群众关心关注问题；始终坚持用制度规范行为，用机制调动积极性，促进了常委会及机关工作效能的提高。

第二节　宣传工作

区十四届人大常委会加强宣传工作，不断丰富宣传内容和创新宣传形式，努力营造良好舆论氛围。结合桥西区人大工作实际，不断拓宽宣传领域，狠抓对内对外宣传，推动人大工作开展。五年来，共编发《人大工作信息》87 期，在全国、省、市各类报刊杂志发表理论文章、宣传报道 120 余篇，广泛宣传人大工作，提高了广大人民群众对人民代表大会制度的认识。积极配合上级人大的工作，通过召开座谈会、交流会等形式，密切与其他县（市、区）人大的联系，积极宣传桥西区经济社会发展新成就。

第三节　信访工作

区人大常委会高度重视信访工作，采取更加务实的方式，对一些群众反映强烈的案件，变上访为下访，主动深入基层调查研究，了解真实情况，及时客观地处理上访案件。按照新制定的《桥西区人大常委会关于机关信访工作意见》规定，进一步规范了信访案件的受理、交办、反馈、督办等程序。坚持主任会议听取信访工作汇报和常委会领导督办重点案件制度，使一些群众反映强烈的信访案件得到妥善解决。五年来，常委会接待群众来访566人次，受理群众来信264件。

第十五篇

石家庄市桥西区
第十五届人民代表大会

（2012 年 2 月至 2017 年 2 月）

第一章　党的领导

桥西区第十五届人民代表大会及其常务委员会，在桥西区委的正确领导下，深入学习贯彻党的十八大和习近平总书记系列重要讲话精神及治国理政新理念、新思路、新战略，始终坚持党的领导，坚决贯彻执行区委决策部署，主动融入桥西区工作总体布局，积极作为，依法履职，保证党的各项决策贯彻落实。

区人大常委会党组加强与区委的沟通联系，区委及时听取区人大常委会工作汇报，研究解决人大工作中的重大问题，为人大工作提供有力保障。区十五届人大历次会议召开前，区委都专题研究人代会筹备工作，召开中共党员代表会议，充分发挥中共党员代表政治引领作用。2011 年 11 月 5 日，区委书记参加换届选举工作动员大会，提出明确要求，确保选出具有较强责任感和议政能力、开拓进取干事创业的新一届人大代表，为桥西区未来几年经济社会的发展提供坚强保障。2012 年 2 月 17 日，在区十五届人大一次会议上，区委书记作讲话。

区人大常委会党组坚持重大事项请示报告制度，主动争取区委的领导和支持，及时将工作中的重大事项和重大问题向区委报告。始终坚持围绕中心、服务大局，对重点项目进行跟踪调研，坚决完成省、市、区交办的重点任务。不断推进工作监督，依法作出决议决定，切实担当起落实区委重大决策部署的政治责任。

区人大常委会党组认真学习习近平总书记系列重要讲话精神，深入贯彻落实中央、省委、市委、区委决策部署，扎实开展党的群众路线教育实践活动，“三严三实”主题教育、“两学一做”学习教育等专题活动，不断增强政治意识、大局意识、核心意识、看齐意识，坚定中国特色社会主义道路自信、理论自信、制度自信、文化自信。全面落实党要管党、从严治党政治责任，严格贯彻落实中央八项规定精神和省、市、区委有关要求，自觉遵守廉洁自律准则，扎实推进廉政建设，打造良好政治生态。

第一节　党的组织机构

中共石家庄市桥西区人大常委会党组

书　记：赵新惠（2012 年 2 月至 2017 年 2 月）

成　员：党复明（2012 年 2 月至 2016 年 4 月）
　　　　杨宗奇（2012 年 2 月至 2017 年 2 月）
　　　　秦景红（2012 年 2 月至 2017 年 2 月）
　　　　张　英（女，2012 年 2 月至 2017 年 2 月）

第二节　党组会议

一、党组会

区十五届人大期间，区人大常委会党组召开党组会 22 次。其中，2012 年召开党组会 3 次，2013 年召开党组会 1 次，2014 年召开党组会 1 次，2015 年召开党组会 8 次，2016 年召开党组会 7 次，2017 年召开党组会 2 次。

2012 年党组会情况一览表

表 15–1

时　间	会　议	会议议题
2 月 18 日	第 1 次	研究人事任免事项，研究区十五届人大一次会议有关事项的请示
3 月 14 日	第 2 次	研究人事任免事项，研究区人大常委会 2012 年工作要点，研究区人大常委会 2012 年议题安排，研究区人大常委会议事规则、主任会议事规则、组成人员守则，研究区人大常委会工作制度及规范，研究代表资格审查委员会名单
5 月 22 日	第 3 次	研究人事任免事项，研究关于对区人民检察院反贪污贿赂检查工作的视察报告，研究区人大常委会各项制度

2013 年党组会情况一览表

表 15–2

时　间	会　议	会议议题
2 月 6 日	第 1 次	研究人事任免事项

2014 年党组会情况一览表

表 15–3

时　间	会　议	会议议题
11 月 19 日	第 1 次	研究人事任免事项

2015 年党组会情况一览表

表 15–4

时　间	会　议	会议议题
1 月 6 日	第 1 次	研究关于召开区十五届人大五次会议的请示
4 月 17 日	第 2 次	研究人事任免事项
7 月 3 日	第 3 次	研究人事任免事项
8 月 25 日	第 4 次	研究人事任免事项
9 月 17 日	第 5 次	研究关于召开区十五届人大六次会议的请示，研究人事任免事项
11 月 11 日	第 6 次	学习党的十八届五中全会精神
12 月 18 日	第 7 次	研究人事任免事项
12 月 23 日	第 8 次	研究区人大常委会党组“三严三实”对照检查材料

2016 年党组会情况一览表

表 15–5

时　间	会　议	会议议题
1 月 8 日	第 1 次	研究关于召开区十五届人大七次会议的请示
4 月 15 日	第 2 次	研究人事任免事项
5 月 3 日	第 3 次	听取党支部关于“两学一做”学习教育的安排意见
6 月 29 日	第 4 次	研究人事任免事项

续表 15-5

时　间	会　议	会议议题
7 月 28 日	第 5 次	研究《关于加强换届风气监督的实施方案》
10 月 28 日	第 6 次	研究关于区人大代表换届选举的请示及选举委员会成员
10 月 29 日	第 7 次	研究人事任免事项，党支部汇报学习党的十八届六中全会精神情况

2017 年党组会情况一览表

表 15–6

时　间	会　议	会议议题
1 月 17 日	第 1 次	研究关于召开区十六届人大一次会议的请示
1 月 25 日	第 2 次	研究人事任免事项

二、党组民主生活会

区十五届人大期间，区人大常委会党组召开党组民主生活会 3 次。

2012 年 12 月 19 日，区人大常委会党组召开以“学习贯彻党的十八大精神，坚持讲政治、顾大局、守纪律，着力改善发展环境和生态环境，进一步保持党的先进性和纯洁性、更好地发挥人大职能作用”为主题的专题民主生活会。

2014 年 7 月 21 日，按照区委党的群众路线教育实践活动部署安排，区人大常委会党组召开专题民主生活会，以整风精神开展批评和自我批评，进一步查摆剖析“四风”方面存在的突出问题，明确今后努力方向和整改措施。

2015 年 12 月 29 日，区人大常委会党组召开以“践行‘三严三实’”为主题的专题民主生活会。

第二章　人大代表

桥西区第十五届人民代表大会代表名额为239名。2012年2月，召开区十五届人大一次会议时实有代表234名。区十五届人大常委会突出代表主体地位，健全代表工作机制，加强代表学习培训，创建“人大代表之家（站）”履职平台，提高代表建议办理质量，充分发挥代表在推进经济社会发展和民主法制建设中的作用。

第一节　选举产生

一、桥西区第十五届人民代表大会代表的选举产生

根据河北省第十一届人大常委会第二十四次会议决定，桥西区第十五届人民代表大会代表名额为239名。根据有关法律规定，按照区选举委员会统一部署并报区委同意，各选区依法选举产生区人大代表229名。

在区十五届人大一次会议召开前，有关选区依法补选5名代表，桥西区第十五届人民代表大会实有代表234名。区十四届人大常委会代表资格审查委员会对234名代表资格进行审查，当选代表符合宪法和法律规定，确认其代表资格有效。

在234名代表中，党政干部代表60名，占25.64%；一线工人代表3名，占1.28%；一线干部教师代表5名，占2.14%；专业技术人员代表104名，占44.44%；驻军武警代表4名，占1.71%；民营经济代表17名，占7.27%；村（居）委会代表29名，占12.39%；其他代表12名，占5.13%。在代表总数中，少数民族代表5名，占2.14%。非中共党员代表69名，占29.49%。妇女代表54名，占23.08%。区十四届人大代表继续当选的89名，占38.03%。

因区划调整，河北省第十二届人大常委会第十一次会议重新确定桥西区第十五届人民代表大会代表名额为283名。2015年2月5日，新划入桥西行政区域的5个街道办事处依法选举产生49名区人大代表。

链接1：区划调整前具体选举情况

桥西区第十五届人民代表大会代表的选举工作自2011年10月17日开始，经过准备、宣传发动、选民登记、提名推荐、协商确定代表候选人，于2011年12月21日顺利选举产

生新一届区人大代表229名。在两个多月的时间里，区选举委员会在区委和区人大常委会领导下，在桥西区广大选民的积极参与和驻区各单位的密切支持配合下，坚持充分发扬民主，严格依法办事，克服时间紧、任务重、工作量大等困难，圆满完成选举代表任务。

一、准备工作。为搞好代表选举工作，区委、区人大常委会领导高度重视，将换届选举工作列入重要议事日程，成立以区委副书记韩春生为主任的选举委员会，下设由秘书资料组、组织组、宣传组、后勤组、保卫组组成的选举委员会办公室，负责安排指导桥西区选举工作；各街道办事处同时成立选举领导小组，由街道党工委书记任领导小组组长，选区成立选举小组，分别负责辖区及本选区的选举工作。在实施过程中，选举委员会成员多次深入到各街道办事处、各选区指导工作，及时研究解决选举工作中遇到的困难和问题，推动桥西区选举工作的顺利开展。

二、宣传工作。一是明确专人负责，培训选举骨干。区选举委员会制定《宣传教育工作实施方案》，明确各阶段宣传的重点和任务。区选举委员会办公室根据《中华人民共和国全国人民代表大会和地方各级人民代表大会选举法》《河北省县乡两级人民代表大会选举实施细则》《中华人民共和国地方各级人民代表大会和地方各级人民政府组织法》等法律法规，编写培训材料，对选举委员会办公室工作人员进行集中培训，各街道选举领导小组对选区骨干分阶段进行业务培训。二是采取多种形式，大造选举声势。为切实强化宣传效果，选举委员会办公室向选民发放《致桥西区选民的一封信》5万份，悬挂横幅260余条，张贴标语8000余份，发放选委会公告4000份，营造浓厚的宣传氛围。

三、选民登记和选民资格审查工作。为使选民登记工作顺利开展，各街道共划分3252个选民小组，配备6115名登记员。为保障广大选民的选举权利，严把选民资格审核关，严格审查应予登记、准予登记、不予登记、暂缓（停止）登记和不列入选民名单五种情况，力求做到“不错、不漏、不重”。选举委员会办公室按照法律规定，对初步代表候选人的提名方式、提名理由，政党、团体和选民是否按选区应选代表数推荐候选人等进行了审查；各街道选举领导小组对各选区推出的代表候选人的政治素质、思想品行和遵纪守法等方面情况进行调查了解；纪检监察、组织、政法委、信访、法院、检察院、计生、民族宗教、公安、工商、国税、地税、环保、审计、司法、安监、土地等17个部门，按照各自职责和权限，对初步代表候选人进行审查。

四、候选人提名工作。组织选区单位多次进行民主协商，确定正式代表候选人。按照法律程序和规定时间，经过“三上三下”反复协商酝酿，从484名初步代表候选人中选出正式代表候选人360名，选举委员会对360名正式代表候选人进行初步审查，认为这些候选人的提名和协商符合法律规定的程序，代表候选人结构较为合理，符合上级提出的要求。

五、选举代表工作。在选举代表阶段，最大限度地组织选民参加投票选举。各街道选举领导小组从思想、组织、物质等方面做了大量细致的准备工作，以设立投票站为主要形式组织选民参加投票选举，对一些老弱病残和不便到投票站的选民设立流动票箱。桥西区131个选区，共设投票站210个，流动票箱307个，应参加投票选举的选民325045人，实参加选举人数296400人，参选率为91.19%；131个选区中，5个选区参选率达到100%。选举过程中，共发出选票296400张，收回选票295205张，其中有效票289130张，无效票6075张。经过投票选举，共选出正式代表229名，顺利完成选举工作。

链接2：区划调整后具体选举情况

根据桥西区代表选举领导小组的安排，从2015年1月10日开始，组织因区划调整划入桥西区的休门、东华、东风、彭后、汇通5个街道办事处进行选举，经过准备、选民登记、提名推荐、协商确定代表候选人、选举代表等阶段的工作，于2015年2月5日选举产生桥西区人大代表49名。

链接3：桥西区选举委员会组成人员名单

主　任：韩春生

副主任：王来传　温保山　吴敬云

委　员：张晓斌　吕振福　王文晔　党复明　张大船　薄　力　杨夕乐　殷　燕　啜增义　杜国江　张　英　张治军　董保贤　杨子华　唐金亭　王玉宝　王杰清　闫战好　张香国　王　彦　张子叶

二、桥西区出席石家庄市第十三届人民代表大会代表的选举产生

2013年3月26日，区十五届人大二次会议选举产生桥西区出席石家庄市第十三届人民代表大会代表37名。

第二节　代表名单

一、桥西区第十五届人民代表大会代表名单

中山代表团

刘孟春	唐思远	张　兰(女)	刘华斌
李新年	张　杰	金绍平	刘　东
陈　宇	赵育明	张双群	李玉巧(女)
张　芃	张　泽	伍志强	任映光
呼崇利			

南长代表团

黄德新	张书凯	王建良	徐海峰
韩新山	解存才	李　明	刘玉巧(女)
李建国	葛　军	赵新堂	张卫娟(女)
刘香平(女)	曹桂萍(女)	许立成	

裕西代表团

李立成	杨宗奇	张迎芬(女)	张爱荣(女)
兰志伟(女)	杨　斌	武继红(女)	谢　佳(女)
吴学志	静海峰	张淑荣(女)	李滨海
薛彦军	王书新	张子叶(女)	

红旗代表团

徐志峰	崔广利	蔡建民	陈卫平
韩二刚	梁　涛	张　峰	张　英(女)
郭晓天	张晓辉	卢　霞(女)	方朝义
王建刚	李卫锋	王凤云(女)	王　薇(女)
杨炳健	乔增起	董五洲	赵　欢(女)

维明代表团

范修学	濮永刚	陈卫涛	樊国社
陈千豁	高继承	李红梅(女)	王　琳
张学峰	白　波	郭红琴(女)	刘俊艳(女)
高晓玲(女)	孙凤颖(女)	袁克难(女)	彭　良
王新朝	王文晔(女)	陶明法	蒲建伟
线登洲	孟　伟(女)		

东里代表团

王来传	韩春生	周立新(女)	任立志
赵荣肖(女)	朱玉莲(女)	郭永强	袁俊兰(女)
钟　明	郑继延(女)	赵建纲	夏建平
李连宁	杨勇峰	张　焱(回族)	赵建平
赵国林	赵忠顺	杜惠霞(女)	杨　超
文秀红(女)	吴林财	李维佳(满族)	

新石代表团

李文国	赵文锁	姜凤刚	王凤梅(女)
周向实	李岩清(女)	张爱民	郄凤魁
和爱生	穆　刚	闫　杰	王玉章
邓新文	王　彦(女)	任盼志	刘子嘉

友谊代表团

李　佳	崔永林	韩杏军	宁永辉(女)
李建英	郭生荣	李　静(女)	刘春东
陆　敏(女)	贾庆武	马建辉	张春刚
鲍世琦	吴敬云	郑海峰	温保山
潘春慧(女)	林芝彩(女)	居桂洋	侯典龙
张永泽	周志忠	夏武岐	常红彦

振头代表团

董明岐	李明云	李国力	刘世永
吴忠杰	王友爱	冯志强	王秀生
吕书文	杨　勇	李田贵(满族)	高晓辉
孙　冉(女,蒙古族)	赵振平	吕稳醒(女)	李贵山
秦景红	王玉武	吴铁山	赵国渠
李云爱(女)	王　磊	潘明杰(女)	党复明
郝书顺			

西里代表团

张运哲	王竹乐	车庆华(女)	叶　蓉(女)
陈晓杰	任志联(女)	鲍世建	胡小平
韩金红	景东森	刘辉成	胡增军
郄彦明	梁富春	郑文忠	白麦收
马维恒			

苑东代表团

王世宏(满族)	孟建中	陈立钦	杨朝祥
郑保华	宋福生	李培英	李文广

李万义	苏铁军	吕振福	赵　欣
赵新惠	高永庆	赵俊儒	昝　兵
韩书生	朱中华	李文晋	

留营代表团

李维佳(满族)	孙新泽	李玉虎	王　薇(女)
马新利	崔书祥	赵雪飞	崔银雪
王根平	王建同	高克敏(女)	狄　洁(女)
李建华	段书霞(女)	张进良	马素岐(女)
张兴汉			

休门代表团

王　红(女)	魏含玉	汪克宁	王少波
耿玉芝	杨润锡	赵雄伟	林卫华
丁玉梭(回族)	李攀峰	郗　静(女)	

东华代表团

张雪敏(女)	张　军(女)	米振海	何占辉
张　立	盛文利(女)	钱成海	陈　鹏
林顺德	魏亚辉		

东风代表团

马会忠	邢海涛	李瑞君	王增魁
刘晓力	徐洪杰	孟宝丽(女)	刘勇会
林红星	李进国		

彭后代表团

孟慧贤	窦同军	马　骏	叶华中
孟令尧	高家俊	王风田	陈　瑛(女)
王　昭	张永忠	徐荣广	

汇通代表团

李子剑	魏建新(女)	任　颢(女)	刘学俭
常俊英(女)	李国旗	吕文合	

驻军武警代表团

刘建明　　李冰文　　张晓斌　　雒铁虎

区十五届人大代表届中调整情况表

表 15–7

常委会会议	终止情况	补选情况
2013年 2月17日 第八次会议	调离：东里街道赵建平、赵国林，新石街道闫杰，西里街道刘辉成，苑东街道孟建中 辞职：维明街道陶明法，友谊街道吴敬云，苑东街道吕振福，东里街道袁俊兰，新石街道姜凤刚、王彦，西里街道马维恒，红旗街道崔广利，裕西街道张子叶 去世：留营街道崔银雪	维明街道赵宏魁，东里街道樊国文、边东书，新石街道吉玉刚、张欣，西里街道姚金钟、房勤慧，长兴街道张海燕、赵新想，苑东街道马立新，振头街道于英杰，留营街道孙文华
2013年 6月19日 第十一次会议	调离：东里街道周立新，友谊街道潘春慧、李建英，维明街道王新朝 去世：振头街道董明岐	东里街道张晋，振头街道王爱良、吴永卫，留营街道薄力、闫根斗，红旗街道王广志
2014年 1月13日 第十六次会议	调离：友谊街道刘春东，西里街道郄彦明，维明街道白波，红旗街道赵国渠、李卫峰、王磊 辞职：红旗街道陈卫平、王广志，振头街道王玉武	长兴街道焦磊、许其军，东里街道李平、李占廷，红旗街道崔树旺、王昕，中山街道田德明、赵永强，南长街道杨卫东，维明街道孙章岭，友谊街道赵国海、宋建宏，振头街道师增轩
2015年 2月6日 第二十二次会议	调离：东里街道钟明，红旗街道王薇，南长街道徐海峰、李明，新石街道刘子嘉 辞职：东里街道李连宁、杜慧霞，红旗街道高晓辉，南长街道张迎芬，新石街道郄凤魁，中山街道张泽、张杰，维明街道陈卫涛，友谊街道鲍世琦、周志忠、韩杏军、马建辉，苑东街道李文晋，长兴街道狄洁，留营街道闫根斗	东里街道盖锋，红旗街道安立辉，新石街道于会平，中山街道陈少鹏，南长街道张胜联，维明街道王霞，友谊街道曹志革、于建兵，苑东街道张改芬，留营街道高秀恒，东华街道王新典，东风街道孙立红，彭后街道白鸿
2016年 1月28日 第三十次会议	辞职：振头街道安立辉	南长街道张子叶

二、桥西区出席石家庄市第十三届人民代表大会代表名单

朱增海	郭运兴	刘月照	马　军
王　罡	王文晔（女）	王志科	侯典龙
赵新惠	赵雪芹（女）	胡喜祥	赵宏魁
赵建纲	赵　亮	金利华	周立新（女）
张国平	张　焱（回族）	肖燕霞（女）	安　锋
刘世永	任盼志	伍志强	冯惠云（女）
冯　建	白海军	卢丙杰	文秀红（女）
牛延君	王新朝	康学富	温颜强
段林国（满族）	贾庆武	潘卫东	徐丽荣（女）
曹新华			

届中调整情况：2012 年 12 月 7 日，区十五届人大常委会第六次会议补选周立新为石家庄市第十三届人民代表大会代表。2013 年 12 月 28 日，区十五届人大常委会第十五次会议补选贾巧秀、王东刚、张晋为石家庄市第十三届人民代表大会代表。2014 年 12 月 26 日，区十五届人大常委会第二十一次会议补选李景中为石家庄市第十三届人民代表大会代表。2015 年 9 月 8 日，区十五届人大常委会第二十六次会议补选刘军志、张聚华为石家庄市第十三届人民代表大会代表。

第三节　代表工作

一、提高代表履职能力

区十五届人大常委会采取多种形式，提高代表综合素质和履职能力。加强代表培训。围绕区委区政府中心工作制定年度学习培训计划，力求主题鲜明、重点突出、学有所获。同时，结合区人大常委会开展的各类视察和调研活动，有针对性地进行专题讨论。为使代表更好地知情知政，坚持为代表寄送报刊文件等学习资料，定期通报桥西区重点工作开展情况，为代表依法履职、参与管理地方国家事务和社会事务提供服务。

二、搭建代表履职平台

区十五届人大常委会建立 17 个人大代表之家和 8 个人大代表联络站，搭建起了省、市、区三级代表之间的“梯形联系网络”和人大代表与社会各方面沟通联系的对话平台。自建成以来在代表之家开展学习培训等活动 100 多场，参训代表 700 多人次，代表述职 17 场次，接待选民群众 1600 余人次，收集选民意见、建议 238 条，帮助选民解难题、办实事 126 件，不断增强代表履职的责任感。市人大常委会对此项工作给予充分肯定。

三、丰富代表活动内容

认真落实常委会组成人员联系代表、代表联系选民的“双联”制度。创新闭会期间代表活动形式，引导代表围绕推动经济发展、民生热点以及促进社会和谐等方面认真履行职责。组织部分人大代表参与区级领导班子考评、纪委行风评议、土地拍卖竞标、廉租房抽号现场监督等活动。指导各街道代表组制定活动计划、丰富活动内容，进一步活跃代表工作。坚持邀请代表列席区人大常委会会议，扩大代表对常委会工作的有序参与。组织代表开展视察调研，执法检查，要求每位代表在届内至少参与一次区人大常委会组织的集体活动。区十五届人大常委会共组织代表参与常委会视察、调研近千人次，列席区人大常委会会议 152 人次。

四、代表建议办理

区十五届人大一次会议，共收到涉及区人民政府的代表建议 75 件，得到解决和基本解决的 75 件，代表满意率和基本满意率 100%。

区十五届人大二次会议，共收到涉及区人民政府的代表建议 73 件，得到解决和基本解决的 73 件，代表满意率和基本满意率 100%。

区十五届人大四次会议，共收到涉及区人民政府的代表建议 43 件，得到解决和基本解决的 43 件，代表满意率和基本满意率 100%。

区十五届人大五次会议，共收到涉及区人民政府的代表建议 52 件，得到解决和基本解决的 52 件，代表满意率和基本满意率 100%。

区十五届人大七次会议，共收到涉及区人民政府的代表建议 68 件，得到解决和基本解决的 68 件，代表满意率和基本满意率 100%。

五、评选优秀区人大代表

2013 年 12 月，区十五届人大常委会评选出优秀区人大代表 31 名。

2013 年度优秀区人大代表名单

表 15-8

代表团	姓　名
红旗（3 名）	董五洲、王　薇（女）、张　峰
南长（1 名）	曹桂萍（女）
振头（4 名）	吕书文、李明云、李国力、刘世永
苑东（3 名）	郑保华、宋福生、韩书生

续表 15-8

代表团	姓　名
留营（3 名）	王根平、崔书祥、孙新泽
友谊（3 名）	郭生荣、侯典龙、贾庆武
新石（2 名）	任盼志、王玉章
中山（2 名）	伍志强、呼崇利
裕西（2 名）	王书新、杨　斌
东里（3 名）	边东书、杨勇峰、吴林财
西里（2 名）	郑文忠、车庆华（女）
维明（3 名）	高继承、线登洲、张学峰

2016 年 1 月，区十五届人大常委会评选出优秀区人大代表 54 名。

2015 年度优秀区人大代表名单

表 15-9

代表团	姓名
红旗（7 名）	卢　霞（女）、王　昕、崔树旺（回族）、王建刚、杨炳健、梁　涛、韩二刚
南长（6 名）	杨卫东、李立成、吴学志、许立成、薛彦军、李建国
振头（2 名）	师增轩、王友爱
苑东（4 名）	陈立钦、高永庆、李万义、苏铁军
留营（3 名）	崔书祥、孙新泽、王建同
友谊（3 名）	侯典龙、李　佳、张永泽
新石（2 名）	李文国、和爱生
中山（4 名）	任映光、刘华斌、刘孟春、李玉巧（女）
东里（5 名）	郑继延（女）、李占廷、文秀红（女）、樊国文、赵荣肖（女）
西里（3 名）	王竹乐、任志联（女）、梁富春

续表 15-9

代表团	姓名
维明（4 名）	范修学、袁克难（女）、陈千豁、高晓玲（女）
彭后（2 名）	王　昭、徐荣广
东华（2 名）	米振海、张　立
休门（2 名）	王少波、林卫华
东风（2 名）	孟宝丽（女）、刘勇会
汇通（2 名）	常俊英（女）、李国旗
驻军（1 名）	刘建明

第三章　人民代表大会

桥西区第十五届人民代表大会任期5年，自2012年2月至2017年2月，共召开7次会议。

区十五届人大历次会议概况表

表15–10

会议次序	会议日期	议题(项)	听取报告(个)	决议决定(项)	选举表决(项)
第一次	2012年2月15日至17日	10	6	6	4
第二次	2013年3月25日至26日	9	6	6	3
第三次	2013年6月27日至28日	1			1
第四次	2014年1月21日至23日	6	6	6	
第五次	2015年2月11日至13日	7	6	6	1
第六次	2015年9月21日至22日	1			1
第七次	2016年2月18日至19日	7	7	7	

第一节　会议概况

一、区十五届人大一次会议

2012年2月15日至17日，区十五届人大一次会议在十七中学南校区报告厅召开。出席代表227人（应到234人）。会议听取和审议区人民政府代理区长周立新作的《桥西区人民政府工作报告》；听取和审议区发展改革局局长赵雪飞作的《关于桥西区2011年国民经济和社会发展计划执行情况与2012年国民经济和社会发展计划（草案）的报告》，审查和批准桥西区2011年国民经济和社会发展计划执行情况的报告与2012年国民经济和社会发展计划草案；听取和审议区财政局局长孟伟作的《关于桥西区2011年财政预算执行情况和 2012 年财政预算（草案）的报告》，审查和批准桥西区 2011 年财政预算执行情况的报告和 2012 年财政预算草案；听取和审议区人大常委会主任王来传作的《桥西区人民代表大会常务委员会工作报告》、区人民法院院长闫杰作的《桥西区人民法院工作报告》、区人民检察院检察长兰志伟作的《桥西区人民检察院工作报告》。会议通过相应决议。会议选举产生区十五届人大常委会组成人员，区人民政府区长、副区长，区人民法院院长，区人民检察院检察长（名单见本章第二节《会议选举》）。

这次会议，是在桥西区“十二五”规划实现良好开局，全区上下深入贯彻中央、省、市、区党代会和省经济工作会、市委九届二次全会精神，强力推进转型升级、跨越赶超的新形势下召开的一次重要的会议。会议指出，2012 年是深入实施“十二五”规划承上启下的重要一年，是加速产业结构转型升级的攻坚时期，要全面贯彻落实区第八次党代会精神，坚持以科学发展为主题，以加快转变经济发展方式为主线，紧紧围绕“建设繁华现代、靓丽文明、和谐幸福新桥西”的目标，着力构建“一心、两环、三街、四路、五大方向、六大战略、七大片区”的经济发展格局。会议强调，要集中精力抓发展，尽心竭力惠民生，努力实现桥西区经济社会各项工作再上新台阶。

二、区十五届人大二次会议

2013 年 3 月 25 日至 26 日，区十五届人大二次会议在十七中学南校区报告厅召开。出席代表 206 人（应到 231 人）。会议听取和审议区人民政府区长周立新作的《桥西区人民政府工作报告》；听取和审议区发展改革局局长孙文华作的《关于桥西区 2012 年国民经济和社会发展计划执行情况与 2013 年国民经济和社会发展计划（草案）的报告》，审查和批准桥西区 2012 年国民经济和社会发展计划执行情况的报告与 2013 年国民经济和社会发展计划草案；听取和审议区财政局局长孟伟作的《关于桥西区 2012 年财政预算执行情况和 2013 年财政预算（草案）的报告》，审查和批准桥西区 2012 年财政预算执行情况的报告和 2013 年财政预算草案；听取和审议区人大常委会主任赵新惠作的《桥西区人民代表大会常务委员会工作报告》、区人民法院代理院长吉玉刚作的《桥西区人民法院工作报告》、区人民检察院检察长兰志伟作的《桥西区人民检察院工作报告》。会议通过相应决议。会议选举产生桥西区出席石家庄市第十三届人民代表大会代表 37 人。会议补选产生区人民法院院长、3 名区人大常委会委员。（名单见本章第二节《会议选举》）。

这次会议，是在桥西区上下深入贯彻落实党的十八大精神，以民为本、真抓实干、攻坚克难，圆满完成区十五届人大一次会议确定的各项目标任务的形势下召开的一次会议。会议指出，2013 年是全面贯彻落实党的十八大精神的开局之年，是实施“十二五”规划承前启后的关键一年，要按照区委八届三次全会工作部署，坚持科学务实、稳中求进工作总基调，切实把“稳增长、调结构、攻重点、抓改革、惠民生、优环境”作为基本着力点，努力实现经济持续健康发展与社会和谐稳定。会议强调，桥西区上下要团结一心、群策群力，真抓实干、开拓进取，为推进桥西区民主政治建设、促进经济社会发展、维护社会和谐稳定做出新的更大的贡献。

三、区十五届人大三次会议

2013 年 6 月 27 日至 28 日召开，区十五届人大三次会议在桥西区人民法院报告厅召开。出席代表 216 人（应到 232 人）。会议补选产生区人民政府区长（名单见本章第二节《会议选举》）。

四、区十五届人大四次会议

2014 年 1 月 21 日至 23 日，区十五届人大四次会议在十七中学南校区报告厅召开。出席代表 218 人（应到 236 人）。会议听取和审议区人民政府区长张晋作的《桥西区人民政府工作报告》；听取和审议区发展改革局局长孙文华作的《关于桥西区 2013 年国民经济和社会发展计划执行情况与 2014 年国民经济和社会发展计划（草案）的报告》，审查和批准桥西区 2013 年国民经济和社会发展计划执行情况的报告与 2014 年国民经济和社会发展计划草案；听取和审议区财政局局长孟伟作的《关于桥西区 2013 年财政预算执行情况和 2014 年财政预算（草案）的报告》，审查和批准桥西区 2013 年财政预算执行情况的报告和 2014 年财政预算草案；听取和审议区人大常委会主任赵新惠作的《桥西区人民代表大会常务委员会工作报告》、区人民法院院长吉玉刚作的《桥西区人民法院工作报告》、区人民检察院检察长兰志伟作的《桥西区人民检察院工作报告》。会议通过相应决议。

这次会议，是在全面贯彻落实党的十八届三中全会精神、全面深化改革的关键时期召开的。会议指出，要按照区委八届四次全会工作部署，增强经济发展活力、提高城建精细化管理水平。会议强调，要以创新调处矛盾方法、加大大气污染治理为抓手，努力实现经济持续健康发展与社会和谐稳定。

五、区十五届人大五次会议

2015 年 2 月 11 日至 13 日，区十五届人大五次会议在十七中学南校区报告厅召开。出席代表 258 人（应到 278 人）。会议听取和审议区人民政府区长张晋作的《桥西区人民政府工作报告》；听取和审议区发展改革局局长孙文华作的《关于桥西区 2014 年国民经济和社会发展计划执行情况与 2015 年国民经济和社会发展计划（草案）的报告》，审查和批准桥西区 2014 年国民经济和社会发展计划执行情况的报告与 2015 年国民经济和社会发展计划草案；听取和审议区财政局局长孟伟作的《关于桥西区 2014 年财政预算执行情况和 2015 年财政预算（草案）的报告》，审查和批准桥西区 2014 年财政预算执行情况的报告和 2015 年财政预算草案；听取和审议区人大常委会主任赵新惠作的《桥西区人民代表大会常务委员会工作报告》、区人民法院院长吉玉刚作的《桥西区人民法院工作报告》、区人民检察院检察长兰志伟作的《桥西区人民检察院工作报告》。会议通过相应决议。会议补选产生 1 名区人大常委会副主任，3 名区人大常委会委员（名单见本章第二节《会议选举》）。

这次会议，是在全面深化改革关键之年、“十二五”规划收官之年、全面推进依法治国之年召开的一次十分重要的会议。会议指出，2015年要全面贯彻落实中央和省、市、区委一系列重要会议精神，坚持稳中求进工作总基调，以提高经济质量和效益为中心，主动适应经济发展新常态。会议强调，要把转方向、调结构放在更重要的位置，深入实施创新驱动发展战略，积极融入京津冀协同发展大局，着力加强两个环境建设，进一步保障和改善民生，圆满完成“十二五”规划目标，为全面建成小康社会奠定坚实基础。

六、区十五届人大六次会议

2015年9月21日至22日召开，区十五届人大六次会议在十七中学南校区报告厅召开。出席代表230人（应到278人），会议补选产生区人民政府区长（名单见本章第二节《会议选举》）。

七、区十五届人大七次会议

2016年2月18日至19日，区十五届人大七次会议在十七中学南校区报告厅召开。出席代表248人（应到278人）。会议听取和审议区人民政府区长刘军志作的《桥西区人民政府工作报告》；听取和审议区发展改革局局长孙文华作的《关于桥西区国民经济和社会发展第十三个五年规划纲要（草案）的报告》，审查和批准桥西区国民经济和社会发展第十三个五年规划纲要草案；听取和审议区发展改革局局长孙文华作的《关于桥西区2015年国民经济和社会发展计划执行情况与2016年国民经济和社会发展计划（草案）的报告》，审查和批准桥西区2015年国民经济和社会发展计划执行情况报告与2016年国民经济和社会发展计划草案；听取和审议区财政局局长孟伟作的《关于桥西区2015年财政预算执行情况和2016年财政预算（草案）的报告》，审查和批准桥西区2015年财政预算执行情况报告和2016年财政预算草案；听取和审议区人大常委会主任赵新惠作的《桥西区人民代表大会常务委员会工作报告》、区人民法院院长吉玉刚作的《桥西区人民法院工作报告》、区人民检察院检察长兰志伟作的《桥西区人民检察院工作报告》。会议通过相应决议。

这次会议，是在桥西区坚持发展第一要务，全力以赴转职能、抓经济、优环境、保稳定、惠民生，经济社会发展取得显著进步的情况下召开的一次重要会议。会议指出，2016年是实施“十三五”规划的开局之年，是融入京津冀协同发展的关键之年。会议强调，要全面贯彻落实中央和省、市、区委系列重要会议精神，加快转型升级、全面深化改革、实现生态宜居，进一步保障和改善民生，确保“十三五”规划开好局、起好步。

第二节　会议选举

区十五届人大历次会议，共选举产生区级国家机关工作人员 46 人。

区人大常委会

主　任：

赵新惠　　2012 年 2 月区十五届人大一次会议当选

副主任：

王文晔(女)　　2012 年 2 月区十五届人大一次会议当选

党复明　　2012 年 2 月区十五届人大一次会议当选

杨宗奇　　2012 年 2 月区十五届人大一次会议当选

秦景红　　2012 年 2 月区十五届人大一次会议当选

马会忠　　2015 年 2 月区十五届人大五次会议当选

届中调整情况：

党复明，2016 年 4 月 20 日，在区十五届人大常委会第三十一次会议上辞去区人大常委会副主任职务。

委　员（区十五届人大一次会议选举产生）：

王　彦(女)	王来传	任映光	任盼志
刘世永	刘玉巧(女)	刘俊艳(女)	李维佳(满族)
狄　洁(女)	张　英(女)	张　焱(回族)	张卫娟(女)
张晓辉	陈千豁	金绍平	周志忠
赵建纲	侯典龙	袁克难(女)	夏建平
崔书祥	韩杏军		

委　员（区十五届人大二次会议补选产生）：

边东书	房勤慧	赵新想

委　员（区十五届人大五次会议补选产生）：

汪克宁	张　欣(女)	魏含玉

届中调整情况：

王彦(女)、金绍平，2013 年 2 月 17 日，在区十五届人大常委会第八次会议上分别辞去桥西区人大常委会委员职务。

韩杏军、狄洁(女)、周志忠、刘玉巧(女)，2015 年 2 月 6 日，在区十五届人大常委会第二十二次会议上分别辞去桥西区人大常委会委员职务。

区人民政府

区　长：

周立新(女)　2012年2月区十五届人大一次会议当选

张　晋　2013年6月区十五届人大三次会议当选

刘军志　2015年9月区十五届人大六次会议当选

届中调整情况：

周立新(女)，2013年5月6日，在区十五届人大常委会第十次会议上辞去桥西区人民政府区长职务。

张　晋，2013年5月6日，区十五届人大常委会第十次会议决定任命其为桥西区人民政府副区长，决定其为代理区长；2015年8月27日，在区十五届人大常委会第二十五次会议上辞去桥西区人民政府区长职务。

刘军志，2015年8月27日，区十五届人大常委会第二十五次会议决定任命其为桥西区人民政府副区长，决定其为代理区长；2016年12月30日，在区十五届人大常委会第三十五次会议上辞去桥西区人民政府区长职务。

戎华奎，2016年12月30日，区十五届人大常委会第三十五次会议决定任命其为桥西区人民政府副区长，决定其为代理区长。

副区长：

刘春东　2012年2月区十五届人大一次会议当选

徐志峰　2012年2月区十五届人大一次会议当选

赵月芬(女)　2012年2月区十五届人大一次会议当选

尹　勃　2012年2月区十五届人大一次会议当选

王玉洁　2012年2月区十五届人大一次会议当选

高　华　2012年2月区十五届人大一次会议当选

届中调整情况：

刘立栋，2012年5月25日，区十五届人大常委会第二次会议决定任命其为桥西区人民政府副区长(挂职)；2013年2月17日，在区十五届人大常委会第八次会议上辞去桥西区人民政府副区长职务(挂职)。

尹　勃，2013年5月6日，在区十五届人大常委会第十次会议上辞去桥西区人民政府副区长职务。

许建斌，2013年8月13日，区十五届人大常委会第十二次会议决定任命其为桥西区人民政府副区长。

陈　宇，2013年10月18日，区十五届人大常委会第十三次会议决定任命其为桥西区人民政府副区长；2017年1月25日，在区十五届人大常委会第三十六次会议上辞去桥西区人民政府副区长职务。

刘春东，2013年10月18日，在区十五届人大常委会第十三次会议上辞去桥西区人民政府副区长职务。

贾秋凤(女)，2014年8月29日，区十五届人大常委会第十九次会议决定任命其为桥西区人民政府副区长(挂职)；2015年4月21日，在区十五届人大常委会第二十三次会议上辞去桥西区人民政府副区长(挂职)职务。

张雪敏(女)，2014年11月21日，区十五届人大常委会第二十次会议决定任命其为桥西区人民政府副区长；2017年1月25日，在区十五届人大常委会第三十六次会议上辞去桥西区人民政府副区长职务。

龚　长，2014年11月21日，区十五届人大常委会第二十次会议决定任命其为桥西区人民政府副区长。

戎华奎，2014年11月21日，区十五届人大常委会第二十次会议决定任命其为桥西区人民政府副区长；2015年8月27日，在区十五届人大常委会第二十五次会议上辞去桥西区人民政府副区长职务。

王玉洁，2015年12月23日，在区十五届人大常委会第二十九次会议上辞去桥西区人民政府副区长职务。

齐泽旭、崔子安，2017年1月25日，区十五届人大常委会第三十六次会议决定任命其为桥西区人民政府副区长。

高　华、徐志峰，2017年1月25日，在区十五届人大常委会第三十六次会议上辞去桥西区人民政府副区长职务。

区人民法院

院　长：

闫　杰　　2012年2月区十五届人大一次会议当选

吉玉刚　　2013年3月区十五届人大二次会议当选

届中调整情况：

闫　杰，2013年2月17日，在区十五届人大常委会第八次会议上辞去桥西区人民法院院长职务。

吉玉刚，2013年2月17日，区十五届人大常委会第八次会议任命其为桥西区人民法院副院长，决定其为代理院长。

区人民检察院

检察长：

兰志伟(女)　2012年2月区十五届人大一次会议当选

届中调整情况：

兰志伟(女)，2017年1月25日，在区十五届人大常委会第三十六次会议上辞去桥西区人民检察院检察长职务。

张伟新，2017 年 1 月 25 日，在区十五届人大常委会第三十六次会议任命其为桥西区人民检察院副检察长，决定其为代理检察长。

第三节　会议组织

一、区十五届人大一次会议

（一）大会临时党委

书　记：陶明法

副书记：

周立新(女)	韩春生	赵新惠	王来传

委　员：

温保山	党复明	杨宗奇	秦景红

（二）大会主席团和秘书长

主席团：

马维恒	王文晔(女)	王来传	王建良
吕振福	刘春东	杨宗奇	吴敬云
狄　洁(女)	张　芃	张　英(女)	张卫娟(女)
张书凯	张兴汉	张进良	张晓斌
陈　宇	周立新(女)	周志忠	郑海峰
胡增军	赵　欢(女)	赵　欣	赵新惠
姜　震	姜凤刚	秦景红	袁俊兰(女)
党复明	徐志峰	郭红琴(女)	陶明法
韩春生	温保山	蒲建伟	

秘书长：王文晔(女，兼)

（三）大会主席团常务主席

陶明法	王来传	赵新惠	周立新(女)
韩春生	王文晔(女)	党复明	秦景红
杨宗奇			

（四）大会计划预算审查委员会

主 任 委 员：党复明

副主任委员：狄　洁(女)

委　　员：

王建同	卢　霞(女)	冯志强	张双群

赵国渠	徐海峰	薛彦军	

（五）大会议案审查委员会

主 任 委 员：王文晔(女)

副主任委员：周志忠

委　　　员：

刘　东	孙新泽	吴林财	赵荣肖(女)
郭生荣	高晓玲(女)	唐思远	

二、区十五届人大二次会议

（一）大会临时党委

书　记：赵宏魁

副书记：周立新(女)　　韩春生　　赵新惠

委　员：

温保山	党复明	杨宗奇	秦景红

（二）大会主席团和秘书长

主席团：

王文晔(女)	王建良	刘春东	杨宗奇
张　芃	张书凯	张兴汉	张进良
张晓斌	张海燕(女)	陈　宇	周立新(女)
郑海峰	胡增军	赵　欢(女)	赵　欣
赵宏魁	赵雪飞	赵新惠	姜　震
姚金钟	秦景红	党复明	徐志峰
郭红琴(女)	韩春生	温保山	蒲建伟

秘书长：王文晔(女,兼)

（三）大会主席团常务主席

赵宏魁	赵新惠	周立新(女)	韩春生
王文晔(女)	党复明	杨宗奇	秦景红

（四）大会计划预算审查委员会

主 任 委 员：党复明

副主任委员：狄　洁(女)

委　　　员：

王建同	卢　霞（女）	冯志强	张双群
赵国渠	徐海峰	薛彦军	

（五）大会议案审查委员会

主 任 委 员：杨宗奇

副主任委员：周志忠

委　　员：

刘　东	孙新泽	吴林财	赵荣肖(女)
郭生荣	高晓玲(女)	唐思远	

三、区十五届人大三次会议

（一）大会临时党委

书　记：赵宏魁

副书记：张　晋　　韩春生　　赵新惠

委　员：

温保山	党复明	杨宗奇	秦景红

（二）大会主席团和秘书长

主席团：

王文晔(女)	王建良	王爱良	刘春东
杨宗奇	张　芃	张　晋	张书凯
张进良	张晓斌	张海燕(女)	陈　宇
郑海峰	胡增军	赵　欢(女)	赵　欣
赵宏魁	赵雪飞	赵新惠	姜　震
姚金钟	秦景红	党复明	徐志峰
郭红琴(女)	韩春生	温保山	蒲建伟
薄　力			

秘书长：王文晔(女，兼)

（三）大会主席团常务主席

赵宏魁	赵新惠	张　晋	韩春生
王文晔(女)	党复明	杨宗奇	秦景红

四、区十五届人大四次会议

（一）大会临时党委

书　记：赵宏魁

副书记：张　晋　　韩春生　　赵新惠

委　员：

温保山	党复明	杨宗奇	秦景红

（二）大会主席团和秘书长

主席团：

王文晔(女)	王建良	王爱良	杨宗奇

张　芃	张　晋	张书凯	张进良
张晓斌	张海燕(女)	陈　宇	郑海峰
胡增军	赵　欢(女)	赵　欣	赵宏魁
赵雪飞	赵新惠	姜　震	姚金钟
秦景红	党复明	徐志峰	郭红琴(女)
韩春生	焦　磊(女)	温保山	蒲建伟
薄　力			

秘书长：王文晔(女，兼)

（三）大会主席团常务主席

赵宏魁	赵新惠	张　晋	韩春生
王文晔(女)	党复明	杨宗奇	秦景红

（四）大会计划预算审查委员会

主 任 委 员：秦景红

副主任委员：狄　洁(女)

委　　　员：

王建同	卢　霞(女)	冯志强	张双群
陈立钦	徐海峰	薛彦军	

（五）大会议案审查委员会

主 任 委 员：杨宗奇

副主任委员：周志忠

委　　　员：

刘　东	孙新泽	吴林财	赵荣肖(女)
郭生荣	高晓玲(女)	唐思远	

五、区十五届人大五次会议

（一）大会临时党委

书　记：赵宏魁

副书记：

张　晋	韩春生	孟慧贤	赵新惠

委　员：

温保山	党复明	杨宗奇	秦景红

（二）大会主席团和秘书长

主席团：

马会忠	王　红(女)	王文晔(女)	王建良
王爱良	邢海涛	杨宗奇	李子剑

张　芃	张　军(女)	张　晋	张书凯
张进良	张晓斌	张海燕(女)	张雪敏(女)
陈　宇	孟慧贤	郑海峰	胡增军
赵　欢(女)	赵　欣	赵宏魁	赵雪飞
赵新惠	姜　震	姚金钟	秦景红
党复明	徐志峰	郭红琴(女)	韩春生
焦　磊(女)	温保山	蒲建伟	窦同军
薄　力			

秘书长：王文晔(女，兼)

（三）大会主席团常务主席

赵宏魁	赵新惠	张　晋	韩春生
孟慧贤	王文晔(女)	党复明	杨宗奇
秦景红			

（四）大会计划预算审查委员会

主 任 委 员：秦景红

副主任委员：任　颢(女)

委　　　员：

王少波	王建同	卢　霞(女)	田德明
冯志强	张双群	陈立钦	薛彦军

（五）大会议案审查委员会

主 任 委 员：马会忠

副主任委员：魏含玉

委　　　员：

刘　东	孙新泽	吴林财	陈　鹏
赵荣肖(女)	郭生荣	高晓玲(女)	唐思远

六、区十五届人大六次会议

（一）大会临时党委

书　记：赵宏魁

副书记：

刘军志	韩春生	孟慧贤	赵新惠

委　员：

温保山	党复明	杨宗奇	秦景红

（二）大会主席团和秘书长

主席团：

马会忠	王　红(女)	王文晔(女)	王建良
王爱良	刘　慧(女)	刘军志	邢海涛
杨宗奇	李子剑	李浩军	张　芃
张　军(女)	张书凯	张进良	张海燕(女)
张雪敏(女)	陈　宇	孟慧贤	郑海峰
胡增军	赵　欢(女)	赵　欣	赵宏魁
赵雪飞	赵新惠	姜　震	姚金钟
秦景红	党复明	徐志峰	韩春生
温保山	蒲建伟	窦同军	薄　力

秘书长：王文晔(女,兼)

（三）大会主席团常务主席

赵宏魁	赵新惠	刘军志	韩春生
孟慧贤	王文晔(女)	党复明	马会忠
杨宗奇	秦景红		

七、区十五届人大七次会议

（一）大会临时党委

书　记：赵宏魁

副书记：

刘军志	韩春生	孟慧贤	赵新惠

委　员：

温保山	党复明	杨宗奇	秦景红

（二）大会主席团和秘书长

主席团：

马会忠	王　红(女)	王文晔(女)	王建良
王爱良	刘　慧(女)	刘军志	邢海涛
杨宗奇	李子剑	李浩军	张　芃
张　军(女)	张子叶(女)	张书凯	张进良
张海燕(女)	张雪敏(女)	陈　宇	孟慧贤
郑海峰	胡增军	赵　欢(女)	赵　欣
赵宏魁	赵雪飞	赵新惠	姚金钟
秦景红	党复明	徐志峰	韩春生
温保山	蒲建伟	窦同军	薄　力

秘书长：王文晔(女,兼)

（三）大会主席团常务主席

赵宏魁	赵新惠	刘军志	韩春生
孟慧贤	王文晔(女)	党复明	马会忠
杨宗奇	秦景红		

（四）大会计划预算审查委员会

主 任 委 员：秦景红

副主任委员：任　颢(女)

委　　　员：

王少波	王建同	卢　霞(女)	田德明
冯志强	张双群	陈立钦	薛彦军

（五）大会议案审查委员会

主 任 委 员：马会忠

副主任委员：魏含玉

委　　　员：

刘　东	孙新泽	吴林财	陈　鹏
赵荣肖(女)	郭生荣	高晓玲(女)	唐思远

第四章　人民代表大会常务委员会

桥西区人大常委会组成人员名额为 27 人，区十五届人大一次会议选举产生区人大常委会组成人员 27 人。

区十五届人大常委会深入贯彻党的十八大和十八届三中、四中、五中、六中全会精神，深入学习习近平总书记系列重要讲话精神，认真行使宪法和法律赋予的职权，扎实工作，开拓创新，为促进桥西区经济社会持续健康发展做出积极贡献。

第一节　常委会会议

区十五届人大常委会共召开会议 37 次。

第一次会议　2012 年 3 月 20 日召开，区人大常委会主任赵新惠，副主任王文晔、党复明、杨宗奇、秦景红和 19 名委员出席会议。区委副书记韩春生，区委组织部部长温保山，区人民政府副区长刘春东，区人民法院院长闫杰，区人民检察院检察长兰志伟列席会议。会议审议并通过《区人大常委会 2012 年工作要点及议题安排》《区十五届人大常委会议事规则》《区十五届人大常委会组成人员守则》。会议听取和审议《区十五届人大常委会代表资格审查委员会名单》。会议通过人事任免事项（名单见本篇第七章《选举任免》）。

第二次会议　2012 年 5 月 25 日召开，区人大常委会主任赵新惠，副主任王文晔、党复明、杨宗奇、秦景红和 17 名委员出席会议。区人民政府副区长王玉洁、区人民检察院检察长兰志伟、区委组织部常务副部长杨丽倩、区人民法院相关负责人列席会议。会议听取和审议区人民检察院检察长兰志伟作的《关于反贪污贿赂检察工作情况的报告》。会议审议并通过《关于区人民政府向区人大常委会报告重大事项、通报重要情况和报送重要文件的规定》等十二项规范性文件。会议通过人事任免事项（名单见本篇第七章《选举任免》）。

第三次会议　2012 年 7 月 27 日召开，区人大常委会组成人员出席会议。区人民政府副区长刘春东、区人民法院院长闫杰、区人民检察院副检察长崔建民、区委组织部常务副部长杨丽倩列席会议。会议听取和审议区人民政府《关于加强文化市场管理促进文化产业发展的工作报告》、区人民法院院长闫杰作的《关于刑事审判工作情况的报告》。会议通过人事任免事项（名单见本篇第七章《选举任免》）。

第四次会议　2012 年 9 月 25 日召开，区人大常委会主任赵新惠，副主任王文晔、党复明、杨宗奇和 21 名委员出席会议。区人民政府副区长王玉洁、区人民法院副院长啜增义、区人民检察院副检察长贾景辉列席会议。会议听取和审议区人民政府《2012 年上半年国民经济和社会发展计划执行情况的报告》《关于 2012 年 1—6 月份财政预算执行情况的报告》《关于扩充优质资源、提升校园品质、全力办好省会一流人民满意教育的报告》。会议审议并通过区人大常委会《关于对区人民政府、区人民法院、区人民检察院专项工作报告进行满意度测评的实施办法》。区人大常委会主任赵新惠传达市委人大工作会议精神。会议通过人事任免事项（名单见本篇第七章《选举任免》）。

第五次会议　2012 年 11 月 23 日召开，区人大常委会主任赵新惠，副主任王文晔、党复明、杨宗奇、秦景红和 17 名委员出席会议。区人民政府副区长刘春东、区人民法院院长闫杰、区人民检察院相关负责人列席会议。会议听取和审议区人民政府《关于 2011 年财政决算的报告》并通过相应决议。会议听取《关于 2011 年度预算执行和其他财政收支情况的审计工作报告》，会议听取和审议区人民政府《关于调整 2012 年财政预算的报告》并通过相应决定，会议听取和审议《关于办理区十五届人大一次会议代表建议、批评和意见情况的报告》。会议审议区人大常委会《关于法官、检察官法律职务任职资格审查及任后监督的暂行办法》。会议研究讨论其他事项。会议通过人事任免事项（名单见本篇第七章《选举任免》）。

第六次会议　2012 年 12 月 7 日召开，区人大常委会主任赵新惠，副主任王文晔、党复明、秦景红和 13 名委员出席会议。区人民政府副区长刘春东、区人民法院、区人民检察院相关负责人、区委组织部常务副部长杨丽倩列席会议。会议审议并通过接受陶明法辞去区第十五届人民代表大会代表职务的决议。会议补选产生桥西区出席石家庄市第十三届人民代表大会代表 1 名。会议研究其他事项。

第七次会议　2012 年 12 月 28 日召开，区人大常委会主任赵新惠，副主任党复明、杨宗奇和 16 名委员出席会议。区人民政府副区长刘春东、区人民法院、区人民检察院相关负责人列席会议。会议听取和审议《关于 2012 年财政预算调整情况的报告》并通过相应决定。

第八次会议　2013 年 2 月 17 日召开，区人大常委会主任赵新惠，副主任王文晔、党复明、杨宗奇、秦景红和 15 名委员出席会议。区人民政府副区长刘春东、区人民检察院检察长兰志伟、区人民法院副院长刘晓梅、区委组织部常务副部长杨丽倩列席会议。会议听取和审议《桥西区人大常委会工作报告（征求意见稿）》《关于补选代表工作的情况报告》。会议审议并通过《关于召开桥西区第十五届人民代表大会第二次会议的决定》《区第十五届人民代表大会第二次会议建议议程》《代表资格审查报告》，大会主席团、秘书长、常务主席、两个委员会、列席人员名单（草案）。会议通过人事任免事项（名单见本篇第七章《选举任免》）。

第九次会议　2013 年 3 月 29 日召开，区人大常委会组成人员出席会议。区人民政府副区长王玉洁、区人民法院院长吉玉刚、区人民检察院副检察长贾景辉、区委组织部常务副部长杨丽倩列席会议。会议审议并通过《区人大常委会 2013 年工作要点及议题安排》。

第十次会议 2013 年 5 月 6 日召开，区人大常委会主任赵新惠，副主任王文晔、党复明、杨宗奇、秦景红和 17 名委员出席会议。区委组织部部长温保山，区人民政府副区长刘春东，区人民法院院长吉玉刚，区人民检察院检察长兰志伟列席会议。会议通过人事任免事项（名单见本篇第七章《选举任免》）。

第十一次会议 2013 年 6 月 19 日召开，区人大常委会主任赵新惠，副主任王文晔、党复明、杨宗奇、秦景红和 19 名委员出席会议。区人民政府副区长刘春东、区人民法院副院长刘晓梅、区人民检察院副检察长贾景辉列席会议。会议听取和审议区人民政府《关于社区卫生服务工作进展情况的报告》、区人民法院《关于未成年人审判工作情况的报告》、区人大常委会人事代表工委《关于补选代表工作情况的报告》。会议审议并通过《关于召开桥西区第十五届人民代表大会第三次会议的决定》《区第十五届人民代表大会第三次会议建议议程》《代表资格审查报告》，大会主席团、秘书长、常务主席名单（草案）。会议通过人事任免事项（名单见本篇第七章《选举任免》）。

第十二次会议 2013 年 8 月 13 日召开，区人大常委会主任赵新惠，副主任王文晔、党复明、杨宗奇、秦景红和 14 名委员出席会议。区人民政府副区长刘春东、区人民法院副院长刘晓梅、 区人民检察院副检察长贾景辉、区委组织部常务副部长杨丽倩列席会议。会议听取和审议区人民政府《关于 2013 年上半年国民经济运行情况的报告》《关于 2013 年 1—6 月份财政预算执行情况的报告》《关于〈中华人民共和国人口与计划生育法〉贯彻实施情况的报告》。会议通过人事任免事项（名单见本篇第七章《选举任免》）。

第十三次会议 2013 年 10 月 18 日召开，区人大常委会主任赵新惠，副主任党复明、杨宗奇、秦景红和 18 名委员出席会议。区人民政府副区长徐志峰、区人民法院院长吉玉刚、区人民检察院副检察长贾景辉列席会议。会议听取和审议区人民政府《关于 2012 年财政决算情况的报告》并通过相应决议、区人民政府《关于办理区十五届人大二次会议代表建议、批评和意见情况的报告》、区人民检察院《关于公诉工作情况的报告》。会议听取区人民政府《关于 2012 年度财政预算执行和其他财政收支情况的审计工作报告》。会议通过人事任免事项（名单见本篇第七章《选举任免》）。

第十四次会议 2013 年 12 月 20 日召开，区人大常委会主任赵新惠，副主任王文晔、党复明、杨宗奇和 16 名委员出席会议。区人民政府副区长徐志峰、区人民检察院检察长兰志伟、区人民法院相关负责人列席会议。会议审议并通过《关于召开桥西区第十五届人民代表大会第四次会议的决定》《区第十五届人民代表大会第四次会议建议议程》《关于表彰区优秀人大代表的决定》。会议听取和审议区人民政府《关于 2013 年财政预算调整情况的报告》并通过相应决定、区人民政府《关于景观提升工作情况的报告》。会上，对 2 名法官和 2 名检察官进行履职评议。会议通过人事任免事项（名单见本篇第七章《选举任免》）。

第十五次会议　2013 年 12 月 28 日召开，区人大常委会主任赵新惠，副主任王文晔、党复明、杨宗奇、秦景红和 14 名委员出席会议。区人民政府、区人民法院、区人民检察院相关负责人，区委组织部常务副部长杨丽倩列席会议。会议补选产生桥西区出席石家庄市第十三届人民代表大会代表 3 名。

第十六次会议　2014 年 1 月 13 日召开，区人大常委会主任赵新惠，副主任王文晔、党复明、杨宗奇、秦景红和 14 名委员出席会议。区人民政府副区长徐志峰，区人民法院、区人民检察院相关负责人列席会议。会议听取和审议《区人大常委会工作报告（征求意见稿）》《关于补选代表工作情况的报告》。会议审议并通过《代表资格审查报告》，大会主席团、秘书长、常务主席、两个委员会、列席人员名单（草案）。会议通过人事任免事项（名单见本篇第七章《选举任免》）。

第十七次会议　2014 年 4 月 1 日召开，区人大常委会主任赵新惠，副主任王文晔、党复明、杨宗奇、秦景红和 14 名委员出席会议。区人民政府副区长王玉洁、区人民法院副院长刘晓梅、区人民检察院副检察长贾景辉列席会议。会议审议并通过《区人大常委会 2014 年工作要点及议题安排》《区人大常委会关于开展党的群众路线教育实践活动的实施方案》。

第十八次会议　2014 年 6 月 26 日召开，区人大常委会主任赵新惠，副主任王文晔、党复明、杨宗奇、秦景红和 16 名委员出席会议。区人民政府副区长赵月芬、区人民法院副院长刘晓梅、区人民检察院副检察长贾景辉列席会议。会议听取和审议区公安分局《关于基层派出所建设工作情况的报告》、区人民政府《关于贯彻实施〈中华人民共和国残疾人权益保障法〉情况的报告》并对报告及相关工作进行满意度测评。会上，对 2 名法官和 2 名检察官进行履职评议。会议通过人事任免事项（名单见本篇第七章《选举任免》）。

第十九次会议　2014 年 8 月 29 日召开，区人大常委会主任赵新惠，副主任王文晔、党复明、杨宗奇和 14 名委员出席会议。区委组织部部长温保山，区人民政府副区长徐志峰，区人民检察院检察长兰志伟，区人民法院副院长刘晓梅列席会议。会议听取和审议区人民政府《关于 2014 年上半年国民经济运行情况的报告》《关于 2014 年 1—6 月份财政预算执行情况的报告》、区人民检察院《关于职务犯罪预防工作情况的报告》。会议审议并通过区人大常委会《关于在桥西区各街道建立“人大代表之家”的实施意见》。会议通过人事任免事项（名单见本篇第七章《选举任免》）。

第二十次会议　2014 年 11 月 21 日召开，区人大常委会主任赵新惠，副主任王文晔、党复明、杨宗奇、秦景红和 19 名委员出席会议。区人民政府区长张晋，区委组织部部长温保山，区人民法院院长吉玉刚，区人民检察院检察长兰志伟列席会议。会议听取和审议区财政局局长孟伟作的《关于 2013 年财政决算情况的报告》并通过相应决议。会议听取区审计局局长底欣作的《关于 2013 年度财政预算执行和其他财政收支的审计工作报告》。会议听取和审议区人民政府办公室主任杨树新作的《关于办理区十五届人大四次会议代表建议、批评和意见情况的报告》、区教育局局长张治军作的《关于桥西区义务教育均衡发展工作情况的报告》。会议通过人事任免事项（名单见本篇第七章《选举任免》）。

第二十一次会议 2014年12月26日召开，区人大常委会主任赵新惠，副主任王文晔、杨宗奇、秦景红和12名委员出席会议。区人民政府副区长徐志峰，区人民法院、区人民检察院相关负责人、区委组织部常务副部长杨丽倩列席会议。会议听取和审议区人民政府《关于2014年财政预算调整情况的报告》并通过相应决定。会议听取和审议区人民政府《关于老旧小区环境综合整治工作情况的报告》《关于食品安全工作开展情况的报告》、区人民法院《关于执行工作情况的报告》、区人大常委会《关于补选代表工作情况的报告》。会议补选产生桥西区出席石家庄市第十三届人民代表大会代表1名。

第二十二次会议 2015年2月6日召开，区人大常委会主任赵新惠，副主任王文晔、杨宗奇、秦景红和10名委员出席会议。区人民政府、区人民法院、区人民检察院相关负责人列席会议。会议听取和审议《区人大常委会工作报告（征求意见稿）》《关于补选代表工作情况的报告》。会议审议并通过《关于召开桥西区第十五届人民代表大会第五次会议的决定》《区第十五届人民代表大会第五次会议建议议程》《代表资格审查报告》，大会主席团、秘书长、常务主席、两个委员会、列席人员名单（草案）。会议研究其他事项。

第二十三次会议 2015年4月21日召开，区人大常委会主任赵新惠，副主任王文晔、党复明、马会忠、杨宗奇、秦景红和14名委员出席会议。区人民政府、区人民法院、区人民检察院相关负责人列席会议。会议审议并通过《区人大常委会2015年工作要点及议题安排》。会议听取和审议区人民政府《关于基层医疗卫生服务体系建设情况的报告》、区人民检察院《关于侦查监督工作情况的报告》。会议通过人事任免事项（名单见本篇第七章《选举任免》）。

第二十四次会议 2015年7月7日召开，区人大常委会主任赵新惠，副主任王文晔、马会忠、杨宗奇、秦景红和15名委员出席会议。区人民政府副区长徐志峰，区人民法院、区人民检察院相关负责人，区委组织部常务副部长杨丽倩列席会议。会议听取和审议区人民政府《关于对〈中华人民共和国安全生产法〉贯彻落实情况的报告》《关于校舍安全及校园基础设施建设情况的报告》。会上，对2名法官和2名检察官进行履职评议。会议通过人事任免事项（名单见本篇第七章《选举任免》）。

第二十五次会议 2015年8月27日至28日召开，区人大常委会主任赵新惠，副主任王文晔、党复明、马会忠、杨宗奇、秦景红和16名委员出席会议。区委组织部部长温保山，区人民政府副区长徐志峰，区人民法院、区人民检察院相关负责人列席会议。会议听取和审议区人民政府《关于2015年1—6月份国民经济和社会发展计划执行情况的报告》《关于2015年1—6月份财政预算执行情况的报告》、区人民法院《关于民事审判工作开展情况的报告》。会上，对市人大代表进行述职评议。会议通过人事任免事项（名单见本篇第七章《选举任免》）。

第二十六次会议 2015年9月8日召开，区人大常委会主任赵新惠，副主任王文晔、党复明、杨宗奇、秦景红和13名委员出席会议。区人民政府、区人民法院、区人民检察院相关负责人、区委组织部常务副部长杨丽倩列席会议。会议补选产生桥西区出席石家庄市第十三届人民代表大会代表2名。

第二十七次会议　2015年9月21日召开，区人大常委会组成人员出席会议。区人民政府、区人民法院、区人民检察院相关负责人列席会议。会议听取和审议《关于补选代表工作情况的报告》。会议审议并通过《关于召开桥西区第十五届人民代表大会第六次会议的决定》《区第十五届人民代表大会第六次会议建议议程》《代表资格审查报告》，大会主席团、秘书长、常务主席名单（草案）。

第二十八次会议　2015年10月30日召开，区人大常委会主任赵新惠，副主任王文晔、党复明、马会忠、杨宗奇、秦景红和15名委员出席会议。区人民政府副区长龚长、区人民法院院长吉玉刚、区人民检察院检察长兰志伟列席会议。会议听取和审议区人民政府《关于2014年财政决算情况的报告》并通过相应决议。会议听取区人民政府《关于2014年度区财政预算执行情况的审计工作报告》。会议听取和审议区人民政府《关于桥西区老旧小区环境综合整治及后续管理工作的报告》《关于办理区十五届人大五次会议代表建议、批评和意见情况的报告》。会上，对2名法官和2名检察官进行履职评议。会议通过人事任免事项（名单见本篇第七章《选举任免》）。

第二十九次会议　2015年12月23日召开，区人大常委会主任赵新惠，副主任王文晔、党复明、马会忠、杨宗奇、秦景红和12名委员出席会议。区人民政府副区长徐志峰、区人民法院院长吉玉刚、区人民检察院副检察长贾景辉、区委组织部常务副部长杨丽倩列席会议。会议听取和审议区人民政府《关于景观提升和道路大修专项资金使用情况的报告》《关于2015年财政预算调整情况的报告》并通过相应决定、区公安分局《关于经济侦查工作情况的报告》。会上，对2名法官和2名检察官进行履职评议。会议通过人事任免事项（名单见本篇第七章《选举任免》）。

第三十次会议　2016年1月28日召开，区人大常委会主任赵新惠，副主任王文晔、党复明、马会忠、杨宗奇、秦景红和15名委员出席会议。区人民政府副区长徐志峰、区人民法院副院长刘晓梅、区人民检察院副检察长张晓鹏列席会议。会议听取和审议《区人大常委会工作报告（征求意见稿）》《关于补选代表工作情况的报告》。会议审议并通过《关于召开桥西区第十五届人民代表大会第七次会议的决定》《区第十五届人民代表大会第七次会议建议议程》《代表资格审查报告》，大会主席团、秘书长，常务主席、两个委员会、列席人员名单（草案）。会议通过区人大常委会《关于表彰优秀区人大代表的决定》。会议通过人事任免事项（名单见本篇第七章《选举任免》）。

第三十一次会议　2016年4月20日召开，区人大常委会主任赵新惠，副主任王文晔、马会忠、杨宗奇、秦景红和15名委员出席会议。区人民政府副区长张雪敏、区人民法院副院长刘晓梅、区人民检察院副检察长毛永红、区委组织部常务副部长杨丽倩列席会议。会议审议并通过《区人大常委会2016年工作要点及议题安排》。会议表决通过《区人大常委会关于宪法宣誓工作实施办法（试行）》。会议听取和审议区人民政府《关于贯彻实施〈中华人民共和国科学技术进步法〉工作情况的报告》、区公安分局《关于社会治安防控体系建设工作情况的报告》。会议通过人事任免事项（名单见本篇第七章《选举任免》）。

第三十二次会议 2016年7月5日召开，区人大常委会主任赵新惠，副主任王文晔、马会忠、杨宗奇、秦景红和15名委员出席会议。区人民政府副区长张雪敏、区人民法院院长吉玉刚、区人民检察院副检察长张晓鹏、区委组织部常务副部长杨丽倩列席会议。会议听取和审议区人民政府《关于招商工作开展情况的报告》《关于土地征收工作进展情况的报告》、区人民检察院《关于"两法衔接"工作情况的报告》。会上，对2名法官和2名检察官进行履职评议。会议通过人事任免事项（名单见本篇第七章《选举任免》）。

第三十三次会议 2016年8月31日召开，区人大常委会主任赵新惠，副主任王文晔、马会忠、秦景红和12名委员出席会议。区人民政府副区长徐志峰，区人民法院副院长刘晓梅、区人民检察院副检察长贾景辉列席会议。会议听取和审议区人民政府《关于2016年1—6月份国民经济和社会发展计划执行情况的报告》《关于2016年1—6月份财政预算执行情况的报告》《关于贯彻实施〈中华人民共和国食品安全法〉工作情况的报告》。会上，对2名法官和2名检察官进行履职评议。

第三十四次会议 2016年11月11日召开，区人大常委会主任赵新惠，副主任王文晔、马会忠、秦景红和17名委员出席会议。区人民政府副区长徐志峰，区人民法院、区人民检察院相关负责人列席会议。会议听取和审议区人大常委会《关于区人民代表大会换届选举工作的安排意见》、区人民政府《关于办理区十五届人大七次会议代表建议、批评和意见情况的报告》《关于2015年财政决算报告》并通过相应决议。会议听取区人民政府《关于2015年度区财政预算执行情况的审计工作报告》。会议听取和审议区人民法院《关于婚姻家庭案件审理工作情况的报告》。会议审议通过《区人民代表大会换届选举工作委员会名单（草案）》《区人民代表大会换届选举工作有关事项的决定（草案）》。会议通过人事任免事项（名单见本篇第七章《选举任免》）。

第三十五次会议 2016年12月30日召开，区人大常委会组成人员出席会议。区委组织部部长温保山，区人民政府副区长张雪敏，区人民法院副院长刘晓梅，区人民检察院副检察长贾景辉列席会议。会议听取和审议区人民政府《关于学前教育工作开展情况的报告》并进行满意度测评、区人民政府《关于调整2016年区财政预算情况的报告》并通过相应决定、区人大常委会《关于区第十六届人大代表选举结果的报告》《代表资格审查报告》。会议通过人事任免事项。会上，对2名法官和2名检察官进行履职评议。

第三十六次会议 2017年1月25日召开，区人大常委会组成人员出席会议。区委组织部部长温保山，区人民政府副区长许建斌，区人民法院院长吉玉刚，区人民检察院副检察长贾景辉列席会议。会议听取和审议《区人大常委会工作报告（征求意见稿）》《关于补选代表的安排意见（草案）》。会议通过人事任免事项（名单见本篇第七章《选举任免》）。

第三十七次会议 2017年2月17日召开，区人大常委会组成人员出席会议。区人大常委会党组书记张书凯、区人民政府副区长齐泽旭、区人民法院副院长刘晓梅、区人民检察院代理检察长张伟新列席会议。会议听取和审议《关于补选代表工作情况的报告》。会议审议并通过《关于召开桥西区第十六届人民代表大会第一次会议的决定》《区第十六届人民代表大会第一次会议建议议程》《代表资格审查报告》，大会主席团、秘书长、常务主席、两个委员会、列席人员名单（草案）。

第二节　主任会议

区十五届人大常委会共召开主任会议43次，由赵新惠主任主持召开。常委会各位副主任出席会议，各委办室主任列席会议。

区十五届人大常委会主任会议情况一览表

表15-11

序号	时　间	议　题
1	2012年2月22日	研究区人大常委会主任、副主任工作分工，研究确定2012年工作安排
2	2012年3月14日	研究人事任免事项，研究区人大常委会工作要点、区人大常委会2012年议题安排、区人大常委会会议议事规则、主任会会议议事规则、组成人员守则、工作制度及规范，研究代表资格审查委员会名单
3	2012年4月24日	研究关于进一步加强对优化发展环境监督检查的安排意见（草案），研究区人大代表第二季度活动安排，研究区人大常委会人事任免和监督办法，研究区人大代表建议、批评和意见的提出和办理办法的规定、区人大常委会受理人民群众申诉和意见的规定、区人大常委会组成人员加强同代表联系的规定、区人大常委会执法检查工作的规定，研究修改规章制度，研究区人民政府向区人大常委会报告重大事项，通报重要情况和报送重要文件的规定和“一府两院”向区人大代表通报重要工作和重大事项的规定
4	2012年5月22日	研究关于反贪污贿赂检察工作情况的初审意见，研究区人大常委会关于预算审查监督的规定、区公民旁听区人民代表大会常务委员会会议的规定、区人大常委会街道人大工作室工作规则、区人大常委会受理人民群众申诉和意见的规定、区人民代表大会代表工作条例、区人大常委会关于区人大常委会组成人员加强同代表联系的规定、区人大常委会人事任免和监督办法，研究区人大常委会关于区人大代表建议、批评和意见的提出和办理的规定，研究区人大常委会关于区人民政府、区人民法院、区人民检察院向区人大代表通报重要工作和重大事项的规定，研究区人大常委会关于区人民政府向区人大常委会报告重大事项、通报重要情况和报送重要文件的规定，研究区人大常委会听取和审议区人民政府、区人民法院和区人民检察院专项工作报告的规定，研究人事任免事项

续表 15-11

序号	时　间	议　题
5	2012 年 8 月 12 日	传达学习市委《关于加强人大工作的决定》并进行研讨发言
6	2012 年 11 月 21 日	研究区人大常委会关于法官、检察官法律职务任职资格审查及任后监督的暂行办法（草案），研究人事任免事项，研究关于 2011 年财政决算报告的初审意见，研究关于批准区人民政府 2012 年财政预算调整的决定（草案），研究关于区人民政府办理区十五届人大一次会议代表建议、批评和意见情况的视察报告，研究常委会第五次会议有关事项
7	2012 年 12 月 27 日	听取区人民政府关于 2012 年财政预算调整情况的报告，研究常委会第七次会议有关事项
8	2013 年 1 月 24 日	研究区人大常委会工作报告（草稿），研究区十五届人大二次会议有关事项
9	2013 年 2 月 6 日	研究人事任免事项，研究区十五届人大二次会议有关事项，研究常委会第八次会议有关事项
10	2013 年 5 月 3 日	研究人事任免事项，研究其他事项
11	2013 年 5 月 17 日	研究市人民检察院提请的拘留桥西区一名代表的请示
12	2013 年 6 月 9 日	研究区十五届人大三次会议有关事项，研究区人大常委会教科文卫工委关于区人民政府社区卫生服务工作情况的视察报告、区人大常委会法制工委关于区人民法院未成年人审判工作情况的初审意见，研究人事任免事项，研究常委会第十一次会议有关事项
13	2013 年 8 月 8 日	研究人事任免事项，研究关于 2013 年上半年经济运行情况的初审意见、关于 2013 年 1—6 月份财政预算执行情况的初审意见，研究关于区人民政府《中华人民共和国人口与计划生育法》贯彻实施情况的视察报告，研究通过区十五届人大代表调整后分组名单，研究常委会第十二次会议有关事项
14	2013 年 9 月 6 日	研究关于做好市委督导 2013 年全市人大工作会议执行情况，研究区人大常委会近期工作，研究区人大常委会落实年休假工作
15	2013 年 10 月 16 日	研究人事任免事项，研究关于 2012 年财政决算报告的初审意见、关于 2012 年财政决算报告的决议（草案），研究关于区人民检察院公诉工作开展情况的初审意见，研究关于区人民政府办理代表建议、批评和意见情况的报告，研究并通过关于区级优秀代表评选活动的实施意见，研究常委会第十三次会议有关事项

续表 15-11

序号	时　间	议　题
16	2013 年 11 月 19 日	研究桥东区人民法院对桥西区一名人大代表涉及犯罪向区人大常委会提请立案事项，会议决定提请常委会批准
17	2013 年 12 月 18 日	研究人事任免事项，研究关于景观提升工作的视察报告，研究关于批准 2013 年财政预算调整的决定（草案），研究关于评选优秀区人大代表情况的汇报，研究关于召开区十五届人大四次会议的决定，研究区十五届人大四次会议有关事项，研究常委会第十四次会议有关事项
18	2013 年 12 月 31 日	研究区人大常委会工作报告（征求意见稿），研究大会秘书处各组职责分工，研究补选代表工作的请示
19	2014 年 1 月 10 日	研究人事任免事项，研究区十五届人大四次会议有关事项
20	2014 年 3 月 27 日	研究区人大常委会 2014 年工作要点，研究并通过区人大常委会 2014 年议题安排，研究常委会第十七次会议有关事项
21	2014 年 6 月 24 日	研究人事任免事项，研究关于区公安分局基层派出所建设情况的审议意见，研究关于区人民政府贯彻实施《中华人民共和国残疾人保障法》情况的视察报告，研究常委会第十八次会议有关事项
22	2014 年 8 月 26 日	研究人事任免事项，研究关于 2014 年上半年经济运行情况的初审意见，研究关于 2014 年 1—6 月份财政预算执行情况的初审意见，研究区人大常委会关于设立“人大代表之家”的安排意见，研究常委会第十九次会议有关事项
23	2014 年 9 月 17 日	研究市人民检察院提请的关于对一名人大代表立案审查，并采取强制措施事项
24	2014 年 11 月 19 日	研究人事任免事项，研究关于 2013 年财政决算情况的初审意见，研究关于批准区 2013 年财政决算的决议（草案），研究关于区人民政府办理代表建议、批评和意见情况的初审意见，研究关于进一步推动义务教育阶段均衡发展工作情况的初审意见，研究常委会第二十次会议有关事项
25	2014 年 12 月 23 日	研究关于区人民政府预算调整工作情况的初审意见，研究关于区人民政府预算调整的决定（草案），研究关于老旧小区环境综合整治的视察报告，研究关于区人民法院执行情况的视察报告、关于补选代表工作的初步设想，研究常委会第二十一次会议有关事项
26	2015 年 2 月 2 日	研究区十五届人大五次会议有关事项，研究常委会第二十二次会议有关事项

续表 15-11

序号	时 间	议 题
27	2015 年 3 月 23 日	研究区人大常委会 2015 年工作要点（草案），研究区人大常委会 2015 年议题安排（草案）
28	2015 年 4 月 17 日	研究人事任免事项，研究关于基层医疗卫生服务体系建设情况的视察报告，研究关于区人民检察院侦查监督工作情况的视察报告，研究常委会第二十三次会议有关事项
29	2015 年 7 月 3 日	研究人事任免事项，研究关于加强校舍安全及校园基础设施建设情况的视察报告，研究区人大常委会信访办公室《关于人大代表监督涉检信访工作办法（试行）》，研究常委会第二十四次会议有关事项
30	2015 年 8 月 25 日	研究人事任免事项，研究关于 2015 年上半年国民经济和社会发展计划执行情况的初审意见，研究关于 2015 年 1—6 月份财政预算执行情况的初审意见，研究关于区人民法院民事审判工作开展情况的视察报告，研究常委会第二十五次会议有关事项
31	2015 年 9 月 17 日	研究区十五届人大六次会议有关事项，研究常委会第二十七次会议有关事项
32	2015 年 10 月 28 日	研究人事任免事项，研究关于 2014 年财政决算情况的初审意见，研究关于桥西区老旧小区环境综合整治及后续管理工作的视察报告，研究区人民政府办理代表建议、批评和意见情况的视察报告，研究常委会第二十八次会议有关事项
33	2015 年 12 月 18 日	研究人事任免事项，研究关于 2015 年财政预算调整情况的初审意见及常委会批准 2015 年财政预算调整的决定（草案），研究关于区人民政府景观提升和道路大修专项资金使用情况的初审意见，研究关于区公安分局经济侦查工作情况的视察报告，研究区人大常委会规范性文件备案审查工作细则，研究常委会第二十九次会议有关事项
34	2016 年 1 月 13 日	研究区十五届人大七次会议有关事项
35	2016 年 1 月 26 日	研究区十五届人大七次会议有关事项，研究常委会第三十次会议有关事项
36	2016 年 3 月 15 日	研究区人大常委会 2016 年工作要点
37	2016 年 3 月 16 日	研究区公安分局关于对一名区人大代表进行行政处罚的报告

续表 15-11

序号	时　间	议　题
38	2016 年 4 月 15 日	研究人事任免事项，研究关于区人民政府贯彻实施《中华人民共和国科学技术进步法》工作情况的视察报告，研究关于区公安分局社会治安防控体系建设工作情况的视察报告，研究区人大常委会副主任党复明辞职申请，研究常委会第三十一次会议有关事项，传达区委常委会会议精神
39	2016 年 6 月 29 日	研究人事任免事项，研究关于招商工作开展情况的视察报告，研究关于土地征收工作进展情况的视察报告，研究关于区人民检察院“两法衔接”工作情况的视察报告，研究常委会第三十二次会议有关事项
40	2016 年 8 月 29 日	研究关于 2016 年 1—6 月份国民经济和社会发展计划执行情况的初审意见，研究关于 2016 年 1—6 月份财政预算执行情况的初审意见，研究关于区人民政府贯彻实施《中华人民共和国食品安全法》工作情况的视察报告，研究常委会第三十三次会议有关事项
41	2016 年 11 月 8 日	研究人事任免事项，研究关于 2015 年财政决算情况的初审意见，研究关于批准区人民政府 2015 年财政决算的决议（草案），研究关于婚姻家庭案件审理工作情况的初审意见，研究关于区人民政府办理代表建议、批评和意见情况的初审意见，研究换届选举工作安排意见，研究区选举委员会成员名单（草案），研究区选举委员会办公室各工作组人员名单，研究关于换届选举工作有关事项的决定（草案），研究区选举委员会一号公告、区换届选举日程安排、区换届选举文件一览表，研究常委会第三十四次会议有关事项
42	2016 年 12 月 29 日	研究人事任免事项，研究关于学前教育工作开展情况的视察报告，研究关于 2016 年财政预算调整情况的初审意见及常委会批准 2016 年财政预算调整方案的决定（草案），研究关于区第十六届人大代表选举结果的报告和代表资格审查报告（草案），研究常委会第三十五次会议有关事项
43	2017 年 1 月 25 日	研究人事任免事项，研究关于补选代表的安排意见，研究区人大常委会工作报告（征求意见稿），研究常委会第三十六次会议有关事项

第三节　机构设置

区十五届人大常委会设办公室、人事代表工作委员会、法制工作委员会、财经城建工作委员会、教科文卫工作委员会、信访办公室。

区十五届人大常委会机构人员情况表

表 15-12

机构名称	职　务	姓　名	任职时间
办公室	主任	张　英	2012 年 2 月至 2017 年 2 月
	副主任	蔡　明	2012 年 2 月至 2012 年 7 月
		王树亮	2012 年 2 月至 2015 年 4 月
		郝　春	2012 年 7 月至 2016 年 7 月
		张建宇	2014 年 11 月至 2016 年 4 月
人事代表工作委员会	主任	张卫娟	2012 年 2 月至 2017 年 2 月
法制工作委员会	主任	张　欣	2012 年 9 月至 2017 年 2 月
财经城建工作委员会	主任	狄　洁	2012 年 2 月至 2014 年 11 月
		任　颢	2015 年 4 月至 2017 年 2 月
教科文卫工作委员会	主任	周志忠	2012 年 2 月至 2014 年 11 月
		魏含玉	2014 年 11 月至 2017 年 2 月
信访办公室	主任	曹志革	2014 年 6 月至 2015 年 12 月
		张建宇	2016 年 4 月至 2017 年 2 月
	副主任	戎志鹏	2014 年 11 月至 2017 年 2 月

第五章　监督工作

区十五届人大及其常委会把监督工作作为重中之重，紧紧围绕桥西区民生重大问题，加大监督力度，提高监督质效。区十五届人民代表大会共听取和审议区人大常委会、区“一府两院”工作报告20项，审查计划、预算报告11项；区十五届人大常委会共听取和审议区“一府两院”专项工作报告37项，计划预算和审计报告26项，视察调研27次，执法检查5次，扎实有效地推进监督工作。

开展经济社会发展重大事项的监督。密切关注区“十二五”规划实施情况，围绕区“十三五”规划纲要的编制开展调研，有效促进规划纲要在区十五届人大七次会议上审查通过。坚持每年听取和审议国民经济和社会发展计划执行情况及重点项目建设进展情况报告，并把项目建设作为审查计划的重中之重。常委会多次组织代表深入项目一线，对20多个重点项目进行跟踪调研，有力推动了省、市、区重点项目的落实。

开展预决算的审查监督。按照新预算法的规定，坚持每年审议预算执行情况报告、决算报告和审计工作报告，审查批准区决算、预算调整方案。每年组织力量对预算草案进行初审，切实增强预算编制的科学性和可行性。不断提高预算执行的刚性监督，开展对景观提升、道路大修、老旧小区改造等专项资金使用情况的监督检查。以部门预算为抓手，听取和审议区教育局、区住建局的预算执行情况汇报，督促部门规范预算管理，提高财政资金使用效益，创新人大预算审查监督方式。

开展城区建设管理和房地产整治工作的监督。着眼城区长远发展，针对城区建设管理中的重点任务和突出问题，多次组织市、区人大代表对部分路段的景观整治和道路大修情况进行视察，提出加强协调配合、避免重复施工、注重后期管护、推进精细化管理等建议。为把区惠民工程办实办好，常委会多次组织人大代表视察老旧小区环境综合整治及后续管理工作，提出相关建议。结合全市开展的房地产整治，组织人大代表视察区土地管理和城区规划与建设工作，提出要坚持土地集约经营、用足用活上级政策、完善土地巡查制度、从源头上遏制各类土地违法现象发生等建议。

开展社会事业和改善民生工作的监督。始终把保障改善民生放在监督工作的重要位置，听取和审议相关工作报告，维护人民群众的切身利益。围绕如何办好人民满意的教育，先后听取和审议桥西区义务教育均衡发展、学前教育、校园文化建设、中小学校舍安全及校园基础设施建设等工作报告，对存在的问题，提出有针对性的建议；围绕群众反映的“看病难、看病贵”问题，三次组织人大代表视察基层医疗卫生服务工作，建议政府加大对社区卫生服务的投入力度，为广大群众提供质优价廉的医疗服务；围绕群众普遍关注的食品安全问题，两次听取和审议区人民政府食品安全工作情况汇报。

开展行政执法和司法工作的监督。深入开展执法检查，针对《中华人民共和国人口计划生育法》《中华人民共和国统计法》《中华人民共和国行政许可法》《中华人民共和国科学技术进步法》《中华人民共和国残疾人保障法》等法律法规在桥西区的贯彻实施情况进行检查，并听取专项工作报告。针对《中华人民共和国科学技术进步法》贯彻落实情况的检查，促进了区科技三项经费的规范管理和使用。针对《中华人民共和国食品安全法》贯彻实施情况的执法检查，一定程度上改善了人民群众的食品安全环境，维护了消费者的权益。切实加强司法监督工作，先后听取和审议区人民法院关于民事审判、未成年人审判、刑事审判、案件执行、婚姻家庭等5项工作报告，组织代表旁听法院案件审理，开展工作座谈，不断提升司法公信力，维护社会公平正义；听取和审议区人民检察院关于公诉、预防职务犯罪、侦查监督、反贪污贿赂、行政执法和刑事司法“两法衔接”等5项工作报告，不断拓宽法律监督范围，进一步增强法律监督实效；听取和审议区公安分局经济侦查、基层派出所、警务站、治安防控网络建设等工作报告，不断提高公安机关依法办案的能力和水平，为进一步构建“平安桥西”保驾护航。

第一节　听取和审议专项工作报告与计划预算和审计工作报告

区十五届人大常委会会议共听取和审议区“一府两院”专项工作报告37项，计划预算和审计工作报告26项。

听取和审议专项工作报告与计划预算和审计工作报告一览表

表15-13

时　间	常委会会议	报告内容
2012年5月25日	第二次	区人民检察院关于反贪污贿赂检察工作情况的报告
2012年7月27日	第三次	区人民政府关于加强文化市场管理促进文化产业发展的工作报告，区人民法院关于刑事审判工作情况的报告
2012年9月25日	第四次	区人民政府关于2012年上半年国民经济和社会发展计划执行情况的报告，区人民政府关于2012年1—6月份财政预算执行情况的报告，区人民政府关于扩充优质资源提升校园品质工作情况的报告

续表 15-13

时　间	常委会会议	报告内容
2012 年 11 月 23 日	第五次	区人民政府关于 2011 年财政决算的报告，区人民政府关于 2011 年度预算执行和其他财政收支情况的审计工作报告，区人民政府关于 2012 年财政预算调整情况的报告，区人民政府关于办理区十五届人大一次会议代表建议、批评和意见情况的报告
2012 年 12 月 28 日	第七次	区人民政府关于 2012 年财政预算调整情况的报告
2013 年 6 月 19 日	第十一次	区人民政府关于社区卫生服务工作进展情况的报告，区人民法院关于未成年人审判工作情况的报告
2013 年 8 月 13 日	第十二次	区人民政府关于 2013 年上半年国民经济运行情况的报告，区人民政府关于 2013 年 1—6 月份财政预算执行情况的报告，区人民政府关于《中华人民共和国人口与计划生育法》贯彻实施情况的报告
2013 年 10 月 18 日	第十三次	区人民政府关于办理区十五届人大二次会议代表建议、批评和意见情况的报告，区人民政府关于 2012 年财政决算情况的报告，区人民政府关于 2012 年度财政预算执行和其他财政收支情况的审计工作报告，区人民检察院关于公诉工作情况的报告
2013 年 12 月 20 日	第十四次	区人民政府关于 2013 年财政预算调整情况的报告，区人民政府关于景观提升工作情况的报告
2014 年 6 月 26 日	第十八次	区公安分局关于基层派出所建设工作情况的报告，区人民政府关于《中华人民共和国残疾人保障法》贯彻实施情况的报告
2014 年 8 月 29 日	第十九次	区人民政府关于 2014 年上半年国民经济运行情况的报告，区人民政府关于 2014 年 1—6 月份财政预算执行情况的报告，区人民检察院关于职务犯罪预防工作情况的报告
2014 年 11 月 21 日	第二十次	区人民政府关于 2013 年财政决算情况的报告，区人民政府关于 2013 年度财政预算执行和其他财政收支的审计工作报告，区人民政府关于办理区十五届人大四次会议代表建议、批评和意见情况的报告，区人民政府关于桥西区义务教育均衡发展工作情况的报告
2014 年 12 月 26 日	第二十一次	区人民政府关于 2014 年财政预算调整情况的报告，区人民政府关于老旧小区环境综合整治工作情况的报告，区人民政府关于食品安全工作开展情况的报告，区人民法院关于执行工作情况的报告
2015 年 4 月 21 日	第二十三次	区人民政府关于基层医疗卫生服务体系建设情况的报告，区人民检察院关于侦查监督工作情况的报告

续表 15-13

时　间	常委会会议	报告内容
2015 年 7 月 7 日	第二十四次	区人民政府关于《中华人民共和国安全生产法》贯彻落实情况的报告，区人民政府关于校舍安全及校园基础设施建设情况的报告
2015 年 8 月 27 日至 28 日	第二十五次	区人民政府关于 2015 年 1—6 月份国民经济和社会发展计划执行情况的报告，区人民政府关于 2015 年 1—6 月份财政预算执行情况的报告，区人民法院关于民事审判工作开展情况的报告
2015 年 10 月 30 日	第二十八次	区人民政府关于 2014 年财政决算的报告，区人民政府关于 2014 年区财政预算执行情况的审计工作报告，区人民政府关于桥西区老旧小区环境综合整治及后续管理工作的报告，区人民政府关于办理区十五届人大五次会议代表建议、批评和意见情况的报告
2015 年 12 月 23 日	第二十九次	区人民政府关于景观提升和道路大修专项资金使用情况的报告，区人民政府关于 2015 年财政预算调整情况的报告，区公安分局关于经济侦查工作情况的报告
2016 年 4 月 20 日	第三十一次	区人民政府关于贯彻实施《中华人民共和国科学技术进步法》工作情况的报告，区公安分局关于社会治安防控体系建设工作情况的报告
2016 年 7 月 5 日	第三十二次	区人民政府关于招商工作开展情况的报告，区人民政府关于土地征收工作进展情况的报告，区人民检察院关于“两法衔接”工作情况的报告
2016 年 8 月 31 日	第三十三次	区人民政府关于 2016 年 1—6 月份国民经济和社会发展计划执行情况的报告，区人民政府关于 2016 年 1—6 月份财政预算执行情况的报告，区人民政府关于贯彻实施《中华人民共和国食品安全法》工作情况的报告
2016 年 11 月 11 日	第三十四次	区人民政府关于 2015 年财政决算的报告，区人民政府关于 2015 年度区财政预算执行情况的审计工作报告，区人民法院关于婚姻家庭案件审理工作情况的报告，区人民政府关于区十五届人大七次会议办理代表建议、批评和意见情况的报告
2016 年 12 月 30 日	第三十五次	区人民政府关于学前教育工作开展情况的报告，区人民政府关于 2016 年区财政预算调整情况的报告

第二节　法律法规实施情况的检查

区十五届人大常委会共组织开展执法检查 5 次。

1. 2013 年 7 月 31 日，区人大常委会副主任杨宗奇带领教科文卫工委及部分人大常委会委员和区人大代表，对贯彻落实人口与计划生育法律法规情况进行执法检查。2013 年 8 月

13日，区十五届人大常委会第十二次会议，听取教科文卫工委主任周志忠作的《关于区人民政府对人口与计划生育法律法规贯彻实施情况的报告》。

2. 2014年5月21日，区人大常委会副主任杨宗奇带领教科文卫工委及部分区人大代表，对桥西区贯彻实施《中华人民共和国残疾人保障法》情况进行执法检查。2014年6月26日，区十五届人大常委会第十八次会议，听取区人大常委会教科文卫工委主任周志忠作的《关于〈中华人民共和国残疾人保障法〉贯彻实施情况的报告》。

3. 2015年10月10日，区人大常委会主任赵新惠、副主任秦景红带领部分区人大代表组成检查组，对贯彻落实《中华人民共和国预算法》情况进行执法检查。

4. 2016年4月13日，区人大常委会教科文卫工委组织部分区人大常委会委员和人大代表，对贯彻落实《中华人民共和国科学技术进步法》情况进行执法检查。2016年4月20日，区十五届人大常委会第三十一次会议，听取区人大常委会教科文卫工委主任魏含玉作的《关于区人民政府贯彻实施〈中华人民共和国科学技术进步法〉情况的报告》。

5. 2016年4月28日，区人大常委会副主任秦景红带领部分区人大代表组成检查组，对贯彻实施《中华人民共和国劳动合同法》《中华人民共和国统计法》有关情况进行执法检查。

第三节　视察调研

区十五届人大常委会共组织开展视察调研活动27次。

视察调研活动选录表

表15-14

时　间	视察内容	牵头单位
2012年7月	关于区人民法院刑事审判工作开展情况	法 制 工 委
2012年11月	关于区人民政府办理代表建议、批评和意见工作开展情况	人事代表工委
2013年1月	关于区公安分局110警务室建设工作开展情况	法 制 工 委
2013年2月	关于社区矫正工作开展情况	法 制 工 委
2013年3月	关于区人民检察院队伍建设工作开展情况	法 制 工 委
2013年4月	关于监察局环境建设工作开展情况	法 制 工 委
2013年5月	关于人防办防汛工作开展情况	法 制 工 委

续表 15-14

时　间	视察内容	牵头单位
2013 年 5 月	关于社区卫生服务工作开展情况	教科文卫工委
2013 年 6 月	关于区人民法院未成年人审判工作开展情况	法 制 工 委
2014 年 5 月	关于区公安分局基层派出所建设工作开展情况	法 制 工 委
2014 年 8 月	关于区人民检察院职务犯罪预防工作开展情况	法 制 工 委
2014 年 9 月	关于老旧小区环境综合整治工作开展情况	财经城建工委
2014 年 11 月	关于进一步推动义务教育均衡发展工作开展情况	教科文卫工委
2014 年 11 月	关于区人民检察院公诉工作开展情况	法 制 工 委
2014 年 12 月	关于区人民法院执行工作开展情况	法 制 工 委
2015 年 4 月	关于区人民检察院侦查监督工作开展情况	法 制 工 委
2015 年 6 月	关于安全生产工作开展情况	财经城建工委
2015 年 8 月	关于区人民法院民事审判工作开展情况	法 制 工 委
2015 年 10 月	关于老旧小区环境综合整治及后续管理工作开展情况	财经城建工委
2015 年 10 月	关于区人民政府办理代表建议、批评和意见工作开展情况	人事代表工委
2015 年 11 月	关于景观提升和道路大修等专项资金使用情况及环境保护工作开展情况	财经城建工委
2015 年 12 月	关于区公安分局经济侦查工作开展情况	法 制 工 委
2016 年 4 月	关于区公安分局社会治安防控体系建设工作开展情况	法 制 工 委
2016 年 5 月	关于区人民检察院“两法衔接”工作开展情况	法 制 工 委
2016 年 6 月	关于招商和土地征收工作开展情况	财经城建工委

续表 15-14

时　间	视察内容	牵头单位
2016 年 9 月	关于区人民法院婚姻家庭案件审理工作开展情况	法 制 工 委
2016 年 9 月	关于 2016 年税收形势及税收征管工作开展情况	财经城建工委

第四节　评议工作

区十五届人大常委会先后对 16 名区人民法院法官和 16 名区人民检察院检察官进行履职评议。

"两官"履职评议情况表

表 15–15

时间	常委会会议	被评议人员	职务
2013 年 12 月 20 日	第十四次	张向荣	区人民法院副院长
		齐　燕	区人民法院立案庭庭长
		贾景辉	区人民检察院副检察长
		孙云英	区人民检察院侦查科科长、检察员
2014 年 6 月 26 日	第十八次	刘晓梅	区人民法院党组副书记、副院长
		齐玉华	区人民法院审判委员会委员、行政审判庭庭长
		郑　东	区人民检察院检察委员会委员、研究室主任
		吴文娟	区人民检察院检察委员会委员、预防局局长
2015 年 7 月 7 日	第二十四次	魏建中	区人民法院副院长
		郑丽君	区人民法院审判委员会委员、刑一庭庭长
		张晓鹏	区人民检察院副检察长
		李　娟	区人民检察院检查委员会委员、案件管理办公室主任

续表 15-15

时间	常委会会议	被评议人员	职务
2015 年 10 月 30 日	第二十八次	赵建英	区人民法院副院长
		骆新颖	区人民法院留营人民法庭庭长
		毛永红	区人民检察院副检察长
		闫　洁	区人民检察院检查委员会委员、公诉二科科长
2015 年 12 月 23 日	第二十九次	王跃斌	区人民法院副院长
		赵晓瑜	区人民法院民一庭庭长
		李　鹏	区人民检察院副检察长
		李建斌	区人民检察院检查委员会委员、反贪污贿赂局副局长
2016 年 7 月 5 日	第三十二次	刘　燕	区人民法院民二庭庭长
		纪晨宇	区人民法院振头人民法庭庭长
		卢　艳	区人民检察院副检察长
		李金正	区人民检察院反贪局局长
2016 年 8 月 31 日	第三十三次	王　倩	区人民法院平安南大街法庭庭长
		赵　静	区人民法院刑二庭庭长
		王树建	区人民检察院副检察长
		于　恺	区人民检察院公诉一科科长
2016 年 12 月 30 日	第三十五次	李彦红	区人民法院民四庭庭长
		赵江云	区人民法院民五庭庭长
		李　亚	区人民检察院检查委员会委员、政治处副主任
		焦　燕	区人民检察院监督员办公室主任、检察员

第六章　决议决定

区十五届人大及其常委会坚持从政治上把握大局，积极作为，先后作出决议决定51项，按照法定要求，适时对计划预算及预算调整、决算等重大问题做出决议决定，保障经济平稳运行。

第一节　作出决议决定

一、区十五届人大历次会议作出决议决定情况

桥西区十五届人民代表大会共作出决议决定31项。

区十五届人大历次会议决议决定一览表

表15–16

时　间	会　次	名　称
2012年2月17日	一次会议	关于桥西区人民政府工作报告的决议 关于桥西区2011年国民经济和社会发展计划执行情况与2012年国民经济和社会发展计划的决议 关于桥西区2011年财政预算执行情况和2012年财政预算的决议 关于桥西区人民代表大会常务委员会工作报告的决议 关于桥西区人民法院工作报告的决议 关于桥西区人民检察院工作报告的决议
2013年3月26日	二次会议	关于桥西区人民政府工作报告的决议 关于桥西区2012年国民经济和社会发展计划执行情况与2013年国民经济和社会发展计划的决议 关于桥西区2012年财政预算执行情况和2013年财政预算的决议 关于桥西区人民代表大会常务委员会工作报告的决议 关于桥西区人民法院工作报告的决议 关于桥西区人民检察院工作报告的决议

续表 15-16

时　间	会　次	名　称
2014 年 1 月 23 日	四次会议	关于桥西区人民政府工作报告的决议 关于桥西区 2013 年国民经济和社会发展计划执行情况与 2014 年国民经济和社会发展计划的决议 关于桥西区 2013 年财政预算执行情况和 2014 年财政预算的决议 关于桥西区人民代表大会常务委员会工作报告的决议 关于桥西区人民法院工作报告的决议 关于桥西区人民检察院工作报告的决议
2015 年 2 月 13 日	五次会议	关于桥西区人民政府工作报告的决议 关于桥西区 2014 年国民经济和社会发展计划执行情况与 2015 年国民经济和社会发展计划的决议 关于桥西区 2014 年财政预算执行情况和 2015 年财政预算的决议 关于桥西区人民代表大会常务委员会工作报告的决议 关于桥西区人民法院工作报告的决议 关于桥西区人民检察院工作报告的决议
2016 年 2 月 19 日	七次会议	关于桥西区人民政府工作报告的决议 关于桥西区国民经济和社会发展第十三个五年规划纲要的决议 关于桥西区 2015 年国民经济和社会发展计划执行情况与 2016 年国民经济和社会发展计划的决议 关于桥西区 2015 年财政预算执行情况和 2016 年财政预算的决议 关于桥西区人民代表大会常务委员会工作报告的决议 关于桥西区人民法院工作报告的决议 关于桥西区人民检察院工作报告的决议

二、区十五届人大常委会历次会议作出决议决定情况

区十五届人大常委会作出决议决定 20 项（不包含人事任免事项）。

区十五届人大常委会历次会议决议决定一览表

表 15–17

时　间	常委会会议	名　称
2012 年 11 月 23 日	第五次	关于批准桥西区人民政府 2011 年财政决算的决议 关于批准桥西区人民政府 2012 年财政预算调整的决定
2012 年 12 月 28 日	第七次	关于批准桥西区人民政府 2012 年财政预算二次调整的决定

续表 15-17

时　间	常委会会议	名　称
2013 年 2 月 17 日	第八次	关于召开桥西区第十五届人民代表大会第二次会议的决定
2013 年 6 月 19 日	第十一次	关于召开桥西区第十五届人民代表大会第三次会议的决定
2013 年 10 月 18 日	第十三次	关于批准桥西区人民政府 2012 年财政决算的决议
2013 年 12 月 20 日	第十四次	关于召开桥西区第十五届人民代表大会第四次会议的决定 关于表彰桥西区优秀人大代表的决定
2014 年 11 月 21 日	第二十次	关于批准桥西区人民政府 2013 年财政决算的决议
2014 年 12 月 26 日	第二十一次	关于批准桥西区人民政府 2014 年财政预算调整的决定
2015 年 2 月 6 日	第二十二次	关于召开桥西区第十五届人民代表大会第五次会议的决定
2015 年 9 月 21 日	第二十七次	关于召开桥西区第十五届人民代表大会第六次会议的决定
2015 年 10 月 30 日	第二十八次	关于批准桥西区人民政府 2014 年财政决算的决议
2015 年 12 月 23 日	第二十九次	关于批准桥西区人民政府 2015 年财政预算调整的决定
2016 年 1 月 28 日	第三十次	关于召开桥西区第十五届人民代表大会第七次会议的决定 关于表彰桥西区优秀人大代表的决定
2016 年 11 月 11 日	第三十四次	关于批准桥西区人民政府 2015 年财政决算的决议 关于桥西区人民代表大会换届选举工作有关事项的决定
2016 年 12 月 30 日	第三十五次	关于批准桥西区人民政府 2016 年财政预算调整的决定
2017 年 2 月 17 日	第三十七次	关于召开桥西区第十六届人民代表大会第一次会议的决定

第二节　决议决定选介

关于《桥西区国民经济和社会发展第十三个五年规划纲要》的决议

《桥西区人大常委会关于〈桥西区国民经济和社会发展第十三个五年规划纲要〉的决议》（以下简称《决议》），于2016年2月19日区十五届人大七次会议通过。

《决议》回顾了“十二五”期间取得的成绩并对存在的问题进行分析，指出，“十二五”期间，区人民政府团结带领桥西区人民，开拓创新、真抓实干、创先争优，国民经济实现平稳较快发展，各项社会事业取得全面进步，圆满完成“十二五”时期的各项工作任务。《桥西区国民经济和社会发展第十三个五年规划纲要》（以下简称《纲要》）体现了以率先全面建成小康社会为目标，主动适应和引领经济发展新常态，全面推进经济建设、政治建设、文化建设、社会建设、生态文明建设和党的建设，有针对性地提出了“十三五”时期的重大任务和举措，指导思想明确，目标安排积极稳妥，政策措施符合桥西区实际。

《决议》要求，要全面完成《纲要》规定的各项任务，保证规划目标的实现。

第七章　选举任免

区十五届人大常委会坚持党管干部与人大依法任免有机统一，依法先后任免国家机关工作人员566人次，接受辞职22人，补选市人大代表7名。在任免过程中，充分发扬民主，严格依法办事，通过实行任前资格审查、法律知识考试、谈任职设想、颁发任命书等方式，提高被任命人员的责任意识和法律意识。同时积极探索被任命干部任后监督方法，制定《对法官、检察官进行任前资格审查及任后监督的办法》。

第一节　常委会选举任免情况

2012年3月20日，区十五届人大常委会第一次会议，通过了区人民政府相关人事任免事项。

决定任命：

杨树新为桥西区人民政府办公室主任

赵雪飞为桥西区发展改革局局长

张治军为桥西区教育局局长

李洪泽为桥西区科技局局长

张大船为桥西区监察局局长

唐金亭为桥西区民政局局长

王杰清为桥西区司法局局长

孟　伟为桥西区财政局局长

赵文平为桥西区人力资源和社会保障局局长

陈志强为桥西区城区建设管理局局长

蔡风国为桥西区文体局局长

赵树芳为桥西区商务局局长

崔广利为桥西区卫生局局长

李淑珍为桥西区人口和计划生育局局长

李桂玲为桥西区统计局局长

张宝祥为桥西区审计局局长

张苏华为桥西区农业办公室主任
董俊岐为桥西区安监局局长

2012 年 5 月 25 日，区十五届人大常委会第二次会议，通过了区人民政府、区人民检察院相关人事任职事项。

决定任命：

刘立栋为桥西区人民政府副区长(挂职)

任命：

张晓鹏、孙云英为桥西区人民检察院检察委员会委员
臧海亮为桥西区人民检察院检察员

2012 年 7 月 27 日，区十五届人大常委会第三次会议，通过了区人大常委会、区人民法院、区人民检察院相关人事任免事项。

免去：

蔡　明的桥西区人大常委会办公室副主任职务

任命：

郝　春为桥西区人大常委会办公室副主任

任命：

张前亮、牛海霞、齐玉华为桥西区人民法院审判委员会委员
孟凡皓、赵占军为桥西区人民法院审判员
13 名桥西区人民法院人民陪审员(名单略)

免去：

杜国江的桥西区人民检察院副检察长、检察委员会委员职务
贾立国、张宝林的桥西区人民检察院检察委员会委员职务

2012 年 9 月 25 日，区十五届人大常委会第四次会议，通过了区人大常委会相关人事任职事项。

任命：

张　欣为桥西区人大常委会法制工作委员会主任
包宏伟为桥西区人大常委会办公室主任科员

2012 年 11 月 23 日，区十五届人大常委会第五次会议，通过了区人民法院相关人事任免事项。

免去：

戎艳增的桥西区人民法院审判监督庭庭长职务

赵勇刚的桥西区人民法院行政审判庭庭长职务
张岩军的桥西区人民法院留营人民法庭庭长职务
刘占国的桥西区人民法院审判委员会委员职务
孟凡瑞的桥西区人民法院审判委员会委员、审判员职务

任命：

戎艳增为桥西区人民法院留营人民法庭庭长
齐玉华为桥西区人民法院行政审判庭庭长
吴宏丽为桥西区人民法院行政审判庭副庭长
18 名桥西区人民法院人民陪审员(名单略)

2012 年 12 月 7 日，区十五届人大常委会第六次会议，补选产生了桥西区出席石家庄市第十三届人民代表大会代表 1 名。

补选：

周立新为石家庄市第十三届人民代表大会代表

2013 年 2 月 17 日，区十五届人大常委会第八次会议，通过了区人大常委会、区人民政府、区人民法院、区人民检察院相关人事任免事项。

任命：

吉玉刚为桥西区人民法院副院长,决定其为代理院长

免去：

王玉武的桥西区人大常委会振头街道工作室主任职务
李香萍的桥西区人大常委会留营街道工作室副主任职务

决定免去：

张大船的桥西区监察局局长职务
赵雪飞的桥西区发展改革局局长职务
唐金亭的桥西区民政局局长职务
张宝祥的桥西区审计局局长职务

决定任命：

孙文华为桥西区发展改革局局长
姜凤刚为桥西区民政局局长
马维恒为桥西区审计局局长

免去：

啜增义的桥西区人民法院副院长职务
段士安的桥西区人民法院审判员职务
宫金全的桥西区人民法院人民陪审员职务

崔建民的桥西区人民检察院副检察长职务

2013 年 5 月 6 日，区十五届人大常委会第十次会议，通过了区人大常委会、区人民政府、区人民法院、区人民检察院相关人事任免事项。

决定任命：

张　晋为桥西区人民政府副区长,决定其为代理区长

任命：

闫根斗为桥西区人大常委会留营街道工作室主任

决定免去：

李洪泽的桥西区科技局局长职务

决定任命：

孔祥国为桥西区科技局局长

免去：

张亚平、啜增义、赵勇刚的桥西区人民法院审判委员会委员职务

任命：

张晓鹏、李鹏为桥西区人民检察院副检察长

2013 年 6 月 19 日，区十五届人大常委会第十一次会议，通过了区人大常委会相关人事任免事项。

免去：

张迎芬的桥西区人大常委会裕西街道工作室主任职务

刘玉巧的桥西区人大常委会南长街道工作室主任职务

陈卫平的桥西区人大常委会红旗街道工作室主任职务

任命：

张迎芬为桥西区人大常委会南长街道工作室主任

吴永卫为桥西区人大常委会振头街道工作室主任

王广志为桥西区人大常委会红旗街道工作室主任

2013 年 8 月 13 日，区十五届人大常委会第十二次会议，通过了区人民政府、区人民检察院相关人事任职事项。

决定任命：

许建斌为桥西区人民政府副区长

任命：

于恺、李娟为桥西区人民检察院检察委员会委员

2013 年 10 月 18 日，区十五届人大常委会第十三次会议，通过了区人大常委会、区人民政府、区人民法院相关人事任免事项。

决定任命：

陈　宇为桥西区人民政府副区长

免去：

王广志的桥西区人大常委会红旗街道工作室主任职务

任命：

王跃斌为桥西区人民法院副院长

2013 年 12 月 20 日，区十五届人大常委会第十四次会议，通过了区人大常委会、区人民政府、区人民法院相关人事任免事项。

任命：

刘玉巧为桥西区人大常委会长兴街道工作室主任

决定免去：

陈志强的桥西区城区建设管理局局长职务

李淑珍的桥西区人口和计划生育局局长职务

决定任命：

潘　增为桥西区监察局局长

张兴汉为桥西区城区建设管理局局长

李体花为桥西区人口和计划生育局局长

免去：

4 人的桥西区人民法院人民陪审员职务(名单略)

任命：

19 名桥西区人民法院人民陪审员(名单略)

2013 年 12 月 28 日，区十五届人大常委会第十五次会议，补选产生桥西区出席石家庄市第十三届人民代表大会代表 3 名。

补选：

贾巧秀、王东刚、张晋为石家庄市第十三届人民代表大会代表

2014 年 1 月 13 日，区十五届人大常委会第十六次会议，通过了区人民政府、区人民法院相关人事任免事项。

决定免去：

崔广利的桥西区卫生局局长职务

马维恒的桥西区审计局局长职务

决定任命：

马维恒为桥西区卫生局局长

底　欣为桥西区审计局局长

任命：

韩丽娟、赵静为桥西区人民法院审判员

2014 年 6 月 26 日，区十五届人大常委会第十八次会议，通过了区人大常委会、区人民政府、区人民法院、区人民检察院相关人事任免事项。

任命：

曹志革为桥西区人大常委会信访办公室主任

决定任命：

刘智龙为桥西区食品药品监督管理局局长

免去：

9 人的桥西区人民法院人民陪审员职务(名单略)

任命：

70 名桥西区人民法院人民陪审员(名单略)

55 名石家庄铁路运输法院人民陪审员(名单略)

任命：

晋月霞为桥西区人民检察院副检察长(挂职)

2014 年 8 月 29 日，区十五届人大常委会第十九次会议，通过了区人大常委会、区人民政府、区人民法院相关人事任职事项。

决定任命：

贾秋凤为桥西区人民政府副区长(挂职)

任命：

王振利为桥西区人大常委会红旗街道工作室主任

11 名桥西区人民法院人民陪审员(名单略)

2014 年 11 日 21 日，区十五届人大常委会第二十次会议，通过了区人大常委会、区人民政府、区人民法院、区人民检察院相关人事任免事项。

决定任命：

张雪敏、龚长、戎华奎为桥西区人民政府副区长

免去：

狄　洁的桥西区人大常委会财经城建工作委员会主任职务

周志忠的桥西区人大常委会教科文卫工作委员会主任职务

张　泽的桥西区人大常委会中山街道工作室主任职务
张迎芬的桥西区人大常委会南长街道工作室主任职务
陈卫涛的桥西区人大常委会维明街道工作室主任职务
李连宁的桥西区人大常委会东里街道工作室主任职务
郄凤魁的桥西区人大常委会新石街道工作室主任职务
鲍世琦的桥西区人大常委会友谊街道工作室主任职务
李文晋的桥西区人大常委会苑东街道工作室主任职务
刘玉巧的桥西区人大常委会长兴街道工作室主任职务
闫根斗的桥西区人大常委会留营街道工作室主任职务
周振生的桥西区人大常委会彭后街道工作室主任职务
孙迎立的桥西区人大常委会东风街道工作室主任职务
田双辉的桥西区人大常委会东华街道工作室主任职务
石建国的桥西区人大常委会休门街道工作室主任职务

任命：

魏建新为桥西区人大常委会汇通街道工作室主任
魏含玉为桥西区人大常委会教科文卫工作委员会主任
张建宇为桥西区人大常委会办公室副主任(正科级)
戎志鹏为桥西区人大常委会信访办公室副主任

决定免去：

潘　增的桥西区监察局局长职务
张苏华的桥西区农业办公室主任职务
赵树芳的桥西区商务局局长职务
蔡风国的桥西区文体局局长职务
马维恒的桥西区卫生局局长职务
董俊岐的桥西区安全生产监督管理局局长职务
刘智龙的桥西区食品药品监督管理局局长职务
李桂玲的桥西区统计局局长职务

决定任命：

张振亚为桥西区监察局局长
刘智龙为桥西区农业办公室主任
李红兵为桥西区商务局局长
张贵忠为桥西区文化体育局局长
张明梅为桥西区卫生局局长
高永生为桥西区安全生产监督管理局局长
赵　刚为桥西区食品药品监督管理局局长

刘国栋为桥西区统计局局长

免去：

张锁晨、武冀海、戎艳增的桥西区人民法院审判委员会委员职务

王国光的桥西区人民法院审判委员会委员、振头人民法庭庭长职务

张岩军的桥西区人民法院审判委员会委员职务

苏常印的桥西区人民法院刑一庭庭长职务

张燕超的桥西区人民法院刑二庭庭长职务

王跃斌的桥西区人民法院民二庭庭长职务

刘新章的桥西区人民法院民二庭副庭长职务

郑丽君的桥西区人民法院刑一庭副庭长职务

赵　静的桥西区人民法院刑二庭副庭长职务

刘　燕的桥西区人民法院民二庭副庭长职务

马　冰的桥西区人民法院民三庭副庭长职务

张素利的桥西区人民法院留营人民法庭副庭长职务

季　磊的桥西区人民法院执行庭副庭长职务

任命：

张义杰、赵建英、魏建中为桥西区人民法院副院长、审判委员会委员、审判员

胡永红、王荣贵为桥西区人民法院审判委员会委员、审判员

李淑霞为桥西区人民法院审判委员会委员、审判员、民六庭庭长

李彦红为桥西区人民法院审判委员会委员、审判员、民四庭庭长

赵江云为桥西区人民法院审判员、民五庭庭长

王　倩为桥西区人民法院审判员、平安南大街人民法庭庭长

郭雅丽为桥西区人民法院审判员、平安南大街人民法庭副庭长

郑丽君为桥西区人民法院审判委员会委员、刑一庭庭长

赵　静为桥西区人民法院审判委员会委员、刑二庭庭长

刘　燕为桥西区人民法院民二庭庭长

张素利为桥西区人民法院速裁庭庭长

马　冰为桥西区人民法院审监庭庭长

季　磊为桥西区人民法院执行庭庭长

任命：

王树建、毛永红、卢艳军为桥西区人民检察院副检察长、检察委员会委员、检察员

霍军恒、李亚、李建斌、闫洁为桥西区人民检察院检察委员会委员、检察员

任命：

马连英、骆新颖、吴建洲、王秀彦、许丽娜、王素青、何颖欣、张悦普、刘国珑、郭晓斐为桥西区人民法院审判员

吕志科、张润梅、曹腾、李少军、张增平、刘宝林、张玉庆、牛晓丽、刘挺、石庆洲、王强、秦昕、张敏、郑鹏、高军彩、张肃娴、孙玮、温新杰、乔增宁、许志磊、方圆、张伟华为桥西区人民检察院检察员

2014 年 12 月 26 日，区十五届人大常委会第二十一次会议，补选产生了桥西区出席石家庄市第十三届人民代表大会代表 1 名。

补选：

李景中为石家庄市第十三届人民代表大会代表

2015 年 4 月 21 日，区十五届人大常委会第二十三次会议，通过了区人大常委会、区人民法院、区人民检察院相关人事任免事项。

免去：

王树亮的桥西区人大常委会办公室副主任职务

王振利的桥西区人大常委会红旗街道工作室主任职务

任命：

任　颢为桥西区人大常委会财经城建工作委员会主任

陈少鹏为桥西区人大常委会中山街道工作室主任

张胜联为桥西区人大常委会南长街道工作室主任

于会平为桥西区人大常委会新石街道工作室主任

盖　锋为桥西区人大常委会东里街道工作室主任

王　霞为桥西区人大常委会维明街道工作室主任

于建兵为桥西区人大常委会友谊街道工作室主任

张改芬为桥西区人大常委会苑东街道工作室主任

高秀恒为桥西区人大常委会留营街道工作室主任

白　鸿为桥西区人大常委会彭后街道工作室主任

孙立红为桥西区人大常委会东风街道工作室主任

王新典为桥西区人大常委会东华街道工作室主任

安立辉为桥西区人大常委会红旗街道工作室主任

免去：

王国光、刘新章、张岩军、王秀彦的桥西区人民法院审判员职务

张晓辉的桥西区人民法院留营人民法庭副庭长职务

戎艳增的桥西区人民法院留营人民法庭庭长、审判员职务

任命：

姜蕾、赵瑾、李金从、王红阁、周涛涛、刘飞虎为桥西区人民法院审判员

任命：

李金正为桥西区人民检察院检察委员会委员

2015 年 7 月 7 日，区十五届人大常委会第二十四次会议，通过了区人大常委会、区人民政府、区人民法院相关人事任免事项。

免去：

吴永卫的桥西区人大常委会振头街道工作室主任职务

鲍世建的桥西区人大常委会西里街道工作室主任职务

决定免去：

孔祥国的桥西区科技局局长职务

张贵忠的桥西区文化体育局局长职务

决定任命：

郭红琴为桥西区文化体育局局长

免去：

纪晨宇的桥西区人民法院民一庭副庭长职务

任命：

王　琪为桥西区人民法院副院长

骆新颖为桥西区人民法院留营人民法庭庭长

纪晨宇为桥西区人民法院振头人民法庭庭长

孟凡皓为桥西区人民法院审判委员会委员

曹利伟为桥西区人民法院民一庭副庭长

赵占军为桥西区人民法院民二庭副庭长

2015 年 8 月 27 日，区十五届人大常委会第二十五次会议，通过了区人民政府、区人民法院、区人民检察院相关人事任免事项。

决定任命：

刘军志为桥西区人民政府副区长，决定其为代理区长

张兴汉为桥西区城市管理局局长

张明梅为桥西区卫生和计划生育局局长

赵国海为桥西区市场监督管理局局长

林　娜为桥西区质量技术监督局局长

刘全胜为桥西区住房和城区建设局局长

尤绍辉为桥西区环保局局长

任命：

8 名桥西区人民法院人民陪审员（名单略）

免去：

晋月霞的桥西区人民检察院副检察长职务（挂职）

2015 年 9 月 8 日，区十五届人大常委会第二十六次会议，补选产生了桥西区出席石家庄市第十三届人民代表大会代表 2 名。

补选：

刘军志、张聚华为石家庄市第十三届人民代表大会代表

2015 年 10 月 30 日，区十五届人大常委会第二十八次会议，通过了区人大常委会、区人民法院、区人民检察院相关人事任免事项。

免去：

王树亮的桥西区人大常委会办公室主任科员职务

安立辉的桥西区人大常委会红旗街道工作室主任职务

张改芬的桥西区人大常委会苑东街道工作室主任职务

高秀恒的桥西区人大常委会留营街道工作室主任职务

张胜联的桥西区人大常委会南长街道工作室主任职务

王　霞的桥西区人大常委会维明街道工作室主任职务

王新典的桥西区人大常委会东华街道工作室主任职务

任命：

王树亮为桥西区人大常委会振头街道工作室主任

全建玲为桥西区人大常委会红旗街道工作室主任

崔海英为桥西区人大常委会西里街道工作室主任

付立军为桥西区人大常委会苑东街道工作室主任

杨立行为桥西区人大常委会留营街道工作室主任

免去：

郄清琴、啜增义、陈风海的桥西区人民法院审判员职务

史　瑾的桥西区人民法院审判员、审判委员会委员职务

2 人的桥西区人民法院人民陪审员职务（名单略）

任命：

4 名桥西区人民法院人民陪审员（名单略）

免去：

李少军、王瑞平、杜增寿的桥西区人民检察院检察员职务

2015 年 12 月 23 日，区十五届人大常委会第二十九次会议，通过了区人大常委会相关人事任免事项。

免去：

曹志革的桥西区人大常委会信访办公室主任职务

孙立红的桥西区人大常委会东风街道工作室主任职务

李秀丽的桥西区人大常委会代联工作委员会主任科员职务

任命：

李英涛为桥西区人大常委会长兴街道工作室主任

苏小东为桥西区人大常委会南长街道工作室主任

张建波为桥西区人大常委会维明街道工作室主任

郝玉东为桥西区人大常委会休门街道工作室主任

张金霞为桥西区人大常委会东华街道工作室主任

2016 年 1 月 28 日，区十五届人大常委会第三十次会议，通过了区人民政府、区人民法院相关人事任免事项。

决定免去：

尤绍辉的桥西区环保局局长职务

刘智龙的桥西区农业办公室主任职务

刘国栋的桥西区统计局局长职务

决定任命：

尤绍辉为桥西区农业办公室主任

李体花为桥西区科技局局长

万　青为桥西区统计局局长

李海军为桥西区环保局局长

免去：

艾卫军的桥西区人民法院审判员职务

尹　静的桥西区人民法院人民陪审员职务

任命：

33 名桥西区人民法院人民陪审员(名单略)

2016 年 4 月 20 日，区十五届人大常委会第三十一次会议，通过了区人大常委会、区人民法院、区人民检察院相关人事任免事项。

免去：

张建宇的桥西区人大常委会办公室副主任(正科) 职务

任命：

张建宇为桥西区人大常委会信访办公室主任

免去：

李淑霞的桥西区人民法院民六庭庭长职务

王　荣的桥西区人民法院审判员、审判委员会委员职务

刘　恰的桥西区人民法院民三庭副庭长职务

任命：

刘　恰为桥西区人民法院民六庭庭长

袁育兰、高红梅、马捷、岳红丽、赵芳为桥西区人民法院审判员

免去：

杜国江、郭克栋的桥西区人民检察院检察员职务

2016 年 7 月 5 日，区十五届人大常委会第三十二次会议，通过了区人大常委会、区人民政府相关人事任免事项。

免去：

郝　春的桥西区人大常委会办公室副主任职务

决定免去：

赵文平的桥西区人力资源和社会保障局局长职务

赵国海的桥西区市场监督管理局局长职务

孟　伟的桥西区财政局局长职务

决定任命：

赵文平为桥西区市场监督管理局局长

赵国海为桥西区财政局局长

孟　伟为桥西区人力资源和社会保障局局长

2016 年 11 月 11 日，区十五届人大常委会第三十四次会议，通过了区人民法院、区人民检察院相关人事任免事项。

免去：

李淑霞的桥西区人民法院审判委员会委员职务

王增录的桥西区人民法院审判员职务

任命：

4 名桥西区人民法院人民陪审员（名单略）

免去：

张保林、任海龙的桥西区人民检察院检察员职务

2016 年 12 月 30 日，区十五届人大常委会第三十五次会议，通过了区人民政府、区人民检察院相关人事任免事项。

决定任命：

戎华奎为桥西区人民政府副区长,决定其为代理区长

免去：

张增平、董建宁的桥西区人民检察院检察员职务

2017 年 1 月 25 日，区十五届人大常委会第三十六次会议，通过了区人民政府、区人民检察院相关人事任职事项。

决定任命：

齐泽旭、崔子安为桥西区人民政府副区长

任命：

张伟新为桥西区人民检察院副检察长、决定其为代理检察长

第二节　常委会接受辞职情况

2013 年 2 月 17 日，区十五届人大常委会第八次会议接受刘立栋辞去桥西区人民政府副区长（挂职）职务，闫杰辞去桥西区人民法院院长职务，王彦、金绍平辞去桥西区第十五届人民代表大会常务委员会委员职务。

2013 年 5 月 6 日，区十五届人大常委会第十次会议接受周立新辞去桥西区人民政府区长职务，尹勃辞去桥西区人民政府副区长职务。

2013 年 10 月 18 日，区十五届人大常委会第十三次会议接受刘春东辞去桥西区人民政府副区长职务。

2015 年 2 月 6 日，区十五届人大常委会第二十二次会议接受韩杏军、狄洁、周志忠、刘玉巧辞去桥西区第十五届人民代表大会常务委员会委员职务。

2015 年 4 月 21 日，区十五届人大常委会第二十三次会议接受贾秋凤辞去桥西区人民政府副区长（挂职）职务。

2015 年 8 月 27 日，区十五届人大常委会第二十五次会议接受张晋辞去桥西区人民政府区长职务，戎华奎辞去桥西区人民政府副区长职务。

2015 年 12 月 23 日，区十五届人大常委会第二十九次会议接受王玉洁辞去桥西区人民政府副区长职务。

2016 年 4 月 20 日，区十五届人大常委会第三十一次会议接受党复明辞去桥西区人大常委会副主任职务。

2016 年 12 月 30 日，区十五届人大常委会第三十五次会议接受刘军志辞去桥西区人民政府区长职务。

2017 年 1 月 25 日，区十五届人大常委会第三十六次会议接受高华、徐志峰、张雪敏、陈宇辞去桥西区人民政府副区长职务，兰志伟辞去桥西区人民检察院检察长职务。

第八章　机关工作

第一节　自身建设

区人大常委会始终把加强自身建设作为依法履职的重要基础，认真抓好自身思想建设和制度建设，着力提高常委会机关的履职能力和服务水平。

加强政治理论学习。积极推进学习型机关建设，坚持把思想政治教育摆在首位，组织领导班子成员和机关干部学政治理论、学法律法规、学业务知识，进一步增强政治意识、大局意识、核心意识、看齐意识，始终保持人大工作正确的政治方向。

强化干部队伍建设。高度重视干部队伍教育和作风建设，加强机关管理，提高机关工作效能。严格贯彻落实中央八项规定精神和省、市、区有关要求，自觉遵守廉洁自律准则。深入开展党的群众路线教育实践活动、“三严三实”主题教育和“两学一做”学习教育，有效提高常委会机关干部综合素质和履职水平。

完善工作制度体系。加强制度建设，届内修订完善了区人民代表大会议事规则、常委会会议议事规则、主任会议事规则、街道人大工作室规则等16项制度，进一步规范区人代会及常委会工作程序，有效提高常委会审议质量和监督实效。

第二节　宣传工作

区人大常委会采取多种形式，广泛宣传人民代表大会制度和桥西区民主法制建设的新成果、新进展。加大对人大代表及人大常委会履行职责的宣传报道，提升人大工作影响力，增强人民群众对人民代表大会制度的信心和认同感。本届以来，相继在国家、省、市级报刊刊发人大工作和代表经验事迹等宣传稿件180余篇，有两篇调研文章分别获省、市人大系统征文三等奖，代表石家庄市在全省法制建设河北理论研讨会上作大会发言。

第三节　信访工作

区人大常委会高度重视信访工作。本届以来共接待群众来访453人次，受理群众来信

237 件。对于群众来访，区人大常委会信访办工作人员热情接待，认真受理，耐心细致地做好法律解释和疏导工作，引导其以合理合法方式表达利益诉求。对重要来信来访，常委会与“一府两院”共同研究，依法办理，加强督办推动力度，促使问题得到及时处理和妥善解决，有效推进人大信访工作开展。

第十六篇

石家庄市桥西区
第十六届人民代表大会

（2017 年 2 月至 2021 年 7 月）

第一章　党的领导

桥西区第十六届人民代表大会及其常务委员会，坚持以习近平新时代中国特色社会主义思想为指导，全面贯彻党的十九大和十九届二中、三中、四中、五中全会精神，深入贯彻落实习近平总书记关于坚持和完善人民代表大会制度的重要思想，强化使命担当，不断增强“四个意识”、坚定“四个自信”、做到“两个维护”，主动融入桥西区工作总体布局，不折不扣推动区委决策部署落地落实。

区委对人大工作高度重视，每年听取区人大常委会党组工作汇报，及时研究人大在监督、选举任免等工作中的重大问题和重要事项，作出具体部署，提出明确要求。围绕改进和加强人大工作，专门召开区委人大工作会议，制定指导文件，为做好人大工作指明方向。2020 年 4 月 13 日，在区委九届 102 次常委会会议上，研究部署桥西区“6+1”联动监督工作，区委书记孙鹏云讲话。省委常委、市委书记邢国辉到桥西区调研检查“6+1”联动监督工作。区委常委会上，听取区人大常委会党组工作情况汇报，研究召开人民代表大会有关事宜，研究区委组织部《关于补选区人大代表的请示》。遇有重要人事任免事项，区委组织部负责人都会在区人大常委会党组会议上作说明。区委高度重视换届选举工作，及时召开区委常委会研究换届选举工作，成立桥西区换届选举领导小组。区委书记亲自抓换届选举，多次指示，要求换届选举工作一定要充分发扬民主，严格依法办事，扎实有效做好换届选举工作。区委及时批转区人大常委会党组《关于区人民代表大会换届选举工作的请示》《关于区人民代表大会代表名额分配的请示》。在桥西区人大代表换届选举工作动员大会上，区委副书记参会并讲话。

区人大常委会党组自觉接受区委领导，严格执行重大事项向区委请示报告制度，做到整体工作及时向区委请示，重要工作及时向区委报告，阶段工作及时与区委沟通。先后向区委请示报告 28 项。

区人大常委会党组深入学习贯彻习近平新时代中国特色社会主义思想，学思践悟，扎实开展“不忘初心、牢记使命”主题教育活动，推进主题教育常态化制度化，不断提高运用党的创新理论指导实践、推动工作的能力。

第一节　党的组织机构

中共石家庄市桥西区人大常委会党组

书　记：张书凯（2017 年 2 月至 2021 年 7 月）
副书记：杨宗奇（2017 年 2 月至 2021 年 7 月）
成　员：秦景红（2017 年 2 月至 2021 年 7 月）
　　　　张　英（女，2017 年 2 月至 2021 年 7 月）

第二节　党组会议

一、党组会

区十六届人大期间，区人大常委会党组召开党组会 62 次。其中，2017 年召开党组会 8 次，2018 年召开党组会 14 次，2019 年召开党组会 17 次，2020 年召开党组会 15 次，2021 年召开党组会 8 次。

2017 年党组会情况一览表

表 16–1

时　间	会　次	会议议题
3 月 8 日	第 1 次	领导干部集体谈话
4 月 19 日	第 2 次	研究区人民政府提请决定任命人员，研究关于组织市、区两级人大代表开展“找问题、提建议、做贡献、助创城”活动实施方案，明确区人大常委会会议主持人，听取区人大常委会关于落实《2017 年桥西区深化机关作风整顿推进方案》和《桥西区“不作为、乱作为、慢作为”问题专项治理工作方案》的安排意见，听取区人大常委会党组 2017 年党风廉政建设主体责任安排意见
6 月 20 日	第 3 次	传达省人大常委会、区委理论学习中心组学习有关会议精神，听取区人大常委会关于区近期安排的重点工作情况的汇报，听取 2017 年度代表活动经费拨付情况报告
7 月 14 日	第 4 次	集中学习中发办〔2017〕10 号文件、《人民日报》刊发的《党内政治生活，严起来》，研究区人大常委会党组工作规则（草案），研究区人大常委会党组关于区人大常委会重点工作情况报告及意识形态工作报告，总结被任命人员履职评议的有关情况，研究主任会议召开时间及议题
8 月 10 日	第 5 次	研究人事任免事项

续表 16-1

时　间	会　次	会议议题
9 月 30 日	第 6 次	研究人事任免事项，传达区委巡察会议精神，研究申请“人大代表之家（站）”提升经费情况报告，研究区人大常委会党组落实党风廉政建设主体责任报告
11 月 7 日	第 7 次	学习区委关于认真学习宣传党的十九大精神的通知
12 月 25 日	第 8 次	研究人事任免事项，研究区人大常委会党组意识形态工作报告

2018 年党组会情况一览表

表 16–2

时　间	会　次	会议议题
1 月 11 日	第 1 次	研究区人大常委会党组关于召开区十六届人大二次会议的请示，研究区人大常委会党组向区委请示报告制度，研究区人大常委会“三重一大”事项集体决策制度
1 月 15 日	第 2 次	研究区第十六届人民代表大会城乡建设和环境保护委员会组成人员名单
2 月 1 日	第 3 次	研究人事任免事项
3 月 9 日	第 4 次	学习省委书记王东峰在河北省十三届人大一次会议闭幕会上、省十三届人大常委会第一次会议结束时的讲话，传达中共石家庄市委关于贯彻落实冀字〔2018〕9 号文件精神的通知，通报区第十六届人民代表大会第二次会议经费使用情况
3 月 19 日	第 5 次	研究区人大常委会党风廉政建设工作和意识形态工作
5 月 4 日	第 6 次	研究人事任免事项
6 月 1 日	第 7 次	研究对区人民政府工作部门主要负责人进行履职评议的实施方案，研究关于区人大常委会安装电子表决系统的情况报告
6 月 25 日	第 8 次	研究人事任免事项，研究代表活动经费、代表之家（站）建设提升经费的拨付情况
8 月 3 日	第 9 次	研究人事任免事项
8 月 27 日	第 10 次	研究区人大常委会党组上半年意识形态工作报告，安排部署下一阶段意识形态责任制落实工作
9 月 29 日	第 11 次	研究关于组织区十六届人大代表集中培训的安排意见，研究《石家庄市桥西区人民代表大会财政预算审查监督办法》《石家庄市桥西区人民代表大会常务委员会讨论和决定重大事项的规定》《石家庄市桥西区人民政府向区人大常委会报告国有资产管理情况办法》

续表 16-2

时　间	会　次	会议议题
10 月 22 日	第 12 次	研究人事任免事项
11 月 7 日	第 13 次	传达学习《深入学习贯彻习近平总书记关于坚持和完善人民代表大会制度的重要思想的通知》，研究购买支持电子表决系统运行的笔记本电脑和扫描仪事项，研究代表之家（站）提升、代表培训经费使用及拨付情况
12 月 12 日	第 14 次	研究《区人大常委会党组关于省委巡视整改专题民主生活会的安排方案》，通报关于预算联网监督中心建设情况

2019 年党组会情况一览表

表 16–3

时　间	会　次	会议议题
1 月 4 日	第 1 次	研究区人大常委会党组关于召开区十六届人大三次会议的请示，研究区第十六届人民代表大会社会建设委员会组成人员名单，研究补选区十六届人民代表大会代表事项
1 月 9 日	第 2 次	研究人事任免事项
1 月 11 日	第 3 次	研究部署 2019 年落实全面从严治党主体责任和党风廉政建设责任制工作
1 月 25 日	第 4 次	研究部署年底慰问工作
1 月 28 日	第 5 次	研究正科级干部人选推荐工作
2 月 25 日	第 6 次	传达学习区委关于落实省市“三深化三提升”活动要求，传达在桥西区开展“效能革命”动员部署会精神，安排部署区人大常委会落实意见，研究人事任免事项，研究调整区人大常委会主任、副主任工作分工事项
2 月 27 日	第 7 次	传达学习区委意识形态工作领导小组办公室《关于印发桥西区落实意识形态工作责任制任务清单》和《桥西区落实意识形态工作责任制考核评价办法》的通知精神，对区人大常委会党组意识形态工作进行研究部署
4 月 23 日	第 8 次	学习《中国共产党党组工作条例》，研究人事任免事项，通报区人大常委会机关 2018 年公用经费决算明细情况，研究新办公楼常委会会议室音响安装方案
5 月 24 日	第 9 次	学习习近平署名文章《关于坚持和发展中国特色社会主义的几个问题》《党政领导干部考核工作条例》，研究报废办公设备、新办公楼购置办公家具、安装会议系统等事项
6 月 19 日	第 10 次	研究人事任免事项，研究关于代表活动经费拨付计划

续表 16-3

时　间	会　次	会议议题
7 月 18 日	第 11 次	学习习近平总书记讲话《增强推进党的政治建设的自觉性和坚定性》，研究“为民服务解难题”专项整治工作
8 月 12 日	第 12 次	研究区人大常委会党组上半年意识形态工作及安排部署下半年意识形态工作，听取并研究区人大常委会办公室关于围绕“不忘初心、牢记使命”开展代表培训的有关安排
8 月 20 日	第 13 次	研究人事任免事项
9 月 15 日	第 14 次	研究人事任免事项，研究《区人大常委会党组关于“不忘初心、牢记使命”主题教育实施方案》
10 月 25 日	第 15 次	研究人事任免事项，研究市人大常委会拨付人大代表之家（站）经费使用情况
11 月 1 日	第 16 次	召开对照党章党规找差距专题会议
12 月 28 日	第 17 次	听取区人大常委会党组 2019 年度落实全面从严治党主体责任和党风廉政建设责任制工作情况，安排部署 2020 年落实全面从严治党主体责任和党风廉政建设工作

2020 年党组会情况一览表

表 16-4

时　间	会　次	会议议题
1 月 3 日	第 1 次	研究区人大常委会党组关于召开区十六届人大四次会议的请示
3 月 27 日	第 2 次	专题学习贯彻中共中央办公厅印发的《党委（党组）落实全面从严治党主体责任规定》
4 月 2 日	第 3 次	研究推荐正科级领导干部人选
4 月 9 日	第 4 次	研究部署关于落实区委会议精神，在机关开展“查问题、转作风、鼓干劲、争上游”行动
4 月 12 日	第 5 次	研究区人大常委会党组《关于开展“6+1”联动监督的实施意见》
5 月 8 日	第 6 次	传达学习《中共河北省委关于进一步贯彻落实党内谈话制度的实施办法（试行）的通知》及区委《开展党内谈话制度的实施办法》，研究区人大常委会意识形态责任制落实情况，研究人事任免事项，听取人代会会议经费支出情况和区人大常委会机关 2019 年公用经费决算明细情况的报告
5 月 11 日	第 7 次	研究人事任免事项

续表 16-4

时　间	会　次	会议议题
6 月 16 日	第 8 次	听取区人大常委会党组 2020 年上半年落实全面从严治党主体责任工作总结，对落实全面从严治党主体责任和党风廉政建设工作进行再部署
6 月 29 日	第 9 次	研究人事任免事项，通报代表活动经费拨付情况
8 月 3 日	第 10 次	传达学习中共石家庄市委办公室转发市委宣传部、市委组织部《关于认真组织学习〈习近平谈治国理政〉第三卷的通知》的通知，学习《习近平谈治国理政》第三卷“坚持以人民为中心”有关篇章
10 月 30 日	第 11 次	研究人事任免事项，研究关于区人大常委会微信小程序升级的有关事项
11 月 24 日	第 12 次	研究代表培训有关事项
12 月 24 日	第 13 次	研究补选代表事项
12 月 28 日	第 14 次	研究人事任免事项
12 月 30 日	第 15 次	研究区人大常委会党组落实全面从严治党主体责任和意识形态工作情况报告

2021 年党组会情况一览表

表 16-5

时　间	会　次	会议议题
1 月 6 日	第 1 次	研究人事任免事项
4 月 28 日	第 2 次	研究代表分配名额及选区划分方案，推荐连任代表方案，研究关于开展“四项联动监督”的工作方案
5 月 18 日	第 3 次	研究给各街道划拨换届选举经费事宜，研究其他事项
5 月 24 日	第 4 次	研究人事任免事项，研究关于调整中国人民解放军选举桥西区第十七届人大代表名额的方案（草案）、关于增加桥西区选举委员会组成人员的决定（草案）、召开第三十四次常委会有关事项
5 月 27 日	第 5 次	研究推荐市十五届人大代表连任人选
6 月 4 日	第 6 次	研究人事任免事项
6 月 17 日	第 7 次	研究人事任免事项
6 月 25 日	第 8 次	研究人事任免事项，研究关于对区人民政府贯彻落实《中华人民共和国中医药法》的初审意见，听取区第十七届人民代表大会选举结果报告，研究召开第三十六次常委会有关事项

二、党组民主生活会

区十六届人大期间，区人大常委会党组召开党组民主生活会 6 次。

2017 年 3 月 8 日，召开了以“学习贯彻党的十八届六中全会精神，围绕‘两学一做’学习教育要求，重点对照《关于新形势下党内政治生活的若干准则》和《中国共产党党内监督条例》”为主题的民主生活会。

2018 年 2 月 11 日，召开了以“认真学习领会习近平新时代中国特色社会主义思想，坚定维护以习近平同志为核心的党中央权威和集中统一领导，全面贯彻落实党的十九大各项决策部署”为主题的 2017 年度民主生活会。

2018 年 8 月 19 日，召开了以“深入贯彻习近平新时代中国特色社会主义思想和党的十九大精神，全面落实习近平总书记对河北工作的一系列重要指示，扎实推进中央巡视反馈意见整改落实到位，坚定不移推进全面从严治党向纵深发展”为主题的区人大常委会巡视整改专题民主生活会。

2018 年 12 月 20 日，召开了以“认真贯彻习近平新时代中国特色社会主义思想和党的十九大精神，切实肩负起全面从严治党的政治责任，扎实推进省委巡视反馈意见整改落实，以高度的政治自觉、思想自觉，加强领导班子自身建设”为主题的民主生活会。

2019 年 12 月 6 日，召开了以“不忘初心、牢记使命”为主题的专题民主生活会。

2021 年 2 月 6 日，召开了以“认真学习贯彻习近平新时代中国特色社会主义思想，加强政治建设，提高政治能力，坚守人民情怀，夺取决胜全面建设小康社会、实现第一个百年奋斗目标的伟大胜利，开启全面建设社会主义现代化国家新征程”为主题的民主生活会。

三、党组理论学习中心组学习会

区十六届人大期间，区人大常委会党组理论学习中心组召开学习会 13 次。其中，2019 年召开学习会 5 次，2020 年召开学习会 6 次，2021 年召开学习会 2 次。

2019 年党组理论学习中心组学习会情况一览表

表 16–6

时　间	会　次	学习内容
2 月 25 日	第 1 次	传达学习区委关于落实省市“三深化三提升”活动要求在桥西区开展“效能革命”动员部署会精神，安排部署区人大常委会落实意见
4 月 23 日	第 2 次	学习《中国共产党党组工作条例》
5 月 24 日	第 3 次	学习习近平署名文章《关于坚持和发展中国特色社会主义的几个问题》《党政领导干部考核工作条例》

续表 16-6

时　间	会　次	学习内容
7 月 18 日	第 4 次	学习习近平总书记重要讲话《增强推进党的政治建设的自觉性和坚定性》
11 月 1 日	第 5 次	传达学习党中央《关于在“不忘初心、牢记使命”主题教育中对照党章党规找差距的工作方案》精神，学习党章中关于党的性质、宗旨、指导思想、奋斗纲领和重大方针政策、党员权利和义务、党的制度和各级党组织的行为规范、党员领导干部基本条件等规定，学习《关于新形势下党内政治生活的若干准则》关于坚定理想信念等 12 个方面的要求和《中国共产党纪律处分条例》关于各类违纪行为的具体情形

2020 年党组理论学习中心组学习会情况一览表

表 16–7

时　间	会　次	学习内容
3 月 27 日	第 1 次	专题学习贯彻中共中央办公厅印发的《党委（党组）落实全面从严治党主体责任规定》
5 月 8 日	第 2 次	学习《中共河北省委关于进一步贯彻落实党内谈话制度的实施办法（试行）的通知》及区委《开展党内谈话制度的实施办法》
8 月 3 日	第 3 次	传达学习中共石家庄市委办公室转发市委宣传部、市委组织部《关于认真组织学习〈习近平谈治国理政〉第三卷的通知》的通知，学习《习近平谈治国理政》第三卷“坚持以人民为中心”有关篇章
10 月 30 日	第 4 次	学习《习近平在基层代表座谈会上的讲话》，学习习近平总书记在纪念中国人民志愿军抗美援朝出国作战 70 周年大会上的讲话
11 月 6 日	第 5 次	学习《中国共产党第十九届中央委员会第五次全体会议公报》
12 月 16 日	第 6 次	学习习近平总书记署名文章《推进全面依法治国，发挥法治在国家治理体系和治理能力现代化中的积极作用》

2021 年党组理论学习中心组学习会情况一览表

表 16–8

时　间	会　次	学习内容
1 月 4 日	第 1 次	学习习近平总书记在中央政治局第二十六次集体学习时的讲话《坚持系统思维构建大安全格局 为建设社会主义现代化国家提供坚强保障》以及习近平总书记署名文章《国家中长期经济社会发展战略若干重大问题》
2 月 1 日	第 2 次	学习习近平总书记在全国抗击新冠肺炎疫情表彰大会上的讲话，学习《中国共产党章程》有关章节，学习习近平总书记在中央政治局民主生活会上的讲话，学习《关于巩固深化“不忘初心、牢记使命”主题教育成果的意见》

第二章　人大代表

桥西区第十六届人民代表大会代表名额286名。2017年2月，召开区十六届人大一次会议时实有代表274名。区十六届人大常委会积极为代表履职提供服务和保障，着力加强代表和选举任免工作，制度更加完善，管理更加规范，效果更加明显，人大代表主体作用得到进一步发挥。

第一节　选举产生

一、桥西区第十六届人民代表大会代表的选举产生

根据河北省第十二届人大常委会第二十二次会议《关于重新确定部分市县级人民代表大会代表名额的决定》，桥西区第十六届人民代表大会代表名额为286名，经区选举委员会研究并报区委同意，分配到各选区名额278名。

在区委、区人大常委会的领导下，根据有关法律规定，按照区选举委员会统一部署，各选区依法选举产生区人大代表276名。

在区十六届人大一次会议召开前，6名代表调离桥西区，其代表资格自行终止；1名辞去代表职务。有关选区依法补选5名代表。2017年2月26日，召开区十六届人大一次会议时实有代表274名。区十五届人大常委会代表资格审查委员会对274名代表的代表资格进行了审查，当选代表符合宪法、法律规定，确认其代表资格有效。

在274名代表中，党政干部70名，占25.55%；工农方面代表37名，占13.50%；教科文卫方面代表64名，占23.36%；法律方面代表9名，占3.29 %；经济方面代表79名，占28.83%；驻军方面代表4名，占1.46%；其他方面代表11名，占4.01%。代表总数中，妇女代表73名，占26.64%；少数民族代表8名，占2.92%；非中共党员代表99名，占36.13%。区十五届人大代表连续当选的120名，占代表总数的43.80%。

链接1：具体选举情况

一、准备工作。成立桥西区选举委员会，召开辖区各大单位500余人参加的桥西区人大代表换届选举工作动员大会，并相继召开选举委员会会议5次，履行相关法律职责。为搞好换届选举工作，区选举委员会办公室抽调工作人员，分为组织、宣传、秘书、会务和

信访、保卫等工作组，并明确各组的职责分工；各街道、区教育局成立选举工作领导小组，在各选区成立选举小组，划分3480个选民小组，组建1800多人的区、街选举工作队伍。

二、宣传工作。区选举委员会专门制定宣传工作实施方案，成立宣传队伍，明确各阶段宣传工作重点。区选举委员会办公室指导各选区深入做好宣传发动工作，共印发宣传提纲5.6万张，悬挂横幅标语360余条，板报500余块，橱窗1000余期，张贴选举宣传画2400份，发放选举委员会公告5000份、投票选举注意事项1000份，开展换届宣传文艺演出30次，营造良好的舆论氛围。

三、选民登记和选民资格审查工作。按照区选举委员会关于选民登记阶段的安排意见，从11月24日起，桥西区17个街道、区教育局，共148个选区同时进行选民登记工作，截至12月27日，桥西区选民数395325人。其中，登记选民394850人；未列入和不能行使、暂停行使及剥权475人。按照省换届选举工作会议要求，区选举委员会及有关部门按照各自的职责权限，对推出的457名初步代表候选人进行了严格的审查和考察。综合各方面审查情况，有8人不符合代表候选人提名条件，经区审核小组、区委常委会、区选举委员会研究，不列入区十六届人大代表初步候选人名单。

四、代表候选人提名工作。自12月6日开始，区换届选举工作进入提名推荐和协商确定代表候选人阶段。至12月7日，桥西区148个选区（不含驻军），共提名推荐初步代表候选人457名，是应选代表名额的1.64倍。其中由政党、人民团体提名的249名，占提名数的54.49%；选民10人以上联名提名208名，占提名数的45.51%；非中共党员192名，占提名数的42.01%；妇女184名，占提名数的40.26%；少数民族11名，占提名数的2.41%。并于12月12日前全部张榜公布。

五、选举代表工作。本次换届选举，桥西区应参加投票选举的选民394850人，实参加选举人数349900人，参选率为88.62%。选举过程中，共发出选票349900张，收回选票348988张，其中有效票339737张，无效票9251张。148个选区共设投票站234个，流动票箱290个。

六、经验教训。12月27日选举过程中，振头街道第96号选区、汇通街道第143号选区候选人得票数没有超过参加选举选民的半数，未选出代表。其他选区均为一次选举成功。

链接2：选举委员会组成人员名单

主　任：赵新惠

副主任：温保山　王文晔

委　员：马会忠　杨宗奇　秦景红　梁东升

杨丽倩　鲁中欣　张振亚　魏　革

王振永　高景福　张　英　张卫娟

杨树新　赵国海　刘晓梅　贾景辉

高文华　姜凤刚　王杰清　张立明

张治军　杨贺明　陈　瑛　张添阁

二、桥西区出席石家庄市第十四届人民代表大会代表的选举产生

2017年2月28日，区十六届人大一次会议选举产生桥西区出席石家庄市第十四届人民代表大会代表39名。其中，工农17名，干部4名，民主党派、工商联和无党派人士4名，专业技术人员13名，侨眷1名。

第二节　代表名单

一、桥西区第十六届人民代表大会代表名单

中山代表团

王爱良	伍志强	任映光	刘　东
刘华斌	刘孟春	张伟新	陈少鹏
陈建栋	呼崇利	荣焕武	徐世德
唐思远	魏梅英（女）		

南长代表团

王书新	龙冬梅（女）	刘洪杰	孙南征
苏小东	李立成	杨宗奇	吴学志
张淑荣（女）	武继红（女）	赵新堂	胡增军
韩　露	韩新山	霍文发	

红旗代表团

王　昕	王秀生	王建刚	方朝义
全建玲（女）	许顺亭	孙　飞	孙　冉（女，蒙古族）
李文琪	杨炳健	张　峰	张书凯
张兴汉	陈　良	郑海峰	赵益农
宫金光	郭晓天	曹伟升	崔树旺（回族）
董五洲	韩运敏（女）	智利彩（女）	魏彦波

维明代表团

王文晔（女）	田金华	边东书	刘　明
刘　慧（女）	刘军志	孙章领	李　宁（女）
李　霞（女）	李红梅（女）	张学峰	张建波

陈千豁	袁克难(女)	高晓玲(女)	郭秀琴(女)
郭德迁	董富强	裴学艳(女)	

东里代表团

丁　海	王金波(满族)	文秀红(女)	戎华奎
任立志	任向杰	李　平(女)	李维佳(满族)
杨丽倩(女)	杨勇峰	吴林财	张　焱(回族)
张治军	赵建纲	赵艳霞(女)	赵雪飞
夏建平	麻永刚	盖　锋	

新石代表团

于会平(女)	于英杰	石益青(女)	吉玉刚
任盼志	李文国	李岩清(女)	李泓泽
何彦伟	张　欣(女)	和爱生	周权贤
常　霞(女)			

友谊代表团

于建兵	王荣菊(女)	白树惠	冯丽燕(女)
宁永辉(女)	李　佳	李清林	肖红玲(女)
宋建宏	张永泽	林　杰	林芝彩(女)
赵　欢(女)	赵荣肖(女)	秦占宏	高金东
崔永林	温保山		

振头代表团

王友爱	王志峰	王建良	王树亮
刘世永	刘明丽(女)	李云爱(女)	李永涛
李忠强	张志平	张添阁	尚荣敏(女)
郝立辉	柳连中	殷华理(女)	高　华
温　静(女)	温保存	潘明杰(女)	

西里代表团

王　宁	王　彬(女)	王　锟	叶　蓉(女)
白麦收	司志军	刘　辉(女)	刘卫中
孙毅忠	杨海兵	张　英(女)	陈晓杰
郑文忠	郝玉龙	崔海英(女)	梁俊章

韩金红

苑东代表团

马立新	王　飞(女)	王世宏(满族)	王春梅(女)
付立军	朱中华	任　颢(女)	苏铁军
李会臣	李维民	陈立钦	郑保华
郑福义	练友华	赵新惠	姚金钟
徐贞芬(女)	韩书生	霍建春	

长兴代表团

马兰景	王　薇(女)	王建新	王根平
许其军	李英涛	李建国	李惠杰
张海燕(女)	秦景红	郭玉平	梁广红
谢　佳(女)			

留营代表团

马素岐(女)	马新利	王跃进	孙新泽
杜建庆	杜缺梅(女)	李建华	李继堂
杨立行	张进良	张朝泽	庞震莉(女)
崔建利	薄　力		

休门代表团

王　红(女)	王少波	刘冬生(女)	李志勇
李俊琳	李振江	李攀峰	张卫娟(女)
林卫华	郝玉东	郗　静(女)	耿玉芝
徐耀明			

东华代表团

王立生	王西坡	安桂江	杜保军
何占辉	张　立	张　军(女)	张金霞(女)
胡　文	盛文利(女)	蒲建伟	魏含玉

东风代表团

马会忠	王东凯	王素娟(女)	左秀芹(女)
田寄民	邢海涛	刘占平	刘勇会

齐从胜	李进国	李瑞君	林顺德
孟宝丽(女)	臧文超		

彭后代表团

王　昭	王风田	史新惠(女)	白　鸿(女)
刘　群(女)	齐泽旭	李　军	杨　燕(女)
张立营	张永忠	张建宇(满族)	孟令尧
徐荣广	高云晓(女)	窦同军	

汇通代表团

王凤丑	兰福军	刘学俭	杜永生
李子剑	李国旗	谷银强	张志立(女)
陈　瑛(女)	周小华	常俊英(女)	魏建新(女)

驻军代表团

陈江文	贺亚兵	盛成相	梁东升

区十六届人大代表届中调整情况表

表 16–9

常委会会议	终止情况	补选情况
2018 年 1 月 23 日 第七次会议	辞职：东里街道赵雪飞，振头街道张添阁，友谊街道于建兵，中山街道王爱良，汇通街道李子剑，休门街道王红、郝玉东，东风街道邢海涛，东华街道王立生 调离：东里街道吴林财，红旗街道王昕，友谊街道冯丽燕，驻军贺亚兵 去世：留营街道孙新泽	东里街道底建民、郑继延，红旗街道赵文平，中山街道贾士中，新石街道尤绍辉、孙文华，南长街道辛炜，友谊街道张宏业、赵梦磊，西里街道赵欣，苑东街道赵卫星，长兴街道智伟力，留营街道肖松，东风街道魏革、董政，东华街道张岩、刘惠萍，休门街道梁杰，汇通街道王典巨、吕文合
2019 年 1 月 11 日 第十四次会议	辞职：东里街道张治军，友谊街道赵欢，振头街道姚金钟 调离：维明街道孙章领，西里街道韩金红，驻军陈江文，苑东街道苏铁军	中山街道李天成、郭红琴，友谊街道张添阁、李承辉，振头街道安立辉，休门街道赵玉川、张明梅
2019 年 8 月 22 日 第十八次会议	辞职：汇通街道杜永生	

续表 16-9

常委会会议	终止情况	补选情况
2019 年 12 月 28 日 第二十一次会议	辞职：维明街道刘军志、张建波，留营街道薄力，友谊街道张宏业，中山街道陈少鹏	
2020 年 1 月 9 日 第二十二次会议	调离：东里街道戎华奎，西里街道赵欣，长兴街道郭玉平，彭后街道齐泽旭	维明街道孙鹏云、范存娟、张景辉，东里街道李强、尤佳敬，汇通街道王军，友谊街道曹立乾，留营街道景建涛，休门街道董婷婷
2020 年 12 月 9 日 第二十八次会议	辞职：中山街道贾士中	
2020 年 12 月 30 日 第三十次会议	辞职：振头街道王树亮，留营街道杨立行，彭后街道窦同军，中山街道崔海英，南长街道苏小东，新石街道于会平，苑东街道付立军，西里街道郑文忠	
2021 年 2 月 18 日 第三十一次会议	调离：南长街道胡增军，友谊街道温保山、张添阁，西里街道刘卫中，红旗街道赵益农、韩运敏，长兴街道谢佳，东风街道魏革、齐从胜，汇通街道王凤丑 去世：休门街道李振江，红旗街道崔树旺	振头街道权辉，留营街道冯磊、梁润波，苑东街道魏永辉、王玉环，红旗街道翟雪璟，南长街道杨岱凌，中山街道刘宏志、吕伟丽，新石街道范巍，友谊街道王晓娟，西里街道于建兵、张秀梅，彭后街道杨密增，东风街道张举士

二、桥西区出席石家庄市第十四届人民代表大会代表名单

（一）工农 17 名

王　强　　王廷良　　文秀红（女）　　卢丙杰
申　亮　　冯　建　　师　旭　　伍志强
任盼志　　刘世永　　齐秀丽（女）　　李　青（女）
杨振福　　胡喜祥　　徐丽荣（女）　　高增义
温颜强

（二）干部 4 名

戎华奎　　刘军志　　汪克宁　　张书凯

（三）民主党派、工商联和无党派人士 4 名

王文晔（女）　　李卫英　　张继春　　潘卫东

（四）专业技术人员 13 名

王　罡	王素娟(女)	牛延君	朱薪志
刘　东	孙建忠(满族)	肖燕霞(女)	张　峰
张　焱(回族)	段林国(满族)	侯典龙	崔树旺(回族)
康学富			

（五）侨眷 1 名

杜　娟(女)

届中调整情况：2017 年 3 月 23 日，区十六届人大常委会第一次会议补选贾巧秀、宋国宏、马军为石家庄市第十四届人民代表大会代表。2019 年 12 月 28 日，区十六届人大常委会第二十一次会议补选李强为石家庄市第十四届人民代表大会代表。2021 年 2 月 14 日，区十六届人大常委会第三十次会议补选刘春东、耿学军、吴海明、赵宁、崔业鹏为石家庄市第十四届人民代表大会代表。石家庄市第十四届人民代表大会第五次会议时，孙鹏云由正定县代表团调整到桥西区代表团。

第三节　代表工作

一、代表培训

区十六届人大常委会坚持把代表培训作为代表履职能力建设的基础性工作，持续推进培训的系统化、规范化，先后举办 4 期人大代表培训班，邀请全国、省知名专家，就政治理论、人大制度、代表履职基础性知识、法律法规、国际国内热点等进行授课，共计 500 余人次参加。

二、提升人大代表之家（站）建设水平

加大代表履职平台建设，进一步提升人大代表之家（站）工作水平，努力使之成为反映民情的“直通车”、服务为民的“连心桥”、改进工作的“助推器”、化解矛盾的“减压阀”。2017 年以来，省、市多次召开推进县乡人大工作和建设经验交流会暨“人大代表之家”建设现场推进会，与会领导对桥西区“家（站）”建设给予高度评价。省人大常委会党组书记、常务副主任范照兵到桥西区汇通街道塔坛“人大代表联络站”指导工作。先后有 20 多家市、县（区）人大常委会到桥西区学习考察。

三、代表建议办理

区十六届人大一次会议，收到涉及区人民政府的代表建议、批评和意见 101 件，已全部办结并答复代表，代表对办理结果总体满意。

区十六届人大二次会议，收到涉及区人民政府的代表建议、批评和意见 92 件，已全部

办结并答复代表，代表对办理结果总体满意。

区十六届人大三次会议，收到涉及区人民政府的代表建议、批评和意见 114 件，已全部办结并答复代表，代表对办理结果总体满意。

区十六届人大四次会议，收到涉及区人民政府的代表建议、批评和意见 155 件，已全部办结并答复代表，代表对办理结果总体满意。

四、代表票决民生实事

区十六届人大四次会议通过《民生实事项目人大代表票决办法》，票决确定桥西区人民政府 2020 年 10 件民生实事项目：1. 建设桥西区老年公寓；2. 实施老旧小区改造工程；3. 提高普惠性幼儿园覆盖率；4. 打通永壁西街、汇丰路等 4 条“断头路”；5. 推进“红色物业”提质扩面；6. 中山路小学整体重建；7. 开展残疾人关爱帮扶活动；8. 桥西区图书馆免费开放；9. 打造互联网 + 食品二维码溯源系统；10. 提升改造时光公园。

五、评选优秀区人大代表

2018 年 1 月，区十六届人大常委会评选出 2017 年度优秀区人大代表 42 名。

2017 年度优秀区人大代表名单

表 16–10

代表团	姓名
苑东（3 名）	朱中华、韩书生、王春梅（女）
新石（2 名）	李文国、于英杰
西里（3 名）	王　宁、郝玉龙、郑文忠
东里（3 名）	文秀红（女）、杨勇峰、麻永刚
留营（2 名）	张朝泽、崔建利
南长（2 名）	赵新堂、孙南征
彭后（2 名）	史新惠（女）、徐荣广
汇通（2 名）	李国旗、王凤丑
东风（2 名）	王素娟（女）、李进国
友谊（3 名）	高金东、李　佳、林　杰

续表 16-10

代表团	姓名
红旗（4 名）	崔树旺（回族）、王建刚、孙　飞、孙　冉（女，蒙古族）
休门（2 名）	王少波、郗　静（女）
振头（3 名）	尚荣敏（女）、刘明丽（女）、李永涛
维明（3 名）	郭德迁、高晓玲（女）、裴学艳（女）
东华（2 名）	张　立、安桂江
中山（2 名）	任映光、荣焕武
长兴（2 名）	王建新、许其军

2019 年 1 月，区十六届人大常委会评选出 2018 年度优秀区人大代表 43 名。

2018 年度优秀区人大代表名单

表 16–11

代表团	姓名
苑东（3 名）	朱中华、王春梅（女）、韩书生
新石（2 名）	李岩清（女）、常　霞（女）
西里（3 名）	刘卫中、王　彬（女）、王　锟
东里（3 名）	杨勇峰、李　平（女）、麻永刚
留营（2 名）	李继堂、王跃进
南长（3 名）	张淑荣（女）、吴学志、龙冬梅（女）
彭后（2 名）	王　昭、张立营
汇通（2 名）	李国旗、王凤丑
东风（2 名）	王素娟（女）、田寄民

续表 16-11

代表团	姓名
友谊（3 名）	张永泽、高金东、肖红玲（女）
红旗（4 名）	张　峰、孙　飞、郭晓天、杨炳健
休门（2 名）	王少波、李俊琳
振头（3 名）	殷华理（女）、郝立辉、柳连中
维明（3 名）	郭德迁、高晓玲（女）、裴学艳（女）
东华（2 名）	刘惠萍（女）、何占辉
中山（2 名）	魏梅英（女）、呼崇利
长兴（2 名）	郭玉平、李惠杰

2020 年 1 月，区十六届人大常委会评选出 2019 年度优秀区人大代表 52 名。

2019 年度优秀区人大代表名单

表 16–12

代表团	姓名
苑东（2 名）	王　飞（女）、郑福义
新石（4 名）	任盼志、周权贤、石益青（女）、王建良
西里（3 名）	叶　蓉（女）、杨海兵、司志军
东里（4 名）	杨勇峰、麻永刚、丁　海、张　焱（回族）
留营（2 名）	肖　松、马素岐（女）
南长（3 名）	韩　露、刘洪杰、吴学志
彭后（5 名）	孟令尧、高云晓（女）、李　军、王风田、史新惠（女）
汇通（2 名）	李国旗、王风丑

续表 16-12

代表团	姓名
东风（2名）	林顺德、李瑞君
友谊（5名）	白树惠、宋建宏、赵荣肖（女）、肖红玲（女）、王荣菊（女）
红旗（4名）	张兴汉、孙　飞、智利彩（女）、韩运敏（女）
休门（2名）	王少波、徐耀明
振头（3名）	温　静（女）、王志峰、潘明杰（女）
维明（4名）	陈千豁、边东书、高晓玲（女）、郭秀琴（女）
东华（2名）	胡　文、杜保军
中山（2名）	伍志强、李天成
长兴（2名）	王　薇（女）、李惠杰
驻军（1名）	盛成相

2021 年 1 月，区十六届人大常委会评选出 2020 年度优秀区人大代表 58 名。

2020 年度优秀区人大代表名单

表 16–13

代表团	姓名
苑东（4名）	徐贞芬（女）、朱中华、王　飞（女）、韩书生
新石（4名）	任盼志、和爱生、常　霞（女）、吴学志
西里（3名）	杨海兵、王　宁、司志军
东里（4名）	赵建纲、夏建平、张　焱（回族）、李　平（女）
留营（2名）	王跃进、庞震莉（女）
南长（2名）	赵新堂、刘洪杰

续表 16-13

代表团	姓名
彭后（3 名）	刘　群（女）、杨　燕（女）、史新惠（女）
汇通（2 名）	兰福军、刘学俭
东风（3 名）	王素娟（女）、左秀芹（女）、孟宝丽（女）
友谊（7 名）	高金东、林　杰、张永泽、崔永林、赵梦磊、宋建宏、王荣菊（女）
红旗（5 名）	张　峰、孙　飞、郭晓天、陈　良、许顺亭
休门（2 名）	王少波、徐耀明
振头（3 名）	温保存、李忠强、王友爱
维明（6 名）	陈千豁、边东书、郭德迁、张学峰、刘　明、董富强
东华（3 名）	刘惠萍（女）、杜保军、何占辉
中山（3 名）	荣焕武、刘　东、李天成
长兴（2 名）	王　薇（女）、许其军

第三章　人民代表大会

桥西区第十六届人民代表大会任期 4 年 5 个月，自 2017 年 2 月至 2021 年 7 月，共召开 5 次会议。

区十六届人大历次会议概况表

表 16–14

会议次序	会议日期	议题（项）	听取报告（个）	决议决定（项）	选举表决（项）
第一次	2017 年 2 月 26 日至 28 日	12	6	7	6
第二次	2018 年 1 月 30 日至 2 月 1 日	9	6	7	3
第三次	2019 年 1 月 17 日至 18 日	8	6	7	1
第四次	2020 年 1 月 19 日至 21 日	8	6	6	2
第五次	2021 年 2 月 21 日至 22 日	8	7	7	1

第一节　会议概况

一、区十六届人大一次会议

2017 年 2 月 26 日至 28 日，区十六届人大一次会议在十七中学南校区报告厅召开。出席代表 268 人（应到 274 人）。会议听取和审议区人民政府代理区长戎华奎作的《桥西区人民政府工作报告》；审议区发展和改革局局长孙文华作的《关于桥西区 2016 年国民经济和社会发展计划执行情况与 2017 年国民经济和社会发展计划（草案）的报告》，审查和批准桥西区 2016 年国民经济和社会发展计划执行情况的报告及 2017 年国民经济和社会发展计划草案；审议区财政局局长赵国海作的《关于桥西区 2016 年财政预算执行情况和 2017 年财政预算（草案）的报告》，审查和批准桥西区 2016 年财政预算执行情况的报告和 2017 年财政预算草案；听取和审议区人大常委会主任赵新惠作的《桥西区人民代表大会常务委员会工作报告》、区人民法院院长吉玉刚作的《桥西区人民法院工作报告》、区人民检察院代理检察长张伟新作的《桥西区人民检察院工作报告》。会议通过相应决议。会议选举产生桥西区出席石家庄市第十四届人民代表大会代表。会议选举产生区十六届人大常委会组成人员，区人民政府区长、副区长，区人民法院院长，区人民检察院检察长；表决通过了区十六届人大各专门委员会的设立及其组成人员名单（名单见本章第二节《会议选举》和第四节《专门委员会》）。

这次会议，是在实施“十三五”规划的重要一年、供给侧结构性改革的深化之年召开的大会。会议指出，要深入贯彻党的十八大、十八届三中、四中、五中、六中全会精神，贯彻落实习近平总书记系列重要讲话精神，全面落实中共中央、省、市重要会议和区第九次党代会的决策部署，以“全党抓经济、全面抓提升、全力促改革”为指导思想，以“四区同创”为总目标，主动适应经济发展新常态，提高经济质量和效益，充分利用打造京津冀世界级城市群“第三极”优势条件，坚持稳中求进，深入实施创新驱动发展战略，推动经济发展转型升级。会议强调，要加强法治政府建设，全面深化改革，不断提高公共服务水平，进一步保障和改善民生，提升城区品质，实现生态宜居，为把桥西区建设成为省会经济转型引领区、改革创新先锋区、靓丽舒适样板区、和谐幸福示范区奠定坚实基础。

二、区十六届人大二次会议

2018 年 1 月 30 日至 2 月 1 日，区十六届人大二次会议在十七中学南校区报告厅召开。出席代表 275 人（应到 280 人）。会议听取和审议区人民政府区长戎华奎作的《桥西区人民政府工作报告》；审议区发展和改革局局长孙文华作的《关于桥西区 2017 年国民经济和社会发展计划执行情况与 2018 年国民经济和社会发展计划（草案）的报告》，审查和批准桥西区 2017 年国民经济和社会发展计划执行情况的报告及 2018 年国民经济和社会发展计划草案；审议区财政局局长赵国海作的《关于桥西区 2017 年财政预算执行情况和 2018 年财政预算（草案）的报告》，审查和批准桥西区 2017 年财政预算执行情况的报告和 2018 年财政预算草案；听取和审议区人大常委会主任张书凯作的《桥西区人民代表大会常务委员会工作报告》、区人民法院院长吉玉刚作的《桥西区人民法院工作报告》、区人民检察院检察长张伟新作的《桥西区人民检察院工作报告》。会议通过相应决议。会议选举产生区监察委员会主任和补选 2 名区人大常委会委员；表决通过了区十六届人大城乡建设和环境保护委员会的设立及其组成人员名单（名单见本章第二节《会议选举》和第四节《专门委员会》）。

这次会议，是在全面贯彻落实党的十九大精神开局之年、改革开放四十周年、实施“十三五 ”规划承上启下的关键一年召开的大会。会议指出，要积极融入新时代，抢抓新机遇，切实担负起加快桥西建设发展的光荣使命。会议强调，要紧紧围绕区委九届四次全会的部署要求，坚持新发展理念，以提高发展质量和效益为中心，锐意改革创新，着力构建现代城市经济框架体系，强力推进金融创新开发区建设，打造城市建设着力点和经济增长极，不断推动经济发展提质增效；要深化城市治理体系建设，持续改善城区环境和秩序，全面提升城区环境品质，打造靓丽生态宜居新城区；要切实保障和改善民生，维护社会和谐稳定，不断增强人民群众的幸福感、获得感和安全感。

三、区十六届人大三次会议

2019 年 1 月 17 日至 18 日，区十六届人大三次会议在十七中学南校区报告厅召开。出席代表 269 人（应到 280 人）。会议听取和审议区人民政府区长戎华奎作的《桥西区人民政府工作报告》；审议区发展和改革局局长孙文华作的《关于桥西区 2018 年国民经济和社会发展计划执行情况与 2019 年国民经济和社会发展计划（草案）的报告》，审查和批准桥西区 2018 年国民经济和社会发展计划执行情况的报告及 2019 年国民经济和社会发展计划草案；审议区财政局局长张明梅作的《关于桥西区 2018 年财政预算执行情况和 2019 年财政预算（草案）的报告》，审查和批准桥西区 2018 年财政预算执行情况的报告和 2019 年财政预算草案；听取和审议区人大常委会主任张书凯作的《桥西区人民代表大会常务委员会工作报告》、区人民法院院长吉玉刚作的《桥西区人民法院工作报告》、区人民检察院检察长张伟新作的《桥西区人民检察院工作报告》。会议通过相应决议。会议表决通过了区十六届人大社会建设委员会的设立及其组成人员名单（名单见本章第四节《专门委员会》）。

这次会议，是在中华人民共和国成立 70 周年，实施“十三五”规划、决胜全面建成小康社会至关重要的一年召开的大会。会议指出，要以习近平新时代中国特色社会主义思想为指导，深入贯彻落实党的十九大和十九届二中、三中全会精神，紧紧围绕区委九届六次全会的决策部署，积极面对新形势，抢抓新机遇，坚持稳中求进工作总基调，落实高质量发展要求，扎实抓好稳增长、促改革、调结构、惠民生、防风险各项工作，切实担负起加快新时代 “四区同创” 建设的光荣使命。会议强调，要坚定不移推进全面深化改革，加快构建 “1+3” 现代产业发展格局，依托金融创新开发区建设，加速产业聚集发展，发挥项目投资拉动作用，支持民营经济发展，提质量、树品牌、增效益，确保经济持续健康发展。

四、区十六届人大四次会议

2020 年 1 月 19 日至 21 日，区十六届人大四次会议在区机关西配楼四楼会议室召开。出席代表 260 人（应到 279 人）。会议听取和审议区人民政府代理区长李强作的《桥西区人民政府工作报告》；审议区发展和改革局局长孙文华作的《关于桥西区 2019 年国民经济和社会发展计划执行情况与 2020 年国民经济和社会发展计划（草案）的报告》，审查和批准桥西区 2019 年国民经济和社会发展计划执行情况的报告及 2020 年国民经济和社会发展计划草案；审议区财政局局长张明梅作的《关于桥西区 2019 年财政预算执行情况和 2020 年财政预算（草案）的报告》，审查和批准桥西区 2019 年财政预算执行情况的报告和 2020 年财政预算草案；听取和审议区人大常委会主任张书凯作的《桥西区人民代表大会常务委员会工作报告》、区人民法院院长吉玉刚作的《桥西区人民法院工作报告》、区人民检察院检察长张伟新作的《桥西区人民检察院工作报告》。会议通过相应决议。会议票决确定2020年10件民生实事项目。会议补选产生区人民政府区长和1名区人大常委会委员（名单见本章第二节《会议选举》）。

这次会议，是在完成“十三五”规划、全面建成小康社会的收官之年召开的大会。会议指出，要以习近平新时代中国特色社会主义思想为指导，全面贯彻落实党的十九大和十九届二中、三中、四中全会精神，紧紧围绕区委九届八次全会的决策部署，以市委“四种类型经济”和区委“实现七个新突破”为抓手，坚持稳中求进工作总基调和新发展理念，以供给侧结构性改革为主线，以改革开放为动力，统筹推进稳增长、促改革、调结构、惠民生、防风险、保稳定，推动经济社会高质量发展。会议强调，要深入开展“三创四建”活动，着力构建现代化经济体系和一流营商环境体系，加快“1+3”产业集群发展，增加投资拉动，全面深化改革，实施创新驱动发展战略，夯实经济高质量发展基础，保持经济平稳增长。着力构建城乡融合高质量发展体系，提升城区品位，打好污染防治攻坚战，保障改善民生，建设宜业宜居主城区，让人民群众共享高质量发展成果。

五、区十六届人大五次会议

2021年2月21日至22日，区十六届人大五次会议在区机关西配楼四楼会议室召开。出席代表243人（应到273人）。会议听取和审议区人民政府区长李强作的《桥西区人民政府工作报告》；审查桥西区国民经济和社会发展第十四个五年规划和2035年远景目标纲要；审议区发展和改革局局长孙文华作的《关于桥西区2020年国民经济和社会发展计划执行情况与2021年国民经济和社会发展计划（草案）的报告》，审查和批准桥西区2020年国民经济和社会发展计划执行情况的报告及2021年国民经济和社会发展计划草案；审议区财政局局长张明梅作的《关于桥西区2020年财政预算执行情况和2021年财政预算（草案）的报告》，审查和批准桥西区2020年财政预算执行情况的报告和2021年财政预算草案；听取和审议区人大常委会主任张书凯作的《桥西区人民代表大会常务委员会工作报告》、区人民法院院长吉玉刚作的《桥西区人民法院工作报告》、区人民检察院检察长张伟新作的《桥西区人民检察院工作报告》。会议通过相应决议。会议补选产生区监察委员会主任（名单见本章第二节《会议选举》）。

这次会议，是在实施“十四五”规划，开启桥西区现代化建设新征程的关键时期召开的大会。会议指出，要坚持以习近平新时代中国特色社会主义思想为指导，全面贯彻党的十九大和十九届二中、三中、四中、五中全会精神，深入落实省委、市委决策部署及区第十次党代会精神，增强“四个意识”、坚定“四个自信”、做到“两个维护”。会议强调，要统筹推进“五位一体”总体布局，协调推进“四个全面”战略布局，坚持稳中求进工作总基调，立足新发展阶段，贯彻新发展理念，构建新发展格局，以推动高质量发展为主题，以深化供给侧结构性改革为主线，以改革创新为根本动力，以满足人民日益增长的美好生活需要为根本目的，坚持系统观念，更好统筹发展和安全，认真开展“三重四创五优化”

和“三基”建设年活动，大力实施“十区”战略，推动城区综合竞争力、辐射带动力、国际影响力实现大跃升，巩固拓展疫情防控和经济社会发展成果，努力实现经济行稳致远、社会安定和谐，不断增强人民群众获得感、幸福感、安全感，确保“十四五”迈好第一步、开创新局面。

第二节　会议选举

区十六届人大历次会议，共选举产生区级国家机关工作人员 50 人。

区人大常委会

主　任：

张书凯　　2017 年 2 月区十六届人大一次会议当选

副主任：

杨宗奇　　2017 年 2 月区十六届人大一次会议当选

王文晔(女)　2017 年 2 月区十六届人大一次会议当选

马会忠　　2017 年 2 月区十六届人大一次会议当选

秦景红　　2017 年 2 月区十六届人大一次会议当选

委　员（区十六届人大一次会议选举产生）：

王　昭	王风田	王世宏(满族)	王素娟(女)
边东书	任　颢(女)	任映光	任盼志
刘　明	刘世永	李俊琳	李维佳(满族)
杨丽倩(女)	张　英(女)	张　欣(女)	张　峰
张　焱(回族)	张卫娟(女)	张永泽	张建宇(满族)
张添阁	张朝泽	陈　瑛(女)	陈千豁
赵建纲	郝玉东	夏建平	高金东
崔海英(女)	魏含玉		

委　员（区十六届人大二次会议补选产生）：

全建玲(女)　张建波

委　员（区十六届人大四次会议补选产生）：

郭红琴(女)

届中调整情况：

张添阁、郝玉东，2018 年 1 月 23 日，在区十六届人大常委会第七次会议上辞去桥西区第十六届人大常委会委员职务。

张建波，2019 年 12 月 28 日，在区十六届人大会常委会第二十一次会议上辞去桥西区第十六届人大常委会委员职务。

崔海英(女)，2020年12月30日，在区十六届人大常委会第二十九次会议上辞去桥西区第十六届人大常委会委员职务。

区人民政府

区　长：

戎华奎　　2017年2月区十六届人大一次会议当选

李　强　　2020年1月区十六届人大四次会议当选

届中调整情况：

戎华奎，2019年8月22日，在区十六届人大常委会第十八次会议上辞去桥西区人民政府区长职务。

李　强，2019年9月18日，区十六届人大常委会第十九次会议决定任命其为桥西区人民政府副区长，决定其为代理区长；2021年5月24日，在区十六届人大常委会第三十四次会议上辞去桥西区人民政府区长职务。

冯　磊，2020年5月12日，区十六届人大常委会第二十四次会议决定任命其为桥西区人民政府副区长；2021年5月24日，区十六届人大常委会第三十四次会议决定其为桥西区人民政府代理区长。

副区长：

齐泽旭　　2017年2月区十六届人大一次会议当选

许建斌　　2017年2月区十六届人大一次会议当选

赵月芬(女)　　2017年2月区十六届人大一次会议当选

赵雪飞　　2017年2月区十六届人大一次会议当选

崔子安　　2017年2月区十六届人大一次会议当选

张立明　　2017年2月区十六届人大一次会议当选

届中调整情况：

王小亮，2017年10月16日，区十六届人大常委会第五次会议决定任命其为桥西区人民政府副区长(挂职)；2018年10月30日，在区十六届人大常委会第十二次会议上辞去桥西区人民政府副区长职务(挂职)。

李　晶，2017年10月16日，区十六届人大常委会第五次会议决定任命其为桥西区人民政府副区长(挂职)；2019年10月31日，在区十六届人大常委会第二十次会议上辞去桥西区人民政府副区长职务(挂职)。

孙文丽(女)，2018年5月14日，区十六届人大常委会第九次会议决定任命其为桥西区人民政府副区长(挂职)；2019年2月28日，在区十六届人大常委会第十五次会议上辞去桥西区人民政府副区长职务(挂职)。

许建斌，2018年6月29日，在区十六届人大常委会第十次会议上辞去桥西区人民政府副区长职务。

张庆国，2018 年 10 月 30 日，区十六届人大常委会第十二次会议决定任命其为桥西区人民政府副区长(挂职)；2019 年 10 月 31 日，在区十六届人大常委会第二十次会议上辞去桥西区人民政府副区长职务(挂职)。

甄　勇，2019 年 6 月 21 日，区十六届人大常委会第十七次会议决定任命其为桥西区人民政府副区长；2021 年 6 月 4 日，在区十六届人大常委会第三十五次会议上辞去桥西区人民政府副区长职务。

齐泽旭、崔子安，2019 年 12 月 28 日，在区十六届人大常委会第二十一次会议上辞去桥西区人民政府副区长职务。

刘力军，2019 年 12 月 28 日，区十六届人大常委会第二十一次会议决定任命其为桥西区人民政府副区长。

赵雪飞，2020 年 7 月 3 日，在区十六届人大常委会第二十五次会议上辞去桥西区人民政府副区长职务。

王　伟，2020 年 7 月 3 日，区十六届人大常委会第二十五次会议决定任命其为桥西区人民政府副区长；2021 年 6 月 4 日，在区十六届人大常委会第三十五次会议上辞去桥西区人民政府副区长职务。

程志华(女)、邢锋、栾俊鹏、张烨丹，2021 年 6 月 4 日，区十六届人大常委会第三十五次会议决定任命其为桥西区人民政府副区长。

区监察委员会

主　任：

刘　辉(女)　2018 年 2 月区十六届人大二次会议当选

张　军(女)　2021 年 2 月区十六届人大五次会议当选

届中调整情况：

刘　辉(女)，2020 年 7 月 3 日，在区十六届人大常委会第二十五次会议上辞去桥西区监察委员会主任职务。

张　军(女)，2020 年 7 月 3 日，区十六届人大常委会第二十五次会议任命其为桥西区监察委员会副主任，决定其为代理主任。

区人民法院

院　长：

吉玉刚　2017 年 2 月区十六届人大一次会议当选

届中调整情况：

吉玉刚，2021 年 5 月 24 日，在区十六届人大常委会第三十四次会议上辞去桥西区人民法院院长职务。

于　辉，2021 年 5 月 24 日，区十六届人大常委会第三十四次会议任命其为桥西区人民法院副院长，决定其为代理院长。

区人民检察院

检察长：

张伟新　　2017年2月区十六届人大一次会议当选

届中调整情况：

张伟新，2021年5月24日，在区十六届人大常委会第三十四次会议上辞去桥西区人民检察院检察长职务。

赵　力，2021年5月24日，区十六届人大常委会第三十四次会议任命其为桥西区人民检察院副检察长，决定其为代理检察长。

第三节　会议组织

一、区十六届人大一次会议

（一）大会临时党委

书　记：刘军志

副书记：

戎华奎	胡增军	张书凯	赵新惠
委　员：	温保山	杨宗奇	秦景红

（二）大会主席团和秘书长

主席团：

于会平(女)	马会忠	王文晔(女)	王建良
邢海涛	戎华奎	刘　辉(女)	刘　慧(女)
刘军志	齐泽旭	杨宗奇	苏小东
李子剑	张　军(女)	张书凯	张进良
张海燕(女)	陈少鹏	郑海峰	赵　欢(女)
赵雪飞	赵新惠	郝玉东	胡增军
姚金钟	秦景红	高　华	崔海英(女)
温保山	蒲建伟	窦同军	薄　力

秘书长：杨宗奇(兼)

（三）大会主席团常务主席

刘军志	赵新惠	张书凯	戎华奎
胡增军	杨宗奇	王文晔(女)	马会忠
秦景红			

（四）大会计划预算审查委员会

主 任 委 员：秦景红

副主任委员：任　颢(女)

委　　　员：

王少波	张　焱(回族)	郝玉龙	高金东
荣焕武			

（五）大会议案审查委员会

主 任 委 员：杨宗奇

副主任委员：魏含玉

委　　　员：

丁　海	王　昕	王　昭	李　平(女)
吴林财	赵荣肖(女)	郭晓天	

二、区十六届人大二次会议

（一）大会临时党委

书　记：刘军志

副书记：戎华奎　胡增军　张书凯

委　员：温保山　杨宗奇

（二）大会主席团和秘书长

主席团：

马会忠	王文晔(女)	王典巨	尤邵辉
戎华奎	刘　辉(女)	刘　慧(女)	刘军志
齐泽旭	杨宗奇	辛　炜	张　军(女)
张　英(女)	张　岩	张书凯	张进良
张海燕(女)	底建民(回族)	郑海峰	赵　欢(女)
赵　欣	赵卫星	胡增军	贾士中
姚金钟	秦景红	高　华	温保山
梁　杰	智伟力	蒲建伟	窦同军
薄　力	魏　革		

秘书长：杨宗奇(兼)

（三）大会主席团常务主席

刘军志	张书凯	戎华奎	胡增军
杨宗奇	王文晔(女)	马会忠	秦景红

（四）大会议案审查委员会

主 任 委 员：杨宗奇

副主任委员：魏含玉

委　　员：

丁　海	王　昭	刘勇会	李　平(女)
胡　文	赵荣肖(女)	郭晓天	

三、区十六届人大三次会议

（一）大会临时党委

书　记：刘军志

副书记：戎华奎　　胡增军　　张书凯

委　员：温保山　　杨宗奇

（二）大会主席团和秘书长

主席团：

马会忠	王文晔(女)	王典巨	尤绍辉
戎华奎	刘　辉(女)	刘　慧(女)	刘军志
齐泽旭	安立辉	杨宗奇	辛　炜
张　军(女)	张　英(女)	张　岩	张书凯
张进良	张海燕(女)	张添阁	底建民(回族)
郑海峰	赵卫星	赵玉川	胡增军
贾士中	秦景红	高　华	温保山
梁　杰	梁东升	智伟力	蒲建伟
窦同军	薄　力	魏　革	

秘书长：杨宗奇(兼)

（三）大会主席团常务主席

刘军志	张书凯	戎华奎	胡增军
杨宗奇	王文晔(女)	马会忠	秦景红

四、区十六届人大四次会议

（一）大会临时党委

书　记：刘军志

副书记：戎华奎　　胡增军　　张书凯

委　员：温保山　　杨宗奇

（二）大会主席团和秘书长

主席团：

马会忠	王　军	王文晔(女)	王典巨
尤绍辉	刘　辉(女)	刘　慧(女)	安立辉

孙鹏云　　李　强　　杨宗奇　　辛　炜
张　军(女)　　张　英(女)　　张　岩　　张书凯
张进良　　张添阁　　底建民(回族)　　郑海峰
赵卫星　　赵玉川　　胡增军　　秦景红
贾士中　　高　华　　梁　杰　　梁东升
景建涛　　智伟力　　温保山　　蒲建伟
窦同军　　魏　革

秘书长：杨宗奇(兼)

（三）大会主席团常务主席

孙鹏云　　张书凯　　李　强　　胡增军
杨宗奇　　王文晔(女)　　马会忠　　秦景红

五、区十六届人大五次会议

（一）大会临时党委

书　记：孙鹏云

副书记：李　强　　权　辉(女)　　张书凯

委　员：王　军　　杨宗奇

（二）大会主席团和秘书长

主席团：

于建兵　　马会忠　　王　军　　王文晔(女)
王玉环(女)　　王典巨　　王晓娟(女)　　尤绍辉
权　辉(女)　　冯　磊　　刘　慧(女)　　刘宏志
安立辉　　孙鹏云　　李　强　　杨岱凌(女)
杨宗奇　　杨密增　　张　军(女)　　张　英(女)
张　岩　　张书凯　　张进良　　张举士
底建民(回族)　　赵玉川　　秦景红　　高　华
梁东升　　景建涛　　智伟力　　蒲建伟
翟雪璟(女)　　魏永辉

秘书长：杨宗奇(兼)

（三）大会主席团常务主席

孙鹏云　　张书凯　　李　强　　权　辉(女)
杨宗奇　　王文晔(女)　　马会忠　　秦景红

第四节　专门委员会

一、机构设置

桥西区第十六届人民代表大会设法制委员会、财政经济委员会、教育科学文化卫生委员会、城乡建设和环境保护委员会、社会建设委员会5个专门委员会。区十六届人大一次会议，表决通过了法制委员会、财政经济委员会、教育科学文化卫生委员会组成人员名单。区十六届人大二次会议，表决通过了城乡建设和环境保护委员会组成人员名单。区十六届人大三次会议，表决通过了社会建设委员会组成人员名单。

（一）桥西区第十六届人民代表大会法制委员会

主 任 委 员：马会忠

副主任委员：张　欣(女)

委　　　员：

王荣菊(女)　王凤丑　宋建宏　张永泽

郝玉东

（二）桥西区第十六届人民代表大会财政经济委员会

主 任 委 员：秦景红

副主任委员：任　颢(女)

委　　　员：

王少波　张　焱(回族)　郝玉龙　荣焕武

高金东

（三）桥西区第十六届人民代表大会教育科学文化卫生委员会

主 任 委 员：杨宗奇

副主任委员：魏含玉

委　　　员：

边东书　刘　群(女)　高晓玲(女)　郭秀琴(女)

崔建利

（四）桥西区第十六届人民代表大会城乡建设和环境保护委员会

主 任 委 员：秦景红

副主任委员：任　颢(女)

委　　　员：

田寄民　史新惠(女)　任盼志　安桂江

董富强

（五）桥西区第十六届人民代表大会社会建设委员会

主 任 委 员：杨宗奇

副主任委员：郭红琴(女)　　魏含玉

委　　　员：

王跃进　　　　李　平(女)　　　吴学志　　　　胡　文

二、主要工作

（一）区十六届人大法制委员会

区十六届人大法制委员会深入贯彻习近平法治思想，充分发挥在法制工作方面常设专门机构的作用，开展规范性文件备案审查，对区人民法院执行工作情况，区人民检察院检务公开工作情况，区公安分局派出所、刑警中队、警务站规范化建设工作情况，区人民法院立案工作情况，区人民检察院公益诉讼工作情况，区人民政府“七五”普法工作情况等开展视察调研，为桥西区改革发展稳定提供法治保障。

（二）区十六届人大财政经济委员会

区十六届人大财政经济委员会坚持依法监督与服务发展相结合，加大监督力度，同有关财政经济部门进行信息交流与情况沟通，掌握财经工作动态，对桥西区重点项目建设进展情况、金融创新开发区建设情况、“四大产业”重点项目建设开展情况、“1+3”现代产业重点项目建设情况、计划和预算执行情况、国有资产管理情况等依法进行监督，助力桥西区经济社会高质量发展。

（三）区十六届人大教育科学文化卫生委员会

区十六届人大教育科学文化卫生委员会坚持以人民为中心的发展思想，聚焦人民群众急难愁盼问题，协助常委会依法开展监督。对区人民政府贯彻落实《中华人民共和国教师法》《中华人民共和国食品安全法》《中华人民共和国科学技术进步法》《中华人民共和国传染病防治法》工作情况、解决就医难工作情况、传统文化进社区工作情况、学前教育工作情况、公共卫生服务工作情况等开展视察调研，确保政府部门工作符合相关法律法规和政策要求。

（四）区十六届人大城乡建设和环境保护委员会

区十六届人大城乡建设和环境保护委员会深入贯彻习近平生态文明思想，把生态环境建设作为监督工作重中之重，对《中华人民共和国大气污染防治法》和《河北省大气污染防治条例》贯彻实施情况、《河北省优化营商环境条例》贯彻实施情况、大气污染治理和生态环境保护工作、2019 年度环境状况和环境保护目标完成情况等开展视察调研，着力助推生态环境改善。

（五）区十六届人大社会建设委员会

区十六届人大社会建设委员会依法履职尽责，聚焦重点领域，对桥西区贯彻落实《中华人民共和国安全生产法》情况、公共卫生管理暨《中华人民共和国传染病防治法》落实情况等开展执法检查和视察调研，积极回应人民群众的期盼与关切。

第四章　人民代表大会常务委员会

桥西区人大常委会组成人员名额为35人，区十六届人大一次会议选举产生区人大常委会组成人员35人。

区十六届人大常委会在区委的坚强领导下，全面贯彻党的十九大和十九届二中、三中、四中、五中全会精神，深入贯彻落实习近平总书记关于坚持和完善人民代表大会制度的重要思想，认真履行宪法和法律赋予的各项职责，努力为桥西区经济社会高质量发展做出积极贡献。

第一节　常委会会议

区十六届人大常委会共召开会议37次。

第一次会议　2017年3月23日召开，区人大常委会主任张书凯，副主任杨宗奇、马会忠、秦景红和24名委员出席会议。区人民政府区长戎华奎、区人民法院副院长张义杰、区人民检察院副检察长卢艳军列席会议。会议听取区人大常委会办公室主任张英作的《桥西区人大常委会2017年工作要点》的说明并审议通过工作要点、《关于提请制订、修改和废止区人大常委会有关规章制度的议案》的说明并审议通过相应议案。会议通过区第十六届人大常委会代表资格审查委员会名单。会议补选产生桥西区出席石家庄市第十四届人民代表大会代表3名。

第二次会议　2017年4月21日召开，区人大常委会主任张书凯，副主任杨宗奇、王文晔、马会忠、秦景红和29名委员出席会议。区人民政府副区长齐泽旭、区人民法院院长吉玉刚、区人民检察院检察长张伟新列席会议。会议听取区人大常委会办公室主任张英作的《关于组织桥西区市、区两级人大代表积极参与创建全国文明城市活动方案（草案）》的报告。会议通过人事任免事项（名单见本篇第七章《选举任免》）。

第三次会议　2017年5月31日召开，区人大常委会主任张书凯，副主任杨宗奇、王文晔、秦景红和28名委员出席会议。区人民政府副区长崔子安、区人民法院院长吉玉刚、区人民检察院副检察长毛永红列席会议。会上，学习了《中华人民共和国教师法》。会议听取和审议区发展和改革局局长孙文华作的《关于区项目工作开展情况的报告》、区教育局局长张治军作的《关于贯彻实施〈中华人民共和国教师法〉情况的报告》、区人民检察院检察长张伟新作的《关于检务公开开展情况工作的报告》并进行满意度测评。会上，对区人民法院3名法官和区人民检察院3名检察官进行履职评议。

第四次会议　2017年8月16日召开，区人大常委会主任张书凯，副主任杨宗奇、王文晔、马会忠、秦景红和26名委员出席会议。区人民政府副区长赵雪飞、区人民法院院长吉玉刚、区人民检察院副检察长王树建列席会议。会议听取和审议区发展和改革局局长孙文华作的《关于2017年1—6月份国民经济和社会发展计划执行情况的报告》、区财政局局长赵国海作的《关于2017年1—6月份财政预算执行情况的报告》、区卫生和计划生育局局长张明梅作的《关于解决群众就医难工作情况的报告》。会议听取和审议区财政局局长赵国海作的《关于区人民政府2017年财政预算调整情况的报告》并通过相应决定。会上，对区卫生和计划生育局局长张明梅、区人力资源和社会保障局局长孟伟、区民政局局长姜凤刚、区审计局局长底欣进行履职评议并进行满意度测评。会议通过人事任免事项（名单见本篇第七章《选举任免》）。

第五次会议　2017年10月16日召开，区人大常委会主任张书凯，副主任杨宗奇、王文晔、马会忠、秦景红和27名委员出席会议。区人民政府副区长齐泽旭、区人民法院院长吉玉刚、区人民检察院副检察长毛永红列席会议。会议听取和审议区财政局局长赵国海作的《关于2016年财政决算情况的报告》并通过相应决议。会议听取区审计局局长底欣作的《关于2016年度区财政预算执行情况的审计工作报告》。会议听取和审议区人民法院院长吉玉刚作的《关于执行工作情况的报告》、区人民政府办公室主任杨树新作的《关于办理区十六届人大一次会议代表建议、批评和意见情况的报告》并进行满意度测评。会议通过人事任免事项（名单见本篇第七章《选举任免》）。

第六次会议　2017年12月29日召开，区人大常委会主任张书凯，副主任杨宗奇、秦景红和25名委员出席会议。区人民政府副区长齐泽旭、区人民法院院长吉玉刚，区人民检察院检察长张伟新列席会议。会议听取和审议区财政局局长赵国海作的《关于2017年区级第二次预算调整方案（草案）》的说明并通过相应决定。会议听取和审议区金融创新开发区筹建处常务副主任龚长作的《关于推进金融创新开发区创建工作的报告》、区市场监督管理局局长林娜作的《关于贯彻实施〈中华人民共和国食品安全法〉情况的报告》、区公安分局局长马立新作的《关于基层单位规范化建设工作情况的报告》。会议审议并通过《关于补选区十六届人民代表大会代表情况的报告》。会上，对区人民法院3名法官和区人民检察院3名检察官进行履职评议。会议通过人事任免事项（名单见本篇第七章《选举任免》）。

第七次会议　2018年1月23日召开，区人大常委会主任张书凯，副主任杨宗奇、马会忠和20名委员出席会议。区人民政府副区长赵雪飞、区人民法院副院长刘晓梅、区人民检察院副检察长卢艳军列席会议。会议通过《关于召开区十六届人大二次会议的决定（草案）》《区十六届人大二次会议议程（草案）》《区人大常委会工作报告（审议稿）》《补选代表工作情况汇报》《代表资格审查报告（草案）》《关于表彰第十六届优秀区人大代表的决定（草案）》，区十六届人大二次会议主席团、秘书长、常务主席、议案审查委员会、列席人员名单（草案）。

第八次会议 2018年2月1日召开，区人大常委会主任张书凯，副主任杨宗奇、王文晔、马会忠、秦景红和29名委员出席会议。区人民政府副区长齐泽旭、区监察委员会主任刘辉、区人民法院副院长刘晓梅、区人民检察院检察长张伟新列席会议。会议听取区人大常委会办公室主任张英作的《桥西区人大常委会2018年工作要点》的说明并审议通过相应工作要点。会议通过人事任免事项（名单见本篇第七章《选举任免》）。

第九次会议 2018年5月14日召开，区人大常委会主任张书凯，副主任杨宗奇、王文晔、马会忠、秦景红和27名委员出席会议。区人民政府区长戎华奎、区人民法院院长吉玉刚、区人民检察院副检察长毛永红列席会议。会议听取和审议区生态环境分局局长李子剑作的《关于大气污染治理和生态环境保护工作情况的报告》、区文体局局长郭红琴作的《关于传统文化进社区工作情况的报告》并进行满意度测评。会上，对区人民法院3名法官和区人民检察院3名检察官进行履职评议。会议通过人事任免事项（名单见本篇第七章《选举任免》）。

第十次会议 2018年6月29日召开，区人大常委会主任张书凯，副主任杨宗奇、王文晔、马会忠、秦景红和26名委员出席会议。区人民政府副区长赵雪飞、区监察委员会副主任窦晓冬、区人民法院副院长张义杰、区人民检察院副检察长卢艳军列席会议。会议听取和审议区发展和改革局局长孙文华作的《关于区“1+3”产业重点项目建设情况的报告》并进行满意度测评。会上，对区住房和城区建设局局长刘全胜、区科学技术局局长李体花、区司法局局长王杰清、区统计局局长万青进行履职评议并进行满意度测评。会议通过人事任免事项（名单见本篇第七章《选举任免》）。

第十一次会议 2018年8月31日召开，区人大常委会主任张书凯，副主任杨宗奇、王文晔、马会忠和27名委员出席会议。区人民政府副区长孙文丽、区监察委员会主任刘辉、区人民法院副院长刘晓梅、区人民检察院副检察长卢艳军列席会议。会上，学习了《中华人民共和国科学技术进步法》。会议听取和审议区发展和改革局局长孙文华作的《关于2018年1—6月份国民经济和社会发展计划执行情况的报告》、区财政局局长赵国海作的《关于2018年1—6月份财政预算执行情况的报告》。会议听取和审议区发展和改革局局长孙文华作的《关于优化营商环境工作情况的报告》、区科学技术局局长李体花作的《关于贯彻实施〈中华人民共和国科学技术进步法〉情况的报告》、区司法局局长王杰清作的《关于社区矫正工作情况的报告》并进行满意度测评。会议通过人事任免事项（名单见本篇第七章《选举任免》）。

第十二次会议 2018年10月30日召开，区人大常委会主任张书凯，副主任杨宗奇、王文晔、马会忠和28名委员出席会议。区人民政府副区长齐泽旭、区监察委员会副主任张振亚、区人民法院院长吉玉刚、区人民检察院副检察长毛永红列席会议。会议听取和审议区人大常委会办公室主任张英作的《桥西区人民代表大会常务委员会决定、决议及审议意见督办办法》《桥西区人民代表大会常务委员会专题询问办法》的说明、区人大常委会人事代表工委主任张卫娟作的《桥西区人民代表大会常务委员会关于宪法宣誓工作实施办法》的说明并审议通过以上办法。会议听取和审议区财政局局长赵国海作的《关于2017年财政决算情况的报告》并通过相应决议。会议听取区审计局局长底欣作的《关于2017年度财政预算执行和其他财政收支情况的审计工作报告》。会议听取和审议区财政局局长赵国海作的《关于2018年区级预算调整方案（草案）》的说明并通过相应决定。会议听取和审议区人民政府办公室主任杨树新作的《关于办理区十六届人大二次会议代表建议、批评和意见情况的报告》并进行满意度测评。会议审议区市场监督管理局局长林娜作的《关于贯彻实施〈中华人民共和国食品安全法〉情况的报告》并进行专题询问。会议通过人事任免事项（名单见本篇第七章《选举任免》）。

第十三次会议　2018年12月28日召开，区人大常委会主任张书凯，副主任杨宗奇、秦景红和27名委员出席会议。区人民政府副区长齐泽旭、区监察委员会副主任张振亚、区人民法院院长吉玉刚、区人民检察院副检察长李鹏列席会议。会议听取和审议区财政局局长赵国海作的《关于2018年第二次区级预算调整方案（草案）》的说明并通过相应决定。会议听取和审议区人民法院院长吉玉刚作的《关于立案工作情况的报告》并进行满意度测评。会议听取和审议区人民检察院检察长张伟新作的《关于公益诉讼工作情况的报告》并通过相应决议。会上，对区人民法院3名法官和区人民检察院3名检察官进行履职评议。会议书面审议区人大常委会办公室主任张英作的《关于组织区人大代表开展“创亮点、争荣誉、办实事”主题实践活动情况的汇报》。

第十四次会议　2019年1月11日召开，区人大常委会主任张书凯，副主任杨宗奇、王文晔、秦景红和26名委员出席会议。区人民政府副区长赵雪飞、区监察委员会副主任窦晓冬、区人民法院副院长刘晓梅、区人民检察院副检察长卢艳军列席会议。会议听取和审议区人大常委会办公室主任张英作的《桥西区人民代表大会常务委员会讨论和决定重大事项的规定（草案）》《桥西区人民政府向区人大常委会报告国有资产管理情况办法（草案）》《桥西区人大常委会财政预算审查监督办法（草案）》的说明并通过以上办法。会议审议并通过《表彰优秀人大代表的决定》《关于召开区十六届人大三次会议的决定》《区十六届人大三次会议议程（草案）》，区十六届人大三次会议主席团、秘书长、常务主席、列席人员名单（草案）。会议听取和审议《桥西区人大常委会工作报告（审议稿）》《关于补选代表工作情况的报告》，表决通过《区十六届人大三次会议代表资格审查委员会关于代表资格审查情况的报告》。会议通过人事任免事项（名单见本篇第七章《选举任免》）。

第十五次会议　2019年2月28日召开，区人大常委会主任张书凯，副主任杨宗奇、秦景红和28名委员出席会议。区人民政府副区长赵雪飞、区监察委员会委员马玉霞、区人民法院副院长刘晓梅、区人民检察院副检察长卢艳军列席会议。会上，学习了民法相关知识。会议听取区人大常委会办公室主任张英作的《桥西区人大常委会2019年工作要点》的说明并审议通过相应工作要点。会议通过人事任免事项（名单见本篇第七章《选举任免》）。

第十六次会议　2019年4月29日召开，区人大常委会主任张书凯，副主任杨宗奇、秦景红和25名委员出席会议。区人民政府副区长张庆国、区监察委员会副主任窦晓冬、区人民法院副院长刘晓梅、区人民检察院副检察长卢艳军列席会议。会议听取和审议区应急管理局局长李瑞强作的《关于贯彻落实〈中华人民共和国安全生产法〉情况的报告》、区生态环境分局局长李子剑作的《关于年度环境状况和环境保护目标完成情况的报告》并进行满意度测评。会上，对区农业农村局局长王东、区人民政府办公室主任杨树新、区行政审批局局长王红、区发展和改革局局长孙文华和区人民法院3名法官、区人民检察院3名检察官进行履职评议。会议通过人事任免事项（名单见本篇第七章《选举任免》）。

第十七次会议　2019年6月21日召开，区人大常委会主任张书凯，副主任杨宗奇、王文晔、马会忠、秦景红和23名委员出席会议。区人民政府副区长赵雪飞、区监察委员会副主任窦晓冬、区人民法院副院长刘晓梅、区人民检察院副检察长卢艳军列席会议。会议听取和审议区财政局局长张明梅作的《关于国有资产管理情况的报告》、区公安分局《关于"扫黑除恶"专项工作情况的报告》并进行满意度测评。会议听取区人民政府副区长赵雪飞作的《关于开展"效能革命"情况的报告》并进行专题询问。会议通过人事任免事项（名单见本篇第七章《选举任免》）。

第十八次会议　2019年8月22日召开，区人大常委会主任张书凯，副主任杨宗奇、王文晔、秦景红和25名委员出席会议。区人民政府副区长张立明、区监察委员会副主任张振亚、区人民法院副院长张义杰、区人民检察院副检察长卢艳军列席会议。会议听取和审议区发展和改革局局长孙文华作的《关于2019年1—6月份国民经济和社会发展计划执行情况的报告》《关于2019年"1+3"产业重点项目建设情况的报告》、区财政局局长张明梅作的《关于2019年1—6月份财政预算执行情况的报告》、区教育局局长黄振国作的《关于学前教育工作开展情况的报告》并进行满意度测评。会议对桥西区选举出的市人大代表履职情况进行评议。会议通过人事任免事项（名单见本篇第七章《选举任免》）。

第十九次会议　2019年9月18日召开，区人大常委会主任张书凯，副主任杨宗奇、马会忠、秦景红和27名委员出席会议。区人民政府副区长赵雪飞、区监察委员会副主任张振亚、区人民法院院长吉玉刚、区人民检察院检察长张伟新列席会议。会议通过了关于李强为桥西区人民政府代理区长的决定。会议通过人事任免事项（名单见本篇第七章《选举任免》）。

第二十次会议　2019年10月31日召开，区人大常委会主任张书凯，副主任杨宗奇、马会忠、秦景红和28名委员出席会议。区人民政府副区长赵雪飞、区监察委员会副主任窦晓冬、区人民法院副院长魏建中、区人民检察院副检察长卢艳军列席会议。会议听取区财政局局长张明梅作的《关于2018年财政决算情况的报告》并通过相应决议。会议听取区审计局局长底欣作的《关于2018年度财政预算执行和其他财政收支情况的审计工作报告》。会议听取和审议区卫生健康局局长姜凤刚作的《关于公共卫生服务开展情况的报告》、区人民政府办公室主任杨树新作的《关于区十六届人大三次会议代表建议、批评和意见办理情况的报告》并进行满意度测评。会议听取和审议区人民政府副区长赵雪飞作的《关于桥西区法治政府建设工作意见》的说明并通过相应决议。会议审议区人大常委会执法检查组《关于检查大气污染防治“一法一条例”及〈河北省优化营商环境条例〉贯彻实施情况的报告》。会议通过人事任免事项（名单见本篇第七章《选举任免》）。

第二十一次会议　2019 年 12 月 28 日召开，区人大常委会主任张书凯，副主任杨宗奇、王文晔、马会忠和 26 名委员出席会议。区人民政府副区长张立明、区监察委员会主任刘辉、区人民法院院长吉玉刚、区人民检察院副检察长王树建列席会议。会议听取和审议区财政局局长张明梅作的《关于 2019 年区级预算调整方案（草案）》的说明并通过相应决定。会议审议区人民检察院副检察长王树建作的《关于公益诉讼工作开展情况的报告》并进行满意度测评。会议审议并通过《桥西区人大常委会关于实施民生实事项目人大代表票决制的决定（草案）》。会上，对区人民法院 3 名法官和区人民检察院 3 名检察官进行履职评议。会议通过了关于接受刘军志辞去石家庄市第十四届人大代表职务的决议、关于接受刘军志等辞去区人大代表职务请求的决定和关于接受张建波辞去区人大常委会委员职务请求的决定。会议补选产生桥西区出席石家庄市第十四届人民代表大会代表 1 名。会议审议并通过《关于补选桥西区第十六届人民代表大会代表的安排意见》，决定在出缺代表的原选区或者原选举单位补选区人大代表 9 名。会议通过人事任免事项（名单见本篇第七章《选举任免》）。

第二十二次会议　2020 年 1 月 9 日召开，区人大常委会主任张书凯，副主任杨宗奇、王文晔和 25 名委员出席会议。区人民政府副区长赵雪飞、区监察委员会副主任张振亚、区人民法院副院长张义杰、区人民检察院副检察长卢艳军列席会议。会议听取和审议《区人大常委会工作报告（审议稿）》，会议审议并通过了《关于召开区十六届人大四次会议的决定（草案）》《区十六届人大四次会议建议议程（草案）》《关于代表资格的审查报告（草案）》，区十六届人大四次会议主席团、秘书长、常务主席、列席人员名单（草案）。会议听取和审议《关于补选代表工作情况的报告》，通过了《关于表彰 2019 年度优秀区人大代表的决定》。

第二十三次会议　2020 年 3 月 12 日召开，会议以网络形式召开，逐一听取区人大常委会主任、副主任、委员对《桥西区人大常委会 2020 年工作要点》的意见，并通过相应工作要点。

第二十四次会议　2020 年 5 月 12 日召开，区人大常委会主任张书凯，副主任杨宗奇、王文晔、秦景红和 26 名委员出席会议。区人民政府副区长赵雪飞、区监察委员会副主任窦晓冬、区人民法院院长吉玉刚、区人民检察院副检察长卢艳军列席会议。会议听取和审议区生态环境分局局长李子剑作的《关于 2019 年度环境状况和环境保护目标完成情况的报告》、区司法局局长姚金钟作的《关于“七五”普法工作情况的报告》并进行满意度测评。会上，对区人民法院 2 名法官和区人民检察院 2 名检察官进行履职评议。会议通过人事任免事项（名单见本篇第七章《选举任免》）。

第二十五次会议 2020年7月3日召开，区人大常委会主任张书凯，副主任杨宗奇、王文晔、秦景红和27名委员出席会议。区人民政府副区长冯磊、区监察委员会副主任张振亚、区人民法院副院长刘晓梅、区人民检察院副检察长卢艳军列席会议。会议听取和审议区财政局局长张明梅作的《关于国有资产管理情况的报告》、区卫生健康局局长姜凤刚作的《关于公共卫生管理和〈中华人民共和国传染病防治法〉贯彻实施情况的报告》并进行满意度测评。会上，对区教育局局长黄振国、区文化广电体育和旅游局局长高永生、区市场监督管理局局长赵刚、区应急管理局局长李瑞强进行履职评议。会议听取和审议“6+1”联动监督各代表小组视察报告，对区人民政府重点领域清理规范和加强公共卫生管理工作进行专题询问。会议对学习贯彻落实《中华人民共和国民法典》进行安排部署。会议通过了关于接受刘辉辞职请求的决定、关于接受赵雪飞辞职请求的决定、关于张军为桥西区监察委员会代理主任的决定。会议通过人事任免事项（名单见本篇第七章《选举任免》）。

第二十六次会议 2020年8月28日召开，区人大常委会主任张书凯，副主任杨宗奇、秦景红和24名委员出席会议。区人民政府副区长冯磊、区监察委员会副主任窦晓冬、区人民法院副院长赵建英、区人民检察院副检察长毛永红列席会议。会议听取和审议区发展和改革局局长孙文华作的《关于2020年1—6月份国民经济和社会发展计划执行情况的报告》、区财政局局长张明梅作的《关于2020年1—6月份财政预算执行情况的报告》。会议听取和审议区发展和改革局局长孙文华作的《关于区重点项目建设情况的报告》、区退役军人事务局局长李茂生作的《关于退役军人事务工作的报告》、区人民法院副院长赵建英作的《关于民事审判工作的报告》并进行满意度测评。会议听取和审议区财政局局长张明梅作的《关于2020年区级预算调整方案（草案）》的说明并通过相应决定。会议通过了关于许可对一名区人大代表采取强制措施的事项。

第二十七次会议 2020年11月3日召开，区人大常委会主任张书凯，副主任杨宗奇、王文晔、秦景红和27名委员出席会议。区人民政府副区长冯磊、区监察委员会副主任张振亚、区人民法院副院长刘晓梅、区人民检察院副检察长毛永红列席会议。会上，学习了《习近平总书记在深圳经济特区建立40周年庆祝大会上的讲话》和《中国共产党第十九届中央委员会第五次全体会议公报》。会议听取和审议区财政局局长张明梅作的《关于2019年财政决算情况的报告》并通过相应决议。会议听取区审计局局长底欣作的《关于2019年度财政预算执行及其他财政收支情况的审计工作报告》。会议听取和审议区人民政府办公室主任杨树新作的《区人民政府关于办理区十六届人大四次会议代表建议、批评和意见情况的报告》并进行满意度测评。会议听取区人民政府副区长冯磊作的《关于2020年10件民生实事推进情况的报告》并进行专题询问。会议书面审议区人民政府《关于“6+1”联动监督整改落实情况的专题报告》。会议通过人事任免事项（名单见本篇第七章《选举任免》）。

第二十八次会议 2020年12月9日召开，区人大常委会主任张书凯，副主任杨宗奇、马会忠、秦景红和22名委员出席会议。区人民政府、区监察委员会、区人民法院和区人民检察院相关负责人列席会议。会议审议区人大代表辞职事项，通过了关于接受贾士中辞去区人大代表职务请求的决定。

第二十九次会议　2020年12月30日召开，区人大常委会主任张书凯，副主任杨宗奇、秦景红和23名委员出席会议。区人民政府副区长赵月芬、区监察委员会副主任张振亚、区人民法院副院长刘晓梅、区人民检察院副检察长毛永红列席会议。会议听取和审议区财政局局长张明梅作的《关于2020年度第二次预算调整方案（草案）》的说明并通过相应决定。会议听取和审议区城管局局长张海燕作的《关于城市管理“六大专项整治行动”情况的报告》、区教育局局长黄振国作的《关于校园营养餐改革情况的报告》。会议听取和审议区人大常委会法制工委主任张欣作的《规范性文件备案审查办法（草案）》的说明并通过相应办法。会上，对区人民法院2名法官和区人民检察院2名检察官进行履职评议。会议听取并通过区人大常委会人事代表工委主任张卫娟作的《关于补选桥西区第十六届人民代表大会代表的安排意见》。会议通过了关于接受王树亮、杨立行、崔海英、苏小东、于会平、付立军、窦同军、郑文忠辞去区人大代表职务的决定。会议通过人事任免事项（名单见本篇第七章《选举任免》）。

第三十次会议　2021年2月14日召开，区人大常委会主任张书凯，副主任杨宗奇、秦景红和21名委员出席会议。区人民政府、区监察委员会、区人民法院和区人民检察院相关负责人列席会议。会议补选产生桥西区出席石家庄市第十四届人民代表大会代表5名。

第三十一次会议　2021年2月18日召开，区人大常委会主任张书凯，副主任杨宗奇、王文晔、秦景红和25名委员出席会议。区人民政府副区长冯磊、区监察委员会副主任窦晓冬、区人民法院副院长刘晓梅、区人民检察院副检察长李鹏列席会议。会议听取和审议《区人大常委会工作报告（审议稿）》。会议审议并通过《代表资格审查报告》《关于召开区十六届人大五次会议的决定（草案）》《区十六届人大五次会议建议议程（草案）》，区十六届人大五次会议主席团、秘书长、常务主席、列席人员名单（草案），《关于表彰2020年度优秀区人大代表的决定（草案）》。会议通过人事任免事项（名单见本篇第七章《选举任免》）。

第三十二次会议　2021年3月15日召开，区人大常委会主任张书凯，副主任杨宗奇、王文晔、马会忠、秦景红和25名委员出席会议。区人民政府、区监察委员会、区人民法院和区人民检察院相关负责人列席会议。会议表决通过《桥西区人大常委会2021年工作要点（草案）》。

第三十三次会议　2021年4月22日召开，区人大常委会主任张书凯，副主任杨宗奇、王文晔、秦景红和22名委员出席会议。区人民政府副区长王伟、区监察委员会副主任窦晓冬、区人民法院副院长刘晓梅、区人民检察院副检察长王树建列席会议。会议听取和审议区生态环境分局局长李海军作的《关于2020年度环境状况和环境保护目标完成情况的报告》并进行满意度测评。会上，对区数据资源管理局局长魏海强、区地方金融监督管理局局长郭江浩、区城市管理综合行政执法局局长张海燕、区退役军人事务局局长李茂生、区医疗保障局局长孟伟进行履职评议并进行满意度测评。会议听取和审议区人大常委会法制工委主任张欣作的《关于2020年度开展规范性文件备案审查情况的报告》。会议审议并通过《关于区第十七届人民代表大会换届选举有关事项的决定（草案）》《区第十七届人民代表大会换届选举工作的安排意见（草案）》《区选举委员会组成人员的决定（草案）》。会议通过人事任免事项（名单见本篇第七章《选举任免》）。

第三十四次会议 2021年5月24日召开，区人大常委会主任张书凯，副主任杨宗奇、秦景红和21名委员出席会议。区人民政府副区长冯磊、区监察委员会副主任张振亚、区人民法院副院长赵建英、区人民检察院副检察长毛永红列席会议。会议审议并通过《关于调整中国人民解放军选举桥西区第十七届人大代表名额的决定》《关于增加桥西区选举委员会组成人员的决定》。会议通过了关于接受李强辞去区人民政府区长职务请求的决定、关于接受吉玉刚辞去区人民法院院长职务请求的决定、关于接受张伟新辞去区人民检察院检察长职务请求的决定、关于冯磊为区人民政府代理区长的决定、关于于辉为区人民法院代理院长的决定、关于赵力为区人民检察院代理检察长的决定。会议通过人事任免事项（名单见本篇第七章《选举任免》）。

第三十五次会议 2021年6月4日召开，区人大常委会主任张书凯，副主任杨宗奇和23名委员出席会议。区人民政府代理区长冯磊、区监察委员会副主任窦晓冬、区人民检察院副检察长贾景辉列席会议。会议通过了关于接受王伟、甄勇辞去区人民政府副区长职务请求的决定。会议通过人事任免事项（名单见本篇第七章《选举任免》）。

第三十六次会议 2021年6月25日召开，区人大常委会主任张书凯，副主任杨宗奇、秦景红和16名委员出席会议。区人民政府副区长张立明、区监察委员会副主任张振亚、区人民法院副院长赵建英、区人民检察院副检察长毛永红列席会议。会议听取和审议区卫生健康局局长窦同军作的《关于贯彻落实〈中华人民共和国中医药法〉情况的报告》、区人民检察院代理检察长赵力作的《关于案件管理工作情况的报告》、区选举委员会办公室作的《区第十七届人民代表大会代表选举结果的报告》。会议通过人事任免事项（名单见本篇第七章《选举任免》）。

第三十七次会议 2021年7月16日召开，区人大常委会主任张书凯，副主任杨宗奇和18名委员出席会议。区人民政府副区长张立明、区监察委员会副主任窦晓冬、区人民法院副院长赵建英、区人民检察院副检察长贾景辉列席会议。会议听取和审议《桥西区人大常委会工作报告（审议稿）》。会议审议并通过《关于召开区十七届人大一次会议的决定（草案）》《区十七届人大一次会议议程（草案）》《区代表资格审查情况的报告（草案）》，大会主席团、秘书长、常务主席、列席人员、主席团第一次会议召集人、议案审查委员会名单（草案）。会议通过人事任免事项（名单见本篇第七章《选举任免》）。

第二节　主任会议

区十六届人大常委会共召开主任会议 42 次，由张书凯主任主持召开，常委会各位副主任出席会议，各委办室主任列席会议。

区十六届人大常委会主任会议情况一览表

表 16–15

序号	时　间	议　　题
1	2017 年 3 月 22 日	研究区人大常委会 2017 年工作要点，研究区十六届人大常委会代表资格审查委员会名单（草案）、关于组织市人大代表开展会前活动安排意见，研究区人大常委会加强自身建设的意见、区人大常委会关于对区人民政府工作部门主要负责人开展履职评议的暂行办法、区人大常委会关于人大代表履职考评办法、区人大代表辞职暂行办法，研究常委会第一次会议有关事项
2	2017 年 4 月 19 日	研究关于提请决定任命人员的议案，研究组织市、区两级代表开展“找问题、提建议、做贡献、助创城”活动实施方案（草案），研究常委会第二次会议有关事项
3	2017 年 5 月 30 日	研究关于重点项目进展情况的视察报告，研究关于区人民政府贯彻实施《中华人民共和国教师法》情况的视察报告，研究关于区人民检察院检务工作情况的视察报告，听取部分法官、检察官的述职评议，研究常委会第三次会议有关事项
4	2017 年 7 月 20 日	研究关于 2017 年 1—6 月份国民经济和社会发展计划执行情况的初审意见，研究关于 2017 年 1—6 月份财政预算执行情况的初审意见，研究关于区人民政府解决就医难工作情况的视察报告，研究关于对任命干部进行履职评议情况的总结，研究关于对区人民政府部门被任命人员履职评议的意见，研究常委会第四次会议有关事项，研究人事任免事项
5	2017 年 9 月 30 日	研究人事任免事项，研究关于 2016 年财政决算情况的初审意见，研究关于区人民法院执行工作情况的视察报告，研究关于区人民政府办理代表建议、批评和意见情况的视察报告，研究常委会第五次会议有关事项

续表 16-15

序号	时　间	议　　题
6	2017年 12月28日	研究人事任免事项，研究2017年第二次预算调整情况的初审意见、决定（草案），研究关于桥西区金融创新开发区建设情况的视察报告，研究关于区人民政府贯彻实施《中华人民共和国食品安全法》情况的视察报告，研究关于对区公安分局基层单位规范建设工作情况的视察报告，听取关于补选代表情况的报告，听取部分法官、检察官的述职评议，研究常委会第六次会议有关事项
7	2018年 1月18日	研究区十六届人大二次会议有关事项，研究常委会第七次会议有关事项
8	2018年 1月30日	研究区人大常委会2018年工作要点及相关工作安排，研究人事任免事项，研究常委会第八次会议有关事项
9	2018年 5月4日	研究人事任免事项，研究关于大气污染治理和生态环境保护工作情况的视察报告，研究关于传统文化进社区工作情况的视察报告，研究常委会第九次会议有关事项，传达全市县乡人大工作暨“人大代表之家”建设工作会议精神
10	2018年 5月17日	听取关于赴江苏省无锡市滨湖区、扬州市广陵区、南京市秦淮区学习考察的汇报，听取关于赴长沙市望城区、武汉市新洲区学习考察的汇报，听取关于赴重庆市江津区、成都市龙泉驿区、西安市碑林区学习考察的汇报，听取关于赴广东省佛山市顺德区、深圳市福田区、四川省成都市锦江区学习考察的汇报
11	2018年 6月25日	研究人事任免事项，研究关于重点项目建设工作情况的视察报告，研究关于对区人民政府有关部门主要负责人进行履职评议的视察报告，研究常委会第十次会议有关事项，学习河北省委书记王东峰在省十届人大常委会第三次会议上的讲话
12	2018年 7月26日	研究关于开展扶贫脱贫攻坚、大气污染防治、优化营商环境联动监督的工作方案，研究关于组建联动监督代表小组的通知，研究关于召开联动监督动员部署暨培训会的方案

续表 16-15

序号	时　间	议　　题
13	2018 年 8 月 27 日	研究人事任免事项，研究关于 2018 年 1—6 月份国民经济和社会发展计划执行情况的初审意见，研究关于 2018 年 1—6 月份财政预算执行情况的初审意见，研究关于优化营商环境工作落实情况的初审意见，研究关于贯彻执行《中华人民共和国科学技术进步法》情况的视察报告，研究关于对社区矫正工作情况的视察报告，研究联动监督问题清单，研究常委会第十一次会议有关事项，研究关于开展人大代表加入云社区的通知
14	2018 年 10 月 22 日	研究关于 2017 年财政决算情况报告的初审意见，研究关于对区人民政府办理区十六届人大二次会议代表建议、批评和意见情况的视察报告，研究区人大常委会关于宪法宣誓工作实施办法，研究关于开展食品安全专题询问有关工作的安排，研究常委会第十二次会议有关事项
15	2018 年 11 月 7 日	研究区人大常委会经费使用情况，研究关于开展区人大代表进家入站述职评议活动的实施方案，研究关于组织区人大代表开展第四季度活动的通知
16	2018 年 12 月 27 日	研究关于区人民政府 2018 年财政预算调整情况的初审意见，研究关于区人民法院立案工作情况的视察报告，研究关于区人民检察院公益诉讼工作情况的视察报告，研究对部分法官、检察官进行履职评议事宜，听取区人大代表开展“创亮点、争荣誉、办实事”主题实践活动情况报告，研究常委会第十三次会议有关事项
17	2019 年 1 月 9 日	研究人事任免事项，研究区十六届人大三次会议有关事项，研究常委会第十四次会议有关事项
18	2019 年 2 月 25 日	研究人事任免事项，研究《桥西区人大常委会 2019 年工作要点（草案）》，研究《关于调整区人大常委会主任、副主任工作分工及对口联系部门的通知》，研究常委会第十五次会议有关事项，传达区委有关会议精神
19	2019 年 4 月 24 日	研究人事任免事项，研究关于区人民政府贯彻落实《中华人民共和国安全生产法》的执法检查报告，研究关于区人民政府年度环境状况和环境保护目标完成情况的视察报告，研究关于对区人民政府有关部门主要负责人进行履职评议的视察报告，研究常委会第十六次会议有关事项，通报区人大常委会机关 2018 年度公用经费决算情况

续表 16-15

序号	时　间	议　题
20	2019 年 6 月 19 日	研究人事任免事项，研究关于国有资产管理情况的视察报告，研究关于区公安分局扫黑除恶工作的视察报告，研究常委会第十七次会议有关事项，研究 2019 年市区代表活动经费拨付计划
21	2019 年 8 月 19 日	研究人事任免事项，研究关于 2019 年 1—6 月份国民经济和社会发展计划执行情况的初审意见，研究关于 2019 年 1—6 月份财政预算执行情况的初审意见，研究关于“1+3”现代产业重点项目建设情况的视察报告，研究关于对区人民政府学前教育工作开展情况的视察报告，研究关于接受戎华奎辞去桥西区人民政府区长职务请求的有关事项，研究关于接受杜永生辞去区人大代表职务的有关事项，研究关于组织开展“双评”活动的实施方案，研究常委会第十八次会议有关事项，研究关于开发桥西区人大常委会 App 的有关事项
22	2019 年 9 月 16 日	研究人事任免事项，研究常委会第十九次会议有关事项
23	2019 年 10 月 25 日	研究人事任免事项，研究关于 2018 年财政决算情况的初审意见，研究关于《河北省优化营商环境条例》《河北省大气污染防治条例》贯彻实施情况的执法检查报告，研究关于区人民政府公共卫生服务开展情况的视察报告，研究关于对区人民政府办理区十六届人大三次会议代表建议、批评和意见情况的视察报告，研究关于加快推进法治政府建设的决定（草案），研究《区人大常委会关于年度民生实事项目人大代表票决制实施办法（草案）》，研究常委会第二十次会议有关事项，听取关于区人大常委会经费使用情况的汇报
24	2019 年 12 月 25 日	研究人事任免事项，研究关于区人民检察院公益诉讼开展情况的视察报告，研究区人大常委会关于实施民生实事项目人大代表票决制的决定（草案），研究关于表彰优秀人大代表的决定（草案），研究关于补选代表工作的安排意见（草案），研究常委会第二十一次会议有关事项
25	2019 年 12 月 28 日	研究关于 2019 年预算调整情况的初审意见及关于批准区人民政府 2019 年预算调整的决定（草案），研究关于接受刘军志辞去石家庄市第十四届人大代表职务的决议及提名李强为市第十四届人大代表候选人事项
26	2020 年 1 月 7 日	研究区十六届人大四次会议有关事项，研究常委会第二十二次会议有关事项

续表 16-15

序号	时　间	议　　题
27	2020 年 3 月 5 日	研究区人大常委会 2020 年工作要点（草案），研究常委会第二十三次会议有关事项
28	2020 年 5 月 8 日	研究人事任免事项，研究关于 2019 年度环境状况和环境保护目标完成情况的初审意见，研究关于“七五”普法工作开展情况的视察报告，听取区人民政府创建国家卫生城市情况汇报，研究常委会第二十四次会议有关事项，研究区十六届人大四次会议经费使用情况
29	2020 年 6 月 29 日	研究人事任免事项，研究关于国有资产管理情况的视察报告，研究关于开展公共卫生管理暨贯彻落实《中华人民共和国传染病防治法》执法检查的报告，研究关于区人民政府清理规范房地产项目工作的视察报告，研究关于区人民政府地下水超采综合治理情况的视察报告，研究关于区人民政府违法违规占用土地清理规范工作的视察报告，研究关于区人民政府清理规范违法违规建设项目工作的视察报告，研究常委会第二十五次会议有关事项，研究人大代表活动经费拨付事项
30	2020 年 8 月 25 日	听取区教育局关于三个重点项目进展情况的汇报，听取关于对 1 名区人大代表采取强制措施相关情况的汇报，研究关于 2020 年 1—6 月份国民经济和社会发展计划执行情况的初审意见，研究关于 2020 年 1—6 月份财政预算执行情况报告的初审意见，研究关于 2020 年区级预算调整方案的初审意见和批准预算调整方案的决定（草案），研究关于区重点项目建设情况的视察报告，研究关于区人民政府退役军人事务工作的视察报告，研究关于区人民法院民事审判工作的视察报告，研究人大代表之家（站）提升经费拨付明细表，研究常委会第二十六次会议有关事项
31	2020 年 10 月 30 日	研究人事任免事项，研究关于 2019 年财政决算情况的初审意见，研究关于区人民政府办理代表建议、批评和意见情况的视察报告，研究常委会第二十七次会议有关事项，研究民生实事办理情况专题询问问题，听取关于区人大常委会微信小程序升级经费的报告

续表 16-15

序号	时间	议题
32	2020 年 12 月 28 日	研究人事任免事项，研究关于城市管理“六大专项整治行动”开展情况的视察报告，研究关于对区人民政府推进校园营养餐改革情况的视察报告，研究补选代表工作的安排意见（草案），研究区人大常委会规范性文件备案审查办法（草案），研究区人大常委会咨询委员会名单（草案），研究关于对区人民政府2020 年第二次预算调整情况的初审意见，研究常委会第二十九次会议有关事项
33	2021 年 2 月 14 日	研究选举市、区人大代表事项，研究常委会第三十次会议有关事项，研究区十六届人大五次会议开会时间
34	2021 年 2 月 16 日	研究区人大常委会工作报告，研究区十六届人大五次会议预备会议安排（2021 年），研究关于召开区十六届人大五次会议的请示
35	2021 年 2 月 18 日	研究人事任免事项，研究区十六届人大五次会议有关事项，研究常委会第三十一次会议有关事项
36	2021 年 3 月 31 日	研究关于落实《中共石家庄市桥西区人大常委会党组关于开展党史学习教育的实施方案》的意见，研究市级优秀人大代表推荐人选
37	2021 年 4 月 21 日	研究人事任免事项，研究关于区人民政府 2020 年度环境状况和环境保护目标完成情况的初审报告，研究关于 2020 年度开展规范性文件备案审查情况的报告，研究区第十七届人民代表大会换届选举工作的安排意见（草案），研究关于落实《中共石家庄市桥西区人大常委会党组关于桥西区人民代表大会换届选举工作的意见（草案）》的意见，研究区选举委员会成员名单，研究关于区人民代表大会换届选举有关事项的决定，研究常委会第三十三次会议有关事项
38	2021 年 4 月 28 日	研究代表分配名额及选区划分方案（草案），研究推荐连任代表方案，研究桥西区关于开展四项联动监督的工作方案（草案）
39	2021 年 5 月 24 日	研究人事任免事项，研究关于调整中国人民解放军选举桥西区第十七届人大代表名额的方案（草案），研究关于增加桥西区选举委员会组成人员的决定（草案），研究常委会第三十四次会议有关事项
40	2021 年 6 月 4 日	研究人事任免事项

续表 16-15

序号	时　间	议　　题
41	2021 年 6 月 25 日	研究人事任免事项，研究关于区人民政府贯彻落实《中华人民共和国中医药法》情况的初审意见，研究关于区人民检察院案件管理工作情况的初审意见，研究区第十七届人民代表大会代表选举结果的报告，研究常委会第三十六次会议有关事项
42	2021 年 7 月 16 日	研究人事任免事项，研究区十七届人大一次会议有关事项，研究常委会第三十七次会议有关事项

第三节　机构设置

区十六届人大常委会设立办公室、人事代表工作委员会、法制工作委员会、财经城建工作委员会、教科文卫工作委员会、信访办公室等办事和工作机构。区人大社会建设委员会未设置工作委员会。

区十六届人大常委会机构人员情况表

表 16–16

机构名称	职　务	姓　名	任职时间
办公室	主　任	张　英	2017 年 2 月至 2021 年 7 月
	副主任	杜　鹃	2017 年 12 月至 2019 年 4 月
		杨　鸿	2019 年 12 月至 2021 年 7 月
		崔　岩	2019 年 12 月至 2021 年 7 月
人事代表工作委员会	主　任	张卫娟	2017 年 2 月至 2021 年 7 月
法制工作委员会	主　任	张　欣	2017 年 2 月至 2021 年 7 月
财经城建工作委员会	主　任	任　颢	2017 年 2 月至 2021 年 6 月
		张建宇	2021 年 6 月至 2021 年 7 月
教科文卫工作委员会	主　任	魏含玉	2017 年 2 月至 2021 年 7 月

续表 16-16

机构名称	职　务	姓　名	任职时间
信访办公室	主　任	张建宇	2017 年 2 月至 2021 年 6 月
		王　东	2021 年 6 月至 2021 年 7 月
	副主任	戎志鹏	2017 年 2 月至 2019 年 8 月

第五章　监督工作

区十六届人大及其常委会紧紧围绕桥西区改革发展的重大问题，着眼维护群众切身利益，完善监督内容，改进监督方式，加大监督力度，着力增强监督工作实效。区十六届人民代表大会共听取和审议区人大常委会、区“一府两院”工作报告20项，审查计划、预算报告11项；区十六届人大常委会共听取审议区“一府两院”专项报告44项，审议计划、预算和审计工作报告17项，视察调研34次，执法检查7次。

强化经济运行监督，促进经济高质量发展。以保证财政资金规范运行和有效使用为目标，修订财政预算审查监督办法。开展预算调研审查，加强对全口径预决算的审查和监督，督促区人民政府科学编制“四本预算”，实现预算审查监督工作全覆盖。为看好百姓的“钱袋子”，创新推进预算联网监督，在全省率先建成预算联网中心，实现对预算支出的实时在线监督。制定政府向人大报告国有资产管理办法，听取区人民政府专项报告，加强国有资产监管，确保国有资产保值增值。听取审计查出问题整改情况报告，并对报告进行满意度测评。每年听取和审议计划执行情况报告，对“1+3”现代产业项目、年度重点项目进展情况进行视察调研，审议“十三五”规划纲要中期评估情况，深入分析经济运行情况，及时发现问题，提出意见建议，助推桥西区经济发展行稳致远。

强化改革领域监督，推动全面深化改革。区人大常委会紧紧围绕行政审批、综合执法、桥西云社区、“效能革命”等重点改革工作进行集体视察，助推桥西区营商环境改善和基层综合治理现代化体系建设。为大力推进社区公共服务体系建设，打造高品质综合服务环境，满足社区居民日益增长的公共服务需求，常委会主任会议成员集体视察桥西区推进社区公共服务清单工作，提出要提高对清单工作重要性的认识、对清单实行动态管理、建立科学合理评估机制等建议。

强化社会领域监督，积极回应热点难点问题。落实环保法，听取和审议环境状况和环境保护目标完成情况报告，连续四年开展大气污染防治执法检查，促进科学治污、协同治污、铁腕治污，助力政府坚决打赢大气污染防治攻坚战，推动生态环境持续改善。着眼提升省会功能，打造宜居环境，对区人民政府城市建设“六大专项整治行动”开展情况进行视察调研，巩固文明城创建成果。关注垃圾分类、园林绿化，深入实地调研，广泛征集意见，为全市生活垃圾分类、城市园林绿化管理立法建言。先后两次印发审议意见，督促区人民政府相关部门提高认识，全面实施相关法律法规，用法治守护好生态环境。

强化民生领域监督，维护人民群众切身利益。始终把保障改善民生放在监督工作的重要位置，着力解决教育、科技、医疗卫生、住房、公共文化建设、安全生产等人民群众普遍关心的问题。守护群众舌尖上的安全，连续三年聚焦食品安全问题，对中小学校餐饮安全、“菜篮子”工程等综合运用调研、执法检查、听取专项工作报告、满意度测评等手段强化监督，努力让群众吃得放心安心。运用多种方式，对人代会票决产生的十件民生实事办理情况进行全过程监督。围绕养老服务、老旧小区改造品质提升、普惠幼儿园建设、社会保障、退役军人服务等方面进行专题询问，积极回应人民群众关切。

强化重点领域监督，推动联动监督开展。按照全省统一安排，2018 年、2019 年组织驻桥西区的全国、省、市、区四级 108 名人大代表开展“脱贫攻坚、大气污染防治、优化营商环境”三项联动监督工作。四级代表分成 7 个代表小组，深入机关窗口、企事业单位、建筑工地、煤改气现场等，召开座谈会 17 次，向群众发放征求意见表 3000 余份，梳理形成问题清单 68 项，深入查找桥西区在大气污染防治、优化营商环境等方面存在的问题，推动解决了一批影响法律法规实施、制约桥西区高质量发展的问题；2020 年组织 126 名人大代表扎实开展“违法违规圈占土地、违规违建项目、资源能源项目、房地产开发项目清理规范、地下水超采综合治理等重点领域及公共卫生管理”“6+1”联动监督工作，通过房地产项目整治，解决了部分家庭盼望多年的房产证问题， 获得全省“6+1”联动监督工作先进单位。2021 年组织代表开展“优化营商环境、农业结构调整、地下水超采治理、公共医疗卫生服务”四项联动监督工作，推动解决一批群众操心事、揪心事、烦心事。

强化司法监督，维护社会公平正义。制定监督司法机关工作制度，对法官、检察官履职评议等作出五年规划。修订了规范性文件备案审查工作细则。听取和审议区人民法院执行、立案工作，区人民检察院法律监督、检务公开、案件管理工作，区公安分局基层单位规范化建设情况的报告，开展满意度测评，作出关于加强检察机关公益诉讼的决议。开展民事审判、刑事诉讼法律监督、公安扫黑除恶专项视察调研。听取社区矫正工作情况报告，加强“阳光司法”建设，努力让人民群众在每一个司法案件中感受到公平正义。听取区人民政府“七五”普法工作情况汇报，作出关于深入推进法治政府建设的决议，营造桥西区尊法学法守法用法的浓厚社会氛围。

第一节　听取和审议专项工作报告与计划预算和审计工作报告

区十六届人大常委会会议听取和审议区 “一府两院” 专项工作报告 44 项、计划预算和审计工作报告 17 项。

听取和审议专项工作报告与计划预算和审计工作报告情况表

表 16–17

时　间	常委会会议	报告内容
2017 年 5 月 31 日	第三次	区人民政府关于项目工作开展情况的报告，区人民政府关于贯彻落实《中华人民共和国教师法》的报告，区人民检察院关于检务公开开展情况工作报告
2017 年 8 月 16 日	第四次	区人民政府关于 2017 年 1—6 月份国民经济和社会发展计划执行情况的报告，区人民政府关于 2017 年 1—6 月份财政预算执行情况的报告，区人民政府关于调整 2017 年财政预算的报告，区人民政府关于解决群众就医难工作情况的报告
2017 年 10 月 16 日	第五次	区人民政府关于 2016 年财政决算情况的报告，区人民政府关于 2016 年度财政预算执行和其他财政收支情况的审计工作报告，区人民政府关于办理区十六届人大一次会议代表建议、批评和意见情况的报告，区人民法院关于执行工作的报告
2017 年 12 月 29 日	第六次	区人民政府关于推进金融创新开发区创建工作的报告，区人民政府关于贯彻实施《中华人民共和国食品安全法》情况的报告，区公安分局关于基层单位规范化建设工作情况的报告
2018 年 5 月 14 日	第九次	区人民政府关于大气污染治理和生态环境保护工作情况的报告，区人民政府关于传统文化进社区工作情况的报告
2018 年 6 月 29 日	第十次	区人民政府关于区“1+3”产业重点项目建设情况的报告
2018 年 8 月 31 日	第十一次	区人民政府关于 2018 年 1—6 月份国民经济和社会发展计划执行情况的报告，区人民政府关于 2018 年 1—6 月份财政预算执行情况的报告，区人民政府关于优化营商环境工作情况的报告，区人民政府关于贯彻实施《中华人民共和国科学技术进步法》情况的报告，区人民政府关于社区矫正工作情况的报告
2018 年 10 月 30 日	第十二次	区人民政府关于区 2017 年财政决算情况的报告，区人民政府关于 2017 年度财政预算执行和其他财政收支情况的审计工作报告，区人民政府关于区十六届人大二次会议代表建议、批评和意见办理情况的报告，区人民政府关于贯彻实施《中华人民共和国食品安全法》情况的报告
2018 年 12 月 28 日	第十三次	区人民法院关于立案工作情况的报告，区人民检察院关于公益诉讼工作情况的报告
2019 年 4 月 29 日	第十六次	区人民政府关于贯彻执行《中华人民共和国安全生产法》情况的报告，区人民政府关于环境状况和环境保护目标完成情况的报告

续表 16-17

时　间	常委会会议	报告内容
2019 年 6 月 21 日	第十七次	区人民政府关于 2018 年度国有资产管理工作情况报告，区公安分局关于“扫黑除恶”专项工作情况报告，区人民政府关于开展“效能革命”活动情况的报告
2019 年 8 月 22 日	第十八次	区人民政府关于 2019 年 1—6 月份国民经济和社会发展计划执行情况的报告，区人民政府关于 2019 年 1—6 月份财政预算执行情况的报告，区人民政府关于 2019 年“1+3”产业重点项目建设情况的报告，区人民政府关于学前教育工作情况的报告
2019 年 10 月 31 日	第二十次	区人民政府关于区 2018 年财政决算情况的报告，区人民政府关于 2018 年度财政预算执行和其他财政收支情况的审计工作报告，区人民政府关于公共卫生服务工作情况的报告，区人民政府关于办理区十六届人大三次会议代表建议、批评和意见情况的报告
2019 年 12 月 28 日	第二十一次	区人民检察院关于公益诉讼工作开展情况的报告
2020 年 5 月 12 日	第二十四次	区人民政府关于 2019 年度环境状况和环境保护目标完成情况的报告，区人民政府关于“七五”普法工作开展情况的报告
2020 年 7 月 3 日	第二十五次	区人民政府关于 2019 年度国有资产管理工作情况的报告，区人民政府关于公共卫生管理和贯彻实施《中华人民共和国传染病防治法》情况的报告
2020 年 8 月 28 日	第二十六次	区人民政府关于 2020 年 1—6 月份国民经济和社会发展计划执行情况的报告，区人民政府关于 2020 年区重点项目建设情况的报告，区人民政府关于 2020 年 1—6 月份财政预算执行情况的报告，区人民政府关于退役军人管理服务工作开展情况的报告，区人民法院关于民事审判工作情况的报告
2020 年 11 月 3 日	第二十七次	区人民政府关于区 2019 年财政决算情况的报告，区人民政府关于 2019 年度财政预算执行和其他财政收支情况的审计工作报告，区人民政府关于办理区十六届人大四次会议代表建议、批评和意见情况的报告，区人民政府关于“6+1”联动监督整改落实情况的专题报告，区人民政府关于 2020 年 10 件民生实事推进情况的报告
2020 年 12 月 30 日	第二十九次	区人民政府关于城市管理“六大专项整治行动”工作开展情况的报告，区人民政府关于营养校餐改革情况的报告
2021 年 4 月 22 日	第三十三次	区人民政府关于 2020 年度环境状况和环境保护目标完成情况的报告
2021 年 6 月 25 日	第三十六次	区人民政府关于贯彻落实《中华人民共和国中医药法》情况的报告，区人民检察院关于案件管理工作的报告

第二节　法律法规实施情况的检查

区十六届人大常委会共组织开展执法检查7次。

1. 2017年4月，区人大常委会主任张书凯、副主任杨宗奇带领区人大常委会执法检查组，对贯彻实施《中华人民共和国教师法》情况开展执法检查。2017年5月31日，区十六届人大常委会第三次会议，听取和审议区人大常委会教科文卫工委主任魏含玉作的《关于检查〈中华人民共和国教师法〉实施情况的报告》。

2. 2017年11月22日，区人大常委会副主任杨宗奇带领区人大常委会执法检查组，对贯彻落实《中华人民共和国食品安全法》情况开展执法检查。2017年12月29日，区十六届人大常委会第六次会议，听取和审议区人大常委会教科文卫工委主任魏含玉作的《关于检查〈中华人民共和国食品安全法〉实施情况的报告》。

3. 2018年7月27日，区人大常委会副主任杨宗奇带领区人大常委会执法检查组，对贯彻落实《中华人民共和国科学技术进步法》情况开展执法检查。2018年8月31日，区十六届人大常委会第十一次会议，听取和审议区人大常委会教科文卫工委主任魏含玉作的《关于检查〈中华人民共和国科学技术进步法〉实施情况的报告》。

4. 2019年3月27日，区人大常委会副主任杨宗奇带领区人大常委会执法检查组，对贯彻落实《中华人民共和国安全生产法》情况开展执法检查。2019年4月29日，区十六届人大常委会第十六次会议，听取和审议区人大社会建设委员会副主任委员郭红琴作的《关于检查〈中华人民共和国安全生产法〉实施情况的报告》。

5. 2019年9月24日，区人大常委会副主任秦景红带领区人大常委会执法检查组，对贯彻落实《河北省优化营商环境条例》情况开展执法检查。2019年10月31日，区十六届人大常委会第二十次会议，听取和审议区人大常委会财经城建工委主任任颢作的《关于检查〈河北省优化营商环境条例〉实施情况的报告》。

6. 2019年9月26日，区人大常委会副主任秦景红带领区人大常委会执法检查组，对桥西区贯彻实施《中华人民共和国大气污染防治法》和《河北省大气污染防治条例》实施情况开展执法检查。2019年10月31日，区十六届人大常委会第二十次会议，听取和审议区人大常委会财经城建工委主任任颢作的《关于检查〈中华人民共和国大气污染防治法〉和〈河北省大气污染防治条例〉实施情况的报告》。

7. 2020年，区人大常委会副主任杨宗奇带领区人大常委会执法检查组，围绕“6+1”联动监督对公共卫生管理暨贯彻落实《中华人民共和国传染病防治法》情况开展执法检查。2020年7月3日，区十六届人大常委会第二十五次会议，听取和审议区人大常委会公共卫生管理工作代表小组作的《关于检查公共卫生管理暨〈中华人民共和国传染病防治法〉实施情况的报告》。

第三节　视察调研

区十六届人大常委会共组织视察调研活动 34 次。

视察调研活动选录表

表 16–18

时　间	视察内容	牵头单位
2017 年 4 月	关于区重点项目建设进展情况	财经城建工委
	关于区人民检察院检务公开工作情况	法制工委
2017 年 6 月	关于解决就医难问题的情况	教科文卫工委
2017 年 7 月	关于区人民法院执行工作情况	法制工委
2017 年 9 月	关于区人民政府办理区十六届人大一次会议代表建议工作情况	人事代表工委
2017 年 12 月	关于区金融创新开发区建设情况	财经城建工委
	关于区公安分局基层单位规范化建设工作情况	法制工委
2018 年 3 月	关于区大气污染治理和生态环境保护工作情况	财经城建工委
2018 年 5 月	关于区传统文化进社区工作情况	教科文卫工委
	关于区“四大产业”重点项目建设开展情况	财经城建工委
2018 年 8 月	关于区人民政府社区矫正工作情况	法制工委
2018 年 9 月	关于区人民政府承办区十六届人大二次会议代表建议情况	人事代表工委
	关于区人民法院立案工作情况	法制工委
2019 年 4 月	关于区环境状况和环境保护目标完成情况	财经城建工委
2019 年 6 月	关于区国有资产管理情况	财经城建工委

续表 16-18

时　间	视察内容	牵头单位
2019 年 7 月	关于区“1+3”现代产业重点项目建设情况	财经城建工委
	关于区人民政府学前教育工作开展情况	教科文卫工委
	关于区人民政府公共卫生服务工作情况	教科文卫工委
2019 年 10 月	关于区人民政府承办区十六届人大三次会议代表建议情况	人事代表工委
	关于区人民检察院公益诉讼工作情况	法制工委
2020 年 4 月	关于区 2019 年度环境状况和环境保护目标完成情况	财经城建工委
	关于区人民政府“七五”普法工作情况	法制工委
2020 年 5 月	关于地下水超采综合治理工作情况	“6+1”联动监督工作专班
2020 年 6 月	关于区违法违规占用土地清理规范工作情况	
	关于区清理规范违法违规建设项目进展情况	
	关于区国有资产管理情况	财经城建工委
2020 年 8 月	关于区人民政府重点项目建设情况	财经城建工委
	关于区人民政府退役军人事务工作情况	社会建设委员会
	关于区人民法院民事审判工作情况	法制工委
2020 年 11 月	关于区人民政府承办区十六届人大四次会议代表建议情况	人事代表工委
2020 年 12 月	关于城市管理“六大专项整治行动”工作开展情况	财经城建工委
	关于区人民政府推进营养校餐改革情况	教科文卫工委
2021 年 4 月	关于区 2020 年度环境状况和环境保护目标完成情况	财经城建工委
2021 年 6 月	关于区人民检察院案件管理工作情况	法制工委

第四节　评议工作

区十六届人大常委会先后对21名区人民政府部门主要负责人进行履职评议。

区人民政府部门主要负责人履职评议情况表

表16–19

时　间	常委会会议	被评议人员	职　务
2017年8月16日	第四次	张明梅	区卫生和计划生育局局长
		孟　伟	区人力资源和社会保障局局长
		姜凤刚	区民政局局长
		底　欣	区审计局局长
2018年6月29日	第十次	刘全胜	区住房和城区建设局局长
		李体花	区科学技术局局长
		王杰清	区司法局局长
		万　青	区统计局局长
2019年4月29日	第十六次	王　红	区行政审批局局长
		孙文华	区发展和改革局局长
		杨树新	区人民政府办公室主任
		王　东	区农业农村局局长
2020年7月3日	第二十五次	黄振国	区教育局局长
		高永生	区文化广电体育和旅游局局长
		赵　刚	区市场监督管理局局长
		李瑞强	区应急管理局局长

续表 16-19

时　间	常委会会议	被评议人员	职　务
2021 年 4 月 22 日	第三十三次	魏海强	区数据资源管理局局长
		郭江浩	区地方金融监督管理局局长
		张海燕	区城市管理综合行政执法局局长
		李茂生	区退役军人事务局局长
		孟　伟	区医疗保障局局长

区十六届人大常委会先后对 22 名区人民法院法官和 22 名区人民检察院检察官进行履职评议。

“两官”履职评议情况表

表 16-20

时　间	常委会会议	被评议人员	职　务
2017 年 5 月 31 日	第三次	王　豪	区人民法院民三庭庭长
		刘　恰	区人民法院民六庭庭长
		张素利	区人民法院速裁庭庭长
		霍军恒	区人民检察院检察委员会专职委员、检察员
		孙云英	区人民检察院检察委员会专职委员、检察员
		闫　洁	区人民检察院检察委员会专职委员、检察员
2017 年 12 月 29 日	第六次	张义杰	区人民法院副院长
		刘晓梅	区人民法院副院长
		季　磊	区人民法院执行庭庭长
		卢艳军	区人民检察院副检察长
		张晓鹏	区人民检察院副检察长
		郑　东	区人民检察院检察委员会委员

续表 16-20

时　间	常委会会议	被评议人员	职　务
2018 年 5 月 14 日	第九次	张向荣	区人民法院副院长
		赵建英	区人民法院副院长
		魏建中	区人民法院副院长
		秦　昕	区人民检察院侦监二科科长、检察员
		于　恺	区人民检察院公诉一科科长、检察员
		路　新	区人民检察院未检科科长、检察员
2018 年 12 月 28 日	第十三次	王跃斌	区人民法院副院长
		赵晓渝	区人民法院民一庭庭长
		刘如杰	区人民法院审判委员会委员
		贾景辉	区人民检察院副检察长
		王树建	区人民检察院副检察长
		毛永红	区人民检察院副检察长
2019 年 4 月 29 日	第十六次	刘　燕	区人民法院民二庭庭长
		郑丽君	区人民法院刑一庭庭长
		赵　静	区人民法院刑二庭庭长
		马利英	区人民检察院检察委员会专职委员、正科级检察员
		李　娟	区人民检察院检察委员会委员
		刘海鹏	区人民检察院刑事执行检察局局长、检察员

续表 16-20

时　间	常委会会议	被评议人员	职　务
2019 年 12 月 28 日	第二十一次	齐玉华	区人民法院行政庭庭长
		骆新颖	区人民法院留营人民法庭庭长
		纪晨宇	区人民法院振头人民法庭庭长
		张　敏	区人民检察院第四检察部主任、检察员
		杜红全	区人民检察院第五检察部主任、检察员
		焦　燕	区人民检察院综合业务部副主任、检察员
2020 年 5 月 12 日	第二十四次	史振利	区人民法院审判委员会专职委员
		王　倩	区人民法院平安南大街人民法庭庭长
		李文刚	区人民检察院检察委员会委员、第四检察部检察员
		徐继平	区人民检察院第五检察部检察员
2020 年 12 月 30 日	第二十九次	赵永升	区人民法院审判委员会专职委员
		张前亮	区人民法院审判委员会专职委员
		高军彩	区人民检察院第一检察部副主任、检察员
		阎红艳	区人民检察院第一检察部副主任、检察员

第五节　专题询问

2018 年 10 月 30 日，区十六届人大常委会第十二次会议，就食品安全问题进行专题询问。会上，部分区人大常委会委员、专委会委员、区人大代表先后提出 13 个问题，区人民政府办公室、区教育局、区住房和城区建设局、区城市管理局、区卫生和计划生育局、区质量技术监督局、区市场监督管理局、区市管服务中心、区农业办公室等部门主要负责人逐一应答。

2019 年 6 月 21 日，区十六届人大常委会第十七次会议，就“效能革命”进行专题询问。会上，部分区人大常委会委员、专委会委员、区人大代表先后提出 10 个问题，区人民政府办公室、区行政审批局、区城市管理综合行政执法局、区司法局、区教育局、区市场监督管理局、区住房和城区建设局等部门主要负责人逐一应答。

2020 年 7 月 3 日，区十六届人大常委会第二十五次会议，就区人民政府重点领域清理规范和加强公共卫生管理工作进行专题询问。会上，部分区人大常委会委员、专委会委员、区人大代表先后提出 5 个问题，区住房和城区建设局、区国土资源规划分局、区农业农村局、区卫生健康局等部门主要负责人逐一应答。

2020 年 11 月 3 日，区十六届人大常委会第二十七次会议，就民生实事办理情况进行专题询问。会上，部分区人大常委会委员、专委会委员、区人大代表先后提出 6 个问题，区民政局、区住房和城区建设局、区教育局、区市场监督管理局、区文化广电体育和旅游局等部门主要负责人逐一应答。

第六章　决议决定

区十六届人大及其常委会依法审议决定重大事项，凝聚发展合力，切实发挥决议决定统一思想、凝聚共识、推动落实的作用，共作出决议决定61项。制定《关于加强检察机关公益诉讼工作的决议》，加强检察机关开展公益诉讼工作，对于维护国家利益和社会公共利益，促进依法行政，维护司法公正，推进法治桥西建设和经济社会发展具有十分重要的意义；为认真贯彻落实中央全面依法治国重大战略部署和省委、市委、区委法治政府建设的决策部署，加快推进桥西区法治政府建设，制定《关于深入推进法治政府建设的决议》。

第一节　作出决议决定

一、区十六届人大历次会议作出决议决定情况

桥西区第十六届人民代表大会作出决议决定34项。

区十六届人大会议决议决定一览表

表16–21

时　间	会　议	名　称
2017年2月27日	第一次会议	关于设立区十六届人民代表大会各专门委员会的决定
2017年2月28日	第一次会议	关于桥西区人民政府工作报告的决议 关于桥西区2016年国民经济和社会发展计划执行情况与2017年国民经济和社会发展计划的决议 关于桥西区2016年财政预算执行情况和2017年财政预算的决议 关于桥西区人民代表大会常务委员会工作报告的决议 关于桥西区人民法院工作报告的决议 关于桥西区人民检察院工作报告的决议

续表 16-21

时　间	会　议	名　称
2018 年 1 月 31 日	第二次会议	关于设立区十六届人民代表大会城乡建设和环境保护委员会的决定
2018 年 2 月 1 日	第二次会议	关于桥西区人民政府工作报告的决议 关于桥西区 2017 年国民经济和社会发展计划执行情况与 2018 年国民经济和社会发展计划的决议 关于桥西区 2017 年财政预算执行情况和 2018 年财政预算的决议 关于桥西区人民代表大会常务委员会工作报告的决议 关于桥西区人民法院工作报告的决议 关于桥西区人民检察院工作报告的决议
2019 年 1 月 18 日	第三次会议	关于设立区十六届人民代表大会社会建设委员会的决定 关于桥西区人民政府工作报告的决议 关于桥西区 2018 年国民经济和社会发展计划执行情况与 2019 年国民经济和社会发展计划的决议 关于桥西区 2018 年财政预算执行情况和 2019 年财政预算的决议 关于桥西区人民代表大会常务委员会工作报告的决议 关于桥西区人民法院工作报告的决议 关于桥西区人民检察院工作报告的决议
2020 年 1 月 21 日	第四次会议	关于桥西区人民政府工作报告的决议 关于桥西区 2019 年国民经济和社会发展计划执行情况与 2020 年国民经济和社会发展计划的决议 关于桥西区 2019 年财政预算执行情况和 2020 年财政预算的决议 关于桥西区人民代表大会常务委员会工作报告的决议 关于桥西区人民法院工作报告的决议 关于桥西区人民检察院工作报告的决议
2021 年 2 月 22 日	第五次会议	关于桥西区人民政府工作报告的决议 关于桥西区国民经济和社会发展第十四个五年规划和二〇三五年远景目标纲要的决议 关于桥西区 2020 年国民经济和社会发展计划执行情况与 2021 年国民经济和社会发展计划的决议 关于桥西区 2020 年财政预算执行情况和 2021 年财政预算的决议 关于桥西区人民代表大会常务委员会工作报告的决议 关于桥西区人民法院工作报告的决议 关于桥西区人民检察院工作报告的决议

二、区十六届人大常委会历次会议作出决议决定情况

区十六届人大常委会作出决议决定 27 项（不包含人事任免事项）。

区十六届人大常委会决议决定一览表

表 16–22

时　间	会　议	名　称
2017 年 8 月 16 日	第四次	关于批准桥西区人民政府调整 2017 年财政预算的决定
2017 年 10 月 16 日	第五次	关于批准桥西区人民政府 2016 年财政决算的决议
2017 年 12 月 29 日	第六次	关于批准桥西区人民政府 2017 年第二次预算调整的决定
2018 年 1 月 23 日	第七次	关于召开桥西区第十六届人民代表大会第二次会议的决定 关于表彰 2017 年度优秀区人大代表的决定
2018 年 10 月 30 日	第十二次	关于批准桥西区人民政府 2017 年财政决算的决议 关于批准桥西区人民政府 2018 年预算调整的决定
2018 年 12 月 28 日	第十三次	关于批准桥西区人民政府 2018 年第二次区级预算调整的决定 关于加强检察机关公益诉讼工作的决议
2019 年 1 月 11 日	第十四次	关于召开桥西区第十六届人民代表大会第三次会议的决定 关于表彰 2018 年度优秀区人大代表的决定
2019 年 10 月 31 日	第二十次	关于批准桥西区人民政府 2018 年财政决算的决议 关于深入推进法治政府建设的决议
2019 年 12 月 28 日	第二十一次	关于批准桥西区人民政府 2019 年预算调整的决定 关于实施民生实事项目人大代表票决制的决定
2020 年 1 月 9 日	第二十二次	关于召开桥西区第十六届人民代表大会第四次会议的决定 关于表彰 2019 年度优秀区人大代表的决定
2020 年 8 月 28 日	第二十六次	关于批准桥西区人民政府 2020 年预算调整的决定
2020 年 11 月 3 日	第二十七次	关于批准桥西区人民政府 2019 年财政决算的决议

续表 16-22

时 间	会 议	名 称
2020 年 12 月 30 日	第二十九次	关于批准桥西区人民政府 2020 年第二次区级预算调整的决定
2021 年 2 月 18 日	第三十一次	关于召开桥西区第十六届人民代表大会第五次会议的决定 关于表彰 2020 年度优秀区人大代表的决定
2021 年 4 月 22 日	第三十三次	关于桥西区第十七届人民代表大会代表换届选举有关事项的决定 关于桥西区选举委员会组成人员的决定
2021 年 5 月 24 日	第三十四次	关于调整中国人民解放军选举桥西区第十七届人民代表大会代表名额的决定 关于增加桥西区选举委员会组成人员的决定
2021 年 7 月 16 日	第三十七次	关于召开桥西区第十七届人民代表大会第一次会议的决定

第二节 决议决定选介

关于加强检察机关公益诉讼工作的决议

《桥西区人大常委会关于加强检察机关公益诉讼工作的决议》（以下简称《决议》），于 2018 年 12 月 28 日桥西区十六届人大常委会第十三次会议通过。

检察机关开展公益诉讼是深入贯彻落实习近平新时代中国特色社会主义思想的重要内容，是深化司法体制改革的重要举措，对于维护国家利益和社会公共利益，促进依法行政，维护司法公正，推进法治桥西建设和经济社会发展具有十分重要的意义。为此，区十六届人大常委会第十三次会议听取和审议区人民检察院关于公益诉讼工作情况的报告，并作出《决议》。

《决议》从提高认识，深刻理解检察机关开展公益诉讼工作的重要性和必要性；突出重点，切实履行公益诉讼的法定职责；注重协作，共同构建公益诉讼工作长效机制；加强宣传，努力营造全社会支持公益诉讼工作的浓厚氛围等方面提出具体要求。

关于深入推进法治政府建设的决议

《桥西区人大常委会关于深入推进法治政府建设的决议》（以下简称《决议》），于 2019 年 10 月 31 日桥西区十六届人大常委会第二十次会议通过。

为认真贯彻落实中央全面依法治国重大战略部署和省委、市委、区委法治政府建设的决策部署，加快推进桥西区法治政府建设，为此，区十六届人大常委会第二十次会议听取和审议区人民政府《石家庄市桥西区法治政府建设工作意见》，并作出《决议》。

《决议》从坚持党的领导，准确把握法治政府建设的总体要求；维护宪法权威，坚持依宪施政、依法行政；进一步简政放权，全面提高政府效能；健全行政决策制度，推进依法科学民主决策；规范行政执法行为，健全法治政府建设实施体系；全面推进政务公开，依法主动接受监督；构建维护群众利益体系，依法有效化解矛盾纠纷等方面提出具体要求。

第七章　选举任免

区十六届人大常委会坚持党管干部原则与人大依法任免有机统一，严格按照市委、区委有关要求和法律规定，依法做好选举任免和人大换届等工作。先后任免国家机关工作人员 375 人次，接受辞职 20 人，依法补选市人大代表 9 名，为地方国家机关依法行政和公正司法提供了组织保障。组织被任命人员开展宪法宣誓，切实维护宪法尊严。按照坚持党的领导、充分发扬民主、严格依法办事的原则，报请区委批转区人民代表大会换届选举工作意见，依法安排部署，认真做好区第十七届人大代表换届选举工作，保障了换届选举风清气正，顺利进行。

第一节　常委会选举任免情况

2017 年 3 月 23 日，区十六届人大常委会第一次会议，补选产生了桥西区出席石家庄市第十四届人民代表大会代表 3 名。

补选：

贾巧秀、宋国宏、马军为石家庄市第十四届人民代表大会代表

2017 年 4 月 21 日，区十六届人大常委会第二次会议，通过了区人民政府相关人事任职事项。

决定任命：

杨树新为桥西区人民政府办公室主任

孙文华为桥西区发展和改革局局长

张治军为桥西区教育局局长

李体花为桥西区科学技术局局长

张振亚为桥西区监察局局长

姜凤刚为桥西区民政局局长

王杰清为桥西区司法局局长

孟　伟为桥西区人力资源和社会保障局局长

李子剑为桥西区环境保护局局长

刘全胜为桥西区住房和城区建设局局长
赵文平为桥西区城市管理局局长
郭红琴为桥西区文化体育局局长
张明梅为桥西区卫生和计划生育局局长
万　青为桥西区统计局局长
底　欣为桥西区审计局局长
王　东为桥西区农业办公室主任
鲁中欣为桥西区质量技术监督局局长
林　娜为桥西区市场监督管理局局长
高永生为桥西区安全生产监督管理局局长
王　红为桥西区行政审批局局长
赵国海为桥西区财政局局长

2017年8月16日，区十六届人大常委会第四次会议，通过了区人大常委会、区人民法院、区人民检察院相关人事任免事项。

免去：

于建兵的桥西区人大常委会友谊街道工作室主任职务
郝玉东的桥西区人大常委会休门街道工作室主任职务

任命：

董　政为桥西区人大常委会东风街道工作室主任
张宏业为桥西区人大常委会友谊街道工作室主任

免去：

王　琪的桥西区人民法院副院长职务
李墨宇的桥西区人民法院人民陪审员职务

任命：

陈庆瑞为桥西区人民法院副院长
5名桥西区人民法院人民陪审员（名单略）

免去：

冯秋生、武慧玲的桥西区人民检察院检察员职务

2017年10月16日，区十六届人大常委会第五次会议，通过了区人民政府相关人事任职事项。

决定任命：

王小亮、李晶为桥西区人民政府副区长（挂职）

2017 年 12 月 29 日，区十六届人大常委会第六次会议，通过了区人大常委会、区人民政府、区人民检察院相关人事任免事项。

任命：

杜　鹃为桥西区人大常委会办公室副主任

决定免去：

鲁中欣的桥西区质量技术监督局局长职务

决定任命：

邢海涛为桥西区质量技术监督局局长

免去：

刘宝林、崔建民、李亚男的桥西区人民检察院检察员职务

2018 年 2 月 1 日，区十六届人大常委会第八次会议，通过了区监察委员会相关人事任职事项。

任命：

张振亚、窦晓冬为桥西区监察委员会副主任

马玉霞、刘宏志、崔新友为桥西区监察委员会委员

2018 年 5 月 14 日，区十六届人大常委会第九次会议，通过了区人民政府、区人民法院相关人事任免事项。

决定任命：

孙文丽为石家庄市桥西区人民政府副区长(挂职)

免去：

胡永红的桥西区人民法院审判员、审判委员会委员职务

张锁晨的桥西区人民法院审判员职务

苏常印、张燕超、牛海霞的桥西区人民法院审判委员会委员职务

3 人的桥西区人民法院人民陪审员职务(名单略)

任命：

3 名桥西区人民法院人民陪审员(名单略)

2018 年 8 月 31 日，区十六届人大常委会第十一次会议，通过了区人民法院相关人事免职事项。

免去：

4 人的桥西区人民法院人民陪审员职务(名单略)

2018 年 10 月 30 日，区十六届人大常委会第十二次会议，通过了区人民政府相关人事

任职事项。

决定任命：

张庆国为桥西区人民政府副区长(挂职)

2019 年 1 月 11 日，区十六届人大常委会第十四次会议，通过了区人民政府、区人民法院相关人事任免事项。

决定免去：

张治军的桥西区教育局局长职务

姜凤刚的桥西区民政局局长职务

孟　伟的桥西区人力资源和社会保障局局长职务

王杰清的桥西区司法局局长职务

赵国海的桥西区财政局局长职务

林　娜的桥西区市场监督管理局局长职务

刘全胜的桥西区住房和城区建设局局长职务

决定任命：

孙文华为桥西区发展和改革局局长

黄振国为桥西区教育局局长

张治军为桥西区民政局局长

姚金钟为桥西区司法局局长

张明梅为桥西区财政局局长

赵　欢为桥西区人力资源和社会保障局局长

王守东为桥西区住房和城区建设局局长

赵　欣为桥西区城市管理综合行政执法局局长

王　东为桥西区农业农村局局长

高永生为桥西区文化广电体育和旅游局局长

姜凤刚为桥西区卫生健康局局长

李瑞强为桥西区应急管理局局长

赵　刚为桥西区市场监督管理局局长

郭江浩为桥西区地方金融监督管理局局长

孟　伟为桥西区医疗保障局局长

魏海强为桥西区数据资源管理局局长

免去：

李淑霞的桥西区人民法院审判员职务

任命：

3 名桥西区人民法院人民陪审员(名单略)

2019 年 2 月 28 日，区十六届人大常委会第十五次会议，通过了区人民政府相关人事任职事项。

决定任命：

李茂生为桥西区退役军人事务局局长

2019 年 4 月 29 日，区十六届人大常委会第十六次会议，通过了区人大常委会、区监察委员会、区人民法院相关人事任免事项。

免去：

杜　鹃的桥西区人大常委会办公室副主任职务

任命：

陈少鹏为桥西区人大常委会中山街道工作委员会主任

苏小东为桥西区人大常委会南长街道工作委员会主任

于会平为桥西区人大常委会新石街道工作委员会主任

盖　锋为桥西区人大常委会东里街道工作委员会主任

张建波为桥西区人大常委会维明街道工作委员会主任

王树亮为桥西区人大常委会振头街道工作委员会主任

张宏业为桥西区人大常委会友谊街道工作委员会主任

全建玲为桥西区人大常委会红旗街道工作委员会主任

崔海英为桥西区人大常委会西里街道工作委员会主任

付立军为桥西区人大常委会苑东街道工作委员会主任

杨立行为桥西区人大常委会留营街道工作委员会主任

李英涛为桥西区人大常委会长兴街道工作委员会主任

魏建新为桥西区人大常委会汇通街道工作委员会主任

白　鸿为桥西区人大常委会彭后街道工作委员会主任

董　政为桥西区人大常委会东风街道工作委员会主任

张金霞为桥西区人大常委会东华街道工作委员会主任

免去：

刘宏志的桥西区监察委员会委员职务

陈庆瑞的桥西区人民法院副院长职务(挂职)

任命：

舒　瑛为桥西区人民法院人民陪审员

2019 年 6 月 21 日，区十六届人大常委会第十七次会议，通过了区人民政府相关人事任免事项。

决定任命：

甄　勇为桥西区人民政府副区长

决定免去：

赵　欣的桥西区城市管理综合行政执法局局长职务

决定任命：

张海燕为桥西区城市管理综合行政执法局局长

2019 年 8 月 22 日，区十六届人大常委会第十八次会议，通过了区人大常委会、区监察委员会、区人民法院相关人事任免事项。

免去：

张宏业的桥西区人大常委会友谊街道工作委员会主任职务

戎志鹏的桥西区人大常委会信访办公室副主任职务

任命：

曹立乾为桥西区人大常委会友谊街道工作委员会主任

免去：

崔新友的桥西区监察委员会委员职务

任命：

王长青、吕志科、李金正为桥西区监察委员会委员

王　荔为桥西区人民法院审判员

141 名桥西区人民法院人民陪审员(名单略)

2019 年 9 月 18 日，区十六届人大常委会第十九次会议，通过了区人大常委会、区人民政府、区人民法院相关人事任免事项。

决定任命：

李　强为桥西区人民政府副区长,决定其为代理区长

免去：

张建波的桥西区人大常委会维明街道工作委员会主任职务

任命：

范存娟为桥西区人大常委会维明街道工作委员会主任

免去：

赵晓渝、齐燕、李彦红的桥西区人民法院审判委员会委员职务

郭雅丽的桥西区人民法院平安南大街人民法庭副庭长职务

张向荣的桥西区人民法院副院长、审判委员会委员、审判员职务

王　豪的桥西区人民法院审判委员会委员、审判员职务

马　捷的桥西区人民法院审判员职务

任命：

赵　静(小) 为桥西区人民法院审判委员会委员、立案庭庭长

宫丽英为桥西区人民法院立案庭副庭长

郭雅丽为桥西区人民法院立案庭副庭长

郑丽君为桥西区人民法院刑事审判庭庭长

赵　静(大) 为桥西区人民法院刑事审判庭副庭长

李立新为桥西区人民法院刑事审判庭副庭长

曹利伟为桥西区人民法院审判委员会委员、民事审判一庭庭长

王素青为桥西区人民法院民事审判一庭副庭长

刘　燕为桥西区人民法院审判委员会委员、民事审判二庭庭长

于丽霞为桥西区人民法院民事审判二庭副庭长

齐玉华为桥西区人民法院行政审判庭庭长

姜　蕾为桥西区人民法院行政审判庭副庭长

骆新颖、纪晨宇、王倩为桥西区人民法院审判委员会委员

2019 年 12 月 28 日，区十六届人大常委会第二十一次会议，补选产生了出席石家庄市第十四届人民代表大会代表 1 名，通过了区人大常委会、区人民政府、区人民检察院相关人事任免事项。

补选：

李　强为石家庄市第十四届人民代表大会代表

决定任命：

刘力军为桥西区人民政府副区长

免去：

陈少鹏的桥西区人大常委会中山街道工作委员会主任职务

任命：

董婷婷为桥西区人大常委会休门街道工作委员会主任

杨鸿、崔岩为桥西区人大常委会办公室副主任

免去：

吴文娟、崔新友、李金正、李建斌的桥西区人民检察院检察委员会委员、检察员职务

吕志科、王韶辉、韩磊、高俊强、温新杰、齐英辉、王强、张景斌、张立新、张婕、方圆、武建永、石庆洲的桥西区人民检察院检察员职务

2020 年 5 月 12 日，区十六届人大常委会第二十四次会议，通过了区人大常委会、区人民政府、区人民法院、区人民检察院相关人事任免事项。

决定任命：

冯　磊为桥西区人民政府副区长

免去：

崔海英的桥西区人大常委会西里街道工作委员会主任职务

任命：

崔海英为桥西区人大常委会中山街道工作委员会主任

齐立霞、刘昊为桥西区人民法院审判员

免去：

李　亚的桥西区人民检察院检察委员会委员、检察员职务

2020 年 7 月 3 日，区十六届人大常委会第二十五次会议，通过了区人大常委会、区人民政府、区监察委员会、区人民法院相关人事任免事项。

任命：

张　军为桥西区监察委员会副主任,决定其为代理主任

决定任命：

王　伟为桥西区人民政府副区长

任命：

张秀梅为桥西区人大常委会西里街道工作委员会主任

免去：

张义杰的桥西区人民法院副院长、审判委员会委员、审判员职务

任命：

赵　瑾为桥西区人民法院立案庭副庭长

岳红丽为桥西区人民法院刑事审判庭副庭长

周涛涛为桥西区人民法院民事审判二庭副庭长

齐立霞为桥西区人民法院行政审判庭副庭长

聂　晶为桥西区人民法院审判员

2020 年 11 月 3 日，区十六届人大常委会第二十七次会议，通过了区人大常委会、区人民政府相关人事任免事项。

免去：

杨立行的桥西区人大常委会留营街道工作委员会主任职务

王树亮的桥西区人大常委会振头街道工作委员会主任职务

任命：

梁润波为桥西区人大常委会留营街道工作委员会主任

决定免去：

姜凤刚的桥西区卫生健康局局长职务

决定任命：

窦同军为桥西区卫生健康局局长

2020 年 12 月 30 日，区十六届人大常委会第二十九次会议，通过了区人民法院相关人事任免事项。

免去：

张玉红的桥西区人民法院人民陪审员职务

任命：

叶密、刘奂军为桥西区人民法院审判员

2021 年 2 月 14 日，区十六届人大常委会第三十次会议，补选产生了桥西区出席石家庄市第十四届人民代表大会代表 5 名。

补选：

刘春东、耿学军、吴海明、赵宁、崔业鹏为石家庄市第十四届人民代表大会代表

2021 年 2 月 18 日，区十六届人大常委会第三十一次会议，通过了区人大常委会、区人民政府、区人民检察院相关人事任免事项。

免去：

苏小东的桥西区人大常委会南长街道工作委员会主任职务

于会平的桥西区人大常委会新石街道工作委员会主任职务

崔海英的桥西区人大常委会中山街道工作委员会主任职务

付立军的桥西区人大常委会苑东街道工作委员会主任职务

任命：

杨岱凌为桥西区人大常委会南长街道工作委员会主任

王玉环为桥西区人大常委会苑东街道工作委员会主任

吕伟丽为桥西区人大常委会中山街道工作委员会主任

范　巍为桥西区人大常委会新石街道工作委员会主任

决定免去：

王　东的桥西区农业农村局局长职务

决定任命：

宋胜利为桥西区农业农村局局长

免去：

卢艳军的桥西区人民检察院副检察长、检察委员会委员、检察员职务

2021 年 4 月 22 日，区十六届人大常委会第三十三次会议，通过了区人大常委会相关人事任职事项。

任命：

王俊凯为桥西区人大常委会振头街道工作委员会主任

2021 年 5 月 24 日，区十六届人大常委会第三十四次会议，通过了区人民政府、区人民法院、区人民检察院相关人事任免事项。

决定：

冯　磊为桥西区人民政府代理区长

任命：

于　辉为桥西区人民法院副院长、审判委员会委员、审判员，决定其为代理院长

赵　力为桥西区人民检察院副检察长、检察委员会委员、检察员，决定其为代理检察长

免去：

杜洪波的桥西区人民法院审判员职务

2021 年 6 月 4 日，区十六届人大常委会第三十五次会议，通过了区人民政府相关人事任职事项。

决定任命：

程志华、邢锋、栾俊鹏、张烨丹为桥西区人民政府副区长

2021 年 6 月 25 日，区十六届人大常委会第三十六次会议，通过了区人大常委会、区人民政府、区监察委员会、区人民检察院相关人事任免事项。

免去：

任　颢的桥西区人大常委会财经城建工作委员会主任职务

张建宇的桥西区人大常委会信访办公室主任职务

董　政的桥西区人大常委会东风街道工作委员会主任职务

仝建玲的桥西区人大常委会红旗街道工作委员会主任职务

任命：

张建宇为桥西区人大常委会财经城建工作委员会主任

王　东为桥西区人大常委会信访办公室主任

丁思友为桥西区人大常委会红旗街道工作委员会主任

决定免去：

王　红的桥西区行政审批局局长职务

郭江浩的桥西区地方金融监督管理局局长职务

决定任命：

张　岩为桥西区行政审批局局长

智伟力为桥西区地方金融监督管理局局长

免去：

马玉霞的桥西区监察委员会委员职务

马利英的桥西区人民检察院检察委员会委员职务

高永兵的桥西区人民检察院检察员职务

2021 年 7 月 16 日，区十六届人大常委会第三十七次会议，通过了区人大常委会、区监察委员会、区人民法院、区人民检察院相关人事任免事项。

任命：

王志伟为桥西区人大常委会东风街道工作委员会主任

杨朴玉为桥西区监察委员会委员

免去：

吴宏丽、王荔的桥西区人民法院审判员职务

张晓鹏的桥西区人民检察院副检察长、检察委员会委员、检察员职务

李　鹏的桥西区人民检察院副检察长职务

第二节　常委会接受辞职情况

2018 年 1 月 23 日，区十六届人大常委会第七次会议接受张添阁、郝玉东辞去桥西区第十六届人民代表大会常务委员会委员职务。

2018 年 6 月 29 日，区十六届人大常委会第十次会议接受许建斌辞去桥西区人民政府副区长职务。

2018 年 10 月 30 日，区十六届人大常委会第十二次会议接受王小亮辞去桥西区人民政府副区长（挂职）职务。

2019 年 2 月 28 日，区十六届人大常委会第十五次会议接受孙文丽辞去桥西区人民政府副区长（挂职）职务。

2019 年 8 月 22 日，区十六届人大常委会第十八次会议接受戎华奎辞去桥西区人民政府区长职务。

2019 年 10 月 31 日，区十六届人大常委会第二十次会议接受李晶、张庆国辞去桥西区人民政府副区长（挂职）职务。

2019 年 12 月 28 日，区十六届人大常委会第二十一次会议接受齐泽旭、崔子安辞去桥西区人民政府副区长职务，接受刘军志辞去石家庄市第十四届人民代表大会代表职务，接

受张建波辞去桥西区第十六届人民代表大会常务委员会委员职务。

2020 年 7 月 3 日，区十六届人大常委会第二十五次会议接受刘辉辞去桥西区监察委员会主任职务，接受赵雪飞辞去桥西区人民政府副区长职务。

2020 年 12 月 30 日，区十六届人大常委会第二十九次会议接受崔海英辞去桥西区第十六届人民代表大会常务委员会委员职务。

2021 年 5 月 24 日，区十六届人大常委会第三十四次会议接受李强辞去桥西区人民政府区长职务，接受吉玉刚辞去桥西区人民法院院长职务，接受张伟新辞去桥西区人民检察院检察长职务。

2021 年 6 月 4 日，区十六届人大常委会第三十五次会议接受王伟、甄勇辞去桥西区人民政府副区长职务。

第八章　机关工作

第一节　自身建设

区人大常委会机关坚持以习近平新时代中国特色社会主义思想为指导，不断增强“四个意识”、坚定“四个自信”、做到“两个维护”，深入学习习近平新时代中国特色社会主义思想、党的十九大和十九届二中、三中、四中、五中全会精神，按照党中央和省、市、区委统一部署，扎实开展“不忘初心、牢记使命”主题教育，及时跟进学习党的最新理论成果和中央、省、市、区委全会精神，以理论清醒保证人大在政治立场、政治方向、政治原则、政治道路上同以习近平同志为核心的党中央保持高度一致。

2018 年，在市内四区率先出台《桥西区人大常委会讨论和决定重大事项的规定》，支持常委会依法对预算调整、决算、公益诉讼等重大事项作出决议决定；制定《桥西区人大常委会关于决定决议及审议意见督办办法》，强化对审议意见的督办落实、跟踪问效，推动问题解决。

全面落实全面从严治党和党风廉政建设责任制，教育引导党员旗帜鲜明讲政治，严守党的政治纪律和政治规矩。认真学习贯彻《关于新形势下党内政治生活的若干准则》《中国共产党党内监督条例》《中国共产党纪律处分条例》，认真执行中央八项规定精神及其实施细则，加强警示教育，在重要节日向党员干部强调廉政纪律要求，开展纪律作风整顿，驰而不息反对“四风”，树立和维护了机关良好形象。

第二节　宣传工作

区人大常委会加强宣传阵地建设，强化正确舆论引导。充分利用“桥西人大微信公众号”、微信小程序“桥西人大”等新媒体平台做好宣传工作，及时发布人大工作动态，常委会组织的专题调研、视察等，全方位展示区人大和广大代表依法履职的生动实践，推进人民代表大会制度深入人心。

全面宣传报道人大重要会议、重点工作、重要活动及代表工作经验，2017 年在省、市、区人大报刊、杂志、微信平台上刊登人大信息 60 余篇，提升了人大工作的透明度和影响力。

2018 年开通“石家庄桥西区人大”微信公众号，对人大各项履职活动和重要信息及时主动公开，本届以来，共推送 120 余篇信息。

第三节　信访工作

区人大常委会把信访工作作为联系人民群众的重要渠道，本届以来共接待群众来信来访 274 件次。工作中，坚持依法转办和跟踪督办相结合，认真倾听群众的意见、建议和要求，不断开拓工作思路，创新工作方法，确保群众诉求件件有着落、事事有回应，努力推动信访事项的化解，切实维护人民群众的合法权益，一批群众关注的热点、难点问题得到有效解决。

第十七篇

石家庄市桥西区
第十七届人民代表大会

（2021年7月至2024年5月）

第一章　党的领导

桥西区第十七届人民代表大会及其常务委员会，坚持以习近平新时代中国特色社会主义思想为指导，深入贯彻习近平总书记关于坚持和完善人民代表大会制度的重要思想，全面贯彻落实党的十九大、二十大精神，深入学习贯彻习近平总书记视察河北、视察石家庄重要讲话和重要指示精神，认真履行宪法和法律赋予的各项职责，深入践行全过程人民民主，不断增强“四个意识”、坚定“四个自信”、做到“两个维护”，切实把党的领导贯穿人大工作全过程、各方面，确保人大工作正确的政治方向。

区委将人大工作列入重要议事日程，全力支持人大依法行使职权。2021 年 12 月 30 日，中共石家庄市桥西区委人大工作会议召开，区委书记孙鹏云作讲话。2022 年 10 月 11 日，区人大常委会开展“喜迎党的二十大，代表聚力促发展”主题实践活动，区委书记孙鹏云作出“充分发挥市区两级代表作用，积极履职尽责，助力桥西高质量发展”的批示。2022 年 10 月 29 日，区委副书记、区长冯磊参加桥西区金融行业人大代表联络站揭牌启动仪式；2023 年 6 月 9 日，区委书记孙鹏云参加桥西区教育行业人大代表联络站揭牌启动仪式。区委常委会上，听取区人大常委会党组工作情况汇报，研究召开人民代表大会有关事宜，研究区委组织部《关于补选区人大代表的请示》，传达学习省、市关于开展《河北省防汛避险人员转移条例》贯彻落实情况专项监督行动暨三领域联动监督工作会议精神及桥西区贯彻落实意见。在区人大常委会党组会议上，遇有重要人事任免事项，区委组织部负责同志都到会作说明。

区人大常委会党组坚决贯彻区委决策部署，充分发挥常委会党组把方向、管大局、保落实的重要作用，统筹做好监督、决定、任免等工作。认真落实区委分包任务，领导班子成员多次走访分包街道、企业，帮助解决问题、化解矛盾。做好南花园二期、药博园等项目遗留问题处置，助力城市更新；常委会机关干部投身芳馨家园、国防科建宿舍、十里尹村、东三教、西三教、城角庄等拆迁工作中，并圆满完成分包任务，推动城区建设展示新形象。

区人大常委会党组坚持政治引领，坚定政治立场，毫不动摇把牢前进方向，坚持把学习贯彻习近平新时代中国特色社会主义思想作为首要政治任务，扎实开展主题教育，认真落实党组会议、党组理论学习中心组、常委会会议“第一议题”制度，做到常委会领导带头学，组成人员和人大干部系统学，人大代表专题学，持续在学懂弄通做实上下功夫，将习近平中国特色社会主义思想转化为指导实践、推动工作的强大动力，奋力推动桥西区高质量发展。

第一节　党的组织机构

中共石家庄市桥西区人大常委会党组

书　记：蒲建伟（2021 年 7 月—）
副书记：张进良（2021 年 7 月—）
成　员：秦景红（2021 年 7 月—）
赵　欢（女，2021 年 7 月—）
张　英（女，2021 年 7 月至 2024 年 3 月）

第二节　党组会议

一、党组会

截至 2024 年 5 月，区十七届人大常委会党组召开党组会 34 次。其中，2021 年召开党组会 4 次，2022 年召开党组会 10 次，2023 年召开党组会 15 次，2024 年召开党组会 5 次。

2021 年党组会情况一览表

表 17–1

时　间	会　次	会议议题
7 月 14 日	第 1 次	研究推荐干部人选事项，研究关于补选桥西区第十七届人民代表大会代表的安排意见（草案），研究桥西区第十七届人民代表大会常务委员会组成人员名单（草案），研究桥西区第十七届人民代表大会专门委员会组成人员名单（草案）
9 月 8 日	第 2 次	研究人事任免事项
9 月 23 日	第 3 次	研究人事任免事项
12 月 28 日	第 4 次	研究人事任免事项，研究关于拨付代表家（站）经费事宜

2022 年党组会情况一览表

表 17–2

时　间	会　次	会议议题
1 月 10 日	第 1 次	研究区人大常委会党组关于区十七届人大二次会议有关事项的请示，研究区人大常委会党组党史学习教育专题民主生活会对照检查材料及其他相关材料
1 月 14 日	第 2 次	研究人事任免事项
2 月 14 日	第 3 次	研究 2020 年度考核奖、一次性生活补贴总量有关情况，研究机关 2020 年度考核奖分配方案，研究杨宗奇退休的请示
3 月 16 日	第 4 次	研究人事任免事项
4 月 26 日	第 5 次	研究人事任免事项
5 月 19 日	第 6 次	研究为桥西团市人大代表购买平板电脑事项，研究关于支付“桥西人大”微信小程序维护费用事宜
6 月 17 日	第 7 次	研究人事任免事项
8 月 9 日	第 8 次	研究人事任免事项
9 月 21 日	第 9 次	研究人事任免事项
12 月 26 日	第 10 次	研究人事任免事项

2023 年党组会情况一览表

表 17–3

时　间	会　次	会议议题
1 月 6 日	第 1 次	研究区人大常委会党组工作总结，研究关于召开区十七届人大三次会议有关事项的请示
2 月 1 日	第 2 次	研究起草民主生活会班子对照检查材料
2 月 27 日	第 3 次	研究王文晔退休的请示
3 月 14 日	第 4 次	研究人事任免事项，研究组织代表集中培训经费事项，研究 2023 年工作要点
4 月 27 日	第 5 次	研究报废资产处置事项
6 月 21 日	第 6 次	研究人事任免事项，研究关于申请拨付 2023 年度区人大代表活动经费事项

续表 17-3

时　间	会　次	会议议题
7月12日	第7次	研究人事任免事项
9月14日	第8次	学习习近平总书记在中央政治局第六次集体学习时的重要讲话精神、学习贯彻习近平新时代中国特色社会主义思想主题教育第一批总结暨第二批部署会议精神，研究人事任免事项
9月19日	第9次	研究区人大常委会党组主题教育工作方案
10月9日	第10次	研究2024年专项经费预算，研究人事任免事项，研究主题教育问题清单
10月23日	第11次	研究人事任免事项
11月23日	第12次	学习习近平总书记在宣传思想文化工作会议上的重要指示精神，研究人事任免事项，研究代表之家（站）工作经费事项，警示案例学习
11月28日	第13次	研究人事任免事项
12月14日	第14次	学习习近平总书记在河北考察灾后重建工作时的重要讲话精神，研究主题教育问题清单整改更新，警示案例学习
12月26日	第15次	学习中央经济工作会议精神，研究人事任免事项，研究区人大代表服务中心人事事项，研究2023年意识形态领域工作，总结全面从严治党主体责任和党风廉政建设责任制工作，研究主题教育问题清单整改更新

2024年党组会情况一览表

表 17–4

时　间	会　次	会议议题
1月18日	第1次	研究人事任免事项，研究关于召开区十七届人大四次会议的建议方案
2月6日	第2次	总结主题教育开展情况
2月28日	第3次	学习习近平总书记在二十届中共中央政治局第十一次集体学习时的重要讲话，研究人事任免事项

续表 17-4

时　间	会　次	会议议题
4月17日	第4次	传达学习习近平总书记关于党建工作重要文章，研究人事任免事项，研究关于成立石家庄市桥西区人民代表大会制度研究会的相关事项，传达学习党中央及省、市、区委关于开展党纪学习教育的通知精神与区人大常委会贯彻落实意见
5月8日	第5次	学习《中国共产党纪律处分条例》总则部分，学习习近平总书记重要文章《必须坚持人民至上》，研究部署《石家庄市桥西区人大志》编纂工作

二、党组民主生活会

截至2024年5月，区人大常委会党组召开党组民主生活会4次。

2022年1月11日，召开了以“大力弘扬伟大建党精神，坚持和发展党的百年奋斗历史经验，坚定历史自信，践行时代使命，厚植为民情怀，勇于担当作为，团结带领人民群众走好新的赶考之路”为主题的民主生活会。

2023年2月9日，召开了以“全面贯彻习近平新时代中国特色社会主义思想，深刻领悟‘两个确立’的决定性意义，增强‘四个意识’、坚定‘四个自信’、做到‘两个维护’，以奋发有为的精神贯彻落实党的二十大作出的重大决策部署”为主题的民主生活会。

2024年1月11日，召开了以“学习贯彻习近平新时代中国特色社会主义思想”为主题的专题民主生活会。

2024年3月17日，召开了以“燕郊发生爆炸事故以及阻挠央视记者采访引发的后续舆情问题”为主题的专题民主生活会。

三、党组理论学习中心组学习会

截至2024年5月，区人大常委会党组理论学习中心组召开学习会15次。其中，2021年召开学习会2次，2022年召开学习会4次，2023年召开学习会7次，2024年召开学习会2次。

2021年党组理论学习中心组学习会情况一览表

表17-5

时　间	会　次	学习内容
9月30日	第1次	学习习近平总书记在庆祝中国共产党成立100周年大会上的讲话，学习省委省政府关于大力支持省会建设和高质量发展的意见

续表 17-5

时　间	会　次	学习内容
12 月 31 日	第 2 次	学习中国共产党第十九届中央委员会第六次全体会议公报、习近平总书记在中央人大工作会议上的讲话、省委书记王东峰在中共河北省委人大工作会议上的讲话、市委书记张超超在中共石家庄市委人大工作会议上的讲话、区委书记孙鹏云在中共桥西区委人大工作会议上的讲话

2022 年党组理论学习中心组学习会情况一览表

表 17–6

时　间	会　次	学习内容
1 月 10 日	第 1 次	学习习近平总书记在中共中央政治局党史学习教育专题民主生活会上的重要讲话精神、市委书记张超超在全市经济工作会议上的讲话精神
6 月 30 日	第 2 次	学习中共中央办公厅印发《关于加强新时代廉洁文化建设的意见》，学习市委书记张超超、市长马宇骏在全市科技、教育、卫生健康事业高质量发展大会上的讲话，学习市委书记张超超、市长马宇骏、副市长管云天在全市深入解放思想、扩大对外开放大会上的讲话
9 月 30 日	第 3 次	学习习近平总书记在省部级主要领导干部专题研讨班上的讲话，学习市委书记张超超在市委理论学习中心组（扩大）学习会议上的讲话、在全市打赢“三场硬仗”警示教育大会上的讲话
12 月 20 日	第 4 次	学习习近平总书记在二十届中央政治局第一次集体学习时的讲话、习近平总书记在二十届中央政治局常委同中外记者见面时的重要讲话，学习市委书记张超超在市委理论学习中心组学习会上的讲话精神

2023 年党组理论学习中心组学习会情况一览表

表 17–7

时　间	会　次	学习内容
3 月 30 日	第 1 次	学习省委书记倪岳峰在河北省学习贯彻党的二十大精神宣讲报告会上的讲话精神、在传达学习贯彻全国两会精神领导干部会议上的讲话精神，学习市委书记张超超在全市基层党建工作述职评议会议上的讲话精神
6 月 30 日	第 2 次	学习习近平总书记在二十届中央政治局第四次集体学习时的讲话精神、在深入推进京津冀协同发展座谈会上的讲话精神，学习河北省委书记倪岳峰在省委理论学习中心组学习会上的讲话精神

续表 17-7

时　间	会　次	学习内容
9 月 19 日	第 3 次	学习习近平总书记在二十届中央政治局第六次集体学习时的讲话精神、习近平总书记对当前和今后一个时期推进全面依法治国提出的 11 个方面要求，学习河北省委书记倪岳峰在学习贯彻习近平新时代中国特色社会主义思想主题教育专题党课上的讲话
9 月 25 日	第 4 次	学习习近平总书记在二十届中央政治局第四次集体学习时的讲话、习近平总书记在主题教育工作会议上的讲话、《习近平新时代中国特色社会主义思想学习纲要（2023 版）》
10 月 18 日	第 5 次	学习《习近平新时代中国特色社会主义思想学习纲要（2023 版）》部分章节、《习近平著作选读》《习近平新时代中国特色社会主义思想专题摘编》《习近平新时代中国特色社会主义思想的世界观和方法论专题摘编》《习近平关于调查研究论述摘编》
11 月 29 日	第 6 次	学习习近平总书记在河北考察时的重要讲话精神、《让群众过上好日子——习近平正定足迹》《知之深 爱之切》
12 月 14 日	第 7 次	学习习近平总书记在河北考察灾后恢复重建工作时的重要讲话精神、中共中央国务院关于加强基层治理体系和治理能力现代化建设的意见，学习中共中央办公厅关于深化拓展整治形式主义为基层减负工作的通知，研读党的二十大报告，学习习近平总书记在新进中央委员会的委员、候补委员和省部级主要领导干部学习贯彻习近平新时代中国特色社会主义思想和党的二十大精神研讨班上的重要讲话精神

2024 年党组理论学习中心组学习会情况一览表

表 17–8

时　间	会　次	学习内容
1 月 8 日	第 1 次	学习《习近平新时代中国特色社会主义思想纲要（2023 版）》、习近平总书记在中央政治局民主生活会上的讲话、习近平总书记在中央经济工作会议上的重要讲话，领导班子个人自学计划
4 月 17 日	第 2 次	学习《中国共产党纪律处分条例》、中央党的建设工作领导小组关于开展党纪学习教育的有关通知要求、习近平总书记关于党建工作重要文章

第二章　人大代表

桥西区第十七届人民代表大会代表名额305名。2021年7月，召开区十七届人大一次会议时实有代表296名。区十七届人大常委会坚持把尊重代表主体地位、发挥代表作用作为开展工作的重要基础，持续深化家站建设，加强代表建议办理，开展代表履职学习，不断提升代表工作质量和水平。

第一节　选举产生

一、桥西区第十七届人民代表大会代表选举产生

经河北省第十三届人大常委会第二十二次会议确定，桥西区第十七届人民代表大会代表名额为305名，经区选举委员会研究，报区委同意，实际分配到152个选区和驻军代表名额为298名。

在区选举委员会的组织下，各选区及驻军依法选举产生区十七届人大代表298名。在区十七届人大一次会议召开前，1名代表调离桥西区，根据《中华人民共和国全国人民代表大会和地方各级人民代表大会选举法》第九章第五十七条规定，其代表资格自行终止。有5名辞去代表职务，有关选区依法补选4名代表，桥西区第十七届人民代表大会实有代表296名。区十六届人大常委会代表资格审查委员会对296名代表的代表资格进行审查，当选代表符合宪法和法律规定，确认其代表资格有效。

在296名代表中，党政干部代表70名，占23.65%；工农代表37名，占12.5%；专业技术人员代表129名，占43.58%；社区居委会代表5名，占1.69%；驻军代表5名，占1.69%；其他代表50名，占16.89%。代表总数中，妇女代表82名，占27.70%；少数民族代表9名，占3.04%；非中共党员代表105名，占35.47%。区十六届人大代表连续当选的126名，占42.57%。

链接1：具体选举情况

一、准备工作。成立桥西区选举委员会，下设选举办公室。区选举委员会办公室设立组织、宣传、选民资格审查、秘书、会务、纪律风气监督、信访保卫、防疫等8个工作组，各工作组各司其职、各负其责、相互配合，共同完成区人大代表换届选举工作。在各街道

成立选举工作领导小组，各选区成立选举小组，健全选举工作组织，同时抽调并培训换届选举工作骨干 340 名。

二、宣传工作。区选举委员会高度重视宣传工作，将宣传工作贯穿整个选举过程。制定宣传工作实施方案，成立宣传队伍，明确各阶段宣传工作重点。切实加大宣传力度，把握正确的舆论导向，充分利用标语、板报、录像、登门入户发放材料等多种形式，采取干部分片包干的方式，把换届作为一项重要政治任务，集中时间、人力、物力，进行了大规模、广泛深入的宣传活动。据统计，各选区共悬挂张贴宣传标语 3500 余条，张贴公告 6000 余张，发放明白纸 5 万余份，同时，还利用社区网格群、“云社区”及辖区单位、小区内部、沿街电子滚动显示屏、手机微信等，有针对性地对换届选举工作进行宣传。

三、选民登记和选民资格审查工作。按照区选举委员会关于选民登记阶段的安排意见，从 4 月 30 日起，桥西区 17 个街道 152 个选区进行选民登记工作。各选区共划分 1138 个选民小组，配备 1843 名登记员。因首次使用省人大推行的选民登记系统，区人大常委会专门邀请开发河北省选民登记系统的专家对 300 余名登记员骨干先后进行两次培训。同时，针对选民登记工作的一些具体问题编写《选民登记工作中若干问题的意见》，组织各街道选举领导小组成员及选区选举骨干、登记员进行学习，逐级签署选民信息保密承诺书，确保选民信息安全。在熟悉登记业务的基础上，登记员通过入户、组织选民上站、网上申报等形式，共登记选民 438258 人，区选举委员会办公室指导各选区进行选民登记复核工作，最大限度地保证选民登记“不错、不漏、不重”。

四、代表候选人提名工作。自 5 月 19 日开始，区换届选举工作进入提名推荐和协商确定代表候选人阶段。至 6 月 3 日，桥西区 152 个选区（不含驻军），共提名推荐初步代表候选人 524 名，经审查，于 6 月 3 日依法张榜公布 514 名初步代表候选人。其中，女性 213 名，占比 41.4%；非中共党员 201 名，占比 39.1%。各选区选举小组按照本选区应选代表名额，组织本选区选民对初步代表候选人进行进一步酝酿协商，根据较多数选民的意愿，按照《中华人民共和国全国人民代表大会和地方各级人民代表大会选举法》规定的正式代表候选人人数应多于应选代表名额的三分之一至一倍的比例，确定本选区的正式代表候选人。经协商推荐的正式代表候选人共 431 名（不含驻军）。431 名正式代表候选人中，女性 160 名，占比 37.1%；非中共党员 161 名，占比 37.4%。

五、选举代表工作。本次换届选举，桥西区应参加投票选举的选民 435618 人，实参加选举人数 372308 人，参选率为 85.47%。选举过程中，共设投票站 275 个，流动票箱 198 个，委托投票 6463 人。所有选区均为一次选举成功。

六、经验教训。一是省人大选民登记系统与全省公安系统户籍尚不能做到资源共享，缺少查漏纠错功能；二是系统不稳定，时常出现卡顿、闪退等情况；县级选区管理中，批量导出不方便，且内容不全面，影响选民登记进度；三是由于各区登记的顺序不同，部分单位工作人员被其他区登记成居民，导致其不能在单位参加选举。

链接2：桥西区选举委员会组成人员名单

主　任：张书凯

副主任：王　军　王文晔

委　员：

杜国庭	杨宗奇	马会忠	秦景红
宋英曼	杨丽倩	容旭辉	张振亚
王振永	高景福	张　磊	张　英
张卫娟	刘晓梅	贾景辉	杨树新
张明梅	张治军	姚金钟	黄振国
窦同军	赵卫星	陈　瑛	张　静

二、桥西区出席石家庄市第十五届人民代表大会代表选举产生

2021年7月25日，区十七届人大一次会议选举产生桥西区出席石家庄市第十五届人民代表大会代表41名。其中，干部8名，工农16名，专业技术人员12名，民主党派、工商联和无党派人士4名，归侨1名。

第二节　代表名单

一、桥西区第十七届人民代表大会代表名单

中山代表团

吕伟丽(女)	刘　隽(女)	刘　琛	刘宏志
刘瑞科	李天成	肖　庆	张　颖(女)
张爱萍	陈　瑛(女)	呼崇利	赵会彬
赵俊彬	荣焕武	彭　凡	魏梅英(女)

南长代表团

王书新	王鸿飞	邓鸿眉(女)	刘洪杰
李立成	杨岱凌(女)	吴学志	吴德芳
辛　炜	张淑荣(女)	赵学瑾(女)	赵新堂
秦景红	耿开元	曹　智	曹纪周

红旗代表团

丁思友	马　凯	王秀生	王建刚
许顺亭	孙　飞	孙　冉(女，蒙古族)	孙寄平

李　伟	李　聪(女)	李　睿	李文琪
李泽良	吴福安	张　峰	张书凯
张立强	张秋江	张　健	罗凤燕(女)
徐晓冬(女)	郭洁松	郭晓天	蔡玉霞(女)

维明代表团

王文晔(女)	刘　尚	刘　惠(女)	刘　慧(女)
刘晓阳(女)	阮大春	孙鹏云	纪瑞景(女)
李　霞(女)	杨朝童(女)	吴海明	张海峰
张献波	陈千豁	范存娟(女)	俞红波
郭德迁	梁建中	薄爱军	

东里代表团

王冬寒	王振军	尤佳敬	冯　磊
吕志健	任向杰	刘丽丽(女)	李　平(女)
李秀荣(女)	李维佳(满族)	杨勇峰	张　焱(回族)
郑继延(女)	赵文平	郭开元	麻永刚
盖　锋	葛国力	董美五	董曙光

新石代表团

王　尧(女)	王　军	尤绍辉	成　远
任增辉	孙国平	李岩清(女)	张　欣(女)
张泽义	陈忠伟	范　巍	耿海涛
郭建坡	常　霞(女)		

友谊代表团

申钰彬	白树惠	宁永辉(女)	李　佳
李承辉	肖红玲(女)	宋建宏	张永泽
张春刚	张海燕(女)	陈　瑜(女)	林　杰
赵昌牛	赵梦磊	徐警卫	容旭辉
郭红琴(女)	曹立乾	崔永林	

振头代表团

王世宏(满族)	王俊凯	王振永	王新国
刘会杰	刘红卫	刘景辉	安兰茹(女)

杨宗奇	杨彦榜	吴永辉	宋英曼
底光辉(回族)	底建民(回族)	张雪敏(女)	郑　杰
柳连中	郜敬芬(女)	殷华理(女)	高艳霞(女)
董丽波	温　静(女)	魏胜军	

西里代表团

于建兵	王　钢	王　彬(女)	王　锟
白　云(女)	白立波	李芹玲(女)	李春生(满族)
杨海兵	吴俊桥(女)	佟瑞福(蒙古族)	张　英(女)
张秀梅(女)	张金玲(女)	赵　淼	袁雄飞
梁志刚	梁建平	焦景莉(女)	蒲建伟

苑东代表团

王　飞(女)	王玉环(女)	王春梅(女)	冯　蕾
边　凤(女)	朱中华	刘全胜	杨　萌(女)
肖志林	林顺德	陈立钦	郑丽军
赵秀良	徐贞芬(女)	梁　凯	韩书生
霍建春	魏永辉		

长兴代表团

马　辉	王文贤	王春海(回族)	卞丽芬(女)
付永社	冯晓芬(女)	曲　峰	池卫东(女,满族)
许其军	李英涛	张进良	郭　峰
梁广红	窦同军		

留营代表团

王跃进	邓伟斌	朱宏贤(女)	孙文华(女)
李计新	李维娜(女)	杨玉国	肖　松
张举士	张朝泽	赵　欢(女)	陈永军
庞震莉(女)	崔海峰	梁润波	

休门代表团

于　辉	王少波	王献庭	任立志
李志勇	李俊琳	张卫娟(女)	武玉敏
林卫华	耿玉芝	徐耀明	董婷婷(女)

焦风川

东华代表团

刘惠萍(女)	安桂江	杜保军	李凤吉
李海涛	吴华明	何占辉	张　立
张　军(女)	张金霞(女)	郝玉东	胡　文
程海军	魏含玉		

东风代表团

王志伟	王国伟	王素娟(女)	田佩洁(女)
朱建忠	刘小芳(女)	刘永刚	李进国
李建军	杨守忠	何勇海	张明梅(女)
赵　力	贾　燕(女)		

彭后代表团

史新惠(女)	白　鸿(女)	刘志妙(女)	李　军
李智勇	杨密增	何新勇	张立明
张　涛	张建宇(满族)	孟令尧	耿　号
顾亚男(女)	高　杰	高云晓(女)	蔡会江

汇通代表团

王一向	王　伟	王典巨	吕　宪
孙振华	李旭璞	李宇新	李国旗
李建楼	谷银强	张玉峰	张志立(女)
贾　嵩	徐荣广	谈中臣	魏建新(女)

驻军代表团

石　磊	刘彩霞(女)	杜国庭	孟凡刚
薛志会			

区十七届人大代表届中调整情况表

表 17–9

常委会会议	终止情况	补选情况
2021 年 12 月 30 日 第五次会议	调离：苑东街道霍建春 辞职：南长街道辛炜，东里街道盖锋，友谊街道曹立乾，汇通街道王典巨，长兴街道李英涛，留营街道孙文华、梁润波	
2022 年 1 月 17 日 第六次会议		汇通街道王钧，红旗街道王更慧，长兴街道张磊，东里街道张帅，友谊街道刘莉，留营街道陶浩
2022 年 4 月 29 日 第八次会议	调离：驻军孟凡刚，振头街道底光辉，彭后街道张立明，东里街道郭开元，中山街道彭凡、赵会彬，苑东街道魏永辉 辞职：东风街道王志伟，红旗街道李泽良	
2022 年 12 月 30 日 第十四次会议	辞职：东风街道赵力，振头街道王振永、宋英曼、杨宗奇，南长街道杨岱凌，新石街道尤绍辉、于建兵、范巍，中山街道刘宏志、吕伟丽，留营街道张举士，红旗街道王更慧、丁思友，彭后街道杨密增，长兴街道窦同军，东里街道赵文平、张帅，维明街道范存娟	
2023 年 1 月 9 日 第十五次会议		东风街道谢强、唐睿，振头街道高文成、张鲁、杨鸿，南长街道齐泊雯，新石街道曹立乾、王英，休门街道宋胜利、赵石磊，中山街道高华、赵静，留营街道李英涛、赵玉川，红旗街道牛士伟、梁杰，彭后街道吴磊、董政，苑东街道陆京平，长兴街道梁润波，东里街道张振亚、苏利玲，友谊街道姜军，维明街道叶子、田静媛，汇通街道张丽、陈鹏，西里街道白亚欣

续表 17-9

常委会会议	终止情况	补选情况
2024 年 1 月 17 日 第二十五次会议	辞职：东里街道葛国力，东华街道郝玉东、魏含玉，汇通街道王伟，红旗街道冯晓芬，维明街道刘慧，新石街道张泽义，中山街道赵昌牛、赵俊彬、高华，南长街道李睿，振头街道高文成，留营街道陶浩，东风街道唐睿 调离：中山街道荣焕武，彭后街道吴磊，休门街道李俊琳，红旗街道梁杰，友谊街道姜军，东里街道苏利玲	
2024 年 1 月 19 日 第二十六次会议		东风街道于英建，南长街道杨楠，新石街道王玉明、付士照，苑东街道王典巨，休门街道吕楠，中山街道程志华、田新源、刘彦平、鲍颖、刘贺，留营街道孙达，彭后街道南龙、杨岱凌，东里街道付景素、王谦、彭建斌、霍汉钊、朱磊，东华街道陈慧，汇通街道甄剑峰，振头街道万青，驻军石璐

二、桥西区出席石家庄市第十五届人民代表大会代表名单

2021 年 7 月，桥西区出席石家庄市第十五届人民代表大会第一次会议代表 41 名。

桥西区出席石家庄市第十五届人民代表大会代表名单

表 17–10

姓名	性别	出生年月	民族	党派	籍贯	学历	时任职务
刘春东	男	1973 年 3 月	汉族	中国共产党	灵寿	研究生	石家庄北国人百集团有限责任公司党委书记、董事长
王　罡	男	1971 年 11 月	汉族	中国共产党	保定	大学	河北省律师协会常务理事、河北金龙律师事务所主任
朱宏贤	女	1979 年 11 月	汉族	群众	石家庄	大专	石家庄国厦房地产开发有限公司总经理

续表 17-10

姓名	性别	出生年月	民族	党派	籍贯	学历	时任职务
郭运兴	男	1962 年 10 月	汉族	中国共产党	成安	大学	石家庄市委常委、一级巡视员
孙鹏云	男	1967 年 6 月	汉族	中国共产党	清河	研究生	中共石家庄市桥西区委书记
门立新	男	1968 年 2 月	汉族	中国共产党	安平	大学	石家庄市工商联常务副主席、党组副书记
卢丙杰	男	1974 年 4 月	汉族	中国共产党	甘肃宁县	研究生	石家庄市工商联甘肃商会会长、河北翰博房地产有限公司董事长
高艳霞	女	1969 年 6 月	汉族	中国共产党	晋州	大学	冀银金融租赁公司党委书记、董事长
焦　楠	男	1982 年 5 月	汉族	中国共产党	山东临沂	大学	中建二局河北分公司党委书记、总经理
张　峰	男	1970 年 9 月	汉族	群众	沧州	大学	石家庄花都形象艺术学校董事长
刘洪杰	男	1972 年 10 月	汉族	中国共产党	阜城	大专	石家庄市建工集团有限公司党委副书记、董事长、总经理
刘海云	女	1971 年 12 月	汉族	民建	灵寿	博士研究生	河北经贸大学中东欧国际商务研修学院副院长
邹德凤	女	1985 年 12 月	汉族	民建	昌黎	研究生	北京市炜衡（石家庄）律师事务所执委会主任
付常勇	男	1982 年 12 月	汉族	群众	平乡	大专	河北道一堂中医诊所有限公司董事长
王素娟	女	1967 年 4 月	汉族	中国共产党	石家庄	大学	石家庄东风西路小学校长
杜　娟	女	1984 年 1 月	汉族	无党派	石家庄	研究生	桥西区侨联主席、英华伟德连锁幼儿园、河北鑫怡坊餐饮管理有限公司执行董事
麻永刚	男	1978 年 8 月	汉族	民建	行唐	大学	河北大四通文化传播有限公司董事长
詹　鹏	男	1977 年 10 月	汉族	中国共产党	保定	研究生	石家庄市人民政府党组成员

续表 17-10

姓名	性别	出生年月	民族	党派	籍贯	学历	时任职务
贾巧秀	女	1966 年 5 月	汉族	中国共产党	广平	研究生	石家庄市中级人民法院常务副院长、党组副书记（正县级）、二级高级法官
冯　磊	男	1972 年 1 月	汉族	中国共产党	辛集	大学	石家庄市桥西区人民政府区长
段林国	男	1964 年 12 月	满族	中国共产党	迁安	大学	河北天嘉律师事务所主任、河北省律师协会副会长、石家庄市律师协会会长
刘　隽	女	1974 年 9 月	汉族	中国共产党	正定	大学	北国股份百货事业部总经理兼新百广场党委书记、总经理
申　亮	男	1964 年 4 月	汉族	中国共产党	宁晋	大学	石家庄能源投资集团有限公司总经理、石家庄华文国际酒店总经理
冯　建	男	1963 年 5 月	汉族	无党派	正定	研究生	河北金源粮油食品公司董事长
王世宏	男	1973 年 1 月	满族	群众	围场满族蒙古族自治县	大专	石家庄中鸿记商贸有限公司董事长
暴谷宇	女	1977 年 4 月	汉族	群众	高邑	大学	国华人寿保险股份有限公司河北分公司总经理
肖　松	男	1978 年 12 月	汉族	群众	辛集	大学	石家庄申恒建筑工程有限公司总经理
赵英杰	男	1985 年 9 月	汉族	民建	昌黎	大学	河北乾骥律师事务所副主任、高级合伙人律师
徐丽荣	女	1953 年 7 月	汉族	中国共产党	石家庄	大学	石家庄丽华商场有限公司董事长
温颜强	男	1965 年 11 月	汉族	无党派	衡水	研究生	石家庄旅游集散中心主任、石家庄燕赵旅游集团总经理
高　帅	男	1976 年 12 月	汉族	民建	迁西	研究生	中建路桥集团有限公司总法律顾问
宋国宏	男	1967 年 12 月	汉族	中国共产党	献县	大学	石家庄市市场监督管理局党组书记、一级调研员

续表 17-10

姓名	性别	出生年月	民族	党派	籍贯	学历	时任职务
蒲建伟	男	1965 年 7 月	汉族	中国共产党	四川射洪	大学	石家庄市桥西区人大常委会主任、党组书记
孙建忠	男	1963 年 9 月	满族	中国共产党	丰宁	大学	河北外国语学院董事长、校长
张　焱	男	1964 年 3 月	回族	群众	保定	大学	河北华业招标有限公司董事长
王　强	男	1963 年 3 月	汉族	群众	天津	研究生	石家庄市三洋工贸有限公司总经理
牛延君	男	1971 年 6 月	汉族	群众	河南安阳	中专	河北城投智慧科技有限公司董事长
张永泽	男	1974 年 4 月	汉族	中国共产党	内丘	研究生	河北明杰律师事务所一级律师
杜军平	女	1969 年 11 月	汉族	中国共产党	藁城	研究生	信泰人寿保险股份有限公司河北分公司总经理
刘凤兰	女	1976 年 5 月	汉族	中国共产党	赵县	大学	河北华宝物业党支部书记、副总经理
黄永阳	女	1983 年 10 月	汉族	群众	石家庄	大学	石家庄西吧客食品有限公司董事长

调整情况：2022 年 12 月 21 日，区十七届人大常委会第十二次会议补选彭晓明为石家庄市第十五届人民代表大会代表。2024 年 1 月 19 日，区十七届人大常委会第二十六次会议补选李勇为石家庄市第十五届人民代表大会代表。2022 年 12 月 21 日，区十七届人大常委会第十二次会议接受詹鹏辞去石家庄市第十五届人民代表大会代表职务。2024 年 1 月 19 日，区十七届人大常委会第二十六次会议接受彭晓明辞去石家庄市第十五届人民代表大会代表职务。

第三节　代表工作

一、代表培训

区十七届人大常委会将提升代表履职能力作为代表工作的出发点、落脚点，通过会前学、专题学、个人学、集中学相结合的方式，不断丰富学习内容，拓展学习路径，提升代表综合履职能力。2023 年 3 月 28 日至 30 日，区人大常委会开展集中培训，通过组织代表深入学习中央及省、市、区委人大工作会议精神，重温《让群众过上好日子——习近平正定足迹》，赴城市规划馆、市人民代表大会历史陈列馆现场教学等多种形式，进一步激发代表履职积极性、主动性、创造性，持续增强广大代表“住在桥西、热爱桥西、建设桥西”的主人翁意识，扎实推动代表履职基础不断夯实、履职能力不断提升、履职成效进一步加强。市人大常委会主要领导对桥西区人大代表培训工作给予了充分肯定。

二、代表主题实践活动月

区十七届人大常委会认真组织代表开展主题实践活动。2022 年，为喜迎党的二十大，在市、区两级人大代表中开展“我为企业助一力”“我为基层解一难”“我为民生献一策”“我为群众办一事”“我为发展建一言”等“五个一”活动，提出问题 114 个，形成建议 92 条，帮助群众解决问题 120 个，有效践行全过程人民民主新实践。2023 年开展“深调研、解难题、促履职、助发展—人大代表在行动”活动，共计开展宣讲 119 次、走访企业 119 家、接待选民 463 人次、开展视察调研 49 次，解决问题 44 个，充分发挥了代表主体作用，为推动桥西区经济社会发展、促进社会和谐稳定作出积极贡献。

三、代表“双联”活动

区十七届人大常委会深入开展“双联”（区人大常委会组成人员联系区人大代表，区人大代表联系选民及人民群众）活动。常委会组成人员和代表通过视察调研、座谈走访、电话沟通、在人大代表家（站）开展接待选民活动等形式联系选民，听取相关意见建议，了解人民群众的急难愁盼问题，形成代表建议，直接或委托街道人大工委交区人大常委会代表工委，转交区有关部门研究办理，持续加强与基层代表、选民群众的联系，不断夯实人大工作的群众基础。

四、代表家（站）建设

区十七届人大常委会坚持“充实内涵、扩大外延、打造精品、全面提升”的工作思路，以点带面，充分发挥维明、红旗两个街道人大代表之家和金融、教育行业人大代表联络站品牌效应，组织现场观摩会，推进桥西区人大代表之家、代表联络站建设提档升级。金融行业代表联络站举办银企对接会，探索建立“联络站 + 电商”的“电商街”模式，助力企业发展；与金融法庭建立双向互动机制，邀请法官宣讲金融知识、引入案例分析，组织驻站代表观摩庭审、参与诉前调解，为防范化解金融风险、维护辖区金融稳定聚心聚力、聚势聚能。建立教育行业人大代表联络站，打造联系选民群众、发挥教育行业优势作用的新阵地。建立石家庄市企业家协会人大代表联络站，积极探索人民代表大会制度与社会组织相结合的新形式，促进企业经济效益与民主法治建设水平双提升。桥西区家站建设呈现“以点带面”“多点开花”“质效双赢”的生动局面。积极开展问需于民、问计于民活动，广大代表常进家站常驻家站成为常态；让人民群众切实感受到人大代表就在身边。《人民代表报》对区人大代表家（站）建设主要做法及成效先后3次进行报道。

五、代表票决民生实事

2022年1月28日，区十七届人大二次会议人大代表票决确定的桥西区人民政府2022年10件民生实事项目是：1. 实施老旧小区改造工程；2. 完成城区道路建设；3. 道路亮化绿化提升工程；4. 居民小区庭院管网改造；5. 新建或改建标准化便民市场；6. 教育基础设施提升工程；7. 新建5所普惠性民办幼儿园；8. 建设桥西区全民健身中心；9. 基层医疗卫生服务能力提升工程；10. 润德消防站建设项目。

2023年1月13日，区十七届人大三次会议人大代表票决确定的桥西区人民政府2023年10件民生实事项目是：1. 打通城区规划路；2. 教育基础设施提升改造；3. 实施老旧小区改造工程；4. 新建或改建便民市场；5. 新增3所市级普惠性民办幼儿园；6. 新建2000个停车位；7. 助力残疾儿童和贫困精神类残疾人康复救助；8. 新增社区卫生服务中心；9. 小街巷提升工程；10. 区老年公寓投入运营。

2024年1月24日，区十七届人大会四次会议人大代表票决确定的桥西区人民政府2024年10件民生实事项目是：1. 教育设施提升；2. 老旧小区改造；3. 新建城区道路；4. 社区卫生服务站能力提升；5. 困难残疾人救助；6. 文体设施建设；7. 绿化整治工程；8. 实施校园清凉工程；9. 建设消防设施；10. 新增3所市级普惠性民办幼儿园。

六、代表建议办理

区十七届人大一次会议，收到涉及区人民政府的代表建议171件，满意170件，基本满意1件，满意或基本满意率达到100%。

区十七届人大二次会议，收到涉及区人民政府的代表建议105件，满意103件，基本满意1件，表示理解1件，满意率为98%。

区十七届人大三次会议，收到涉及区人民政府的代表建议115件，满意113件，基本满意1件，表示理解1件，满意率为98.26%。其中，4项被定为重点督办的代表建议。

区十七届人大四次会议，收到涉及区人民政府的代表建议170件，其中，8项被定为重点督办的代表建议。

2023 年重点督办代表建议情况一览表

表 17–11

建议内容	领衔代表	主办单位	督办部门
关于增加潮汐停车位的建议	杨彦榜	桥西交警大队	法 制 工 委
关于进一步加强中小学生沉迷网络游戏管理工作的建议	王跃进	区教育局	教科文卫工委
关于大力扶持个体工商户发展的建议	王振军	区市场监督管理局	人事代表工委
关于提升基层医疗机构服务能力的建议	李建楼	区卫生健康局	财经城建工委

2024 年重点督办代表建议情况一览表

表 17–12

建议内容	领衔代表	主办单位	督办部门
关于增加新能源汽车充电桩的建议	刘惠萍	区发展和改革局	代 表 工 委
关于解决民营中小企业发展问题的建议	王振军	区发展和改革局	代 表 工 委
关于规范非机动车停放秩序的建议	曹　智	区城市管理综合行政执法局	预 算 工 委
关于做好四篇文章让助力车便民不扰民的建议	李岩清	区城市管理综合行政执法局	预 算 工 委
关于加强预防中小学校园欺凌事件发生的建议	徐贞芬	区教育局	教科文卫工委
关于社区图书馆（室）建立图书推荐人员库的建议	池卫东	区文化广电体育和旅游局	教科文卫工委
关于进一步加强桥西区涉电信网络诈骗电话卡、银行卡管理的建议	李　佳	区公安分局	法 制 工 委
关于优化西二环与槐安西路交叉口部分路段安全管理的建议	王　钢	桥西交警大队	法 制 工 委

七、评选优秀区人大代表

2023 年 1 月，区十七届人大常委会评选出 2022 年度优秀区人大代表 60 名。

2022 年度优秀区人大代表名单

表 17–13

代表团	姓　名
苑东（3 名）	王　飞（女）、朱中华、徐贞芬（女）
新石（4 名）	王　尧（女）、李岩清（女）、陈忠伟、孙国平
西里（4 名）	王　钢、白　云（女）、佟瑞福（蒙古族）、焦景莉（女）
东里（4 名）	王冬寒、李维佳（满族）、郑继延（女）、董美五
留营（3 名）	王跃进、朱宏贤（女）、崔海峰
南长（4 名）	王鸿飞、吴学志、耿开元、李立成
彭后（2 名）	史新惠（女）、刘志妙（女）
汇通（3 名）	吕　宪、李旭璞、李宇新
东风（1 名）	李进国
友谊（7 名）	李承辉、肖红玲（女）、宋建宏、张永泽、陈　瑜（女）、林　杰、徐警卫
红旗（5 名）	吴福安、张　峰、徐晓冬（女）、郭晓天、孙　飞
休门（2 名）	武玉敏、耿玉芝
振头（4 名）	郑　杰、柳连中、郜敬芬（女）、殷华理（女）
维明（5 名）	俞红波、郭德迁、刘　尚、刘　惠（女）、阮大春
中山（2 名）	刘　隽（女）、刘　琛
长兴（2 名）	池卫东（女，满族）、许其军
东华（3 名）	程海军、刘惠萍（女）、李凤吉
驻军（2 名）	薛志会、刘彩霞（女）

第三章　人民代表大会

桥西区第十七届人民代表大会，始于2021年7月，书至2024年5月，共召开4次会议。

区十七届人大历次会议概况表

表17–14

会议次序	会议日期	议题（项）	听取报告（个）	决议决定（项）	选举表决（项）
第一次	2021年7月23日至25日	11	4	4	7
第二次	2022年1月27日至28日	7	6	6	1
第三次	2023年1月12日至13日	11	6	6	5
第四次	2024年1月23日至24日	7	6	6	1

第一节　会议概况

一、区十七届人大一次会议

2021年7月23日至25日，区十七届人大一次会议在区机关西配楼四楼会议室召开。出席代表289人（应到296人）。会议听取和审议区人民政府代理区长冯磊作的《桥西区人民政府工作报告》、区人大常委会主任张书凯作的《桥西区人民代表大会常务委员会工作报告》、区人民法院代理院长于辉作的《桥西区人民法院工作报告》、区人民检察院代理检察长赵力作的《桥西区人民检察院工作报告》。会议通过相应决议。会议选举产生桥西区出席石家庄市第十五届人民代表大会代表。会议选举产生区十七届人大常委会组成人员，区人民政府区长、副区长，区监察委员会主任，区人民法院院长，区人民检察院检察长；表决通过了区十七届人大各专门委员会组成人员名单（名单见本章第二节《会议选举》和第四节《专门委员会》）。

这次会议，是在中国共产党建党100周年、“十四五”规划的开局之年召开的一次十分重要的会议。会议指出，要坚持以习近平新时代中国特色社会主义思想为指导，全面贯彻落实党中央和省委、市委、区委重大决策部署，立足新发展阶段，贯彻新发展理念，构建新发展格局。会议强调，要坚持以推动高质量发展为主题，以改革创新为根本动力，以满足人民群众日益增长的美好生活需要为根本目标，大力实施“规划立区、人才强区、科技兴区、创新带区、改革活区、人文旺区、民生惠区、产业富区、治理安区、生态宜区”十区战略，推动城区综合竞争力、辐射带动力、国际影响力实现大跃升，全力打造现代化、国际化、幸福美丽桥西区，努力在省会建设和高质量发展的新征程上彰显桥西担当、做出桥西贡献。

二、区十七届人大二次会议

2022 年 1 月 27 日至 28 日，区十七届人大二次会议在区机关西配楼三楼会议室召开。出席代表 275 人（应到 294 人）。会议听取和审议区人民政府区长冯磊作的《桥西区人民政府工作报告》；听取和审议区发展和改革局局长赵玉川作的《关于桥西区 2021 年国民经济和社会发展计划执行情况与 2022 年区国民经济和社会发展计划（草案）的报告》，审查和批准桥西区 2021 年国民经济和社会发展计划执行情况的报告及 2022 年区国民经济和社会发展计划草案；听取和审议区财政局局长张明梅作的《关于桥西区 2021 年财政预算执行情况和 2022 年区财政预算（草案）的报告》，审查和批准桥西区 2021 年财政预算执行情况的报告和 2022 年财政预算草案；听取和审议《桥西区人民代表大会常务委员会工作报告》、区人民法院院长于辉作的《桥西区人民法院工作报告》、区人民检察院检察长赵力作的《桥西区人民检察院工作报告》。会议通过相应决议。会议票决确定 2022 年 10 件民生实事项目。

这次会议，是在党的二十大召开之年，全面贯彻落实省、市、区党代会精神的开局之年，实施“十四五”规划的关键之年召开的一次大会。会议指出，要坚持以习近平新时代中国特色社会主义思想为指导，深入学习宣传贯彻党的十九大和十九届历次全会，以及省第十次党代会、市第十一次党代会、区第十次党代会精神，弘扬伟大建党精神，坚持党对经济工作的领导，坚持以经济建设为中心，坚持稳字当头、稳中求进，立足新发展阶段，完整、准确、全面贯彻新发展理念，融入和服务新发展格局，推动高质量发展，坚持以供给侧结构性改革为主线，深入实施创新驱动发展战略，持续深化改革、扩大开放，加快推进城市更新和生态文明建设，统筹疫情防控和经济社会发展，统筹发展和安全，统筹当前和长远，继续做好“六稳”“六保”工作。会议强调，要深入实施“十区战略”，着力增强综合实力，着力提高发展质量，着力提升城市品质，着力巩固污染治理成果，着力保障改善民生，加快建设现代化、国际化、幸福美丽桥西区，当好全面建设现代化、国际化美丽省会城市的排头兵、领头雁，以优异成绩迎接党的二十大胜利召开。

三、区十七届人大三次会议

2023年1月12日至13日，区十七届人大三次会议在区机关西配楼四楼会议室召开。出席代表249人（应到295人）。会议听取和审议区人民政府区长冯磊作的《桥西区人民政府工作报告》；听取和审议区发展和改革局局长赵玉川作的《关于桥西区2022年国民经济和社会发展计划执行情况与2023年区国民经济和社会发展计划（草案）的报告》，审查和批准桥西区2022年国民经济和社会发展计划执行情况的报告及2023年区国民经济和社会发展计划草案；听取和审议区财政局局长刘慧作的《关于桥西区2022年财政预算执行情况和2023年区财政预算（草案）的报告》，审查和批准桥西区2022年财政预算执行情况的报告和2023年区财政预算草案；听取和审议《桥西区人民代表大会常务委员会工作报告》、区人民法院院长于辉作的《桥西区人民法院工作报告》、区人民检察院代理检察长谢强作的《桥西区人民检察院工作报告》。会议通过相应决议。会议票决确定2023年10件民生实事项目。会议补选1名区人民政府副区长、区人民检察院检察长、2名区人大常委会委员；表决通过了区人大法制委员会主任委员（名单见本章第二节《会议选举》和第四节《专门委员会》）。

这次会议，是在全面贯彻落实党的二十大精神的开局之年，是石家庄市经济总量过万亿、实现弯道超车的跃升之年、展示之年召开的一次重要会议。会议指出，要坚持以习近平新时代中国特色社会主义思想为指导，全面贯彻党的二十大精神，认真落实省委十届三次全会、市委十一届四次全会和区委十届三次全会部署要求，扎实推进中国式现代化，坚持稳中求进工作总基调，完整、准确、全面贯彻新发展理念。会议强调，要紧紧抓住加快构建新发展格局战略机遇，更好统筹疫情防控和经济社会发展，更好统筹发展和安全，全面深化改革开放，大力提振市场信心，把实施扩大内需战略同深化供给侧结构性改革有机结合起来，更大力度挖掘内需潜力、增强产业实力、激发经济活力、提升转型动力、厚植民生保障能力，有效防范化解重大风险，实现经济发展质量更高、效益更好、速度更快，不断谱写现代化、国际化、幸福美丽桥西区新篇章，为全面建设社会主义现代化国家开好局、起好步贡献桥西力量。

四、区十七届人大四次会议

2024年1月23日至24日，区十七届人大四次会议在区机关西配楼四楼会议室召开。出席代表268人（应到298人）。会议听取和审议区人民政府区长冯磊作的《桥西区人民政府工作报告》；听取和审议区发展和改革局局长万青作的《关于桥西区2023年国民经济和社会发展计划执行情况与2024年区国民经济和社会发展计划（草案）的报告》，审查和批准桥西区2023年国民经济和社会发展计划执行情况的报告及2024年区国民经济和社会发展计划草案；听取和审议区财政局局长王玉明作的《关于桥西区2023年财政预算执行情况和2024年区财政预算（草案）的报告》，审查和批准桥西区2023年财政预算执行情况的报告和2024年区财政预算草案；听取和审议《桥西区人民代表大会常务委员会工作报告》、区人民法院院长于辉作的《桥西区人民法院工作报告》、区人民检察院检察长谢强作的《桥西区人民检察院工作报告》。会议通过相应决议。会议票决确定2024年10件民生实事项目。

这次会议，是在新中国成立75周年，实施“十四五”规划的关键一年，也是石家庄市经济总量过万亿，实现弯道超车的冲刺之年、决胜之年召开的大会。会议指出，要坚持以习近平新时代中国特色社会主义思想为指导，深入贯彻党的二十大和二十届二中全会精神，全面贯彻习近平总书记视察河北、视察石家庄重要讲话和重要指示精神以及中央经济工作会议精神，认真落实省委十届五次全会、省委经济工作会议、市委十一届六次全会和区委十届五次全会部署，坚持稳中求进工作总基调，完整、准确、全面贯彻新发展理念，聚焦经济建设这一中心工作和高质量发展这一首要任务，牢牢把握“坚持进中求快、速质并重、科创领先”一条主线，持续推动经济实现质的有效提升和量的合理增长。会议强调，要强化科技创新引领，加快培育新质生产力，积蓄发展新动能，扩大有效投资，激发消费潜能，加快推进产业转型升级，持续深化改革，加快构建现代化产业体系，不断增强经济发展活力，践行为民宗旨，更高水平保障和改善民生，深入推进生态环境治理，统筹发展和安全，有效防范化解风险，加快推进桥西区经济社会高质量发展。

第二节　会议选举

截至2024年5月，区十七届人大共召开四次会议，选举产生区级国家机关工作人员48人。

区人大常委会

主　任：

蒲建伟	2021年7月区十七届人大一次会议当选

副主任：

蔡玉霞(女)	2021年7月区十七届人大一次会议当选
张进良	2021年7月区十七届人大一次会议当选
秦景红	2021年7月区十七届人大一次会议当选
赵　欢(女)	2021年7月区十七届人大一次会议当选

委　员（区十七届人大一次会议选举产生）：

丁思友	王俊凯	朱宏贤(女)	任立志
任增辉	李宇新	李进国	李俊琳
李维佳(满族)	吴学志	张　英(女)	张　欣(女)
张卫娟(女)	张建宇(满族)	张春刚	陈　瑛(女)

孟令尧　　赵会彬　　耿玉芝　　徐贞芬(女)
徐荣广　　殷华理(女)　　郭红琴(女)　　曹纪周
崔海峰　　焦景莉(女)　　温　静(女)　　魏含玉
魏建新(女)

委　员(区十七届人大三次会议补选产生)：
杨　鸿(女)　　赵石磊

调整情况：

丁思友，2022年12月30日，在区十七届人大常委会第十四次会议上辞去区十七届人大代表职务，其常委会委员职务相应终止。

魏含玉、李俊琳，2024年1月17日，在区十七届人大常委会第二十五次会议上辞去区十七届人大代表职务，其常委会委员职务相应终止。

区人民政府

区　长：

冯　磊　　2021年7月区十七届人大一次会议当选

副区长：

张立明　　2021年7月区十七届人大一次会议当选
刘力军　　2021年7月区十七届人大一次会议当选
程志华(女)　　2021年7月区十七届人大一次会议当选
邢　锋　　2021年7月区十七届人大一次会议当选
栾俊鹏　　2021年7月区十七届人大一次会议当选
张烨丹　　2021年7月区十七届人大一次会议当选
马　卿(女)　　2023年1月区十七届人大三次会议当选

调整情况：

栾俊鹏，2022年6月20日，在区十七届人大常委会第九次会议上辞去桥西区人民政府副区长职务。

张立明，2022年8月10日，在区十七届人大常委会第十次会议上辞去桥西区人民政府副区长职务。

吴　磊，2022年8月10日，区十七届人大常委会第十次会议决定任命其为桥西区人民政府副区长；2023年12月27日，在区十七届人大常委会第二十四次会议上辞去桥西区人民政府副区长职务。

张烨丹，2022年9月27日，在区十七届人大常委会第十一次会议上辞去桥西区人民政府副区长职务。

牛兰柱，2023年6月26日，区十七届人大常委会第十九次会议决定任命其为桥西区人民政府副区长。

付媛媛(女)，2023年7月12日,区十七届人大常委会第二十次会议决定任命其为桥西区人民政府副区长(挂职)。

程志华(女)，2023年9月15日,在区十七届人大常委会第二十一次会议上辞去桥西区人民政府副区长职务。

安立辉，2023年10月23日,区十七届人大常委会第二十二次会议决定任命其为桥西区人民政府副区长。

南　龙，2023年12月27日,区十七届人大常委会第二十四次会议决定任命其为桥西区人民政府副区长。

区监察委员会

主　任：

张　军(女)　2021年7月区十七届人大一次会议当选

区人民法院

院　长：

于　辉　2021年7月区十七届人大一次会议当选

区人民检察院

检察长：

赵　力　2021年7月区十七届人大一次会议当选

谢　强　2023年1月区十七届人大三次会议当选

调整情况：

赵　力，2022年9月27日,在区十七届人大常委会第十一次会议上辞去桥西区人民检察院检察长职务。

谢　强，2022年9月27日,区十七届人大常委会第十一次会议任命其为桥西区人民检察院副检察长,决定其为代理检察长。

第三节　会议组织

一、区十七届人大一次会议

（一）大会临时党委

书　记：孙鹏云

副书记：冯　磊　底光辉(回族)　蒲建伟

委　员：王　军　张进良

（二）大会主席团和秘书长

主席团：

于建兵	王　伟	王　军	王玉环(女)
王国伟	王典巨	尤绍辉	冯　磊
冯晓芬(女)	刘　慧(女)	刘宏志	孙鹏云
杜国庭	李　睿	杨密增	辛　炜
张　军(女)	张　英(女)	张立明	张进良
张举士	张雪敏(女)	底光辉(回族)	底建民(回族)
赵　欢(女)	赵昌牛	郝玉东	秦景红
容旭辉	葛国力	董婷婷(女)	蒲建伟
蔡玉霞(女)	魏永辉		

秘书长：张进良(兼)

（三）大会主席团常务主席

孙鹏云	蒲建伟	冯　磊	底光辉(回族)
蔡玉霞(女)	张进良	秦景红	赵　欢(女)

（四）大会议案审查委员会

主 任 委 员：秦景红

副主任委员：魏含玉

委　　　员：

刘瑞科	何占辉	陈　瑜(女)	林卫华
耿开元			

二、区十七届人大二次会议

（一）大会临时党委

书　记：孙鹏云

副书记：冯　磊　　底光辉(回族)　　蒲建伟

委　员：王　军　　张进良

（二）大会主席团和秘书长

主席团：

于建兵	王　伟	王　军	王　钧
王玉环(女)	王更慧	王国伟	尤绍辉
冯　磊	冯晓芬(女)	刘　慧(女)	刘宏志
孙鹏云	杜国庭	李　睿	杨密增
张　军(女)	张　英(女)	张立明	张进良
张举士	张雪敏(女)	底光辉(回族)	底建民(回族)

赵　欢(女)	赵昌牛	郝玉东	秦景红
容旭辉	葛国力	董婷婷(女)	蒲建伟
蔡玉霞(女)	魏永辉		

秘书长：张进良(兼)

（三）大会主席团常务主席

孙鹏云	蒲建伟	冯　磊	底光辉(回族)
张进良	蔡玉霞(女)	秦景红	赵　欢(女)

（四）大会财政经济委员会

主 任 委 员：蔡玉霞(女)

副主任委员：张建宇(满族)

委　　　员：

王少波	张　焱(回族)	荣焕武	郜敬芬(女)
魏建新(女)			

三、区十七届人大三次会议

（一）大会临时党委

书　记：孙鹏云

副书记：冯　磊　　高文成　　蒲建伟

委　员：王　军　　张进良

（二）大会主席团和秘书长

主席团：

王　伟	王　军	王国伟	叶　子(女)
冯　磊	冯晓芬(女)	孙鹏云	杜国庭
李　睿	李英涛	吴　磊	宋胜利
张　军(女)	张　丽(女)	张　英(女)	张进良
张秀梅(女)	张雪敏(女)	陆京平	底建民(回族)
赵　欢(女)	赵昌牛	郝玉东	姜　军
高　华	高文成	秦景红	容旭辉
曹立乾	梁润波	董　政	葛国力
蒲建伟	蔡玉霞(女)		

秘书长：张进良(兼)

（三）大会主席团常务主席

孙鹏云	蒲建伟	冯　磊	高文成
张进良	蔡玉霞(女)	秦景红	赵　欢(女)

（四）大会议案审查委员会

主 任 委 员：秦景红

副主任委员：赵石磊

委　　　员：

刘瑞科	何占辉	陈　瑜（女）	林卫华
耿开元			

四、区十七届人大四次会议

（一）大会临时党委

书　记：孙鹏云

副书记：冯　磊　　蒲建伟

委　员：王　军　　张进良

（二）大会主席团和秘书长

主席团：

王　军	王　英（女）	王国伟	王典巨
叶　子（女）	田新源	付景素（女）	冯　磊
孙鹏云	杜国庭	李英涛	杨　楠
杨岱凌（女）	宋胜利	张　军（女）	张　丽（女）
张　英（女）	张进良	张秀梅（女）	张雪敏（女）
陈　慧	陆京平	底建民（回族）	南　龙
赵　欢（女）	秦景红	容旭辉	曹立乾
梁润波	董　政	程志华（女）	甄剑峰
蒲建伟	蔡玉霞（女）		

秘书长：张进良（兼）

（三）大会主席团常务主席

孙鹏云	蒲建伟	冯　磊	张进良
蔡玉霞（女）	秦景红	赵　欢（女）	

第四节　专门委员会

一、机构设置

桥西区第十七届人民代表大会设法制委员会、财政经济委员会、城乡建设和环境保护委员会、教育科学文化卫生委员会、社会建设委员会 5 个专门委员会。区十七届人大一次会议，表决通过了各专门委员会组成人员名单。

（一）桥西区第十七届人民代表大会法制委员会

区十七届人大一次会议，表决通过桥西区第十七届人民代表大会法制委员会组成人员7名，其中，主任委员1名、副主任委员1名、委员5名。2023年1月9日，区十七届人大常委会第十五次会议接受蔡玉霞辞去区十七届人大法制委员会主任委员职务；2023年1月13日，区十七届人大三次会议任命赵欢为区十七届人大法制委员会主任委员；2023年6月26日，区十七届人大常委会第十九次会议免去张欣的区十七届人大法制委员会副主任委员职务，任命杨鸿为区十七届人大法制委员会副主任委员。

桥西区第十七届人民代表大会法制委员会组成人员名单

表17–15

	姓　名	性别	出生年月	民族	党派	籍贯	学历	时任职务
主任委员	蔡玉霞	女	1973年2月	汉族	无党派	井陉	研究生	区人大常委会副主任
	赵　欢	女	1967年3月	汉族	中国共产党	吉林长春	大学	区人大常委会副主任
副主任委员	张　欣	女	1976年11月	汉族	中国共产党	曲阳	大学	区人大常委会法制工委主任
	杨　鸿	女	1988年4月	汉族	中国共产党	石家庄	大学	区人大常委会法制工委主任
委员	王　尧	女	1982年8月	汉族	中国共产党	石家庄	大学	桥西实验小学校长
	宋建宏	男	1974年3月	汉族	群众	河南博爱	大学	河北三和时代律师事务所主任
	张永泽	男	1974年4月	汉族	中国共产党	内丘	研究生	北京市信利（石家庄）律师事务所律师
	陈忠伟	男	1968年9月	汉族	中国共产党	保定	大学	石家庄市公安局交通管理局秩序大队副大队长
	郑　杰	男	1978年12月	汉族	中国共产党	石家庄	高中	振二街党总支书记、居委会主任

（二）桥西区第十七届人民代表大会财政经济委员会

区十七届人大一次会议，表决通过桥西区第十七届人民代表大会财政经济委员会组成人员 7 名，其中，主任委员 1 名、副主任委员 1 名、委员 5 名。2023 年 6 月 26 日，区十七届人大常委会第十九次会议免去张建宇的区十七届人大财政经济委员会副主任委员职务，任命魏建新为区十七届人大财政经济委员会副主任委员；任命张建宇、殷华理为区十七届人大财政经济委员会委员。

桥西区第十七届人民代表大会财政经济委员会组成人员名单

表 17–16

	姓名	性别	出生年月	民族	党派	籍贯	学历	时任职务
主任委员	蔡玉霞	女	1973 年 2 月	汉族	无党派	井陉	研究生	区人大常委会副主任
副主任委员	张建宇	男	1968 年 8 月	满族	中国共产党	定兴	大学	区人大常委会财经城建工委主任
	魏建新	女	1974 年 12 月	汉族	中国共产党	安国	大学	区人大常委会财经城建工委主任
委员	王少波	男	1960 年 6 月	汉族	中国共产党	石家庄	高中	环宇宾馆总经理
	张　焱	男	1964 年 3 月	回族	群众	保定	大专	河北华业招标有限公司董事长
	荣焕武	男	1971 年 7 月	汉族	中国共产党	衡水	大专	河北利安保险总经理
	郜敬芬	女	1988 年 5 月	汉族	群众	邯郸	大专	石家庄金税财务管理有限公司总经理
	魏建新	女	1974 年 12 月	汉族	中国共产党	安国	大学	汇通街道人大工委主任
	张建宇	男	1968 年 8 月	满族	中国共产党	定兴	大学	区人大常委会办公室一级主任科员
	殷华理	女	1977 年 1 月	汉族	中国民主促进会	无极	大学	北京盈科（石家庄）律师事务所管委会副主任

（三）桥西区第十七届人民代表大会城乡建设和环境保护委员会

区十七届人大一次会议，表决通过桥西区第十七届人民代表大会城乡建设和环境保护委员会组成人员 7 名，其中，主任委员 1 名、副主任委员 1 名、委员 5 名。2023 年 6 月 26 日，区十七届人大常委会第十九次会议免去张建宇的区十七届人大城乡建设和环境保护委员会副主任委员职务；任命魏建新为区十七届人大城乡建设和环境保护委员会副主任委员；任命张建宇为区十七届人大城乡建设和环境保护委员会委员。

桥西区第十七届人民代表大会城乡建设和环境保护委员会组成人员名单

表 17–17

	姓名	性别	出生年月	民族	党派	籍贯	学历	时任职务
主任委员	蔡玉霞	女	1973 年 2 月	汉族	无党派	井陉	研究生	区人大常委会副主任
副主任委员	张建宇	男	1968 年 8 月	满族	中国共产党	定兴	大学	区人大常委会财经城建工委主任
	魏建新	女	1974 年 12 月	汉族	中国共产党	安国	大学	区人大常委会财经城建工委主任
委员	马　凯	男	1986 年 1 月	汉族	中国共产党	赞皇	研究生	河北润峰环境监测服务有限公司董事长、总经理
	史新惠	女	1970 年 9 月	汉族	群众	石家庄	大专	河北义工协会副理事、宏锦布业有限公司总经理
	安桂江	男	1972 年 11 月	汉族	中国共产党	辽宁大庆	大学	市国土空间规划设计研究院副书记正高级工程师
	阮大春	男	1971 年 1 月	汉族	中国民主促进会	保定	大学	河北崇元医疗器械科技有限公司总经理
	蔡会江	男	1966 年 4 月	汉族	中国共产党	石家庄	高中	石家庄华厦商贸股份有限公司副总经理
	张建宇	男	1968 年 8 月	满族	中国共产党	定兴	大学	区人大常委会办公室一级主任科员

（四）桥西区第十七届人民代表大会教育科学文化卫生委员会

区十七届人大一次会议，表决通过桥西区第十七届人民代表大会教育科学文化卫生委员会组成人员 7 名，其中，主任委员 1 名、副主任委员 1 名、委员 5 名。2023 年 6 月 26 日，区十七届人大常委会第十九次会议免去魏含玉的区十七届人大教育科学文化卫生委员会副主任委员职务；任命赵石磊为区十七届人大教育科学文化卫生委员会副主任委员。

桥西区第十七届人民代表大会教育科学文化卫生委员会组成人员名单

表 17–18

	姓名	性别	出生年月	民族	党派	籍贯	学历	时任职务
主任委员	秦景红	男	1964 年 9 月	汉族	中国共产党	新乐	大学	区人大常委会副主任
副主任委员	魏含玉	男	1965 年 4 月	汉族	中国共产党	藁城	大学	区人大常委会教科文卫工委主任
	赵石磊	男	1981 年 1 月	汉族	中国共产党	滦县	大专	区人大常委会教科文卫工委主任
委员	孙国平	男	1972 年 3 月	汉族	群众	平山	大专	石家庄爱家医学门诊部主任
	孙振华	男	1976 年 9 月	汉族	群众	衡水	大学	河北明懿酒业有限公司董事长
	杨朝童	女	1970 年 9 月	汉族	中国共产党	石家庄	大学	石家庄市维明路小学党支部书记、校长
	肖　松	男	1978 年 12 月	汉族	群众	辛集	大学	石家庄申恒建筑工程有限公司总经理
	董曙光	男	1990 年 12 月	汉族	群众	石家庄	大学	石家庄桥西区金海培训学校校长

（五）桥西区第十七届人民代表大会社会建设委员会

区十七届人大一次会议，表决通过桥西区第十七届人民代表大会社会建设委员会组成人员 7 名，其中，主任委员 1 名、副主任委员 1 名、委员 5 名。2023 年 9 月 15 日，区十七届人大常委会第二十一次会议免去郭红琴的区十七届人大社会建设委员会副主任委员职务；任命牛士伟为区十七届人大社会建设委员会副主任委员。

桥西区第十七届人民代表大会社会建设委员会组成人员名单

表 17–19

	姓　名	性别	出生年月	民族	党派	籍贯	学历	时任职务
主任委员	赵　欢	女	1967 年 3 月	汉族	中国共产党	吉林长春	大学	区人大常委会副主任
副主任委员	郭红琴	女	1969 年 2 月	汉族	中国共产党	顺平	大学	区人大社会建设委员会副主任委员
	牛士伟	男	1973 年 8 月	汉族	中国共产党	曲阳	大专	区人大社会建设委员会副主任委员
委员	王跃进	男	1966 年 8 月	汉族	中国共产党	浙江临海	大专	石家庄市桥西蔬菜批发市场春芬果业经理
	白树惠	男	1957 年 11 月	汉族	中国共产党	石家庄	大专	西里工贸股份有限公司党委书记、董事长
	胡　文	男	1980 年 6 月	汉族	群众	浙江临海	中专	河北东车智能科技有限公司董事长
	俞红波	男	1976 年 10 月	汉族	群众	浙江磐安	中专	河北霖楚房地产开发有限公司副总经理
	郭晓天	男	1966 年 12 月	汉族	群众	石家庄	大专	石家庄新环城市场有限公司董事长

二、主要工作

（一）桥西区第十七届人民代表大会法制委员会

区十七届人大法制委员会深入贯彻习近平法治思想，聚焦人民群众对司法的期盼和要求，支持司法机关规范司法权力运行，强化对司法活动的制约监督，着力促进司法公正。对区人民法院民事执行工作、诉源治理工作情况，区人民政府行政复议工作情况，区人民检察院未成年人检察工作和电信网络诈骗犯罪治理工作情况，区公安分局深入开展“我为群众办实事”实践活动情况等开展视察调研活动，为建设幸福、美丽桥西区贡献法治力量。

（二）桥西区第十七届人民代表大会财政经济委员会

区十七届人大财政经济委员会深入落实人大经济监督、预算审查监督等各项职责要求，对当年度 1—6 月份国民经济和社会发展计划执行情况、当年度 1—6 月份预算执行情况、上一年度财政决算情况、上一年度预算执行和其他财政收支情况的审计工作、桥西区国有资产管理情况、政府债务管理情况、优化营商环境、重点项目建设、金融业发展工作情况等开展视察调研，切实加强对区人民政府经济工作、财政预算的监督。

（三）桥西区第十七届人民代表大会城乡建设和环境保护委员会

区十七届人大城乡建设和环境保护委员会坚持深入贯彻习近平生态文明思想，对桥西区小街小巷整治、城市容貌提升专项行动工作情况、上一年度环境状况和环境保护工作目标完成情况、城建环资领域民生实事项目建设情况、绿色建筑发展情况、防洪工程体系建设情况等进行视察调研，着力推动生态环境改善和区域治理水平提升。

（四）桥西区第十七届人民代表大会教育科学文化卫生委员会

区十七届人大教育科学文化卫生委员会坚持以人民为中心的思想，按照区人大常委会要求，开展五项联动监督、四项联动监督工作，成立相应监督专班，组织代表进行视察调研。对桥西区文体惠民工作情况、“双减”（减轻义务教育阶段学生作业负担和校外培训负担）工作落实情况、加强公共卫生服务体系和突发公共卫生事件监测预警处置机制工作情况、促进桥西区科技型企业发展工作、开展“教育高质量发展跃升年”工作开展情况、建设“15 分钟健身休闲圈”工作情况、民生实事、落实《中华人民共和国食品安全法》情况等开展视察调研，积极回应社会关切。

（五）桥西区第十七届人民代表大会社会建设委员会

区十七届人大社会建设委员会坚持聚焦重点领域，围绕民生保障加强工作监督，对桥西区养老服务工作情况、区人民政府落实《中华人民共和国安全生产法》《河北省安全生产条例》、桥西区重点人防工程建设情况、2023 年 10 件民生实事中的“助力残疾儿童和贫困精神类残疾人康复救助”“区老年公寓投入运营”两个项目情况、退役军人安置和就业创业扶持工作情况、残疾人保障工作情况、《河北省防汛避险人员转移条例》有关贯彻落实情况等进行视察调研，助推桥西区社会高质量发展。

第四章　人民代表大会常务委员会

桥西区人大常委会组成人员名额为35人，区十七届人大一次会议选举产生区人大常委会组成人员34人。

区十七届人大常委会坚持以习近平新时代中国特色社会主义思想为指导，在区委的坚强领导下，主动担当作为，切实履行宪法和法律赋予的职责，发挥代表主体作用，认真践行全过程人民民主，努力把制度优势转化为治理效能，为全面建设现代化、国际化、幸福美丽桥西区贡献人大力量。

第一节　常委会会议

截至2024年5月，区十七届人大常委会共召开会议28次。

第一次会议　2021年9月9日召开，区人大常委会主任蒲建伟，副主任张进良、蔡玉霞、秦景红、赵欢和27名委员出席会议。区人民政府副区长张立明、区监察委员会副主任窦晓冬、区人民法院院长于辉、区人民检察院检察长赵力列席会议。会上，学习了习近平在中央党校（国家行政学院）中青年干部培训班开班式上的重要讲话。会议审议通过区人大常委会下半年议题安排、区第十七届人大常委会代表资格审查委员会组成人员名单。会议听取和审议区财政局局长张明梅作的《关于2020年度国有资产管理工作情况的报告》并进行满意度测评。会议听取和审议区发展和改革局局长孙文华作的《关于2021年1—6月份国民经济和社会发展计划执行情况的报告》、区财政局局长张明梅作的《关于2021年1—6月份财政预算执行情况的报告》。会议听取和审议区财政局局长张明梅作的《关于2021年区级预算调整方案（草案）》的说明并通过相应决定。会议通过人事任免事项（名单见本篇第七章《选举任免》）。

第二次会议　2021年9月24日召开，区人大常委会主任蒲建伟，副主任张进良、秦景红、赵欢和27名委员出席会议。区人民政府区长冯磊、副区长张立明，区监察委员会副主任王典巨，区人民法院院长于辉，区人民检察院副检察长毛永红列席会议。会上，学习了习近平总书记在承德考察时的重要讲话《贯彻新发展理念 弘扬塞罕坝精神 努力完成全年经济社会发展主要目标任务》。会议听取和审议区财政局局长张明梅作的《关于2021年区级政府性基金预算调整方案（草案）》的说明并通过相应决定。会议听取和审议区人大常委会执法检查组《关于“6+1”联动监督“回头看”和四项联动执法检查情况的报告》、区人民政府《关于四项联动监督和“6+1”联动监督“回头看”工作情况的报告》。会议通过人事任免事项（名单见本篇第七章《选举任免》）。

第三次会议 2021年11月3日召开，区人大常委会主任蒲建伟，副主任张进良、蔡玉霞、秦景红、赵欢和29名委员出席会议。因疫情原因，本次常委会采取微信工作群审议常委会材料，提出审议意见，工作群内开展线上学习、议题表决、进行满意度测评。会上，学习了中央人大工作会议精神。会议审议区财政局局长张明梅作的《关于2020年财政决算情况的报告》并通过相应决议。会议听取区审计局局长李体花作的《关于2020年度区本级预算执行和其他财政收支情况的审计工作报告》。会议审议区文旅局局长高永生作的《关于2021年度文化、体育重点工作开展情况的报告》、区纪委监委四级调研员（主持人社局工作）张振亚作的《关于贯彻落实《中华人民共和国就业促进法》和《河北省实施〈中华人民共和国就业促进法〉办法》情况的报告》、区人民法院院长于辉作的《关于民事执行工作情况的报告》并进行满意度测评。

第四次会议 2021年12月3日召开，区人大常委会主任蒲建伟，副主任张进良、蔡玉霞、秦景红、赵欢和22名委员出席会议。区人民政府副区长程志华、区监察委员会副主任王典巨、区人民法院院长于辉、区人民检察院副检察长毛永红列席会议。会上，学习了中国共产党第十九届中央委员会第六次全体会议公报。会议听取和审议区财政局局长张明梅作的《关于2021年新增政府债券区级预算调整方案（草案）》的说明并通过相应决定。

第五次会议 2021年12月30日召开，区人大常委会主任蒲建伟，副主任张进良、蔡玉霞、秦景红、赵欢和24名委员出席会议。区人民政府副区长张立明、区监察委员会副主任窦晓冬、区人民法院副院长赵建英、区人民检察院副检察长毛永红列席会议。会上，学习了中央、省委、市委人大工作会议精神。会议听取和审议区人民政府办公室主任安立辉作的《关于办理区十七届人大一次会议代表建议、批评和意见情况的报告》、区司法局局长姚金钟作的《关于区人民政府行政复议的工作报告》、区教育局局长黄振国作的《关于推进“双减”工作落实情况的报告》、区城管综合行政执法局局长梁杰作的《关于小街小巷整治提升专项行动开展情况的报告》、区民政局局长张治军作的《关于养老服务工作情况的报告》并进行满意度测评。会议听取和审议区财政局局长张明梅作的《关于2021年区级预算调整方案（草案）》的说明并通过相应决定。会议通过了关于接受辛玮、王典巨、孙文华、盖锋、李英涛、曹立乾、梁润波辞去区人大代表职务的决定。会议通过人事任免事项（名单见本篇第七章《选举任免》）。

第六次会议 2022年1月17日召开，区人大常委会主任蒲建伟，副主任张进良、蔡玉霞、秦景红、赵欢和28名委员出席会议。区人民政府副区长张立明、区监察委员会副主任窦晓冬、区人民法院副院长魏建中、区人民检察院副检察长毛永红列席会议。会上，学习了习近平总书记在省部级主要领导干部学习贯彻党的十九届六中全会精神专题研讨班开班式上的重要讲话。会议听取区人大常委会办公室主任张英作的《桥西区人大常委会工作报告（审议稿）》的说明、区人大常委会人事代表工委主任张卫娟作的《关于补选代表工作情况的报告》。会议审议通过《关于召开桥西区第十七届人民代表大会第二次会议的决定》《区第十七届人民代表大会第二次会议建议议程》，区人大常委会副主任、代表资格审查委员会主任委员张进良作的《关于代表资格审查情况的报告》及大会主席团、秘书长、常务主席、列席人员名单（草案）。会议通过人事任免事项（名单见本篇第七章《选举任免》）。

第七次会议　2022 年 3 月 18 日召开，区人大常委会主任蒲建伟，副主任张进良、蔡玉霞、秦景红、赵欢和 25 名委员出席会议。区人民政府副区长张立明、区监察委员会副主任王典巨、区人民法院院长于辉、区人民检察院检察长赵力列席会议。会上，学习了习近平总书记在中央政治局第三十五次集体学习时的讲话《坚持走中国特色社会主义法治道路更好推进中国特色社会主义法治体系建设》。会议听取和审议区人大常委会办公室主任张英作的《区人大常委会 2022 年工作要点（草案）》的说明并通过相应工作要点。会议通过人事任免事项（名单见本篇第七章《选举任免》）。

第八次会议　2022 年 4 月 29 日召开，区人大常委会主任蒲建伟，副主任张进良、秦景红、赵欢和 18 名委员出席会议。区人民政府副区长栾俊鹏、区监察委员会副主任窦晓冬、区人民法院院长于辉、区人民检察院检察长赵力列席会议。会上，学习了习近平总书记在全国两会期间重要讲话和全国两会精神。会议听取和审议区生态环境分局局长郑璞作的《关于 2021 年度环境状况和环境保护目标完成情况的报告》、区人力资源和社会保障局局长黄振国作的《关于贯彻落实〈中华人民共和国社会保险法〉情况的报告》、区人民检察院检察长赵力作的《关于未成年人检察工作的报告》并进行满意度测评。会议听取和审议区财政局局长张明梅作的《关于 2022 年新增政府债券区级预算调整方案（草案）》的说明、区人民法院《关于提请增补人民陪审员选任名额的报告》并通过相应决定。会议听取和审议区卫生健康局负责人张明梅作的《关于加强公共卫生服务体系和突发公共卫生事件监测预警处置机制情况的报告》。会议通过了关于接受王志伟、李泽良辞去区人大代表职务的决定。会上，对区人民法院 2 名法官和区人民检察院 2 名检察官进行履职评议。会议通过人事任免事项（名单见本篇第七章《选举任免》）。

第九次会议　2022 年 6 月 20 日召开，区人大常委会主任蒲建伟，副主任张进良、蔡玉霞、秦景红、赵欢和 24 名委员出席会议。区监察委员会主任张军，区人民政府副区长张立明，区人民检察院检察长赵力，区监察委员会副主任王典巨，区人民法院副院长赵建英列席会议。会上，学习了习近平总书记在省部级主要领导干部学习贯彻党的十九届六中全会精神专题研讨班开班式上的讲话，习近平总书记在中央政治局第二十九次集体学习时的讲话《努力建设人与自然和谐共生的现代化》。会议听取和审议区监察委员会主任张军作的《关于围绕保障桥西区重点工作开展监察监督工作情况的报告》、区人民政府副区长张立明作的《关于五项联动监督和“6+1”联动监督“回头看”工作开展情况的报告》。会议听取和审议区财政局局长张明梅作的《关于区 2021 年度国有资产管理工作情况的报告》

并进行满意度测评。会议听取和审议区财政局局长张明梅作的《关于 2022 年第二批新增政府债券区级预算调整方案（草案）》的说明并通过相应决定。会上，对区统计局局长万青、区住房和城区建设局局长王守东、区司法局局长姚金钟、区民政局局长张治军、区市场监督管理局局长赵刚进行履职评议。会议通过了关于接受栾俊鹏辞去区人民政府副区长职务请求的决定。会议通过人事任免事项（名单见本篇第七章《选举任免》）。

第十次会议　2022 年 8 月 10 日召开，区人大常委会主任蒲建伟，副主任张进良、蔡玉霞、赵欢和 24 名委员出席会议。区人民政府副区长邢锋、区监察委员会副主任窦晓冬、区人民法院政治部主任牛海霞、区人民检察院检察长赵力列席会议。会上，学习了《习近平谈治国理政》第四卷《始终坚持人民至上》相关篇目及省委十届二次全会精神。会议通过了关于接受张立明辞去区人民政府副区长职务请求的决定。会议通过人事任免事项（名单见本篇第七章《选举任免》）。

第十一次会议　2022 年 9 月 27 日召开，区人大常委会主任蒲建伟，副主任蔡玉霞、秦景红、赵欢和 25 名委员出席会议。区人民政府办公室主任安立辉、区监察委员会副主任王典巨、区人民法院院长于辉、区人民检察院副检察长毛永红列席会议。会上，学习了中央全面深化改革委员会第二十七次会议精神、《习近平谈治国理政》第四卷部分内容。会议听取和审议区发展和改革局局长赵玉川作的《关于 2022 年上半年国民经济和社会发展计划执行情况的报告》、区财政局局长刘慧作的《关于 2022 年上半年财政预算执行情况的报告》。会议听取和审议区公安分局《关于社会治安综合防控工作开展情况的报告》、区市场监督管理局局长赵刚作的《关于贯彻实施〈中华人民共和国食品安全法〉情况的报告》并进行满意度测评。会议听取和审议区消防救援大队大队长于海生作的《关于高层住宅消防安全管理工作的报告》。会议通过了关于接受张烨丹辞去区人民政府副区长职务请求的决定、关于接受赵力辞去区人民检察院检察长职务请求的决定、关于谢强为区人民检察院代理检察长的决定。会议通过人事任免事项（名单见本篇第七章《选举任免》）。

第十二次会议　2022 年 12 月 21 日召开，区人大常委会主任蒲建伟，副主任张进良、蔡玉霞、秦景红、赵欢和 15 名委员出席会议。区人民政府、区监察委员会、区人民法院和区人民检察院相关负责人列席会议。会议听取和审议区财政局局长刘慧作的《关于区 2021 年财政决算情况的报告》并通过相应决议。会议听取区审计局局长李体花作的《关于 2021 年度区本级预算执行和其他财政收支情况的审计工作报告》。会议通过了关于接受詹鹏辞去石家庄市第十五届人民代表大会代表职务请求的决定。会议补选产生桥西区出席石家庄市第十五届人民代表大会代表 1 名。

第十三次会议　2022 年 12 月 26 日召开，区人大常委会主任蒲建伟，副主任张进良、秦景红、赵欢和 26 名委员出席会议。区人民政府、区监察委员会、区人民法院和区人民检察院相关负责人列席会议。会议通过人事任免事项（名单见本篇第七章《选举任免》）。

第十四次会议　2022 年 12 月 30 日召开，区人大常委会主任蒲建伟，副主任张进良、蔡玉霞、秦景红、赵欢和 14 名委员出席会议。区人民政府副区长吴磊、区监察委员会副主任王典巨、区人民法院副院长王跃斌、区人民检察院代理检察长谢强列席会议。会上，学习了中国共产党第二十次全国代表大会精神。会议听取和审议区人民政府副区长吴磊作的《关于2022年十件民生实事进展情况的报告》、区科学技术局局长底欣作的《关于促进桥西区科技型企业发展情况的报告》、区人民防空办公室主任王更慧作的《关于开展人防工程建设管理情况的报告》、区人民法院副院长王跃斌作的《石家庄金融法庭工作开展情况的报告》、区人大常委会人事代表工委主任张欣作的《关于补选桥西区第十七届人民代表大会代表的安排意见》、区人大常委会法制工委主任杨鸿作的《关于2021年以来备案审查工作情况的报告》。会议听取和审议区财政局局长刘慧作的《关于2022年区级预算调整方案（草案）》的说明并通过相应决定。会议听取和审议区人民政府办公室主任安立辉作的《关于办理区十七届人大二次会议代表建议、批评和意见情况的报告》、区民政局局长于建兵作的《关于社会救助工作情况的报告》并进行满意度测评。会议通过了关于接受赵力、王振永、宋英曼、杨宗奇、杨岱凌、尤绍辉、于建兵、范巍、刘宏志、吕伟丽、张举士、王更慧、丁思友、杨密增、窦同军、赵文平、张帅、范存娟辞去区人大代表职务的决定。

第十五次会议 2023年1月9日召开，区人大常委会主任蒲建伟，副主任张进良、秦景红、赵欢和18名委员出席会议。区人民政府副区长吴磊、区监察委员会副主任窦晓冬、区人民法院院长于辉、区人民检察院代理检察长谢强列席会议。会上，学习了中央、省委、市委经济工作会议精神及区委十届三次全会精神。会议听取区人大常委会办公室主任张英作的《桥西区人大常委会工作报告（审议稿）》的说明、区人大常委会人事代表工委主任张欣作的《关于补选代表工作情况的报告》。会议审议通过《关于召开桥西区第十七届人民代表大会第三次会议的决定》《区第十七届人民代表大会第三次会议建议议程》，区人大常委会副主任、代表资格审查委员会主任委员张进良作的《关于代表资格审查情况的报告》及大会主席团、秘书长、常务主席、列席人员名单（草案）。会议通过人事任免事项（名单见本篇第七章《选举任免》）。

第十六次会议 2023年3月3日召开，区人大常委会主任蒲建伟，副主任张进良、蔡玉霞、秦景红和17名委员出席会议。区人民政府副区长吴磊、区监察委员会副主任窦晓冬、区人民法院院长于辉、区人民检察院副检察长王树建列席会议。会上，学习了习近平总书记在中央党校建校90周年庆祝大会暨2023年春季学期开学典礼上的重要讲话。会议听取和审议关于调整区2021年财政决算事项的议案、关于调整区2022年预算执行事项的议案、关于2023年财政预算调整方案的议案，并通过相应决定。

第十七次会议 2023年3月17日召开，区人大常委会主任蒲建伟，副主任蔡玉霞、秦景红、赵欢和22名委员出席会议。区人民政府副区长吴磊、区监察委员会副主任窦晓冬、区人民法院院长于辉、区人民检察院副检察长毛永红列席会议。会上，学习了全国两会精神。会议听取和审议区人大常委会办公室主任张英作的《桥西区人大常委会2023年工作要点（草案）》的说明并通过相应工作要点。会议通过人事任免事项（名单见本篇第七章《选举任免》）。

第十八次会议　2023 年 4 月 28 日召开，区人大常委会副主任张进良、赵欢和 18 名委员出席会议。区人民政府办公室主任安立辉、区监察委员会委员杨朴玉、区人民法院政治部主任牛海霞、区人民检察院副检察长毛永红列席会议。会上，学习了习近平总书记在学习贯彻习近平新时代中国特色社会主义思想主题教育工作会议上的重要讲话精神。会议听取和审议区生态环境分局局长张志霞作的《关于 2022 年度环境状况和环境保护目标完成情况的报告》并通过相应决议。会议听取和审议区发展和改革局局长赵玉川作的《关于重点项目建设进展情况的报告》。会议听取和审议区应急管理局局长李瑞强作的《关于贯彻落实〈中华人民共和国安全生产法〉工作情况的报告》、区教育局局长张振亚作的《关于开展"教育高质量发展跃升年"情况的报告》并进行满意度测评。会上，对区城市管理综合行政执法局局长梁杰、区发展和改革局局长赵玉川、区科学技术局局长底欣、区应急管理局局长李瑞强进行履职评议。会议通过人事任免事项（名单见本篇第七章《选举任免》）。

第十九次会议　2023 年 6 月 26 日召开，区人大常委会主任蒲建伟，副主任蔡玉霞、秦景红、赵欢和 22 名委员出席会议。区人民政府副区长吴磊、区监察委员会副主任窦晓冬、区人民法院副院长魏建中、区人民检察院检察长谢强列席会议。会上，学习了习近平总书记视察河北、视察石家庄时重要讲话和重要指示精神。会议听取和审议区财政局局长王玉明作的《关于 2022 年度国有资产管理情况的报告》并进行满意度测评。会议听取和审议区财政局局长王玉明作的《关于 2023 年第一批、第二批新增政府债券区级预算调整方案（草案）》的说明并通过相应决定。会议听取和审议区财政局局长王玉明作的《关于 2022 年政府债务管理情况的报告》、区发展和改革局局长赵玉川作的《关于优化营商环境工作情况的报告》、区科学技术局局长底欣作的《关于科技成果转化工作情况的报告》、区人民检察院检察长谢强作的《关于开展打击电信诈骗工作情况的报告》。会议听取审议并通过《石家庄市桥西区人大常委会关于在区人大机关和区人大代表中大兴调查研究助推桥西区经济社会高质量发展的决定》。会议通过人事任免事项（名单见本篇第七章《选举任免》）。

第二十次会议　2023 年 7 月 12 日召开，区人大常委会主任蒲建伟，副主任张进良、蔡玉霞、秦景红、赵欢和 23 名委员出席会议。区人民政府、区监察委员会、区人民法院和区人民检察院相关负责人列席会议。会议通过人事任免事项（名单见本篇第七章《选举任免》）。

第二十一次会议　2023 年 9 月 15 日召开，区人大常委会主任蒲建伟，副主任张进良、蔡玉霞、秦景红、赵欢和 19 名委员出席会议。区人民政府副区长吴磊、区监察委员会委员杨朴玉、区人民法院院长于辉、区人民检察院副检察长王树建列席会议。会上，学习了中共中央政治局会议分析研究当前经济形势和部署下半年经济工作有关精神。会议听取和审议区发展和改革局局长赵玉川作的《关于 2023 年 1—6 月份国民经济和社会发展计划执行情况的报告》、区财政局局长王玉明作的《关于 2023 年 1—6 月份财政预算执行情况的报告》、区数据资源管理局局长张波作的《关于网络综合服务平台建设情况的汇报》。会议听取区审计局局长李体花作的《关于 2022 年度区本级预算执行和其他财政收支情况的审计工作报告》。会议听取和审议区财政局局长王玉明作的《关于2022年财政决算情况的报告》并通过相应决议。会议听取和审议区人力资源和社会保障局局长黄振国作的《关于落实〈桥西区引进高层次人才的实施意见〉的情况报告》并进行满意度测评。会上，对区人民法院4名法官和区人民检察院2名检察官进行履职评议并进行满意度测评。会议通过了关于接受程志华辞去区人民政府副区长职务请求的决定。会议通过人事任免事项（名单见本篇第七章《选举任免》）。

第二十二次会议 2023年10月23日召开，区人大常委会主任蒲建伟，副主任张进良、蔡玉霞、赵欢和27名委员出席会议。区人民政府、区监察委员会、区人民法院和区人民检察院相关负责人列席会议。会议听取和审议区财政局局长王玉明作的《关于2023年区级预算调整方案（草案）》的说明并通过相应决定。会议通过人事任免事项（名单见本篇第七章《选举任免》）。

第二十三次会议 2023年11月29日召开，区人大常委会主任蒲建伟，副主任张进良、蔡玉霞、赵欢和16名委员出席会议。区人民政府副区长马卿、区监察委员会副主任窦晓冬、区人民法院副院长赵建英、区人民检察院副检察长王树建列席会议。会上，学习了习近平总书记在宣传思想文化工作会议上的重要指示精神。会议听取和审议区人民政府副区长马卿作的《关于办理区十七届人大三次会议代表建议、批评和意见情况的报告》、区文化广电体育和旅游局党组书记赵卫星作的《关于“15分钟健身休闲圈”建设情况的报告》并进行满意度测评。会议听取和审议区人民防空办公室主任王更慧作的《关于开展人防工程建设管理情况的报告》、区公安分局副局长杨爱明作的《关于开展“我为群众办实事”实践活动情况的报告》。会议通过人事任免事项（名单见本篇第七章《选举任免》）。

第二十四次会议 2023年12月27日召开，区人大常委会主任蒲建伟，副主任张进良、蔡玉霞、秦景红、赵欢和20名委员出席会议。区人民政府副区长马卿、区监察委员会副主任窦晓冬、区人民法院副院长赵建英、区人民检察院副检察长王树建列席会议。会上，学习了习近平总书记在学习贯彻党的二十大精神研讨班开班式上的重要讲话。会议听取和审议区财政局局长王玉明作的《关于2023年社保基金预算调整方案（草案）》的说明并通过相应决定。会议听取和审议区人民政府副区长马卿作的《关于“十四五”规划实施中期评估情况的报告》《2023年10件民生实事项目办理情况的报告》、区消防救援大队大队长于海生作的《关于落实区人大常委会〈关于高层建筑消防安全管理工作审议意见〉的情况报告》、区司法局局长姚金钟作的《关于行政规范性文件备案审查工作开展情况的报告》。会议通过了关于接受吴磊辞去区人民政府副区长职务请求的决定。会议通过人事任免事项（名单见本篇第七章《选举任免》）。

第二十五次会议 2024年1月17日召开，区人大常委会主任蒲建伟，副主任张进良、蔡玉霞、秦景红、赵欢和27名委员出席会议。区人民政府、区监察委员会、区人民法院和区人民检察院相关负责人列席会议。会议审议和通过《石家庄市桥西区人大常委会关于补选桥西区第十七届人民代表大会代表的安排意见（草案）》。会议通过了关于接受葛国力、郝玉东、王伟、冯晓芬、刘慧、张泽义、赵昌牛、李睿、高文成、陶浩、唐睿、赵俊彬、高华、魏含玉辞去区人大代表职务的决定。

第二十六次会议　2024 年 1 月 19 日召开，区人大常委会主任蒲建伟，副主任张进良、蔡玉霞、秦景红、赵欢和 20 名委员出席会议。区人民政府副区长南龙、区监察委员会副主任窦晓冬，区人民法院副院长赵建英、区人民检察院检察长谢强列席会议。会上，学习了习近平总书记在二十届中央纪委三次全会上的重要讲话精神。会议听取区人大常委会办公室主任张英作的《桥西区人大常委会工作报告（审议稿）》的说明、区人大常委会人事代表工委主任张欣作的《关于补选代表工作情况的报告》。会议审议通过《关于召开桥西区第十七届人民代表大会第四次会议的决定》《区第十七届人民代表大会第四次会议建议议程》，区人大常委会副主任、代表资格审查委员会主任委员张进良作的《关于代表资格审查情况的报告》及大会主席团、秘书长、常务主席、列席人员名单（草案）。会议听取和审议《关于表彰第十七届优秀区人大代表的通报》。会议通过了关于接受彭晓明辞去石家庄市第十五届人大代表职务请求的决议，补选产生桥西区出席石家庄市第十五届人民代表大会代表 1 名。会议通过人事任免事项（名单见本篇第七章《选举任免》）。

第二十七次会议　2024 年 2 月 29 日召开，区人大常委会主任蒲建伟，副主任张进良、蔡玉霞、秦景红、赵欢和 19 名委员出席会议。区人民政府副区长邢锋，区监察委员会副主任窦晓冬，区人民法院党组成员、政治部主任牛海霞，区人民检察院副检察长毛永红列席会议。会上，学习了习近平总书记在全国生态环境保护大会上的重要讲话精神。会议听取和审议区生态环境分局局长张志霞作的《关于 2023 年度环境状况和环境保护目标完成情况的报告》并进行满意度测评及通过相应决议。会议听取和审议区司法局局长姚金钟作的《关于 2023 年度法治政府建设工作情况的报告》。会议听取和审议区人大常委会办公室主任张英作的关于《桥西区人大常委会 2024 年工作要点（草案）》的说明并通过相应工作要点。会议通过人事任免事项（名单见本篇第七章《选举任免》）。

第二十八次会议　2024 年 4 月 19 日召开，区人大常委会主任蒲建伟，副主任张进良、蔡玉霞、秦景红、赵欢和 16 名委员出席会议。区人民政府副区长牛兰柱、区监察委员会副主任吕志科、区人民法院院长于辉、区人民检察院副检察长毛永红列席会议。会上，学习了《坚持总体国家安全观 筑牢国家安全屏障》文章。会议听取和审议区财政局局长王玉明作的《关于 2023 年政府债务管理情况的报告》、区退役军人事务局局长冯晓芬作的《关于开展退役军人安置和就业创业扶持工作情况的报告》。会议听取和审议区财政局局长王玉明作的《关于 2024 年第一批新增政府债券区级预算调整方案（草案）》的说明并通过相应决定。会议听取和审议区地方金融监督管理局局长王跃作的《关于金融业发展工作情况的报告》，区食品安全委员会办公室主任、市场监管局局长刘全胜作的《关于贯彻落实〈中华人民共和国食品安全法〉工作情况的报告》并进行满意度测评。会议听取和审议区人民法院《关于提请区人大常委会确定人民陪审员名额的报告》。会议通过人事任免事项（名单见本篇第七章《选举任免》）。

第二节　主任会议

截至2024年5月，区十七届人大常委会共召开主任会议37次。其中，第1~22次会议、第24~37次会议由蒲建伟主任主持召开，第23次会议由张进良副主任主持召开。常委会各位副主任出席会议，各委办室主任列席会议。

区十七届人大常委会主任会议情况一览表

表17–20

序　号	时　间	议　题
1	2021年8月11日	研究区人大常委会党组组成人员职务的任免事项，研究区人大常委会主任、副主任工作分工，听取区人大常委会各委办下半年工作计划，研究区人大常委会2021年下半年议题安排（草案），研究区十七届人大常委会代表资格审查委员会名单（草案），听取2021年区人大代表活动经费拨付情况报告，听取区人大常委会近期一些主要工作的汇报
2	2021年9月8日	研究人事任免事项，研究关于区人民政府2020年度国有资产管理情况的初审意见，研究关于区人民政府2021年1—6月份国民经济和社会发展计划执行情况的初审意见，研究关于区人民政府2021年1—6月份财政预算执行情况报告的初审意见，研究关于区人民政府2021年财政预算调整情况的初审意见，研究常委会第一次会议有关事项
3	2021年9月23日	研究关于区人民政府预算调整方案，研究常委会第二次会议有关事项
4	2021年10月29日	研究关于区人民政府2020年财政决算情况的初审意见，研究关于区人民法院民事执行工作情况的视察报告，研究关于区人民政府2021年文体重点工作情况的视察报告，研究关于区人民政府贯彻落实《中华人民共和国就业促进法》和《河北省实施〈中华人民共和国就业促进法〉办法》情况的视察报告，研究常委会第三次会议有关事项
5	2021年12月3日	研究关于区人民政府2021年新增政府债券区级预算调整方案的议案（草案），研究常委会第四次会议有关事项
6	2021年12月28日	研究人事任免事项，研究关于区人民政府办理代表建议、批评和意见情况的视察报告，研究关于区人民政府行政复议工作情况的视察报告，研究关于区人民政府教育“双减”工作情况的视察报告，研究关于区人民政府小街巷整治工作情况的视察报告，研究关于区人民政府2021年预算调整情况的初审意见，研究关于区人民政府养老服务工作情况的视察报告，研究“人大代表之家（站）”建设费用拨付情况报告，研究常委会第五次会议有关事项
7	2022年1月7日	研究补选桥西区第十七届人民代表大会代表的安排意见，研究桥西区人民代表大会常务委员会工作报告（征求意见稿）

续表 17-20

序　号	时　间	议　题
8	2022 年 1 月 14 日	研究人事任免事项，研究区十七届人大二次会议有关事项，研究常委会第六次会议有关事项
9	2022 年 2 月 18 日	传达市委、区委《关于进一步加强县乡领导干部作风建设防止和杜绝“走读”问题的通知》
10	2022 年 3 月 16 日	研究人事任免事项，研究桥西区人大常委会 2022 年工作要点（草案），研究常委会第七次会议有关事项
11	2022 年 3 月 29 日	研究审定区人大常委会五项联动监督工作实施方案
12	2022 年 4 月 26 日	研究人事任免事项，听取区人民法院增加人民陪审员名额的报告，听取区人民政府关于加强公共卫生服务体系和突发公共卫生事件监测预警处置机制情况的报告，研究接受个别代表辞去代表职务的决定，研究关于区人民政府环境状况和环境保护工作目标完成情况的视察报告，研究关于区人民政府 2022 年预算调整情况的初审意见，研究关于区人民检察院未成年人检察工作情况的视察报告，研究关于区人民政府贯彻落实《中华人民共和国社会保险法》执法检查的报告，研究常委会第八次会议有关事项
13	2022 年 5 月 19 日	研究关于为市人大代表购买平板电脑的请示，研究关于拨付桥西人大微信小程序运行维护费的申请
14	2022 年 6 月 17 日	研究人事任免事项，研究关于区人民政府国有资产管理情况的视察报告，研究关于区人民政府 2022 年财政预算调整情况的初审意见，研究关于区人民政府五项联动监督工作情况的视察报告，研究关于对区人民政府部门部分被任命人员履职情况的视察报告，研究关于申请拨付 2022 年区人大代表活动经费的请示，研究关于在区人大代表中组织开展“双联”活动的有关事项，研究常委会第九次会议有关事项
15	2022 年 8 月 9 日	研究人事任职事项，研究接受区人民政府副区长张立明辞职议案，研究常委会第十次会议有关事项
16	2022 年 9 月 21 日	研究人事任免事项，研究关于区人民政府 2022 年上半年国民经济和社会发展计划执行情况的初审意见，研究关于区人民政府 2022 年上半年财政预算执行情况的初审意见，研究关于区公安分局社会治安综合防控工作开展情况的视察报告，研究关于区人民政府贯彻落实《中华人民共和国食品安全法》工作的调研报告，研究关于高层建筑消防安全管理的调研报告，研究关于许可对 1 名人大代表采取强制措施的有关事项，研究常委会第十一次会议有关事项

续表 17-20

序　号	时　间	议　题
17	2022 年 12 月 26 日	研究人事任免事项，研究常委会第十三次会议有关事项
18	2022 年 12 月 29 日	研究关于区人民政府办理区十七届人大二次会议代表建议、批评和意见情况的视察报告，研究关于区人民政府促进桥西区科技型企业发展工作的视察报告，研究关于区人民政府最低生活保障等社会救助工作的视察报告，研究关于区人民政府人防工程建设管理情况的调研报告，研究关于石家庄金融法庭工作情况的视察报告，研究关于 2021 年以来备案审查工作情况的报告，研究关于区人民政府 2022 年区级预算调整情况的初审意见，研究补选代表工作的安排意见，研究常委会第十四次会议有关事项
19	2023 年 1 月 3 日	研究区人大常委会工作报告（征求意见稿）
20	2023 年 1 月 6 日	研究区十七届人大三次会议有关事项，研究常委会第十五次会议有关事项，研究其他事项
21	2023 年 3 月 3 日	研究关于批准 2021 年财政决算事项的决定（草案），研究关于批准调整 2022 年预算执行事项的决定（草案），研究 2023 年预算调整情况的初审意见，研究关于批准 2023 年财政预算的决定（草案），研究常委会第十六次会议有关事项
22	2023 年 3 月 14 日	研究人事任免事项，研究 2023 年区人大代表重点督办建议工作方案，研究代表培训有关事项，研究区人大常委会 2023 年工作要点（草案），研究常委会第十七次会议有关事项
23	2023 年 4 月 27 日	研究人事任免事项，研究关于区人民政府 2022 年度环境状况和环境保护目标完成情况的视察报告，研究关于区人民政府重点项目进展情况的视察报告，研究关于区人民政府贯彻落实《中华人民共和国安全生产法》情况的视察报告，研究关于区人民政府“教育高质量发展跃升年”活动开展情况的视察报告，研究关于对政府部门部分被任命人员的履职评议报告，研究报废车辆及采购公车的请示，研究常委会第十八次会议有关事项
24	2023 年 6 月 21 日	研究人事任免事项，研究关于区人民政府国有资产管理情况的视察报告，研究关于区人民政府 2022 年政府债务管理情况的视察报告，研究关于区人民政府预算调整事项的初审意见，研究关于区人民检察院开展打击电信诈骗工作情况的视察报告，研究关于区人民政府优化营商环境联动监督工作的视察报告，研究关于区人民政府科技成果转化联动监督工作的视察报告，研究桥西区人大常委会关于在区人大和桥西区人大代表中大兴调查研究助推桥西区经济社会高质量发展的决定（草案），研究常委会第十九次会议有关事项

续表 17-20

序　号	时　间	议　题
25	2023 年 7 月 12 日	研究人事任免事项，研究常委会第二十次会议有关事项
26	2023 年 8 月 25 日	研究人事任免事项，研究关于区人民政府 2023 年 1—6 月份国民经济和社会发展计划执行情况的视察报告，研究关于区人民政府 2023 年 1—6 月份财政预算执行情况的初审意见，研究关于落实《桥西区引进高层次人才的实施意见》情况的视察报告，审议法官、检察官履职评议事项，研究常委会第二十一次会议有关事项
27	2023 年 9 月 14 日	研究人事任免事项，研究关于 2022 年财政决算的审查结果报告，研究常委会第二十一次会议有关事项
28	2023 年 10 月 23 日	研究人事任免事项，研究关于 2023 年预算调整情况的初审意见，研究常委会第二十二次会议有关事项
29	2023 年 11 月 23 日	研究人事任免事项，研究关于区公安分局开展“我为群众办实事”实践活动情况的视察报告，研究关于区人民政府“15 分钟健身休闲圈”建设情况的视察报告，研究关于区人民政府重点人防工程建设情况的视察报告，研究关于区人民政府办理代表建议、批评和意见情况的视察报告，研究关于人大代表家（站）建设经费拨付的报告，研究常委会第二十三次会议有关事项
30	2023 年 11 月 28 日	研究人事任免事项
31	2023 年 12 月 26 日	研究人事任免事项，研究关于区人民政府“十四五”规划实施中期评估情况的视察报告，研究区人民政府预算调整事项，听取 2023 年度规范性文件备案审查工作情况报告，研究 2023 年 10 件民生实事项目办理情况的视察报告，研究区人大常委会代表服务中心负责人事项，研究常委会第二十四次会议有关事项
32	2024 年 1 月 11 日	研究区人大常委会工作报告（征求意见稿）
33	2024 年 1 月 18 日	研究人事任免事项，研究区十七届人大四次会议有关事项，研究常委会第二十六次会议有关事项

续表 17-20

序 号	时 间	议 题
34	2024 年 2 月 28 日	研究人事任免事项，研究区人大常委会 2024 年工作要点（草案），研究关于区人民政府 2023 年度环境状况和环境保护目标完成情况的视察报告，研究常委会第二十七次会议有关事项
35	2024 年 4 月 17 日	研究人事任免事项，研究关于提请桥西区人大常委会增补选任人民陪审员的报告，研究关于申请划拨固定资产的报告，研究桥西区第十七届人民代表大会四次会议重点督办建议，研究区人大常委会关于增补人民陪审员名额的决定（草案），研究关于区人民政府金融业发展工作情况的视察报告，研究关于区人民政府 2023 年债务管理情况的视察报告，研究关于区人民政府 2024 年第一批新增政府债券区级预算调整情况的初审意见，研究关于批准区人民政府 2024 年第一批新增政府债券区级预算调整方案的决定（草案），研究关于区人民政府贯彻落实《中华人民共和国食品安全法》情况的执法检查报告，研究关于区人民政府开展退役军人安置和就业创业扶持工作情况的视察报告，研究常委会第二十八次会议有关事项
36	2024 年 4 月 18 日	研究区人民法院关于提请区人大常委会确定人民陪审员名额的报告
37	2024 年 4 月 25 日	研究区人民法院关于提请选任人民陪审员的请示

第三节　机构设置

区十七届人大常委会设办公室、人事代表工作委员会（2024 年 4 月更名为代表工作委员会）、法制工作委员会、财经城建工作委员会（2024 年 4 月更名为预算工作委员会）、教科文卫工作委员会、信访办公室等办事和工作机构。区人大社会建设委员会未设置工作委员会。

2021 年 7 月至 2024 年 5 月区人大常委会机构人员情况表

表 17-21

机构名称	职务(职级)	姓　名	任职时间
办公室	主　任	张　英	2021 年 7 月至 2024 年 4 月
		张　欣	2024 年 4 月—
	副主任	杨　鸿	2021 年 7 月至 2022 年 3 月
		崔　岩	2021 年 7 月—
		曹庆新	2022 年 9 月至 2024 年 4 月
人事代表工作委员会（2024 年 4 月更名为代表工作委员会）	主　任	张卫娟	2021 年 7 月至 2022 年 3 月
		张　欣	2022 年 3 月至 2024 年 4 月
		杨　鸿	2024 年 4 月—
法制工作委员会	主　任	张　欣	2021 年 7 月至 2022 年 3 月
		杨　鸿	2022 年 3 月至 2024 年 4 月
		白　鸿	2024 年 4 月—
财经城建工作委员会（2024 年 4 月更名为预算工作委员会）	主　任	张建宇	2021 年 7 月至 2022 年 3 月
		魏建新	2022 年 9 月—
教科文卫工作委员会	主　任	魏含玉	2021 年 7 月至 2022 年 3 月
		魏建新	2022 年 3 月至 2022 年 9 月
		赵石磊	2022 年 9 月—
信访办公室	主　任	王　东	2021 年 7 月—

第五章　监督工作

区十七届人大及其常委会围绕项目建设、民生福祉、司法公正等内容，统筹运用法定监督方式，督促、引导、支持“一府一委两院”不断改进工作。截至2024年5月，区十七届人民代表大会共听取和审议区人大常委会、区“一府两院”工作报告16项，审查计划、预算报告6项；区十七届人大常委会共听取和审议区“一府一委两院”专项工作报告51项、计划预算审计工作报告12项，视察调研42次，执法检查5次。

聚焦经济平稳运行有效监督。坚持“强监督”和“促发展”并重，推动统筹疫情防控和经济社会发展。深入分析桥西区经济运行情况，围绕促进财税增收、推进重点项目建设、优化营商环境等方面提出建议。严格落实区人民政府向区人大常委会报告国有资产管理制度，推动国有资产更好地服务桥西区经济社会发展。听取和审议区人民政府关于新增政府债券区级预算调整方案，更好地发挥政府债券撬动作用；审议区级预算调整方案，确保财政资金支出更加科学审慎，有效激发桥西区经济活力。加强国有资产管理监督，听取国有资产管理工作情况汇报，要求依法依规做好管理。每年听取和审议区人民政府上半年国民经济和社会发展计划执行情况、上半年预算执行情况，批准上年度决算，听取区人民政府关于上一年度财政预算执行和其他财政收支情况的审计工作报告，督促政府聚焦重点持续发力，用足用好经济政策，积极培育经济增长新动能。加强预算联网监督审查，制定审查制度，细化审查内容，明确审查流程，创新审查方式，积极依法履行监督职责，推动预算联网监督取得显著成效。在市人大常委会预算审查监督工作经验交流会上，区人大常委会作了典型发言。

紧盯重点工作精准监督。坚持完整、准确、全面贯彻新发展理念，群策群力强化监督，推动资源禀赋转化为发展优势。聚焦重点项目建设，深入现场开展视察，建议进一步提高效率意识、增强要素保障，努力营造良好项目建设环境。持续加强环境保护工作监督，常态化听取年度环境状况和环境保护目标完成情况报告，以更加有效的监督，不断巩固大气环境质量逐步提升成果。围绕清理规范违法违规占用土地和项目，组织代表查看基础档案资料，听取情况汇报，建议持续加大工作力度，早日完成整改任务。围绕科技创新开展视察，听取工作汇报，形成审议意见，推动桥西区科技企业自立自强，厚植创新发展动能。

围绕民生热点持续监督，围绕加大财政投向投力、专业队伍建设、分级预诊、诊疗体系建设，组织公共卫生服务调研，提出建议。持续关注“一老一小”特殊群体，听取养老、

“双减”政策落实工作报告。着眼推动文体惠民和城市更新，开展文化体育工作、小街小巷整治以及主街主路提升工作视察，找准定位、打造特色。围绕公共卫生管理开展视察，督促堵漏洞、强弱项、补短板。实地察看自备井关停和生活水源置换施工现场，要求进一步加大工作力度，确保年度任务顺利完成。紧扣“高品质、现代化”城区建设，对高层建筑消防安全和城市生活垃圾分类开展调研，提出意见建议，助力城市品质提升和人居环境改善。高度关注基本民生保障，先后就《中华人民共和国食品安全法》《河北省社会救助实施办法》等重点法律法规贯彻落实情况进行视察。常态化跟踪督办区十件民生实事进展，专门听取汇报，确保每件实事都能够取得满意效果，办到群众心间。认真督办区十七届人大历次会议以来代表意见建议，积极回应代表关切，一大批事关发展改革和民生问题得到有效解决，群众获得感、幸福感、安全感不断增强。

立足法治建设重点监督。坚持弘扬法治精神，强化法治思维，保障法律实施，在推进法治桥西建设中有所作为。2022 年，落实区人大常委会学法制度，持续树牢法治思维，制订年度学法计划，举办专题法制讲座，桥西区人大常委会尊法守法学法用法氛围更加浓厚。严格落实宪法宣誓制度，组织区人大常委会任命的 35 名国家机关工作人员进行宪法宣誓，厚植干部宪法意识，坚决维护宪法权威。2023 年，首次听取和审议区监察委员会关于围绕保障桥西区重点工作开展监察监督工作情况报告，实现了对“一府一委两院”监督工作全覆盖。组织代表视察社会治安防控、石家庄金融法庭和未成年人检察工作，就《中华人民共和国社会保险法》《中华人民共和国人民防空法》贯彻落实情况进行执法检查，积极推进法治桥西建设。加强任后监督，对区人民政府组成部门 9 名负责人，10 名法检“两官”进行履职评议，不断提高被任命人员的依法履职能力和水平。认真开展规范性文件备案审查，审议 2021 年以来备案审查工作情况报告，对年内区人民政府出台的规范性文件进行备案审查，做到了有件必备、有备必审，有效维护国家法制统一。

第一节　听取和审议专项工作报告与计划预算和审计工作报告

截至 2024 年 5 月，区十七届人大常委会会议听取和审议区“一府一委两院”专项工作报告 51 项，计划预算和审计工作报告 12 项。

听取和审议专项工作报告与计划预算和审计工作报告情况

表 17–22

时　间	常委会会议	报告内容
2021 年 9 月 9 日	第一次	区人民政府关于 2020 年度国有资产管理工作情况的报告，区人民政府关于 2021 年 1—6 月份国民经济和社会发展计划执行情况的报告，区人民政府关于 2021 年 1—6 月份财政预算执行情况的报告

续表 17-22

时　间	常委会会议	报告内容
2021 年 9 月 24 日	第二次	区人民政府关于四项联动监督和“6+1”联动监督“回头看”工作情况的报告
2021 年 11 月 3 日	第三次	区人民政府关于 2020 年财政决算情况的报告，区人民政府关于 2020 年度财政预算执行和其他财政收支情况的审计工作报告，区人民政府关于 2021 年度文化、体育重点工作情况的报告，区人民政府关于贯彻落实《中华人民共和国就业促进法》和《河北省实施〈中华人民共和国就业促进法〉办法》情况的报告，区人民法院关于民事执行工作情况的报告
2021 年 12 月 30 日	第五次	区人民政府关于办理区十七届人大一次会议代表建议、批评和意见情况的报告，区人民政府关于行政复议工作情况的报告，区人民政府关于推进“双减”工作落实情况的报告，区人民政府关于小街小巷整治提升专项行动开展情况的报告，区人民政府关于养老服务工作情况的报告
2022 年 4 月 29 日	第八次	区人民政府关于 2021 年度环境状况和环境保护目标完成情况的报告，区人民检察院关于未成年人检察工作情况的报告，区人民政府关于贯彻落实《中华人民共和国社会保险法》情况的报告，区人民政府关于加强公共卫生服务体系和突发公共卫生事件监测预警处置机制情况的报告
2022 年 6 月 20 日	第九次	区监察委员会关于围绕保障桥西区重点工作开展监察监督工作情况的报告，区人民政府关于五项联动监督和“6+1”联动监督“回头看”工作开展情况的报告，区人民政府关于 2021 年度国有资产管理工作情况的报告
2022 年 9 月 27 日	第十一次	区人民政府关于2022年上半年国民经济和社会发展计划执行情况的报告，区人民政府关于 2022 年上半年财政预算执行情况的报告，区公安分局关于社会治安综合防控工作开展情况的报告，区人民政府关于贯彻实施《中华人民共和国食品安全法》情况的报告，区人民政府关于高层住宅消防安全管理工作情况的报告
2022 年 12 月 21 日	第十二次	区人民政府关于 2021 年财政决算情况的报告，区人民政府关于 2021 年度财政预算执行和其他财政收支情况的审计工作报告
2022 年 12 月 30 日	第十四次	区人民政府关于 2022 年 10 件民生实事进展情况的报告，区人民政府关于办理区十七届人大二次会议代表建议、批评和意见情况的报告，区人民政府关于促进科技型企业发展工作情况的报告，区人民政府关于社会救助工作情况的报告，区人民法院关于石家庄金融法庭工作开展情况的报告，区人民政府关于开展人防工程建设管理情况的报告

续表 17-22

时　间	常委会会议	报告内容
2023 年 4 月 28 日	第十八次	区人民政府关于 2022 年度环境状况和环境保护目标完成情况的报告，区人民政府关于区重点项目建设进展情况的报告，区人民政府关于贯彻落实《中华人民共和国安全生产法》工作情况的报告，区人民政府关于开展“教育高质量发展跃升年”情况的报告
2023 年 6 月 26 日	第十九次	区人民政府关于 2022 年度国有资产管理工作情况的报告，区人民政府关于 2022 年政府债务管理情况的报告，区人民检察院关于打击电信网络诈骗工作情况的报告，区人民政府关于优化营商环境工作情况的报告，区人民政府关于促进科技成果转化工作情况的报告
2023 年 9 月 15 日	第二十一次	区人民政府关于 2023 年 1—6 月份国民经济和社会发展计划执行情况的报告，区人民政府关于 2023 年 1—6 月份预算执行情况的报告，区人民政府关于区 2022 年财政决算情况的报告，区人民政府关于 2022 年度财政预算执行和其他财政收支情况的审计工作报告，区人民政府关于落实《桥西区引进高层次人才的实施意见》情况的报告，区人民政府关于网络综合服务平台建设情况的报告
2023 年 11 月 29 日	第二十三次	区人民政府关于开展“我为群众办实事”实践活动的报告，区人民政府关于办理区十七届人大三次会议代表建议、批评和意见情况的报告，区人民政府关于“15 分钟健身休闲圈”建设情况的报告，区人民政府关于开展人防工程建设管理情况的报告
2023 年 12 月 27 日	第二十四次	区人民政府关于“十四五”规划实施中期评估情况的报告，区人民政府关于落实区人大常委会《关于高层建筑消防安全管理工作审议意见》情况的报告，区人民政府关于行政规范性文件备案审查工作开展情况的报告，区人民政府关于 2023 年 10 件民生实事实施办理情况的报告
2024 年 2 月 29 日	第二十七次	区人民政府关于 2023 年度环境状况和环境保护目标完成情况的报告，区人民政府关于 2023 年度法治政府建设工作情况的报告
2023 年 4 月 19 日	第二十八次	区人民政府关于 2023 年政府债务管理情况的报告，区人民政府关于开展退役军人安置和就业创业扶持工作情况的报告，区人民政府关于金融业发展工作情况的报告，区人民政府关于贯彻落实《中华人民共和国食品安全法》工作情况的报告

第二节　法律法规实施情况的检查

截至 2024 年 5 月，区十七届人大常委会共组织开展执法检查 5 次。

1. 2021 年，区人大常委会组织开展“6+1”联动监督“回头看”，并围绕优化营商环境、农业结构调整、地下水超采综合治理和公共医疗卫生服务情况，开展四项联动监督执法检查。2021 年 9 月 24 日，区十七届人大常委会第二次会议，听取和审议了区人大常委会执法检查组作的《关于“6+1”联动监督“回头看”和四项联动监督执法检查情况的报告》。

2. 2021 年 10 月，区人大常委会副主任赵欢带领区人大常委会执法检查组，对区人民政府贯彻落实《中华人民共和国就业促进法》和《河北省实施〈中华人民共和国就业促进法〉办法》开展执法检查。2021 年 11 月 3 日，区十七届人大常委会第三次会议，听取和审议了区人大社会建设委员会副主任委员郭红琴作的《关于检查〈中华人民共和国就业促进法〉和〈河北省实施《中华人民共和国就业促进法》办法〉实施情况的报告》。

3. 2022 年 4 月 14 日，区人大常委会副主任赵欢带领区人大常委会执法检查组，对区人民政府贯彻落实《中华人民共和国社会保险法》开展执法检查。2022 年 4 月 29 日，区十七届人大常委会第八次会议，听取和审议了区人大社会建设委员会副主任委员郭红琴作的《关于检查〈中华人民共和国社会保险法〉实施情况的报告》。

4. 2023 年 4 月 20 日，区人大常委会副主任赵欢带领区人大常委会执法检查组，对区人民政府贯彻落实《中华人民共和国安全生产法》和《河北省安全生产条例》等法律法规开展执法检查。2023 年 4 月 28 日，区十七届人大常委会第十八次会议，听取和审议了区人大社会建设委员会副主任委员郭红琴作的《关于检查〈中华人民共和国安全生产法〉实施情况的报告》。

5. 2024 年 4 月 10 日，区人大常委会副主任秦景红带领区人大常委会执法检查组，对区人民政府贯彻落实《中华人民共和国食品安全法》情况开展执法检查。2024 年 4 月 19 日，区十七届人大常委会第二十八次会议，听取和审议了区人大常委会教科文卫工委主任赵石磊作的《关于检查〈中华人民共和国食品安全法〉实施情况的报告》。

第三节　视察调研

截至 2024 年 5 月，区十七届人大常委会共组织开展视察活动 42 次。

视察调研活动选录表

表 17–23

时　间	视察内容	牵头单位
2021 年 9 月	关于文体惠民工作开展情况	教科文卫工委
2021 年 10 月	关于区人民法院民事执行工作情况	法制工委
2021 年 12 月	关于区人民政府承办区十七届人大一次会议代表建议情况	人事代表工委
2021 年 12 月	关于区人民政府行政复议工作情况	法制工委
2021 年 12 月	关于桥西区“双减”（减轻义务教育阶段学生作业负担和校外培训负担）工作落实情况	教科文卫工委
2021 年 12 月	关于桥西区 2021 年小街小巷整治、城市容貌提升专项行动工作情况	财经城建工委
2021 年 12 月	关于桥西区养老服务工作情况	社会建设委员会
2022 年 4 月	关于桥西区 2021 年度环境状况和环境保护工作目标完成情况	财经城建工委
2022 年 4 月	关于区人民检察院未成年人检察工作情况	法制工委
2022 年 4 月	关于加强公共卫生服务体系和突发公共卫生事件监测预警处置机制工作情况	教科文卫工委
2022 年 5 月	关于桥西区国有资产管理情况	财经城建工委
2022 年 5 月	关于地下水超采综合治理工作情况	地下水超采综合治理联动监督工作专班
2022 年 5 月	关于桥西区重点项目建设情况	重点项目建设联动监督工作专班
2022 年 5 月	关于桥西区优化营商环境工作情况	优化营商环境专班
2022 年 12 月	关于办理区十七届人大二次会议代表建议、批评和意见情况	人事代表工委
2022 年 12 月	关于促进科技型企业发展工作情况	教科文卫工委
2022 年 12 月	关于最低生活保障等社会救助工作情况	社会建设委员会
2022 年 12 月	关于石家庄金融法庭工作开展情况	法制工委
2022 年 12 月	关于开展人防工程建设管理情况	社会建设委员会

续表 17-23

时　间	视察内容	牵头单位
2023 年 3 月	关于桥西区城市生活垃圾分类工作情况	联动监督视察组
2023 年 4 月	关于区人民政府 2022 年度环境状况和环境保护工作目标完成情况	财经城建工委
2023 年 4 月	关于区人民政府 2023 年重点项目建设情况	财经城建工委
2023 年 4 月	关于区人民政府开展“教育高质量发展跃升年”工作开展情况	教科文卫工委
2023 年 6 月	关于桥西区 2022 年度国有资产管理情况	财经城建工委
2023 年 6 月	关于区人民政府 2022 年政府债务管理情况	财经城建工委
2023 年 6 月	关于区人民检察院电信网络诈骗犯罪治理工作情况	法制工委
2023 年 6 月	关于桥西区优化营商环境工作情况	优化营商环境联动监督专班
2023 年 6 月	关于桥西区科技成果转化工作情况	科技成果转化联动监督专班
2023 年 6 月	关于城建环资领域民生实事项目建设情况	财经城建工委
2023 年 8 月	关于区人民政府 2023 年 1—6 月份国民经济和社会发展计划执行情况	财经城建工委
2023 年 10 月	关于区公安分局深入开展“我为群众办实事”实践活动情况	法制工委
2023 年 10 月	关于办理区十七届人大三次会议代表建议、批评和意见情况	人事代表工委
2023 年 10 月	关于区人民政府建设“15 分钟健身休闲圈”工作情况	教科文卫工委
2023 年 10 月	关于桥西区重点人防工程建设情况	社会建设委员会
2023 年 12 月	关于商贸经济领域的民生实事项目建设情况	财经城建工委
2023 年 12 月	关于区人民政府 2023 年 10 件民生实事中的“教育基础设施提升改造”“新增 3 所市级普惠性民办幼儿园”“新增社区卫生服务中心”3 件民生实事完成情况	教科文卫工委
2023 年 12 月	关于区人民政府 2023 年 10 件民生实事中的“助力残疾儿童和贫困精神类残疾人康复救助”“区老年公寓投入运营”两件民生实事完成情况	社会建设委员会

续表 17-23

时　间	视察内容	牵头单位
2024 年 2 月	关于桥西区 2023 年度环境状况和环境保护目标完成情况	财经城建工委
2024 年 3 月	关于退役军人安置和就业创业扶持工作情况	社会建设委员会
2024 年 4 月	关于区人民政府金融业发展工作情况	预　算　工　委
2024 年 4 月	关于区人民政府贯彻落实《中华人民共和国食品安全法》情况	教科文卫工委
2024 年 4 月	关于区人民政府 2023 年政府债务管理情况	预　算　工　委

第四节　评议工作

截至 2024 年 5 月，区十七届人大常委会先后对 9 名区人民政府部门主要负责人进行履职评议。

区人民政府部门主要负责人履职评议情况表

表 17–24

时　间	常委会会议	被评议人员	职　务
2022 年 6 月 20 日	第九次	赵　刚	区市场监督管理局局长
		王守东	区住房和城区建设局局长
		姚金钟	区司法局局长
		万　青	区统计局局长
		张治军	区民政局局长
2023 年 4 月 28 日	第十八次	赵玉川	区发展和改革局局长
		李瑞强	区应急管理局局长
		梁　杰	区城市管理综合行政执法局局长
		底　欣	区科学技术局局长

截至 2024 年 5 月，区十七届人大常委会先后对 6 名区人民法院法官和 4 名区人民检察

院检察官进行履职评议。

“两官”履职评议情况表

表 17–25

时　间	常委会会议	被评议人员	职　务
2022 年 4 月 29 日	第八次	赵建英	区人民法院副院长
		王跃斌	区人民法院副院长
		王树建	区人民检察院副检察长
		阎红艳	区人民检察院第一检察部副主任、检察员
2023 年 9 月 15 日	第二十一次	刘　燕	区人民法院民二庭庭长
		骆新颖	区人民法院平安南大街法庭庭长
		王　倩	区人民法院留营人民法庭庭长
		刘　昊	区人民法院金融法庭二级法官、审判员
		李文刚	区人民检察院三级高级检察官、检察员
		秦　昕	区人民检察院第三检察部主任、检察员

第六章　决议决定

区十七届人大及其常委会紧紧围绕全区工作大局，依法行使重大事项决定权，切实发挥决议决定统一思想、凝聚共识、推动落实的作用。截至 2024 年 5 月，区十七届人大及其常委会共作出决议决定 46 项，为全区改革发展稳定凝聚了强大合力。

按照法定要求行使重大事项决定权，适时听取和审议区“一府一委两院”工作报告和国民经济与社会发展计划、预算及执行等情况的报告，及时作出决议决定，保障全区经济社会发展平稳运行。作出《关于区人民政府 2022 年度环境状况和环境保护目标完成情况的决议》，深入实施绿色低碳提升工程，加快建设美丽宜居城区，深入打好蓝天、碧水、净土三大保卫战；为深入学习贯彻习近平新时代中国特色社会主义思想，全面贯彻落实党的二十大精神，动员区人大机关和桥西区人大代表认真贯彻党中央决策部署和省委、市委、区委工作要求，大兴调查研究，为加快建设现代化、国际化、幸福美丽桥西区建设贡献人大力量，作出《关于在区人大机关和桥西区人大代表中大兴调查研究助推桥西区经济社会高质量发展的决定》。

第一节　作出决议决定

一、区十七届人大会议作出决议决定情况

截至 2024 年 5 月，共召开 4 次会议，并作出决议决定 22 项。

区十七届人大会议决议决定一览表

表 17-26

时　间	会　议	名　称
2021 年 7 月 25 日	一次会议	关于桥西区人民政府工作报告的决议
		关于桥西区人民代表大会常务委员会工作报告的决议
		关于桥西区人民法院工作报告的决议
		关于桥西区人民检察院工作报告的决议

续表 17-26

时　间	会　议	名　称
2022 年 1 月 28 日	二次会议	关于桥西区人民政府工作报告的决议 关于桥西区 2021 年国民经济和社会发展计划执行情况与 2022 年国民经济和社会发展计划的决议 关于桥西区 2021 年财政预算执行情况和 2022 年财政预算的决议 关于桥西区人民代表大会常务委员会工作报告的决议 关于桥西区人民法院工作报告的决议 关于桥西区人民检察院工作报告的决议
2023 年 1 月 13 日	三次会议	关于桥西区人民政府工作报告的决议 关于桥西区 2022 年国民经济和社会发展计划执行情况与 2023 年国民经济和社会发展计划的决议 关于桥西区 2022 年财政预算执行情况和 2023 年财政预算的决议 关于桥西区人民代表大会常务委员会工作报告的决议 关于桥西区人民法院工作报告的决议 关于桥西区人民检察院工作报告的决议
2024 年 1 月 24 日	四次会议	关于桥西区人民政府工作报告的决议 关于桥西区 2023 年国民经济和社会发展计划执行情况与 2024 年国民经济和社会发展计划的决议 关于桥西区 2023 年财政预算执行情况和 2024 年财政预算的决议 关于桥西区人民代表大会常务委员会工作报告的决议 关于桥西区人民法院工作报告的决议 关于桥西区人民检察院工作报告的决议

二、区十七届人大常委会会议作出决议决定情况

截至 2024 年 5 月，区十七届人大常委会共作出决议决定 24 项（不包含人事任免事项）。

区十七届人大常委会决议决定一览表

表 17–27

时　间	会　议	名　称
2021 年 9 月 9 日	第一次	关于批准桥西区人民政府 2021 年预算调整方案的决定
2021 年 9 月 24 日	第二次	关于批准桥西区人民政府 2021 年区级政府性基金预算调整方案的决定
2021 年 11 月 3 日	第三次	关于批准桥西区人民政府 2020 年财政决算的决议
2021 年 12 月 3 日	第四次	关于批准桥西区人民政府 2021 年新增政府债券区级预算调整方案的决定
2021 年 12 月 30 日	第五次	关于批准桥西区人民政府 2021 年区级预算调整方案的决定
2022 年 1 月 17 日	第六次	关于召开桥西区第十七届人民代表大会第二次会议的决定
2022 年 4 月 29 日	第八次	关于批准桥西区人民政府 2022 年新增政府债券预算调整方案的决定 关于桥西区人民法院增补人民陪审员名额的决定
2022 年 6 月 20 日	第九次	关于批准桥西区人民政府 2022 年第二批新增政府债券预算调整方案的决定
2022 年 12 月 21 日	第十二次	关于批准桥西区人民政府 2021 年财政决算的决议
2022 年 12 月 30 日	第十四次	关于批准桥西区人民政府 2022 年区级预算调整方案的决定
2023 年 1 月 9 日	第十五次	关于召开桥西区第十七届人民代表大会第三次会议的决定
2023 年 3 月 3 日	第十六次	关于批准调整桥西区人民政府 2021 年财政决算的决定 关于批准调整桥西区人民政府 2022 年预算执行的决定 关于批准调整桥西区人民政府 2023 年预算调整的决定
2023 年 4 月 28 日	第十八次	关于桥西区人民政府 2022 年度环境状况和环境保护目标完成情况的决议

续表 17-27

时　间	会　议	名　称
2023 年 6 月 26 日	第十九次	关于批准桥西区人民政府 2023 年第一批、第二批新增政府债券区级预算调整方案的决定 关于在桥西区人大常委会机关和桥西区人大代表中大兴调查研究助推桥西区经济社会高质量发展的决定
2023 年 9 月 15 日	第二十一次	关于批准桥西区人民政府 2022 年财政决算的决议
2023 年 10 月 23 日	第二十二次	关于批准桥西区人民政府 2023 年区级预算调整方案的决定
2023 年 12 月 27 日	第二十四次	关于批准桥西区人民政府 2023 年社保基金预算调整方案的决定
2024 年 1 月 19 日	第二十六次	关于召开桥西区第十七届人民代表大会第四次会议的决定
2024 年 2 月 29 日	第二十七次	关于桥西区人民政府 2023 年度环境状况和环境保护目标完成情况的决议
2024 年 4 月 19 日	第二十八次	关于批准桥西区人民政府 2023 年第一批新增政府债券区级预算调整方案的决定

第二节　决议决定选介

关于区人民政府 2022 年度环境状况和环境保护目标完成情况的决议

《桥西区人大常委会关于区人民政府 2022 年度环境状况和环境保护目标完成情况的决议》（以下简称《决议》），于 2023 年 4 月 28 日桥西区十七届人大常委会第十八次会议通过。

2022 年以来，区人民政府高度重视生态环境保护工作，不断创新完善体制机制，突出精准治污、科学治污、依法治污，强力推进污染治理攻坚，生态环境质量不断改善。但是在绿色发展宣传、综合治理成效、群防群治水平、污染源头监测监管、协同联合执法力度等方面还存在问题和不足。为深入实施绿色低碳提升工程，加快建设美丽宜居城区，深入打好蓝天、碧水、净土三大保卫战，区十七届人大常委会第十八次会议作出了《决议》。

《决议》从提高政治站位，充分认识全力打好污染防治攻坚战的重要意义；坚持问题导向，全面推进落实生态环境改善和提升的各项任务；坚持部门联动，切实加强生态环境保护的整体强大合力；坚持绿色发展，努力营造全民参与共同保护的良好氛围等方面提出具体要求。

关于在区人大机关和桥西区人大代表中大兴调查研究助推桥西区经济社会高质量发展的决定

《桥西区人大常委会关于在区人大机关和桥西区人大代表中大兴调查研究助推桥西区经济社会高质量发展的决定》（以下简称《决定》），于2023年6月26日桥西区十七届人大常委会第十九次会议通过。

为深入学习贯彻习近平新时代中国特色社会主义思想，全面贯彻落实党的二十大精神，动员区人大常委会机关和桥西区人大代表认真贯彻党中央决策部署和省委、市委、区委工作要求，大兴调查研究，为加快建设现代化、国际化、幸福美丽桥西区建设贡献人大力量，区十七届人大常委会第十九次会议作出了《决定》。

《决定》从提高政治站位，深刻认识党中央大兴调查研究的重大意义；自觉对标对表，不断推动区人大常委会调查研究工作走深走实；充分发挥优势，动员广大人大代表在调查研究中依法履职、为民服务等方面提出具体要求。

第七章　选举任免

区十七届人大常委会严格履行法定程序，依法做好选举任免工作，坚持党管干部与人大依法任免有机统一，严格任免程序，提高任免质量。截至 2024 年 5 月，先后任免国家机关工作人员 332 人次，接受辞职 12 人，组织宪法宣誓 11 场，补选产生市人大代表 2 名。

第一节　常委会选举任免情况

2021 年 9 月 9 日，区十七届人大常委会第一次会议，通过了区监察委员会、区人民法院相关人事任免事项。

免去：

张振亚的桥西区监察委员会副主任职务

任命：

王典巨为桥西区监察委员会副主任

免去：

赵　静的桥西区人民法院刑事审判庭副庭长职务

任命：

赵　静为桥西区人民法院副院长

2021 年 9 月 24 日，区十七届人大常委会第二次会议，通过了区人大常委会、区人民政府相关人事任免事项。

免去：

李英涛的桥西区人大常委会长兴街道工作委员会主任职务

曹立乾的桥西区人大常委会友谊街道工作委员会主任职务

任命：

张　磊为桥西区人大常委会长兴街道工作委员会主任

决定任命：

安立辉为桥西区人民政府办公室主任

孙文华为桥西区发展和改革局局长

黄振国为桥西区教育局局长
底　欣为桥西区科学技术局局长
张治军为桥西区民政局局长
姚金钟为桥西区司法局局长
张明梅为桥西区财政局局长
王守东为桥西区住房和城区建设局局长
梁　杰为桥西区城市管理综合行政执法局局长
宋胜利为桥西区农业农村局局长
高永生为桥西区文化广电体育和旅游局局长
窦同军为桥西区卫生健康局局长
李茂生为桥西区退役军人事务局局长
李瑞强为桥西区应急管理局局长
李体花为桥西区审计局局长
赵　刚为桥西区市场监督管理局局长
万　青为桥西区统计局局长
智伟力为桥西区地方金融监督管理局局长
张　岩为桥西区行政审批局局长
孟　伟为桥西区医疗保障局局长
魏海强为桥西区数据资源管理局局长

2021 年 12 月 30 日，区十七届人大常委会第五次会议，通过了区人大常委会、区人民政府、区人民检察院相关人事任免事项。

免去：

梁润波的桥西区人大常委会留营街道工作委员会主任职务
盖　锋的桥西区人大常委会东里街道工作委员会主任职务

任命：

张　帅为桥西区人大常委会东里街道工作委员会主任
陶　浩为桥西区人大常委会留营街道工作委员会主任
刘　莉为桥西区人大常委会友谊街道工作委员会主任

决定免去：

孙文华的桥西区发展和改革局局长职务
宋胜利的桥西区农业农村局局长职务
魏海强的桥西区数据资源管理局局长职务

决定任命：

赵玉川为桥西区发展和改革局局长

张振亚为桥西区人力资源和社会保障局局长

曹　勇为桥西区农业农村局局长

张　波为桥西区数据资源管理局局长

免去：

贾景辉的桥西区人民检察院副检察长、检察委员会委员、检察员职务

杨　红的桥西区人民检察院检察员职务

2022 年 1 月 17 日，区十七届人大常委会第六次会议，通过了区人民政府、区人民法院相关人事任免事项。

决定免去：

高永生的桥西区文化广电体育和旅游局局长职务

决定任命：

李玉晖为桥西区文化广电体育和旅游局局长

免去：

刘晓梅的桥西区人民法院副院长、审判委员会委员、审判员职务

史振利的桥西区人民法院审判委员会委员、审判员职务

苏常印的桥西区人民法院审判员职务

任命：

郝红艳为桥西区人民法院审判员

2022 年 3 月 18 日，区十七届人大常委会第七次会议，通过了区人大常委会、区人民政府、区人民法院相关人事任免事项。

免去：

张卫娟的桥西区人大常委会人事代表工作委员会主任职务

张　欣的桥西区人大常委会法制工作委员会主任职务

张建宇的桥西区人大常委会财经城建工作委员会主任职务

魏含玉的桥西区人大常委会教科文卫工作委员会主任职务

范存娟的桥西区人大常委会维明街道工作委员会主任职务

张秀梅的桥西区人大常委会西里街道工作委员会主任职务

王志伟的桥西区人大常委会东风街道工作委员会主任职务

魏建新的桥西区人大常委会汇通街道工作委员会主任职务

杨　鸿的桥西区人大常委会办公室副主任职务

任命：

张　欣为桥西区人大常委会人事代表工作委员会主任

杨　鸿为桥西区人大常委会法制工作委员会主任

魏建新为桥西区人大常委会教科文卫工作委员会主任

田静媛为桥西区人大常委会维明街道工作委员会主任

白亚欣为桥西区人大常委会西里街道工作委员会主任

陈　鹏为桥西区人大常委会汇通街道工作委员会主任

决定免去：

黄振国的桥西区教育局局长职务

张振亚的桥西区人力资源和社会保障局局长职务

孟　伟的桥西区医疗保障局局长职务

决定任命：

张振亚为桥西区教育局局长

黄振国为桥西区人力资源和社会保障局局长

尤绍辉为桥西区医疗保障局局长

免去：

齐玉华的桥西区人民法院行政审判庭庭长职务

赵　静的桥西区人民法院立案庭庭长职务

曹利伟的桥西区人民法院民事审判一庭庭长职务

纪晨宇的桥西区人民法院振头人民法庭庭长职务

王娜、刘国珑的桥西区人民法院振头人民法庭副庭长职务

宫丽英、赵瑾的桥西区人民法院立案庭副庭长职务

李国平、聂晶、叶密、刘奂军的桥西区人民法院审判员职务

任命：

刘飞虎为桥西区人民法院行政审判庭庭长、审判委员会委员

赵　静为桥西区人民法院石家庄金融法庭庭长

曹利伟为桥西区人民法院立案庭庭长

纪晨宇为桥西区人民法院民事审判一庭庭长

王娜、刘国珑为桥西区人民法院民事审判一庭副庭长

宫丽英为桥西区人民法院留营人民法庭副庭长

赵　瑾为桥西区人民法院民事审判二庭副庭长

2022 年 4 月 29 日，区十七届人大常委会第八次会议，通过了区人民法院、区人民检察院相关人事任职事项。

任命：

贾博伟、解冰、杨杰为桥西区人民法院审判员

谢飞、李雪平、张世尧、张素娟、吕淑昆为桥西区人民检察院检察员

2022 年 6 月 20 日，区十七届人大常委会第九次会议，通过了区人大常委会、区人民检察院相关人事任免事项。

免去：

杨岱凌的桥西区人大常委会南长街道工作委员会主任职务

任命：

唐　睿为桥西区人大常委会东风街道工作委员会主任

孙云英为桥西区人民检察院副检察长

2022 年 8 月 10 日，区十七届人大常委会第十次会议，通过了区人民政府相关人事任职事项。

决定任命：

吴　磊为桥西区人民政府副区长

2022 年 9 月 27 日，区十七届人大常委会第十一次会议，通过了区人大常委会、区人民政府、区监察委员会、区人民法院、区人民检察院相关人事任免事项。

任命：

谢　强为桥西区人民检察院副检察长、检察委员会委员、检察员，决定其为代理检察长

免去：

魏建新的桥西区人大常委会教科文卫工作委员会主任职务

范　巍的桥西区人大常委会新石街道工作委员会主任职务

任命：

魏建新为桥西区人大常委会财经城建工作委员会主任

赵石磊为桥西区人大常委会教科文卫工作委员会主任

齐泊雯为桥西区人大常委会南长街道工作委员会主任

曹庆新为桥西区人大常委会办公室副主任

决定免去：

张明梅的桥西区财政局局长职务

窦同军的桥西区卫生健康局局长职务

曹　勇的桥西区农业农村局局长职务

决定任命：

张明梅为桥西区卫生健康局局长

刘　慧为桥西区财政局局长

肖　潇为桥西区农业农村局局长

免去：

李金正的桥西区监察委员会委员职务

郝增良的桥西区人民法院审判员职务

任命：

37 名桥西区人民法院人民陪审员(名单略)

2022 年 12 月 21 日，区十七届人大常委会第十二次会议，补选产生了桥西区出席石家庄市第十五届人民代表大会代表 1 名。

补选：

彭晓明为石家庄市第十五届人民代表大会代表

2022 年 12 月 26 日，区十七届人大常委会第十三次会议，通过了区人民政府相关人事任免事项。

决定免去：

赵　刚的桥西区市场监督管理局局长职务

张治军的桥西区民政局局长职务

决定任命：

刘全胜为桥西区市场监督管理局局长

于建兵为桥西区民政局局长

张举士为桥西区商务局局长

2023 年 1 月 9 日，区十七届人大常委会第十五次会议，通过了区人大常委会、区人民政府、区监察委员会相关人事任免事项。

免去：

吕伟丽的桥西区人大常委会中山街道工作委员会主任职务

张　帅的桥西区人大常委会东里街道工作委员会主任职务

丁思友的桥西区人大常委会红旗街道工作委员会主任职务

任命：

王　英为桥西区人大常委会新石街道工作委员会主任

牛士伟为桥西区人大常委会红旗街道工作委员会主任

决定免去：

智伟力的桥西区地方金融监督管理局局长职务

决定任命：

王　跃为桥西区地方金融监督管理局局长

任命：

齐英辉为桥西区监察委员会委员

2023 年 3 月 17 日，区十七届人大常委会第十七次会议，通过了区人民政府、区人民法院相关人事任免事项。

决定免去：

刘　慧的桥西区财政局局长职务

决定任命：

王玉明为桥西区财政局局长

免去：

骆新颖的桥西区人民法院留营人民法庭庭长职务

王　倩的桥西区人民法院平安南大街人民法庭庭长职务

刘国珑的桥西区人民法院民事审判一庭副庭长职务

任命：

骆新颖为桥西区人民法院平安南大街人民法庭庭长

王　倩为桥西区人民法院留营人民法庭庭长

贾博伟、郝红艳为桥西区人民法院立案庭副庭长

高红梅为桥西区人民法院金融法庭副庭长

韩丽娟为桥西区人民法院平安南大街人民法庭副庭长

2023 年 4 月 28 日，区十七届人大常委会第十八次会议，通过了区人民法院相关人事任免事项。

免去：

24 人的桥西区人民法院人民陪审员职务（名单略）

任命：

辛　毅为桥西区人民法院审判员

2023 年 6 月 26 日，区十七届人大常委会第十九次会议，通过了区人大常委会、区人民政府相关人事任免事项。

决定任命：

牛兰柱为桥西区人民政府副区长

免去：

张　欣的桥西区第十七届人民代表大会法制委员会副主任委员职务

张建宇的桥西区第十七届人民代表大会财政经济委员会副主任委员职务

张建宇的桥西区第十七届人民代表大会城乡建设和环境保护委员会副主任委员职务

魏含玉的桥西区第十七届人民代表大会教育科学文化卫生委员会副主任委员职务

任命：

杨　鸿为桥西区第十七届人民代表大会法制委员会副主任委员

魏建新为桥西区第十七届人民代表大会财政经济委员会副主任委员

张建宇、殷华理为桥西区第十七届人民代表大会财政经济委员会委员

魏建新为桥西区第十七届人民代表大会城乡建设和环境保护委员会副主任委员

张建宇为桥西区第十七届人民代表大会城乡建设和环境保护委员会委员

赵石磊为桥西区第十七届人民代表大会教育科学文化卫生委员会副主任委员

2023 年 7 月 12 日，区十七届人大常委会第二十次会议，通过了区人民政府相关人事任职事项。

决定任命：

付媛媛为桥西区人民政府副区长(挂职)

2023 年 9 月 15 日，区十七届人大常委会第二十一次会议，通过了区人大常委会、区人民政府、区人民法院相关人事任免事项。

免去：

郭红琴的桥西区人大社会建设委员会副主任委员职务

牛士伟的桥西区人大常委会红旗街道工作委员会主任职务

陶　浩的桥西区人大常委会留营街道工作委员会主任职务

唐　睿的桥西区人大常委会东风街道工作委员会主任职务

任命：

牛士伟为桥西区人大社会建设委员会副主任委员

刘彦平为桥西区人大常委会中山街道工作委员会主任

王　谦为桥西区人大常委会东里街道工作委员会主任

于英建为桥西区人大常委会东风街道工作委员会主任

孙　达为桥西区人大常委会留营街道工作委员会主任

决定免去：

万　青的桥西区统计局局长职务

李茂生的桥西区退役军人事务局局长职务

决定任命：

李　睿为桥西区统计局局长

冯晓芬为桥西区退役军人事务局局长

免去：

赵永升的桥西区人民法院审判委员会委员、审判员职务

杨　杰的桥西区人民法院审判员职务

任命：

高冠宇、张凯慧、崔超、辛阳阳、吴志军、魏付军为桥西区人民法院审判员

24名桥西区人民法院人民陪审员(名单略)

2023年10月23日，区十七届人大常委会第二十二次会议，通过了区人民政府、区监察委员会、区人民法院相关人事任免事项。

决定任命：

安立辉为桥西区人民政府副区长

免去：

王典巨的桥西区监察委员会副主任职务

任命：

吕志科为桥西区监察委员会副主任

孙建丰、冯晶为桥西区人民法院审判员

2023年11月29日，区十七届人大常委会第二十三次会议，通过了区人民政府相关人事任免事项。

决定免去：

赵玉川的桥西区发展和改革局局长职务

李瑞强的桥西区应急管理局局长职务

尤绍辉的桥西区医疗保障局局长职务

决定任命：

万　青为桥西区发展和改革局局长

赵昌牛为桥西区医疗保障局局长

2023年12月27日，区十七届人大常委会第二十四次会议，通过了区人民政府、区监察委员会、区人民法院相关人事任免事项。

决定任命：

南　龙为桥西区人民政府副区长

决定免去：

安立辉的桥西区人民政府办公室主任职务

梁　杰的桥西区城市管理综合行政执法局局长职务

李体花的桥西区审计局局长职务

决定任命：

葛国力为桥西区人民政府办公室主任

赵玉川为桥西区城市管理综合行政执法局局长

免去：

杨朴玉的桥西区监察委员会委员职务

任命：

刘柳、张磊为桥西区监察委员会委员

免去：

王跃斌的桥西区人民法院副院长职务

赵　静的桥西区人民法院石家庄金融法庭庭长、审判委员会委员、审判员职务

6人的桥西区人民法院人民陪审员(名单略)

任命：

祁晶晶为桥西区人民法院审判员

2024年1月19日，区十七届人大常委会第二十六次会议，补选产生了桥西区出席石家庄市第十五届人民代表大会代表1名，通过了区人民政府、区人民法院、区人民检察院相关人事任免事项。

补选：

李　勇为石家庄市第十五届人民代表大会代表

决定任命：

张瑞强为桥西区应急管理局局长

免去：

赵晓渝、许丽娜的桥西区人民法院审判员职务

任命：

陈宏伟、张敏、刘亚航、卜晓洁为桥西区人民检察院检察委员会委员

2024年2月29日，区十七届人大常委会第二十七次会议，通过了区人大常委会、区人民政府、区监察委员会、区人民法院相关人事任免事项。

免去：

王　谦的桥西区人大常委会东里街道工作委员会主任职务

田静媛的桥西区人大常委会维明街道工作委员会主任职务

任命：

张立军为桥西区人大常委会东里街道工作委员会主任

何姿颐为桥西区人大常委会维明街道工作委员会主任

决定任命：

王长青为桥西区审计局局长

免去：

王长青的桥西区监察委员会委员职务

任命：

乔世甲为桥西区监察委员会委员

免去：

岳红丽的桥西区人民法院刑事审判庭副庭长职务

任命：

辛　毅为石家庄金融法庭副庭长

张仕琪、曹露莹、王清正、李隆幸为桥西区人民法院审判员

2024年4月19日，区十七届人大常委会第二十八次会议，通过了区人大常委会、区人民政府、区人民法院、区人民检察院相关人事任免事项。

免去：

张　英的桥西区人大常委会办公室主任职务

张　欣的桥西区人大常委会人事代表工作委员会主任职务

杨　鸿的桥西区人大常委会法制工作委员会主任职务

魏建新的桥西区人大常委会财经城建工作委员会主任职务

曹庆新的桥西区人大常委会办公室副主任职务

白　鸿的桥西区人大常委会彭后街道工作委员会主任职务

王俊凯的桥西区人大常委会振头街道工作委员会主任职务

刘　莉的桥西区人大常委会友谊街道工作委员会主任职务

董婷婷的桥西区人大常委会休门街道工作委员会主任职务

任命：

张　欣为桥西区人大常委会办公室主任

杨　鸿为桥西区人大常委会代表工作委员会主任

白　鸿为桥西区人大常委会法制工作委员会主任

魏建新为桥西区人大常委会预算工作委员会主任

曹庆新为桥西区人大常委会休门街道工作委员会主任

王素辉为桥西区人大常委会振头街道工作委员会主任

王一方为桥西区人大常委会彭后街道工作委员会主任

李腾杰为桥西区人大常委会友谊街道工作委员会主任

决定免去：

底　欣的桥西区科学技术局局长职务

王　跃的桥西区地方金融监督管理局局长职务

张　波的桥西区数据资源管理局局长职务

决定任命：

王　跃为桥西区科学技术局局长

张　波为桥西区数据局局长

任命：

曹露莹为桥西区人民法院立案庭副庭长

孙会丽为桥西区人民检察院检察员

第二节　常委会接受辞职情况

2022 年 6 月 20 日，区十七届人大常委会第九次会议接受栾俊鹏辞去桥西区人民政府副区长职务。

2022 年 8 月 10 日，区十七届人大常委会第十次会议接受张立明辞去桥西区人民政府副区长职务。

2022 年 9 月 27 日，区十七届人大常委会第十一次会议接受张烨丹辞去桥西区人民政府副区长职务、赵力辞去区人民检察院检察长职务。

2022 年 12 月 21 日，区十七届人大常委会第十二次会议接受詹鹏辞去石家庄市第十五届人民代表大会代表职务。

2022 年 12 月 30 日，区十七届人大常委会第十四次会议接受丁思友辞去桥西区第十七届人民代表大会常务委员会委员职务。

2023 年 1 月 9 日，区十七届人大常委会第十五次会议接受蔡玉霞辞去石家庄市桥西区第十七届人民代表大会法制委员会主任委员职务。

2023 年 9 月 15 日，区十七届人大常委会第二十一次会议接受程志华辞去桥西区人民政府副区长职务。

2023 年 12 月 27 日，区十七届人大常委会第二十四次会议接受吴磊辞去桥西区人民政府副区长职务。

2024 年 1 月 17 日，区十七届人大常委会第二十五次会议接受魏含玉、李俊琳辞去桥西区第十七届人民代表大会常务委员会委员职务。

2024 年 1 月 19 日，区十七届人大常委会第二十六次会议接受彭晓明辞去石家庄市第十五届人民代表大会代表职务。

第八章　机关工作

第一节　自身建设

区人大常委会机关在区委和区人大常委会党组的坚强领导下，坚持以习近平新时代中国特色社会主义思想为指导，忠诚捍卫“两个确立”，坚决做到“两个维护”，持续加强“四个机关”建设，把服务常委会依法履职作为首要职责，严格履行参谋服务、综合协调、督办落实等各项职能，有效保障常委会各项工作落地落实。

切实加强理论武装。认真落实“第一议题”制度，把理论学习贯穿始终。组织学习党的二十大精神、《习近平新时代中国特色社会主义思想学习纲要》以及习近平总书记在党的二十届一中全会、在二十届中央纪委二次全会、在学习贯彻党的二十大精神研讨班开班式、在中共中央政治局第四次集体学习、在学习贯彻习近平新时代中国特色社会主义思想主题教育工作会议上等系列重要讲话精神，深入学习贯彻习近平总书记视察河北、视察石家庄时重要讲话和重要指示精神，以更加奋发有为的精神状态，形成推动桥西区高质量发展的强大合力。

深入推进党风廉政建设。从细从严贯彻落实中央八项规定精神及其实施细则，坚持不懈反对“四风”，深入开展纪律作风整顿活动，全力打造一支政治过硬、业务精干、作风优良、群众信任的人大工作队伍。

认真落实意识形态工作责任制。加强机关网络舆情管理工作，对微信公众号、微信群实行专人管理，确定专人负责维护更新以及上传信息的审核、统计，所有上传信息都经过办公室严格审核、统一发送。

切实提升机关干部素质。开展支部学习、三会一课，结合河北干部网络学院，带领机关党员干部学习最新时事政策、理论方针，提高党员干部职工理论素养；开展常委会机关法律知识授课，解读《中华人民共和国宪法》《中华人民共和国各级人民代表大会常务委员会监督法》《中华人民共和国地方各级人民代表大会和地方各级人民政府组织法》《中华人民共和国全国人民代表大会和地方各级人民代表大会选举法》《中华人民共和国全国人民代表大会和地方各级人民代表大会代表法》《中华人民共和国食品安全法》等法律，提高机关工作人员法律素质；组织机关干部参加优秀年轻干部综合素质能力提升培训班，有效增强机关年轻干部政治素质、专业素质和纪律意识。

第二节 宣传工作

区人大常委会不断加强宣传阵地建设，充分发挥“桥西人大”微信公众号、小程序的作用，及时发布人大工作相关法律法规，工作动态和专题调研、视察活动等有关内容，全方位展示区人大常委会和广大代表依法履职的生动实践和崭新风貌，推进人民代表大会制度更加深入人心。截至 2024 年 5 月，共发布 73 篇微信公众号文章。大者安吉人大代表联络站揭牌后，《石家庄市首个图书馆内人大代表联络站在桥西区挂牌》刊载至市级媒体《石家庄日报》，《码上见 码上扫 码上办 石家庄首个设在图书馆里的人大代表联络站揭牌》刊载至“石家庄日报”微信公众号。代表建议提出、办理、督办的经验做法先后被《人民代表报》《公民与法治》《石家庄日报》等多家全国及省、市有关报刊杂志报道。

第三节 信访工作

区人大常委会深入贯彻落实《信访工作条例》，依法做好人大信访工作。在认真交转督办的同时，帮助信访人员解除疑惑，疏导情绪，解决问题，本届以来共受理省市人大转交以及群众来信 30 件次，来访 79 人次，一批反映合理的信访诉求得到及时有效解决。接入人大信访信息管理系统，提升人大信访工作效能，积极稳妥做好人大网上信访工作，为维护社会和谐稳定贡献人大智慧和力量。

第十八篇

乡（街道）人大工作

第一章　留营乡人民代表大会

1954年2月，成立留营乡政府。1962年1月，成立留营人民公社，隶属石家庄市原郊区。1984年1月，改称留营乡。2001年3月，划归桥西区，留营乡人民代表大会召开2届。2010年1月，留营乡改称为留营街道办事处。

第一节　留营乡第十三届人民代表大会

（2002年7月—2007年3月）

一、党的领导

留营乡第十三届人民代表大会及其主席团在区人大常委会的指导和乡党委的领导下，坚持以毛泽东思想、邓小平理论、“三个代表”重要思想为理论指导，认真贯彻落实党的十五大、十六大精神，坚定不移贯彻执行党的基本路线，进一步解放思想、抢抓机遇、拼搏进取，坚持以经济建设为中心，正确处理改革、发展、稳定的关系，积极探索新形势下人大工作的方法和途径。

2002年3月，按照区委批准的区人大常委会党组《关于乡级人民代表大会换届选举工作的安排意见》，召开人大换届选举工作会议，提出明确要求，确保换届成功。留营乡人大主席团在乡人大闭会期间，紧紧围绕乡党委的中心任务开展人大工作，在工作中主动接受乡党委的领导，认真坚持重大问题及时向党委请示报告制度，定期向党委汇报各项工作。在组织代表视察、调研、评议及依法行使决定权、监督权等方面，得到了乡党委的大力支持，为推进全乡经济建设和各项事业发展起到了强有力的保障作用。

二、人大代表

（一）选举产生

根据《中华人民共和国全国人民代表大会和地方各级人民代表大会选举法》《河北省县、乡两级人民代表大会选举实施细则》及区、乡选举委员会《关于人大换届选举工作安排意见》，桥西区人大常委会确定留营乡第十三届人大代表名额为55名，本次安排选举52名，留3名机动名额。

2002 年 4 月至 7 月，留营乡进行了人大代表换届选举工作。通过宣传发动、学习讲座等方式提高选民法律意识和民主意识，共有 13798 名选民参加选举，参选率达到了 96% 以上。

经留营乡第十二届人民代表大会代表资格审查委员会审查，选出的 52 名乡第十三届人民代表大会代表符合法律规定，代表资格有效。

在 52 名代表中，中共党员 34 名，占 65.4%；群众 16 名，占 30.8%；民主党派 2 名，占 3.8%。女性代表 17 名，占 32.7%。上届代表继续当选的 24 名，占 46.2%。

链接 1：具体选举情况

留营乡换届选举工作，在留营乡第十三届人民代表大会主席团的领导下，由选举委员会主持，历经准备、宣传发动、选民登记、提名协商代表候选人、选举人大代表五个阶段，选举产生乡人大代表 52 名。

一、准备工作。建立选举工作机构，成立选举委员会，主持本级人民代表大会代表的选举。选举委员会下设选举工作办公室，负责处理选举工作。各村及各系统建立选举领导小组，负责主持本村和本系统的选举工作和选举中的具体事务。召开选举工作动员大会，对换届选举工作进行专题研究部署。培训选举工作骨干，采取集中培训、分阶段培训、以会代训相结合的方式，提高业务能力。

二、宣传发动工作。宣传工作中注重结合选举各阶段的内容和选民的思想实际，向广大选民宣传选举相关法律，换届选举的重要意义和指导思想，人民代表大会制度的性质、地位、作用等内容，增强广大选民的民主法制观念，为换届选举工作奠定坚实思想基础。

三、选民登记工作。留营乡选区划分本着便于选民参加选举活动、便于选民了解候选人和便于代表联系选民、接受选民监督的原则进行，共划分 33 个选区。工作人员逐户逐人进行选民登记，并按时张榜公布和补充登记，注重做好外出务工及流动人员的选民登记，做到“不错、不重、不漏”。全乡登记选民 13798 名，4 月 18 日公布选民名单。

四、代表候选人提名工作。4 月 19 日至 5 月 10 日，按照选区和工作单位，采取政党团体和选民十人以上联名的形式提名推荐初步代表候选人 103 名。在提名代表候选人中，各选区和广大选民充分考虑代表的广泛性、先进性和代表性，注重新旧代表的接替和区、乡代表的交叉，按照差额选举的规定，经过反复酝酿，最终确定正式代表候选人 75 名。

五、选举代表工作。按照法律规定和法律程序，5 月 16 日，进行乡人大代表选举。设中心会场 12 个，投票站 23 个，流动票箱 32 个，广泛发动选民积极参加投票选举。乡人大代表选出后，报乡选举委员会依法审查确认选举结果，按选区张榜公布当选乡人大代表名单，发给代表当选证书。

链接 2：

留营乡十三届人民代表大会选举委员会名单

表 18–1

职　务	姓　名	所在单位及职务
主　任	杨家茂	留营乡党委书记
副主任	宋桂英	留营乡党委政工副书记
	刘丛新	留营乡人大主席团主席
	李凤银	留营乡人大主席团副主席
	聂希文	留营乡党委政法副书记
委　员	王爱民	留营乡党委纪检书记
	王建良	留营乡党委组织委员
	马和平	留营乡党委宣传委员
	窦晓冬	留营乡团委书记

（二）代表名单

第一代表团

杨家茂　　聂希文　　马和平　　张　伟
李玉虎　　刘建国　　孙凤珍　　梁友谊
梁彦申　　任印梅(女)　　李生平　　韩建良
邓富荣　　王建良　　吴淑芳(女)

第二代表团

崔书祥　　梁瑞华　　雷玉新(女)　　刘丛新(女)
崔秋英(女)　　崔焕明　　张玉国　　杜志军
杜秀华(女)　　杨焕喜　　杨成府

第三代表团

邓秀明　　邓明录　　李金花(女)　　马建刚
马进珠　　李均平　　史彦玲(女)　　李建保
王建军　　韩美枝(女)

第四代表团

王建元	王建同	宋桂英(女)	高秀叶(女)
王保林	王云合	王根平	李富贵
王计寿	王君彦	李凤银(女)	梁大华
陶淑君(女)	樊喜爱(女)	梁栓平	范合辰

三、人民代表大会

根据现有档案史料，仅找到留营乡十三届人民代表大会第一次会议有关资料。

（一）会议概况

2002 年 7 月 1 日至 2 日，留营乡十三届人民代表大会第一次会议在环城宾馆召开。出席代表 52 人（应到 52 人）。会议听取和审议留营乡人民政府乡长梁瑞华作的《留营乡人民政府工作报告》、留营乡人大主席刘丛新作的《留营乡第十二届人民代表大会主席团工作报告》。会议审查和批准《留营乡财政所 2001 年财政预算执行情况和 2002 年财政预算（草案）的报告》，并通过相应决议。会议听取《关于留营乡第十三届人民代表大会代表资格审查情况的报告》。会议选举产生留营乡第十三届人民代表大会人大主席团主席、副主席，留营乡人民政府乡长、副乡长。 会议通过留营乡第十三届人民代表大会第一次会议授权决定。

这次会议，是留营乡区划调整后的第一次人民代表大会，是在全乡人民跨入新世纪、迎接新挑战、实现新发展、开创新局面的情况下召开的。会议指出，留营乡人民在上级党委、政府的正确领导下，紧紧围绕改革、发展、稳定大局，埋头苦干，扎实工作，开拓进取，经济发展、精神文明建设和民主法制建设进一步加强。会议强调，要贯彻落实党的十五大、十五届六中全会精神和各级经济工作会议精神，紧紧围绕区委五届六次全会提出的指导思想，认真负责，积极工作，为完成各项任务努力奋斗。

（二）会议选举

乡十三届人大一次会议，选举产生乡级国家机关工作人员 8 人。

留营乡人大主席团

主 席：

刘丛新(女)　2002 年 7 月乡十三届人大一次会议选举产生

副主席：

马和平　2002 年 7 月乡十三届人大一次会议选举产生

留营乡人民政府

乡　长：

梁瑞华　　2002 年 7 月乡十三届人大一次会议选举产生

副乡长：

马维恒　　2002 年 7 月乡十三届人大一次会议选举产生

王建良　　2002 年 7 月乡十三届人大一次会议选举产生

白兰怀　　2002 年 7 月乡十三届人大一次会议选举产生

李香萍(女)　2002 年 7 月乡十三届人大一次会议选举产生

崔银雪　　2002 年 7 月乡十三届人大一次会议选举产生

（三）会议组织

大会主席团和秘书长

主席团：

马和平　王建同　王根平　刘丛新(女)

张　伟　李金花(女)　宋桂英（女）　杨家茂

杨焕喜　梁大华　崔书祥

秘书长：刘丛新(女,兼)

大会财政预决算审查委员会

主 任 委 员：张　伟

副主任委员：崔秋英(女)

委　　　员：杜志军　李均平　李富贵

大会议案审查委员会

主 任 委 员：李玉虎

副主任委员：王云河

委　　　员：王计寿　雷玉新　史彦玲(女)

第二节　留营乡第十四届人民代表大会

（2007 年 3 月—2010 年 1 月）

一、党的领导

留营乡第十四届人民代表大会及其主席团在区人大常委会的指导和乡党委的领导下，坚持以毛泽东思想、邓小平理论、“三个代表”重要思想、科学发展观为指导，认真贯彻落实党的十七大精神，紧紧围绕留营乡经济建设和社会发展，切实履行宪法和法律赋予的职责。留营乡人大主席团严格落实重大事项向乡党委请示汇报制度，以贯彻实施《中华人民共和国各级人民代表大会常务委员会监督法》为重点，主动争取乡党委对人大主席团依法行使决定权、监督权等各项工作的支持，为推进留营乡四个文明建设做出贡献。

二、人大代表

2007年1月至3月，留营乡进行了人大代表换届选举工作。根据《中华人民共和国全国人民代表大会和地方各级人民代表大会选举法》《河北省选举实施细则》及桥西区、留营乡选举委员会《关于人大换届选举工作安排意见》，经过宣传发动、选民登记、资格审查、提名协商代表候选人、选举人大代表等阶段，选出69名乡人大代表，其中有党政干部、社区书记、村民、企业负责人等，选出的代表具有广泛性，代表性。

根据现有档案史料，未找到留营乡十四届人民代表大会代表名单。

链接：

留营乡十四届人民代表大会选举委员会名单

表18–2

职　务	姓　名	所在单位及职务
主　任	梁瑞华	留营乡党委书记
副主任	马维恒	留营乡党委副书记、乡长
	王爱民	留营乡人大主席团主席
委　员	崔银雪	留营乡党委副书记
	吴淑芳	留营乡党委组织委员
	曹　勇	留营乡党委宣传委员
	闫根斗	留营乡党委武装部部长
	尚焕英	留营乡人大主席团副主席

三、人民代表大会

根据现有档案史料，仅找到留营乡十四届人大一次会议有关资料。

（一）会议概况

2007年3月26日至27日，留营乡十四届人大一次会议在西山宾馆召开。出席代表66人（应到69人）。会议听取和审议《留营乡人民政府工作报告》《留营乡人民代表大会主席团工作报告》，并通过相应决议。会议选举产生留营乡第十四届人民代表大会人大主席团主席、副主席，留营乡人民政府乡长、副乡长。

（二）会议选举

乡十四届人大一次会议，选举产生乡级国家机关工作人员 5 人。

留营乡人大主席团

主　席：

　　崔银雪　　　2007 年 3 月乡十四届人大一次会议选举产生

副主席：

　　李香萍(女)　2007 年 3 月乡十四届人大一次会议选举产生

留营乡人民政府

乡　长：

　　马维恒　　　2007 年 3 月乡十四届人大一次会议选举产生

副乡长：

　　赵玉川　　　2007 年 3 月乡十四届人大一次会议选举产生

　　金　晔(女)　2007 年 3 月乡十四届人大一次会议选举产生

第二章　各街道人大工作

1997 年 3 月，根据市委石字〔1996〕102 号《关于批转市人大常委会党组〈关于在城市街道办事处设立人大代表办事机构的报告〉的通知》精神，区委同意区人大常委会党组《关于在各街道办事处设立人大代表工作室的请示》，工作室作为区人大常委会的派出机构，设专职正科级主任一名。

1998 年 4 月，根据市委、市人大常委会要求，经桥西区委批准，刻制并启用各街道办事处人大工作室印章 8 枚，分别为：中山路办事处人大工作室、永安街办事处人大工作室、南长街办事处人大工作室、裕华西路办事处人大工作室、兴华街办事处人大工作室、东里办事处人大工作室、红旗大街办事处人大工作室、友谊大街办事处人大工作室。

2001 年 3 月，因区划调整，留营乡、振头乡、西里乡的 3 个村、建国路办事处划归桥西区。2001 年 4 月，西里乡改称为西里街道办事处，人大工作室随之更名。2001 年 11 月，兴华街办事处改称为维明街道办事处，建国街道办事处改称为苑东街道办事处，红旗大街办事处改称为新石街道办事处，振头乡改称为振头街道办事处，人大工作室随之更名。2001 年 12 月，永安街办事处改称为红旗街道办事处，人大工作室随之更名。2010 年 1 月，留营乡改称为留营街道办事处，人大工作室随之更名。2013 年 5 月，裕华西路办事处所辖区域并入南长街办事处。2014 年 1 月，成立长兴街道办事处，设立长兴街道人大工作室。

2014 年 9 月，因区划调整，原属桥东区的休门街道办事处、东华街道办事处、东风街道办事处、彭后街道办事处、汇通街道办事处划归桥西区管辖，人大工作室随之更名。

2018 年 5 月，区机构编制委员会办公室发布《关于调整区街道人大工作机构名称的通知》，统一调整街道人大工作机构名称，将桥西区人大常委会中山、南长、红旗、维明、东里、新石、友谊、振头、西里、苑东、长兴、留营、休门、东华、东风、彭后、汇通 17 个街道工作室分别更名为桥西区人民代表大会常务委员会中山、南长、红旗、维明、东里、新石、友谊、振头、西里、苑东、长兴、留营、休门、东华、东风、彭后、汇通街道工作委员会。

第一节　党的领导

桥西区各街道人大工作委员会（工作室）坚持党对人大工作的领导，确保正确政治方向。坚决贯彻习近平总书记关于坚持和完善人民代表大会制度的重要思想，坚持把党的领导贯彻到街道人大工作的各方面和全过程，增强“四个意识”、坚定“四个自信”、做到“两个维护”。街道人大工作委员会（工作室）根据区人大常委会和街道党工委的安排，制定年度工作要点和代表活动计划，并认真组织实施，确保党委决策部署在哪里，人大工作跟进到哪里。

桥西区各街道党工委历来高度重视人大工作，支持人大依法履职。强化政治引领，将人大工作纳入重要议事日程，做到专题汇报、专题研究、专题部署，推动街道重点工作与人大工作同谋划、同部署、同推进。支持阵地建设，推进代表家站提档升级，按照标准完善必要设施，健全规范管理制度，为人大代表履职提供平台。

桥西区各街道人大工作委员会（工作室）严格执行请示报告制度，做到整体工作自觉向街道党工委请示、重要工作主动向党工委报告、阶段工作及时向党工委汇报，坚决完成党工委交办的各项任务。围绕区委、区政府重要决策部署和街道重点工作，通过调研、视察和跟踪督查等形式，依法监督、正确监督、有效监督，组织人大代表参与基层社会治理，为街道党工委科学决策提供重要参考，实现人大工作与街道经济发展和社会稳定同频共振。

桥西区各街道人大工作委员会（工作室）注重加强自身建设，不断完善工作流程，优化工作程序，提高工作效率，确保人大工作的及时性和有效性。持续提高代表的政治素质和履职能力，组织人大代表通过走访选民和接待选民等方式广泛收集意见建议，建立起代表与选民联系的桥梁和纽带，努力践行全过程人民民主。

第二节　选举区人大代表工作

区人大换届选举期间，在区选举委员会的领导下，街道成立工作机构，做好准备、宣传发动、选民登记、代表候选人提名、选举代表五个阶段工作。

一是准备阶段。各街道办事处成立选举领导小组，任务层层分解，逐项落实到人，为高质量完成换届选举提供组织保障。

二是宣传发动阶段。为更好完成选举工作，各街道办事处选举领导小组严格按照《中华人民共和国全国人民代表大会和地方各级人民代表大会选举法》《河北省县乡两级人民代表大会选举实施细则》，结合街道工作实际，通过制作展牌、条幅、电子屏等多种途径进行深入广泛的宣传发动，将宣传工作贯穿于选举工作始终。

三是选民登记阶段。各街道办事处选举领导小组组织各选区把好登记关，选民登记后及时复核、查漏补登和资格审查，最大程度保证选民登记“不错、不漏、不重”。

四是代表候选人提名阶段。为选出高质量的人大代表，充分贯彻以选民为主为先的原则，调动广大选民提名协商候选人的积极性，各街道召开选举工作会议，同选民宣讲提名代表候选人法律规定和方法步骤及注意事项，为正式选举打下坚实基础。

五是选举代表阶段。各选区在选举前做好各项准备工作，组织培训好选举工作人员、设置投票站和流动投票箱等，确保选举一次成功。

中山街道选举区人大代表工作情况一览表

表 18–3

选举领导小组				选区数（个）	代表数（名）
届次	职　务	姓　名	所在单位及职务		
十三届	组　长	林海军	中山街道党工委书记	7	16
	副组长	康永发	中山街道党工委副书记、办事处主任		
		刘延清	中山街道办事处人大工作室主任		
	成　员	贾小玲	中山街道党工委副书记		
		闫战好	中山街道党工委副书记		
		马喜凤	中山街道党工委副书记		
		温俊岐	中山街道办事处副主任		
		康　平	中山街道办事处副主任		
		史凤菊	中山街道党工委组织委员		
		万红娟	中山街道党工委宣传委员		
		刘　慧	中山街道办事处民政科科长		
		邓印林	中山路派出所所长		
十四届	组　长	高景深	中山街道党工委书记	9	16
	副组长	闫战好	中山街道党工委副书记、办事处主任		
		靳美全	中山街道办事处人大工作室主任		
	成　员	马喜凤	中山街道党工委副书记		
		万红娟	中山街道办事处副主任		
		门秀云	中山街道党工委组织委员		
		陈丽伟	中山街道办事处妇联主任		
		岳　玲	中山街道办事处科员		

续表 18-3

选举领导小组				选区数（个）	代表数（名）
届次	职　务	姓　名	所在单位及职务		
十五届	组　长	张　芃	中山街道党工委书记	9	17
	副组长	刘　慧	中山街道党工委副书记、办事处主任		
		张　泽	中山街道办事处人大工作室主任		
	成　员	付玲巧	中山街道民族路社区居委会主任		
		张　兰	中山街道宁远街社区居委会主任		
		李荣卫	中山街道永安街社区居委会主任		
		李志萍	中山街道南小街社区居委会主任		
		石会锦	中山街道办事处办公室科员		
		黄佳子	中山街道办事处办公室科员		
十六届	组　长	王爱良	中山街道党工委书记	8	14
	副组长	宋胜利	中山街道党工委副书记、办事处主任		
		陈少鹏	中山街道办事处人大工作室主任		
	成　员	陈立伟	中山街道党工委副书记		
		梅路广	中山街道党工委副书记		
		刘彦平	中山街道党工委副书记		
		张志刚	中山街道办事处副主任		
		刘　霞	中山街道党工委组织委员		
		黄佳子	中山街道办事处人大联络员		
十七届	组　长	刘宏志	中山街道党工委书记	8	16
	副组长	田新源	中山街道党工委副书记、办事处主任		
		吕伟丽	中山街道办事处人大工委主任		

续表 18-3

选举领导小组				选区数（个）	代表数（名）
届次	职　务	姓　名	所在单位及职务		
十七届	成　员	刘彦平	中山街道党工委副书记	8	6
		陈立伟	中山街道党工委纪工委书记		
		钟永光	中山街道党工委政法委员		
		刘　霞	中山街道办事处副主任		
		李敬雷	中山街道办事处副主任		
		戎　华	中山街道党工委组织委员		
		范　佳	中山街道党工委宣传委员		
		芦长俊	中山街道武装部部长		
		王同财	中山街道办事处人大联络员		

南长街道选举区人大代表工作情况一览表

表 18–4

选举领导小组				选区数（个）	代表数（名）
届　次	职　务	姓　名	所在单位及职务		
十三届	组　长	李瑞士	南长街道党工委书记	7	12
	副组长	侯明玉	南长街道党工委副书记、办事处主任		
		梁云芝	南长街道办事处人大工作室主任		
	成　员	徐淑桂	南长街道党工委副书记		
		田　澍	南长街道办事处副主任		
		刘玉巧	南长街道党工委组织委员		
		赵秀兰	南长街道党工委宣传委员		
		王明让	南长街道武装部部长		

续表 18-4

选举领导小组				选区数（个）	代表数（名）
届　次	职　务	姓　名	所在单位及职务		
十三届	成　员	何秋果	南长街道办事处妇联主任	7	12
		朱文起	南长街道办事处民政科科长		
十四届	组　长	李瑞士	南长街道党工委书记	7	12
	副组长	张苏华	南长街道党工委副书记、办事处主任		
		王明让	南长街道办事处人大工作室主任		
	成　员	刘玉巧	南长街道党工委副书记		
		赵曙媛	南长街道党工委副书记		
		王建良	南长街道党工委副书记		
		何秋果	南长街道党工委组织委员		
		赵秀兰	南长街道党工委宣传委员		
		郁玮婷	南长街道办事处民政科科长		
		于会平	南长街道办事处司法所所长		
十五届	组　长	王建良	南长街道党工委书记	8	15
	副组长	王明让	南长街道办事处人大工作室主任		
		郁玮婷	南长街道办事处副主任		
	成　员	赵秀兰	南长街道党工委宣传委员		
		赵子联	南长街道保晋南街社区党支部书记		
		刘香平	南长街道农建街社区党支部书记		
		张亚薇	南长街道槐安西路社区党支部书记		

续表 18-4

选举领导小组				选区数（个）	代表数（名）
届　次	职　务	姓　名	所在单位及职务		
十六届	组　长	张子叶	南长街道党工委书记	9	15
	副组长	张举士	南长街道党工委副书记、办事处主任		
		苏小东	南长街道办事处人大工作室主任		
	成　员	李海兵	南长街道党工委副书记		
		杨岱凌	南长街道党工委副书记、纪工委书记		
		田　勇	南长街道党工委副书记		
		马笑风	南长街道办事处副主任		
		马艳茹	南长街道办事处副主任		
		牛士伟	南长街道党工委组织委员		
		胡建军	南长街道党工委宣传委员		
		古尊上	南长街道武装部部长		
		谷进田	南长街道办事处办公室科员		
十七届	组　长	辛　炜	南长街道党工委书记	9	16
	副组长	孙利北	南长街道党工委副书记、办事处主任		
		杨岱凌	南长街道人大工委主任		
	成　员	高会彬	南长街道党工委副书记		
		马笑风	南长街道党工委政法委员		
		马艳茹	南长街道办事处副主任		
		刘　强	南长街道办事处副主任		
		徐　伟	南长街道党工委纪工委书记		
		古尊上	南长街道武装部部长		
		石玉温	南长街道党工委组织委员		

续表 18-4

选举领导小组				选区数（个）	代表数（名）
届　次	职　务	姓　名	所在单位及职务		
十七届	成　员	李　丹	南长街道党工委宣传委员	9	16
		邵　娟	南长街道办事处人大联络员		
		尹晓琪	南长街道办事处人大联络员		

红旗街道选举区人大代表工作情况一览表

表 18–5

选举领导小组				选区数（个）	代表数（名）
届　次	职　务	姓　名	所在单位及职务		
十三届	组　长	钟秀英	红旗街道党工委书记	12	13
	副组长	敬克清	红旗街道党工委副书记、办事处主任		
		檀荣书	红旗街道办事处人大工作室主任		
	成　员	陈翠霞	红旗街道党工委副书记		
		陈卫平	红旗街道党工委副书记		
		赵　志	红旗街道党工委副书记		
		闫兰英	红旗街道办事处副主任		
		赵建伟	红旗街道办事处副主任		
		王明珠	红旗街道党工委宣传委员		
		崔彦斌	红旗街道武装部部长		
十四届	组　长	曹军恒	红旗街道党工委书记	12	17
	副组长	张香国	红旗街道党工委副书记、办事处主任		
		陈卫平	红旗街道办事处人大工作室主任		
	成　员	侯俊英	红旗街道党工委副书记		
		赵　志	红旗街道党工委副书记		

续表 18-5

选举领导小组				选区数（个）	代表数（名）
届　次	职　务	姓　名	所在单位及职务		
十四届	成　员	张改芬	红旗街道办事处民政科科长	12	17
		董素敏	红旗街道办事处工会主席		
		渠滇训	红旗街道办事处综治办主任		
		杨伟娟	红旗街道办事处办公室科员		
十五届	组　长	崔广利	红旗街道党工委书记	12	20
	副组长	孔祥国	红旗街道党工委副书记、办事处主任		
		陈卫平	红旗街道办事处人大工作室主任		
	成　员	吴彦琴	红旗街道党工委组织委员		
		冯朝军	红旗街道办事处司法所所长		
		刘希元	红旗街道办事处民政科科长		
		杨伟娟	红旗街道办事处办公室主任		
		郭富强	红旗派出所指导员		
		王义明	育文派出所指导员		
十六届	组　长	郑海峰	红旗街道党工委书记	15	24
	副组长	安立辉	红旗街道党工委副书记、办事处主任		
		仝建玲	红旗街道办事处人大工作室主任		
	成　员	王耀龙	红旗街道党工委副书记、纪工委书记		
		冯朝军	红旗街道党工委副书记		
		李　云	红旗街道办事处副主任		
		丁思友	红旗街道办事处副主任		
		王国彦	红旗街道党工委宣传委员		
		刘希元	红旗街道党工委组织委员		

续表 18-5

选举领导小组				选区数（个）	代表数（名）
届　次	职　务	姓　名	所在单位及职务		
十六届	成　员	刘雨西	红旗街道办事处计生办主任	15	24
		党宏倩	红旗街道办事处妇联主任		
		李秀婷	红旗街道办事处民政科科长		
		李　丹	红旗街道办事处社保科科长		
		孙永国	红旗街道办事处综治办科员		
十七届	组　长	翟雪璟	红旗街道党工委书记	16	24
	副组长	王　晖	红旗街道党工委副书记、办事处主任		
		全建玲	红旗街道人大工委主任		
	成　员	丁思友	红旗街道党工委副书记		
		倪立军	红旗街道党工委副书记		
		李　云	红旗街道党工委纪工委书记		
		项继平	红旗街道办事处副主任		
		范春鸣	红旗街道办事处副主任		
		宫晓春	红旗街道党工委宣传委员		
		姚　尧	红旗街道办事处党建办主任		
		孙永国	红旗街道办事处司法所所长		

维明街道选举区人大代表工作情况一览表

表 18-6

选举领导小组				选区数（个）	代表数（名）
届次	职　务	姓　名	所在单位及职务		
十三届	组　长	韩胜利	维明街道党工委书记	15	22
	副组长	戴增社	维明街道党工委副书记、办事处主任		
		李桂端	维明街道办事处人大工作室主任		
	成　员	袁俊兰	维明街道党工委副书记		
		牛民堂	维明街道党工委副书记		
		钟秀云	维明街道党工委副书记		
		王　义	维明街道办事处副主任		
		陈卫涛	维明街道办事处副主任		
		李瑞强	维明街道武装部部长		
		彭艺平	维明街道党工委组织委员		
		霍会敏	维明街道党工委宣传委员		
		王建华	维明街道派出所所长		
十四届	组　长	秦景红	维明街道党工委书记	14	20
	副组长	郭红琴	维明街道党工委副书记、办事处主任		
		吴树果	维明街道办事处人大工作室主任		
	成　员	朱素杰	维明街道党工委组织委员		
		翟雪璟	维明街道党工委宣传委员		
		白玉平	维明街道办事处办公室主任		
		嵇　靖	维明街道办事处主任助理		

续表 18-6

选举领导小组				选区数（个）	代表数（名）
届次	职　务	姓　名	所在单位及职务		
十五届	组　长	郭红琴	维明街道党工委书记	13	23
	副组长	底建民	维明街道党工委副书记、办事处主任		
		陈卫涛	维明街道办事处人大工作室主任		
	成　员	马艳茹	维明街道办事处民政科科长		
		秦晓琼	维明街道办事处司法助理员		
		贾辉杰	维明街道办事处综治办科员		
十六届	组　长	刘　慧	维明街道党工委书记	10	19
	副组长	辛　炜	维明街道党工委副书记、办事处主任		
		张建波	维明街道办事处人大工作室主任		
	成　员	党振平	维明街道党工委副书记		
		田静媛	维明街道党工委副书记		
		郝　明	维明街道党工委副书记		
		蔡　明	维明街道办事处副主任		
		张晓洁	维明街道办事处副主任		
		何姿颐	维明街道党工委组织委员		
		宗春丽	维明街道办事处党办室主任		
		崔　媛	维明街道办事处人大联络员		
十七届	组　长	刘　慧	维明街道党工委书记	9	19
	副组长	李　睿	维明街道党工委副书记、办事处主任		
		范存娟	维明街道人大工委主任		

续表 18-6

选举领导小组				选区数（个）	代表数（名）
届次	职　务	姓　名	所在单位及职务		
十七届	成　员	刘骁萱	维明街道党工委副书记	9	19
		张晓洁	维明街道办事处副主任		
		何姿颐	维明街道办事处副主任		
		沈宏滨	维明街道党工委纪工委书记		
		霍　艳	维明街道党工委组织委员		
		史向展	维明街道武装部部长		
		张鹏亮	维明街道党工委政法委员		
		田静媛	维明街道办事处党建工作办公室主任		
		李　姣	维明街道办事处人大联络员		

东里街道选举区人大代表工作情况一览表

表 18–7

选举领导小组				选区数（个）	代表数（名）
届　次	职　务	姓　名	所在单位及职务		
十三届	组　长	李立冬	东里街道党工委书记	13	21
	副组长	张宝祥	东里街道党工委副书记、办事处主任		
		任贵芳	东里街道办事处人大工作室主任		
	成　员	李万祯	东里街道党工委副书记		
		杨　惠	东里街道党工委副书记		
		宁三珍	东里街道党工委副书记		
		陈建立	东里街道党工委组织委员		
		李文晋	东里街道党工委宣传委员		
		赵志斌	东里街道党工委委员、派出所所长		

续表 18-7

选举领导小组				选区数（个）	代表数（名）
届　次	职　务	姓　名	所在单位及职务		
十三届	成　员	强万军	东里街道办事处副主任	13	21
		曹俊霞	东里街道办事处民政科科长		
十四届	组　长	张宝祥	东里街道党工委书记	14	21
	副组长	袁俊兰	东里街道党工委副书记、办事处主任		
		任贵芳	东里街道办事处人大工作室主任		
	成　员	宁三珍	东里街道党工委副书记		
		李连宁	东里街道党工委副书记		
		田　澍	东里街道办事处副主任		
		李焕云	东里街道党工委宣传委员		
		张　卓	东里街道党工委组织委员		
		曹俊霞	东里街道办事处民政科科长		
十五届	组　长	袁俊兰	东里街道党工委书记	12	23
	副组长	张苏华	东里街道党工委副书记、办事处主任		
		李连宁	东里街道办事处人大工作室主任		
	成　员	田　澍	东里街道党工委副书记		
		仝建玲	东里街道办事处副主任		
		王玉环	东里街道党工委组织委员		
		徐　伟	东里街道办事处司法所所长		
		张添阁	东里街道办事处办公室科员		
		徐镇轩	东里街道派出所所长		

续表 18-7

选举领导小组				选区数（个）	代表数（名）
届　次	职　务	姓　名	所在单位及职务		
十六届	组　长	赵雪飞	东里街道党工委书记	8	19
	副组长	底建民	东里街道党工委副书记、办事处主任		
		盖　锋	东里街道办事处人大工作室主任		
		王玉环	东里街道党工委副书记、纪工委书记		
	成　员	陈凤娟	东里街道党工委宣传委员		
		潘　潇	东里街道党工委组织委员		
		徐　伟	东里街道办事处副主任		
		左丽娟	东里街道办事处计划生育协会秘书长		
		王瑞菲	东里街道办事处党政办主任		
十七届	组　长	底建民	东里街道党工委书记	10	20
	副组长	姜　军	东里街道党工委副书记、办事处主任		
		盖　锋	东里街道人大工委主任		
		梁　艳	东里街道党工委副书记		
	成　员	郭月霞	东里街道党工委纪工委书记		
		齐泊雯	东里街道党工委组织委员		
		张　璨	东里街道党工委宣传委员		
		于建广	东里街道武装部部长		
		陈凤娟	东里街道办事处副主任		
		张　帆	东里街道办事处副主任		

续表 18-8

新石街道选举区人大代表工作情况一览表

表 18–8

选举领导小组				选区数（个）	代表数（名）
届次	职　务	姓　名	所在单位及职务		
十三届	组　长	曹军恒	新石街道党工委书记	6	11
	副组长	周　鹏	新石街道党工委副书记、办事处主任		
		禹炳涛	新石街道办事处人大工作室主任		
		侯俊英	新石街道党工委副书记		
	成　员	阙　卫	新石街道党工委副书记		
		吴淑景	新石街道党工委副书记		
		韩淑蕊	新石街道办事处副主任		
		郄凤魁	新石街道办事处副主任		
		张胜联	新石街道党工委组织委员		
		张淑琴	新石街道党工委宣传委员		
		孔祥国	新石街道武装部部长		
		贾士中	新石街道办事处司法所所长		
十四届	组　长	姜凤刚	新石街道党工委书记	6	12
	副组长	田海燕	新石街道党工委副书记、办事处主任		
		李万祯	新石街道办事处人大工作室主任		
	成　员	赵建伟	新石街道党工委副书记		
		郄凤魁	新石街道党工委副书记		
		韩淑蕊	新石街道办事处副主任		
		祁雅卿	新石街道办事处副主任		
		吕　晶	新石街道党工委组织委员		

续表 18-8

选举领导小组				选区数（个）	代表数（名）
届次	职　务	姓　名	所在单位及职务		
十四届	成　员	王秀孔	新石街道党工委宣传委员	6	12
		李志刚	新石街道武装部部长		
十五届	组　长	姜凤刚	新石街道党工委书记	8	16
	副组长	田海燕	新石街道党工委副书记、办事处主任		
		李万祯	新石街道办事处人大工作室主任		
	成　员	郄凤魁	新石街道党工委副书记		
		王广志	新石街道党工委副书记		
		王秀孔	新石街道党工委副书记		
		吕　晶	新石街道党工委组织委员		
		高巧梅	新石街道党工委宣传委员		
		杨岱凌	新石街道办事处司法所所长		
十六届	组　长	王建良	新石街道党工委书记	9	13
	副组长	翟雪璟	新石街道党工委副书记、办事处主任		
		于会平	新石街道办事处人大工作室主任		
	成　员	李志刚	新石街道武装部部长		
		吕伟丽	新石街道党工委副书记、纪工委书记		
		董　政	新石街道党工委副书记		
		董继团	新石街道党工委副书记		
		范春鸣	新石街道办事处副主任		
		张　冀	新石街道办事处副主任		
		齐泊雯	新石街道党工委组织委员		
		栾淑华	新石街道党工委宣传委员		

续表 18-8

选举领导小组				选区数（个）	代表数（名）
届次	职　务	姓　名	所在单位及职务		
十六届	成　员	何光明	新石街道办事处综治办主任	9	13
		刘凌云	新石街道办事处计生协秘书长		
十七届	组 长	尤绍辉	新石街道党工委书记	9	14
	副组长	赵昌牛	新石街道党工委副书记、办事处主任		
		范　巍	新石街道人大工委主任		
	成 员	李志刚	新石街道武装部部长		
		祁　业	新石街道党工委纪工委书记		
		叶　子	新石街道党工委副书记		
		董继团	新石街道办事处二级主任科员		
		张　华	新石街道办事处副主任		
		赵增志	新石街道办事处副主任		
		刘凌云	新石街道党工委组织委员		
		孟　静	新石街道党工委宣传委员		
		何光明	新石街道办事处司法所所长		
		齐燕飞	新石街道办事处综合行政执法队队长		
		扈宸燕	新石街道办事处人大联络员		

友谊街道选举区人大代表工作情况一览表

表 18–9

选举领导小组				选区数（个）	代表数（名）
届　次	职　务	姓　名	所在单位及职务		
十三届	组　长	郭风芹	友谊街道党工委书记	12	19
	副组长	刘玉生	友谊街道党工委副书记、办事处主任		
		靳美全	友谊街道办事处人大工作室主任		
	成　员	杜俊敏	友谊街道党工委副书记		
		李文朝	友谊街道党工委副书记		
		董国英	友谊街道党工委副书记		
		张改兰	友谊街道办事处副主任		
		曹志革	友谊街道党工委组织委员		
		张海燕	友谊街道党工委宣传委员		
		孙仕相	友谊街道武装部部长		
		吴亚琴	友谊街道办事处办公室主任		
		王　东	友谊街道办事处财政所所长		
		李　红	友谊街道办事处民政科科长		
十四届	组　长	刘玉生	友谊街道党工委书记	9	18
	副组长	赵雪飞	友谊街道党工委副书记、办事处主任		
		李文朝	友谊街道办事处人大工作室主任		
	成　员	张胜联	友谊街道党工委副书记		
		鲍世琦	友谊街道党工委副书记		
		曹志革	友谊街道党工委副书记		
		张海燕	友谊街道办事处副主任		
		孙素丽	友谊街道党工委组织委员		

续表 18-9

选举领导小组				选区数（个）	代表数（名）
届次	职务	姓名	所在单位及职务		
十四届	成员	王东	友谊街道党工委宣传委员	9	18
		吴娇	友谊街道办事处主任助理		
十五届	组长	郑海峰	友谊街道党工委书记	10	24
	副组长	魏剑锋	友谊街道党工委副书记、办事处主任		
		鲍世琦	友谊街道办事处人大工作室主任		
	成员	曹志革	友谊街道党工委副书记		
		王东	友谊街道党工委副书记		
		孙素丽	友谊街道党工委副书记		
		马红娟	友谊街道党工委组织委员		
		刘永妙	友谊街道党工委宣传委员		
		窦晓冬	友谊街道办事处副主任		
		景建涛	友谊街道办事处副主任		
		孙仕相	友谊街道武装部部长		
		杨建宏	科苑派出所所长		
		杨勇	友谊派出所所长		
十六届	组长	赵欢	友谊街道党工委书记	8	19
	副组长	李瑞强	友谊街道党工委副书记、办事处主任		
		于建兵	友谊街道办事处人大工作室主任		
	成员	张宏业	友谊街道党工委副书记、正科级组织员		
		曹立乾	友谊街道党工委副书记、纪工委书记		
		王胜利	友谊街道党工委副书记		
		马红娟	友谊街道办事处副主任		

续表 18-9

选举领导小组				选区数（个）	代表数（名）
届　次	职　务	姓　名	所在单位及职务		
十六届	成　员	王身启	友谊街道办事处副主任	8	19
		张雪琴	友谊街道党工委组织委员		
		樊　萍	友谊街道办事处科员		
十七届	组　长	王晓娟	友谊街道党工委书记	8	19
	副组长	张宏业	友谊街道党工委副书记、办事处主任		
		曹立乾	友谊街道人大工委主任		
	成　员	马红娟	友谊街道党工委副书记		
		李战江	友谊街道党工委纪工委书记		
		李春光	友谊街道党工委政法委员		
		龚建会	友谊街道办事处副主任		
		王身启	友谊街道办事处副主任		
		张　瑞	友谊街道党工委组织委员		
		关　菲	友谊街道党工委宣传委员		
		马海旺	友谊街道武装部部长		

振头街道选举区人大代表工作情况一览表

表 18–10

选举领导小组				选区数（个）	代表数（名）
届　次	职　务	姓　名	所在单位及职务		
十三届	组　长	马国欣	振头街道党工委书记	7	16
	副组长	党复明	振头街道党工委副书记、办事处主任		
		白云清	振头街道办事处人大工作室主任		
	成　员	崔广利	振头街道党工委政法副书记		
		姚金钟	振头街道党工委副书记、纪检书记		
		赵素敏	振头街道党工委副书记		
		王广志	振头街道党工委组织委员		
十四届	组　长	党复明	振头街道党工委书记	13	15
	副组长	周　鹏	振头街道党工委副书记、办事处主任		
		田俊川	振头街道办事处人大工作室主任		
	成　员	崔广利	振头街道党工委副书记		
		吴永卫	振头街道党工委副书记		
		刘国进	振头街道办事处人大工作室副主任		
		王广志	振头街道办事处副主任		
		王振利	振头街道党工委组织委员		
		张淑敏	振头街道办事处民政科科长		
十五届	组　长	秦景红	振头街道党工委书记	19	25
	副组长	张兴汉	振头街道党工委副书记、办事处主任		
		王玉武	振头街道办事处人大工作室主任		
	成　员	高秀恒	振头街道办事处副主任		
		张淑敏	振头街道党工委组织委员		

续表 18-10

选举领导小组				选区数（个）	代表数（名）
届　次	职　务	姓　名	所在单位及职务		
十五届	成　员	冯晓芬	振头街道办事处办公室副主任	19	25
		张江川	振头街道办事处经委副主任		
		王国伟	振头街道办事处民政科科长		
		董俊贤	振头街道办事处办公室科员		
十六届	组　长	张　芃	振头街道党工委书记	10	20
	副组长	王　东	振头街道党工委副书记、办事处主任		
		王树亮	振头街道办事处人大工作室主任		
	成　员	陆京平	振头街道党工委副书记		
		冯晓芬	振头街道党工委副书记		
		范存娟	振头街道党工委副书记		
		赵亚丽	振头街道办事处副主任		
		陈永波	振头街道党工委组织委员		
		李跃岭	振头街道办事处党政办主任		
十七届	组　长	安立辉	振头街道党工委书记	16	23
	副组长	王素辉	振头街道党工委副书记		
		王俊凯	振头街道人大工委主任		
	成　员	李　超	振头街道办事处副主任		
		白　静	振头街道党工委宣传委员		
		冯仲林	振头街道武装部部长		
		董俊贤	振头街道党工委组织委员		
		韩　冬	振头街道办事处党建办主任		
		李跃岭	振头街道办事处党政办副主任		

西里街道选举区人大代表工作情况一览表

表 18–11

选举领导小组				选区数（个）	代表数（名）
届次	职　务	姓　名	所在单位及职务		
十三届	组　长	魏永杰	西里街道党工委书记	10	14
	副组长	张建平	西里街道党工委副书记、办事处主任		
		王书年	西里街道办事处人大工作室主任		
	成　员	王瑞芬	西里街道党工委副书记		
		李春怡	西里街道党工委纪检书记		
		王巧花	西里街道办事处人大工作室副主任		
		李连宁	西里街道党工委组织委员		
		樊永革	西里街道党工委宣传委员		
		王　彦	西里街道办事处副主任		
		鲍世建	西里街道办事处副主任		
		徐　聪	西里街道办事处工会主席		
十四届	组　长	容建华	西里街道党工委书记	10	13
	副组长	王玉洁	西里街道党工委副书记、办事处主任		
		王瑞芬	西里街道办事处人大工作室主任		
	成　员	王巧花	西里街道人大工作室副主任		
		李春怡	西里街道党工委副书记		
		董俊岐	西里街道党工委副书记		
		鲍世建	西里街道办事处副主任		
		樊永革	西里街道党工委组织委员		
		崔海英	西里街道党工委宣传委员		
		高文华	西里派出所所长		

续表 18-11

选举领导小组				选区数（个）	代表数（名）
届次	职　务	姓　名	所在单位及职务		
十五届	组　长	王玉洁	西里街道党工委书记	10	17
	副组长	董俊歧	西里街道党工委副书记、办事处主任		
		鲍世建	西里街道办事处人大工作室主任		
	成　员	刘国栋	西里街道党工委副书记		
		吴晓娟	西里街道办事处副主任		
		王俊梅	西里街道办事处劳动保障所副所长		
		刘　强	西里街道办事处民政科科员		
		薛红敏	西里街道办事处办公室科员		
		王晓军	西里派出所所长		
十六届	组　长	赵　欣	西里街道党工委书记	13	17
	副组长	赵玉川	西里街道党工委副书记、办事处主任		
		崔海英	西里街道办事处人大工作室主任		
	成　员	巩少全	西里街道党工委副书记、纪工委书记		
		董俊红	西里街道党工委副书记		
		齐泽申	西里街道党工委副书记		
		魏红艳	西里街道党工委组织委员		
		王文玉	西里街道党工委宣传委员		
		于　朝	西里街道办事处人大联络员		

续表 18-11

选举领导小组				选区数（个）	代表数（名）
届次	职　务	姓　名	所在单位及职务		
十七届	组 长	于建兵	西里街道党工委书记	12	20
	副组长	杨立行	西里街道党工委副书记、办事处主任		
		张秀梅	西里街道人大工委主任		
	成　员	齐泽申	西里街道党工委副书记		
		王俊梅	西里街道党工委纪工委书记		
		刘　燕	西里街道武装部部长		
		白亚欣	西里街道党工委组织委员		
		李　娇	西里街道党工委宣传委员		
		董　腾	西里街道办事处副主任		
		赵　莉	西里街道办事处党建办公室主任		
		王宇光	西里街道办事处人大联络员		

苑东街道选举区人大代表工作情况一览表

表 18–12

选举领导小组				选区数（个）	代表数（名）
届　次	职　务	姓　名	所在单位及职务		
十三届	组　长	李建坤	苑东街道党工委书记	10	14
	副组长	崔爱香	苑东街道党工委副书记、办事处主任		
		牛秀珍	苑东街道办事处人大工作室主任		
		张苏华	苑东街道党工委副书记		
	成　员	赵会省	苑东街道党工委副书记		
		郑丽珠	苑东街道党工委副书记		
		徐泽贵	苑东街道办事处副主任		
		王云波	苑东街道办事处副主任		
		李华平	苑东街道党工委组织委员		
		刘武莉	苑东街道办事处财政所所长		
十四届	组　长	康永发	苑东街道党工委书记	9	14
	副组长	赵会省	苑东街道党工委副书记、办事处主任		
		郑丽珠	苑东街道办事处人大工作室主任		
	成　员	刘国栋	苑东街道党工委副书记		
		姚金钟	苑东街道党工委副书记		
		李华平	苑东街道党工委副书记		
		刘英豪	苑东街道办事处副主任		
		张兴汉	苑东街道办事处副主任		
		邱　玲	苑东街道党工委组织委员		
十五届	组　长	赵　欣	苑东街道党工委书记	12	19
	副组长	姚金钟	苑东街道党工委副书记、办事处主任		
		李华平	苑东街道办事处人大工作室主任		

续表 18-12

选举领导小组				选区数（个）	代表数（名）
届　次	职　务	姓　名	所在单位及职务		
十五届	成　员	陈建立	苑东街道党工委副书记	12	19
		邱　玲	苑东街道党工委组织委员		
		付立军	苑东街道办事处副主任		
		董风岐	苑东街道办事处工会主席		
		梁　艳	苑东街道办事处计生科科长、党政办主任		
		刘广利	苑东派出所所长		
十六届	组　长	姚金钟	苑东街道党工委书记	12	21
	副组长	景建涛	苑东街道党工委副书记、办事处主任		
		付立军	苑东街道办事处人大工作室主任		
	成　员	耿　青	苑东街道党工委副书记		
		高　岭	苑东街道党工委组织委员		
		梁　艳	苑东街道办事处党政办主任		
		马翠敏	苑东街道办事处组织科科员		
		陈梦雨	苑东街道办事处人大联络员		
十七届	组　长	梁　杰	苑东街道党工委书记	11	18
	副组长	陆京平	苑东街道党工委副书记、办事处主任		
		王玉环	苑东街道人大工委主任		
	成　员	王昭伟	苑东街道党工委副书记		
		刘文悦	苑东街道党工委组织委员		
		薛红敏	苑东街道办事处党政综合办公室主任		
		陈红蕊	苑东街道办事处党建办公室主任		
		冯秀菊	苑东街道办事处人大联络员		

长兴街道选举区人大代表工作情况一览表

表 18–13

选举领导小组				选区数（个）	代表数（名）
届　次	职　务	姓　名	所在单位及职务		
十六届	组　长	张海燕	长兴街道党工委书记	6	13
	副组长	赵卫星	长兴街道党工委副书记、办事处主任		
		李英涛	长兴街道办事处人大工作室主任		
	成　员	王仲亮	长兴街道党工委副书记、正科级组织员		
		吕　晶	长兴街道党工委副书记		
		管　斌	长兴街道党工委副书记		
		朱文起	长兴街道党工委委员、武装部部长		
		王　佳	长兴街道办事处副主任		
		张俊伟	长兴街道办事处副主任		
		董婷婷	长兴街道党工委组织委员		
十七届	组　长	智伟力	长兴街道党工委书记	6	15
	副组长	王更慧	长兴街道党工委副书记、办事处主任		
		李英涛	长兴街道人大工委主任		
	成　员	张　磊	长兴街道党工委副书记		
		吕　晶	长兴街道党工委纪工委书记		
		管　斌	长兴街道二级主任科员		
		朱文起	长兴街道武装部部长		
		张雪琴	长兴街道党工委组织委员		
		刘　芸	长兴街道党工委宣传委员		
		崔　乐	长兴街道办事处副主任		

留营街道选举区人大代表工作情况一览表

表 18–14

选举领导小组				选区数（个）	代表数（名）
届次	职　务	姓　名	所在单位及职务		
十五届	组　长	何立军	留营街道党工委书记	9	17
	副组长	马维恒	留营街道党工委副书记、办事处主任		
		崔银雪	留营街道办事处人大工作室主任		
		李香萍	留营街道办事处人大工作室副主任		
	成　员	曹　勇	留营街道党工委组织委员		
		董俊红	留营街道党工委宣传委员		
		金　晔	留营街道办事处副主任		
		范存娟	留营街道办事处司法所所长		
		白艳霞	留营街道办事处党政办主任		
		吴付才	留营派出所所长		
		蒲　伟	区工商局留营分局局长		
十六届	组　长	薄　力	留营街道党工委书记	7	14
	副组长	智伟力	留营街道党工委副书记、办事处主任		
		杨立行	留营街道办事处人大工作室主任		
	成　员	刘素见	留营街道党工委副书记		
		李　超	留营街道党工委组织委员		
		赵哲丽	留营街道党工委宣传委员		
		杨　鸿	留营街道办事处司法所所长		
		刘　佳	留营街道办事处党政办科员		
		韩　璐	留营街道办事处党政办科员		

续表 18-14

选举领导小组				选区数（个）	代表数（名）
届次	职　务	姓　名	所在单位及职务		
十七届	组　长	景建涛	留营街道党工委书记	9	15
	副组长	葛国力	留营街道党工委副书记、办事处主任		
		梁润波	留营街道人大工委主任		
	成　员	陶　浩	留营街道党工委副书记		
		何晓娜	留营街道党工委宣传委员		
		张学赫	留营街道党工委政法委员		
		李　嫚	留营街道办事处党建办公室主任		
		艾　丽	留营街道办事处自然资源和生态环境办公室科员		
		王　腾	留营街道办事处自然资源和生态环境办公室科员		

休门街道选举区人大代表工作情况一览表

表 18–15

选举领导小组				选区数（个）	代表数（名）
届　次	职　务	姓　名	所在单位及职务		
十六届	组　长	王　红	休门街道党工委书记	5	13
	副组长	梁　杰	休门街道党工委副书记、办事处主任		
		郝玉东	休门街道办事处人大工作室主任		
	成　员	魏海强	休门街道党工委副书记		
		王靖宇	休门街道党工委副书记		
		谢　娴	休门街道党工委副书记		
		刚淑娴	休门街道办事处副主任		
		封淑玲	休门街道党工委宣传委员		
		段秀娟	休门街道办事处副主任科员		

续表 18-15

选举领导小组				选区数（个）	代表数（名）
届　次	职　务	姓　名	所在单位及职务		
十六届	成　员	刘文科	休门街道办事处党政办主任	5	13
		李香山	休门街道办事处司法所所长		
		吴晓静	休门街道办事处民政科科长		
十七届	组　长	赵玉川	休门街道党工委书记	5	13
	副组长	曹　勇	休门街道党工委副书记、办事处主任		
		董婷婷	休门街道人大工委主任		
	成　员	谢　娴	休门街道党工委副书记		
		郝　朦	休门街道办事处副主任		
		朱世东	休门街道办事处副主任		
		崔晓楠	休门街道党工委纪工委书记		
		史　培	休门街道党工委组织委员		
		米　磊	休门街道党工委宣传委员		

东华街道选举区人大代表工作情况一览表

表 18–16

选举领导小组				选区数（个）	代表数（名）
届　次	职　务	姓　名	所在单位及职务		
十五届	组　长	张　军	东华街道党工委书记	5	10
	副组长	张　岩	东华街道党工委副书记、办事处主任		
		田双辉	东华街道办事处人大工作室主任		
	成　员	刘　柳	东华街道党工委组织委员		
		王海燕	东华街道党工委宣传委员		
		聂贵峰	东华街道办事处工会主席、党政办主任		

续表 18-16

选举领导小组				选区数（个）	代表数（名）
届　次	职　务	姓　名	所在单位及职务		
十五届	成　员	刘金培	东华街道办事处妇联主任、人大联络员	5	10
十六届	组　长	张　军	东华街道党工委书记	5	12
	副组长	张　岩	东华街道党工委副书记、办事处主任		
		张金霞	东华街道办事处人大工作室主任		
	成　员	刘　柳	东华街道党工委副书记		
		聂贵峰	东华街道办事处工会主席、党政办主任		
		刘金培	东华街道办事处妇联主任、人大联络员		
		郑　军	东华街道办事处党政办科员		
十七届	组　长	张　岩	东华街道党工委书记	5	14
	副组长	郝玉东	东华街道党工委副书记、办事处主任		
		张金霞	东华街道人大工委主任		
	成　员	张锁晨	东华街道党工委副书记		
		于英建	东华街道党工委纪工委书记		
		罗绮思	东华街道办事处副主任		
		孙晓冰	东华街道党工委组织委员		
		陈　鹏	东华街道党工委宣传委员		
		孙继明	东华街道武装部部长		
		焦江晖	东华街道党工委政法委员		
		高　云	东华街道办事处党建办主任		
		李　欢	东华街道办事处人大联络员		

东风街道选举区人大代表工作情况一览表

表 18–17

选举领导小组				选区数（个）	代表数（名）
届　次	职　务	姓　名	所在单位及职务		
十六届	组　长	邢海涛	东风街道党工委书记	5	14
	副组长	赵全明	东风街道党工委副书记、办事处主任		
		孙立红	东风街道办事处人大工作室主任		
	成　员	张革云	东风街道党工委副书记		
		王志伟	东风街道党工委副书记		
		周淑梅	东风街道党工委副书记		
		王　英	东风街道办事处副主任		
		贾丽兴	东风街道办事处副主任		
		杨俊波	东风街道武装部部长		
		刘雪珍	东风街道党工委组织委员		
		于　静	东风街道人大联络员		
十七届	组　长	张举士	东风街道党工委书记	5	14
	副组长	王国伟	东风街道党工委副书记、办事处主任		
		董　政	东风街道人大工委主任		
	成　员	王志伟	东风街道党工委副书记		
		刘雪珍	东风街道党工委副书记		
		肖　潇	东风街道办事处副主任		
		赵大为	东风街道办事处副主任		
		胡夏烨	东风街道党工委组织委员		
		齐金博	东风街道党工委宣传委员		
		胡建军	东风街道武装部部长		
		薛梦莹	东风街道党建办主任、人大联络员		

彭后街道选举区人大代表工作情况一览表

表 18–18

选举领导小组				选区数（个）	代表数（名）
届　次	职　务	姓　名	所在单位及职务		
十五届	组　长	窦同军	彭后街道党工委书记	7	11
	副组长	杨密增	彭后街道党工委副书记、办事处主任		
	成　员	白　鸿	彭后街道党工委副书记、纪工委书记		
		李红超	彭后街道党工委副书记		
		霍慧丽	彭后街道办事处副主任		
		于英建	彭后街道办事处副主任		
		张立军	彭后街道武装部部长		
		张新羚	彭后街道党工委组织委员		
		赵伟刚	彭后街道党工委宣传委员		
十六届	组　长	窦同军	彭后街道党工委书记	7	15
	副组长	杨密增	彭后街道党工委副书记、办事处主任		
		白　鸿	彭后街道办事处人大工作室主任		
	成　员	霍慧丽	彭后街道党工委副书记、纪工委书记		
		张立军	彭后街道党工委副书记		
		李红超	彭后街道党工委副书记		
		张新羚	彭后街道办事处副主任		
		于英建	彭后街道办事处副主任		
		李常青	彭后街道武装部部长		
		朱春燕	彭后街道党工委组织委员		
		赵伟刚	彭后街道党工委宣传委员		

续表 18-18

选举领导小组				选区数（个）	代表数（名）
届　次	职　务	姓　名	所在单位及职务		
十七届	组　长	杨密增	彭后街道党工委书记	7	16
	副组长	王树亮	彭后街道党工委副书记、办事处主任		
		白　鸿	彭后街道人大工委主任		
	成　员	李红超	彭后街道党工委副书记		
		张立军	彭后街道党工委副书记		
		霍慧丽	彭后街道党工委纪工委书记		
		张新羚	彭后街道办事处副主任		
		唐　睿	彭后街道办事处副主任		
		李常青	彭后街道武装部部长		
		张　辉	彭后街道党工委组织委员		
		聂贵峰	彭后街道党工委宣传委员		

汇通街道选举区人大代表工作情况一览表

表 18–19

选举领导小组				选区数（个）	代表数（名）
届　次	职　务	姓　名	所在单位及职务		
十五届	组　长	李子剑	汇通街道党工委书记	5	7
	副组长	王典巨	汇通街道党工委副书记、办事处主任		
		张瑞楼	汇通街道办事处人大工作室主任		
	成　员	张淑玲	汇通街道党工委副书记		
		张　华	汇通街道党工委副书记		
		张利东	汇通街道办事处副主任		
		袁静梅	汇通街道办事处副主任		
		张霁林	汇通街道党工委组织委员		

续表 18-19

选举领导小组				选区数（个）	代表数（名）
届　次	职　务	姓　名	所在单位及职务		
十六届	组　长	李子剑	汇通街道党工委书记	8	12
	副组长	王典巨	汇通街道党工委副书记、办事处主任		
		魏建新	汇通街道办事处人大工作室主任		
	成　员	张　华	汇通街道党工委副书记		
		马　驰	汇通街道党工委纪工委书记		
		张霁林	汇通街道党工委副书记		
		张利东	汇通街道办事处副主任		
		张　华	汇通街道党工委组织委员		
		闫克勇	汇通街道武装部部长		
十七届	组　长	王典巨	汇通街道党工委书记	7	16
	副组长	王　钧	汇通街道党工委副书记、办事处主任		
		魏建新	汇通街道人大工委主任		
	成　员	张霁林	汇通街道党工委副书记		
		闫克勇	汇通街道党工委纪工委书记		
		刘金凤	汇通街道办事处副主任		
		贾辉杰	汇通街道办事处副主任		
		张海群	汇通街道党工委组织委员		
		马翠敏	汇通街道党工委宣传委员		
		张　倩	汇通街道办事处人大联络员		

第三节　街道人大工作委员会（工作室）组织机构

中山街道人大工作委员会（工作室）组织机构一览表

表 18–20

姓　名	性　别	职　务	任免时间
刘延清	男	人大工作室主任	1998 年 3 月至 2003 年 9 月
靳美全	男	人大工作室主任	2003 年 9 月至 2009 年 6 月
张　泽	男	人大工作室主任	2010 年 2 月至 2014 年 11 月
陈少鹏	男	人大工作室主任	2015 年 4 月至 2019 年 4 月
		人大工委主任	2019 年 4 月至 2019 年 12 月
崔海英	女	人大工委主任	2020 年 5 月至 2021 年 2 月
吕伟丽	女	人大工委主任	2021 年 2 月至 2023 年 1 月
刘彦平	女	人大工委主任	2023 年 9 月至今

南长街道人大工作委员会（工作室）组织机构一览表

表 18–21

姓　名	性　别	职　务	任免时间
梁云芝	女	人大工作室主任	1998 年 2 月至 2003 年 9 月
王明让	男	人大工作室主任	2003 年 12 月至 2012 年 1 月
刘玉均	女	人大工作室主任	2012 年 1 月至 2013 年 6 月
张迎芬	女	人大工作室主任	2013 年 6 月至 2014 年 11 月
张胜联	女	人大工作室主任	2015 年 4 月至 2015 年 10 月
苏小东	男	人大工作室主任	2015 年 12 月至 2019 年 4 月
		人大工委主任	2019 年 4 月至 2021 年 2 月
杨岱凌	女	人大工委主任	2021 年 2 月至 2022 年 6 月
齐泊雯	女	人大工委主任	2022 年 9 月至今

红旗街道人大工作委员会（工作室）组织机构一览表

表 18–22

姓　名	性　别	职　务	任免时间
檀荣书	女	人大工作室主任	1998 年 2 月至 2003 年 9 月
陈卫平	男	人大工作室主任	2003 年 9 月至 2013 年 6 月
王广志	男	人大工作室主任	2013 年 6 月至 2013 年 10 月
王振利	女	人大工作室主任	2014 年 8 月至 2015 年 4 月
安立辉	男	人大工作室主任	2015 年 4 月至 2015 年 10 月
全建玲	女	人大工作室主任	2015 年 10 月至 2019 年 4 月
		人大工委主任	2019 年 4 月至 2021 年 6 月
丁思友	男	人大工委主任	2021 年 6 月至 2023 年 1 月
牛士伟	男	人大工委主任	2023 年 1 月至 2023 年 9 月

维明街道人大工作委员会（工作室）组织机构一览表

表 18–23

姓　名	性　别	职　务	任免时间
李桂端	女	人大工作室主任	1998 年 2 月至 2003 年 9 月
吴树果	女	人大工作室主任	2003 年 9 月至 2010 年 2 月
陈卫涛	男	人大工作室主任	2010 年 2 月至 2014 年 11 月
王　霞	女	人大工作室主任	2015 年 4 月至 2015 年 10 月
张建波	男	人大工作室主任	2015 年 12 月至 2019 年 4 月
		人大工委主任	2019 年 4 月至 2019 年 9 月
范存娟	女	人大工委主任	2019 年 9 月至 2022 年 3 月
田静媛	女	人大工委主任	2022 年 3 月至 2024 年 2 月
何姿颐	女	人大工委主任	2024 年 2 月至今

东里街道人大工作委员会（工作室）组织机构一览表

表 18–24

姓　名	性　别	职　务	任免时间
任贵芳	男	人大工作室主任	1998 年 2 月至 2010 年 2 月
李连宁	男	人大工作室主任	2010 年 2 月至 2014 年 11 月
盖　锋	男	人大工作室主任	2015 年 4 月至 2019 年 4 月
		人大工委主任	2019 年 4 月至 2021 年 12 月
张　帅	男	人大工委主任	2021 年 12 月至 2023 年 1 月
王　谦	男	人大工委主任	2023 年 9 月至 2024 年 2 月
张立军	男	人大工委主任	2024 年 2 月至今

新石街道人大工作委员会（工作室）组织机构一览表

表 18–25

姓　名	性　别	职　务	任免时间
禹炳涛	男	人大工作室主任	1998 年 2 月至 2003 年 9 月
李万祯	男	人大工作室主任	2003 年 9 月至 2012 年 1 月
郄凤魁	男	人大工作室主任	2012 年 1 月至 2014 年 11 月
于会平	女	人大工作室主任	2015 年 4 月至 2019 年 4 月
		人大工委主任	2019 年 4 月至 2021 年 2 月
范　巍	男	人大工委主任	2021 年 2 月至 2022 年 9 月
王　英	女	人大工委主任	2023 年 1 月至今

友谊街道人大工作委员会（工作室）组织机构一览表

表 18–26

姓　名	性　别	职　务	任免时间
靳美全	男	人大工作室主任	1998 年 2 月至 2003 年 9 月
李文朝	男	人大工作室主任	2003 年 12 月至 2009 年 6 月

续表 18-26

姓　名	性　别	职　务	任免时间
鲍世琦	男	人大工作室主任	2010 年 2 月至 2014 年 11 月
于建兵	男	人大工作室主任	2015 年 4 月至 2017 年 8 月
张宏业	男	人大工作室主任	2017 年 8 月至 2019 年 4 月
		人大工委主任	2019 年 4 月至 2019 年 8 月
曹立乾	男	人大工委主任	2019 年 8 月至 2021 年 9 月
刘　莉	女	人大工委主任	2021 年 12 月至 2024 年 4 月
李腾杰	男	人大工委主任	2024 年 4 月至今

振头街道人大工作委员会（工作室）组织机构一览表

表 18–27

姓　名	性　别	职　务	任免时间
白云清	男	人大工作室主任	2001 年 4 月至 2003 年 9 月
田俊川	男	人大工作室主任	2003 年 12 月至 2007 年 6 月
王玉武	男	人大工作室主任	2007 年 6 月至 2013 年 2 月
吴永卫	男	人大工作室主任	2013 年 6 月至 2015 年 7 月
王树亮	男	人大工作室主任	2015 年 10 月至 2019 年 4 月
		人大工委主任	2019 年 4 月至 2020 年 11 月
王俊凯	男	人大工委主任	2021 年 4 月至 2024 年 4 月
王素辉	女	人大工委主任	2024 年 4 月至今

西里街道人大工作委员会（工作室）组织机构一览表

表 18–28

姓　名	性　别	职　务	任免时间
王书年	男	人大工作室主任	2001 年 4 月至 2003 年 9 月
王瑞芬	女	人大工作室主任	2003 年 9 月至 2009 年 6 月

续表 18-28

姓　名	性　别	职　务	任免时间
鲍世建	男	人大工作室主任	2010 年 2 月至 2015 年 7 月
崔海英	女	人大工作室主任	2015 年 10 月至 2019 年 4 月
		人大工委主任	2019 年 4 月至 2020 年 5 月
张秀梅	女	人大工委主任	2020 年 7 月至 2022 年 3 月
白亚欣	女	人大工委主任	2022 年 3 月至今

苑东街道人大工作委员会（工作室）组织机构一览表

表 18–29

姓　名	性　别	职　务	任免时间
牛秀珍	女	人大工作室主任	2001 年 3 月至 2003 年 9 月
郑丽珠	女	人大工作室主任	2003 年 12 月至 2009 年 6 月
李华平	女	人大工作室主任	2010 年 2 月至 2012 年 1 月
李文晋	男	人大工作室主任	2012 年 1 月至 2014 年 11 月
张改芬	女	人大工作室主任	2015 年 2 月至 2015 年 10 月
付立军	男	人大工作室主任	2015 年 10 月至 2019 年 4 月
		人大工委主任	2019 年 4 月至 2021 年 2 月
王玉环	女	人大工委主任	2021 年 2 月至今

长兴街道人大工作委员会（工作室）组织机构一览表

表 18–30

姓　名	性　别	职　务	任免时间
刘玉巧	女	人大工作室主任	2013 年 12 月至 2014 年 11 月
李英涛	男	人大工作室主任	2015 年 12 月至 2019 年 4 月
		人大工委主任	2019 年 4 月至 2021 年 9 月
张　磊	男	人大工委主任	2021 年 9 月至今

留营街道人大工作委员会（工作室）组织机构一览表

表 18–31

姓　名	性　别	职　务	任免时间
崔银雪	男	人大工作室主任	2010 年 2 月至 2012 年 12 月
闫根斗	男	人大工作室主任	2013 年 5 月至 2014 年 11 月
高秀恒	男	人大工作室主任	2015 年 4 月至 2015 年 10 月
杨立行	男	人大工作室主任	2015 年 10 月至 2019 年 4 月
		人大工委主任	2019 年 4 月至 2020 年 11 月
梁润波	男	人大工委主任	2020 年 11 月至 2021 年 12 月
陶　浩	男	人大工委主任	2021 年 12 月至 2023 年 9 月
孙　达	男	人大工委主任	2023 年 9 月至今

休门街道人大工作委员会（工作室）组织机构一览表

表 18–32

姓　名	性　别	职　务	任免时间
石建国	男	人大工作室主任	2014 年 11 月免
郝玉东	男	人大工作室主任	2015 年 12 月至 2017 年 8 月
董婷婷	女	人大工委主任	2019 年 12 月至 2024 年 4 月
曹庆新	男	人大工委主任	2024 年 4 月至今

东华街道人大工作委员会（工作室）组织机构一览表

表 18–33

姓　名	性　别	职　务	任免时间
田双辉	男	人大工作室主任	2014 年 11 月免
王新典	女	人大工作室主任	2015 年 4 月至 2015 年 10 月
张金霞	女	人大工作室主任	2015 年 11 月至 2019 年 4 月
		人大工委主任	2019 年 4 月至今

东风街道人大工作委员会（工作室）组织机构一览表

表 18–34

姓　名	性　别	职　务	任免时间
孙迎立	男	人大工作室主任	2014 年 11 月免
孙立红	女	人大工作室主任	2015 年 4 月至 2015 年 12 月
董　政	男	人大工作室主任	2017 年 8 月至 2019 年 4 月
		人大工委主任	2019 年 4 月至 2021 年 5 月
王志伟	男	人大工委主任	2021 年 7 月至 2022 年 3 月
唐　睿	男	人大工委主任	2022 年 6 月至 2023 年 9 月
于英建	男	人大工委主任	2023 年 9 月至今

彭后街道人大工作委员会（工作室）组织机构一览表

表 18–35

姓　名	性　别	职　务	任免时间
周振生	男	人大工作室主任	2014 年 11 月免
白　鸿	女	人大工作室主任	2015 年 4 月至 2019 年 4 月
		人大工委主任	2019 年 4 月至 2024 年 4 月
王一方	男	人大工委主任	2024 年 4 月至今

汇通街道人大工作委员会（工作室）组织机构一览表

表 18–36

姓　名	性　别	职　务	任免时间
魏建新	女	人大工作室主任	2014 年 11 月至 2019 年 4 月
		人大工委主任	2019 年 4 月至 2022 年 3 月
陈　鹏	男	人大工委主任	2022 年 3 月至今

第四节　区人大闭会期间街道人大主要工作

一、视察调研工作

桥西区人大常委会各街道工作委员会（工作室）紧紧围绕区人大常委会、街道办事处中心工作确定全年监督计划和重点监督事项，组织街道辖区内的人大代表，围绕经济社会发展和关系人民群众切身利益、社会普遍关注的重大问题，人民群众反映的热点、焦点问题开展视察调研，提出意见和建议，坚持正确监督、有效监督、依法监督，切实回应人民关切，提升人大监督质效，助力街道经济社会高质量发展。

中山街道人大工委视察调研活动选录表

表 18–37

序　号	时　间	内　容
1	2023 年 6 月 27 日	街道人大工委组织代表视察民生实事项目半年完成情况
2	2023 年 9 月 19 日	街道人大工委组织代表视察优化营商环境助推企业发展情况
3	2023 年 12 月 12 日	街道人大工委组织代表视察中自街（中山路—裕华路）、黎明街（自强路—永安南路）建设情况

南长街道人大工委视察调研活动选录表

表 18–38

序　号	时　间	内　容
1	2018 年 1 月 19 日	街道人大工作室组织代表视察南长街道综合居家养老服务中心运营情况
2	2023 年 1 月 16 日	街道人大工委组织代表开展“开年就开跑，共商促发展”“递进式招商”专题调研活动
3	2023 年 6 月 9 日	街道人大工委组织代表视察旧火车站厂区建设情况
4	2023 年 9 月 27 日	街道人大工委组织代表调研街道行政服务大厅服务情况

续表 18-38

序　号	时　间	内　容
5	2024 年 2 月 28 日	街道人大工委组织代表视察桥西汽车园、区供暖锅炉站点大气污染防治情况

红旗街道人大工委视察调研活动选录表

表 18–39

序　号	时　间	内　容
1	2018 年 7 月 19 日	街道人大工作室组织代表视察北国超市西美花街店食品安全情况
2	2021 年 11 月 26 日	街道人大工委组织代表视察调研新石南路、民文巷及老旧小区改造项目情况
3	2022 年 5 月 17 日	街道人大工委组织代表调研房地产领域违规违纪违法专项整治及涉众非法集资专项整治工作情况
4	2023 年 5 月 26 日	街道人大工委组织代表调研宫家庄村城市更新项目改造情况
5	2023 年 6 月 7 日	街道人大工委组织代表调研营商环境情况

维明街道人大工委视察调研活动选录表

表 18–40

序　号	时　间	内　容
1	2018 年 6 月 1 日	街道人大工作室组织代表调研辖区企业贯彻落实《中华人民共和国食品安全法》情况
2	2018 年 8 月 3 日	街道人大工作室组织代表调研关于开展扶贫脱贫、大气污染防治、优化营商环境联动监督情况
3	2021 年 10 月 15 日	街道人大工委组织代表视察辖区小街小巷整治提升工作情况

东里街道人大工委视察调研活动选录表

表 18–41

序　号	时　间	内　容
1	2018 年 12 月 5 日	街道人大工作室组织代表视察东里便民市场、支农路农贸市场原址翻建风貌提升整治情况
2	2023 年 12 月 12 日	街道人大工委组织代表视察民生实事项目完成情况

新石街道人大工委视察调研活动选录表

表 18–42

序　号	时　间	内　容
1	2023 年 8 月 6 日	街道人大工委组织代表视察街道政务大厅工作情况
2	2023 年 9 月 28 日	街道人大工委组织代表视察区污水处理厂、方舟工程、中盛弘宇等重点企业运营情况

友谊街道人大工委视察调研活动选录表

表 18–43

序　号	时　间	内　容
1	2019 年 6 月 20 日	街道人大工委组织代表调研五十四所旧区改造项目工作情况
2	2023 年 6 月 7 日	街道人大工委组织代表调研“四项联动监督”中优化营商环境情况
3	2023 年 7 月 15 日	街道人大工委组织代表视察精英路社区综合工作情况
4	2023 年 12 月 19 日	街道人大工委组织代表调研谊安里 2 号院、和平佳苑等老旧小区改造工程情况

振头街道人大工委视察调研活动选录表

表 18–44

序　号	时　间	内　容
1	2022 年 1 月 19 日	街道人大工委组织代表视察调研西南地表水厂拆迁工作情况
2	2022 年 6 月 5 日	街道人大工委组织代表视察辖区为民办实事项目进展情况
3	2022 年 8 月 7 日	街道人大工委组织代表督导检查自建房排查整治工作情况
4	2023 年 2 月 3 日	街道人大工委组织代表视察玉成社区老年食堂收费标准、用餐环境和食品安全等相关情况
5	2023 年 6 月 15 日	街道人大工委组织代表调研辖区重点房地产项目中海汇德里建设情况

西里街道人大工委视察调研活动选录表

表 18–45

序　号	时　间	内　容
1	2018 年 4 月 18 日	街道人大工作室组织代表视察辖区老旧小区、旧村环境卫生整治情况
2	2019 年 1 月 9 日	街道人大工作室组织代表视察辖区谊联街社区、时光街社区老旧小区改造工作以及街道综合执法工作情况
3	2019 年 9 月 29 日	街道人大工委组织代表视察辖区北杜、城角庄两村的环境卫生整治情况及北国益友超市安全生产情况
4	2021 年 6 月 21 日	街道人大工委组织代表视察调研救助站工作情况
5	2023 年 6 月 14 日	街道人大工委组织代表视察博爱雅苑项目建设情况
6	2023 年 9 月 22 日	街道人大工委组织代表视察金融法庭工作开展情况
7	2024 年 3 月 21 日	街道人大工委组织代表视察城角庄拆迁和尚品佳苑小区电动车治理工作情况

苑东街道人大工委视察调研活动选录表

表 18–46

序　号	时　间	内　容
1	2018 年 6 月 23 日	街道人大工作室组织代表视察调研际华 3502 工厂运营情况
2	2018 年 10 月 31 日	街道人大工作室组织代表视察调研桥西公安分局工作情况
3	2021 年 9 月 10 日	街道人大工委组织代表视察调研吉恒街沿线拆违、福裕街整治提升工作情况
4	2021 年 11 月 25 日	街道人大工委组织代表调研天天一泉人大代表联络站、华宝物业人大代表联络站工作情况
5	2023 年 9 月 22 日	街道人大工委组织代表调研辖区企业——时光抽屉木工房运营情况

长兴街道人大工委视察调研活动选录表

表 18–47

序　号	时　间	内　容
1	2016 年 1 月 26 日	街道人大工作室组织代表视察辖区张营地铁停车场项目建设情况
2	2016 年 6 月 29 日	街道人大工作室组织代表实地视察南郭社区旧村改造情况
3	2019 年 5 月 22 日	街道人大工委组织代表视察调研石家庄职业技术学院食堂食品安全和卫生环境情况
4	2023 年 12 月 28 日	街道人大工委组织代表视察调研张营村城改工作情况
5	2024 年 3 月 19 日	街道人大工委组织代表视察长兴街沿线门店燃气安全工作情况

留营街道人大工委视察调研活动选录表

表 18–48

序　号	时　间	内　容
1	2017 年 10 月 12 日	街道人大工作室组织代表视察环城生物化工厂退城搬迁工作进展情况
2	2018 年 4 月 10 日	街道人大工作室组织代表调研“听民意、聚民智、解民忧”活动情况
3	2018 年 7 月 11 日	街道人大工作室组织代表视察红星美凯龙项目进展情况
4	2021 年 3 月 24 日	街道人大工委组织代表督导检查疫苗接种工作情况
5	2021 年 10 月 19 日	街道人大工委组织代表视察辖区自备井关停工作进展情况
6	2022 年 9 月 7 日	街道人大工委组织代表调研桥西蔬菜、西环农副产品两大市场及周边环境情况
7	2024 年 1 月 17 日	街道人大工委组织代表视察房地产解遗情况
8	2024 年 3 月 20 日	街道人大工委组织代表视察调研辖区城中村改造试点西简良城中村改造项目建设情况

休门街道人大工委视察调研活动选录表

表 18–49

序　号	时　间	内　容
1	2021 年 12 月 8 日	街道人大工委组织代表视察调研休门街景观照明提升工作情况
2	2022 年 4 月 21 日	街道人大工委组织代表视察社区卫生院工作开展情况
3	2023 年 9 月 21 日	街道人大工委组织代表视察调研辖区经济发展和大气污染防治工作情况
4	2024 年 3 月 18 日	街道人大工委组织代表视察娱乐场所消防安全工作情况

东华街道人大工委视察调研活动选录表

表 18–50

序　号	时　间	内　容
1	2018 年 6 月 28 日	街道人大工作室组织代表视察调研辖区沿街商铺贯彻执行《中华人民共和国食品安全法》情况
2	2019 年 11 月 22 日	街道人大工委组织代表视察调研辖区在建项目中山华府二期建设情况
3	2021 年 9 月 25 日	街道人大工委组织代表调研辖区企业复工复产情况
4	2022 年 5 月 26 日	街道人大工委组织代表视察东华街道辖区恒润时代广场项目建设情况
5	2022 年 10 月 21 日	街道人大工委组织代表视察河北东车智能科技有限公司运营情况
6	2023 年 12 月 12 日	街道人大工委组织代表视察恒大时代广场、经纬胡同停车场建设情况

东风街道人大工委视察调研活动选录表

表 18–51

序　号	时　间	内　容
1	2019 年 9 月 12 日	街道人大工委组织代表视察老旧小区改造情况
2	2021 年 6 月 11 日	街道人大工委组织代表调研沿街超市和小餐饮运营情况
3	2023 年 6 月 16 日	街道人大工委组织代表调研国富华庭、石运小区、平安小区现场拆违情况
4	2023 年 12 月 5 日	街道人大工委组织代表视察交通局宿舍、外贸宿舍等老旧小区改造情况
5	2024 年 3 月 19 日	街道人大工委组织代表视察辖区餐饮行业安全生产情况

彭后街道人大工委视察调研活动选录表

表 18-52

序　号	时　间	内　容
1	2018 年 7 月 12 日	街道人大工作室组织代表调研家兴小区整治及管理情况
2	2019 年 3 月 19 日	街道人大工作室组织代表视察珠光灯饰城运营情况
3	2021 年 9 月 14 日	街道人大工委组织代表视察调研街道重点街巷提升工作情况
4	2023 年 6 月 21 日	街道人大工委组织代表视察调研辖区企业营商环境情况

汇通街道人大工委视察调研活动选录表

表 18-53

序　号	时　间	内　容
1	2017 年 3 月 9 日	街道人大工作室组织代表视察塔坛商贸城项目、留村回迁楼建设情况
2	2018 年 10 月 11 日	街道人大工作室组织代表视察食品安全工作情况
3	2021 年 6 月 8 日	街道人大工委组织代表视察调研社区建设和社区居家养老工作情况
4	2021 年 9 月 10 日	街道人大工委组织代表视察公共医疗卫生服务工作开展情况
5	2022 年 5 月 7 日	街道人大工委组织代表视察塔坛文旅步行街建设情况
6	2023 年 12 月 15 日	街道人大工委组织代表视察润客多生活超市和隆基泰和停车场情况
7	2024 年 3 月 19 日	街道人大工委组织代表视察调研电动自行车专项治理工作情况

二、述职评议工作

人大代表回原选区向选民述职是代表的法定义务，也是代表接受选民监督，向选民负责，同选民保持密切联系的重要形式。述职评议按照“便于组织、操作方便、人数适中”原则，采取“口头＋书面”形式开展，述职内容通常涵盖政治理论学习、依法履职、联系群众及廉洁自律、遵守法律等情况，采用个人述职、选民评议、综合评定等方式进行，评议结果作为代表履职情况的重要依据。根据现有资料整理，截至2024年5月，共有200多名代表采取口头方式向选民述职，其他代表书面述职。

中山街道人大代表述职评议选录表

表 18–54

时　间	地　点	述职方式	述职代表
2017年12月	南小街社区会议室	口头述职	荣焕武
2018年12月	民族路社区会议室	口头述职	魏梅英
2019年12月	宝信通保险销售服务有限公司会议室	口头述职	任映光、刘华斌、刘孟春
2020年12月	民族路社区会议室	口头述职	刘　东、徐世德
2023年12月	宁远街社区会议室	口头述职	张爱萍、张　颖、魏梅英

南长街道人大代表述职评议选录表

表 18–55

时　间	地　点	述职方式	述职代表
2017年11月	仓南社区会议室	口头述职	李立成、韩新山、吴学志
2018年11月	中南社区会议室	口头述职	王书新、刘洪杰、龙冬梅
2019年12月	经八条社区会议室	口头述职	韩　露、武继红、孙南征
2020年11月	“八度书屋”会议室	口头述职	张淑荣、霍文发

续表 18-55

时　间	地　点	述职方式	述职代表
2021 年 11 月	南长街道会议室	口头述职	刘洪杰、王书新、赵学瑾
2022 年 12 月	南长街道会议室	口头述职	赵新堂、李立成、邓鸿眉
2023 年 12 月	一江大厦会议室	口头述职	吴学志、曹　智

红旗街道人大代表述职评议选录表

表 18–56

时　间	地　点	述职方式	述职代表
2017 年 12 月	红旗街道会议室	口头述职	张书凯
2018 年 11 月	宫尹社区会议室	口头述职	赵益农
2018 年 12 月	育文派出所会议室	口头述职	许顺亭、韩运敏
	新石南一社区会议室	口头述职	方朝义、杨炳健
2019 年 11 月	石家庄新环城市场服务有限公司会议室	口头述职	郭晓天、孙　飞
	西五里村会议室	口头述职	李文琪
	东五里村会议室	口头述职	王秀生
2020 年 11 月	汇文街社区会议室	口头述职	陈　良

续表 18-56

时　间	地　点	述职方式	述职代表
2020 年 12 月	河北外国语学院会议室	口头述职	孙　冉
	宫家庄社区会议室	口头述职	吴福安
	汇圆街社区会议室	口头述职	孙寄平、李　伟
	河北工业职业技术学院会议室	口头述职	许顺亭
	新石南一社区会议室	口头述职	郭晓天、徐晓冬
	新石南二社区会议室	口头述职	郭洁松

维明街道人大代表述职评议选录表

表 18–57

时　间	地　点	述职方式	述职代表
2017 年 12 月	石家庄市中医院会议室	口头述职	高晓玲
	维明南社区会议室	口头述职	李　宁
	华西路社区会议室	口头述职	袁克难
2018 年 11 月	视邦光学会议室	口头述职	陈千豁
	省三院会议室	口头述职	刘　明
2019 年 11 月	佳澜文化传播有限公司会议室	口头述职	李　霞
	维明街道会议室	口头述职	董富强
	自强路社区会议室	口头述职	李红梅
2020 年 11 月	送变电公司会议室	口头述职	张景辉

续表 18-57

时　间	地　点	述职方式	述职代表
2020 年 12 月	24 中学会议室	口头述职	张学峰
	第十七中学会议室	口头述职	边东书
2023 年 12 月	大者安吉书院会议室	口头述职	刘　惠、俞红波
	自强路社区会议室	口头述职	陈千豁
	省三院会议室	口头述职	刘　尚

东里街道人大代表述职评议选录表

表 18–58

时　间	地　点	述职方式	述职代表
2023 年 12 月	恒大社区会议室	口头述职	吕志健
	警苑社区会议室	口头述职	王冬寒
	珍集社区会议室	口头述职	董曙光
	恒大第一社区会议室	口头述职	王振军

新石街道人大代表述职评议选录表

表 18–59

时　间	地　点	述职方式	述职代表
2018 年 12 月	新石街道会议室	口头述职	任盼志、何彦伟、李文国
2020 年 12 月	新石街道会议室	口头述职	李岩清、石益青、和爱生、周权贤
2022 年 12 月	新石街道会议室	口头述职	常　霞、任增辉、郭建坡
2023 年 12 月	新石街道会议室	口头述职	成　远、孙国平、陈忠伟

友谊街道人大代表述职评议选录表

表 18–60

时 间	地 点	述职方式	述职代表
2017 年 12 月	友谊街道会议室	口头述职	林 杰、陈江文
2018 年 12 月	富华社区会议室	口头述职	张永泽、王荣菊、赵荣肖
2019 年 12 月	西里工贸会议室	口头述职	白树惠、宁永辉、李承辉、赵梦磊
2020 年 12 月	五十四所会议室	口头述职	高金东、林 杰、李清林、肖红玲
2023 年 12 月	精英路社区会议室	口头述职	陈 瑜、宋建宏
	五十四所会议室	口头述职	徐警卫、林 杰

振头街道人大代表述职评议选录表

表 18–61

时 间	地 点	述职方式	述职代表
2018 年 1 月	振头街道会议室	口头述职	李永涛、尚荣敏、刘明丽、柳连中、郝立辉、殷华理
2018 年 12 月	振头街道会议室	口头述职	王志峰、潘明杰
2020 年 6 月	西岗头村会议室	口头述职	温保存、李忠强、温 静、张志平、王友爱
2023 年 12 月	振头街道会议室	口头述职	董丽波、郑 杰、刘景辉、王新国

西里街道人大代表述职评议选录表

表 18–62

时 间	地 点	述职方式	述职代表
2017 年 12 月	西雅社区会议室	口头述职	王 宁、孙毅忠
2019 年 12 月	上安电厂社区会议室	口头述职	郝玉龙、王 彬
2020 年 12 月	北杜社区会议室	口头述职	白麦收
	城角庄社区会议室	口头述职	梁俊章
2021 年 12 月	上安电厂社区会议室	口头述职	王 彬

续表 18-62

时　间	地　点	述职方式	述职代表
2023 年 12 月	北杜社区会议室	口头述职	白立波
	城角庄社区会议室	口头述职	梁志刚
	西雅社区会议室	口头述职	白　云、焦景莉

苑东街道人大代表述职评议选录表

表 18-63

时　间	地　点	述职方式	述职代表
2017 年 12 月	中山西路社区	口头述职	王世宏
	华柴社区会议室	口头述职	陈立钦、贺亚兵
2018 年 11 月	裕新社区会议室	口头述职	王春梅、练友华、郑保华
	3502 社区会议室	口头述职	李维民、徐贞芬、王　飞
2019 年 12 月	瓮村社区会议室	口头述职	李会臣、郑福义
	吉恒社区会议室	口头述职	苏铁军
2020 年 11 月	3514 社区会议室	口头述职	霍建春
	66267 部队社区	口头述职	朱中华、韩书生
2023 年 12 月	东胜紫御府 9 楼会议室	口头述职	徐贞芬、边　凤
	裕新社区会议室	口头述职	王春梅、杨　萌
	吉恒社区会议室	口头述职	王　飞

长兴街道人大代表述职评议选录表

表 18-64

时　间	地　点	述职方式	述职代表
2017 年 12 月	长兴街道会议室	口头述职	李建国
2018 年 12 月	张营村委会会议室	口头述职	梁广红、谢　佳
2020 年 12 月	西兴社区会议室	口头述职	梁广红、智伟力

续表 18-64

时　间	地　点	述职方式	述职代表
2023 年 12 月	长兴街道会议室	口头述职	郭　峰、曲　峰、卞丽芬

留营街道人大代表述职评议选录表

表 18–65

时　间	地　点	述职方式	述职代表
2019 年 12 月	留营街道会议室	口头述职	马素岐、肖　松
2020 年 12 月	留营街道会议室	口头述职	张朝泽、杜缺梅、李继堂
2023 年 12 月	留营街道会议室	口头述职	陈永军、李维娜

休门街道人大代表述职评议选录表

表 18–66

时　间	地点	述职方式	述职代表
2023 年 12 月	四中路东社区会议室	口头述职	王少波
	休门街社区会议室	口头述职	徐耀明
	四中路东社区会议室	口头述职	武玉敏、焦风川、李志勇

东华街道人大代表述职评议选录表

表 18–67

时　间	地　点	述职方式	述职代表
2017 年 12 月	东华路社区会议室	口头述职	王立生、盛文利
2018 年 11 月	电报局街社区会议室	口头述职	刘惠萍、何占辉
2019 年 12 月	东马路社区会议室	口头述职	安桂江、胡　文
2020 年 11 月	煤市路社区会议室	口头述职	张　立、杜保军、王西坡
2023 年 12 月	东华街道会议室	口头述职	吴华明、安桂江

东风街道人大代表述职评议选录表

表 18–68

时　间	地　点	述职方式	述职代表
2017年12月	东风街道会议室	口头述职	李进国、臧文超、王东凯
2018年12月	东风街道会议室	口头述职	齐从胜、王素娟
2019年12月	东风街道会议室	口头述职	李瑞君、林顺德
2020年12月	东风街道会议室	口头述职	田寄民、刘占平
2023年12月	东风街道会议室	口头述职	田佩洁、刘小芳、杨守忠

彭后街道人大代表述职评议选录表

表 18–69

时　间	地　点	述职方式	述职代表
2017年12月	华夏公司会议室	口头述职	窦同军、王风田
2018年11月	宏锦布艺会议室	口头述职	徐荣广、杨　燕
2019年12月	宏锦布艺会议室	口头述职	王　昭、刘　群、张立营
2020年12月	平南社区会议室	口头述职	史新惠、高云晓
2023年12月	彭村社区会议室	口头述职	孟令尧、顾亚男
	元村社区会议室	口头述职	史新惠、蔡会江

汇通街道人大代表述职评议选录表

表 18–70

时　间	地　点	述职方式	述职代表
2017 年 12 月	平安南社区会议室	口头述职	李国旗、周小华
	东平社区会议室	口头述职	谷银强
	汇祥社区会议室	口头述职	魏建新
2018 年 12 月	东三教社区会议室	口头述职	常俊英、杜永生
2019 年 11 月	东平社区会议室	口头述职	兰福军、刘学俭
	新源社区会议室	口头述职	王凤丑
2020 年 12 月	留村社区会议室	口头述职	张志立
	塔坛社区会议室	口头述职	吕文合
2023 年 12 月	塔坛社区会议室	口头述职	李旭璞、李宇新、吕　宪

三、人大代表之家（站）工作

人大代表来自人民、植根人民。代表之家（站）是人大代表联系人民群众的连心桥和为民服务的主阵地，是践行全过程人民民主的重要平台和有力载体。区人大常委会始终把代表之家（站）建设放在重要位置，聚焦拓宽代表履职渠道、丰富代表履职方式，全力推进人大代表之家（站）建设，为代表闭会期间学习培训、接待选民、述职评议、交流履职搭建起坚强的阵地平台。截至 2024 年 5 月，区内现有 17 个人大代表之家、15 个人大代表联络站，探索形成硬件设施标准化、软件建设制度化、代表活动常态化的建设理念，牢牢把握开展活动方向，紧密结合桥西实际，注重发挥实效，把党委科学决策的、政府着力推动的、人民普遍关心的、人大职责范围内的问题作为开展活动的中心内容，为推动辖区经济社会高质量发展做出积极贡献。

人大代表之家（站）建设情况一览表

表 18–71

街道名称	代表之家名称	代表联络站名称
中山街道	中山街道人大代表之家	
南长街道	南长街道人大代表之家	友谊出租汽车服务中心人大代表联络站
红旗街道	红旗街道人大代表之家	众创梦工厂人大代表联络站
		教育行业人大代表联络站
维明街道	维明街道人大代表之家	大者安吉人大代表联络站
		人保人大代表联络站
		中交财富人大代表联络站
东里街道	东里街道人大代表之家	宝睿人大代表联络站
新石街道	新石街道人大代表之家	
友谊街道	友谊街道人大代表之家	五十四所人大代表联络站
		西里工贸人大代表联络站
振头街道	振头街道人大代表之家	
西里街道	西里街道人大代表之家	金融行业人大代表联络站
苑东街道	苑东街道人大代表之家	苏商商贸人大代表联络站
		华宝物业人大代表联络站
		天天一泉人大代表联络站
长兴街道	长兴街道人大代表之家	
留营街道	留营街道人大代表之家	
休门街道	休门街道人大代表之家	石家庄企业家协会人大代表联络站
东华街道	东华街道人大代表之家	
东风街道	东风街道人大代表之家	
彭后街道	彭后街道人大代表之家	

续表 18-71

街道名称	代表之家名称	代表联络站名称
汇通街道	汇通街道人大代表之家	塔坛社区人大代表联络站

中山街道人大代表之家活动选录表

表 18–72

序　号	时　间	内　容
1	2021 年 7 月 22 日	组织人大代表到万象城商场、超市、中山路沿街餐饮店开展食品安全专项视察检查
2	2022 年 3 月 12 日	街道人大工委联合利安人寿河北分公司、河北省校企合作促进会、河北外国语学院等多家单位，共计 300 多名志愿者开展“珍爱绿色 珍爱我们共有的家园”宣传活动
3	2023 年 6 月 27 日	组织代表视察街道惠民项目开展情况
4	2023 年 9 月 19 日	组织代表学习《中华人民共和国全国人民代表大会和地方各级人民代表大会代表法》、石家庄市桥西区人大工作信息简报第二期
5	2024 年 3 月 19 日	组织代表学习“两会”精神，学习习近平总书记在江苏代表团、解放军和武警代表团上的讲话等内容

南长街道人大代表之家活动选录表

表 18–73

序　号	时　间	内　容
1	2023 年 6 月 9 日	组织代表学习党的二十大精神
2	2023 年 9 月 12 日	组织代表接待选民，协调解决中华南大街 321 号居民反映小区内部构造问题
3	2023 年 11 月 21 日	代表提出的“关于新石北路天下玉苑小区门口拥堵问题的建议、关于进一步规范小区电动车充电管理的意见和建议”由交通、住建部门承接办理，取得良好效果
4	2023 年 12 月 8 日	组织代表学习《习近平新时代中国特色社会主义思想专题摘编》第四章
5	2024 年 3 月 13 日	组织代表学习全国两会精神、人大工作新要求、《桥西区人大常委会 2024 年工作要点》文件精神

续表 18-73

序　号	时　间	内　容
6	2024 年 4 月 29 日	组织代表集体讨论研究《石家庄市城市市政工程设施管理条例》，并提出意见建议

红旗街道人大代表之家活动选录表

表 18–74

序　号	时　间	内　容
1	2017 年 11 月 14 日	区人大常委会主任张书凯到红旗街道西五里村宣讲党的十九大精神
2	2018 年 3 月 5 日	组织代表学习第十三届全国人大一次会议精神
3	2018 年 6 月 21 日	区人大常委会主任张书凯在花都形象艺术学校人大代表联络站接待选民
4	2020 年 7 月 14 日	组织代表学习《中华人民共和国民法典》
5	2020 年 11 月 16 日	组织代表学习党的十九届五中全会精神
6	2021 年 11 月 26 日	组织代表深入学习《习近平总书记在中央人大工作会议上重要讲话》并领悟精神内涵
7	2022 年 10 月 17 日	组织代表集中学习习近平总书记在中国共产党第二十次全国代表大会上的报告，学习《习近平谈治国理政》第四卷
8	2023 年 4 月 26 日	组织代表在新石南一选区，与选民见面，征集群众意见建议
9	2023 年 5 月 10 日	组织代表在丰河苑选区，与选民见面，征集群众意见建议
10	2023 年 11 月 28 日	组织代表共同学习《石家庄市人大常委会基层立法联系点管理办法》

维明街道人大代表之家活动选录表

表 18–75

序 号	时 间	内 容
1	2017 年 7 月 7 日	组织代表学习习近平总书记提出的坚持和完善人民代表大会制度所坚持的“四个必须”
2	2018 年 1 月 13 日	组织代表征集小区居民意见，将西建街 10、12、14 号院市委宿舍，16 号院省人大招待处宿舍列为老旧小区改造项目
3	2018 年 3 月 3 日	组织代表带领“视邦光学”志愿服务队到时光公园开展志愿服务活动，为居民免费进行眼镜清洗维修服务
4	2018 年 6 月 1 日	组织代表集中学习新修正的《中华人民共和国宪法》相关知识点
5	2019 年 10 月 9 日	组织由人大代表与辖区居民共同参加的关于公共卫生服务工作座谈会，征集群众意见建议
6	2021 年 7 月 15 日	组织代表学习《中华人民共和国全国人民代表大会和地方各级人民代表大会代表法》辅导材料及《桥西区第十七届人民代表大会一次会议代表提出议案及建议、批评和意见的注意事项》等相关内容
7	2022 年 4 月 19 日	组织代表学习 2022 年全国“两会”精神、桥西区坚决打赢打好“三场硬仗”工作调度会讲话精神

东里街道人大代表之家活动选录表

表 18–76

序 号	时 间	内 容
1	2022 年 5 月 30 日	组织 10 余名人大代表走访慰问街道社区工作人员
2	2023 年 12 月 12 日	组织代表学习《习近平新时代中国特色社会主义思想专题摘编》第四章
3	2024 年 3 月 18 日	组织代表学习如何撰写代表建议等相关知识
4	2024 年 4 月 26 日	组织代表对《石家庄市公园管理条例》提出建议

新石街道人大代表之家活动选录表

表 18–77

序　号	时　间	内　容
1	2021 年 6 月 30 日	组织代表加入社区网格群，参与居民线上有关社区建设的讨论，帮助居民解决 10 个问题
2	2021 年 7 月 14 日	组织代表学习《中华人民共和国全国人民代表大会和地方各级人民代表大会代表法》
3	2021 年 10 月 15 日	组织代表学习习近平总书记在中央人大工作会议上的讲话
4	2023 年 2 月 21 日	组织召开代表和企业家共话如何助力经济发展座谈会，征集企业家意见建议
5	2023 年 3 月 28 日	组织代表履职尽责建言献策，提交涉及高铁片区发展、机动车实行电子信息管理和高校教育未来走向等方面 5 份建议
6	2023 年 6 月 15 日	组织代表实地踏访华北临时人民代表大会会议旧址，在红色足迹中感悟初心使命
7	2023 年 12 月 26 日	街道人大工委积极帮助协调关于省警校宿舍水电暖基本保障问题

友谊街道人大代表之家活动选录表

表 18–78

序　号	时　间	内　容
1	2018 年 3 月 7 日	组织代表为辖区群众开展健康知识讲座和义诊活动，50 余名居民群众现场咨询问诊
2	2018 年 3 月 13 日	组织代表在桥西蔬菜批发市场举行“法律顾问进万家，服务连着你我他”的免费法律服务咨询活动，发放法律宣传材料 200 余份
3	2018 年 4 月 25 日	代表自费进行疏通清淤工作，彻底解决了困扰省四建宿舍居民的污水井堵塞污水外溢问题
4	2018 年 5 月 21 日	组织代表在 54 所社区召开“科技工作者日座谈会”，并对部分科技工作者进行慰问

续表 18-78

序　号	时　间	内　容
5	2018 年 6 月 13 日	组织代表学习新修订的《中华人民共和国宪法》
6	2018 年 6 月 25 日	组织代表开展“改善生态环境、提升大气质量”专题问计于民活动，共征集意见建议 12 条
7	2023 年 1 月 5 日	组织代表集中学习党的二十大精神
8	2023 年 7 月 14 日	组织举办党的二十大精神宣讲会。一是联合省委省直机关工委、省电视台和省老干部局等单位举办以“党的创新理论‘飞入寻常百姓家’”为主题的宣讲活动，二是邀请河北省社会科学院政治文化教研处处长、教授贾玉娥到人大代表之家进行党的二十大精神宣讲

振头街道人大代表之家活动选录表

表 18–79

序　号	时　间	内　容
1	2020 年 3 月 16 日	组织代表集中学习《坚持党的领导，践行全过程人民民主》
2	2021 年 5 月 14 日	组织代表向群众发放《中华人民共和国民法典》简易读本、并宣讲有关案例，普及法律知识
3	2022 年 2 月 26 日	组织代表学习《中华人民共和国传染病防治法》
4	2023 年 1 月 7 日	组织代表通过集中学、交流学，掀起学习宣传贯彻党的二十大精神热潮
5	2023 年 1 月 12 日	组织代表深入玉成社区人大代表联络站，为社区基层治理建言献策
6	2023 年 2 月 8 日	组织代表与片区民警共同为社区居民讲解防止诈骗方面知识
7	2023 年 3 月 10 日	组织代表走进玉龙小区，携手小区物业开展“垃圾分类进小区，人大代表在行动”主题宣传活动
8	2023 年 3 月 19 日	街道人大工委盯办辖区内新建小区西斯莱公馆 2022 年未通暖气问题，为该小区解决供暖难题

续表 18-79

序　号	时　间	内　容
9	2023 年 7 月 6 日	组织开展“人大代表接待选民日”活动，人大代表和部分选民群众就群众关心的热点难点问题进行沟通交流，现场解答问题 5 条，收集意见建议 3 条，交办意见建议 1 条
10	2023 年 9 月 12 日	组织代表到盛世御城小区开展青少年普法宣传活动

西里街道人大代表之家活动选录表

表 18–80

序　号	时　间	内　容
1	2017 年 7 月 13 日	组织代表对石家庄市创建文明城活动建言献策，并慰问工作在创城一线的工作人员
2	2019 年 9 月 29 日	组织代表学习《中华人民共和国市场安全法》有关知识
3	2021 年 12 月 3 日	组织代表集中学习中共第十九届六中全会会议精神、习近平总书记在中央人大工作会议上的重要讲话精神
4	2021 年 12 月 13 日	组织代表结合自身工作就如何促进桥西区和街道发展建言献策，提出意见建议
5	2022 年 6 月 18 日	组织代表学习《防范和处置非法集资条例》、“十不准”的具体内容
6	2023 年 6 月 14 日	组织代表学习党的二十大精神、《关于在全党大兴调查研究的工作方案》、市委书记张超超讲话精神

苑东街道人大代表之家活动选录表

表 18–81

序　号	时　间	内　容
1	2018 年 10 月 18 日	组织代表到吉恒社区接待选民 8 名，提出以社区为单位建立居民集体户、对社区空挂户集中管理以及苑西街整修道路等建议
2	2022 年 4 月 27 日	组织代表走访辖区内企业，每位代表分别走访 3 到 5 家，征求优化营商环境方面的意见建议

续表 18-81

序号	时间	内容
3	2023 年 6 月 9 日	组织召开代表座谈会，学习党的二十大精神、《关于在全党大兴调查研究的工作方案》《石家庄市优化营商环境监督条例》
4	2024 年 2 月 26 日	街道人大工委在基层立法联系点就《石家庄市机动车停车管理条例》广泛征集人大代表意见建议 27 条
5	2024 年 3 月 28 日	组织人大代表就《石家庄市城市市政工程设施管理条例（修正草案）》提出意见建议
6	2024 年 4 月 29 日	组织人大代表就《石家庄市公园管理条例（草案）》征集意见建议，提出意见建议 17 条

长兴街道人大代表之家活动选录表

表 18–82

序号	时间	内容
1	2018 年 5 月 25 日	组织代表召开座谈会，针对石家庄职业技术学院至长兴大学生公寓路段雨季积水问题向代表征求意见建议
2	2024 年 2 月 26 日	组织代表对《石家庄市机动车停车管理条例》征求意见建议

留营街道人大代表之家活动选录表

表 18–83

序号	时间	内容
1	2021 年 5 月 18 日	组织代表对华北食品城食品安全工作进行视察
2	2021 年 10 月 17 日	组织代表学习习近平总书记在中央人大工作会议上的讲话
3	2021 年 11 月 15 日	组织代表联系选民就养老服务方面征求意见建议，填写调查问卷
4	2023 年 1 月 9 日	组织代表学习《中华人民共和国全国人民代表大会和地方各级人民代表大会代表法》，积极联系选民，征集选民意见建议

续表 18-83

序　号	时　间	内　容
5	2023 年 8 月 9 日	组织代表调研华闽市场升级改造工作

休门街道人大代表之家活动选录表

表 18–84

序　号	时　间	内　容
1	2021 年 9 月 23 日	组织代表学习《河北省节约用水条例》
2	2021 年 11 月 12 日	组织代表到辖区企业进行实地走访，了解运营情况
3	2022 年 5 月 27 日	组织法律行业代表深入选区，向选民普及法律知识
4	2022 年 6 月 24 日	组织金融行业代表深入选区，就如何开展防范非法集资活动进行宣讲
5	2023 年 9 月 21 日	组织代表学习《中华人民共和国全国人民代表大会和地方各级人民代表大会代表法》、石家庄市桥西区人大工作信息简报第二期等相关学习材料
6	2024 年 3 月 18 日	组织代表学习全国两会精神、2024 年区人大常委会工作要点及街道 2024 年工作谋划和关于规范人大代表行为的相关文件等

东华街道人大代表之家活动选录表

表 18–85

序　号	时　间	内　容
1	2017 年 3 月 20 日	东华街道人大代表爱心志愿服务队，在社区内组织开展形式多样的“互帮手拉手，邻里一家亲”系列活动
2	2019 年 7 月 10 日	组织 3 名代表到煤市路社区二楼会议室开展“煤市路选区代表接待选民”活动，接待选民 10 人
3	2022 年 4 月 27 日	组织代表集中学习桥西区坚决打赢打好“三场硬仗”工作调度会讲话精神及相关文件

续表 18-85

序　号	时　间	内　容
4	2022 年 5 月 26 日	组织代表学习习近平总书记引领统筹推进高质量发展和高水平安全述评《中国经济发展前景一定会更加光明》的重要会议精神
5	2023 年 10 月 20 日	组织代表深入选区，联系选民，了解实情，就群众身边的各类问题进行深入交流，现场解答问题 3 条
6	2024 年 2 月 28 日	组织代表对《石家庄市机动车停车管理条例》提出意见
7	2024 年 3 月 19 日	组织代表学习全国两会精神以及规范人大代表网络行为注意事项要求
8	2024 年 4 月 26 日	组织代表就《石家庄市城市市政工程设施管理条例（修正草案）》《石家庄市医疗卫生设施情况调查问卷》《石家庄市公园管理条例（草案）》提出意见建议

东风街道人大代表之家活动选录表

表 18–86

序　号	时　间	内　容
1	2017 年 4 月 7 日	组织人大代表走访选民，征求群众意见建议
2	2020 年 6 月 17 日	组织代表学习党的十九大精神和《习近平新时代中国特色社会主义思想学习纲要》
3	2021 年 6 月 11 日	组织代表学习《中国共产党一百年大事记（1921 年 7 月——2021 年 6 月）》和《品读百年党史　筑牢一生信仰》，学习习近平总书记在省部级主要领导干部学习贯彻党的十九届五中全会精神专题研讨班开班式上的讲话
4	2022 年 6 月 16 日	组织代表学习《中华人民共和国食品安全法》
5	2022 年 12 月 14 日	组织代表学习《习近平新时代中国特色社会主义思想世界观和方法论专题摘编》第三章
6	2024 年 3 月 19 日	组织代表学习习近平总书记在江苏代表团、解放军和武警代表团上的讲话、《全国人大常委会工作报告》、李强总理作的《政府工作报告》、赵乐际委员长在十四届全国人大二次会议闭幕式上的讲话、省委书记倪岳峰在河北省传达学习贯彻全国两会精神领导干部会议上的讲话及工作要求

彭后街道人大代表之家活动选录表

表 18–87

序号	时间	内容
1	2017 年 9 月 14 日	组织代表开展“听民意、察民情、聚民智、促发展”主题活动，组织代表针对共享单车乱停乱放的问题走访选区选民，并提出意见建议
2	2018 年 2 月 8 日	组织人大代表走访选区，慰问困难家庭 28 户
3	2018 年 6 月 21 日	组织代表积极开展桥西区人大常委会“创亮点、争荣誉、办实事”主题实践活动，代表开展布艺课堂，传授手工知识，为启瑞园小区配备户外运动器材，让居民强身健体，邀请中科院博士在勒泰国际庄大剧院为 400 组家庭详细讲解孩子注意力的发展与教育
4	2018 年 7 月 11 日	组织人大代表和选民代表，围绕老旧小区整治及管理议题开展代表议政日活动
5	2020 年 3 月 12 日	组织代表学习《坚持党的领导，践行全过程人民民主》《怎样做一名尽职的人大代表》《中华人民共和国宪法》
6	2021 年 5 月 19 日	组织人大代表和法律工作者向群众发放《中华人民共和国民法典》简易读本，对群众关注的农村宅基地、物业纠纷等热点问题进行答疑解惑
7	2022 年 1 月 22 日	组织开展“人大代表进社区，听民意惠民生”活动，每位代表深入包联社区联系选民 3 至 5 名，现场解答问题 7 条，收集意见建议 4 条，交办意见建议 1 条
8	2022 年 6 月 21 日	组织代表学习《防范和处置非法集资条例》（国务院令第 737 号）文件的具体内容
9	2023 年 3 月 23 日	组织人大代表对辖区 3 家企业及 4 个在建项目进行一对一帮扶，收集企业诉求、推送相关政策、帮助解决问题
10	2023 年 6 月 14 日	组织代表学习党的二十大精神

汇通街道人大代表之家活动选录表

表 18–88

序　号	时　间	内　容
1	2017 年 11 月 10 日	组织代表学习《中华人民共和国全国人民代表大会和地方各级人民代表大会代表法》
2	2019 年 3 月 18 日	组织代表学习全国两会精神
3	2019 年 9 月 13 日	组织代表学习《中华人民共和国安全生产法》
4	2019 年 11 月 8 日	组织代表学习习近平总书记对垃圾分类的批示和垃圾分类的重要意义
5	2023 年 5 月 17 日	组织代表深入辖区企业走访调研，征求意见建议
6	2023 年 6 月 27 日	组织代表学习习近平总书记视察河北、视察石家庄时重要讲话和重要指示精神、中办印发《关于在全党大兴调查研究的工作方案》
7	2023 年 6 月 27 日	组织代表视察塔坛啤酒广场运营情况

附　录

附录 1

区人大批准的区国民经济和社会发展五年规划纲要主要指标一览表

区十一届人大一次会议批准的“八五”时期经济社会发展主要指标

附表 1-1

指标	单位	1990 年实际	年均增长（%）	1995 年目标	年均增长（%）
财政收入	万元	4285.7	15.7	6400	8.4
工业总产值	万元	13857	14.9	32000	12.1
商业营业额	万元	31135	14.8	62000	14.8
工商业利润总额	万元	3002	11.3	5000	10.7
集市贸易成交额	万元	14396	33.3	43000	24.5

区十一届人大五次会议批准的“九五”时期经济社会发展主要指标

附表 1-2

指标	单位	1995 年实际	年均增长（%）	2000 年目标	年均增长（%）
国内生产总值	万元	32510	19.6	65000	14.9
第二产业增加值	万元	11259	20	23000	15.3
第三产业增加值	万元	21251	19.3	42000	14.6
工业总产值	万元	29447	10.2	58000	14.5
商业营业额	万元	60177	14	125000	15.8
财政收入	万元	9023	16	16000	12.1

区十二届人大四次会议批准的“十五”时期经济社会发展主要指标

附表 1–3

指标	单位	2001 年	2005 年	年均增长（%）
国内生产总值	亿元	6.9	10	7.8 以上
桥西区财政收入	亿元	1.4864	2.1	7.2
地方财政收入	亿元	1.0432	1.5	8.1 以上
区统社会固定资产投资	亿元	7.7	20 以上	20

区十三届人大四次会议批准的“十一五”时期经济社会发展主要指标

附表 1–4

指标	单位	2010 年目标
地区生产总值年均增长	%	12 以上
全部财政收入年均增长	%	13 以上
地方一般预算年均增长	%	13 以上
第三产业增加值占比	%	50 以上
民营经济占比	%	60 以上
工业科技进步贡献率	%	50 以上
农业科技进步贡献率	%	60 以上
单位地区生产总值能源消耗降低	%	20 以上
工业万元增加值取水量降低	%	20 以上
生活垃圾无害化处理率	%	100
污水处理率	%	100
人口出生率	‰	10 以内

区十四届人大五次会议批准的“十二五”时期经济社会发展主要指标

附表 1-5

指标名称	单位	2010 年实际数	2015 年计划数	年均增长
地区生产总值	亿元	213.5	400	12 左右
服务业增加值	亿元	156.23	320	13 左右
服务业增加值比重	%	73.2	≥80	—
全部财政收入	亿元	46.48	100	13 左右
一般公共预算收入	亿元	19.63	40	13 左右
城镇固定资产投资	亿元	196.5	500	19 左右
社会消费品零售总额	亿元	41.4	100	18 左右
实际利用外资	亿美元	2.32	[10]	—
城镇居民人均可支配收入	元	18783	33000	10
高中阶段毛入学率	%	100	100	—
城镇登记失业率	%	4.3	≤4.5	
单位工业增加值能耗降低率	%	15	[18]	

区十五届人大七次会议批准的“十三五”时期经济社会发展主要指标

附表 1-6

指标名称	单位	2015 年	2020 年	年均增长	指标属性
地区生产总值	亿元	433	743.09	11%	预期性
一般公共预算收入	亿元	63	83.56	6%	预期性
服务业增加值	亿元	391.6	677.7	达到市考核要求	预期性
城镇固定资产投资	亿元	608.3	161.72	达到市考核要求	预期性
社会商品零售总额	亿元	424	451.38	达到市考核要求	预期性
单位工业增加值能耗降低率	%	2.2	11.23	达到市考核要求	约束性

附续表 1-6

指标名称		单位	2015 年	2020 年	年均增长	指标属性
城市空气质量	空气质量优良天数	天	97.34	达到市考核要求	达到市考核要求	约束性
	PM2.5 浓度下降	微克 / 立方米		达到市考核要求	达到市考核要求	约束性
城镇居民人均可支配收入		元	32226	46067	8%	预期性

区十六届人大五次会议批准的“十四五”时期经济社会发展主要指标

附表 1–7

类别	指标	单位	2020 年基数	2025 年目标	年均增长（%）	指标属性
经济发展	生产总值（GDP）增长率	%	2.3	—	6 左右	预期性
	全员劳动生产率增长率	%	—	—	5 左右	预期性
创新驱动	市级以上创新平台	个	38	55	[17]	预期性
	每万人口拥有发明专利数	件	9	10	[1]	预期性
	高新技术产业增加值占规模以上工业增加值比例	%	0	1	[1]	预期性
民生福祉	城镇居民人均可支配收入增长率	%	—	—	达到市要求	预期性
	城镇调查失业率	%	—	—	达到市要求	预期性
	人均预期寿命	岁	78	79	0.2	预期性
	每千人口执业（助理）医师数	人	7.6	8.5	[0.9]	预期性
	居民基本养老保险参保率	%	93	93.7	[0.7]	预期性
	每千人口拥有 3 岁以下婴幼儿托位数	个	0.32	4.1	0.756	预期性
	劳动年龄人口平均受教育年限	年	10.9	11.3	[0.4]	约束性

附录 2

区人大及其常委会批准的财政预算、决算收支情况一览表

1984 年至 2023 年区八届至区十七届人大批准的一般公共预算收支安排情况

附表 2-1　　单位：万元

年度	桥西区	
	收入	支出
1984	2996.3	442
1985	4037.5	506.6
1986	2415	352
1987	2191.6	936.6
1988	2610	—
1989	3250.1	720
1990	4246	1364
1991	4666	1600
1992	5074	1900
1993	5500	2200
1994	6500	2800
1995	8266	4150
1996	10000	5425
1997	11050	5690

附续表 2-1

年度	桥西区	
	收入	支出
1998	13300	8433
1999	14702	9736
2000	14864	10158
2001	24739	16135
2002	27309	17845
2003	31552	21399
2004	207569	26806
2005	256118	31956
2006	318071	35291
2007	368956	38322
2008	145777	47629
2009	162596	54602
2010	165252	67393
2011	228737	87371
2012	302600	117931
2013	363066	140350
2014	392800	145538
2015	612809	243692
2016	663000	282539
2017	671700	341225
2018	699633	397575
2019	827657	448445

附续表 2-1

年度	桥西区	
	收入	支出
2020	843573	488437
2021	860640	564275
2022	989135	606868
2023	950856	680486
2024	766100	399600

1984 年至 2023 年区八届至区十七届人大批准的一般公共预算收支决算情况

附表 2-2　　单位：万元

年度	桥西区	
	收入	支出
1984	3715.4	392
1985	4569.4	445.5
1986	2325.4	—
1987	2384.5	829
1988	2881.7	1042
1989	4256.3	—
1990	4286	1560.2
1991	4731	2197
1992	5142	2591
1993	6516	3108
1994	7520	3363
1995	—	—
1996	10044	5409

附续表 2-2

年度	桥西区	
	收入	支出
1997	11904	7148
1998	9065	8433
1999	10080	9736
2000	10432	10158
2001	16683	16135
2002	12816	17845
2003	14709	21399
2004	64216	26808
2005	78847	31956
2006	97876	35291
2007	123525	45691
2008	143900	59358
2009	163919	70970
2010	261000	118959
2011	261000	118959
2012	332358	152492
2013	415467	162464
2014	567350	225874
2015	629990	274850
2016	634529	325204
2017	660063	369563
2018	770075	442751

附续表 2-2

年度	桥西区	
	收入	支出
2019	803369	482563
2020	835572	480555
2021	915635	550057
2022	880420	723485
2023	709300	414400

后　记

修志是中华民族的优秀文化传统，是深厚的国家文化软实力之一。盛世修志，功在当代，利在千秋。

《石家庄市桥西区人大志（1952—2024）》上溯1952年8月石家庄市第二区第一届各界人民代表会议，下迄2024年5月，是桥西区第一部全面、系统、客观记述桥西区人大依法履职的著述，填补了桥西区人大修志历史的空白，对于深入了解桥西区人大发展历程，鉴昔知今，彰往察来，推动新时代人大工作在继承中创新、在创新中发展具有重要作用，也为加快把桥西区打造成高质量发展的先行区、示范区贡献一份力量。

回顾桥西区人大发展的历史，其已走过70余年，经历了探索与实验、建立与曲折发展、停滞、恢复发展、完善发展的历程。2024年4月，桥西区人大常委会主任会议研究并启动志书筹备工作，区人大常委会办公室借鉴市人大常委会及其他地区经验，着手研究志书体例、结构、章法等，形成《石家庄市桥西区人大志体例模板》，印发制定《〈石家庄市桥西区人大志〉编纂工作建议方案》，明确工作思路、实施步骤、人员分工及工作要求等。

同时，区人大常委会成立石家庄市桥西区人大志编纂委员会，并邀请部分区人大常委会老主任担任顾问。编委会下设编辑室，牵头具体编纂工作，共分为9个编纂工作组，其中机关为8个组，街道为1个组。机关每组由机关各委室主任担任执行主编，并建立编纂工作组分包2至3个街道编纂任务的工作机制，指导督促各街道人大工委快速高质量完成各自编纂任务。街道编纂组由各街道人大工作委员会主任担任执行主编，负责各街道具体编纂工作。

2024年5月8日，石家庄市桥西区人大常委会召开人大志编纂工作动员会，会议要求坚持实事求是、述而不作的编纂原则，以时间为轴、以届次为线，以区人民代表大会和区人大常委会工作为核心，涵盖区情和历史沿革，以及各街道人大工作概况，充分反映桥西区民主法治进程和人大工作发展历程。自5月9日始，各项编纂工作全面开展，各编纂组在搜集整理机关现有档案资料基础上，到市人大档案馆、市档案馆、区档案馆等地进行查阅，搜集大量原始资料，并认真进行梳理、筛选、考证、整理。在充分挖掘现有资料的前提下，开始初稿编写工作，至7月2日，各组基本完成责任篇章的第一稿编纂工作。

2024年8月底，各编纂组完成全书第1轮审校，并完成《石家庄市桥西区人大志（审校稿）》。随后，接连召开区人大常委会主任座谈会、区人大常委会机关全体人员座谈会、各街道编纂负责人座谈会，并广泛征求志书编纂人员和老领导意见建议，采用“一周一汇报、半月一调度”的方式，召开调度会，统一编纂内容，明确编纂范本，在根据意见建议进行修改完善的同时，又先后组织各编纂小组之间交换把关，全体编纂人员进行多次集中统修。9月中旬，完成全书第2轮审校工作，《石家庄市桥西区人大志（征求意见稿）》交付特邀专家学者和编委会全体成员手中审阅。9月底，根据方志出版社审稿意见进行修改，完成全书第3轮审校工作，《石家庄市桥西区人大志（征求意见二稿）》修改完成。10月中旬，完成全书第4轮审校工作，《石家庄市桥西区人大志（征求意见三稿）》修改完成。2024年10月底，根据方志出版社二轮审稿意见，完成全书第5轮审校修改工作，《石家庄市桥西区人大志（征求意见四稿）》修改完成后第一时间发送至各编纂组，呈送至有关专家、学者、顾问继续征求意见建议。11月中旬，完成全书第6轮审校修改工作，志书终校稿修改完成。

桥西区人大常委会高度重视志书编纂工作，将其列入重要议事日程，对志书编纂工作给予大力支持。区人大常委会党组第一时间向区委汇报，并多次召开党组会议、主任会议进行专题研究、调度，出思路、督进度，充分发挥了保方向、管大局的领导作用。从2024年4月志书编纂工作正式启动，到11月定稿出版，仅7个月时间组织完成了全书18篇114章137万字的编纂工作，充分展现了大家挺膺担当、奋楫笃行的精神面貌。在进行志书编纂工作的200多个日日夜夜里，无论是常委会领导，还是干部职工以及退休人员，大家一起苦、一起累、一起干，各负其责，相互配合，齐心协力，顽强拼搏，团结奋斗，先后进行了6轮集体审校，多次易稿，召开调度会、座谈会30余次，可以说，志书凝结着机关全体人员的智慧、辛劳和奉献。

志书在编纂过程中得到市人大，区委办、区政府办，以及区委组织部、区委宣传部、区委编办、区委党校、区档案馆、区发改局、区财政局、区统计局、区民政局等单位和各街道的大力支持与积极配合。在编纂过程中，退休老领导、老同志，积极参与全书编纂工作，热心建言献策，提供了大量珍贵的资料和建议。在审校阶段，各位专家、学者、顾问提出许多宝贵意见，对于编纂有着重要作用。借本志书出版之际，谨向他们和所有关心支持本志编纂工作的各级领导及各界人士表示衷心感谢。

全书编纂及至出版印刷时，桥西区第十七届人民代表大会尚在届中，且各类资料相对齐全，故在篇章设计及相关资料表现形式上，与其他各届略有不同。

由于初次修志，经验不足，水平有限，加之某些历史档案资料散失，书中可能有疏漏和不妥之处，敬请广大读者谅解和批评指正。

编者

2024年11月

第一排：蔡玉霞　尹立仓　张进良　赵　欢
第二排：牛士伟　刘新霞　魏建新　张　欣　杨　鸿　赵石磊
第三排：李冰玉　程沛琪　王　卉　张振香　姜宏磊　徐　玥　张飞鸿　梁培迪　刘玲玲
第四排：耿朝研　崔　岩　赵韫博　肖晓峰　耿伟召　王　勋　张立阳　赵　飞　韩　军

石家庄市桥西区人大志工作人员合影

石家庄市桥西区人大志工作掠影

■ 区十七届人大常委会主任会议调度人大志编纂工作

■ 桥西区人大志编纂委员会召开人大志编纂工作会议

■ 区人大常委会党组书记尹立仓审核人大志

■ 区人大常委会副主任张进良审核人大志

■ 区人大常委会副主任蔡玉霞审核人大志

■ 区人大常委会副主任秦景红审核人大志

■ 区人大常委会副主任赵欢审核人大志

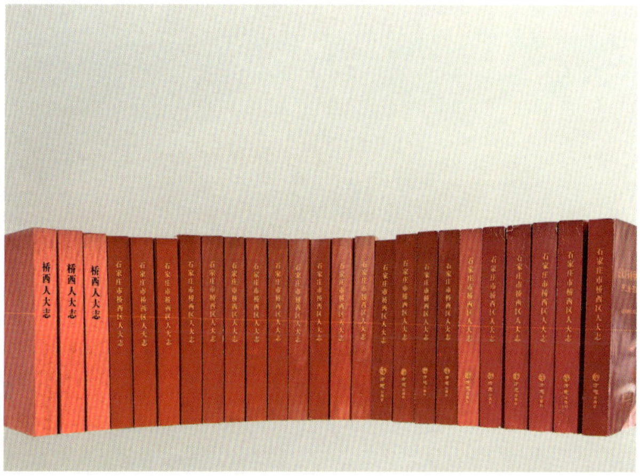

■ 桥西区人大志多轮征求意见稿

■ 桥西区人大志编纂委员会委员
张欣审阅人大志

■ 桥西区人大志编纂委员会
编辑查询档案资料

■ 桥西区人大志编纂委员会
第一编纂组

■ 桥西区人大志编纂委员会
第二编纂组

■ 桥西区人大志编纂委员会
第三编纂组

■ 桥西区人大志编纂委员会
第四编纂组

■ 桥西区人大志编纂委员会
第五编纂组

■ 桥西区人大志编纂委员会
第六编纂组

■ 桥西区人大志编纂委员会
第七编纂组

■ 桥西区人大志编纂委员会
第八编纂组

■ 桥西区人大志编纂委员会
第九编纂组（中山街道）

■ 桥西区人大志编纂委员会
第九编纂组（南长街道）

■ 桥西区人大志编纂委员会
第九编纂组（红旗街道）

■ 桥西区人大志编纂委员会
第九编纂组（维明街道）

■ 桥西区人大志编纂委员会
第九编纂组（东里街道）